本报告的出版得到

国家文物保护专项资金资助

淮安板闸

——明清遗址考古报告

南京博物院
淮安市文物保护和考古研究所 编著

文物出版社

图书在版编目（CIP）数据

淮安板闸：明清遗址考古报告 / 南京博物院, 淮安市文物保护和考古研究所编著. -- 北京：文物出版社, 2023.9

ISBN978-7-5010-8134-9

Ⅰ.①淮… Ⅱ.①南… ②淮… Ⅲ.①大运河—文化遗址—发掘报告—淮安—明清时代 Ⅳ.①K878.44

中国国家版本馆CIP数据核字(2023)第129930号

淮安板闸——明清遗址考古报告

编　　著：南　京　博　物　院
　　　　　淮安市文物保护和考古研究所

封面设计：王　梓
责任编辑：彭家宇
责任印制：张道奇

出版发行：文物出版社
社　　址：北京市东城区东直门内北小街 2 号楼
邮　　编：100007
网　　址：http://www.wenwu.com
经　　销：新华书店
印　　刷：北京荣宝艺品印刷有限公司
开　　本：889mm×1194mm　1/16
印　　张：30.5　插页：4
版　　次：2023 年 9 月第 1 版
印　　次：2023 年 9 月第 1 次印刷
书　　号：ISBN978-7-5010-8134-9
定　　价：650.00 元

Banzha, Huai'an

An Archaeological Report on a Site of the Ming and Qing Dynasties

by

Nanjing Museum

Huai'an Institute of Cultural Relics Preservation and Archaeology

Cultural Relics Press

编辑委员会

主　任：许长坡

副主任：傅建霞　李　倩　林留根

主　编：胡　兵　赵李博

撰　稿：胡　兵　赵李博　薛玲玲　张荣鑫　高　悦

编　委：李民昌　林留根　王奇志　吴　玮　陈　源

　　　　胡　兵　赵李博　单士鹍　祁小东　刘光亮

　　　　褚亚龙　薛玲玲　王卫清　王　剑　孙玉军

　　　　尹增淮　赵海涛　董　记　张丽娟　姚文婷

　　　　陈　龙　张荣鑫　高　悦

目　录

第一章　概述 ……………………………………………………………………………1

　第一节　自然地理环境 …………………………………………………………………1

　　一　水文气候 …………………………………………………………………………1

　　二　自然资源 …………………………………………………………………………2

　第二节　历史沿革 ………………………………………………………………………3

　　一　淮安历史变迁 ……………………………………………………………………3

　　二　板闸镇与淮安钞关 ………………………………………………………………4

　第三节　遗址概况 ………………………………………………………………………8

　第四节　工作经过 ………………………………………………………………………11

　第五节　编写体例 ………………………………………………………………………17

第二章　上部地层堆积与遗迹 …………………………………………………………18

　第一节　发掘区上部地层堆积 …………………………………………………………18

　第二节　水闸 ……………………………………………………………………………19

　　一　闸身 ………………………………………………………………………………19

　　二　闸内堆积 …………………………………………………………………………39

　　三　闸墩堆积 …………………………………………………………………………40

　第三节　建筑基址 ………………………………………………………………………47

　　一　大型建筑基址 ……………………………………………………………………50

　　二　房址 ………………………………………………………………………………54

　　三　排水沟 ……………………………………………………………………………87

　　四　道路 ………………………………………………………………………………92

　　五　排水系统 …………………………………………………………………………95

　第四节　古河道 …………………………………………………………………………95

　第五节　码头 ……………………………………………………………………………103

　第六节　堤坝 ……………………………………………………………………………108

　　一　水闸西北侧剖面情况 ·· 108

　　二　水闸西南侧剖面情况 ·· 110

第三章　遗物 ·· 112

第一节　出土遗物 ·· 112

　　一　汉唐时期遗物 ·· 112

　　二　宋金时期遗物 ·· 114

　　三　元代遗物 ·· 123

　　四　明代遗物 ·· 123

　　五　清代遗物 ·· 271

第二节　采集遗物 ·· 278

　　一　明代采集遗物 ·· 278

　　二　清代采集遗物 ·· 316

第四章　结语 ·· 350

第一节　五类发掘遗存的早晚关系 ·· 351

第二节　水闸的年代问题 ··· 351

第三节　其他遗存的年代 ··· 354

第四节　水闸的使用历程 ··· 358

第五节　淮安五闸的历史作用 ··· 359

附表 ··· 361

　　附表一　板闸遗址明代遗迹登记表（房址） ·· 361

　　附表二　板闸遗址明代遗物登记表（瓷碗） ·· 362

　　附表三　板闸遗址明代遗物登记表（瓷盘） ·· 369

　　附表四　板闸遗址明代器物登记表（瓷杯） ·· 371

　　附表五　板闸遗址明代器物登记表（瓷盏） ·· 371

　　附表六　板闸遗址明代器物登记表（其他瓷器） ··································· 372

　　附表七　板闸遗址明代器物登记表（釉陶瓶） ····································· 373

　　附表八　板闸遗址明代器物登记表（釉陶罐） ····································· 373

　　附表九　板闸遗址明代器物登记表（其他陶器） ··································· 374

　　附表一〇　板闸遗址明代器物登记表（建筑构件） ································ 375

附表一一　板闸遗址明代器物登记表（石器）···················377

附表一二　板闸遗址明代器物登记表（骨、角、蚌器）···················378

附表一三　板闸遗址明代器物登记表（木器）···················378

附表一四　板闸遗址明代器物登记表（铁篙头）···················379

附表一五　板闸遗址明代器物登记表（铁钉）···················389

附表一六　板闸遗址明代器物登记表（铁骑马钉）···················398

附表一七　板闸遗址明代器物登记表（铁钩刺）···················401

附表一八　板闸遗址明代器物登记表（铁箍）···················403

附表一九　板闸遗址明代遗物登记表（铁钻头）···················405

附表二〇　板闸遗址明代器物登记表（铁钩）···················406

附表二一　板闸遗址明代器物登记表（铁饰件）···················408

附表二二　板闸遗址明代器物登记表（铁锔扣）···················408

附表二三　板闸遗址明代器物登记表（铁环）···················409

附表二四　板闸遗址明代器物登记表（铁链）···················410

附表二五　板闸遗址明代器物登记表（铁吊环）···················410

附表二六　板闸遗址明代遗物登记表（铁锚）···················411

附表二七　板闸遗址明代器物登记表（铁刀）···················411

附表二八　板闸遗址明代器物登记表（铁扒钉）···················411

附表二九　板闸遗址明代器物登记表（铁叉）···················412

附表三〇　板闸遗址明代器物登记表（铁权）···················412

附表三一　板闸遗址明代器物登记表（铁锥）···················413

附表三二　板闸遗址明代器物登记表（铁鱼钩）···················413

附表三三　板闸遗址明代器物登记表（铁凿）···················413

附表三四　板闸遗址明代器物登记表（铁柄形器）···················414

附表三五　板闸遗址明代器物登记表（铁篙钉）···················414

附表三六　板闸遗址明代器物登记表（铁剪刀）···················414

附表三七　板闸遗址明代器物登记表（铁针）···················414

附表三八　板闸遗址明代器物登记表（其他铁器）···················414

附表三九　板闸遗址明代器物登记表（其他金属器）···················416

附表四〇　板闸遗址清代器物登记表（瓷器）···················416

附表四一　板闸遗址清代器物登记表（陶器）···················419

附表四二　板闸遗址出土铜钱登记表···················420

附录 ··439

附录一　淮安板闸遗址出土木材树种鉴定报告 ··················439

附录二　《续纂淮关统志·古迹（节选）》 ······················442

附录三　板闸古诗词摘录 ···444

后　记 ··459

后　记 ··459

插图目录

图 1-1　板闸村拆迁后地貌（南—北）……………………………………………… 5

图 1-2　板闸村拆迁后（北—南）………………………………………………… 5

图 1-3　板闸村街道布局示意图（2007 年）……………………………………… 6

图 1-4　板闸遗址位置示意图 …………………………………………………… 8

图 1-5　板闸遗址平面示意图 ………………………………………………… 8 / 9

图 1-6　板闸各类遗存相对位置关系 …………………………………………… 9

图 1-7　三元宫与水闸位置关系 ………………………………………………… 9

图 1-8　三元宫（西北—东南）………………………………………………… 10

图 1-9　钞关旗杆（东—西）…………………………………………………… 10

图 1-10　钞关旗杆俯视 ………………………………………………………… 10

图 1-11　里运河板闸段（南—北）……………………………………………… 10

图 1-12　里运河板闸段东岸石工堤及钞关码头 ……………………………… 10

图 1-13　施工基坑底部（西北—东南）………………………………………… 12

图 1-14　现场施工时发现条石 ………………………………………………… 12

图 1-15　闸门槽初现 …………………………………………………………… 12

图 1-16　发掘区俯视图 ………………………………………………………… 13

图 1-17　发掘区（北—南）…………………………………………………… 13

图 1-18　水闸发现场景 ………………………………………………………… 13

图 1-19　遗址发掘场景 ………………………………………………………… 14

图 1-20　建筑基址区发掘场景（2014 年）…………………………………… 14

图 1-21　建筑基址区发掘场景（2015 年）…………………………………… 14

图 1-22　河岸木桩清理场景 …………………………………………………… 14

图 1-23　码头发掘场景 ………………………………………………………… 14

图 1-24　水闸西侧堤坝剖面清理场景 ………………………………………… 14

图 1-25　TC4 发掘场景 ………………………………………………………… 15

图 1-26　现场绘图和记录 ……………………………………………………… 15

图 1-27　考古工地拍照 ………………………………………………………… 15

图 1-28　专家指导工作 ………………………………………………………… 16

图 1-29　与会专家学者现场考察 ……………………………………………… 16

图 2-1　发掘区上部地层堆积剖面图 ……………………………………………………… 19
图 2-2　水闸平面图 …………………………………………………………………………… 20
图 2-3　水闸（东北—西南） ………………………………………………………………… 21
图 2-4　水闸（东—西） ……………………………………………………………………… 21
图 2-5　水闸俯视图（发掘前） ……………………………………………………………… 21
图 2-6　水闸俯视图（发掘后） ……………………………………………………………… 22
图 2-7　水闸正视图（北—南） ……………………………………………………………… 22
图 2-8　水闸 A-A′剖视图 ………………………………………………………………… 22 / 23
图 2-9　地钉局部细节 …………………………………………………………………… 22 / 23
图 2-10　水闸南侧底部地钉（南—北） ………………………………………………… 22 / 23
图 2-11　地钉与龙骨木 …………………………………………………………………… 22 / 23
图 2-12　龙骨木细部 …………………………………………………………………………… 23
图 2-13　水闸南部铺底板与龙骨木 …………………………………………………………… 23
图 2-14　铺底板与龙骨木 ……………………………………………………………………… 23
图 2-15　铺底板 ………………………………………………………………………………… 23
图 2-16　闸底局部枋木缺失（北—南） ……………………………………………………… 24
图 2-17　前后排枋木连接处 …………………………………………………………………… 24
图 2-18　同排枋木之间的穿带榫 ……………………………………………………………… 24
图 2-19　铺底板、挡木与牙石 ………………………………………………………………… 25
图 2-20　闸底东北角挡木、牙石与关石桩及木条 …………………………………………… 25
图 2-21　水闸 C-C′剖面图 …………………………………………………………………… 25
图 2-22　闸底东南角牙石与关石桩及木条 …………………………………………………… 25
图 2-23　横梁与铺地板 ………………………………………………………………………… 26
图 2-24　横梁与铺底板、闸墙 ………………………………………………………………… 26
图 2-25　横梁与闸墙 …………………………………………………………………………… 26
图 2-26　东闸墙展开示意图 ……………………………………………………………… 26 / 27
图 2-27　西闸墙展开示意图 ……………………………………………………………… 26 / 27
图 2-28　东闸墙顶部里石 ……………………………………………………………………… 27
图 2-29　西闸墙顶部里石 ……………………………………………………………………… 27
图 2-30　闸墙东正身和东南雁翅转角处 ……………………………………………………… 27
图 2-31　闸墙西正身与西南雁翅转角处 ……………………………………………………… 27
图 2-32　闸墙顶部的铁锭和铁扒钉 …………………………………………………………… 28
图 2-33　水闸 B-B′剖面图 …………………………………………………………………… 28
图 2-34　闸墙正身俯视图 ……………………………………………………………………… 29
图 2-35　东闸墙正身及闸门槽 ………………………………………………………………… 29
图 2-36　西闸墙正身 …………………………………………………………………………… 29
图 2-37　西闸墙闸门槽 ………………………………………………………………………… 30

图 2-38　闸底掉落的带闸门槽的条石 ·· 30

图 2-39　东南雁翅 ·· 30

图 2-40　西南雁翅 ·· 30

图 2-41　东北雁翅 ·· 31

图 2-42　西北雁翅（一） ·· 31

图 2-43　西北雁翅（二） ·· 31

图 2-44　水闸 D-D′ 剖面图 ·· 31

图 2-45　闸底东北角衬石枋、木护板、牙石与关石桩 ······························· 31

图 2-46　闸底东南角地钉、衬石枋、木护板与闸墙 ··································· 32

图 2-47　闸底西北角衬石枋、木护板与闸墙 ·· 32

图 2-48　闸底西南角地钉、衬石枋、木护板与闸墙 ··································· 32

图 2-49　东南裹头 ·· 32

图 2-50　东北翼墙分段情况 ··· 33

图 2-51　东正身分段情况 ··· 33

图 2-52　东南裹头分段情况 ··· 34

图 2-53　西北翼墙分段情况 ··· 34

图 2-54　西正身分段情况 ··· 34

图 2-55　西南翼墙分段情况 ··· 35

图 2-56　闸墙底部断裂的条石 ··· 36

图 2-57　条石上的水流冲刷痕 ··· 36

图 2-58　西南翼墙上的凹窝 ··· 36

图 2-59　西北翼墙上的凹窝 ··· 36

图 2-60　第三期闸墙改建处的平面位置 ··· 36

图 2-61　东北翼墙改建迹象 ··· 37

图 2-62　西北翼墙改建迹象 ··· 37

图 2-63　西南翼墙改建迹象 ··· 37

图 2-64　西南雁翅改建处墙体图 ··· 38

图 2-65　西南翼墙改建处底部桩钉 ··· 38

图 2-66　西北翼墙上部条石上的开槽痕迹 ··· 38

图 2-67　西北翼墙顶部条石上的开槽痕迹 ··· 38

图 2-68　东北翼墙顶部条石上的开槽痕迹 ··· 38

图 2-69　水闸发掘区南壁剖面图 ··· 39

图 2-70　水闸发掘区南壁层位堆积 ··· 39

图 2-71　TG4 平面图 ··· 40

图 2-72　TG4 四壁剖面图 ··· 41

图 2-73　TG4 南壁 ··· 42

图 2-74　TG4 西壁 ··· 42

图 2-75　TG4 北壁 ··· 42

图 2-76　TG4 ③层表面踩踏面（西—东） ·· 42

图 2-77　TG4 ⑦层表面踩踏面（西—东） ·· 43

图 2-78　TG4 ⑨层东部表面踩踏面（西—东） ···································· 43

图 2-79　TG4 ⑩层表面踩踏面（西—东） ·· 44

图 2-80　TG4 ⑪层表面踩踏面（南—北） ·· 44

图 2-81　TG4 ⑫层表面踩踏面（南—北） ·· 44

图 2-82　TG4 ⑬层表面踩踏面（南—北） ·· 44

图 2-83　TG4 ⑭层表面踩踏面（南—北） ·· 44

图 2-84　TG4 ⑮层表面踩踏面（南—北） ·· 45

图 2-85　TG4 ⑱层表面踩踏面（南—北） ·· 45

图 2-86　TG4 ㉔层表面踩踏面（南—北） ·· 45

图 2-87　TG4 东壁（靠闸墙侧） ··· 46

图 2-88　东闸墩上部堆积剖面图 ··· 46

图 2-89　东闸墩上部堆积剖面 ··· 47

图 2-90　建筑基址区平面图 ··· 48

图 2-91　建筑基址区俯视图 ··· 49

图 2-92　建筑基址区（东北—西南） ·· 49

图 2-93　一号建筑基址平、剖面图 ·· 50

图 2-94　一号建筑基址（东南—西北） ·· 51

图 2-95　一号建筑基址（西北—东南） ·· 51

图 2-96　二号建筑基址平、剖面图 ·· 52

图 2-97　二号建筑基址（东—西） ·· 53

图 2-98　二号建筑基址（西—东） ·· 53

图 2-99　F1 平、剖面图 ··· 54

图 2-100　F1 俯视图（西北—东南） ·· 55

图 2-101　F1 东部铺砖面和房内柱础石 ·· 55

图 2-102　F2 平、剖面图 ··· 56

图 2-103　F2 俯视图（西北—东南） ·· 56

图 2-104　F3 平、剖面图 ··· 57

图 2-105　F3 俯视图（西北—东南） ·· 58

图 2-106　F3 疑似门槛和踏踩处 ··· 58

图 2-107　F4 平、剖面图 ··· 59

图 2-108　F4 俯视图（西北—东南） ·· 59

图 2-109　F4 木门槛 ··· 59

图 2-110　F5 平、剖面图 ··· 60

图 2-111　F5 俯视图（西北—东南） ·· 60

图 2-112　F6 平、剖面图 …………………………………………………………………………… 61

图 2-113　F6 俯视图（西北—东南） …………………………………………………………… 61

图 2-114　F6 内火灶 …………………………………………………………………………………… 61

图 2-115　F7 平、剖面图 …………………………………………………………………………… 62

图 2-116　F7 俯视图（西北—东南） …………………………………………………………… 62

图 2-117　F8 平、剖面图 …………………………………………………………………………… 63

图 2-118　F8 俯视图（西北—东南） …………………………………………………………… 63

图 2-119　F9 平、剖面图 …………………………………………………………………………… 64

图 2-120　F9 俯视图（西北—东南） …………………………………………………………… 64

图 2-121　F9 内火灶 …………………………………………………………………………………… 65

图 2-122　F10 平、剖面图 ………………………………………………………………………… 65

图 2-123　F10 俯视图（西北—东南） ………………………………………………………… 66

图 2-124　F11 平、剖面图 ………………………………………………………………………… 66

图 2-125　F11 俯视图（东南—西北） ………………………………………………………… 67

图 2-126　F12 平、剖面图 ………………………………………………………………………… 67

图 2-127　F12 俯视图（西北—东南） ………………………………………………………… 68

图 2-128　F13 平、剖面图 ………………………………………………………………………… 69

图 2-129　F13 俯视图（西南—东北） ………………………………………………………… 69

图 2-130　F13 俯视图（东南—西北） ………………………………………………………… 70

图 2-131　F14 平、剖面图 ………………………………………………………………………… 70

图 2-132　G2、F14 俯视图（东南—西北） ………………………………………………… 71

图 2-133　F15 平、剖面图 ………………………………………………………………………… 71

图 2-134　F15 俯视图（西南—东北） ………………………………………………………… 72

图 2-135　F15 俯视图（东北—西南） ………………………………………………………… 72

图 2-136　F16 平、剖面图 ………………………………………………………………………… 73

图 2-137　F16 俯视图（西南—东北） ………………………………………………………… 73

图 2-138　F17 平、剖面图 ………………………………………………………………………… 74

图 2-139　F17 俯视图（西南—东北） ………………………………………………………… 74

图 2-140　F18 平、剖面图 ………………………………………………………………………… 75

图 2-141　F18 俯视图（西南—东北） ………………………………………………………… 75

图 2-142　F19 平、剖面图 ………………………………………………………………………… 76

图 2-143　F19 俯视图（西南—东北） ………………………………………………………… 76

图 2-144　F20 平、剖面图 ………………………………………………………………………… 77

图 2-145　F20 俯视图（东南—西北） ………………………………………………………… 77

图 2-146　F21 平、剖面图 ………………………………………………………………………… 78

图 2-147　F21 俯视图（西南—东北） ………………………………………………………… 79

图 2-148　F22 平、剖面图 ………………………………………………………………………… 80

图 2-149　F22 俯视图（东南—西北）　·· 80

图 2-150　F23 平、剖面图　··· 81

图 2-151　F23 俯视图（西南—东北）　·· 81

图 2-152　F24 平、剖面图　··· 82

图 2-153　F24 俯视图（东南—西北）　·· 82

图 2-154　F25 平、剖面图　··· 83

图 2-155　F25 俯视图（东南—西北）　·· 83

图 2-156　F26 平、剖面图　··· 84

图 2-157　F26 俯视图（西南—东北）　·· 84

图 2-158　F27 平、剖面图　··· 85

图 2-159　F27 俯视图（西南—东北）　·· 85

图 2-160　F28 平、剖面图　··· 86

图 2-161　F28 俯视图（东南—西北）　·· 86

图 2-162　G1 平、剖面图　··· 87

图 2-163　G1 俯视图（东北—西南）　·· 87

图 2-164　G2 平、剖面图　··· 88

图 2-165　G2 俯视图（西北—东南）　·· 89

图 2-166　G2 俯视图（东南—西北）　·· 89

图 2-167　G2 与 L1 相交处　··· 89

图 2-168　G2 西部（F14 以西部分）　·· 90

图 2-169　TG3 解剖情况　··· 90

图 2-170　G3 平、剖面图　··· 91

图 2-171　G3 俯视图（东南—西北）　·· 91

图 2-172　L1 南段（F10 以南部分）（东北—西南）　······························ 92

图 2-173　L1 平、剖面图　··· 92 / 93

图 2-174　L1 北段（F13 以北部分）（西南—东北）　······························ 93

图 2-175　L1 南端平、剖面图　·· 93

图 2-176　L1 南段东侧排水沟及路面（西南—东北）　····························· 93

图 2-177　L2 平、剖面图　··· 94

图 2-178　L2 俯视图（西北—东南）　·· 94

图 2-179　建筑基址区排水系统局部示意图　··· 95

图 2-180　古河道平面图　··· 96

图 2-181　古河道俯视图　··· 97

图 2-182　古河道转折处中部勘探土样　·· 97

图 2-183　古河道西侧河岸（堤坝）排桩（南—北）　······························ 97

图 2-184　木桩及挡板细部　·· 98

图 2-185　TG1 西壁处排桩和挡板　·· 98

图 2-186　TG1 四壁剖面图 ··· 98

图 2-187　TG1 北壁 ·· 99

图 2-188　TG1 南壁 ·· 99

图 2-189　Ⅱ T0103、T1 平面图 ··· 101

图 2-190　Ⅱ T0103 和 T1（西—东）·· 101

图 2-191　Ⅱ T0103 内固堤护岸木桩 ·· 102

图 2-192　Ⅱ T0103、T1 剖面图 ··· 102

图 2-193　T1 北壁 ··· 103

图 2-194　T1 南壁 ··· 103

图 2-195　码头平、剖面图 ··· 104

图 2-196　码头俯视 ··· 105

图 2-197　砖砌踏跺区域全景 ·· 106

图 2-198　码头踏跺区域及河道东岸线 ·· 106

图 2-199　踏跺底部灰浆层及桩基 ·· 106

图 2-200　南部桩基（东北—西南）·· 107

图 2-201　北部桩基（南—北）··· 107

图 2-202　水闸西北侧堤坝与河道剖面图 ·· 108

图 2-203　西侧堤坝及河道剖面（水闸西北侧）·· 109

图 2-204　水闸西南侧堤坝与河道剖面图 ·· 110

图 2-205　西侧堤坝及河道剖面（水闸西南侧）·· 111

图 3-1　汉唐钱币 ··· 113

图 3-2　宋代钱币 ··· 114

图 3-3　宋代钱币 ··· 115

图 3-4　宋代钱币 ··· 116

图 3-5　宋代钱币 ··· 117

图 3-6　宋代钱币 ··· 118

图 3-7　宋代钱币 ··· 118

图 3-8　宋代钱币 ··· 119

图 3-9　宋代钱币 ··· 120

图 3-10　宋代钱币 ·· 121

图 3-11　宋代钱币 ·· 122

图 3-12　金代钱币 ·· 122

图 3-13　元代钱币 ·· 123

图 3-14　明代青花瓷碗 ·· 124

图 3-15　明代青花瓷碗 ·· 125

图 3-16　明代青花瓷碗 ·· 127

图 3-17　明代青花瓷碗 ·· 128

图 3-18　明代青花瓷碗 ……………………………………………………………………… 129

图 3-19　明代青花瓷碗 ……………………………………………………………………… 130

图 3-20　明代青花瓷碗 ……………………………………………………………………… 131

图 3-21　明代青花瓷碗 ……………………………………………………………………… 132

图 3-22　明代青花瓷碗 ……………………………………………………………………… 133

图 3-23　明代青花瓷碗 ……………………………………………………………………… 133

图 3-24　明代青花瓷碗 ……………………………………………………………………… 135

图 3-25　明代青花瓷碗 ……………………………………………………………………… 136

图 3-26　明代青花瓷碗 ……………………………………………………………………… 137

图 3-27　明代青花瓷碗 ……………………………………………………………………… 138

图 3-28　明代青花瓷碗 ……………………………………………………………………… 139

图 3-29　明代青花瓷碗 ……………………………………………………………………… 140

图 3-30　明代青花瓷碗 ……………………………………………………………………… 141

图 3-31　明代青花瓷碗 ……………………………………………………………………… 142

图 3-32　明代青花瓷碗 ……………………………………………………………………… 143

图 3-33　明代青花瓷碗 ……………………………………………………………………… 144

图 3-34　明代青花瓷碗 ……………………………………………………………………… 145

图 3-35　明代青花瓷碗 ……………………………………………………………………… 146

图 3-36　明代青花瓷碗 ……………………………………………………………………… 147

图 3-37　明代青花瓷碗 ……………………………………………………………………… 148

图 3-38　明代青花瓷碗 ……………………………………………………………………… 149

图 3-39　明代青花瓷碗 ……………………………………………………………………… 150

图 3-40　明代青花瓷碗 ……………………………………………………………………… 151

图 3-41　明代青花瓷碗 ……………………………………………………………………… 152

图 3-42　明代青花瓷碗 ……………………………………………………………………… 153

图 3-43　明代青花瓷碗 ……………………………………………………………………… 154

图 3-44　明代青花瓷碗 ……………………………………………………………………… 155

图 3-45　明代青花瓷碗 ……………………………………………………………………… 156

图 3-46　明代青花瓷碗 ……………………………………………………………………… 157

图 3-47　明代青花瓷碗 ……………………………………………………………………… 158

图 3-48　明代青花瓷碗 ……………………………………………………………………… 159

图 3-49　明代青花瓷碗 ……………………………………………………………………… 160

图 3-50　明代青花瓷碗 ……………………………………………………………………… 161

图 3-51　明代青花瓷碗 ……………………………………………………………………… 162

图 3-52　明代青花瓷碗 ……………………………………………………………………… 163

图 3-53　明代青花瓷碗 ……………………………………………………………………… 164

图 3-54　明代青花瓷碗 ……………………………………………………………………… 164

图 3-55　明代青花瓷碗 ··· 165

图 3-56　明代青花瓷碗 ··· 166

图 3-57　明代青花瓷碗 ··· 167

图 3-58　明代青花瓷杯 ··· 169

图 3-59　明代青花瓷杯 ··· 170

图 3-60　明代青花瓷杯 ··· 171

图 3-61　明代青花瓷杯 ··· 172

图 3-62　明代青花瓷杯 ··· 173

图 3-63　明代青花瓷盘 ··· 174

图 3-64　明代青花瓷盘 ··· 175

图 3-65　明代青花瓷盘 ··· 177

图 3-66　明代青花瓷盘 ··· 178

图 3-67　明代青花瓷盘 ··· 179

图 3-68　明代青花瓷盘 ··· 180

图 3-69　明代青花瓷盏 ··· 181

图 3-70　明代青花瓷盏 ··· 182

图 3-71　明代青花瓷盏 ··· 183

图 3-72　明代青花瓷盏 ··· 184

图 3-73　明代青花瓷盏 ··· 185

图 3-74　明代青花瓷盏 ··· 186

图 3-75　明代青花瓷盏 ··· 187

图 3-76　明代青花瓷粉盒 ·· 187

图 3-77　明代青瓷碗 ··· 188

图 3-78　明代青瓷碗 ··· 189

图 3-79　明代青瓷盘、盏 ·· 190

图 3-80　明代青白瓷碗 ··· 191

图 3-81　明代青白瓷 ··· 192

图 3-82　明代青白盏 ··· 193

图 3-83　明代瓷器 ··· 194

图 3-84　明代釉陶钵 ··· 195

图 3-85　明代釉陶盏 ··· 196

图 3-86　明代釉陶壶 ··· 197

图 3-87　明代釉陶执壶 ··· 198

图 3-88　明代釉陶瓶 ··· 198

图 3-89　明代釉陶瓶 ··· 199

图 3-90　明代釉陶瓶 ··· 200

图 3-91　明代釉陶瓶 ··· 201

图 3-92 明代釉陶瓶 ··· 202

图 3-93 明代釉陶四系罐 ··· 202

图 3-94 明代釉陶罐 ··· 203

图 3-95 明代釉陶罐 ··· 203

图 3-96 明代釉陶罐 ··· 204

图 3-97 明代釉陶罐 ··· 205

图 3-98 明代釉陶罐 ··· 205

图 3-99 明代釉陶盆 ··· 206

图 3-100 明代釉陶器盖 ··· 207

图 3-101 明代釉陶器 ·· 208

图 3-102 明代釉陶虎子 ··· 209

图 3-103 明代釉陶虎子 ··· 210

图 3-104 明代釉陶器 ·· 211

图 3-105 明代陶鼎 ·· 211

图 3-106 明代陶器 ·· 212

图 3-107 明代紫砂壶 ·· 213

图 3-108 明代陶扑满 ·· 213

图 3-109 明代陶器 ·· 214

图 3-110 明代瓦当 ·· 215

图 3-111 明代瓦当 ·· 216

图 3-112 明代瓦当 ·· 217

图 3-113 明代瓦当 ·· 218

图 3-114 明代瓦当 ·· 218

图 3-115 明代花纹砖 ·· 219

图 3-116 明代滴水 ·· 220

图 3-117 明代滴水 ·· 221

图 3-118 明代滴水 ·· 222

图 3-119 明代砖 ··· 223

图 3-120 明代砖雕配件、兽尾构件 ··· 224

图 3-121 明代石器 ·· 225

图 3-122 明代石构件 ·· 226

图 3-123 明代骨器 ·· 227

图 3-124 明代角器、蚌壳 ·· 228

图 3-125 明代木器 ·· 229

图 3-126 明代木器 ·· 230

图 3-127 明代铁篙头 ·· 231

图 3-128 明代铁篙头 ·· 232

图 3-129　明代铁篙头 …………………………………………………………… 233

图 3-130　明代铁钉 ……………………………………………………………… 234

图 3-131　明代铁钉 ……………………………………………………………… 235

图 3-132　明代铁钉 ……………………………………………………………… 235

图 3-133　明代铁骑马钉 ………………………………………………………… 236

图 3-134　明代铁骑马钉 ………………………………………………………… 237

图 3-135　明代铁钩刺 …………………………………………………………… 238

图 3-136　明代铁钩刺 …………………………………………………………… 240

图 3-137　明代铁箍 ……………………………………………………………… 241

图 3-138　明代铁箍 ……………………………………………………………… 241

图 3-139　明代铁钻头 …………………………………………………………… 242

图 3-140　明代铁钻头 …………………………………………………………… 243

图 3-141　明代铁钩 ……………………………………………………………… 243

图 3-142　明代铁钩 ……………………………………………………………… 244

图 3-143　明代铁钩 ……………………………………………………………… 245

图 3-144　明代饰件 ……………………………………………………………… 245

图 3-145　明代饰件 ……………………………………………………………… 246

图 3-146　明代铁锭 ……………………………………………………………… 247

图 3-147　明代铁链 ……………………………………………………………… 248

图 3-148　明代铁吊环 …………………………………………………………… 248

图 3-149　明代铁锚 ……………………………………………………………… 249

图 3-150　明代铁锚 ……………………………………………………………… 249

图 3-151　明代铁刀 ……………………………………………………………… 250

图 3-152　明代铁刀 ……………………………………………………………… 251

图 3-153　明代铁扒钉 …………………………………………………………… 251

图 3-154　明代铁叉 ……………………………………………………………… 252

图 3-155　明代铁叉 ……………………………………………………………… 252

图 3-156　明代铁环 ……………………………………………………………… 253

图 3-157　明代铁权 ……………………………………………………………… 254

图 3-158　明代铁权 ……………………………………………………………… 255

图 3-159　明代铁锥 ……………………………………………………………… 255

图 3-160　明代铁鱼钩 …………………………………………………………… 256

图 3-161　明代铁凿 ……………………………………………………………… 257

图 3-162　明代铁凿 ……………………………………………………………… 257

图 3-163　明代铁柄形器 ………………………………………………………… 257

图 3-164　明代铁篙钉 …………………………………………………………… 258

图 3-165　明代铁剪刀 …………………………………………………………… 258

图 3-166   明代铁针 ··· 259

图 3-167   明代铁器 ··· 259

图 3-168   明代铁器 ··· 260

图 3-169   明代铁器 ··· 261

图 3-170   明代铁器 ··· 262

图 3-171   明代铁器 ··· 263

图 3-172   明代异形铁器 ·· 263

图 3-173   明代异形铁器 ·· 264

图 3-174   明代异形铁器 ·· 265

图 3-175   明代异形铁器 ·· 265

图 3-176   明代铜簪 ··· 266

图 3-177   明代铜器 ··· 267

图 3-178   明代铜饰件 ··· 268

图 3-179   洪武通宝 ··· 269

图 3-180   明代钱币 ··· 270

图 3-181   明代金属器 ··· 271

图 3-182   清代青花瓷碗 ·· 272

图 3-183   清代青花瓷碗 ·· 273

图 3-184   清代青花瓷杯 ·· 274

图 3-185   清代青花瓷盘 ·· 274

图 3-186   清代青花瓷盘 ·· 275

图 3-187   清代青花瓷盏 ·· 276

图 3-188   清代青花瓷罐 ·· 277

图 3-189   清代青花瓷器盖 ··· 277

图 3-190   清代青瓷杯 ··· 277

图 3-191   道光通宝 ··· 278

图 3-192   采集明代青花瓷碗 ·· 279

图 3-193   采集明代青花瓷碗 ·· 280

图 3-194   采集明代青花瓷碗 ·· 281

图 3-195   采集明代青花瓷碗 ·· 282

图 3-196   采集明代青花瓷碗 ·· 283

图 3-197   采集明代青花瓷碗 ·· 284

图 3-198   采集明代青花瓷碗 ·· 285

图 3-199   采集明代青花瓷碗 ·· 286

图 3-200   采集明代青花瓷碗 ·· 287

图 3-201   采集明代青花瓷碗 ·· 288

图 3-202   采集明代青花瓷碗 ·· 290

图 3-203　采集明代青花瓷碗 ……………………………………………………291

图 3-204　采集明代青花瓷碗 ……………………………………………………292

图 3-205　采集明代青花瓷碗 ……………………………………………………293

图 3-206　采集明代青花瓷碗 ……………………………………………………294

图 3-207　采集明代青花瓷杯 ……………………………………………………295

图 3-208　采集明代青花瓷杯 ……………………………………………………297

图 3-209　采集明代青花瓷盘 ……………………………………………………298

图 3-210　采集明代青花瓷盘 ……………………………………………………299

图 3-211　采集明代青花瓷盘 ……………………………………………………300

图 3-212　采集明代青花瓷盘 ……………………………………………………301

图 3-213　采集明代青花瓷盘 ……………………………………………………302

图 3-214　采集明代青花瓷盘 ……………………………………………………303

图 3-215　采集明代青花瓷盏 ……………………………………………………305

图 3-216　采集明代瓷器 …………………………………………………………306

图 3-217　采集明代瓷器 …………………………………………………………307

图 3-218　采集明代釉陶盘 ………………………………………………………308

图 3-219　采集明代釉陶器 ………………………………………………………309

图 3-220　采集明代紫砂器盖 ……………………………………………………310

图 3-221　采集明代建筑构件 ……………………………………………………311

图 3-222　采集明代石碑座 ………………………………………………………312

图 3-223　采集明代石构件 ………………………………………………………313

图 3-224　采集明代木器 …………………………………………………………314

图 3-225　采集明代铁器 …………………………………………………………315

图 3-226　采集清代青花瓷碗 ……………………………………………………316

图 3-227　采集清代青花瓷碗 ……………………………………………………317

图 3-228　采集清代青花瓷碗 ……………………………………………………318

图 3-229　采集清代青花瓷碗 ……………………………………………………320

图 3-230　采集清代青花瓷碗 ……………………………………………………321

图 3-231　采集清代青花瓷碗 ……………………………………………………322

图 3-232　采集清代青花瓷碗 ……………………………………………………323

图 3-233　采集清代青花瓷碗 ……………………………………………………324

图 3-234　采集清代青花瓷碗 ……………………………………………………325

图 3-235　采集清代青花瓷杯 ……………………………………………………326

图 3-236　采集清代青花瓷杯 ……………………………………………………327

图 3-237　采集清代青花瓷杯 ……………………………………………………329

图 3-238　采集清代青花瓷杯 ……………………………………………………330

图 3-239　采集清代青花瓷杯 ……………………………………………………331

图 3-240   采集清代青花瓷杯 ………………………………………………………… 332

图 3-241   采集清代青花瓷盘 ………………………………………………………… 334

图 3-242   采集清代青花瓷盘 ………………………………………………………… 335

图 3-243   采集清代青花瓷盘 ………………………………………………………… 336

图 3-244   采集清代青花瓷盘 ………………………………………………………… 337

图 3-245   采集清代青花瓷盘 ………………………………………………………… 338

图 3-246   采集清代青花瓷盘 ………………………………………………………… 339

图 3-247   采集清代青花瓷盘 ………………………………………………………… 341

图 3-248   采集清代青花瓷盘 ………………………………………………………… 342

图 3-249   采集清代青花瓷盘 ………………………………………………………… 343

图 3-250   采集清代青花瓷盘 ………………………………………………………… 344

图 3-251   采集清代青花瓷盏 ………………………………………………………… 345

图 3-252   采集清代青花瓷盏 ………………………………………………………… 346

图 3-253   采集清代青花粉盒 ………………………………………………………… 347

图 3-254   采集清代釉陶器 …………………………………………………………… 348

图 4-1   山阳湾段古黄河（淮河）勘探土样 ………………………………………… 355

图 4-2   Ⅱ T0103 和 T1 内层位叠压情况（上东下西）……………………………… 357

第一章　概述

第一节　自然地理环境

淮安位于江苏省中北部、江淮平原东部，北纬 32°43′00″～34°06′00″，东经 118°12′00″～119°36′30″。东西最大直线距离 132 千米，南北最大直线距离 150 千米，面积 10030 平方千米。东北接连云港市，东南接盐城市，南连扬州市和安徽省滁州市，西北连宿迁市。邻江近海，是南下北上的交通要道，是江苏省的重要交通枢纽，也是长三角北部地区的区域交通枢纽。

大约一万年前的新生代第四纪冰川期以后，全球出现了冰后期气候，气温逐渐转暖，年平均温度比现在高 2℃～3℃，年降水量平均在 850～600 毫米[1]。随着冰川的消融，海平面不断上升，海岸线向陆地伸展到最大限度。

淮安市地形西高东低，除西南部的盱眙县有丘陵、岗地外，其他区域以平原为主，地势平坦，地面海拔高程一般在 8～12 米。盱眙县仇集镇境内无名山海拔高度 231 米，为全市最高点；淮安区博里地面海拔高度仅 3 米，为全市最低点。境内河湖交错，水网密布，京杭大运河纵贯南北，苏北灌溉总渠横穿东西。地质钻探资料表明，淮安境内是典型的冲积平原，近一千万年来地壳以沉降为主。古代淮安离黄海很近，淮河与南宋建炎二年（1128 年）夺淮入海后的黄河流经淮安，带来大量泥沙沉积，使地面不断淤高。到清咸丰五年（1855 年）年黄河北徙后，形成为今天所见的规模宏大的黄泛冲积平原。淮安苏北灌溉总渠以北地区，就属于这个平原的一部分。而渠南大部地区，则为江淮平原的一部分，由长江和淮河搬运来泥沙沉积而成。

一　水文气候

淮安市境内河湖交错，水网纵横，淮河干流、废黄河、里运河、中运河、盐河、六塘河、淮沭新河、苏北灌概总渠、淮河入海水道、淮河入江水道等 10 条河流在境内纵贯横穿，全国五大淡水湖之一的洪泽湖大部位于市境内，还有白马湖、高邮湖、宝应湖等中小型湖泊镶嵌其间。全市平原面积占总面积的 69.39%，湖泊面积占 11.39%，丘陵岗地面积占 18.32%，是典型的"平原水乡"。

淮安市地处南暖温带和北亚热带的过渡地区，兼有南北气候特征，光、热、水整体配合较好。一般说来，苏北灌概总渠以南地区属北亚热带湿润季风气候，以北地区为北温带半湿润季风气候。受季风气候影响，四季分明，雨量集中，雨热同季，冬冷夏热，春温多变，秋高气爽，光能充足，热量富裕。但气候年际间稳定性较差，变幅较大，旱、涝、风、雹、冻等气象灾害较频繁。全市年太阳辐射总量在 110～119 千卡/平方厘米，全市分布为北多南少；全市年日照时数在 1943～2181

---

[1]　王开发、张玉兰：《根据孢粉分析推论沪杭地区亿万年来气候变迁》，《地理学报》创刊号，1981年。

小时，日照时数分布也是北多南少。

淮安市年平均气温为 14.1℃～ 14.9℃，基本呈南高北低状，受洪泽湖水体影响，在洪泽湖区形成一暖中心。气温年分布以 7 月最高，1 月最低。全市年无霜期一般在 207 ～ 242 天，北短南长，受洪泽湖区水体影响，洪泽区无霜期最长达 236 天。

淮安市各地年平均降水量在 913 ～ 1030 毫米。降水分布特征是南部多于北部，东部多于西部。降水年内变化明显，夏季降水占 50% 以上。春夏之交梅子成熟季节多锋面雨，称为"梅雨"或"霉雨"。降水年际分布不均，年降水量最多的年份达 1700 毫米以上，最少的年份只有 500 毫米。

二　自然资源

淮安市属黄淮和江淮冲积平原，陆地总面积 892 万公顷。全市土地资源类型比较丰富，除缺少园地中的橡胶园、牧草地中的人工草地、水域中的冰川和永久积雪，其他土地利用类型均有分布。耕地和水域是主要地类，面积较大。截至 2018 年末，全市实有耕地面积 47.54 万公顷，水域及水利设施用地面积 28.93 万公顷，草地面积 0.84 万公顷，交通运输用地面积 3.7 万公顷，园地面积 2.73 万公顷。

淮安市土壤类型主要有 5 种，分别是水稻土、潮土、黄褐土、火山灰土、砂姜黑土。土壤生态类型区有里下河土壤、古淮河土壤、环洪泽湖土壤、丘陵土壤等 4 个生态类型区。耕地分为水田、旱地、望天田、水浇地和菜地等 5 类，其中水田比重最大，占三分之二。由于灌溉条件优良，风调雨顺之年，全市大部分耕地仍可高产稳产。林地主要分布在淮安市盱眙县丘陵地区，牧草地也几乎全部在盱眙县境内。

淮安市境内年平均降雨径流深在 199 ～ 262.5 毫米。总体上地表水资源较为贫乏，年际变化较大，年内分配不均，而地下水资源储量丰富，过境水量较多。洪泽湖是淮安市的生命之湖，湖泊水量补给丰沛，且为过水型湖泊，多年平均出湖水量达 330 亿立方米。全市每年抽引江水而利用的水资源数量为 10 亿～ 20 亿立方米。全市可供开发利用的含水层广泛分布于第四系松散层。平水年全市降水补给潜水的水量为 15.08 亿立方米，一般干旱年为 12.83 亿立方米，特殊干旱年为 8.16 亿立方米，潜水调节资源量为 8.53 亿立方米。全市深层地下水可采资源量为 5.42 亿立方米。

矿产资源较为丰富，主要有石盐、芒硝、凹凸棒石黏土、石油、玄武岩、石灰岩和白云岩、地热、矿泉水等。石盐、凹凸棒石粘土、芒硝保有资源储量居全省第一位。其中，探明石盐矿石资源储量 315.96 亿吨，主要分布于淮安区、淮阴区、清江浦区、洪泽区；探明凹凸棒石黏土资源储量 1960.52 万吨，主要分布于盱眙县；探明无水芒硝矿石资源储量 6.79 亿吨，主要分布于淮阴区、洪泽区。

淮安市林业资源总量位居江苏省前列，森林覆盖率 24.17%。到 2020 年底，全市有林地面积 18.94 万公顷，国家特别规定的灌木林地面积 5975 公顷，四旁树折算面积 2.05 万公顷，森林覆盖面积 21.54 万公顷。全市共有植物 104 科 219 属，275 种，其中野生植物 185 种，野生木本植物 45 科 73 属，90 种；除古树名木以外的原生林木资源分布主要在盱眙丘陵山区，树种主要是朴树、黄连木、檀树、栎树、乌桕、桑树等；全市有登记在册古树名木 545 株。全市野生动物资源丰富，有浮游动物、底栖动物、鱼类、两栖类、爬行类、兽类和鸟类等 7 个类群，300 余种；其中鸟类资源共有 194 种，隶属 14 目 40 科 76 属。国家一级重点保护物种有东方白鹳等，国家二级重点保护物种有白琵鹭、大天鹅、小天鹅、鸳鸯、鹗、红隼等；江苏省级重点保护物种有苍鹭、绿头鸭、喜鹊、大山雀等。

第二节　历史沿革

一　淮安历史变迁

淮安地处长江三角洲地区，境内有中国第四大淡水湖——洪泽湖，为古淮河与京杭大运河交点，在大运河发展史上有着极其重要的历史地位，有"南船北马""九省通衢"之称，也被誉为"运河之都"，是中国国家历史文化名城。

史前时代　早在史前时期，淮安地区就有人类生存，如旧石器时代的下草湾新人就生活在今盱眙县和泗洪县交界处的怀洪新河下草湾引河东岸[1]。到了新石器时代，在淮安区青莲岗[2]、开发区山头[3]、黄岗[4]、清江浦区金牛墩等地，发现了青莲岗文化遗址，表明这里居住着一批古氏族部落。

夏商周时期　此时淮安是"淮夷""徐夷"的活动范围。大约以古淮水为界，其北属徐州，其南属扬州。又据《禹贡》记载，扬州贡道"沿于江海，达于淮泗"，徐州贡道"浮于淮泗，达于河"，证明此时已可通过自然水系勾连南北交通。此时期发现遗存有金湖时墩、磨脐墩，盱眙六郎墩、大墩子、潘墩，涟水杨庄等遗址。公元前486年，吴王夫差开凿邗沟，沟通长江、淮河，由此与运河相伴相生。除运河外还有路上干道——善道通达南北，故成为春秋战国列强争夺的重要地区，先后为吴、越、楚国所有。

秦汉时期　秦统一六国后，推行郡县制。市境分属泗水郡和东海郡，始置县邑有淮阴（今清江浦区、淮阴区、淮安区的大部分）、盱眙（今盱眙县城北）、东阳（今盱眙县马坝镇）。在秦末农民大起义中，淮安民众蜂起响应。著名军事家韩信即于此时仗剑从戎，立下赫赫战功。西汉年间，市境大体属临淮郡，又增置淮浦（今涟水县西）、射阳（今淮安区东南）、富陵（今洪泽湖中）等县。境内农业生产条件特别是灌溉条件得到显著改善。东汉时分属下邳国和广陵郡。东汉末年，广陵太守陈登筑高家堰（今洪泽湖大堤）30里，遏淮河洪水，保护农田，并修破釜塘灌溉农田。铁制农具和牛耕也得到推广，故虽迭经战乱农业生产仍有较大的发展。同时交通运输也有改善。秦始皇修筑的驰道自境内穿过，陈登则开凿邗沟西道，使江淮交通更便捷。

魏晋南北朝时期　境内长期处于战争和对峙的前沿，建置紊乱，隶属多变。建有淮阴故城（今淮阴区马头镇）、山阳城（今淮安区）等军事要塞，为边帅驻节之地。长年战乱带来的是"江淮之间，赤地千里"的凄惨景象，经济和文化遭到严重破坏。南齐永明七年（489年），割直渎、破釜以东，淮阴镇下流杂100户置淮安县，"淮安"之名始见。

隋唐五代时期　淮安境内长期处于安定的环境，建置也较稳定，大抵淮北区域属泗州，淮南则属楚州。其间大运河的开凿和淮北盐场的建滩对市境的繁荣产生了巨大的作用。隋大业年间，连接黄淮的运河——通济渠开凿成功，境内则成为漕运重要孔道。自隋至清末，各朝均在淮安设置官署，委派大员掌管、督办漕运。唐初，涟水成为全国海盐四大场之一，非常富裕。为运销淮盐，垂拱年

---

[1] 吴汝康、贾兰坡：《下草湾的人类股骨化石》，《古生物学报》1955年第3卷，第1期。

[2] 南京博物院：《青莲岗文化的经济形态和社会发展阶段》，《文物集刊·1》，文物出版社，1980年。

[3] 尹焕章、赵青芳：《淮阴地区考古调查》，《考古》1963年第1期。

[4] 甘恢元、闫龙、曹军：《淮安市黄岗新石器时代遗址》，《中国考古学年鉴·2019》，中国社会科学出版社，2021年，第237页。

间开新漕渠运盐，淮安的盐运又兴。楚州和泗州成为运河沿线的两座全国性名城，其中楚州被白居易誉为"淮水东南第一州"，也有"襟吴带楚客多游，壮丽东南第一州"之称。

宋元时期　北宋年间，境内较为太平，先属淮南路，分属楚州、泗州；后分淮南路为淮南东、西路，市境属淮南东路。漕运、盐运得到进一步发展。政府鼓励垦殖，修复和增建灌溉设施，引进推广"占城稻"。"黄柑紫蟹见江海，红稻白鱼饱儿女"，正是这一时期的生动写照。南宋和金、元对峙时期，市境再度成为前线，为双方反复争夺，遭受兵火的长期荼毒。而由黄河夺淮带来的频繁水灾，又使市境雪上加霜，益加萧条。元代境内先后置淮东安抚司、淮东总管府、淮安路。

明清时期　境内置淮安府，府治于山阳县。明代淮安府辖山阳、清河、安东、盐城、宿迁、桃源、沭阳、睢宁、邳州、赣榆、海州共11个州县。明永乐年间，淮安漕运又兴，淮安城西北清江浦也随之开始兴起。景泰二年（1451年），漕运总督驻节淮安。康熙十六年（1677年），总河衙门由山东济宁迁至淮安，河道总督驻扎清江浦，雍正七年（1729年）时，改为江南河道总督。淮安扼漕运、盐运、河工、榷关、邮驿之机杼，是明清中央政府的漕运指挥中心、河道治理中心、漕粮转运中心、漕船制造中心、盐榷税务中心，与扬州、苏州、杭州并称运河线上的"四大都市"。清末，一度设立江淮行省，淮安是江淮巡抚驻节之所。

民国时期　淮安府撤销，山阳县更名为淮安县（今淮安区），清河县更名为淮阴县（今淮阴区），市境大部始属淮扬道，后属淮阴行政督察区、第七行政督察区。抗日战争和解放战争时期，境内成为重要的根据地和解放区，中共中央华中局、新四军军部、中共中央华中分局、华中军区、苏皖边区政府等曾驻节境内。由于处在敌后环境，根据地和解放区的政区变化较大，大约分属淮海区、盐阜区、淮南区、淮北区。1948年12月，淮安市境全部解放。1949年5月，成立淮阴专区。

中华人民共和国成立后　1952年，淮安县从盐城专区划归淮阴专区。1970年，淮阴专区改称淮阴地区，专署驻清江市。1971年，六合地区所属盱眙县、金湖县2个县划入淮阴地区，辖1市12县。1983年，淮阴专区改为淮阴市，辖淮阴、淮安、洪泽、盱眙、金湖、涟水、宿迁、沭阳、灌南、泗洪、泗阳11县和清河、清浦2区，同时将灌云县划归连云港市管辖。1987年，淮安县、宿迁县改为县级市。1996年，沭阳、宿迁、泗阳、泗洪4个县从淮阴市析出，成立地级市宿迁，灌南县划入连云港市。2001年，实施"三淮一体"战略，地级淮阴市更名为淮安市，县级淮安市更名为淮安市楚州区，淮阴县更名为淮安市淮阴区。2012年，淮安市楚州区更名为淮安区。2016年，淮安市清河区、清浦区合并成立清江浦区，洪泽县更名为淮安市洪泽区。至此淮安市下辖清江浦区、淮阴区、淮安区、洪泽区4区和涟水县、盱眙县、金湖县3县，有57个镇、38个街道（办事处）。

二　板闸镇与淮安钞关

板闸镇位于淮安城西北十二里，居两淮之咽喉，贯淮扬之通衢，是一座因闸座而设钞关，因钞关而兴盛数百年的城镇，与河下、清江浦、马头同为淮安运河沿线的四大古镇。明清时期，板闸一带属于淮安府山阳县辖地。

明代永乐十三年（1415年），平江伯陈瑄循北宋沙河故道，开辟清江浦河自淮安府城西管家湖至鸭陈口入淮，并在河上建移风、清江、福兴、新庄四闸[1]。

---

[1]　（清）张廷玉等：《明史》卷八十五《河渠三·运河上》，中华书局，2000年，第1388页。

图 1-1　板闸村拆迁后地貌（南—北）

图 1-2　板闸村拆迁后（北—南）

永乐十四年（1416 年），因四闸未能按预期节制水流，又在移风闸东三里处仓促建木闸，永乐十五年（1417 年）改为石闸，"板闸"之名始于此 [1]。此地何时设镇已不可查，"板闸镇"最早见之于天启《淮安府志》[2]。

宣德四年（1429 年），因钞法实施困难，明政府于南京至北京运河沿岸瀌县、临清、济宁、徐州、淮安、扬州、上新河等客商聚集之处，设置户部钞关，收纳关税 [3]。由于板闸地处运河咽喉位置，淮安钞关即设在板闸。由此板闸一跃成为府城外、运河上的新兴城镇，南连河下、淮安府城，北邻清江浦。其后，虽然明清两朝其他税关时有裁废、增设，但淮安钞关始终存续。

清代顺治二年（1645 年），仿照明朝旧制，仍在板闸镇设立钞关 [4]。

康熙九年（1670 年），户部储粮关和工部抽水关均并入板闸淮关 [5]。

雍正时，宿关和海关归并淮关管辖，大体包括今淮安、盐城、连云港、宿迁、徐州等地市的 28 个县区，覆盖面积约四万平方千米。

乾隆年间，淮安关每年征收关税在 30 万～ 40 万两银元，仅次于苏州浒墅关，在运河沿线七大钞关中位居第二 [6]。板闸镇商贾云集，经济发达，市井繁荣，"市不以夜息，人不以业名，富庶相沿"。据《续纂淮关统志》记载，板闸镇上沿运河分布的商铺鳞次栉比，数千家居民排列在运河两岸，在运河北岸则形成了东街、南街、西前街、西后街等主要街道，以关务谋生的几乎占据到古镇人口一半。此外，众多的宗教建筑也反映了板闸地区的人口兴旺和繁荣富庶，如东街火星庙、关帝庙、魁星楼、文昌阁、如意庵等，南街观音寺、清净庵，西后街元天宫、城隍庙，镇西百子堂及龙王庙，关署东

[1]　（清）顾炎武：《天下郡国利病书》卷十二《淮南水利考》，上海古籍出版社，1995年，第1068页。

[2]　（明）宋祖舜修，方尚祖纂：《天启淮安府志》卷三《建置志》，方志出版社，2009年，第136页。

[3]　（明）徐溥等：《明会典》卷三十二《户部十七》，《文渊阁四库全书（第617册）》，台湾商务印书馆，1986年，第345页。

[4]　（明）马麟修，（清）杜琳等重修，李如枚等续修：《续纂淮关统志》卷二《建置》，方志出版社，2006年，第46页。

[5]　（明）马麟修，（清）杜琳等重修，李如枚等续修：《续纂淮关统志》，方志出版社，2006年，第102页。

[6]　徐培华：《古代的榷关漕运与税收》，《税收征纳》2012年第8期。

西后街

西前街

吕庄村
八组

鱼

板闸村
后街组

滨

▲ 钞关公署

里

板闸小学

河

水塘
天平桥街

吕庄村
三组

中街

南

钞关码头和旗杆

通惠桥街

板闸村
三组

三元宫

水塘

水塘

水塘

运

板闸村
五组

水塘

街

水塘

河

板闸村
四组

板闸村
文桥组

渔源村
五组

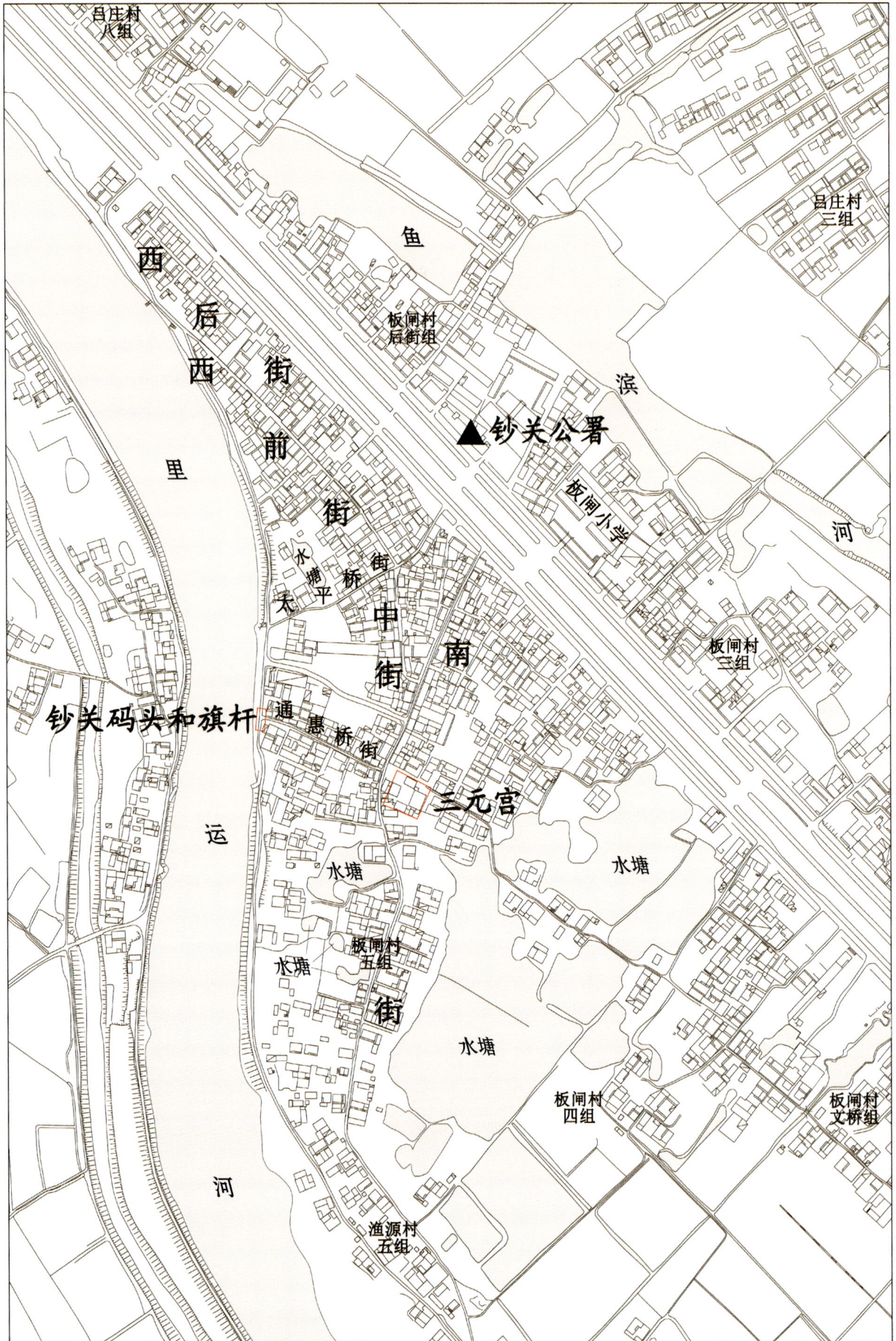

图 1-3　板闸村街道布局示意图（2007 年）

通源寺及关帝庙，东北方向篆香楼，运河北岸回施庵，运河南岸观音庵、福缘庵等等。清人卢贞吉在《淮阴竹枝词》写道："板闸人家水一湾，人家生计仗淮关。婢赊斗米奴骑马，笑指商船去又还。"黄沛霖《山阳竹枝词》云："关楼百尺倚淮流，小吏凭阑气象遒。过午贾船齐放渡，笙歌如沸占扬州。"[1]这两首诗生动描写了钞关与板闸古镇一派繁华景象。

乾隆三十九年（1774年），黄河在清江浦老坝口决堤，钞关关署及板闸镇皆被洪水淹没，水退以后，平地淤高八九尺，官署北的钵池山被冲刷大半，仅存一线，官署后方的山子湖也遭淤平。官署和各类寺庙、民居均在平地重建。重建后的淮关监督主要布局为：署衙头门内，东为南向甬壁牌坊一座、东西辕门牌坊二座，甬壁牌坊匾额大书"楚水司储"四字，另有旗杆台、鼓亭、石狮、土神祠并对面戏台、头役班房，门内西为关帝殿并对面戏台、健快班房；仪门内为关署主要场所，东侧除文武二帝祠外，主要是杂役、兵丁、皂甲各色人等班房，西侧为钱粮、商税、海关等办公之所，正中大堂三楹，悬"厘革宿弊""公平正大"等匾，配有库房；内宅门之后则是正房、耳房、厢房、书房等；署衙最后则是后花园怡园。淮安大关设在运河北岸，也称"放关楼"，由一座两层的关楼和附属建筑组成，包括官厅、厨房、东首方亭、水印房等，楼顶书"淮安大关"四字[2]。

清代中后期以后，国力逐渐衰微，漕运不兴，加上淮关管理混乱，腐败丛生，板闸地区逐渐开始走下坡路。

光绪三十年（1904年），清政府下令裁撤淮关监督，改由淮安知府兼辖[3]。

1912年，淮安钞关改为内地常关。

1928年，淮安县废除市、乡建置，实行保甲制。板闸改为淮安县十一区板闸乡。

1931年，国民政府实行货物就厂征收统税，取消内地关卡，淮安钞关被裁撤。大量以关务谋生人员四散而去，各奔东西，板闸随之衰落。

1938年，日本人占领板闸。

1942年，板闸乡与利淮乡合并为钵池乡，仍属淮安县十一区管辖。

1945年，第一次解放淮安城及周边，板闸被作为华中分局及军区重要的军事阵地。抗日战争时期，淮关监督署被日军烧毁。

1948年底，淮安全境解放，苏中、苏北解放区连成一片。淮阴、淮安合并设立"两淮市"，市政府曾驻板闸。

1949年中华人民共和国成立后，设立板闸镇，属淮城区管辖，辖东街、西街、南街、源头街、玉兰街、渔源街、吕庄、福缘街8个街道居委会，面积约5平方千米。

1957年，撤销淮城区，河下、下关、板闸3镇合并为河下镇。

1958年，撤销河下镇，板闸等区域划归淮城镇。

1965年，淮城镇郊区部分成立城郊公社，设板闸大队。

1983年，城郊公社改为城郊乡，板闸大队改为板闸村民委员会。

1988年，城郊乡撤乡建镇，并改名为板闸镇，板闸村仍归板闸镇管辖。板闸镇东西长约10千米，南北宽约4.5千米，东至城东界，南临大运河，北至徐杨王庄、红桥，西至淮阴钵池乡吕庄村。

[1]　冒广生：《淮关小志》，方志出版社，2006年，第469页。

[2]　（明）马麟修，（清）杜琳等重修，李如枚等续修：《续纂淮关统志》，方志出版社，2006年，第296～298页。

[3]　（民国）周钧等：《续纂山阳县志》卷四《漕运》，《中国地方志集成·江苏府县志辑55》，凤凰出版社，2008年，第331页。

2000年，板闸镇整体并入淮城镇，仍保留板闸村和板闸居委会，北至玉兰村，南至里运河，东到渔源村，西至吕庄村，面积约4平方千米。

2001年，为拓宽两淮路（翔宇大道），板闸东街被拆迁。同年"撤村并居"中，撤销板闸村委会和居委会，成立板闸社区居委会。

2008年，板闸社区翔宇大道以北部分拆迁，2011年翔宇大道以南区域拆迁（图1-1、1-2）。在拆迁前，板闸历史街区范围总占地面积约38.5万平方米，保留有南街、中街（也称"小南街"）、西前街、西后街、太平桥街和通惠桥街等石板路和街道布局，依然有一定的规模（图1-3）。

第三节　遗址概况

板闸遗址位于江苏省淮安市生态文旅区，中心地理坐标为北纬33°32′58.04″，东经119°6′15.06″，地面海拔高10～13米。遗址主要分布于翔宇大道、枚皋路和里运河三者的合围区域，属于黄淮冲积平原地形，总面积约6.7万平方米（图1-4），因该地原为淮安市淮安区淮城镇板闸村，故名为板闸遗址。

2019年，板闸遗址在第八批全国重点文物保护单位名单中被并入第六批全国重点文物保护单位大运河。2021年，入选国家文物局《大遗址保护利用"十四五"专项规划》"十四五"时期大遗址名单。

板闸遗址主要包含有地面建筑三元宫、钞关（旗杆和码头）、里运河板闸段（含石工堤）以及考古发现的水闸、建筑基址、古河道、码头、堤坝等遗存（图1-5、1-6）。

三元宫位于发掘区东南侧地表，平面呈不规则形，总占地面积约1000平方米，建筑面积400多平方米（图1-7、1-8）。现存房屋5幢，即三官大殿、前殿、山门及南北厢房各1幢，皆为硬山顶

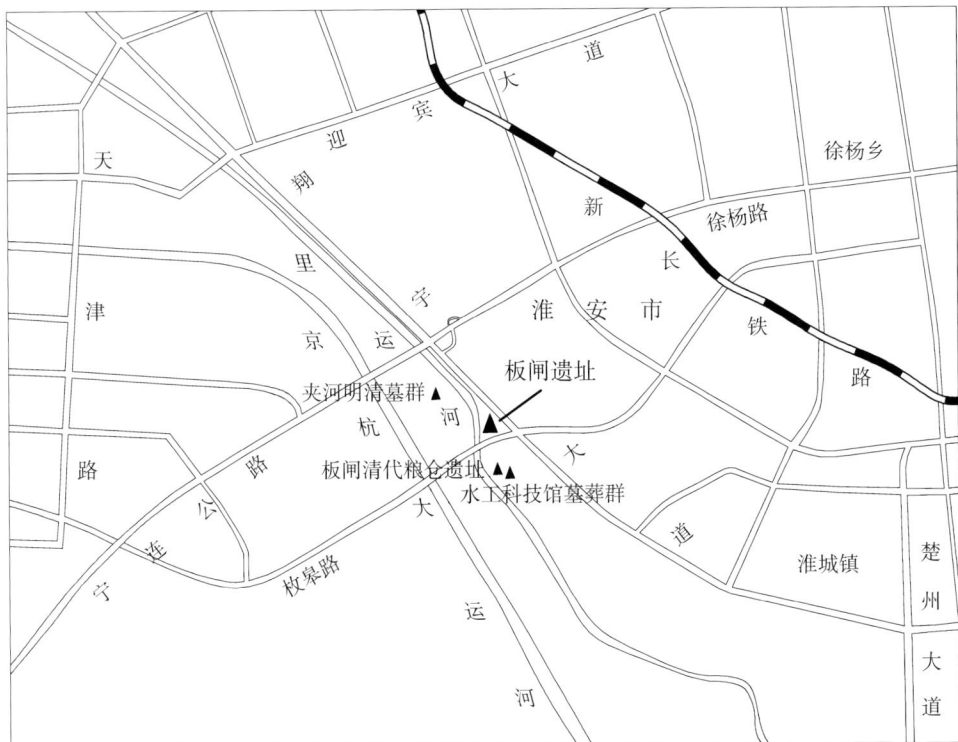

图1-4　板闸遗址位置示意图

图 1-8　三元宫（西北—东南）

图 1-9　钞关旗杆（东—西）

图 1-10　钞关旗杆俯视

图 1-11　里运河板闸段（南—北）

码头

图 1-12　里运河板闸段东岸石工堤及钞关码头

抬梁式。其中大雄宝殿面阔 5 间 14.1 米，进深 9 檩 11 米，檐口高 4.2 米，脊高 8.5 米。室内用方砖铺成菱形地坪，柱础为白矾石。原三官大殿与两侧厢房有廊轩相接。南、北厢房面阔 9 米，进深 6.5 米。前殿面阔 9.2 米，进深 7.6 米。1945 至 1946 年，中共中央华中分局《新华日报》印刷厂设在此地，中华人民共和国成立后又被作为粮站粮库使用，2010 年淮安市文物部门对大殿进行过修缮[1]。三元宫为道教建筑，供奉道教三元大帝，也称三官大帝，即天官、地官和水官三位治理三界的天神，有天官赐福，地官赦罪，水官解厄之意。

---

[1]　淮安市文物局：《淮安文物保护单位大全》，南京大学出版社，2012 年，第174页。

钞关（旗杆和码头）位于发掘区西南侧地表，毗邻里运河板闸段。现存一处旗杆基座（图1-9、1-10）和码头，码头与板闸石工堤相连。旗杆及其基座原为淮安钞关大关楼前设施。

里运河板闸段（含石工堤）位于发掘区西侧，该段长约1.9千米，宽60～100米。其东岸存留有石工堤，为条石错缝顺砌，长约320米，残存高度不详（图1-11、1-12）。

此外，2006至2007年淮安市博物馆在与发掘区一河之隔的夹河村，曾发掘明清时期墓葬19座[1]，后又于此勘探出百余座明清墓葬。同时，南京博物院和楚州区博物馆在距此次发掘区以南300米处的运河大堤上还发现清代的粮仓遗址[2]。2021年，为配合水工科技馆建设，淮安市文物保护和考古研究所联合徐州博物馆在距发掘区南侧约450米处的里运河东侧区域，发掘清代至民国墓葬190座。这两处墓群应为同时期板闸镇居民之墓葬。因此，结合板闸地区的历史变迁，从广泛意义上来看，板闸遗址即是明清时期以"板闸"—钞关—板闸镇为中心的各类历史遗存之集合体。除了上述主要区域的遗存以外，还与周边的墓葬群、古粮仓遗址等遗存关系密切。

目前，板闸遗址正在建设遗址公园。

第四节　工作经过

2014年10月，淮安市生态新城"板闸风情街"建设项目在施工过程中发现地下大量条石（图1-13、1-14）。闻讯后，淮安市博物馆随即进行跟踪勘探和清理。初时只见部分石工墙体露出，后来随着揭露面积的扩大，根据其形状走向和闸门槽确定为水闸遗存（图1-15）。

2014年11月至2015年2月和2015年4月至9月，南京博物院和淮安市博物馆对所发现遗存进行了抢救性发掘（图1-16～1-28）。发掘工作团体资质单位为南京博物院，领队为胡兵。第一阶段参加发掘人员有淮安市博物馆胡兵、祁小东、刘光亮、曾红强、王军来、赵李博，南京大学研究生祁迎迎、余金玲。主要工作内容是以当时的基坑底（约与水闸闸门槽处条石平齐）为基准，揭露出水闸遗存的平面形态，并对闸内进行勘探，推测水闸底部为木板铺就；以古河道为界划分为Ⅰ、Ⅱ两区，河道东侧（Ⅱ区）布设12个10米×10米探方（T0101、T0102、T0202、T0203、T0215、T0216、T0303、T0304、T0305、T0306）；单独清理了一号建筑基址，并在一号建筑基址东南部基坑壁做剖面以了解遗址上部堆积情况；于河道西侧（Ⅰ区）布设2个10米×10米探方（T0114和T0214），清理出二号建筑基址；于水闸西北端雁翅处北侧约18米处清理出发掘区上部的河道西侧部分堤坝和河内堆积剖面，宽度21.5米；在ⅠT0214东南处约13米处的河道西岸布设4米×4米探沟（2014TG1），以了解河岸木桩设施的结构。

第二阶段参加发掘的人员有淮安市博物馆胡兵、祁小东、刘光亮、褚亚龙、薛玲玲、赵李博、刘显谋、曾红强、王军来、曾红兵、刘显丰、辛春祥、张华祥。主要工作内容为将清理水闸内部地层堆积，暴露出底板结构和部分底板被破坏区域的地钉，了解清楚其整体构造和建筑方式；继续于河道东侧（Ⅱ区）布设10米×10米探方32个（T0404、T0405、T0406、T0407、T0408、T0409、T0410、T0411、T0412、T0413、T0506、T0507、T0508、T0509、T0510、T0511、T0512、T0513、T0606、T0607、

[1] 南京博物院、淮安市博物馆：《淮安夹河明清墓群考古发掘简报》，《大运河两岸的历史印记——楚州、高邮考古报告集》，科学出版社，2010年，第1～15页。

[2] 南京博物院考古研究所、楚州区博物馆：《淮安板闸清代粮仓遗址发掘简报》，《大运河两岸的历史印记——楚州、高邮考古报告集》，科学出版社，2010年，第85～110页。

图 1-13　施工基坑底部（西北—东南）

图 1-14　现场施工时发现条石

图 1-15　闸门槽初现

T0608、T0609、T0610、T0611、T0612、T0706、T0707、T0708、T0709、T0806、T0807、T0808）；利用 T1（7 米 × 10 米）和 II T0103（10 米 × 10 米）对河道东南侧的 2 排木桩进行解剖，以了解其早晚关系和性质；对 II T0304、T0305、T0306 向西扩方 4 米，对 II T0407 向西扩方 6 米，II T0408 向西扩方 4 米，继续揭露发掘第一阶段未揭露完整的建筑基址；在水闸西南端雁翅处西侧 4.5 米处基坑壁上切出一段 18 米长的剖面，寻找堤坝走向和位置；将第一阶段已坍塌探沟（2014TG1）拓宽至 6 米 × 10 米，仍编号 TG1，进一步观察河岸木桩结构和河内堆积状况；于水闸西南侧地表布设正南北向探沟 TG2，大小为 20 米 × 4 米，以了解西侧堤坝走向和堆积情况，后因暴雨影响坍塌过甚而放弃清理；于 II T0306 扩方区域西侧布设探沟 5 米 × 5 米探沟（TG3），解剖排水沟（G2）与古河道关系；于水闸西侧闸墩上布设探沟 TG4，规格 7 米 × 2 米，方向 306°，以了解水闸内侧条石砌筑方式和闸墩堆积情况。

2015 年 6 月 2 日，淮安市组织召开了专家论证会，来自国家文物局、中国文化遗产研究院、江苏省文物局、东南大学、南京博物院及淮安本地的 11 位专家学者对板闸遗址发现情况进行了热烈而广泛地讨论，确定了板闸遗址的重大历史价值和现实意义，强调必须完整保护，奠定了板闸遗址后续保护工作的基调（图 1-29）。

图 1-16　发掘区俯视图

图 1-17　发掘区（北—南）

图 1-18　水闸发现场景

图 1-19　遗址发掘场景

图 1-22　河岸木桩清理场景

图 1-20　建筑基址区发掘场景（2014 年）

图 1-23　码头发掘场景

图 1-21　建筑基址区发掘场景（2015 年）

图 1-24　水闸西侧堤坝剖面清理场景

2015 年 6 月底开始，淮安遭遇罕见持续性暴雨。由于发掘区距地表较深，周边雨水迅速向发掘区内汇集，整个发掘区域一片汪洋。此后经过多次排泄积水又接连遭暴雨侵淹，水位长期不退，导致发掘区域内普遍为淤泥覆盖，水闸内部淤积尤为严重，南北两侧护坡皆被冲垮，降水管井全部损坏，淤泥覆盖底板，所幸水闸本体未受较大影响。8 月初开始，又进行了数次反复排水和清淤工作，直至 8 月底才彻底将发掘区域积水排干，淤泥和积水问题致使后期发掘区内清理效果欠佳，淤泥未完全清理干净，大部分区域泛绿霉。

两个阶段的发掘均位于建筑施工开挖的基坑内部，基坑面积约 29500 平方米，原始地表海拔高度为 10 ～ 13 米，基坑底部海拔高度 6.8 ～ 7.5 米，发掘总面积约 5500 平方米。其上部地层已被完全破坏，现表土之下即见遗迹。发掘揭示出明代闸体及附属设施，共发现 1 座水闸、1 条古河道、1 座码头、2 条堤坝和成排的建筑基址（包含 2 座大型建筑基址、28 座房址、2 条道路、3 条水沟及其与房址、道路散水相互勾连而成的排水系统）等遗迹，并出土了大量与运河有关的生活用具、生产工具等遗物。

资料整理工作分为两个阶段：第一阶段为 2015 年 8 月至 2016 年 5 月，参加整理的人员有淮安市博物馆胡兵、褚亚龙、薛玲玲、赵李博、张华祥和陕西技工曾红强、王军来、刘显谋、曾红兵、刘显丰、辛春祥，主要工作内容为整理出土遗物并登记分类，修复陶、瓷类器物标本，绘制遗址总图、遗迹图及部分器物图和制作拓片；第二阶段为 2021 年 6 月至 2022 年 11 月，参与整理的人员有淮安市文物保护和考古研究所胡兵、赵李博、薛玲玲、张荣鑫、高悦、文银学，河南技工苏帅、

图 1-25　TG4 发掘场景

图 1-26　现场绘图和记录

图 1-27　考古工地拍照

图 1-28   专家指导工作

图 1-29   与会专家学者现场考察

张军及首都师范大学研究生宋瑞、王怡然、杨聪磊、甘创业、刘星彤、赵聪颖，主要工作内容为修复剩余器物标本、电子化遗迹图和器物图、制作拓片和器物卡片。器物摄影由淮安市博物馆王伟主要完成。

　　2015 年发表了板闸遗址相关简讯[1]。2019 年整理发表了《江苏淮安板闸遗址发掘简报》[2]，对板闸遗址的重要收获向业内进行了刊布。2022 年底完成本报告的编写工作，在编写期间，对发掘资料作了更为系统的整理，并对少数遗迹号和器物号进行了调整。简报与本报告不同之处，皆以本报告内容为准。

---

[1] 胡兵、王剑、赵李博、褚亚龙：《江苏淮安发现明代水闸遗址》，《中国文物报》2015 年 11 月 6 日第 8 版。

[2] 胡兵、赵李博：《江苏淮安板闸遗址发掘简报》，《文物》2019 年第 2 期。

第五节　编写体例

本报告编写体例如下：

1. 探方编号

发掘区以古河道为界划分为Ⅰ、Ⅱ两区，河道西侧为Ⅰ区，河道东侧为Ⅱ区，Ⅰ、Ⅱ两区坐标原点不同。探方编号由 2015H（淮安首字母）B（板闸首字母）+ 分区号 +T+ 探方号（东西向 + 南北向）组成，遗迹编号由 2015HB+ 遗迹号组成。探沟不进行分区，整个发掘区统一按自然数顺序进行编号，如 TG1 ～ 4、T1 等。在遗迹号中，水闸、古河道、堤坝、码头等均以汉字表述，省略了后面自然数，如水闸 1 直接表述为水闸。建筑基址部分除两座较大的基址编号为一号、二号以外，其余遗迹号均按照通行惯例以其对象名称首字母大写 + 自然数组成，如房址 F1、沟 G1、道路 L1。为方便阅读，本报告表述均将前缀"2015HB"省去。

2. 遗物编号

在发掘过程中，我们对出土的可修复器物和具有特殊纹饰（器形）的器物残片统一进行了编号。其中水闸内（第①～⑥层）所出土器物为一套自然数序号；探方、探沟内均按照一个堆积单元（如①层）内的出土器物一套自然数序号来进行编号；采集器物为一套自然数序号。

3. 器物尺寸描述

所有器物在描述其口径等特征时，口径均表示最大外口径，足径同理。

4. 排版

为方便读者阅读、使用，版式上本报告在遗迹、遗物分述中将线图与照片混排并使用同一个插图号与正文对应，其中比例尺仅供线图、拓片作参照使用。

第二章　上部地层堆积与遗迹

第一节　发掘区上部地层堆积

由于发掘区域位于工程施工的基坑之下，已不存在上层堆积，各类遗迹均发现于施工后的表土层下，因而以一号建筑基址东南侧基坑壁剖面为例说明上层堆积情况，根据土质、土色及包含物的不同，该处地层堆积可分为13层（图2-1）。

第①层：浅黄色土，土质较软，结构较疏松，包含青花瓷片、碎砖块、现代垃圾及植物根系等，厚5～26厘米，为表土层。

第②层：黄褐色土，土质较软，结构较疏松，包含青花瓷片、碎砖块及现代垃圾等，厚8～28厘米，距地表9～24厘米，为扰土层。

第③层：浅黄褐色土，土质较软，结构稍紧密，包含碎砖块等，厚12～40厘米，距地表25～51厘米。

第④层：黄褐色沙土，土质较软，结构较紧密，无包含物，厚46～82厘米，距地表44～72厘米。

第⑤层：浅黄色沙土，土质较软，结构较紧密，无包含物，厚22～64厘米，距地表99～136厘米。

第⑥层：黄褐色沙土，土质较软，结构较紧密，无包含物，厚9～37厘米，距地表144～178厘米。

第⑦层：浅黄色沙土，土质较松，结构较紧密，无包含物，厚16～75厘米，距地表178～214厘米。

第⑧层：黄褐色沙土，土质较软，结构稍紧密，局部含草木灰，厚0～128厘米，距地表208～242厘米。

第⑨a层：灰黄色沙土层，夹草木灰线痕，土质稍硬，结构紧密，厚0～70厘米，距地表246～265厘米。

第⑨b层：灰黑色土层，夹一黄褐色沙土小层，土质较软，结构较疏松，包含大量草木灰，厚0～28厘米，距地表308～329厘米。

第⑨c层：深灰色土层，土质较软，含水分较大，结构较紧密，包含草木灰、碎瓷片，厚0～44厘米，距地表273～358厘米。

第⑩层：浅黄色沙土层，夹杂小块红褐色淤泥，土质较硬，结构较疏松，含草木灰，厚0～38厘米，距地表261～380厘米。

第⑪层：浅黄色沙土层，土质较软，结构较紧密，无包含物，厚0～19厘米，距地表240～284厘米。

第⑫层：浅褐色沙土层，土质较软，结构较紧密，无包含物，厚15～62厘米，距地表258～311厘米。

第⑬层：灰黄色土层，土质稍硬，结构较疏松，包含草木灰、碎砖块、木桩等，厚15～43厘米，距地表317～369厘米。一号建筑基址即开口于该层下。

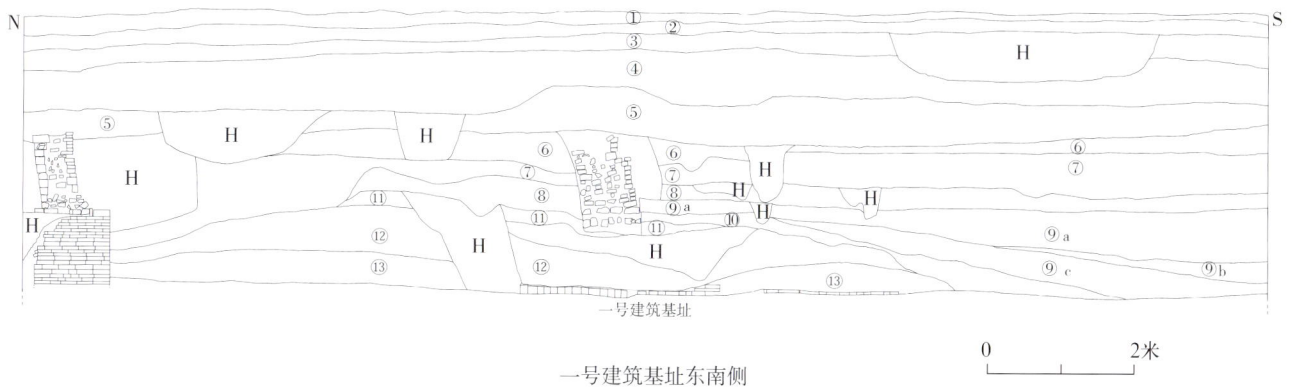

一号建筑基址东南侧

0   2米

一号建筑基址西南侧

图 2-1 发掘区上部地层堆积剖面图

第二节 水闸

一 闸身

水闸位于发掘区最南部，其东侧为三元宫建筑区，西侧为钞关旗杆基址，闸门处顶部海拔高度为 7 米，总占地面积约 2600 平方米（含闸墩），实际发掘面积 445 平方米（图 2-2 ～ 2-7）。水闸整体大致呈对"八"字形，中间窄，两头宽。两端连接古河道，全长 57.8 米，宽 6.2 ～ 56.2 米。方向 33°。水闸两侧为闸墩，墩体填充素土及碎石。水闸闸身由闸基和闸墙两部分构成。

北

发 掘 区 北 壁

A

下

分

水

雁

翅

正

身

B—

上

迎

水

雁

翅

下

分

水

雁

翅

正

身

—B'

上

迎

水 —D'

雁

翅

裹头

A'

C'

D

发 掘 区 南 壁

0　　　　6米

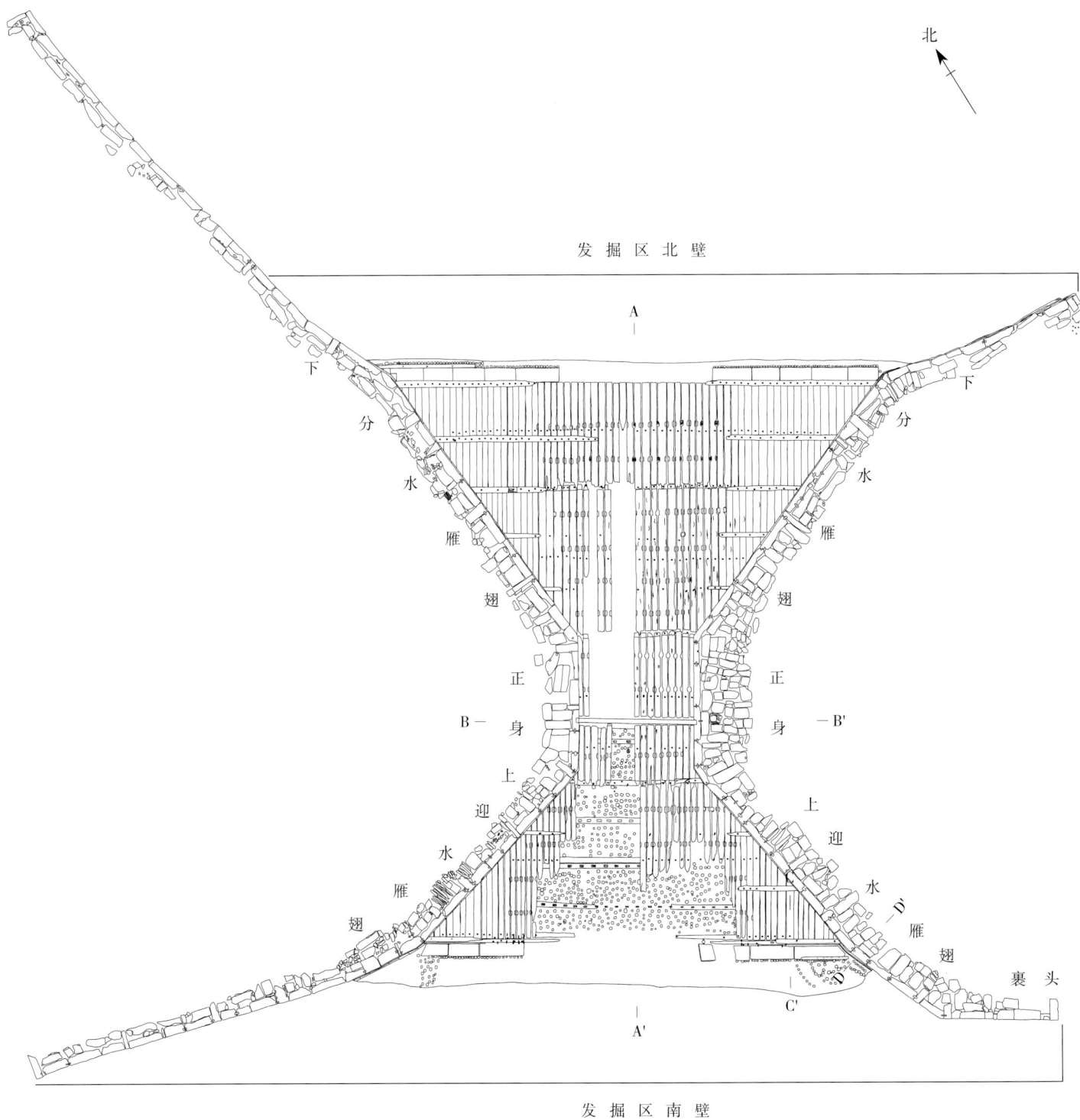

图 2-2　水闸平面图

图 2-3　水闸（东北—西南）

图 2-4　水闸（东—西）

图 2-5　水闸俯视图（发掘前）

图 2-6　水闸俯视图（发掘后）

图 2-7　水闸正视图（北—南）

图 2-19　铺底板、挡木与牙石

图 2-20　闸底东北角挡木、牙石与关石桩及木条

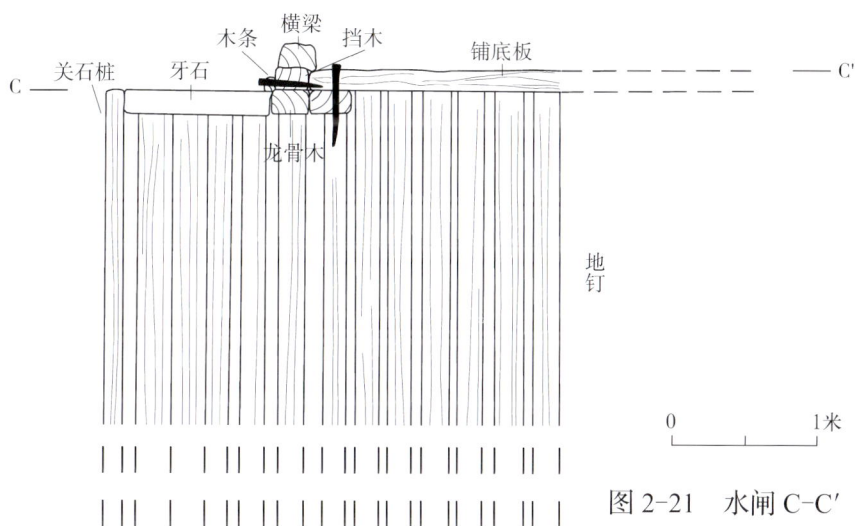

图 2-21　水闸 C-C′ 剖面图

图 2-22　闸底东南角牙石与关石桩及木条

系对剖圆木拼接而成。横梁上每隔 30 厘米左右有铁钉将之固定于铺底板上，使铺底板连为一个整体，增加整个闸基的稳固性（图 2-23 ～ 2-25）。

闸墙又称金刚墙。残存最高处距地表 1.58 米，海拔 9.5 米，最低处距地表 4.3 米，海拔 6.8 米。闸墙整体坐落于闸基的铺底板之上，为条状青石或麻石砌筑，从下至上共有 17 ～ 26 层，残高 5.2 ～ 8 米（图 2-26、2-27）。闸墙面石排列规整，凿刻细致。里石仅见水闸残存处顶部表面，较为杂乱粗糙，可见石桥栏板、石碾、石碑和石板等原用作其他用途的石料（图 2-28、2-29）。闸墙转折处采用条石错缝对接，并凿磨成转角形状，以保证不同走向的墙体之间连接牢固（图 2-30、2-31）。条石之

图 2-23　横梁与铺地板

图 2-25　横梁与闸墙

图 2-24　横梁与铺底板、闸墙

间采用石灰加糯米汁嵌缝，最外层条石两端还作燕尾槽以铁锭、灰浆嵌缝固定，其与内层条石之间则用铁扒钉连接（图 2-32）。

按平面构造可将闸墙分为正身、雁翅（翼墙）和裹头三部分。

正身，位于闸体中部，东、西两部分平行且等长。长 7.1 米，其中部偏南位置为闸门。闸门又称金门或龙门，宽 6.2 米，残高 5.2 米。闸门板不存，仅余闸门槽。闸门槽为多块条石雕琢成"凹"字形上下叠砌而成，宽 25、深 11 厘米。槽底有一条万年枋作为闸门槛，闸门槛可见长度为 6.42 米，宽 24 厘米，高 25 厘米，两端伸入闸墙底部（图 2-33 ~ 2-38）。

雁翅（翼墙），分为上迎水雁翅（翼墙）和下分水雁翅（翼墙）。上迎水雁翅位于正身南侧，有东西两部分，呈"八"字形向南外撇。东侧雁翅总长 18.7、高 5.2 米；西侧总长 34.7、高 5.2 ~ 5.4

图 2-32　闸墙顶部的铁锭和铁扒钉

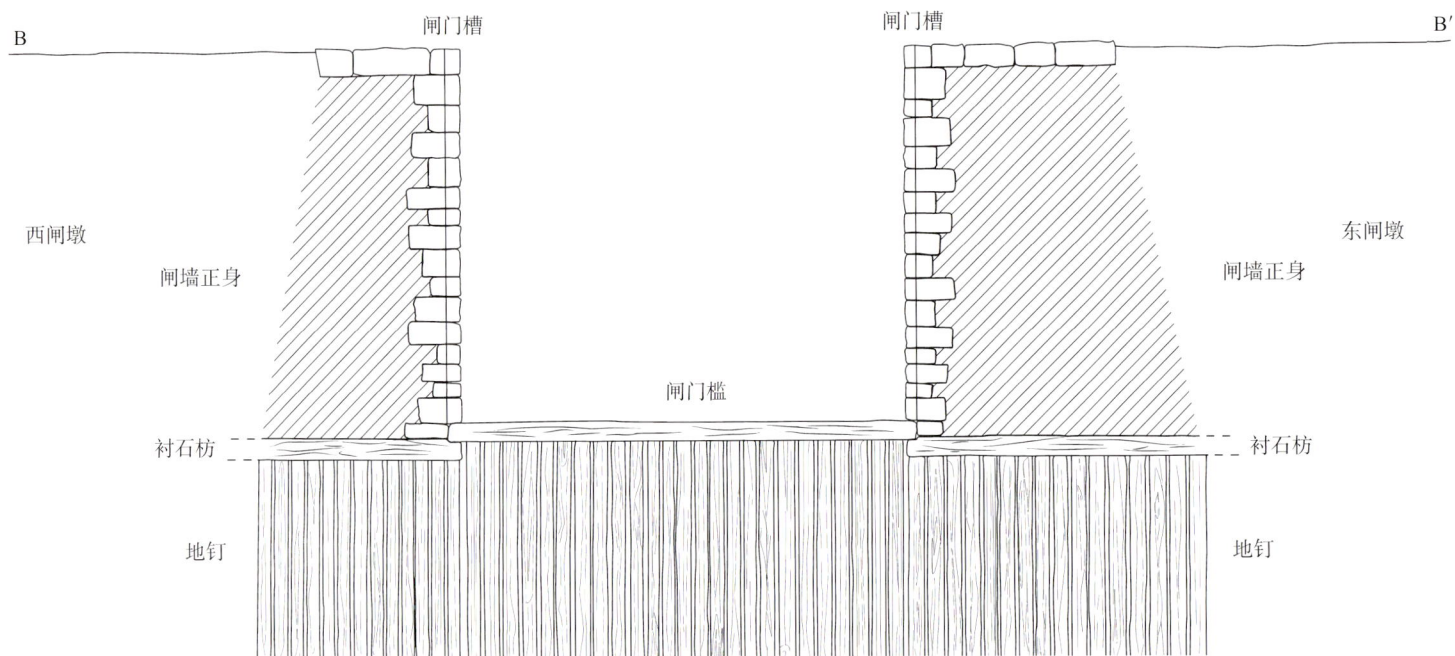

图 2-33　水闸 B-B′ 剖面图

图 2-34　闸墙正身俯视图

图 2-35　东闸墙正身及闸门槽

图 2-36　西闸墙正身

米（图 2-39、2-40）。迎水雁翅之间为上游闸塘，整体较短，南宽北窄，略呈梯形，是为迎水面，长 19 米，宽 6.2～54.4 米。下分水雁翅，位于正身北侧，有东西两部分，呈"八"字形向北外撇。东侧雁翅总长 28.1、高 5.2～8 米；西分水雁翅总长 44.8、高 5.2～5.8 米（图 2-41～2-43）。分水雁翅之间为下游闸塘，较上游长，北宽南窄，同呈梯形，是为分水面，长 31.5 米，宽 6.2～56.2 米。此外，位于牙石外侧的雁翅底部与铺底板连接处各有木板包护（图 2-44～2-48）。

图 2-37　西闸墙闸门槽

图 2-38　闸底掉落的带闸门槽的条石

图 2-39　东南雁翅

图 2-40　西南雁翅

图 2-42　西北雁翅（一）

图 2-43　西北雁翅（二）

图 2-41　东北雁翅

图 2-45　闸底东北角衬石枋、木护板、牙石与关石桩

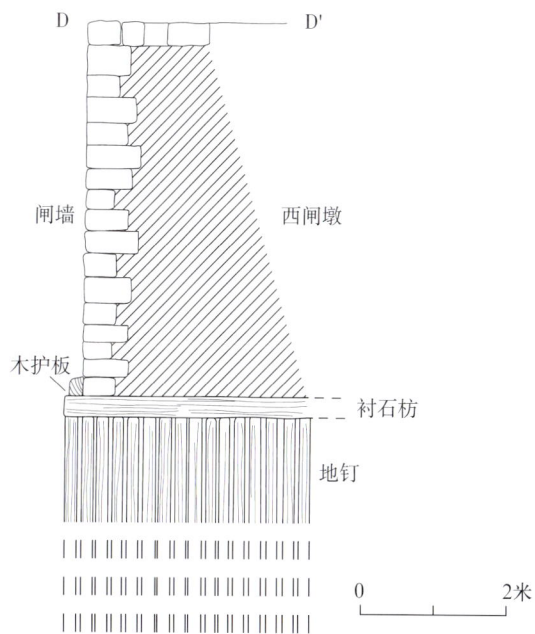

图 2-44　水闸 D-D′剖面图

图 2-46　闸底东南角地钉、衬石枋、木护板与闸墙

图 2-47　闸底西北角衬石枋、木护板与闸墙

图 2-48　闸底西南角地钉、衬石枋、木护板与闸墙

裹头，迎水侧为上裹头，分水侧为下裹头。仅可见东南侧的上裹头，长6.3、高5.2～6.7米（图2-49）。

按照平面形状、砌筑方式、石条规格及磨损程度，综合闸墙各部位的分段特征，从下到上可将闸墙分为四期（图2-50～2-55；表2-1）。

一期平面为较为规整的对"八"字形，西南、西北、东北三处裹头部分深入闸墙内部，不可见。条石为全顺式错缝平砌，顶部高低不等，共10～15层，自下而上每层有1厘米左右收分。条石规格普遍较小，局部为2层条石并做1层使用，部分有断裂和破损（图2-56），闸墙转角处较为圆钝。受水流冲刷严重，表面存在磨损严重，大部分存在水流切割线痕（图2-57）。在西闸墙雁翅位置的墙面石上发现有若干凹窝，距闸底2.8～3.5米。一种为柱形凹窝，内部较为平整，深度较浅；另一种锥形孔，外大内小，深度略深（图2-58、2-59）。东闸墙整体和西闸墙正身部分不见此类凹窝，似系行船撑篙形成。条石规格大小不一，最长者2.3米，最短者0.3米，厚0.15～0.37米，宽度不详。

二期平面为较为规整的对"八"字形，西南、西北、东北三处裹头部分深入闸墙内部，不可见。条石为顺丁交错平砌，共1～2层。条石规格较大，

图 2-49　东南裹头

图 2-50 东北翼墙分段情况

图 2-51 东正身分段情况

图 2-52 东南裹头分段情况

图 2-53 西北翼墙分段情况

图 2-54 西正身分段情况

图 2-55　西南翼墙分段情况

闸墙转折处较尖锐。基本保留开凿时痕迹，表面不见流水冲刷痕迹。条石规格大小不一，最长者 3.1 米，最短者仅见有 0.2 米，厚 0.25 ~ 0.32 米，宽度不详。

表 2-1　闸墙不同位置分期情况表

位置 / 特点 / 分期	一期	二期	三期	四期
东北雁翅	条石规格小，全顺式，受水流冲刷严重	条石规格大，顺丁结合，受水流冲刷少	接续原闸墙增长并加高，条石规格大，顺丁结合，受水流冲刷少	条石规格大小不一，顺丁结合，局部参差不齐，尾部向外伸出并叠压于下部土层上
东南裹头	条石规格小，全顺式，受水流冲刷严重	条石规格大，顺丁结合，受水流冲刷少		条石规格较大，顺丁结合，尾部向外伸出叠压于下部土层上
东、西正身	条石规格小，全顺式，受水流冲刷严重	条石规格大，顺丁结合，受水流冲刷少		
西北雁翅	条石规格不统一，受水流冲刷严重，有全顺式也有少量顺丁结合		接续原闸墙增长并加高，条石规格大，顺丁结合，受水流冲刷少	
西南雁翅	条石规格小，不统一，全顺式，受水流冲刷严重	条石规格大，顺丁结合，受水流冲刷少	接续原闸墙增长并加高，条石规格大，顺丁结合，受水流冲刷少	

图 2-56　闸墙底部断裂的条石

图 2-57　条石上的水流冲刷痕

图 2-58　西南翼墙上的凹窝

图 2-59　西北翼墙上的凹窝

图 2-60　第三期闸墙改建处的平面位置

三期平面呈不规则对"八"字形，在西南、西北、东北三处雁翅与裹头转折处接续延长（图2-60～2-63），并在原有部分上加高6～7层。其中西北侧的迎水雁翅接续处墙体下方为密集桩钉基础，桩钉顶端高于水闸铺底板2.3米（图2-64、2-65）。条石顺丁交错平砌，共6～12层，收分不明显。条石规格普遍较大，局部为2层并做1层使用，闸墙转折处较尖锐。基本保留开凿时痕迹，表面不见流水冲刷痕迹。部分条石可见其他使用痕迹，为二次利用（图2-66、2-67）。条石最长者2.8米，最短者0.2米，厚0.2～0.4米，宽度不详。

四期条石为顺丁交错平砌。仅见于西闸墙东南角和东北角，共5～6层。条石规格大小不一，顺丁结合，局部参差不齐，尾部向外伸出并叠压于下部土层之上。基本保留开凿时痕迹，表面不见流水冲刷痕迹。部分条石可见其他使用痕迹，为二次利用（图2-68）。条石最长者2米，最短者0.2米，厚0.22～0.55米，宽0.25～1.48米不等。

根据遗址中水闸的结构和文献记载[1]分析，其建造方法应为首先选址挖塘，底部筑三合土，再以桩钉钉地，其上铺龙骨木和垫木，龙骨木与地钉榫卯结合，然后用成排枋木纵铺作为铺底板，以木梁横拦使其整体形成梁板式基础，所有木构件之间均有铁钉加固，迎水和跌水处采用石板和木桩闭护，最后再于铺底板上垒砌条石。

图 2-61　东北翼墙改建迹象

图 2-62　西北翼墙改建迹象

图 2-63　西南翼墙改建迹象

[1]　（明）潘季驯《河防一览》卷四《修守事宜》（中国水利水电出版社，2017年，第69页）："建闸节水，必择坚地开基，先挖固工塘，有水即车干，方下地钉桩。将桩头锯平，槿缝，上用龙骨木、地平板铺底，用灰麻舱过，方砌底石。仍于迎水用立石一行，拦门桩二行，跌水用立石二行，拦门桩八行，如地平板铺完，工过半矣。自金门起两面垒砌完，方砌海漫雁翅。金门长二丈七尺，两边转角至雁翅各长五丈，共用石三千一百丈。闸底海漫、拦水、跌水共用石九百丈，二项共用石四千丈。并铁锭、铁销、铁锔、天桥环、地钉桩、龙骨木、地平板、万年坊、闸板、绞关、闸耳、绞轴、托桥木、石灰、香油、苘麻、柴炭等项及各匠工食，约共该银三千两有奇。其官夫廪粮工食，临期酌给。"另有王璞子《清官式石闸及石涵洞做法》一文可供参考，见于《梓业集——王璞子建筑论文集》，紫禁城出版社，2007年。

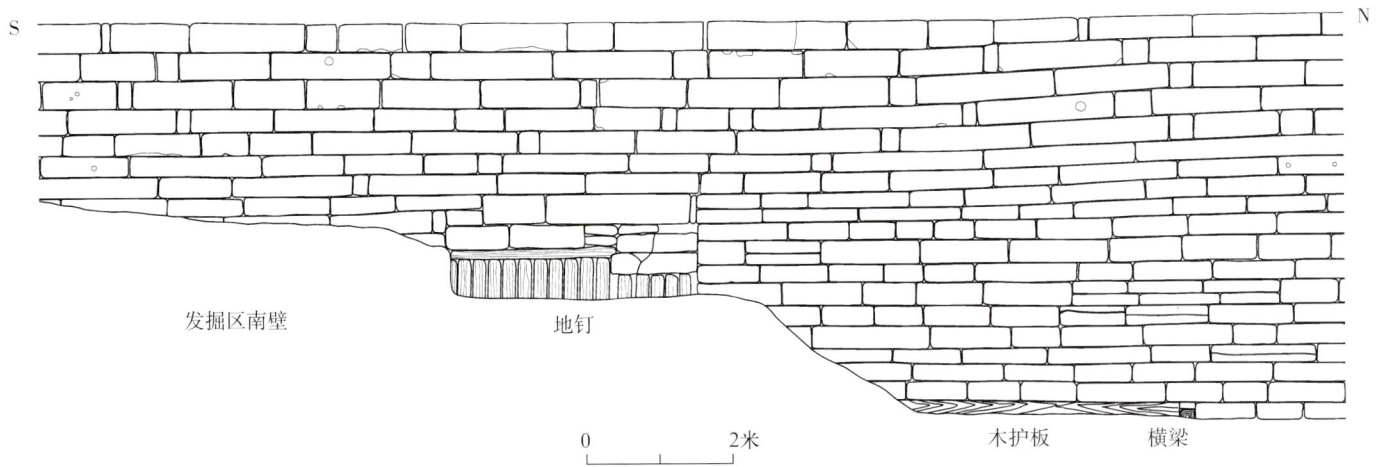

图 2-64　西南雁翅改建处墙体图

图 2-65 西南翼墙改建处底部桩钉

图 2-66　西北翼墙上部条石上的开槽痕迹

图 2-67　西北翼墙顶部条石上的开槽痕迹

图 2-68　东北翼墙顶部条石上的开槽痕迹

二 闸内堆积

闸内上层堆积已被破坏，目前可见堆积共有6层，以水闸发掘区南壁剖面为例进行介绍（图2-69、2-70）。

第①层：灰褐色土层，土质软，结构较紧密，内含植物腐殖质、瓷片、砖块等，厚0～130厘米。

第②层：灰黄色土层，夹杂深褐色淤土块，土质较软，结构较紧密，内含大量细沙，厚0～190厘米，距基坑底0～130厘米。

第③层：浅灰色土层，夹杂灰褐色淤土块，土质软，结构较紧密，内含少量细沙，厚0～150厘米，距基坑底0～257厘米。

第④层：黄灰色土层，夹杂暗红色淤土块，土质较软，结构紧密，黏性较大，厚40～190厘米，距基坑底60～356厘米。

第⑤层：深褐色土层，土质软，结构紧密，内含少量细沙，厚40～120厘米，距基坑底122～441厘米。

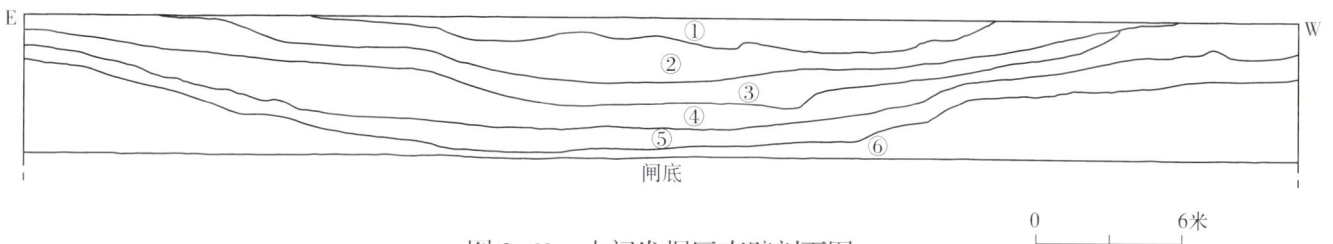

图2-69 水闸发掘区南壁剖面图

图2-70 水闸发掘区南壁层位堆积

第⑥层：灰褐色土层，土质软，结构较疏松，内含碎石、条石、砖块、瓷片、铁器等，厚20～36厘米，距基坑底176～536厘米。

闸内遗物多出于⑥层，其次为②层，其余层位较少。

三 闸墩堆积

（一）西闸墩

为了解闸墩内构造和堆积方式，于西闸墩布设一探沟对西闸墩进行解剖，编号TG4，现以TG4为例介绍西闸墩堆积和构造情况。

TG4位于基坑底部，西闸墩中部，东南侧紧靠闸墙，西距里运河约75米，东距三元宫约30米。方向306°。布设大小为7米×2米，从第⑩层开始仅清理探沟内东半部分。从上至下可将TG4内堆积可分为24层（图2-71～2-75）。

第①层：深灰色土，夹少量红褐色土块，土质较硬，结构较紧密，厚0～33厘米。仅分布在探沟西半部。

第②层：灰褐色土，夹红褐色土块，土质较硬，结构较紧密，厚10～25厘米，距基坑底0～33厘米。

第③层：浅灰色土，夹大量黄褐色黏土块，土质较硬，结构较紧密，包含少量贝壳，厚22～33厘米，距基坑底10～50厘米（图2-76）。

第④层：灰色土，夹少量青灰色淤泥土块，土质较硬，结构较紧密，包含少量碎石子、砖瓦残块、白灰颗粒和螺蛳壳，厚13～43厘米，距基坑底41～75厘米。

第⑤层：深灰色土，土质较硬，结构较紧密，包含碎砖瓦、青花瓷片、陶片和螺蛳壳，厚15～28厘米，距基坑底84～95厘米。该层表面存在夹杂碎石子和白灰颗粒的踩踏面。

第⑥层：灰褐色土，夹黄褐色土块，土质较硬，结构较紧密，包含少量砖瓦残块、青花瓷片和陶片，厚27～40厘米，距基坑底107～115厘米。该层表面存在夹杂碎石块、白灰颗粒及少量砖瓦残块的踩踏面。

第⑦层：灰色土，土质较硬，结构较疏松，包含大量碎石块、砖瓦残块、青花瓷片、陶片和部分小块条石及少量贝壳、螺蛳壳，厚22～75厘米，距基坑底136～148厘米。该层表面存在踩踏面痕迹（图2-77）。

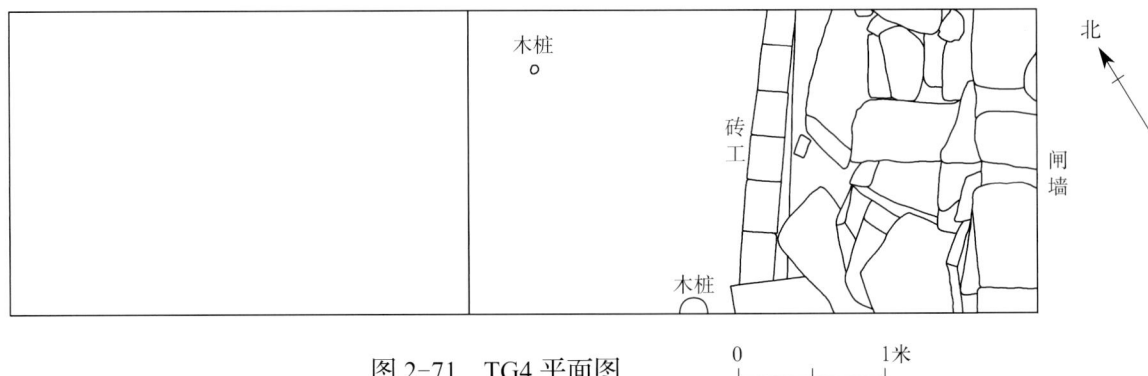

图 2-71 TG4 平面图

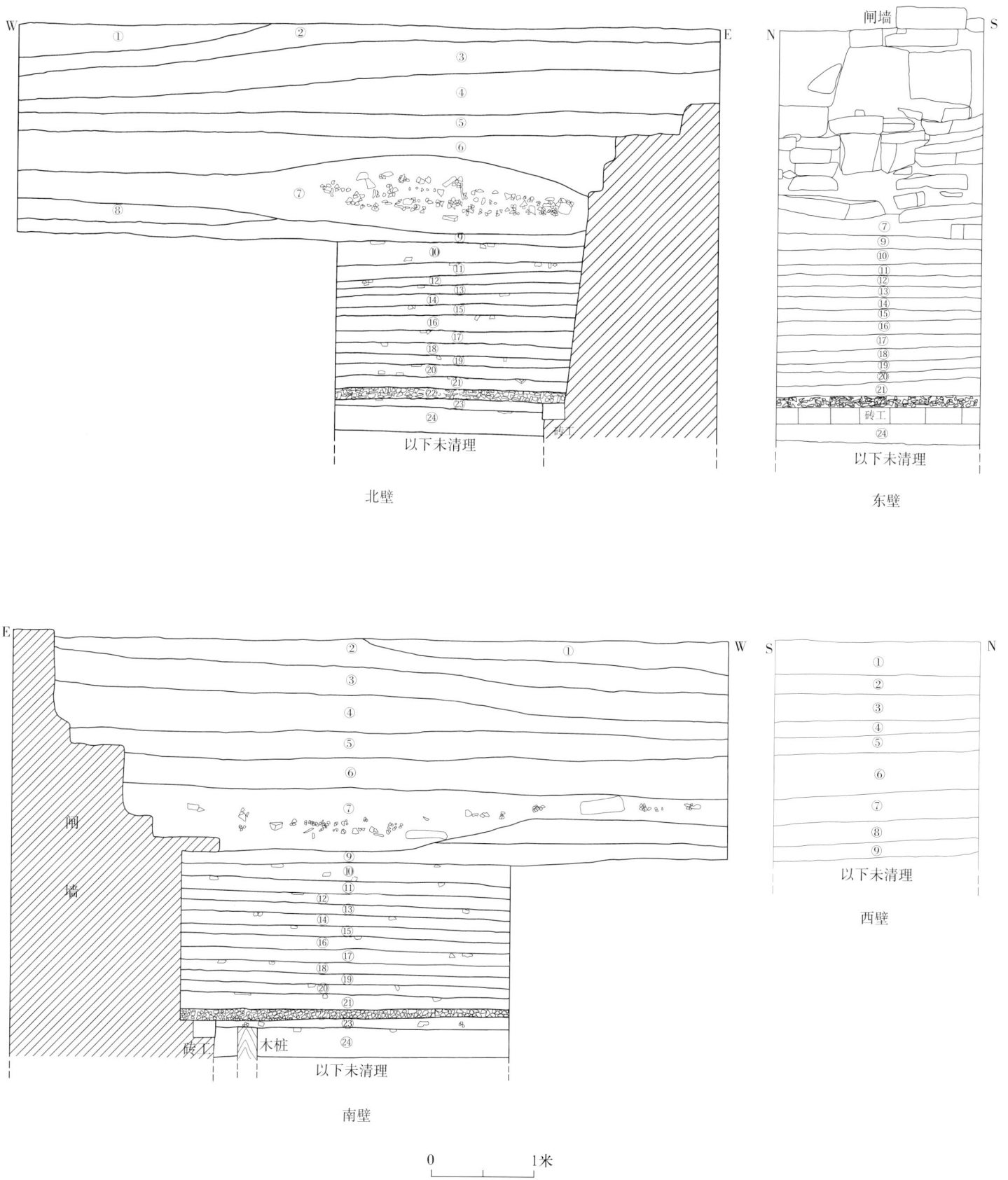

图 2-72 TG4 四壁剖面图

图 2-73　TG4 南壁

图 2-75　TG4 北壁

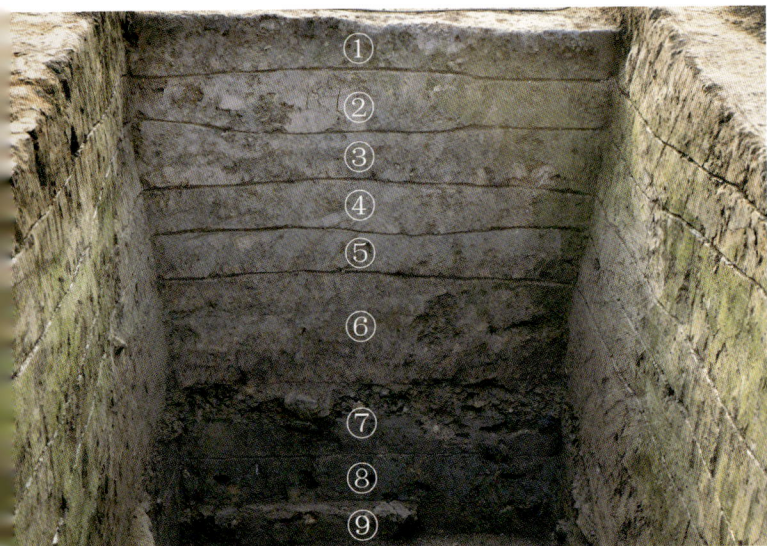

图 2-76　TG4 ③层表面踩踏面（西—东）

图 2-74　TG4 西壁

第⑧层：青绿色土，土质稍软，黏性大，结构紧密，厚 0 ～ 23 厘米，距基坑底 169 ～ 192 厘米。仅分布在探沟西半部。

第⑨层：黄灰色土，土质较硬，结构较紧密，包含大量砖瓦残块、碎石子、贝壳及少量青花瓷片、白灰颗粒，厚 10 ～ 22 厘米，距基坑底 190 ～ 200 厘米。该层东部表面存在夹杂残砖和石块的踩踏面（图 2-78）。

第⑩层：深灰色土，土质硬，结构紧密，包含碎石块、砖瓦残块、青瓷片及白灰与沙土黏合的沙浆块，厚 11 ～ 23 厘米，距基坑底

图 2-77　TG4 ⑦层表面踩踏面（西—东）

图 2-78　TG4 ⑨层东部表面踩踏面（西—东）

203 ～ 213 厘米。该层表面存在夹杂碎石块的白灰砂浆踩踏面（图 2-79）。

第⑪层：灰色土，土质较硬，结构紧密，包含碎石子、砖瓦残块，厚 10 ～ 14 厘米，距基坑底224 ～ 233 厘米。该层表面存在夹杂碎石块、石灰块和砖瓦残块的踩踏面（图 2-80）。

第⑫层：灰褐色土，土质较硬，结构紧密，包含碎石子、砖瓦残块，厚 8 ～ 11 厘米，距基坑底 236 ～ 245 厘米。该层表面存在夹杂大量碎石块和砖瓦残块的踩踏面（图 2-81）。

第⑬层：浅灰色土，土质较硬，结构紧密，包含碎石块、砖瓦残块，厚 8 ～ 11 厘米，距基坑底 246 ～ 255 厘米。该层表面存在夹杂碎砖瓦块和碎石块的踩踏面（图 2-82）。

第⑭层：灰色土，土质较硬，结构紧密，包含碎石块、砖瓦残块，厚 9 ～ 13 厘米，距基坑底256 ～ 265 厘米。该层表面存在夹杂碎石块和碎瓦片的踩踏面（图 2-83）。

第⑮层：深褐色土，土质较硬，结构紧密，包含碎石子、砖瓦残块，厚 7 ～ 11 厘米，距基坑底 269 ～ 276 厘米。该层表面存在夹杂大量碎石块和砖瓦残块的踩踏面（图 2 84）。

第⑯层：深褐色土，土质较硬，结构紧密，包含碎石子、砖瓦残块和灰渣，厚 10 ～ 14 厘米，距基坑底 278 ～ 286 厘米。该层表面存在夹杂碎石子和少量碎砖瓦、灰渣、木屑的踩踏面。

第⑰层：灰褐色土，土质较硬，结构紧密，包含碎石块、白灰块、砖瓦残块和植物根茎，厚 11 ～ 14 厘米，距基坑底 291 ～ 295 厘米。该层表面存在夹杂碎石块、白灰块、砖瓦残块和陶片的踩踏面。

图 2-79　TG4 ⑩层表面踩踏面（西—东）

图 2-80　TG4 ⑪层表面踩踏面（南—北）

图 2-81　TG4 ⑫层表面踩踏面（南—北）

图 2-82　TG4 ⑬层表面踩踏面（南—北）

图 2-83　TG4 ⑭层表面踩踏面（南—北）

第⑱层：灰褐色土，土质稍硬，结构较紧密，包含少量青瓷片、陶片，厚 10～12 厘米，距基坑底 302～308 厘米。该层表面存在夹杂砖瓦残块的踩踏面（图 2-85）。

第⑲层：灰色土，土质稍硬，结构较致密，包含陶片、贝壳和砖瓦残块，厚 10～12 厘米，距基坑底 314～319 厘米。该层表面存在夹杂碎砖瓦、碎石、陶片及少量块状沙浆的踩踏面。

第⑳层：浅灰褐色土，土质稍硬，结构较紧密，包含砖瓦残块、贝壳和陶片，厚 10～12 厘米，距基坑底 322～329 厘米。该层表面存在夹杂碎砖瓦、石块和少量白灰颗粒及青绿色淤泥的踩踏面。

第㉑层：青绿色土，土质稍硬，结构较紧密，厚 10～16 厘米，距基坑底 333～339 厘米。该层表面存在夹杂大量条石碎渣及少量砖瓦残块的踩踏面。

第㉒层：碎石填充，较硬，结构较疏松，包含少量陶片，厚 7～12 厘米，距基坑底 348～350 厘米。该层表面较平，有踩踏痕迹。该层下东侧紧靠闸墙石工处有一层砖工，为单砖南北向顺砌，砂浆黏合。砖的尺寸为 32～35 厘米 ×22 厘米 ×16 厘米。

第㉓层：青灰色土，土质稍硬，结构较紧密，包含少量白灰颗粒、砖瓦残块及少量植物根茎，厚 5～12 厘米，距基坑底 356～363 厘米。该层下探沟内东南角临近砖砌矮墙处有一木桩，直径约 19 厘米，周围略有空洞和塌陷。

第㉔层：灰色沙土，土质稍软，结构较紧密，包含大量砖瓦石碎块及少量青瓷片、陶片、沙浆块和青绿色黏土块，厚 22～30 厘米，距基坑底 365～368 厘米。该层表面有踩踏面痕迹（图 2-86）。该层下探方内西北角有一木桩，直径约 4 厘米。

第㉔层以下未清理。

由以上 TG4 解剖情况可知，第①～㉔层均为西闸墩内堆积，自上而下可分为三部分：其中第①～④层为闸墩上部堆积，相对较厚，由闸墙

图 2-84　TG4⑮层表面踩踏面（南—北）

图 2-85　TG4⑱层表面踩踏面（南—北）

图 2-86　TG4㉔层表面踩踏面（南—北）

向外呈缓坡状斜铺；第⑤～⑦层为闸墩中部堆积，堆积相对较平，各层薄厚不均，中部与下部之间还有一堆杂乱碎石和石料（⑦层内）；第⑧～㉔层为闸墩下部堆积，大部分每10厘米左右进行分层，各层堆积表面布满碎石屑，质地较硬，较为平整，推测为逐层修筑闸身时经人工踩踏形成，可能经过夯打，从各层出现的大量碎石情况来看，石材加工应在闸体附近完成。而从TG4东壁观察闸墙里石砌筑情况，从下到上可以分为三个部分：下部里石分布情况不明，探沟壁上不可见，对应于闸墩下部堆积；中部里石堆筑较宽，向西侧凸出，条石厚度不一，错落排列，上下层之间夹杂碎石、沙砾和黏土混合物，对应于闸墩中部堆积；上部里石堆筑较窄，条石和大量黏土混杂相间，对应于闸墩上部堆积（图2-87）。这些情况均表明此处的闸墩和闸墙至少分为三个阶段形成，与闸墙外立面所观察到的分期情况（一至三期）相对应。

（二）东闸墩

利用水闸东侧闸墩处的基坑壁清理出一处12米长的南北向剖面，以了解东闸墩上部（堤坝）的堆积情况。根据土质、土色和包含物的不同，此处剖面的地层堆积可分为10层（图2-88、2-89）。

第①层：灰褐色土，土质较软，结构疏松，厚30～40厘米，为表土层。

第②层：浅灰色土，夹少量黑土块，土质较软，结构较疏松，包含植物根茎和碎砖块，厚20～30厘米，距地表30～40厘米，为扰土层。

第③层：浅黄色沙土，土质较软，结构较紧密，包含砖瓦残块，厚15～30厘米，距地表55～70厘米。

第④层：浅灰色土，土质较软，结构较紧密，包含碎砖块，厚35～72厘米，距地表80～98厘米。

第⑤层：黄褐色土，夹大量红褐色土块，土质较硬，结构较紧密，厚55～63厘米，距地表121～152厘米。

第⑥层：黄灰色土，夹红褐色土块和浅黄色沙土，土质较硬，结构紧密，厚38～55厘米，距地表181～209厘米。

图2-87　TG4东壁（靠闸墙侧）

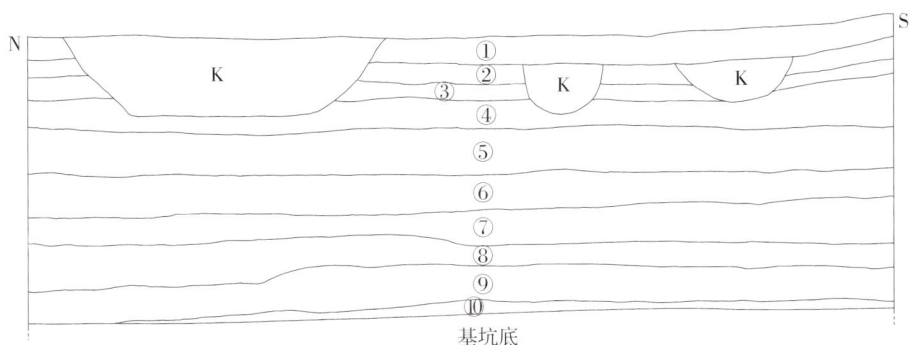

图2-88　东闸墩上部堆积剖面图　　0 ____ 2米

图 2-89 东闸墩上部堆积剖面

第⑦层：深褐色土，夹红褐色土块，土质硬，结构紧密，厚 27～62 厘米，距地表 225～248 厘米。

第⑧层：灰褐色土，夹少量红褐色土块和浅黄色沙土，土质硬，结构紧密，厚 26～58 厘米，距地表 266～310 厘米。

第⑨层：黄褐色土，夹红褐色黏土块和浅黄色沙土，土质较硬，结构紧密，厚 38～63 厘米，距地表 308～345 厘米。

第⑩层：红褐色土，夹浅黄色沙土，土质硬，结构紧密，揭露部分厚 0～18 厘米，距地表 354～388 厘米。

根据地层堆积情况和出土遗物判断，其中①～②层为近现代堆积，③～④层为清代晚期文化层堆积，⑤～⑨层为水闸东侧闸墩堆积，⑤层与水闸东北雁翅最高处高度基本相同。

第三节 建筑基址

建筑基址区被古河道打破，主要分布于河道东侧（Ⅱ区），河道西侧（Ⅰ区）极少，共清理出 2 座大型建筑基址（一号、二号建筑基址）、28 座房址（F1～F28）、3 条排水沟（G1～G3）和 2 条道路（L1～L2）（图 2-90～2-92）。上述遗迹均开口于②层下，海拔高度 6.8～7.2 米，距原始地表 3.8～4.6 米。

建筑基址区内堆积可分为两层：①层为表土层（基坑施工时形成），黄褐色土，土质较软，结构疏松，包含残砖、瓦片等，厚 10～15 厘米；②层为建筑物废弃后堆积，灰褐色土，土质较硬，结构较疏松，包含较多砖块、瓦片、草木灰及少量青花瓷片等，厚 10～20 厘米，距基坑底 10～15 厘米。

北

基坑壁

T0413　　T0513
G3　　　　　　F26
　　　　　　　　　　　　G3　　F25
T0412　　T0512　　G3　T0612
　　　　　F24　　　　　F23
T0411 F20　T0511　　T0611
　　　　F19　L1　　F22
T0410　　T0510　　T0610
　　　　　　　F21
　　F18
T0409　F13 T0509　　T0609　　T0709
L2
　　　　F15
　　　F27　L2
　　　F15　L1 F17　　　　T0708　　T0808
T0408　　T0508　　T0608
　　　F27　L1 F17
T0407　　T0507　　T0607　T0707　　T0807
　　　F16
G2　F14
　　　　G2　F11
　　F12 T0306　T0406　T0506　　T0606　F28 T0706　T0806
　　　　F10
　　　T0305　T0405
　　　F8
　　　　F9
　　F7 T0304　　T0404

一号建筑基址

基坑壁

　　L1　F5
　　　　F6
T0103　T0203　T0303
　　　F4
　　F3
T0102　T0202　　T0302

　F2
　　G1
F1 T0101　T0201

0　　　　10米

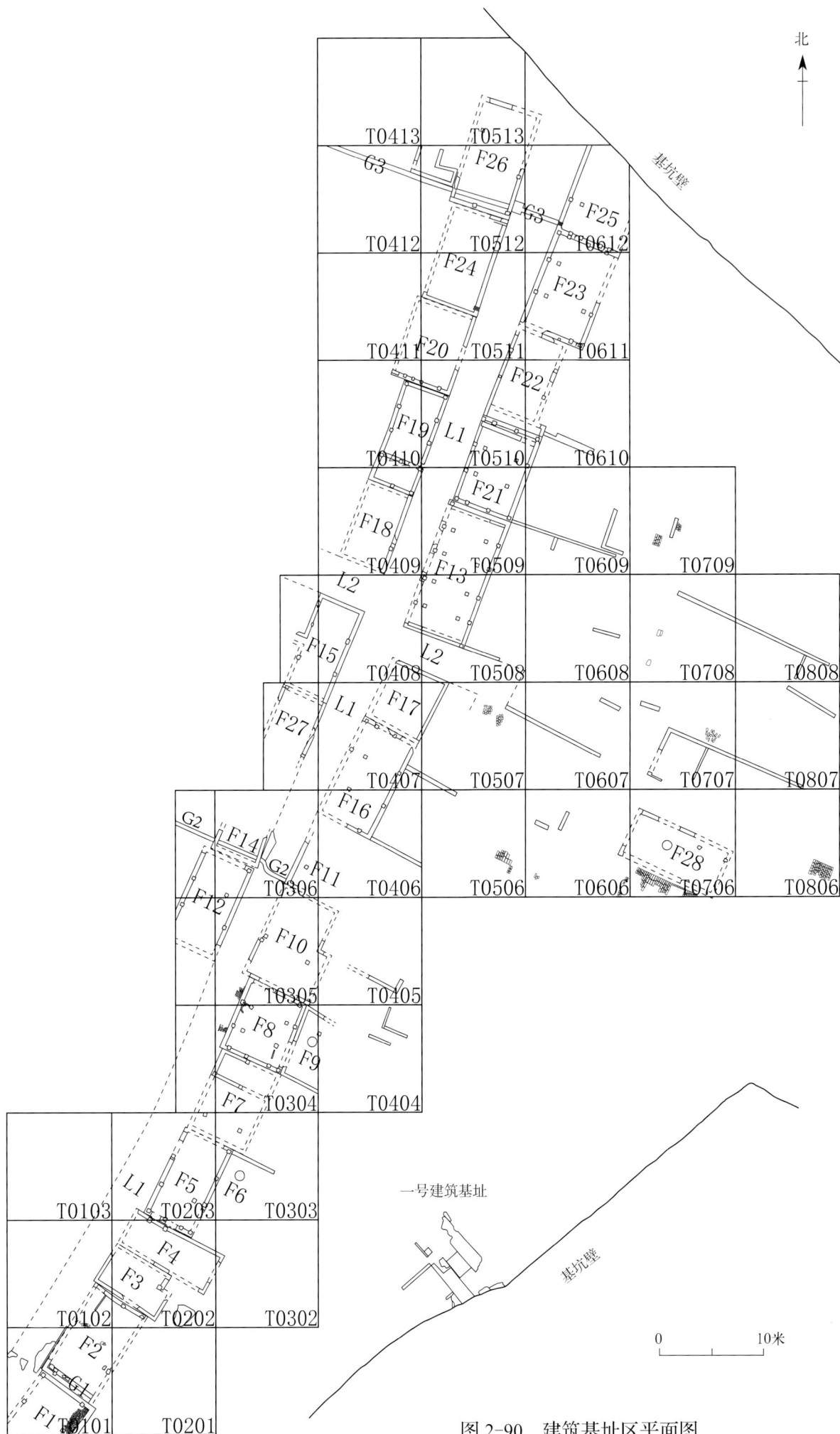

图 2-90　建筑基址区平面图

图 2-91 建筑基址区俯视图

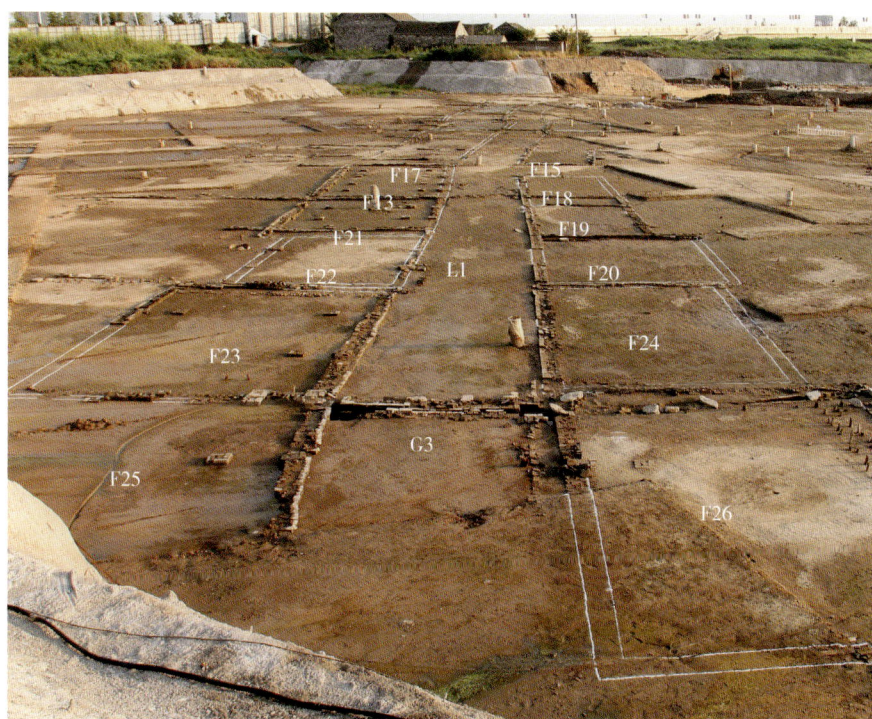

图 2-92 建筑基址区（东北—西南）

一   大型建筑基址

两座大型建筑基址分别位于Ⅰ、Ⅱ两区，其中一号建筑基址位于Ⅱ区，二号建筑基址在Ⅰ区，残留有铺砖面、道路、排水沟等。

1. 一号建筑基址

一号建筑基址位于Ⅱ区东南部，西距古河道约 31 米，南距三元宫约 48 米，西南距水闸约 48 米，东靠基坑壁，海拔高度 7.1 米，距原始地表约 3.7 米。方向 120°。基址平面呈不规则形，残留占地面积约 72 平方米，包含房址 1 座，道路两条，回廊 2 处，排水沟 1 条（图 2-93 ～ 2-95）。用砖规格为 23 厘米 ×10 厘米 ×4 厘米。

房址位于基址最南部，被破坏严重，仅存 2 段砖砌墙基。平面大致呈长方形，东西长 3.6、南北残长 3.35 米。西墙基残长 3、东墙基残长 1、宽 0.2 ～ 0.23、残高 0.1 米。残存一到两层砖，顺丁交替平砌，局部掺有残砖，以白灰砂浆黏合。

道路共 2 条。其中 1 号道路位于基址西北角，大致呈长条形，北端残，南端与 2 号道路相接连，残长 0.4、宽 1.01 米。路面采用整砖和残砖错缝侧砌，无黏合剂。2 号道路位于基址北部，呈长条形，西端残，西北端与 1 号道路相连接，东端延伸至基坑壁内，局部路面残缺，残长 8.9、宽 1.2 ～ 1.18 米。路面采用整砖和残砖错缝侧砌，较为规整，无黏合剂。

回廊位于基址中部，2 号道路南侧，残存有 2 处。1 号回廊位于 2 号道路中部南侧，平面呈长方形，残长 1.4、宽 1.1 米，用整砖和残砖交替错缝平铺。2 号回廊位于排水沟南侧，平面呈"L"形，揭露部分长 7.6、残宽 2.7 米，采用整砖错缝平铺。其西部与中部略有错位，可能存在转折，西部最南侧还存在一排侧砌砖块作为路沿；最东端向南转折，部分伸入东南侧基坑壁。

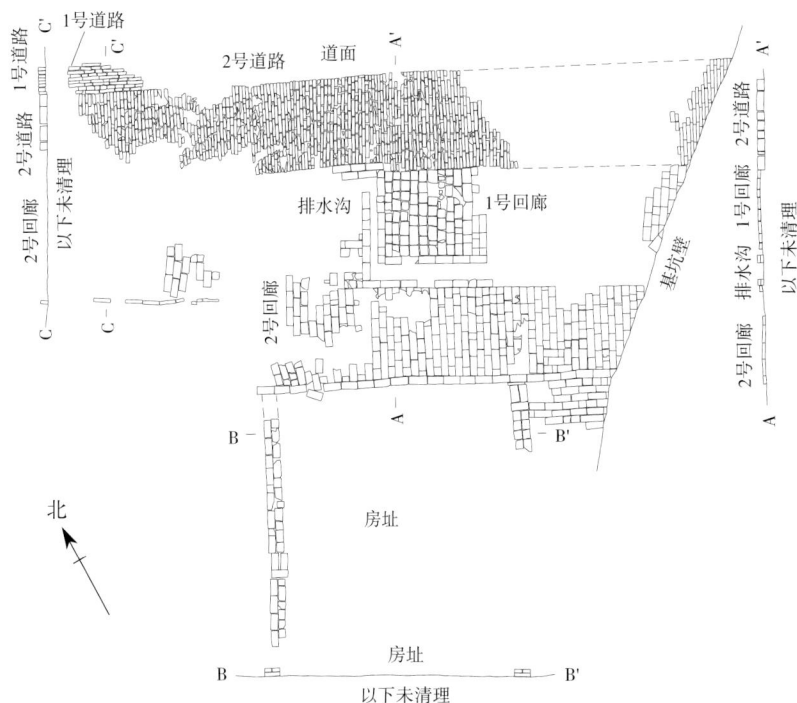

图 2-93   一号建筑基址平、剖面图

图 2-94　一号建筑基址（东南—西北）

图 2-95　一号建筑基址（西北—东南）

　　排水沟位于基址中部，两处回廊之间，平面呈"之"字形，东西长 2.2、南北宽 1.6、残高 0.09 米。中间沟槽宽 12 厘米，沟底用整砖丁铺，两侧沟墙用整砖错缝顺砌，残存两层砖，黏合剂为白灰砂浆。

　　基址内堆积为废弃后形成的倒塌堆积（②层），灰褐色土，土质较软，结构稍疏松，含砖瓦残块、草木灰和少量青花瓷片，厚 15～20 厘米。

2. 二号建筑基址

　　二号建筑基址位于探方ⅠT0114 和ⅠT0214 内，东邻古河道，南距水闸西北端雁翅约 64.7 米，海拔高度 6.8～7 米，距原始地表 4.2～4.4 米。方向 98°。平面呈长方形，东西长约 17.2、南北宽约 9.3、残高 0.15 米（图 2-96～2-98）。主要由沟、排水沟、铺砖面和庭院构成。砖的规格有 23.5 厘米×10 厘米×3.5 厘米、22 厘米×10 厘米×4 厘米、22 厘米×9 厘米×5.5 厘米和 30 厘米×14 厘米×6 厘米等。

　　沟位于基址南部，平面呈"凹"字形，揭露部分东西长 11.6、南北宽 3.5 米，深度不详，疑为取墙基砖形成的沟槽。填土为浅黄色夹灰色斑块土，土质较软，结构较疏松。

　　铺砖面位于沟南部，被其环绕。平面呈长条形，东西残长约 5.4、南北宽 2.4、残高 0.3 米。可分为东西 2 段：东段为南北向错缝顺砌，由东向西共 21 排；西段为东西向错缝顺砌，由南到北共 16 排。其中西段西南侧残留部分凝结的石灰石块，东南部留存一块长方形石块，长 50、宽 35、厚 10 厘米，疑为柱础。该铺砖面性质不明。此外，其南侧还残存一段砖基，东西残长 3.6、宽 0.6、高 0.12 米，由二到三层砖砌筑，砌法不统一，大多为东西向顺砌，中间部分为南北向顺砌，未见黏合剂。

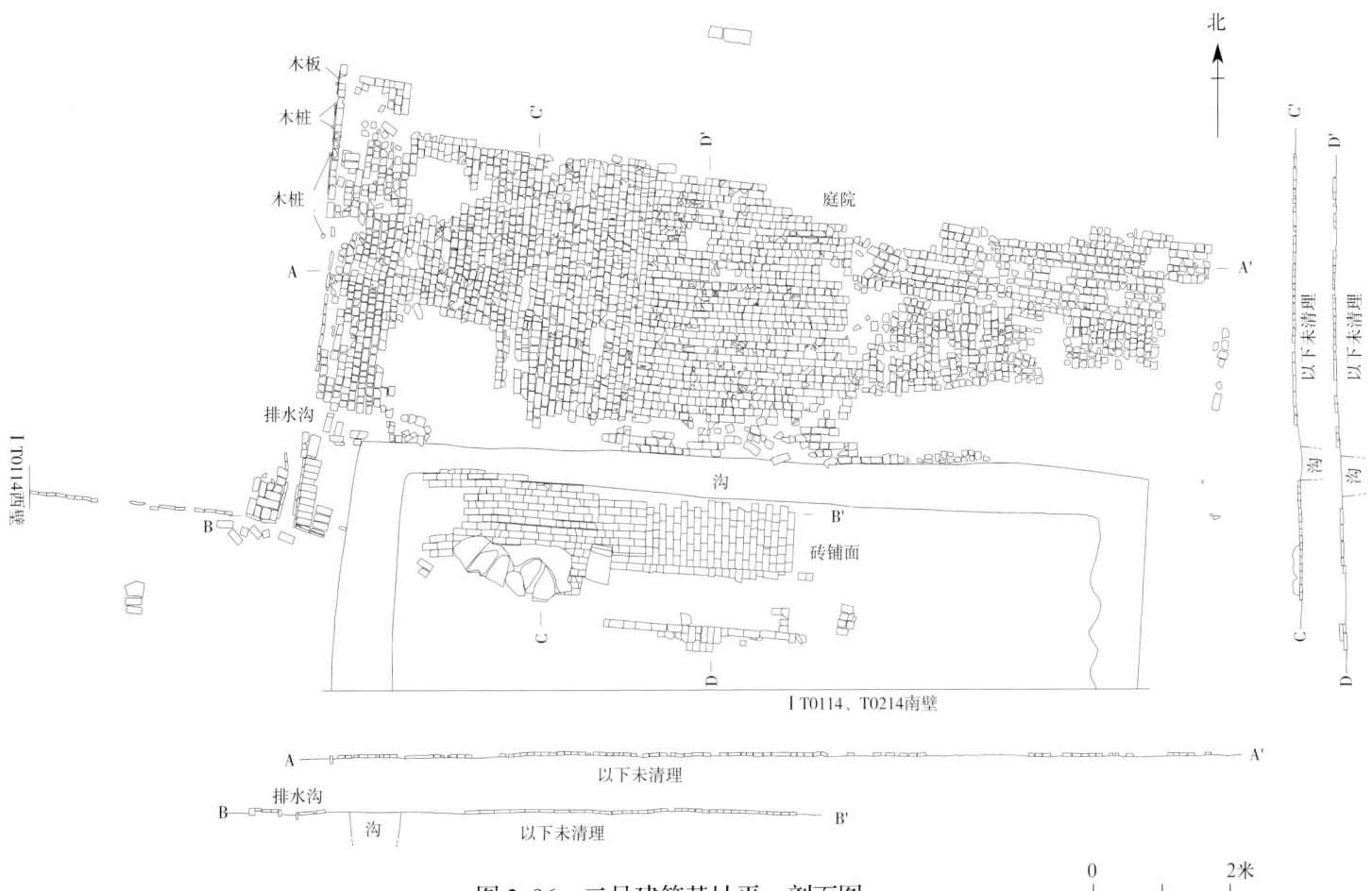

图 2-96　二号建筑基址平、剖面图

图 2-97　二号建筑基址（东—西）

图 2-98　二号建筑基址（西—东）

　　庭院位于基址中部和东部，沟北部。平面略呈梯形，西宽东窄，满铺平砖，局部残缺，大部分砖块已破损。东西长12.8、南北宽2～5.4、高0.05米。西部为南北向错缝顺砌砖块，从东至西共45排，最西端用一排砖块南北向侧砌作为路沿；中部为东西向错缝顺砌砖块，从北至南共39排；东部为南北向和东西向错缝顺砌混合，其中南北向残留43排，东西向12排。此外，在庭院西端还发现有一排细木桩。木桩紧靠庭院最西端，中间夹有木板残块，可能为房屋墙体。

　　排水沟位于基址的西南部，庭院铺砖面西南角处。平面呈"T"形，揭露部分东西长1.5、南北长1、深约0.04米。沟底无铺砖，两侧各有1排砖块侧砌作为沟墙。南北向部分保存稍好，东西向仅余北部沟墙断续存在。

　　基址内堆积为废弃后形成的倒塌堆积（②层），为灰褐色土，土质稍软，结构较疏松，包含砖瓦残块、草木灰及少量青花瓷片，厚15～20厘米。

二　房址

　　可分辨的房址共有28座，均位于古河道东侧（Ⅱ区），海拔高度6.8～7.2米。大部分房址集中于紧靠古河道处，中部为道路（L1）隔开，分为两排，呈东北—西南向排列。平面形状多为长方形，部分房址残留有院墙痕迹，房屋之后应还有后院，呈前屋后院格局。房址均为砖土结构，平地起建，未发现基槽，房屋内有铺垫痕迹。墙体先用整砖错缝顺砌墙体两侧，或用残砖侧砌一侧，另一侧仍采用整砖错缝平砌，用白灰沙浆做黏合剂，两侧中间预留约一层平砖的宽度，再用砖瓦残块和泥土填充，俗称"盒子墙"。砖的尺寸一般为22厘米×10厘米×4～5厘米，部分存在1厘米左右误差。

1.F1

　　F1位于建筑基址区西南部，ⅡT0101东南部，北邻F2，西邻L1。方向305°。北半部保存较完整，南半部延伸入基坑壁。平面呈不规则形。揭露部分南北长6.25、东西宽6.07、残高0.15米（图2-99、2-100）。残存部分北墙和东墙，墙体仅存一到三层砖，以白灰砂浆黏合。北墙残存一到三层砖，长5.65、宽0.28～0.38、残高0.09米。墙内存留两处方形砖砌磉墩，仅存一到两层砖，顺丁结合围砌成方形，中间填碎砖块，边长36、残高9厘米。东墙残长3、宽0.39～0.55、残高0.14米。西墙不存，其所在位置残存一个方形砖砌磉墩，结构、尺寸与北墙上磉墩相同。房内残留部分铺地砖，采用残砖东西向错缝平铺，共计28排。铺砖地面最南端存留一块方形柱础石，与北墙东侧磉墩位置相对应，边长37、厚11厘米（图2-101）。

　　房内为废弃后一次性倒塌堆积（②层），灰褐色土，土质较硬，结构较疏松，内含大量砖瓦碎块及少量瓷片、白灰颗粒、草木灰、红烧土颗粒等，厚15～25厘米。

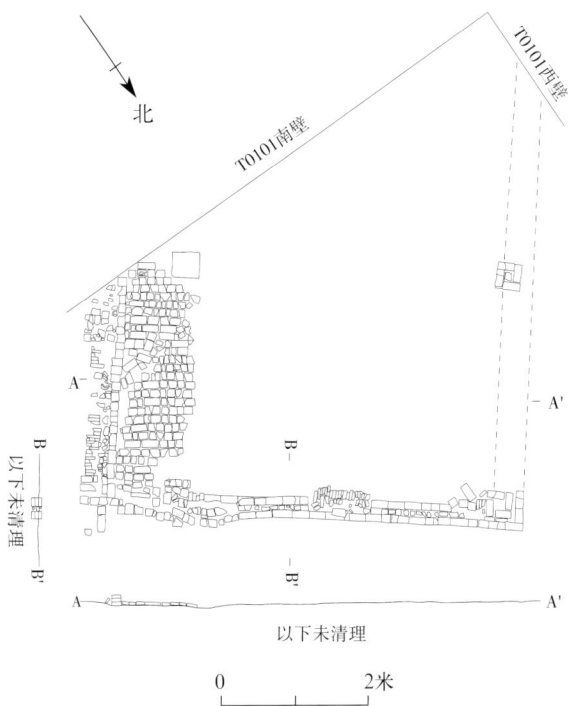

图2-99　F1平、剖面图

图 2-100　F1 俯视图（西北—东南）

图 2-101　F1 东部铺砖面和房内柱础石

2.F2

F2 位于 ⅡT0101 东北部，ⅡT0102 东南角，ⅡT0202 西南角，ⅡT0201 西北角，北邻 F3，南邻 F1，西接 L1。方向 304°。平面略呈长方形，南北长 9.8、东西宽 6.1、残高 0.3 米（图 2-102、2-103）。南北两侧山墙保存较好，东西檐墙被破坏严重，仅存局部墙体。北墙残留一到三层砖，残长 4.5、宽 0.3 ～ 0.35、残高 0.13 米。墙上局部残留有三处不规则石块，应为柱础石。南墙残存一到六层砖，残长 4.3、宽 0.4 米，高 0.3 米。墙上局部残留有碎石块，可能为柱础石。东墙残存一层顺砌平砖和一块残破柱础石，柱础石长 42、宽 35、厚 10 厘米。西墙基本不存，仅余部分残砖。房内局部残留砖铺地面，砌法零乱，无法分辨。房内还有一块方形柱础石，边长 36、厚 8 厘米。

房内为废弃后一次性倒塌堆积（②层），灰褐色土，土质较硬，结构较疏松，内含大量的砖瓦碎块及少量瓷片、白灰颗粒、草木灰和红烧土颗粒等，厚 15 ～ 25 厘米。

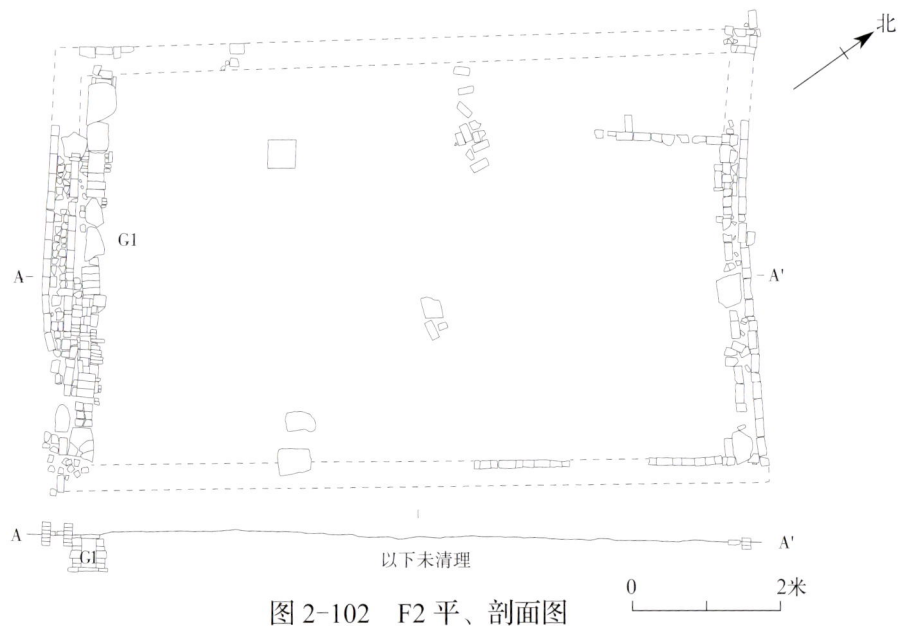

图 2-102　F2 平、剖面图

图 2-103　F2 俯视图（西北—东南）

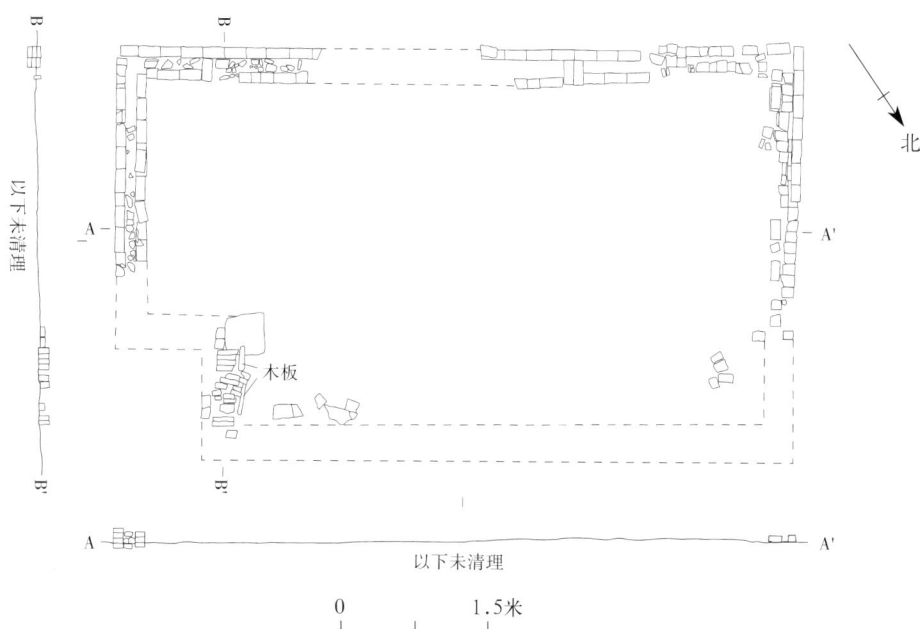

图 2-104　F3 平、剖面图

3.F3

F3 位于ⅡT0202 西南部，ⅡT0102 中东部，南邻 F2，北邻 F4，西邻 L1。方向 303°。平面呈曲尺形，东西长 7.1、南北宽 4.1、残高 0.2 米（图 2-104、2-105）。仅存东、西、南三面墙。东墙可分为错位分布的南北两段。其中南段残留一到四层砖，残长 2.3、宽 0.3、残高 0.2 米。北段为一层砖块侧砌，其南端砖块叠压于一块不规则石块之上，残长 1.2、宽 0.4、残高 0.2 米。石块长 42、宽 40 厘米，疑为柱础石。该段墙体西侧还有一块残断木板，疑为门槛，此处墙体可能为门前踏跺（图 2-106）。西墙残留一层砖，残长 2.7、宽 0.4、残高 0.05 米。南墙中部存在 1.6 米残断，余者总长 5.5、宽 0.35、残高 0.14 米，残留一层砖。

房内为废弃后一次性倒塌堆积（②层），灰褐色土，土质松散，内含大量的砖瓦碎块及少量的白灰颗粒、红烧土颗粒、瓷片和铜钱等，厚 20 ～ 25 厘米。瓷片以青花瓷片为主，还有少量的青白釉瓷片，铜钱为"洪武通宝"（ⅡT0202 ②：1）。

4.F4

F4 主要分布于ⅡT0202 内，小部分位于ⅡT0203 西南角，北邻 F5，南邻 F3，西邻 L1。方向为 299°。平面略呈长方形，东西长 9.8、宽 4.8 ～ 5、残高 0.18 米（图 2-107、2-108）。北墙保存较好，其余墙体残破较甚，用砖规格为 24 厘米 ×12 厘米 ×4 厘米。北墙长 9.77、宽 0.39 米，为两道平砖顺砌和一丁一顺平砌交替使用，共两到四层。墙上残存三块形状不规则的柱础石，长度和宽度均在 40 厘米以内。东墙断续存在，总长 1.6、宽 0.31 米，残存一到两层顺砌平砖。南墙残长 3 米，宽度不详，除少量零乱砖块外，还存在三块残破石块。西墙残长 0.8 米，宽度不详，仅存一层顺砌平砖。砖西侧有一条木门槛。门槛长 1.1、宽 0.04、高 0.05 米（图 2-109）。

房内为废弃后一次性倒塌堆积（②层），灰褐色土，土质较软，结构较疏松，内含大量的砖、瓦残块及少量青花瓷片、白灰颗粒、草木灰和红烧土颗粒，厚 15 ～ 20 厘米。瓷片以青花瓷居多。

图 2-105　F3 俯视图（西北—东南）

图 2-106　F3 疑似门槛和踏跺处

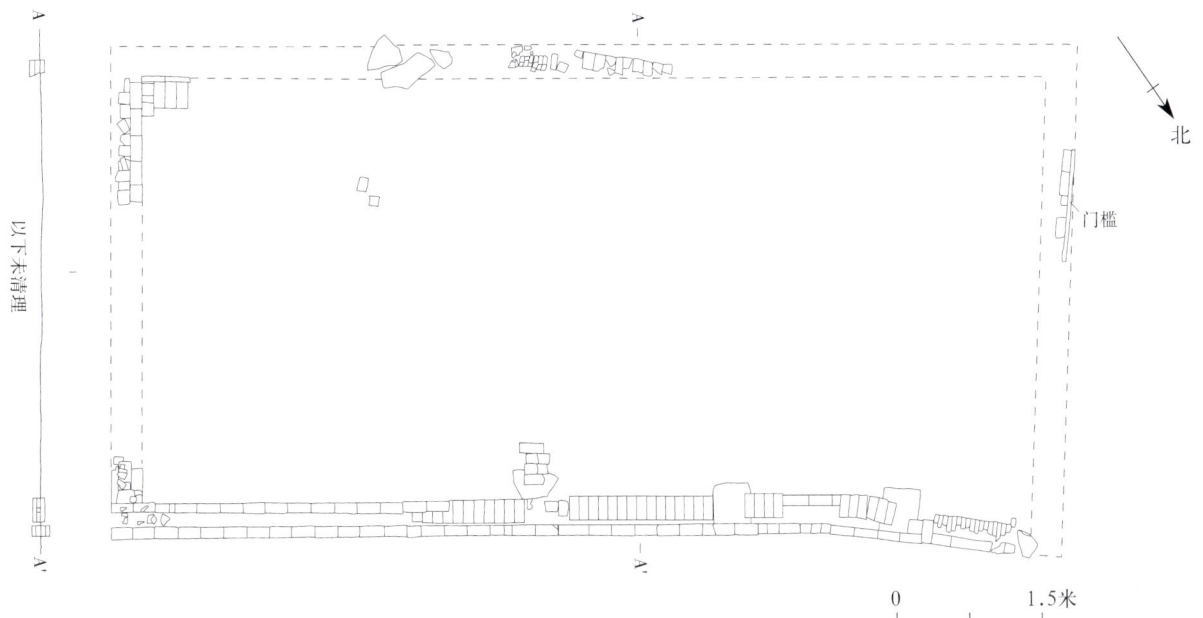

图 2-107　F4 平、剖面图

图 2-108　F4 俯视图（西北—东南）

图 2-109　F4 木门槛

5.F5

F5 位于Ⅱ T0203 东南部，Ⅱ T0202 中北部，Ⅱ T0303 中西部，北邻 F7，南邻 F4，东邻 F6，西邻 L1。方向 296°。平面呈长方形，南北长 8.9、东西宽 5.2、残高 0.1 米（图 2-110、2-111）。四周墙体均有残损，留存部分宽 0.3 ～ 0.47 米，残留一到三层砖，采用白灰沙浆黏合。东墙残长 5.7 米，残留两处方形砖砌礎墩，其中一处已散乱变形，边长 33、残高 5 厘米。北墙残长 0.9 米，残留二到三层砖。

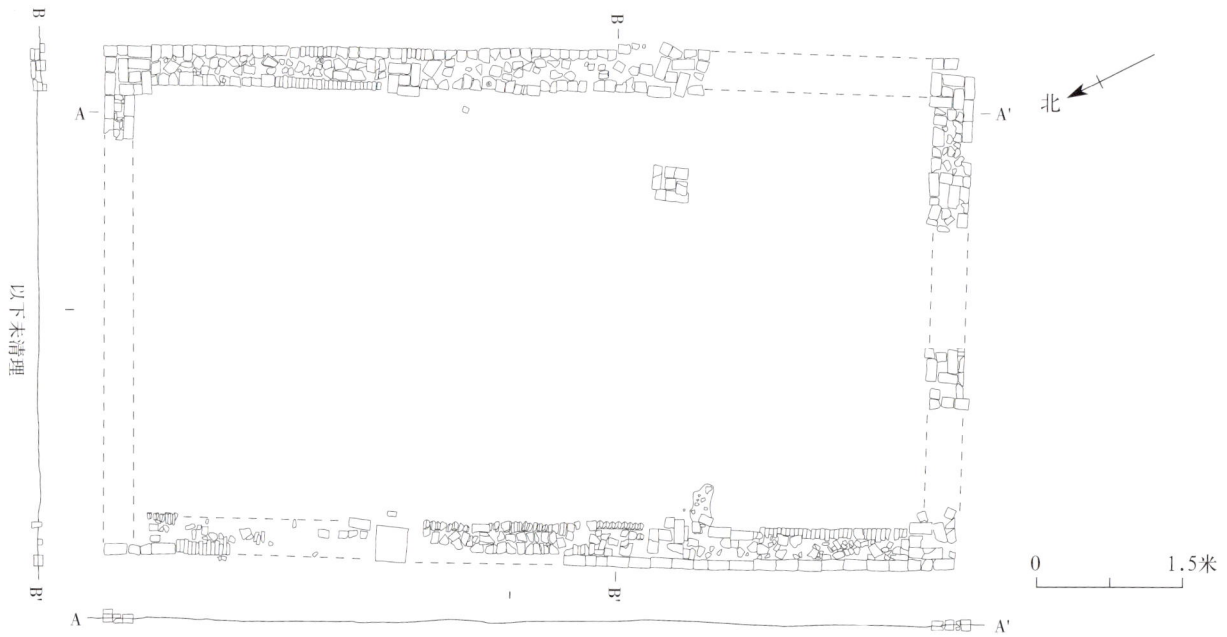

图 2-110　F5 平、剖面图

图 2-111　F5 俯视图（西北—东南）

墙体最东端留存一处方形砖砌磉墩，残高 5 厘米。西墙保存相对较好，断续存在，总长 8.3 米，残留一到两层砖。墙体上存在一处砖砌磉墩，较为残破，还有一块方形柱础石，边长 35、残高 8 厘米。南墙断续存在，总长 2.8 米，残存一到两层砖。墙体上残留两个砖砌方形磉墩，边长 34、残高 8 ~ 10 厘米。

房内为废弃后一次性倒塌堆积（②层），灰褐色土，土质较软，结构较疏松，内含大量砖瓦残块及少量瓷片、白灰颗粒和红烧土颗粒，厚 10 ~ 15 厘米。瓷片以青花瓷居多，另有少量青白瓷，可辨器形有碗、盘、杯等。

6.F6

F6 位于探方 II T0303 中西部，T0203 东南角，T0202 东北角，T0302 西北角，西邻 F5，南邻 F4。方向 297°。房址仅存一道北墙，其形状和大小不详（图 2-112、2-113）。北墙为不规则石块垒砌，

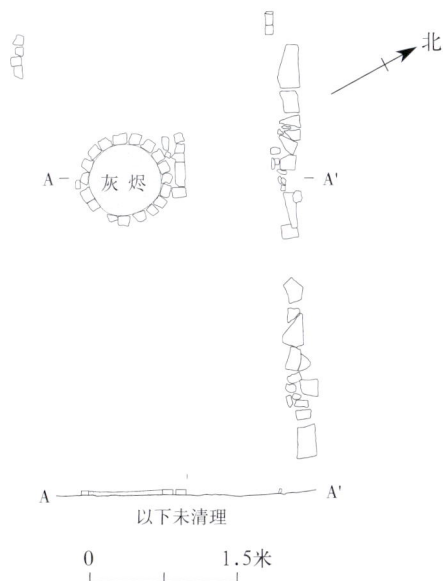

图 2-112　F6 平、剖面图

图 2-114　F6 内火灶

图 2-113　F6 俯视图（西北—东南）

局部夹杂少量碎砖块，残长 4.2、宽 0.32、残高 0.15 米。墙体残存一层石块，未见明显的黏合剂。其西侧疑为借用 F5 东墙。房内西北部有一座圆形火灶，直径为 0.9 米。用残砖砌成圆形，残存一层砖，中间残留 1～2 厘米厚黑色灰烬，草木灰之下为红烧土（图 2-114）。推测 F6 应为灶房。

房内为废弃后形成的一次性倒塌堆积（②层），灰褐色土，土质稍软，结构较疏松，内含大量砖瓦残块及少量瓷片、红烧土颗粒，厚 15～20 厘米。

7.F7

F7 位于 ⅡT0304 西南部，ⅡT0203 东北角，ⅡT0303 西北角，南邻 F5，北邻 F8，西邻 L1。方向 295°。平面略呈长方形，南北长 8.13、东西宽 6.1、残高 0.1 米（图 2-115、2-116）。四周墙基残存较少，仅存部分北墙和西墙，各有一到两层砖，墙体宽 0.32～0.42 米。北墙残长 2.4 米，存两个方形砖砌磉墩，边长 33、残高 5 厘米。西墙残长 2.7 米，墙上残留两个砖砌磉墩，较为零乱。房内中北部存一东西向隔墙，将房址分隔为两部分，北部宽 2.1、南部宽 5 米。隔墙残长 2.8、宽 0.31 米，残留两层砖。南部房内残存方形砖砌磉墩两个。

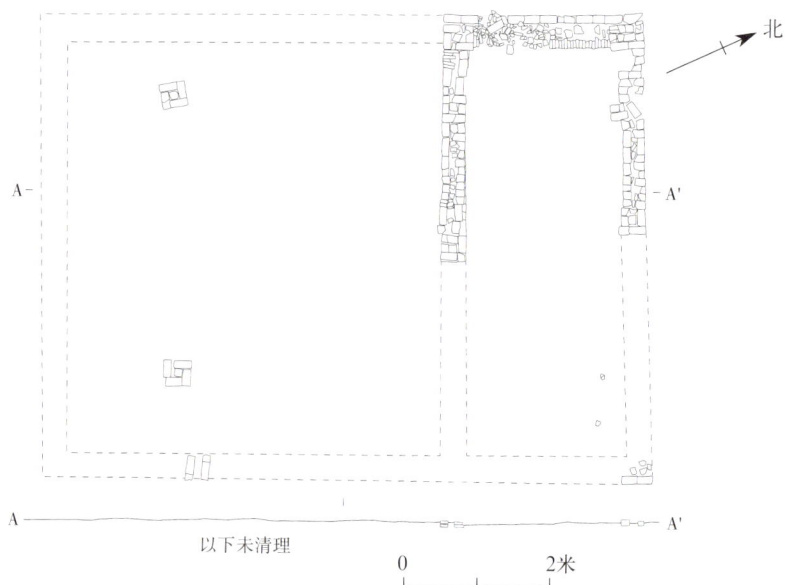

图 2-115　F7 平、剖面图

图 2-116　F7 俯视图（西北—东南）

房内为废弃后一次性倒塌堆积（②层），灰褐色土，土质较软，结构较疏松，内含大量砖瓦残块及少量瓷片、白灰颗粒、红烧土颗粒等，厚15～23厘米。

8.F8

F8位于ⅡT0304中北部，ⅡT0305西南部，南邻F7，北邻F10，东邻F9，西邻L1。方向293°。平面呈南北长7.1、东西宽6.2、残高0.1米（图2-117、2-118）。四周墙体部分残缺，存留一到两层砖。西墙仅部分区域残缺，长6.3、宽0.4米。用砖规格23厘米×10厘米×6厘米，东侧用砖块顺向侧砌，西侧用砖块顺向平砌，中间用砖块丁向侧砌。墙体上残留两处方形柱础石。其余墙体用砖规格23厘米×10厘米×4厘米。南墙保存最好，与房址宽度等长，宽0.38米。其上留存四个方形砖砌磉墩，边长均

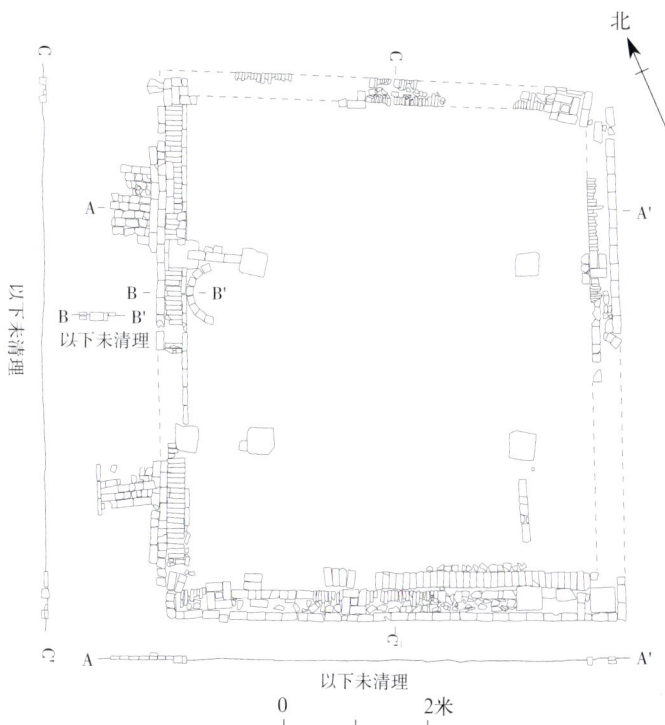

图2-117 F8平、剖面图

32厘米。其中东侧两个磉墩之上还存留有方形柱础石，与磉墩基本等大。北墙断续存在，残存总长3.7、宽0.31米。墙体中部一处残留砖砌磉墩局部，东部存留一个方形砖砌磉墩，边长34厘米。东墙残长3.6、

图2-118 F8俯视图（西北—东南）

宽 0.36 米。其中部偏北位置残留一处磉墩，砖块已散乱。房内存有四个方形柱础石，边长 32～38 厘米，其位置与西侧墙基上柱础石相对应。房内东南部残存部分铺砖地面，为平砖南北向顺砌。房内靠近西墙中部位置，残留一座砖灶。残存平面呈半圆形，直径 80、残高 5 厘米。用平砖围砌成灶膛，仅存一层砖。灶内堆积已不存。房址南侧和 L1 之间还存有一条南北向铺砖面，其东侧以南北向平砖顺砌为沿，西侧以南北向侧砖顺砌为沿，中部东西向顺砌路面。推测其可能为房前露道。

房内为废弃后的一次性堆积（②层），灰褐色土，土质稍软，结构较疏松，内含大量砖瓦残块及少量青花瓷片、红烧土颗粒、草木灰、白灰颗粒等，厚 20～25 厘米。

9. F9

F9 位于ⅡT0304 东部，向东伸入其探方东壁，西邻 F8，西南邻 F7。方向 293°。平面略呈长方形，略有歪斜，其西侧借用 F8 东墙。揭露部分南北长 7.1、东西宽 4.8、残高 0.13 米（图 2-119、2-120）。仅存北、南二墙。北墙揭露部分长 2.2、宽 0.33 米，残留三层砖。南墙残长 4.3、宽 0.35 米，残留一到三层砖。墙上留存两处疑似砖砌磉墩，较为零乱。房内存

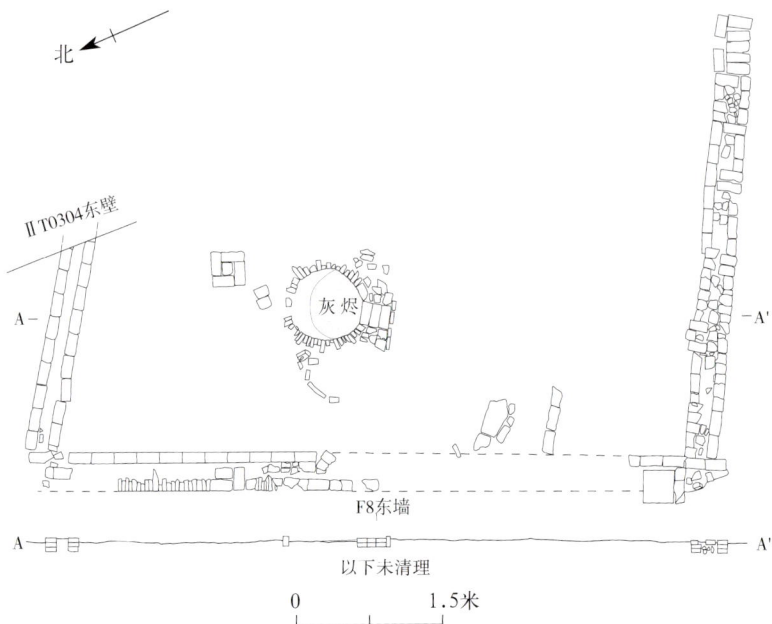

图 2-119　F9 平、剖面图

图 2-120　F9 俯视图（西北—东南）

留一个方形砖砌磉墩，边长 34 厘米、残高 5 厘米。房内中部残留一处火灶，残长 136、残宽 113、残高 10 厘米。中部用残砖侧边围砌成圆形灶膛，直径 71 厘米，之外用砖块包砌成灶台。灶膛内为草木灰及红烧土堆积，厚 3 厘米（图 2-121）。

房内为废弃后的一次性堆积（②层），灰褐色土，土质较软，结构较疏松，内含大量砖瓦残块及少量红烧土颗粒和白灰颗粒等，厚 15～25 厘米。

10.F10

F10 位于 ⅡT0305 中东部，ⅡT0405 西部，ⅡT0306 中南部，南邻 F8，北邻 F11、G2，西邻 L1。方向 297°。平面呈曲尺形，南北长 9.3、东西宽 6～7.2、残高 0.09 米（图 2-122、2-123）。墙体保存较差，东、南、西三墙仅存局部，留存一到两层砖。东墙残存一转折处，揭露部分长 1.1、宽 0.58 米。南墙残存两段，总长 2.2、宽 0.36 米。西墙残损严重，残长 2、宽 0.33 米。墙上留存一个方形砖砌磉墩，部分残破，边长 33、残高 5 厘米。房内见方形砖砌磉墩两个，规格与西墙磉墩相同。

图 2-121 F9 内火灶

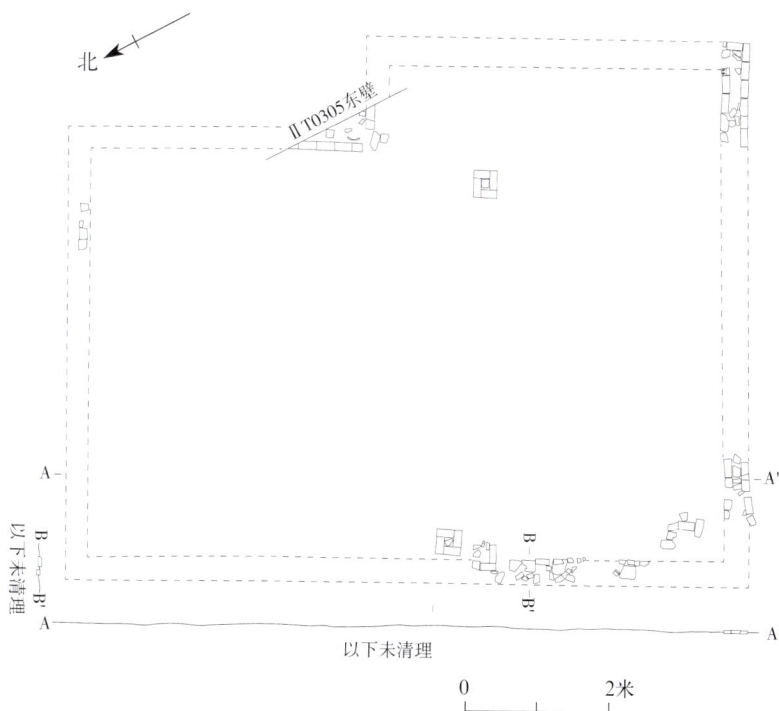

图 2-122 F10 平、剖面图

房内为废弃后的一次性倒塌堆积（②层），灰褐色土，土质较软，结构较疏松，内含大量的砖瓦残块以及少量的碎石块、草木灰和青花瓷片等，厚 15～20 厘米。

11.F11

F11 位于 ⅡT0306 东南部，西邻 L1，南邻 F10、G2。破坏较为严重，仅余东南角。方向 298°。平面残存形状为三角形，南北长 4.3、东西宽 1.4、残高 0.12 米（图 2-124、2-125）。仅余西墙和南墙部分。西墙残长 4.3、宽 0.49 米。南墙残长 0.8、宽 0.3 米。房内残留一个方形砖砌磉墩，边长 34、残高 4 厘米。

房内为废弃后的一次性倒塌堆积（②层），灰褐色土，土质较软，结构较疏松，内含砖瓦残

图 2-123　F10 俯视图（西北—东南）

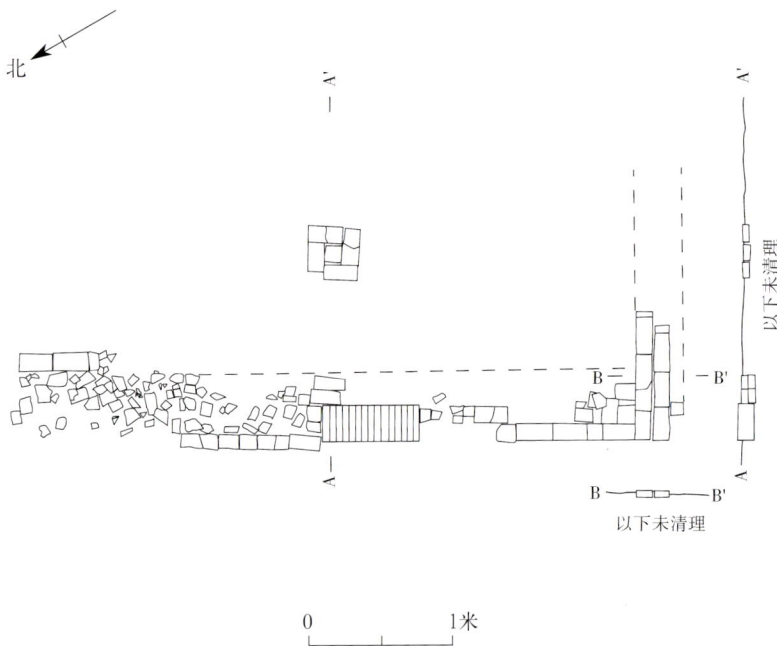

北

图 2-124　F11 平、剖面图

块、碎石块及少量草木灰、白灰颗粒、红烧土颗粒和青花瓷片，厚 15～25 厘米。

12.F12

F12 位于ⅡT0306 及其扩方西南部，ⅡT0305 及其扩方西北部，西南角伸入ⅡT0305 扩方西壁，东邻 L1，北邻 F14、G2。方向 115°。平面呈长方形，南北长 9.4、宽 5.3、残高 0.09 米（图 2-126、2-127）。东墙及西墙保存较好，均残留一到两层砖，南北二墙基本不存，仅余零星砖块。东墙揭露部分长 5.8、宽 0.4 米。墙上存 2 个方形砖砌磉墩，边长 32、高 8 厘米。西墙残长 7.8、宽 0.4 米。墙上存留砖砌磉墩一个，规格与

图 2-125　F11 俯视图（东南—西北）

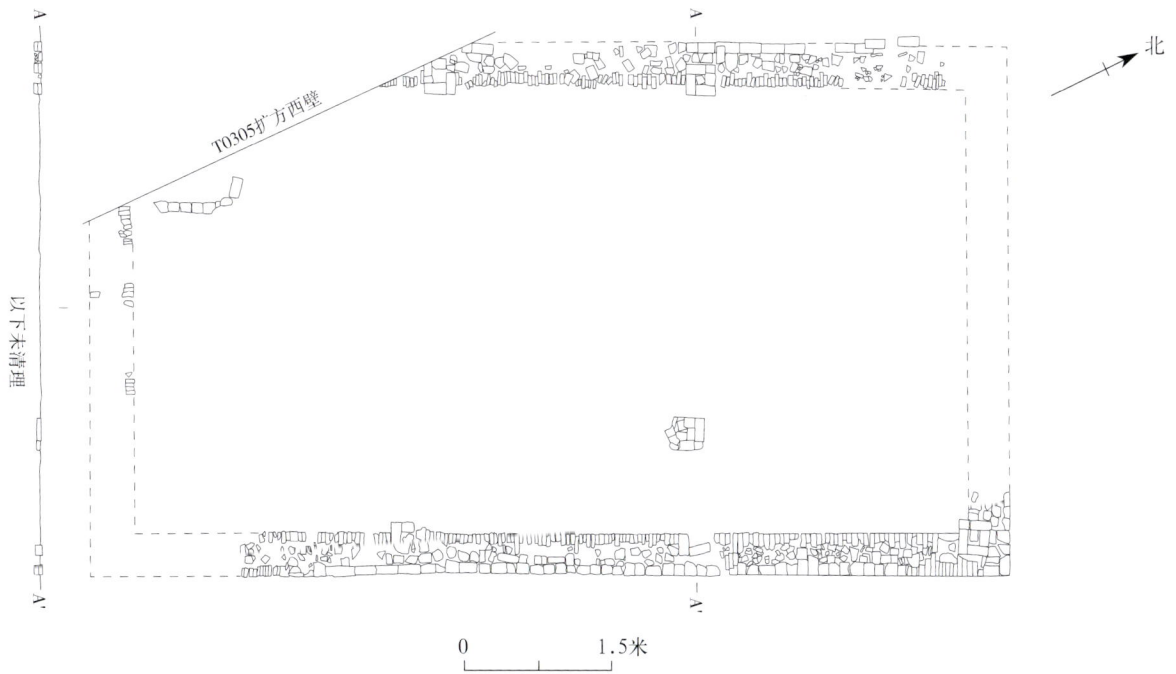

图 2-126　F12 平、剖面图

图 2-127　F12 俯视图（西北—东南）

东墙相同，还有两处破坏严重，仅存部分砖块。房内残留一个砖砌磉墩，局部凌乱。

房内为废弃后一次性倒塌堆积（②层），灰褐色土，土质较软，结构较疏松，内含大量残砖、瓦片以及少量青花瓷片、陶片、红烧土颗粒、草木灰、白灰颗粒等，厚 15 ～ 25 厘米。

13.F13

F13 位于ⅡT0508 西北部，ⅡT0509 西南部，ⅡT0408 东北角，西邻 L1，南邻 L2，北邻 F21，是建筑基址区面积最大的一座房址。方向 290°。平面呈长方形，南北长 13.3、东西宽 6.36、残高 0.05 米（图 2-128 ～ 2-130）。南北两侧为山墙，东西为檐墙。西墙残断严重，其他三墙保存相对较好。墙体砌法零乱，包括两侧均平砌、两侧均侧砌以及外侧侧砌、内侧平砌三种，内部填补残砖碎瓦和泥土，用白灰沙浆做黏合剂。北墙长 6.36、宽 0.38 ～ 0.4 米，残留一到两层砖。墙上存四个方形砖砌磉墩，其中一个保存稍好，其余较为残破。边长 35、残高 5 厘米。南墙长 6.35、宽 0.43 米，残留两到三层砖。墙上存四个方形砖砌磉墩，其中一个保存稍好，其余较为残破。东墙残长 12.4、宽 0.42 米，残存。墙上存四处方形砖砌磉墩，规格大小与南北墙的相同。西墙断续存在，总长 3.6、宽 0.47 米，残存一层砖，墙上存四处方形磉墩。房内共有方形砖砌磉墩八个，规格与墙体上磉墩相同，残高 10 厘米。房内铺砖基本不存，从小片残留面可知，房内铺砖应为顺丁结合平铺。房内靠近南北两侧山墙各有一条东西向砖砌小排水沟，应位于铺砖地面之下，纵穿房址，与西檐墙外 L1 附带排水沟连为一体，系房址东侧院子排水设施。

房内为废弃后一次性倒塌堆积（②层），灰褐色土，土质较硬，结构较疏松，内含大量砖瓦残块以及少量草木灰、白灰颗粒等，厚 15 ～ 20 厘米。

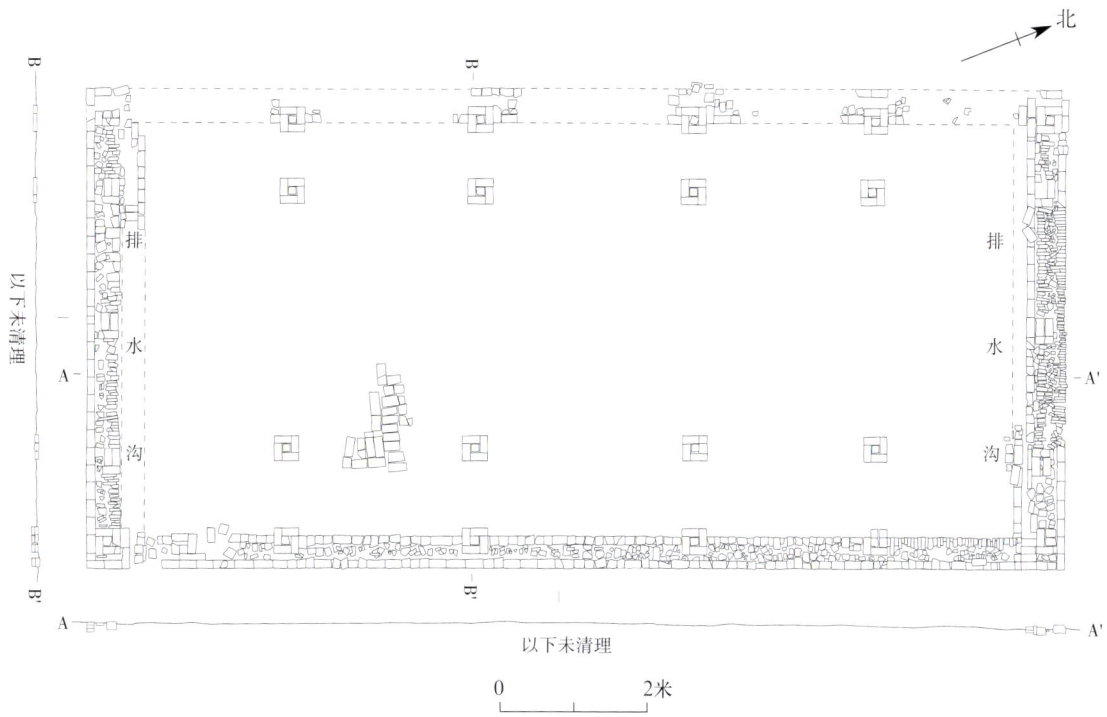

图 2-128 F13 平、剖面图

图 2-129 F13 俯视图（西南—东北）

图 2-130   F13 俯视图（东南—西北）

14.F14

F14 位于 II T0306 中西部，南邻 F12，北邻 F27，东邻 L1，南墙叠压于 G2 之上。保存较差，仅余部分东西二墙。方向 115°。平面呈不规则形，南北残长 2.4、东西宽 4.8、残高 0.1 米（图 2-131、2-132）。墙体大部分已破坏，存留部分仅存一层砖。东墙残长 2.35、宽 0.32 米，残留一到两层砖。墙南端留存一块残破方形柱础石，长 31、宽 26、厚 12 厘米。西墙残长 1.24、宽 0.36 米，残留一层砖。

房内为废弃后一次性倒塌堆积（②层），灰褐色土，土质较硬，结构较疏松，内含大量砖瓦残块、草木灰及少量的白灰颗粒、红烧土颗粒及青花瓷片等，厚 15 ～ 25 厘米。

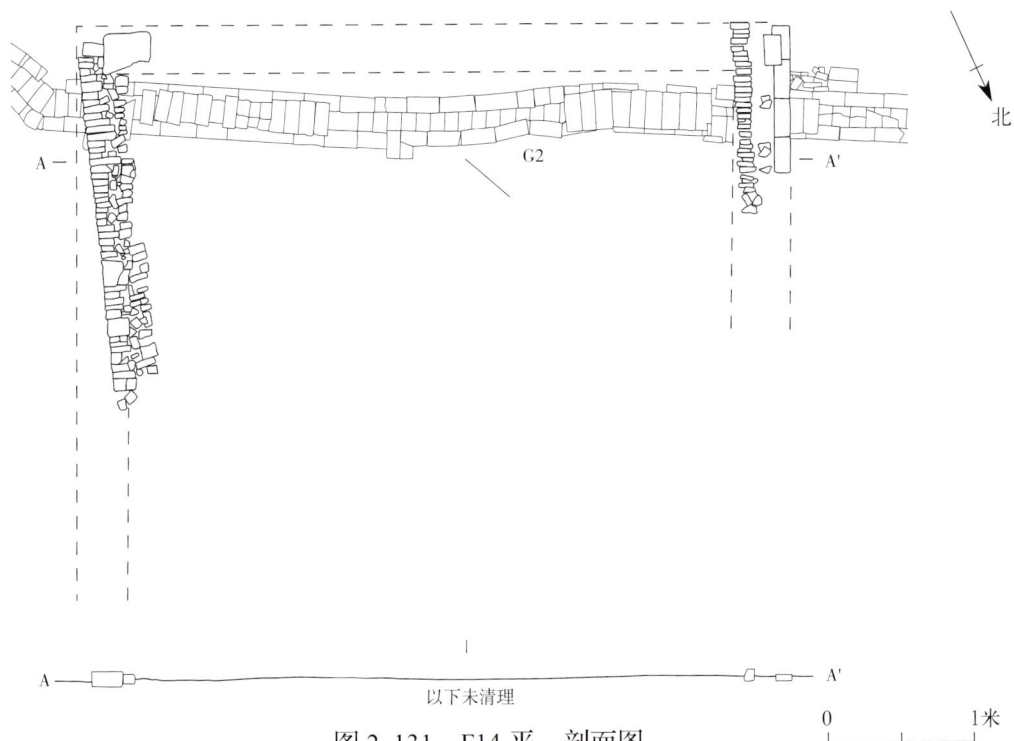

以下未清理

图 2-131   F14 平、剖面图

15.F15

F15位于ⅡT0407及其扩方西部，ⅡT0407及其扩方西北部，东邻L1，北邻L2，南邻F27。方向116°。平面呈"凸"字形，南北长11.7、东西宽6.8、残高0.32米（图2-133～2-135）。仅存北、东、西三面墙。北墙长3.8、宽0.45米，残留三到六层砖。东墙长11.35、宽0.47米，残留一到两层砖。墙上留存一处方形砖砌磉墩和一块长方形柱础石。磉墩边长42、残高5厘米。柱础石长58、宽38、厚15厘米。西墙北端和南部均有残缺，剩余部分总长6.53、宽0.43米，残留一到两层砖。墙上留存2块残破的柱础石。西墙中间有一处缺口，向西接一道东西向短墙。短墙长0.98、宽0.39米，残留一到两层砖。推测此处为门道。

房内为废弃后一次性倒塌堆积（②层），灰褐色土，土质较硬，结构较疏松，内含砖瓦残块、草木灰、白灰颗粒和红烧土颗粒等，厚15～20厘米。

图2-132　G2、F14俯视图（东南—西北）

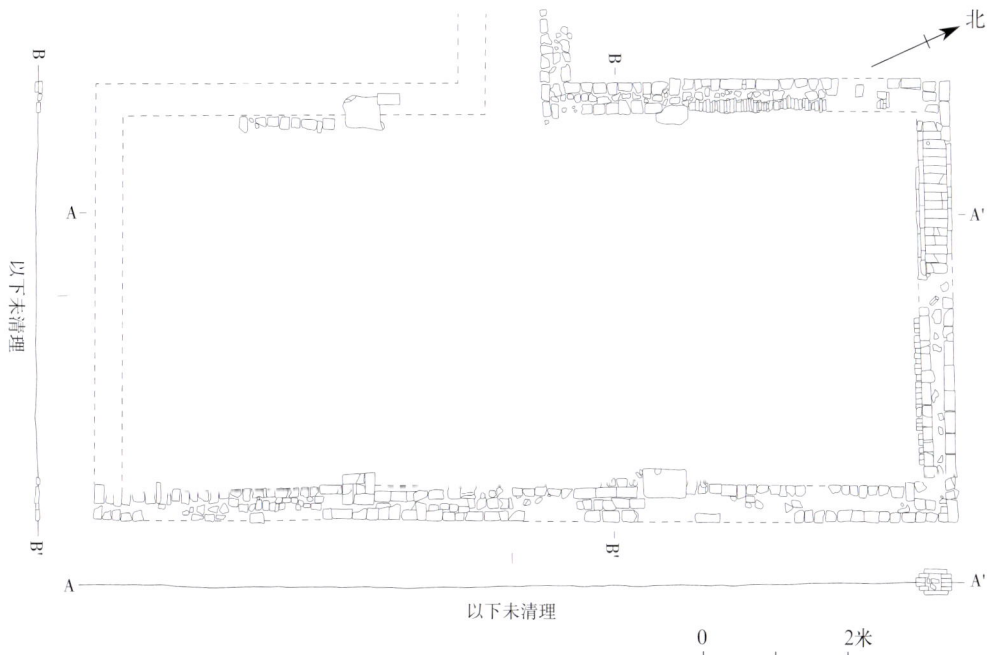

图2-133　F15平、剖面图

图 2-134　F15 俯视图（西南—东北）

图 2-135　F15 俯视图（东北—西南）

16.F16

F16位于ⅡT0406西北部，ⅡT0407中南部，北邻F17，西邻L1。方向297°。平面呈长方形，南北长8、东西宽4.64、残高0.08米（图2-136、2-137）。南北两侧为山墙，东西两侧为檐墙。南墙残长1.9、宽0.26米，残存一层砖。其南部留存一块柱础石，形状不规则，长30、宽26、厚8厘米。北墙断续存在，存留部分总长2.56、宽0.32米，残留一到两层砖。其上留存三个砖砌磉墩，部分有残损。东墙残长7.4、宽0.34米，残留一到三层砖。其上留存两个砖砌磉墩，局部有残损。西墙保存最差，大部分已不存，仅存个别残砖和一个砖砌磉墩。房内发现两个方形砖砌磉墩，边长26、残高4厘米。

房内堆积为废弃后一次性倒塌堆积（②层），灰褐色土，土质较硬，结构较疏松，包含砖瓦残块、草木灰、白灰颗粒等，厚15～20厘米。

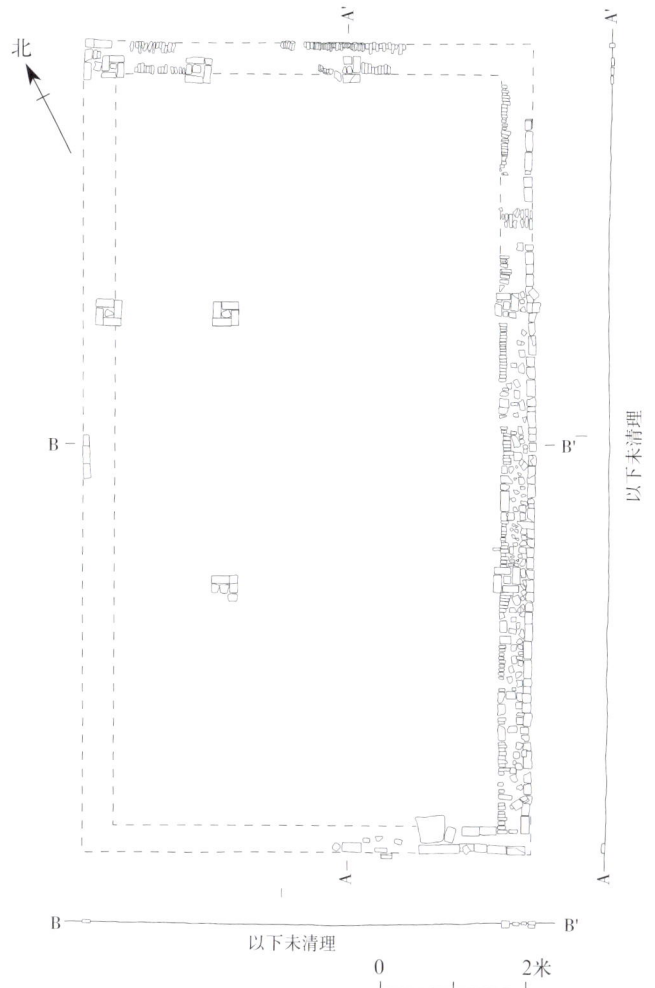

图 2-136　F16 平、剖面图

图 2-137　F16 俯视图（西南—东北）

17.F17

F17 位于 Ⅱ T0407 东北角，Ⅱ T0507 西北角，北邻 L2，南邻 F16，西邻 L1。方向 296°。平面略呈梯形，南北长 6.1 ～ 6.55、东 西 宽 5.56、 残 高 0.09 米（ 图 2-138、2-139）。仅存北墙和东墙。北墙长 5.6、宽 0.4 米，残留一到两层砖。东墙残长 6.2、宽 0.25 ～ 0.31 米，残留一到两层砖。房内大部表面残留有灰黑色草木灰痕迹。

房内堆积废弃后一次性倒塌堆积（②层），灰褐色土，土质较硬，结构较疏松，包含大量砖瓦残块及少量草木灰、白灰颗粒和青花瓷片等，厚 15 ～ 20 厘米。

18.F18

F18 位于 Ⅱ T0409 内，北邻 F19，南邻 L2，东邻 L1。方向 110°。平面呈长方形，南北长 7.7、东西宽 4.6、残高 0.1 米（图 2-140、2-141）。墙体破坏严重，仅留存东墙。东墙中部偏南处残断，留存部分总长 7.15、宽

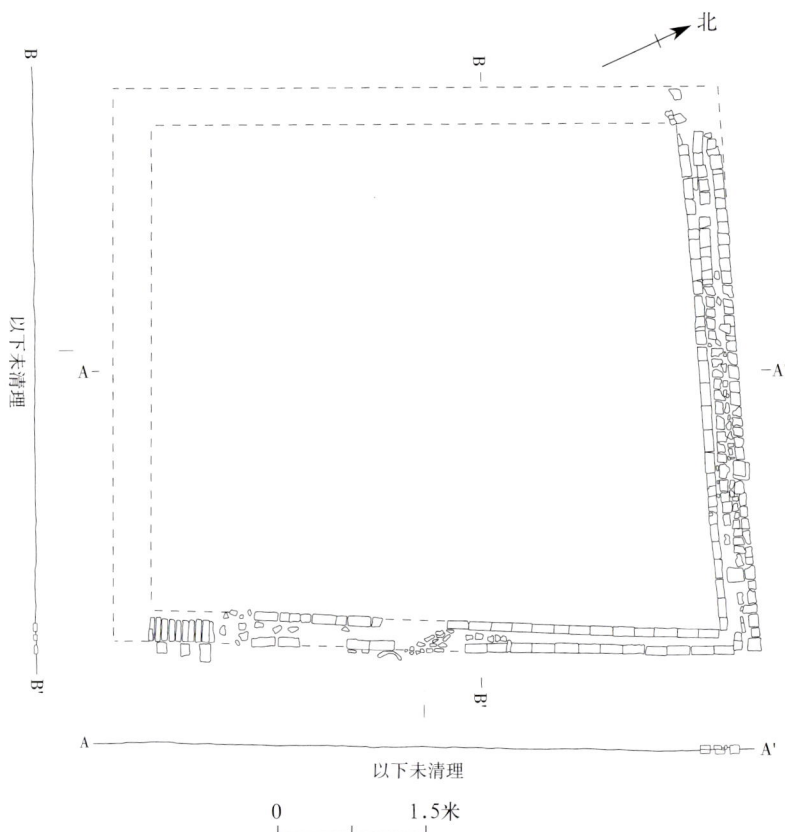

图 2-138　F17 平、剖面图

图 2-139　F17 俯视图（西南—东北）

0.36～0.45米，残留一到两层砖。墙上留存四处方形砖砌礅墩，部分残破较甚，保存较好者边长33、残高5厘米。

房内为废弃后一次性倒塌堆积（②层），灰褐色土，土质较硬，结构较疏松，内含大量砖块、瓦片、草木灰及少量白灰颗粒、红烧土颗粒和青花瓷片等，厚15～25厘米。

19.F19

F19位于ⅡT0409东北部，ⅡT0410中东部，ⅡT0510中西部，北邻F20，南邻F18，东邻L1，西距古河道约14米。方向109°。平面呈长方形，长10、宽4.6、残高0.09米（图2-142、2-143）。四周墙体均有留存。北墙长4.6、宽0.33米，残留一到两层砖。墙上留存三个方形砖砌礅墩，部分较为残破。礅墩边长33、残高5厘米。南墙长4.57、宽0.44米，残留一到两层砖。墙上与北墙礅墩相对应位置处存留三个砖砌礅墩，规格与北墙礅墩相同。东墙部分残缺，剩余部分总长8.83、宽0.35米，残留一到两层砖。墙上留存三处方形砖砌礅墩。西墙中部南部局部残断，剩余部分总长8.9、宽0.41米，残存一到两层砖。墙上礅墩与东墙礅墩相对应，规格相

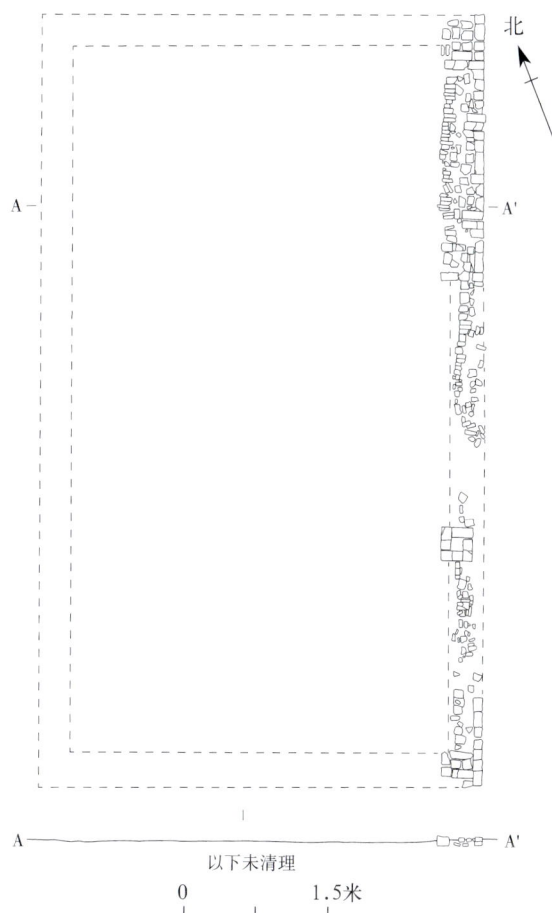

图 2-140　F18 平、剖面图

图 2-141　F18 俯视图（西南—东北）

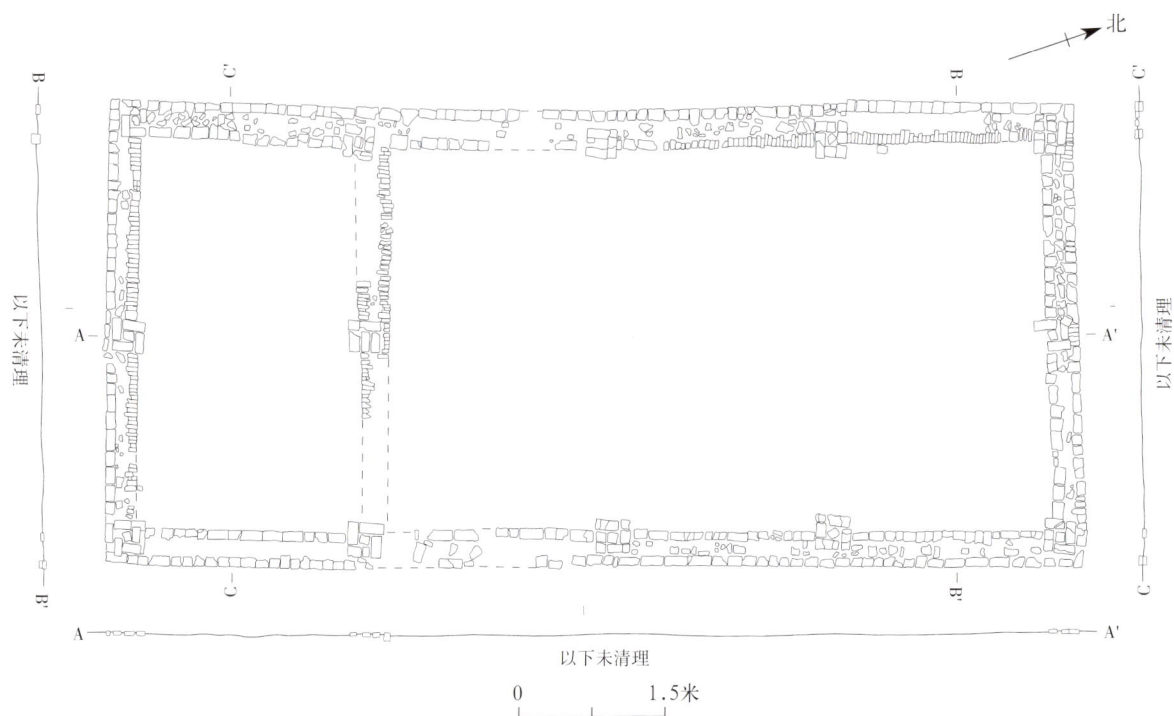

图 2-142　F19 平、剖面图

图 2-143　F19 俯视图（西南—东北）

同。房内南部还存在一道东西向隔墙，残长 2.66、宽 0.28 ～ 0.33 米，残留一层侧砌砖块。隔墙上留有一处方形砖砌磉墩，边长 31、残高 5 厘米。房内隔墙以南部分南北长 2.29 米，以北部分南北长 6.71 米。

房内为废弃后一次性倒塌堆积（②层），灰褐色土，土质较硬，结构较疏松，内含大量砖瓦残块及少量瓷片、白灰颗粒和红烧土颗粒等，厚 15 ～ 22 厘米。

20.F20

F20 位于ⅡT0410 东北角，ⅡT0411 东南角，ⅡT0511 西南部，ⅡT0510 西北部，北邻 F24，南邻 F19，东邻 L1，西距古河道约 16 米（图 2-144、2-145）。方向 110°。平面呈长方形，南北长 7.76、东西宽 6.02、残高 0.12 米。仅存东、南二墙。东墙中部残断，残留部分总长 5.46、宽 0.37 米，残留两到三层砖。南墙长 5.69、宽 0.47 米，残留一层砖。墙上残留五块长方形或方形石块，推测为柱础石。其中最西端长方形石块最大，长 71、宽 32、厚 12 厘米。其余四块方

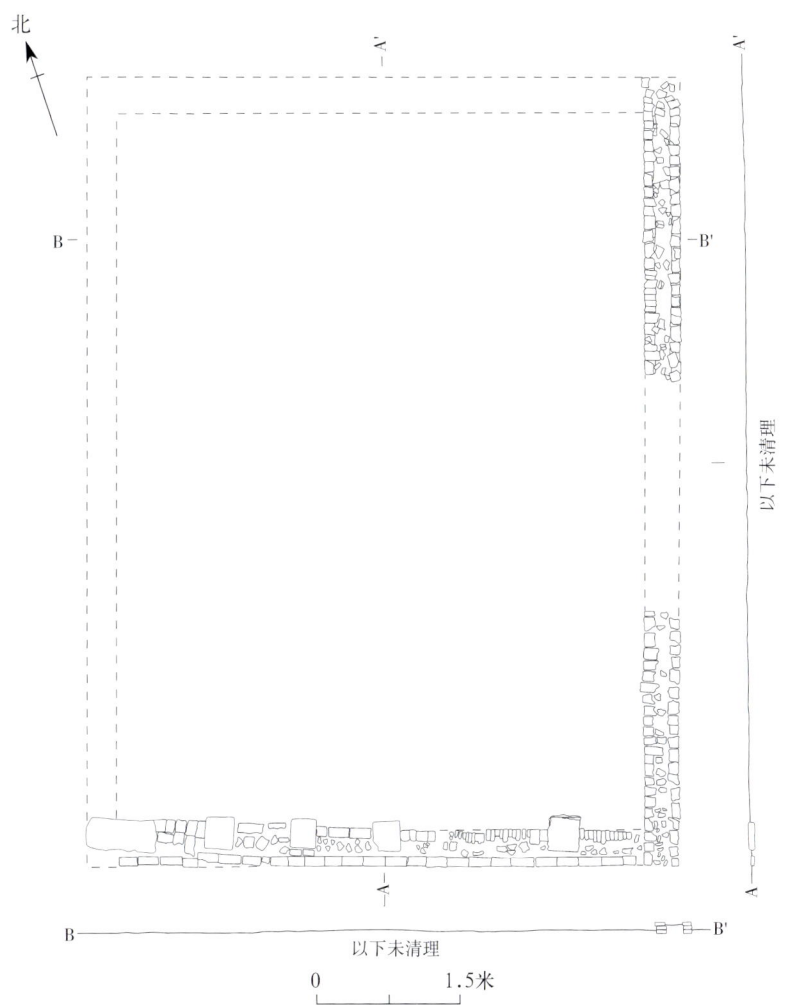

图 2-144　F20 平、剖面图

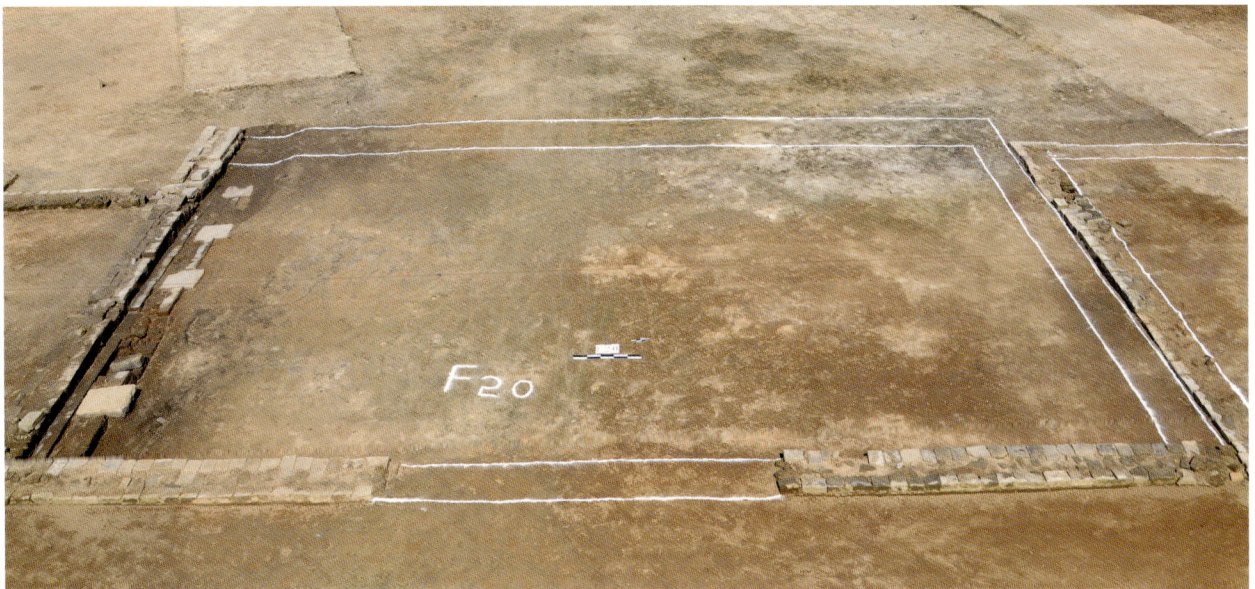

图 2-145　F20 俯视图（东南—西北）

形石块边长 29 ～ 35、厚 10 厘米。

房内为废弃后一次性倒塌堆积（②层），灰褐色土，土质松散，堆积内包含大量砖块、瓦片、草木灰及少量白灰颗粒、红烧土颗粒、青花瓷片等，厚 15 ～ 22 厘米。

21.F21

F21 位于 ⅡT0509 中北部，ⅡT0510 东南部，南邻 F13，北邻 F22，西邻 L1。方向 290°。平面呈长方形，南北长 8.53、东西宽 6.03、残高 0.13 米（图 2-146、2-147）。四周墙体均有留存。北墙残长 5.83、宽 0.39 ～ 0.49 米，残留一到两层砖。墙上留存四个方形砖砌磉墩，部分残破散乱。磉墩边长 34、残高 5 厘米。南墙保存较好，长 6、宽 0.37 米，残留一到两层砖。墙上留存四个砖砌磉墩，位置和规格与北墙相同，残高 10 厘米。东墙残长 7.49、宽 0.43 米，残留两到三层砖。墙上留存一个磉墩，残高 13 厘米。西墙局部残损，长 7.63、宽 0.37 米，残留一到两层砖。墙上留存两个方形砖砌磉墩，残高 9 厘米。西墙西南侧外接 L1 东侧排水沟。房内残留四个方形砖砌磉墩，规格大小与墙体上磉墩相同，位置与其相对应，残高 9 厘米。房内北部靠近北墙处留存一道东西向砖砌排水沟。排水沟东西端分别与东西墙相接，并穿过墙体。排水沟断续存在，残留部分总长 4.94、宽 0.52、残高 0.09 米。沟底用砖顺丁结合铺底，之上于两侧各顺砌一层平砖作为沟壁，沟内宽 12 ～ 14 厘米。沟底用整砖丁向平铺一排后，其上再用整砖或残砖交替顺向错缝平砌两侧，以白灰浆粘结抹缝。

房内为废弃后一次性倒塌堆积（②层），灰褐色土，土质较硬，结构较疏松，内含大量砖瓦残块及少量青花瓷片、白灰颗粒和红烧土颗粒，厚 12 ～ 20 厘米。

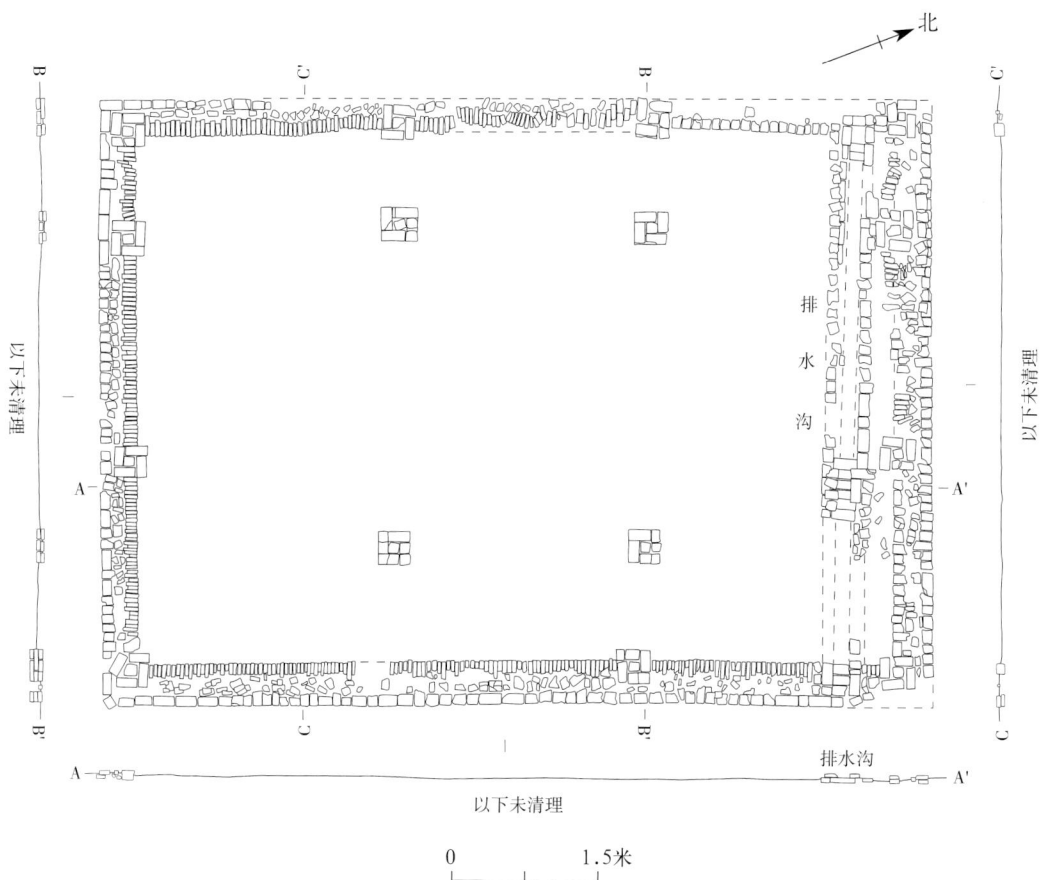

图 2-146 F21 平、剖面图

图 2-147　F21 俯视图（西南—东北）

22.F22

　　F22 位于 ⅡT0510 东部，ⅡT0511 东南角，ⅡT0610 西北部，ⅡT0611 西南角，南邻 F21，北邻 F23，西邻 L1。方向 292°。平面呈曲尺形，南北长 9.53、东西宽 5.1 ～ 5.97、残高 0.1 米（图 2-148、2-149）。四面墙体均有保留。北墙被破坏严重，仅余部分零乱砖块，残长 1.37、宽 0.38 米。南墙与F21 共用，长 5.97、宽 0.39 米。东墙呈 "之" 字形，断续存在，总长 3.9、宽 0.3 ～ 0.4 米，残留一到两层砖。墙上残留两处砖砌磉墩，较为残破，残高 5 厘米。西墙残长 7.98、宽 0.33 米，残留一到两层砖。墙上留存一块不规则石板和一处方形砖砌磉墩。石板长 26、宽 22、厚 7 厘米，疑为柱础石。磉墩边长 34、残高 10 厘米。房址南部可能存在进出房址东侧院子的门道。

　　房内为废弃后一次性倒塌堆积（②层），灰褐色土，土质较硬，结构较疏松，内含大量砖瓦残块、白灰渣及少量青花瓷片，厚 15 ～ 20 厘米。

23.F23

　　F23 位于 ⅡT0611 中部及西部，ⅡT0612 南部，ⅡT0511 东南部，南邻 F22，北邻 F25，西邻L1，与 F25 共用北侧墙体。方向 293°。平面呈长方形，南北长 10.1、东西宽 6.5、残高 0.08 米（图 2-150、2-151）。四面墙体均有留存。北墙长 5.6、宽 0.47 米，残留两层砖。墙上有两排方形砖砌磉墩，其中南排三个磉墩为 F23 所用。磉墩边长 33、残高 12 厘米。南墙残长 4.16、宽 0.46 米，残留一到两层砖。墙上残留两处方形磉墩，略散乱。东墙残长 4.1、宽 0.44 米，残留一到两层砖。墙上残留一处方形磉墩，略残破。西墙残长 9.8、宽 0.44 ～ 0.52 米，残留一到三层砖。墙上留存三处方形砖砌磉墩，规格与

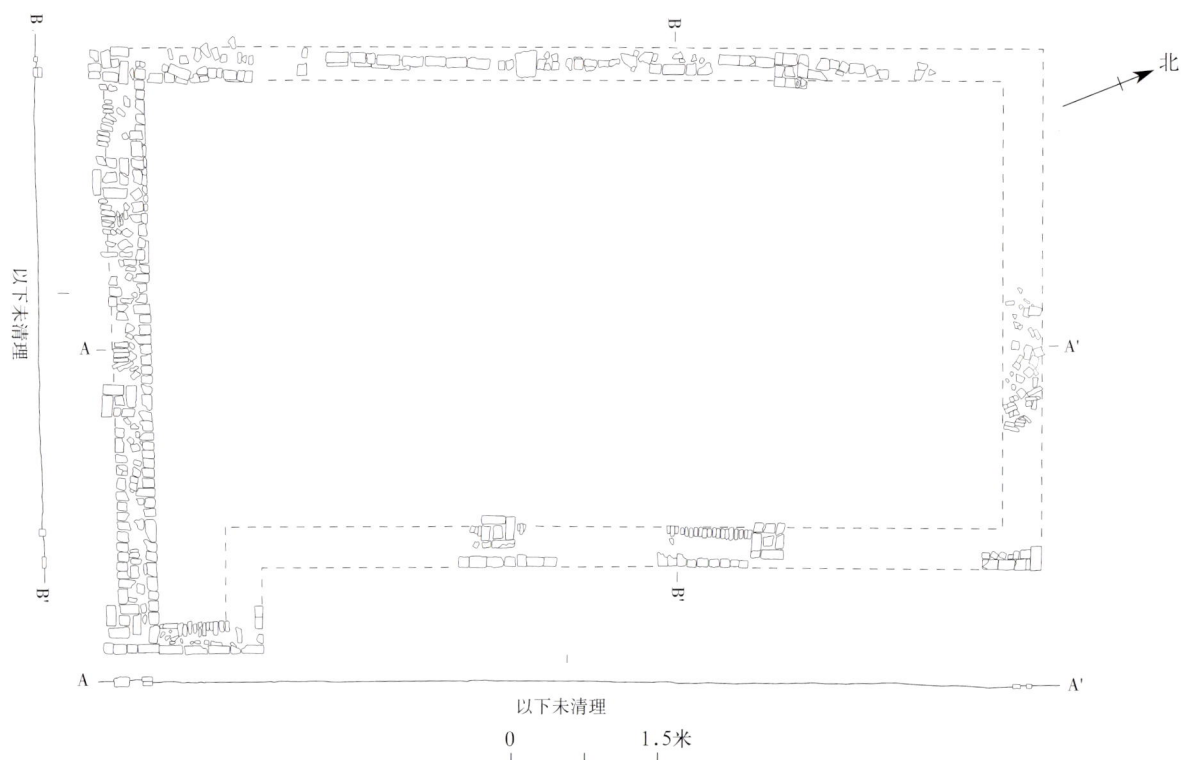

图 2-148 F22 平、剖面图

图 2-149 F22 俯视图（东南—西北）

北墙磉墩相同，残高9厘米。东西墙上南部留存一条东西向排水沟。水沟被破坏严重，仅见墙上部分，沟内宽9、残高4厘米。房内留存三处方形砖砌磉墩，残高4厘米。房内南侧残留部分铺砖面，南北向顺砌。铺砖面西部为由东向西依次斜向层叠的残砖块，用途不明。

房内为废弃后一次性倒塌堆积（②层），灰褐色土，土质松散，内含大量砖瓦残块及少量青花瓷片、白灰颗粒、红烧土颗粒等，厚12～20厘米。

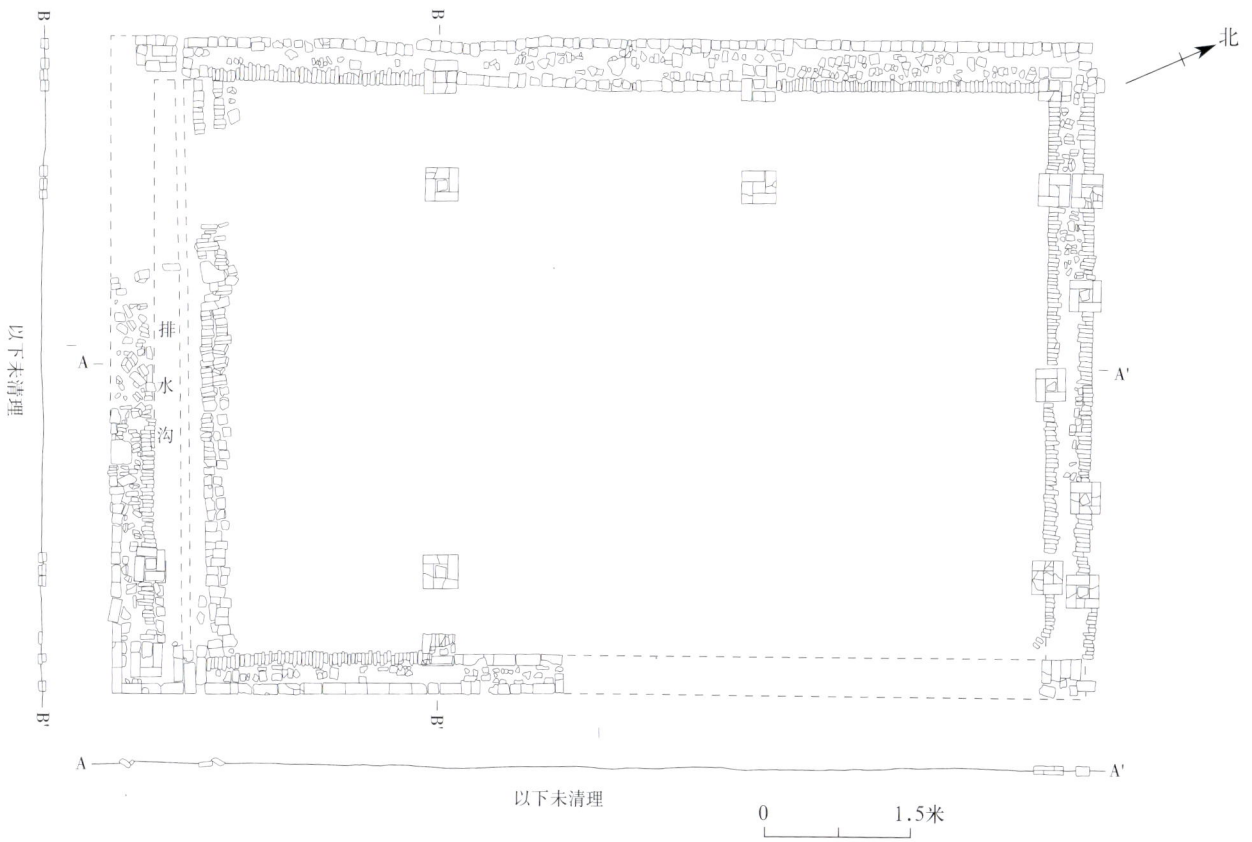

图 2-150　F23 平、剖面图

图 2-151　F23 俯视图（西南—东北）

24.F24

F24位于ⅡT0512南半部，ⅡT0511西北部，东邻L1，北邻F26，南邻F20。方向111°。平面呈长方形，南北长9.4、东西宽5.6、残高0.13米（图2-152、2-153）。残存南、北、东三面墙。南墙长5.6、宽0.34米，残留一到两层砖。北墙被破坏严重，仅留存部分砖块，残长3.2、宽0.36米，残留一层砖。东墙残长8.48、宽0.4～0.47米，局部残破，残留一到三层砖。墙南北两端各存在一条排水沟。其中北侧排水沟残长0.6、宽0.32、高0.08米，采用一层平砖东西向顺砌出南北两侧沟壁，中间预留水沟，底部无砖块铺垫，沟上用平砖丁铺封盖。沟内宽10厘米，其东侧接L1西侧排水沟，并由此接入G3。南侧排水沟残长0.54、宽0.31、残高0.04米，形制、砌法与北侧排水沟相同，顶部不存，其东侧与L1相接。

房内为废弃后一次性倒塌堆积（②层），灰褐色土，土质较硬，结构较疏松，内含大量砖瓦残块及少量青花瓷片、白灰颗粒、红烧土颗粒等，厚10～20厘米。

25.F25

F25位于ⅡT0612中东部及东北部，西邻L1、G3，南邻F23，与F23共用南侧墙体，北部伸入ⅡT0612北壁，东部伸入ⅡT0612东壁和基坑。方向288°。平面呈不规则形，揭露

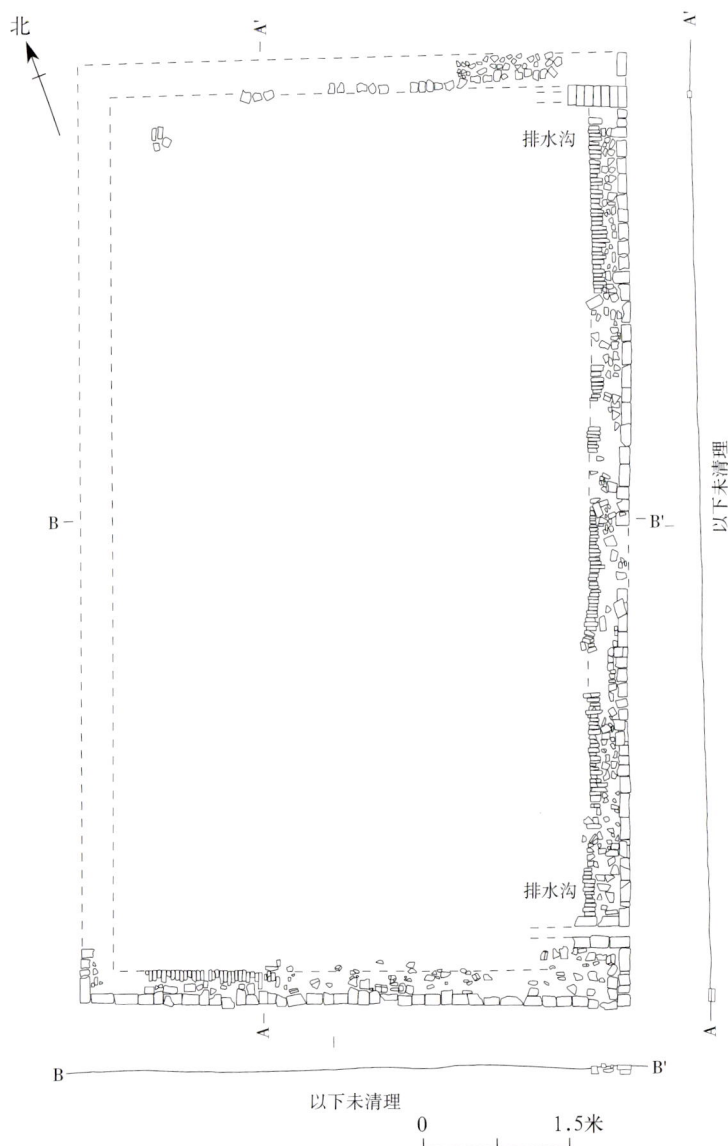

图2-152   F24平、剖面图

图2-153   F24俯视图（东南—西北）

部分南北长 6.2、东西长 6.5、残高 0.1 米（图 2-154、2-155）。仅揭露出西墙和南墙，保存相对较好。西墙揭露部分长 6.2、宽 0.42 米，残留两层砖。墙上中部存一个方形砖砌磉墩，边长 33、残高 12 厘米。墙南端留存一处小排水沟，沟长 0.45、宽 0.28 米，沟内宽 0.1、深 0.15 米，其西端与 G3 相连接。南墙揭露部分长 6.13、宽 0.47 米，残留两层砖。墙上有两排方形砖砌磉墩，其中北排五个磉墩应为 F25 所用，部分磉墩较为零乱，保存情况稍差。磉墩规格与西墙磉墩相同，残高 13 厘米。房内偏东位置残留一处砖砌灶膛痕迹，仅余部分残砖，大小不详，残砖东侧留存烧土痕迹。

房内为废弃后一次性倒塌堆积（②层），灰褐色土，土质较软，结构较疏松，内含大量砖瓦残块及少量青花瓷片、烧土颗粒、白灰颗粒和木屑，厚 10 ~ 20 厘米。

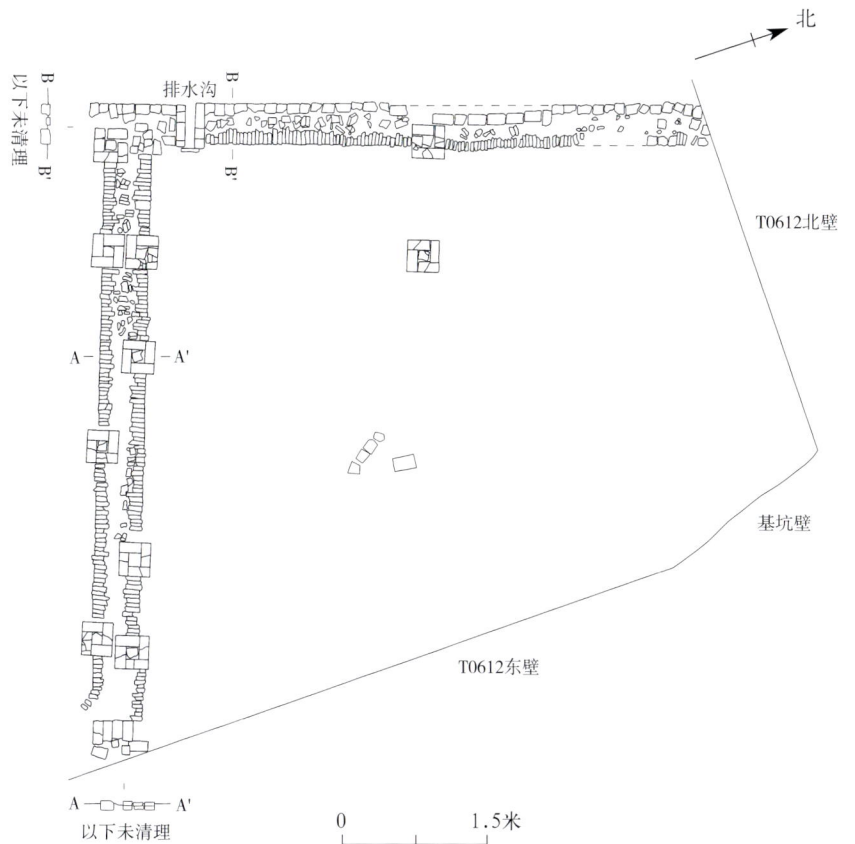

图 2-154　F25 平、剖面图

图 2-155　F25 俯视图（东南—西北）

26.F26

F26 位于 Ⅱ T0513 东南角，Ⅱ T0512 东北部，东邻 L1，南邻 F24，北侧为基坑壁，其南部叠压于 G3 之上。方向 110°。平面呈长方形，南北长 10.3、东西宽 6.05、残高 0.11 米（图 2-156、2-157）。四墙皆有存留，为青砖砌筑，以白灰沙浆黏合。东墙残长 4.55、宽 0.4 米。墙上有一方形砖砌磉墩，

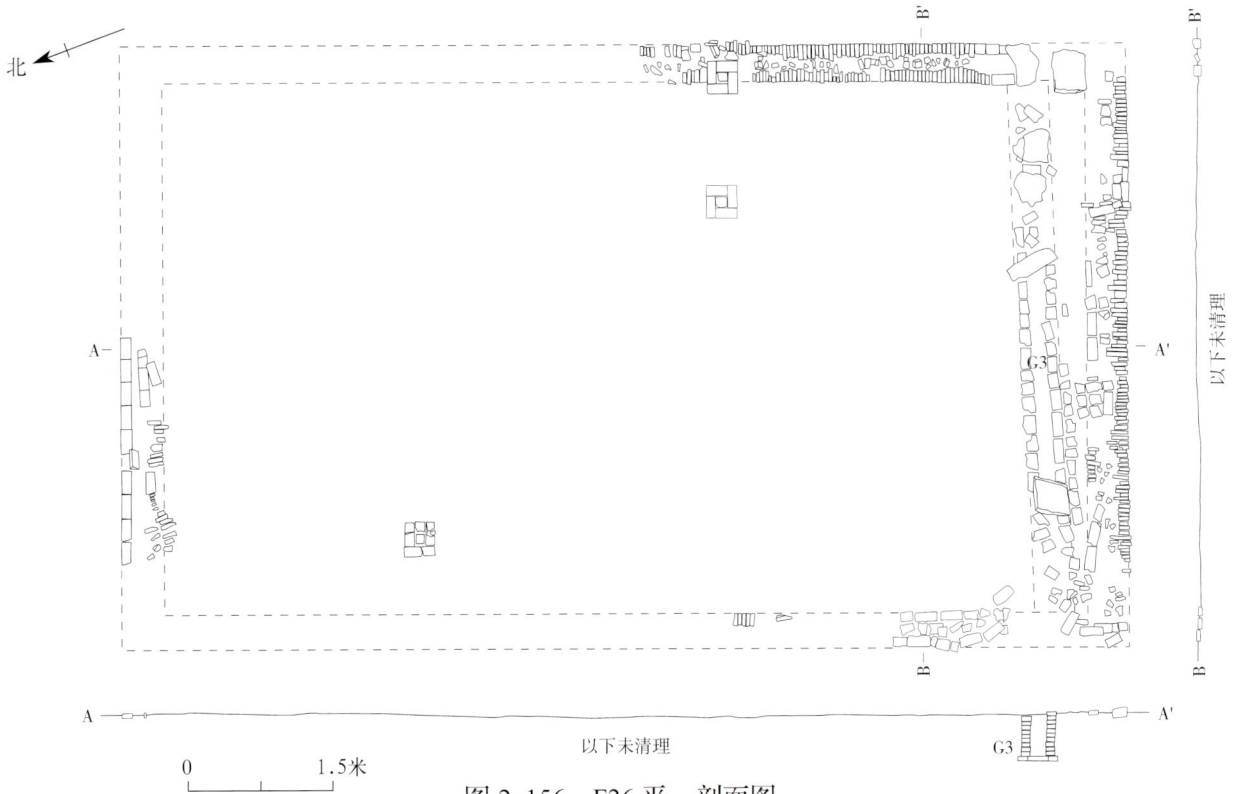

图 2-156 F26 平、剖面图

图 2-157 F26 俯视图（西南—东北）

边长 32、残高 9 厘米。墙南端存一长方形石块，长 42、宽 35、厚 8 厘米，疑为柱础石。西墙断续存在，剩余部分总长 2.43、宽 0.41 米，残留一层砖。北墙残长 2.25、宽 0.43 ～ 0.56 米，残留一到两层砖。南墙保存稍好，残长 5.67、宽 0.41 米，残留一到两层砖。墙中部留存一处砖砌磉墩痕迹，砖块较为零乱。房内残留方形砖砌磉墩 2 处，大小规格与东墙上磉墩相同，残高 4 厘米。G3 从房内居住面之下穿过。

房内为废弃后一次性倒塌堆积（②层），灰褐色土，土质较硬，结构较疏松，内含大量砖瓦残块及少量青花瓷片、白灰颗粒、红烧土颗粒等，厚 10 ～ 20 厘米。

27.F27

F27 位于 ⅡT0407 扩方西北部，东邻 L1，北邻 F15，西侧为古河道。方向 117°。平面呈长方形，南北残长 5.86、东西宽 4.6、残高 0.09 米（图 2-158、2-159）。被破坏严重，只余东、西、北三墙局部。东墙残长 5.48、宽 0.31 ～ 0.6 米，仅存一到两层砖，局部散乱。墙南端存一长方形柱础石，长 40、宽 25、厚 10 厘米。西墙残长 1.37、宽 0.3 米，残存一层砖。北墙残长 0.35、宽 0.34 米，其上留存一块长方形石块，疑为柱础石，长 34、宽 24、厚 11 厘米。

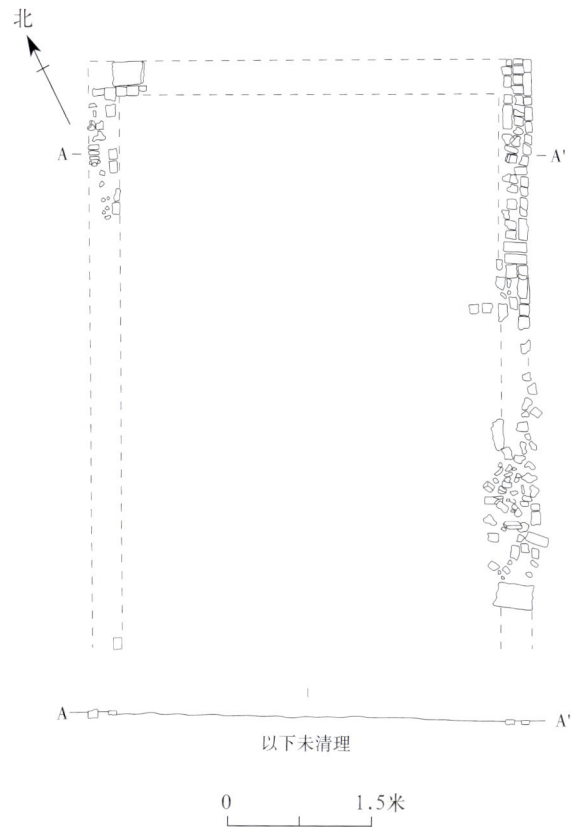

图 2-158 F27 平、剖面图

图 2-159 F27 俯视图（西南—东北）

房内为废弃后一次性倒塌堆积（②层），灰褐色土，土质较硬，结构较疏松，内含砖瓦残块、青花瓷片、瓦当等，厚15～20厘米。

28.F28

F28位于ⅡT0606中东部，ⅡT0706西南部和中南部。方向209°。平面呈长方形，东西长9.8、南北宽4.8、残高0.09米（图2-160、2-161）。墙体保存较差，仅余东、西、北三墙局部。东墙残长0.83、宽0.38米，残留一层砖。墙上还有一块残破不规则石块，长39、宽30、厚8厘米，推测为柱础石。西墙残长1、宽0.35米，残留一层砖。北墙长3.25、宽0.37米，残留一到两层砖。墙南端留存一块残破柱础石，长34、宽27、厚8厘米。房内中部偏东北处留存一块不规则石块，疑为柱础石。房内中部偏西位置有一砖砌灶，残砖围砌成圆形灶膛，仅存一层砖，直径90厘米，残高4厘米。灶膛内存黑色草木灰，厚1～2厘米。

房内为废弃后一次性倒塌堆积（②层），灰褐色土，土质较硬，结构较疏松，内含大量砖瓦残块及少量青花瓷片、白灰颗粒、红烧土颗粒等，厚10～20厘米。

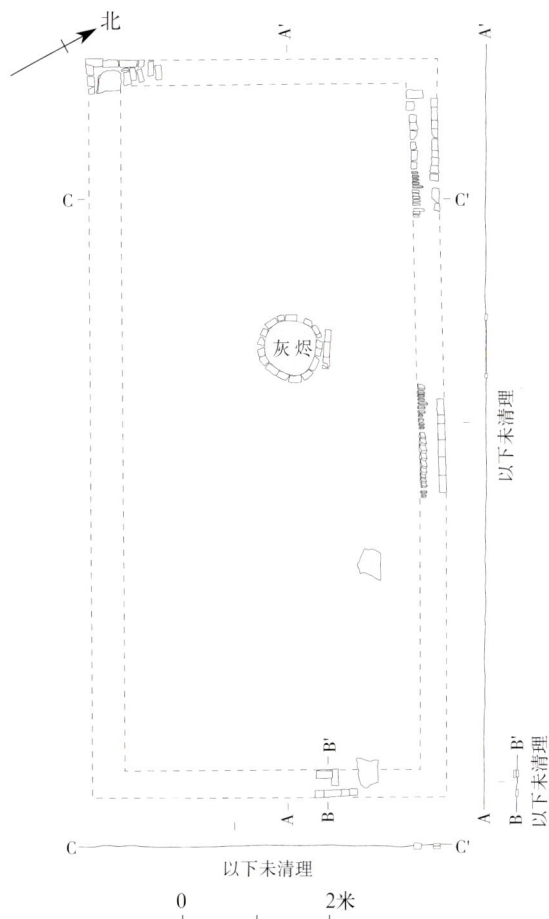

图2-160　F28平、剖面图

图2-161　F28俯视图（东南—西北）

三 排水沟

排水沟共3条，均与房址相邻或相交，由南向北依次为G1、G2和G3。平面呈长条形，为东南—西北走向，东南略高，西北略低。采用砖块垒砌，用砖规格为22厘米×10厘米×4厘米，采用白灰砂浆黏合。

1.G1

G1位于ⅡT0101中部，紧邻F2的南墙，西接L1，其东、西两端伸入F2墙体之下。方向304°。平面呈长条形，揭露部分长5.2、宽0.5、高0.43～0.56米。整体东高西低。沟底用整砖顺丁结合平铺，之上用整砖或残砖砌筑沟壁。沟壁从上至下共分为五层：第一层用残砖或整砖丁向侧砌；第二层为顺向错缝平铺砖块；第三层仍为丁向侧砌，与第一层砌法相同；第四层与第五层均用平砖错缝顺砌。沟顶用平砖和石板加盖（图2-162、2-163）。

沟内宽0.13～0.21、深0.38米，其内堆积为一层淤泥，青灰色土，土质较软，内含少量砖块、瓦片、细沙及青花瓷片，厚0.30～0.38米。

2.G2

G2位于ⅡT0306南部及其西侧扩方的中北部，南邻F12，北邻F11、F14。东端伸入F10北部，在F10西北角处与L1东侧排水沟相连通，自东南向西北横穿L1，伸入F14内，部分被F14南墙叠压，西端伸入ⅡT0306扩方西壁，方向302°。平面呈长条形，中间略有弯曲，揭露部分长11.7、宽0.29～0.52、高0.25～0.29米。整体东高西低。沟底用整砖顺丁结合平铺，沟两侧用平砖上下错缝顺砌，共有五层砖，沟顶采用平砖横盖（图2-164～2-168）。

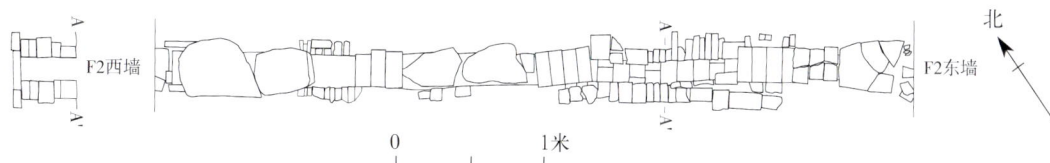

图 2-162 G1平、剖面图

图 2-163 G1俯视图（东北—西南）

北

F10西端

A— —A'

A— —A'

B— —B'

B— —B'

II T0306扩方西壁

1米

0

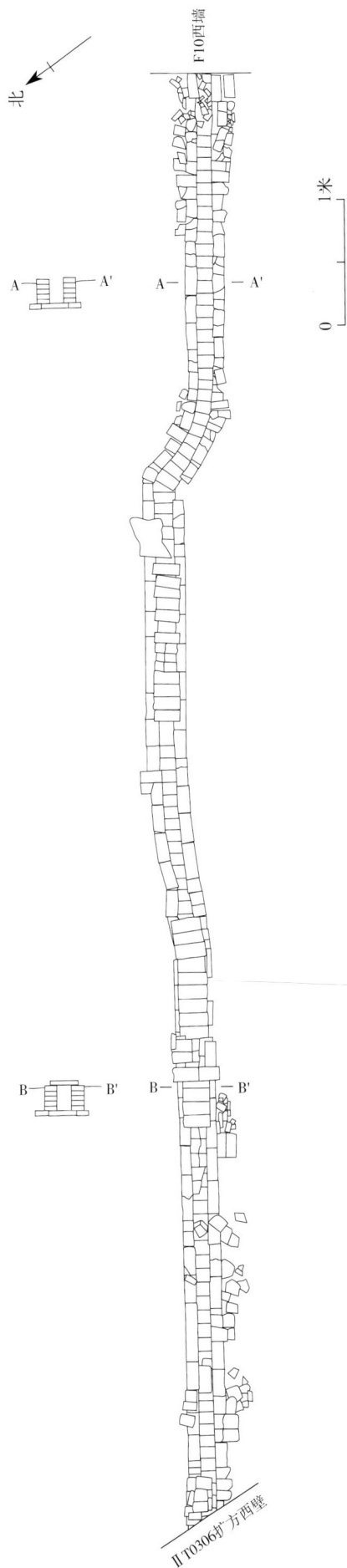

图 2-164　G2 平、剖面图

图 2-165　G2 俯视图（西北—东南）

图 2-166　G2 俯视图（东南—西北）

图 2-167　G2 与 L1 相交处

图 2-168　G2 西部（F14 以西部分）

图 2-169　TG3 解剖情况

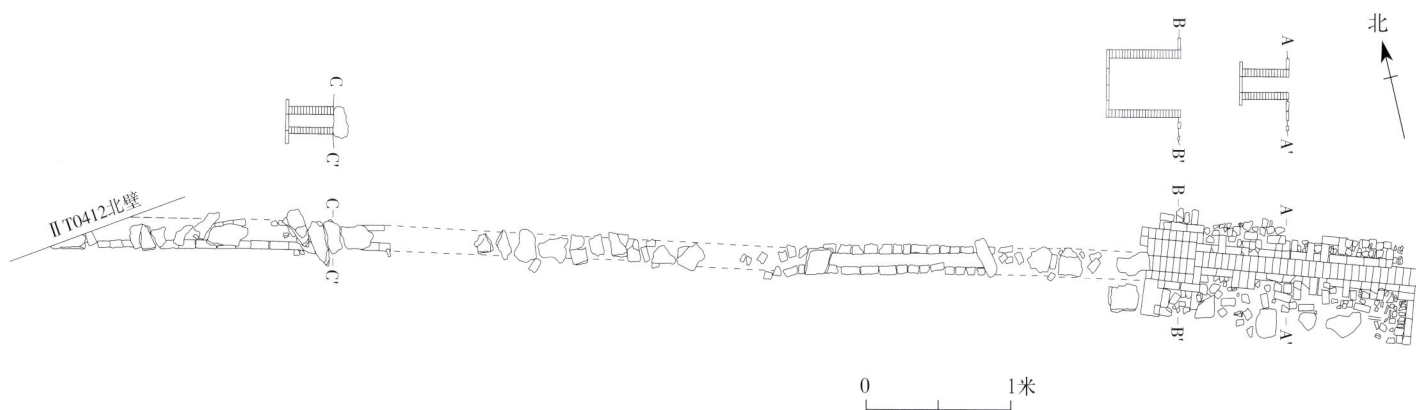

图 2-170　G3 平、剖面图

沟内宽 0.12 ~ 0.15、深 0.2 米，其内堆积为一层淤泥，青灰色土，土质较软，内含少量砖块、瓦片和细沙等，厚 0.1 ~ 0.2 米。

根据 TG3 对 G2 与古河道的解剖可知，G2 向西延伸至古河道东岸，并被古河道和护岸固堤排桩打破（图 2-169）。

3.G3

G3 位于 II T0612 的中西部，II T0512 中部，II T0412 中北部，东端始于 L1 东侧与 F25 和 F23 交接处，向西穿过 L1 和 F26，西端伸入 II T0412 北壁。方向 285°。平面呈长条形，揭露部分长 18.7、宽 0.5、高 0.67 ~ 1.02 米。整体东高西低。沟底采用平砖顺砌，沟两侧壁采用平砖错缝顺砌，计有十五至十六层砖，沟顶采用不规则石块和石板加盖。沟东部与 L1 及 F26 相接处存在一近方形坑，南北与沟相连通。坑内长 0.74、宽 0.67、深 0.97 米，底较沟底为深。坑底采用平砖顺砌，四壁以单层平砖上下错缝围砌，顶部无盖。坑南、北两侧分别与 L1 附属小排水沟相接，推测可能为沉淀排水沟内污泥用（图 2-170、2-171）。

沟内宽 0.15 ~ 0.22、深 0.6 ~ 0.65 米，其内堆积为青黑色淤泥，土质较软，内含细沙及灰黑色腐殖质。

图 2-171　G3 俯视图（东南—西北）

四 道路

道路共 2 条，均位于 II 区，开口于②层下，路面铺砖，砖面大部分被破坏，仅残留局部。

1.L1

L1 位于建筑基址区西部，贯穿建筑基址区南北，南北两端分别伸入所在位置基坑壁。方向28°。平面大致呈长条形，揭露部分长 125.7、宽 2.3～3.9、残高 0.12 米。其东、西两侧为排房，两侧形状不甚规整，随两侧房屋略有伸缩和曲折。中部为路面，采用砖块铺就，基本不存，仅局部留存。东、西两侧均可见排水沟设施，排水沟与穿过道路的 G2、G3 相连通（图 2-172～2-174）。由道路南端残留的铺砖面可知，砖面大部分为全顺式侧砌，局部平砌。其东侧为附属的砖砌小排水沟，沟底铺砖，低于路面。沟内宽 0.09、深 0.05～0.06 米（图 2-175、2-176）。

2.L2

L2 位于建筑基址区中西部，II T0408 中部和北部，II T0508 西南部，II T0507 北部，北邻 F18、F13，南邻 F15、F17，中部与 L1 十字交叉，东、西两端因无明显建筑物无法判定走向和范围。方向111°。平面被 L1 分为东、西两段，东段可辨识部分残长 8.5、宽 2.8 米，西段可辨识部分残长 4.2、宽 4.2 米。道路两侧以相邻房址墙体为边界，路面被破坏严重，仅局部残留。由道路东段残留部分铺砖面判断，路面应为采用整砖南北向顺砌平铺（图 2-177、2-178）。

图 2-172 L1 南段（F10 以南部分）（东北—西南）

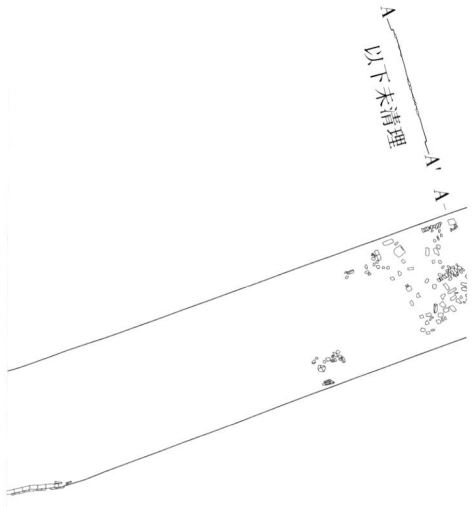

以下未清理

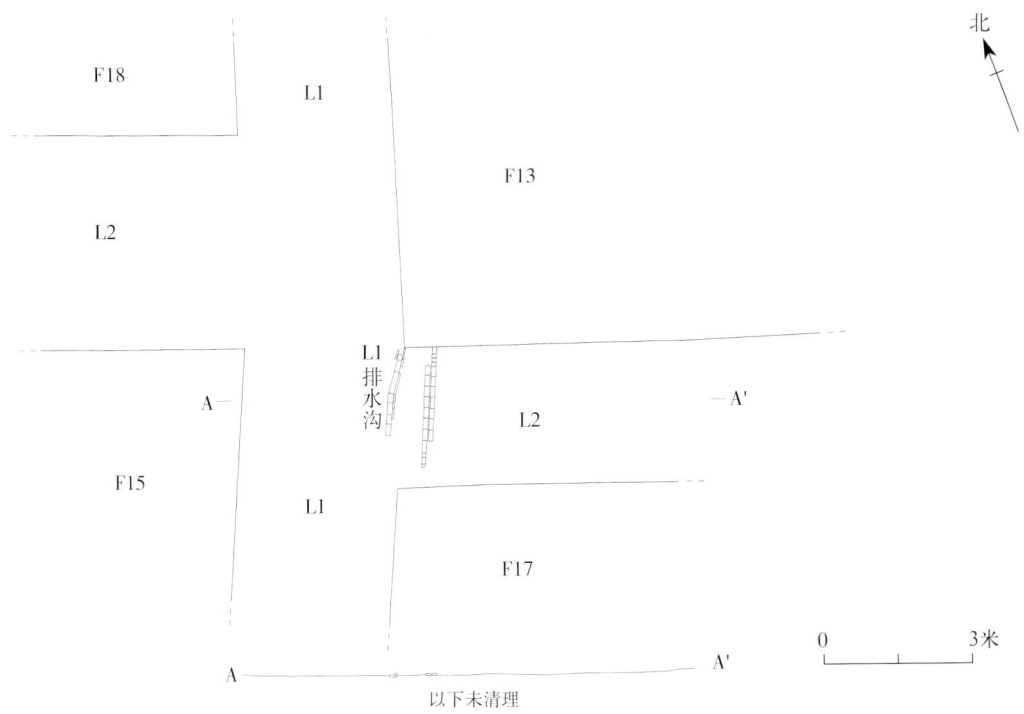

图 2-177 L2 平、剖面图

图 2-178 L2 俯视图（西北—东南）

五　排水系统

整体来看，建筑基址区排水网络较为发达：不同大小的排水沟连接在一起，构成建筑基址区的排水系统。以建筑基址区北部 G3 附近为例：G3 横穿 L1，F24 和 F23 分别位于 G3 以南，L1 的东西两侧位置；F23 南部有一道砖砌小排水沟，穿过房址西侧檐墙，沟通房址东西两侧，水沟伸出后与 L1 东边排水沟连为一体；而 F24 南北两部分则各有一道小排水沟，穿过房址由西向东勾连 L1 西边排水沟；L1 东西两侧的小排水沟又与 G3 交汇连接（图 2-179）。其他具有小排水沟的房址也是同样情况。如此一来，排房和道路两边的小型排水沟及几条稍大型排水沟连接在一起，就构成了整个建筑基址区的排水系统。根据排水沟地势高低判断，水流应自东南向西北古河道方向排放。

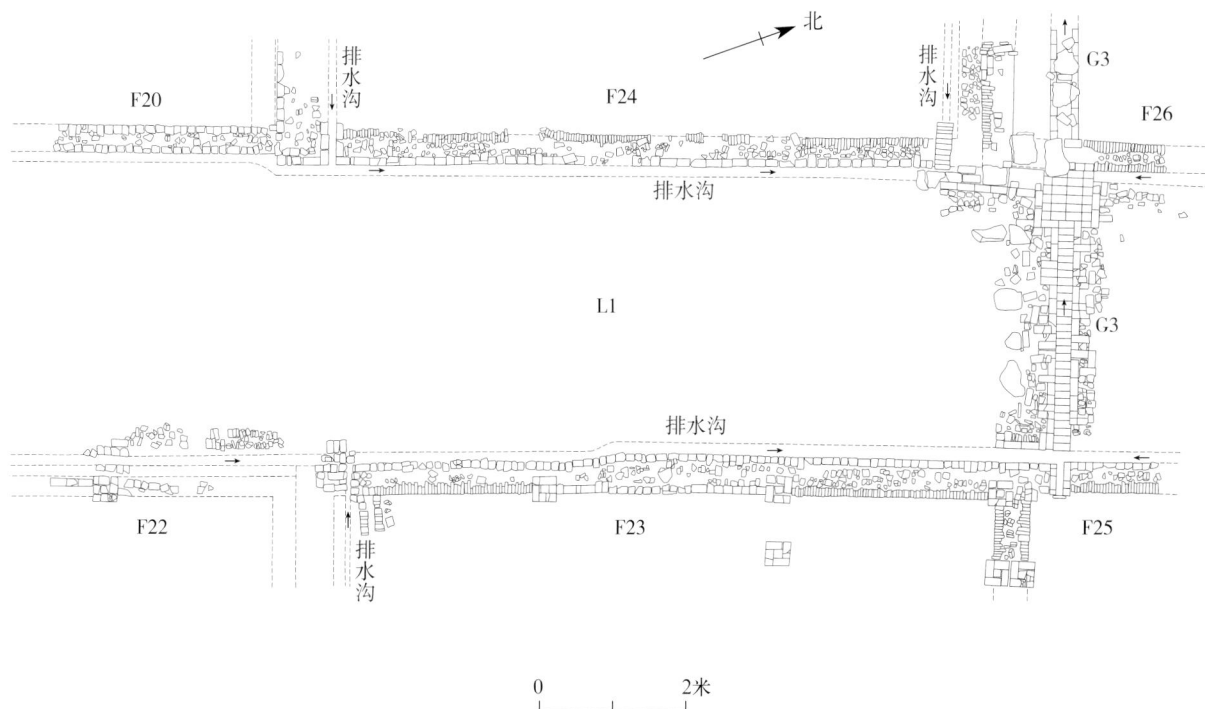

图 2-179　建筑基址区排水系统局部示意图

第四节　古河道

古河道南北贯穿整个发掘区，开口于基坑底的表土层（①层）下，海拔高度为 6.9 ～ 7.5 米。目前仅见水闸以北河段，以南未揭露，呈弯月状。揭露部分长约 236 米，由闸口向北延伸约 100 米后向西北方向弯曲转折，河道宽 41 ～ 72 米（图 2-180、2-181）。从古河道转折处中部的勘探结果来看，此处河道底部距基坑底深约 9.2 米，9.2 米以下还见有青沙（图 2-182）。古河道东、西两岸均有成排固堤护岸木桩，可由其确定边界范围（图 2-183）。木桩被破坏严重，仅余地下残段，直径 10 ～ 20 厘米，间距不等，为 5 ～ 25 厘米之间。两侧排桩由河道外向河道内斜钉于河岸上，倾斜度 60° ～ 73°。局部残有木板横挡于排桩外河岸侧，以铁钉钉于木桩上，木板顶部有木销外露，应为上

北

基坑壁

码头

排桩

基坑壁

排桩

水闸

0   20米

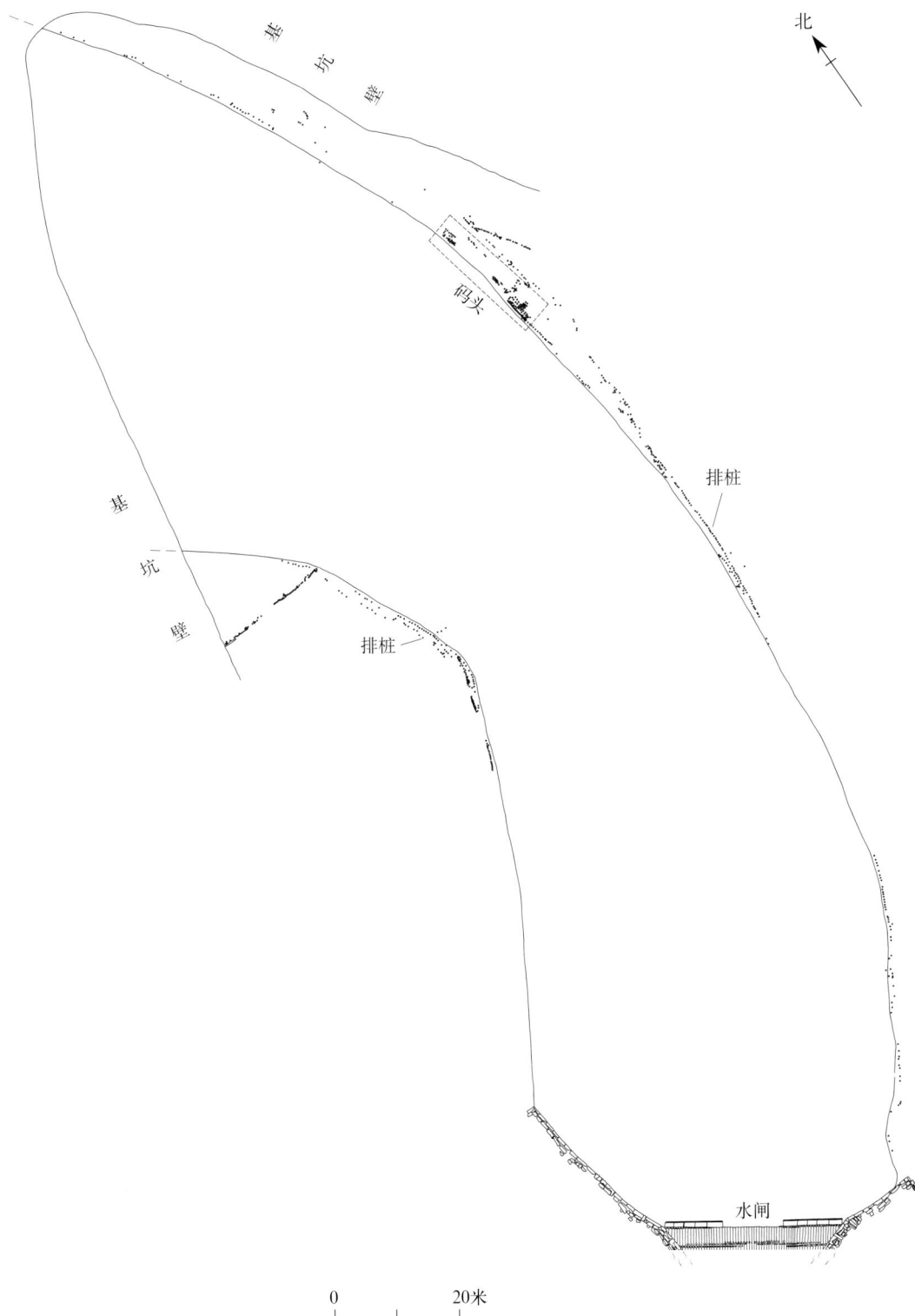

图 2-180 古河道平面图

图 2-181　古河道俯视图

图 2-182　古河道转折处中部勘探土样

图 2-183　古河道西侧河岸（堤坝）排桩（南—北）

下排木板拼接穿带所用，此设施系堤岸堆积临水侧的挡土板（图2-184）。古河道及西侧河岸堆积以TG1为例进行介绍，其河道及东岸堆积以ⅡT0103和T1为例介绍。

TG1位于古河道西岸，西南距水闸西北端雁翅约49米，西北距离ⅠT0214约13米。布方大小10米×6米，实际发掘范围为9.4米×6米。方向112°。海拔高度7.3米。探沟西部为西河岸排桩与挡土板，局部挡土板下还有圆木铺垫，排桩深约2.8米，挡土板距深0.1～0.2米（图2-185）。探沟内堆积可分为16层（图2-186～2-188）。

第①层：灰褐色沙土，土质较软，结构较紧密，包含少量碎石，厚0～44厘米。

图2-184　木桩及挡板细部

图2-185　TG1西壁处排桩和挡板

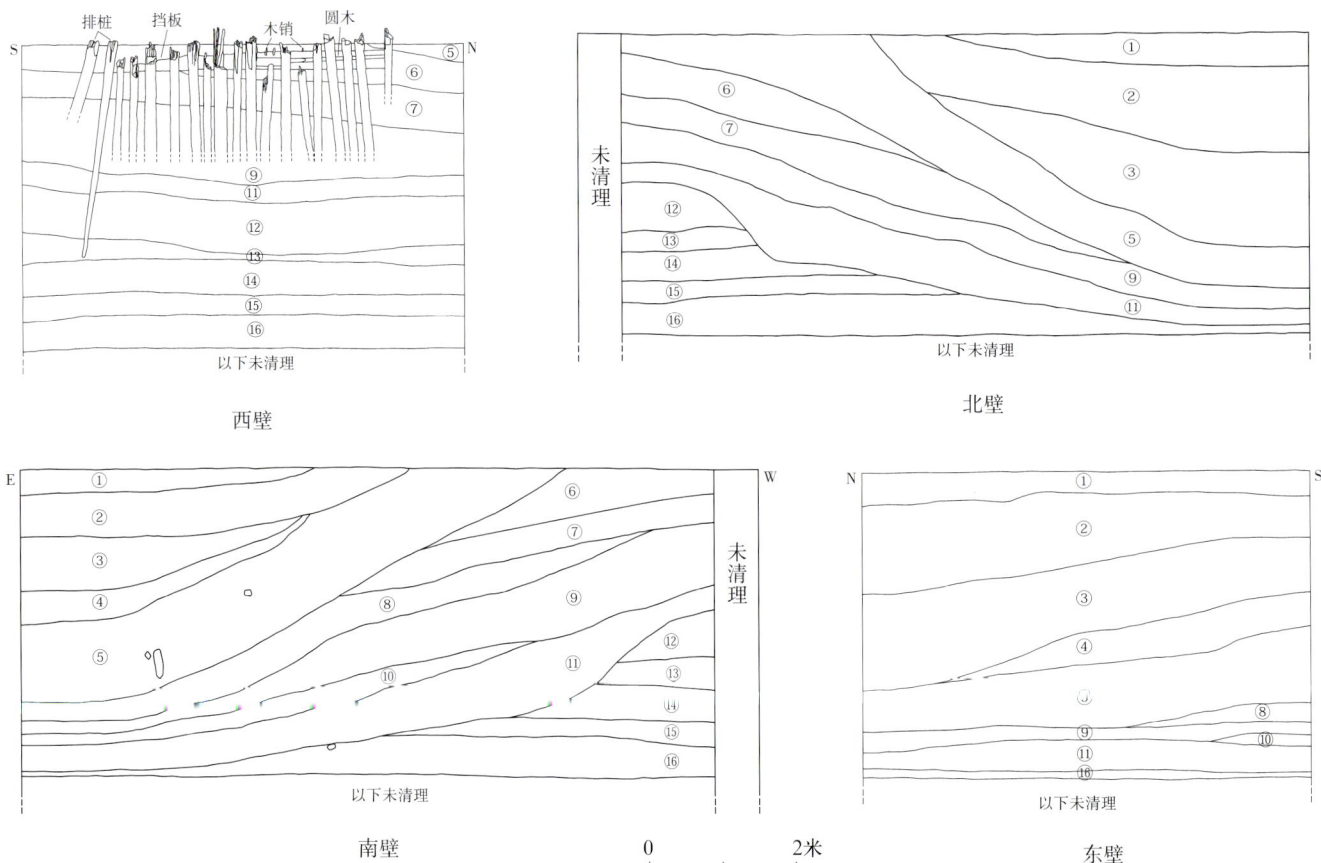

图2-186　TG1四壁剖面图

图 2-187 TG1 北壁

图 2-188 TG1 南壁

第②层：浅灰色沙土，土质较软，结构较紧密，包含少量石子，厚0～113厘米，距基坑底0～44厘米。

第③层：灰黄色沙土，土质较软，结构较紧密，厚0～124厘米，距基坑底76～157厘米。

第④层：浅灰色沙土，土质较软，结构紧密，厚0～54厘米，距基坑底60～281厘米。

第⑤层：灰色土，土质松软，结构稍疏松，包含大量石块、木屑、青花瓷片及黑色植物腐殖质，厚0～130厘米，距地坑底0～285厘米。

第⑥层：灰褐色沙土，土质较软，结构较紧密，包含少量碎石、砖块，局部含黑色植物腐殖质，厚0～63厘米，距基坑底0～181厘米。

第⑦层：浅灰色沙土，土质较软，结构稍紧密，厚0～44厘米，距基坑底31～306厘米。

第⑧层：灰色沙土，土质较软，结构较紧密，包含碎石、砖块、青花瓷片及黑色织物腐殖质，厚0～44厘米，距基坑底78～336厘米。

第⑨层：灰褐色沙土，土质较软，结构较紧密，包含少量青花瓷片、碎石，局部含水量大，厚15～101厘米，距地表67～339厘米。

第⑩层：灰色沙土，土质较软，结构稍紧密，局部含水量大，厚0～31厘米，距地表227～356厘米。

第⑪层：灰褐色土，土质稍软，包含螺蛳壳、贝壳、碎石等，局部含黑色植物腐殖质，厚22～85厘米，距地表150～366厘米。

第⑫层：青灰色土，夹杂灰褐色斑点，土质较软，结构紧密，包含碎石，厚0～68厘米，距地表182～257厘米。

第⑬层：浅褐色土，土质稍软，结构紧密，厚0～43厘米，距地表244～281厘米。

第⑭层：灰色土，土质较软，结构紧密，包含少量碎石，厚0～45厘米，距地表280～326厘米。

第⑮层：浅褐色土，土质较软，结构紧密，厚0～32厘米，距地表321～358厘米。

第⑯层：青灰色土，土质稍硬，结构紧密，含螺蛳壳，揭露部分厚0～54厘米，距地表354～402厘米。

根据TG1解剖结果来看，其内堆积可分为不同性质的三个阶段：其中①～⑥层为与河岸（堤坝）排桩相对应的河道内堆积；⑥～⑪层为较早期的河道内堆积；⑫～⑯层为更早期的河岸堆积。这表明该处古河道在此前曾向西进行过拓宽，后来又略向东收缩。

ⅡT0103、T1位于古河道东侧，南距水闸东北雁翅约21.6米，东侧紧邻探方ⅡT0203。T1布设面积为7米×10米，清理面积为6米×10米，ⅡT0103布设面积为10米×10米，清理面积为8.5米×10米（图2-189、2-190）。方向0°。此处共有2排南北向木桩，其中东侧排桩为河道东岸固堤护岸木桩，局部木桩东侧还残留有木板(图2-191)，与河道岸线处于同一位置，西侧排桩用途不明。ⅡT0103和T1内揭露部分堆积共可分为12层，以其南、北两壁为例进行介绍（图2-192～2-194）。

第①层（T1①层、ⅡT0103①层）：黄褐色土，土质较软，结构较疏松，厚0～50厘米，为基坑底部施工后的表土层。

第②层（T1②层）：灰色土，土质较软，结构稍紧密，含少量青花瓷片，厚8～35厘米，距基坑底0～41厘米。部分遗物标本出自该层。

第③层（T1③层）：黄灰色土，土质较软，结构紧密，厚0～23厘米，距基坑底0～52厘米。

第④层（T1④层）：灰色土，土质较软，结构较紧密，含少量青花瓷片，厚0～82厘米，距基坑底0～60厘米。部分遗物标本出自该层。

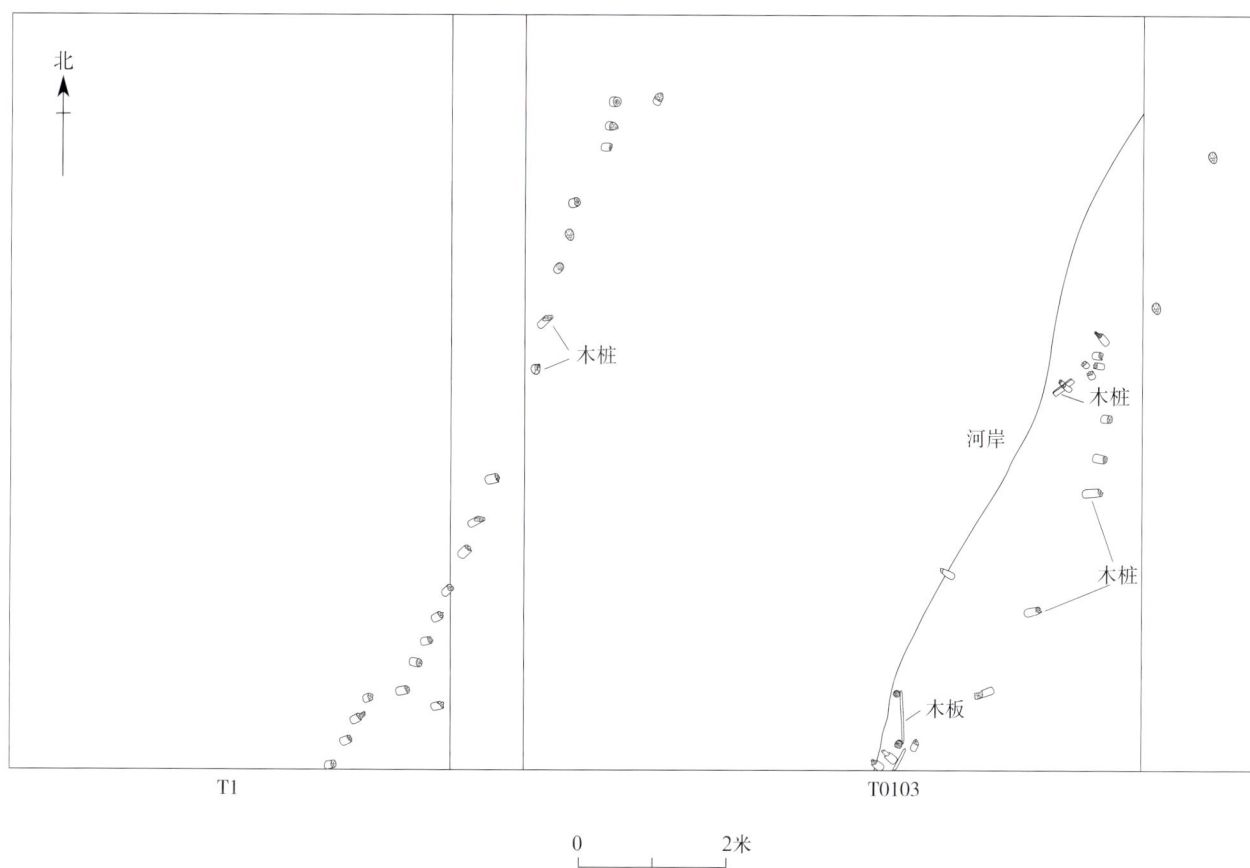

图 2-189 ⅡT0103、T1 平面图

图 2-190 ⅡT0103 和 T1（西—东）

图 2-191　ⅡT0103 内固堤护岸木桩

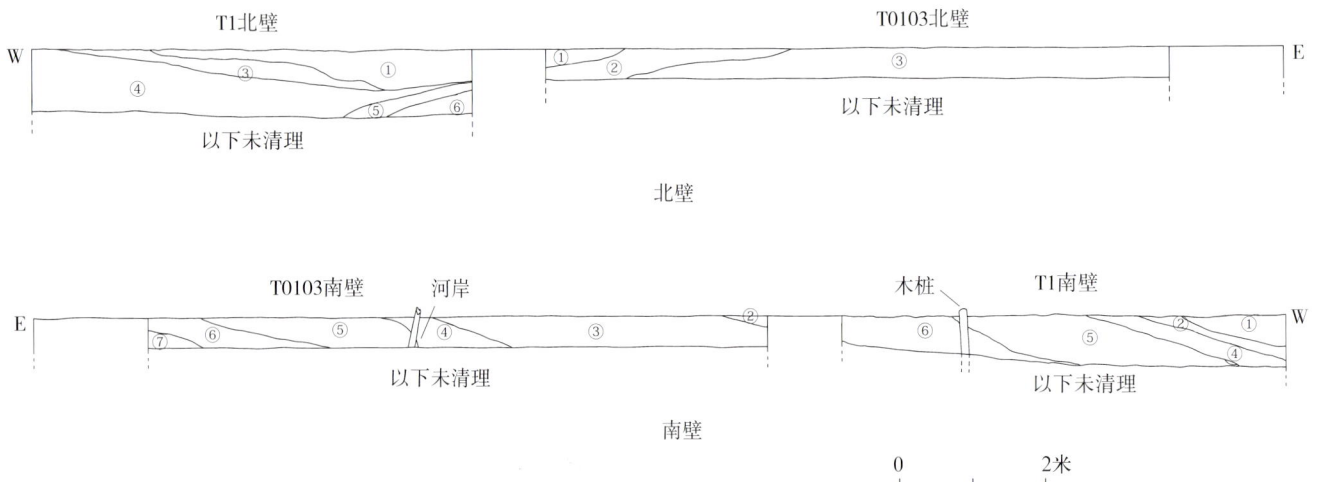

图 2-192　ⅡT0103、T1 剖面图

第⑤层（T1⑤层）：灰黑色土，土质较软，结构较紧密，含大量青花瓷片，厚 0～70 厘米，距基坑底 0～86 厘米。遗物标本多出自该层。

第⑥层（T1⑥层、ⅡT0103②层）：黄褐色土，土质稍软，结构紧密，含少量青花瓷片，厚 33～68 厘米，距基坑底 0～86 厘米。西侧排桩打破该层。部分遗物标本出自该层。

第⑦层（ⅡT0103③层）：浅灰色土，土质较软，结构稍紧密，含少量黑色腐殖质，厚 286～500 厘米，距基坑底 0～39 厘米。

第⑧层（ⅡT0103④层）：灰褐色土，土质稍软，结构较疏松，含草木灰、残砖及零星陶瓷片，厚 0～57 厘米，距基坑底 0～41 厘米。

第⑨层（ⅡT0103⑤层）：深灰色夹红褐色土，土质较硬，结构较紧密，含残砖、碎石子，厚 0～75 厘米，距基坑底 0～39 厘米。东侧排桩打破该层。

第⑩层（ⅡT0103⑥层）：黄褐色土，土质稍软，结构较紧密，局部含黑色腐殖质，厚 0～36 厘米，距基坑底 0～39 厘米。

图 2-193　T1 北壁

图 2-194　T1 南壁

　　第⑪层（ⅡT0103⑦层）：灰黑色土，土质较软，结构稍疏松，含砖瓦残块、炉渣及陶瓷片，厚 0～11 厘米，距基坑底 16～39 厘米。部分遗物标本出自该层。

　　从ⅡT0103 和 T1 内堆积情况来看，其内堆积由西北向东南层层叠压，应属于河道内靠近河岸处的倾斜堆积，东侧排桩打破⑨层（ⅡT0103⑤层），西侧排桩打破⑥层（T1⑥层、ⅡT0103②层），东侧较西侧排桩更早。其中⑥层（T1⑥层、ⅡT0103②层）为较晚期河岸；⑤层（T1⑤层）出土遗物较多，应为西侧排桩形成后的河内堆积的生活垃圾层；⑨层（ⅡT0103⑤层）为较早期河岸，固堤木桩和堤坝挡土板均于该层之上起建；⑪层（ⅡT0103⑦层）为更早期河岸及生活堆积层，时代可能较建筑基址更早或同时。

第五节　码头

　　码头位于ⅡT0215、ⅡT0216 内及其东侧，西邻古河道，南北两侧与河道东岸相连接，东南距建筑基址区约 26 米，南距水闸约 142 米，距三元宫约 154 米（图 2-195、2-196）。开口于基坑底的

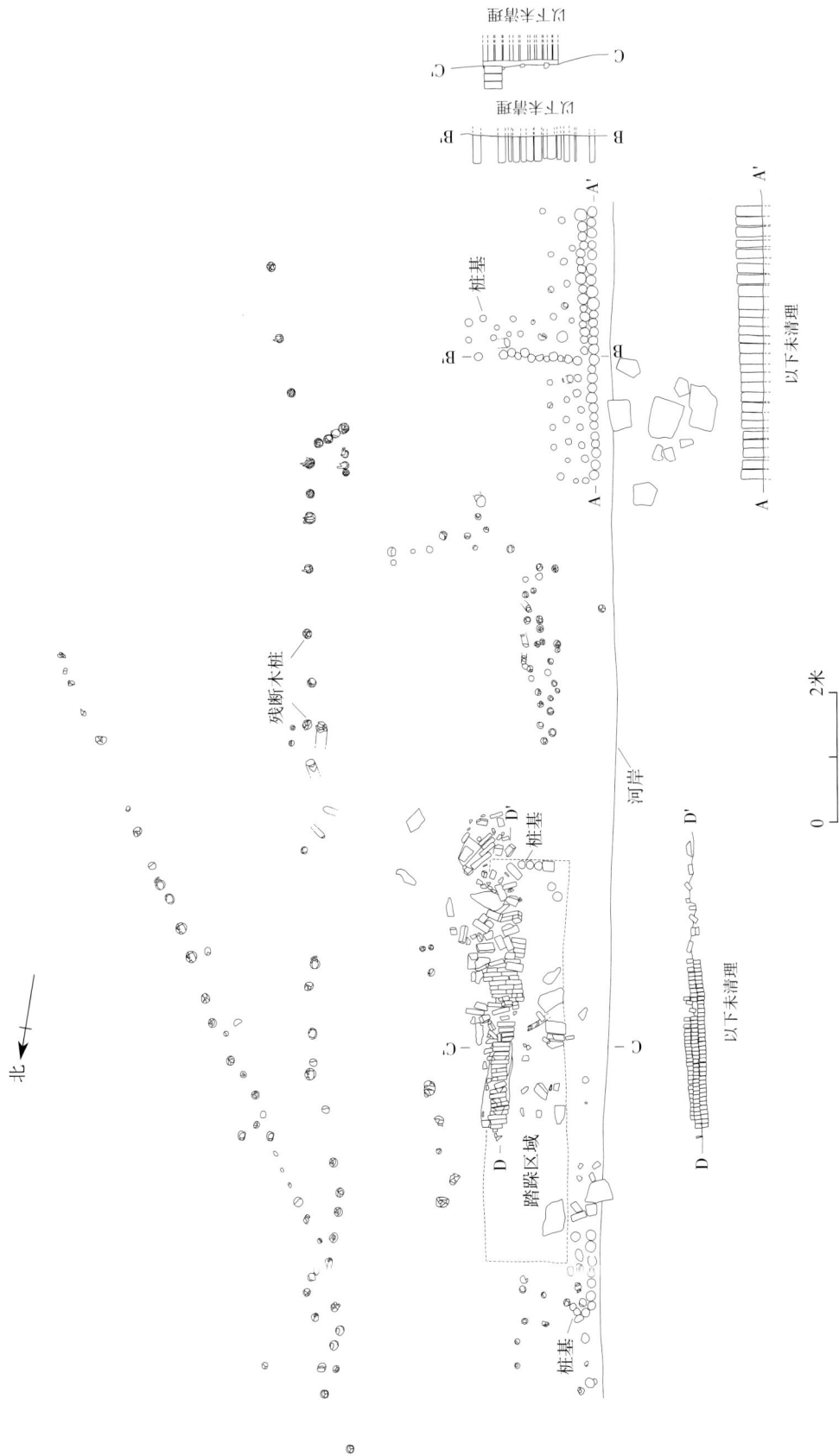

图 2-195　码头平、剖面图

图 2-196 码头俯视

表土层（①层）下，海拔 6.8 ~ 7.1 米。平面呈长条形，南北长 17.8 米，东西宽 1.2 ~ 3.2 米。方向 260°。被破坏严重，残存中部砌砖踏跺及南、北、东部 3 处木桩。

踏跺区域被破坏严重，平面大致呈长方形，南北长 6.1、东西残宽 1.1 米，残高 0.4 米（图 2-197、2-198）。底部为桩基，木桩彼此紧贴，排列整齐，数量未知。桩基顶部平齐，并用碎石块拌白灰浆找平（图 2-199）。桩基之上残存 1 级砖砌踏跺，南北长 3.1、宽 0.24 ~ 0.5、残高 0.3 米。最高处残存砌砖 3 层，局部 2 层，侧立错缝顺砌，白灰浆抹缝，用砖规格为 25 厘米 × 10 厘米 × 6 厘米。其东部残留一排木桩，共 8 根，上部残断，可能为被破坏踏跺基础。踏跺区域西部和南部残留部分倒塌堆积，由散乱砖块和石块构成。

南部木桩位于砖砌踏跺西南侧 1.2 米处，木桩垂直钉于地面，南侧与河道东岸固堤护岸排桩相接，南北长 8.4、东西宽 3.3 米，露出地面 0.3 ~ 0.4 米（图 2-200）。其中靠北侧部分平面大致呈南北向"L"形，分布范围南北长 3.7、东西宽 2.6 米，残存木桩 41 根，大部分顶部齐平，部分顶部残断。大致呈梅花桩错落分布。木桩稍细小，直径 8 ~ 11 厘米。靠南侧部分平面呈东西向"丁"字形，分布范围南北长 4.2、东西宽 2.06 米，共 96 根木桩，顶部齐平。延河岸方向有 2 排木桩彼此紧贴，第一排 27 根，第二排 16 根。垂直于河岸方向也存在一排彼此紧贴的木桩，共 13 根。这三排木桩构成"丁"字形主体，木桩较粗大，大部分直径为 12 ~ 18 厘米。"丁"字形木桩南北侧分布稀疏梅花桩，其中北侧 18 根，南侧 22 根，直径 7 ~ 16 厘米。该处桩基推测为码头南侧岸墙基础。在此处西侧河道淤泥内发现大块石块、残砖和白灰渣等，应为被毁岸墙构件。

北部木桩位于砖砌踏跺西北侧 1.8 米，木桩垂直钉于地面，共 31 根，大部分顶部齐平，大致与踏跺南部木桩水平，部分顶部残断（图 2-201）。靠近古河道处木桩粗大，反之则细小，直径为 8 ~ 17

图 2-197　砖砌踏跺区域全景

图 2-198　码头踏跺区域及河道东岸线

图 2-199　踏跺底部灰浆层及桩基

厘米。平面大致呈长方形，南北长 2.5、东西宽 1.3、露出地面 0.3 ～ 0.4 米。该处桩基推测为码头北侧岸墙基础。

东部木桩位于砖砌踏跺东侧 2.4 米处，木桩顶部向东倾斜，大致呈 "人" 字形分布。南北长 18、宽 4.7 米，共 77 根，直径 4 ～ 17 厘米不等，用途不明。

图 2-200　南部桩基（东北—西南）

图 2-201　北部桩基（南—北）

第六节　堤坝

堤坝的形态和范围主要是通过河岸上堤坝迎水一侧的排桩确定的。在堤坝迎水面设排桩固堤护岸，是明清时期常用的筑堤方法[1]。由护岸（固堤）排桩所处位置可将堤坝遗存分为东、西二堤，其中东堤未进行发掘，西堤存留有2处剖面，分别位于水闸西北侧和西南侧。

一　水闸西北侧剖面情况

位于水闸西北侧，距离水闸西北端雁翅约18米，按照土质、土色及包含物的不同，由上至下可分28层（图2-202、图2-203）。

第①层：灰褐色土，土质较硬，结构较疏松，含青花瓷片、现代垃圾和植物根系，厚30～48厘米。

第②层：浅灰色土，土质较软，结构较紧密，含青花瓷片、砖瓦残块和草木灰颗粒等，厚0～105厘米，距地表30～48厘米。

第③层：浅黄色土，土质稍软，结构较紧密，厚0～33厘米，距地表40～65厘米。

第④层：灰色土，土质稍软，结构较紧密，含草木灰颗粒，厚0～17厘米，距地表65～79厘米。

第⑤层：灰褐色土，土质稍软，结构较紧密，含少量砖瓦碎块，厚0～95厘米，距地表79～116厘米。

第⑥层：黄褐色土，夹两条草木灰痕，土质稍软，结构较紧密，厚0～48厘米，距地表116～183厘米。

第⑦层：浅黄色土，土质较软，结构紧密，厚0～33厘米，距地表80～215厘米。

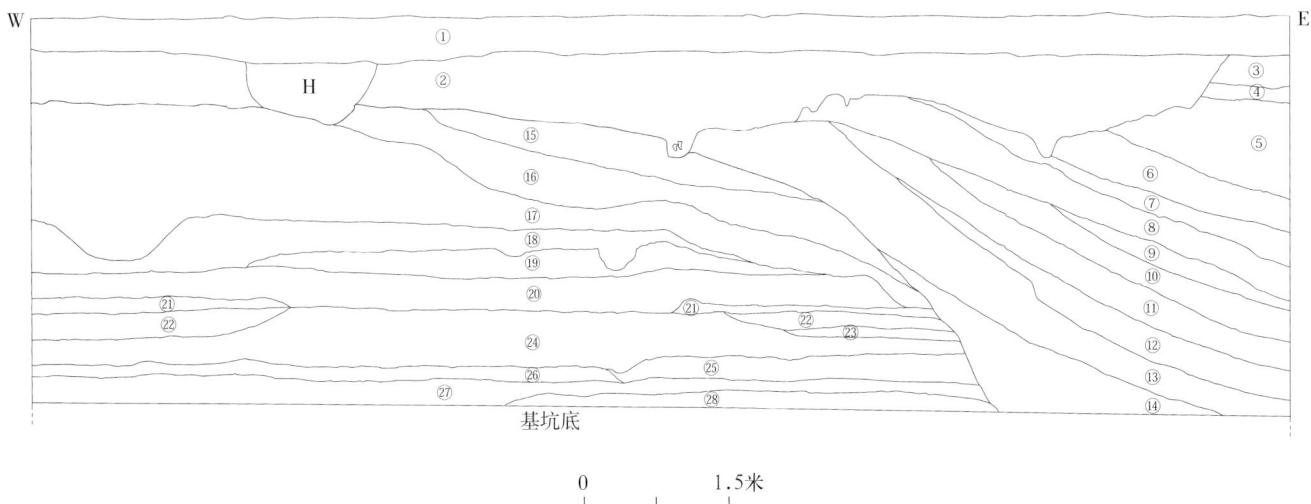

图2-202　水闸西北侧堤坝与河道剖面图

---

[1]　万历年间的《修筑堤防总考略》中总结了修堤十法，第十项为"立排桩将大木长丈余密排植于堤之左右，联以绋纚，结以竹苇，故风浪可及排桩，而堤得恃以不伤也"，见徐学谟《湖广总志》卷第三十三《水利二·修筑堤防总考略》，《四库全书存目丛书·史部第一九五册》，齐鲁书社，1996年，第148～149页。

图 2-203　西侧堤坝及河道剖面（水闸西北侧）

第⑧层：黄褐色土，土质较软，结构稍疏松，局部含碎砖和石子等，厚 0～50 厘米，距地表 80～250 厘米。

第⑨层：浅黄色土，土质稍软，结构紧密，厚 0～22 厘米，距地表 188～284 厘米。

第⑩层：黄褐色土，土质稍软，结构较紧密，局部含碎石子，厚 0～33 厘米，距地表 142～295 厘米。

第⑪层：灰褐色土，局部夹红褐色斑块土，土质稍硬，结构稍疏松，含碎石块和草木灰，厚 0～58 厘米，距地表 106～324 厘米。

第⑫层：浅黄色土，土质较软，结构较紧密，局部含石块，厚 0～14 厘米，距地表 160～352 厘米。

第⑬层：黄褐色土，局部夹杂红褐色斑块土，土质稍软，结构稍紧密，厚 0～104 厘米，距地表 106～382 厘米。

第⑭层：黄灰色土，土质较软，结构较疏松，含砖瓦碎块、碎石子、陶瓷片和草木灰等，厚 0～80 厘米，距地表 231～396 厘米。

第⑮层：灰褐色土，土质较硬，结构紧密，含青花瓷片、砖瓦残块和草木灰颗粒等，厚 0～39 厘米，距地表 91～186 厘米。

第⑯层：黄褐色土，土质稍硬，结构紧密，厚 0～47 厘米，距地表 85～273 厘米。

第⑰层：浅黄色土，土质稍硬，结构较紧密，局部含残木桩、黑色腐殖质，厚 0～155 厘米，距地表 82～292 厘米。

第⑱层：灰褐色土，夹杂灰色斑块土，土质较硬，结构较紧密，厚 0～55 厘米，距地表 195～246 厘米。

第⑲层：浅黄色土，土质稍硬，结构紧密，较为纯净，厚 0～30 厘米，距地表 224～255 厘米。

第⑳层：黄褐色土，土质较硬，结构较紧密，厚 0～45 厘米，距地表 247～260 厘米。

第㉑层：灰褐色土，夹少量杂红褐色土块，土质较硬，结构稍紧密，局部含草木灰颗粒，厚 0～17 厘米，距地表 279～297 厘米。

第㉒层：黄灰色土，夹杂红褐色土块，顶部夹一层黑色草木灰，土质较硬，结构稍紧密，厚0～28厘米，距地表295～314厘米。

第㉓层：灰褐色土，土质稍硬，结构稍紧密，包含草木灰颗粒，厚0～11厘米，距地表309～324厘米。

第㉔层：黄褐色土，土质稍硬，结构较紧密，局部含草木灰颗粒，厚0～60厘米，距地表287～336厘米。该层顶部存在夹杂草木灰的踩踏面痕迹。

第㉕层：浅黄色土，土质稍硬，结构紧密，厚0～30厘米，距地表334～372厘米。

第㉖层：红褐色土，夹浅黄色条块土，土质较硬，结构较紧密，含少量砖块、碎石子和草木灰，厚0～16厘米，距地表338～348厘米。

第㉗层：浅灰色土，土质较硬，结构较紧密，含草木灰，揭露部分厚0～30厘米，距地表353～382厘米。

第㉘层：浅黄色土，土质稍硬，结构较紧密，揭露部分厚18厘米，距地表372～393厘米。该层顶部存在夹杂草木灰痕的踩踏面痕迹。

㉘层以下未清理。

根据地层堆积情况和出土遗物判断，其中①～④层为堤坝和河道废弃后堆积，⑤～⑭层为河道内堆积，⑮～㉘层为河道西侧堤坝堆积。此处堤坝揭露部分顶宽4.45米，底部宽9.9米，高3.1米，采用淡黄沙土和红褐色黏土交替或者混合堆筑，较为密实，未见明显夯筑痕迹。

二　水闸西南侧剖面情况

剖面2位于水闸西南侧，距水闸西南侧雁翅4.5米，按照土质、土色及包含物的不同，由上至下可分18层（图2-204、2-205）。

第①层：灰褐色土，土质稍硬，结构疏松，含植物根系和现代砖块及垃圾，厚25～40厘米。

第②层：黄灰色土，土质稍软，结构较疏松，局部含大量砖瓦残块，厚12～50厘米，距地表25～40厘米。

第③层：浅灰色土，土质稍硬，结构较紧密，含砖瓦残块，厚20～54厘米，距地表44～75厘米。

第④层：灰褐色土，土质稍硬，结构较紧密，厚0～50厘米，距地表69～88厘米。

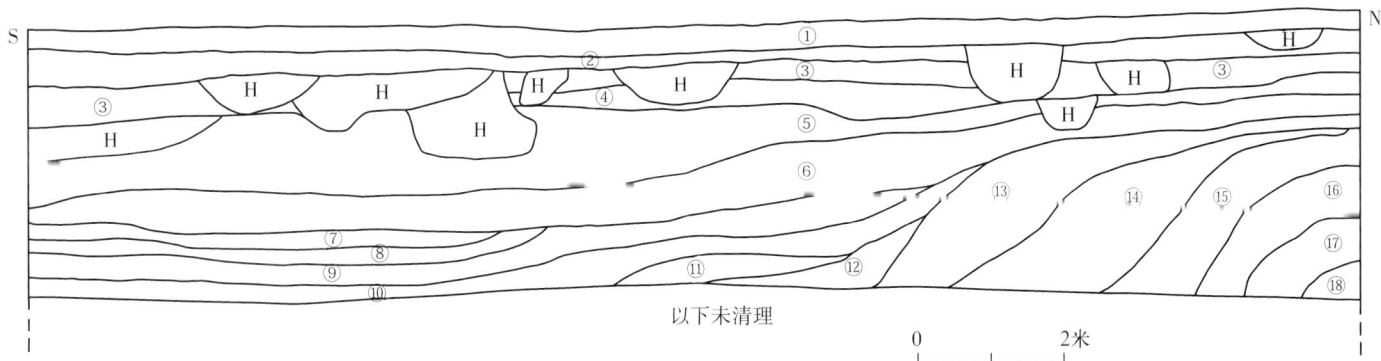

图2-204　水闸西南侧堤坝与河道剖面图

图 2-205　西侧堤坝及河道剖面（水闸西南侧）

第⑤层：黄褐色土，夹杂红褐色及灰色土块，土质稍硬，结构较紧密，厚 13～111 厘米，距地表 100～133 厘米。

第⑥层：黄灰色土，土质稍软，结构较紧密，厚 18～75 厘米，距地表 109～221 厘米。

第⑦层：深灰色土，土质稍软，结构较紧密，含黑色炭粒，厚 0～25 厘米，距地表 251～272 厘米。

第⑧层：灰色土，土质稍软，结构较紧密，厚 0～24 厘米，距地表 259～289 厘米。

第⑨层：浅灰色土，土质稍软，结构较紧密，厚 0～46 厘米，距地表 219～270 厘米。

第⑩层：灰褐色土，土质较软，结构较紧密，揭露部分厚 0～48 厘米，距地表 187～339 厘米。

第⑪层：浅灰色土，土质较软，结构较疏松，厚 0～35 厘米，距地表 298～337 厘米。

第⑫层：灰色土，土质较软，结构较疏松，厚 0～51 厘米，距地表 259～335 厘米。

第⑬层：灰褐色土，夹大量红褐色土，土质较硬，结构较紧密，厚 16～112 厘米，距地表 137～350 厘米。

第⑭层：红褐色土，土质硬，结构紧密，厚 0～125 厘米，距地表 155～351 厘米。

第⑮层：黄褐色土，夹少量灰色和红褐色土块，土质较硬，结构较紧密，厚 41～97 厘米，距地表 155～360 厘米。

第⑯层：浅黄色土，夹少量灰色土块，土质较硬，结构紧密，厚 50～68 厘米，距地表 203～368 厘米。

第⑰层：黄灰色土，夹少量灰色土块，土质较硬，结构紧密，厚 58～72 厘米，距地表 272～372 厘米。

第⑱层：浅黄色土，土质较硬，结构紧密，揭露部分厚 0～50 厘米，距地表 328～377 厘米。

⑱层以下未清理。

根据地层堆积情况和出土遗物判断，其中①～⑥层为堤坝废弃后堆积，⑦～⑫层为河道内堆积，⑬～⑱为堤坝内堆积。此处堤坝揭露部分顶宽不明，底宽 6.5、高 2.4 米，同样采用淡黄色沙土和红褐色（灰褐色）黏土交替或者混合堆筑，未见明显夯筑痕迹，表现出逐步向河道侧增宽增厚的特点。

第三章　遗物

第一节　出土遗物

板闸遗址所出遗物非常丰富，总计2796件，汉唐至宋金元时期遗物，均为钱币。其中钱文清晰可辨者共计1095枚，均为铜钱，以宋钱最多。出土钱币时代由汉至清，其余器形均为明清时期，以明中晚期至清代早期为主，多为日常生活用具及生产工具，有瓷器、陶器、釉陶器、石器、木器、骨、角、蚌器和金属器等。此处按照朝代早晚，逐类选取部分代表性标本介绍。

一　汉唐时期遗物

共237枚。以开元通宝最多，达230枚，余者包括半两钱及乾元重宝两类。

半两钱　2枚。圆形方穿，正背及穿无郭，面横读大篆"半两"，光背。

闸口⑥：427-20，直径2.34、穿径0.81、厚0.06厘米，重2.1克（图3-1，1）。

开元通宝　230枚。圆形方穿或花穿，正背及穿有郭，面直读"开元通宝"，书体分篆、隶两种，背多光素，钱文隶书者部分铸有图案或文字。

闸口⑥：412-96，阔缘，方穿，钱文篆书，光背。直径2.43、穿径0.56、厚0.07厘米，重2.9克（图3-1，2）。

闸口⑥：443-188，阔缘，方穿，钱文篆书，光背。直径2.41、穿径0.55、厚0.11厘米，重3.1克（图3-1，3）。

闸口⑥：427-46，方穿，钱文隶书，光背。直径2.32、穿径0.61、厚0.1厘米，重2.6克（图3-1，4）。

闸口⑥：443-195，方穿，钱文隶书，背上仰月。直径2.43、穿径0.63、厚0.11厘米，重3克（图3-1，5）。

闸口⑥：443-191，方穿，钱文隶书，背上"梁"。直径2.43、穿径0.64、厚0.1厘米，重2.9克（图3-1，6）。

闸口⑥：443-189，方穿，钱文隶书，背上"洛"。直径2.38、穿径0.61、厚0.12厘米，重3.4克（图3-1，7）。

闸口⑥：443-190，方穿，钱文隶书，背上"润"。直径2.29、穿径0.65、厚0.14厘米，重4.2克（图3-1，8）。

闸口⑥：292-3，花穿，钱文隶书，光背。直径2.41、穿径0.69、厚0.07厘米，重2.5克（图3-1，9）。

闸口⑥：443-198，花穿，钱文隶书，背上仰月。直径2.37、穿径0.7、厚0.13厘米，重3.6克（图3-1，10）。

乾元重宝　5枚。圆形方穿，正背及穿有郭，面直读隶书"乾元重宝"，光背。

闸口⑥：427-34，直径2.92、穿径0.68、厚0.06厘米，重1.7克（图3-1，11）。

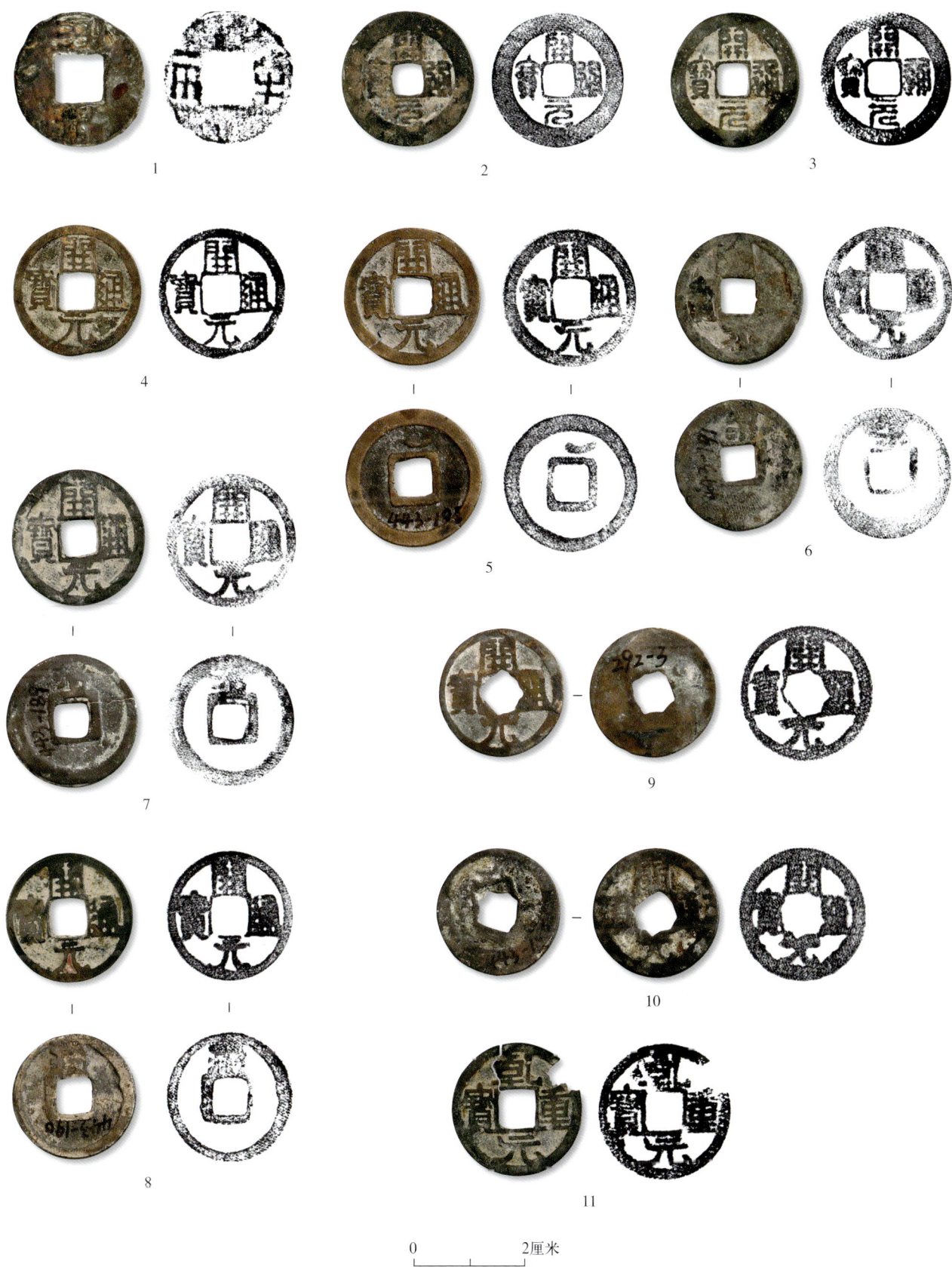

0   2厘米

图 3-1 汉唐钱币

1.半两钱（闸口⑥：427-20） 2~10.开元通宝（闸口⑥：412-96、443-188、427-46、443-195、443-191、443-189、443-190、292-3、443-198） 11.乾元重宝（闸口⑥：427-34）

二 宋金时期遗物

共 842 枚。种类繁多，其中以北宋时期所铸年号钱或国号钱居多，达 831 枚，包括宋元通宝、太平通宝、淳化元宝、至道元宝、周元通宝、咸平元宝、景德元宝、祥符通宝、祥符元宝、天禧通宝、天圣元宝、明道元宝、景祐元宝、皇宋通宝、至和元宝、至和通宝、嘉祐通宝、嘉祐元宝、治平元宝、熙宁元宝、熙宁重宝、元丰通宝、元祐通宝、绍圣元宝、元符通宝、圣宋元宝、大观通宝、政和通宝、宣和通宝等类。另有南宋时期钱币 11 枚，包括绍兴元宝、淳熙元宝、绍熙元宝、庆元通宝、嘉泰通宝、嘉定通宝、绍定通宝、皇宋元宝、景定元宝、咸淳元宝等类。

宋元通宝 2 枚。圆形方穿，正背及穿有郭，面直读隶书"宋元通宝"，光背。

闸口⑥：427-22，直径 2.39、穿径 0.56、厚 0.14 厘米，重 4.7 克（图 3-2，1）。

太平通宝 5 枚。圆形方穿，正背及穿有郭，面直读隶书"太平通宝"，光背。

闸口⑥：427-64，直径 2.46、穿径 0.55、厚 0.11 厘米，重 3.4 克（图 3-2，2）。

淳化元宝 7 枚。圆形方穿，正背及穿有郭，面旋读"淳化元宝"，书体分楷、行、草三种，光背。

闸口⑥：427-47，钱文行书。直径 2.41、穿径 0.61、厚 0.08 厘米，重 2.2 克（图 3-2，3）。

闸口⑥：427-48，钱文楷书。直径 2.42、穿径 0.6、厚 0.1 厘米，重 2.8 克（图 3-2，4）。

闸口⑥：443-24，钱文草书。直径 2.21、穿径 0.54、厚 0.07 厘米，重 2.2 克（图 3-2，5）。

至道元宝 25 枚。圆形方穿，正背及穿有郭，面旋读"至道元宝"，书体分楷、行、草三种，光背。

闸口⑥：427-53，钱文草书。直径 2.4、穿径 0.58、厚 0.08 厘米，重 2.2 克（图 3-2，6）。

闸口⑥：427-52，钱文行书。直径 2.25、穿径 0.57、厚 0.09 厘米，重 2.7 克（图 3-2，7）。

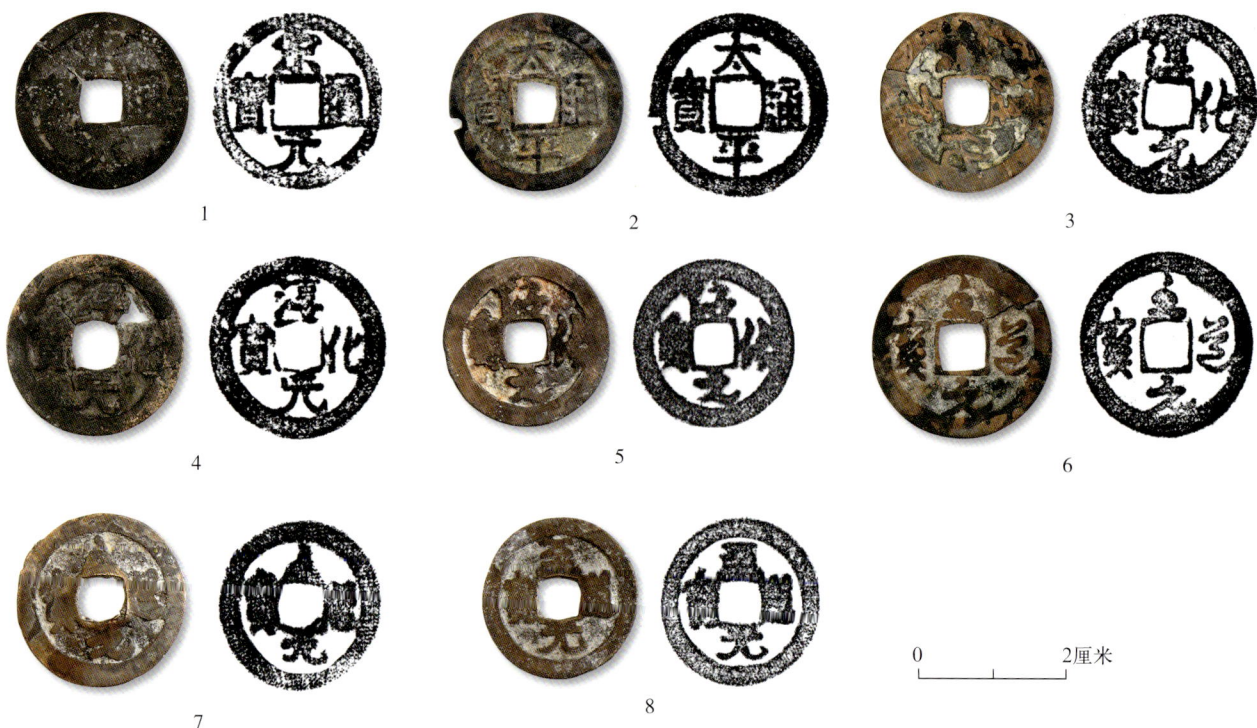

图 3-2 宋代钱币

1.宋元通宝（闸口⑥：427-22） 2.太平通宝（闸口⑥：427-64） 3～5.淳化元宝（闸口⑥：427-47、427-48、443-24） 6～8.至道元宝（闸口⑥：427-53、427-52、443-45）

闸口⑥：443-45，钱文楷书。直径2.21、穿径0.55、厚0.08厘米，重2.1克（图3-2，8）。

周元通宝　2枚。圆形方穿，正背及穿有郭，面直读楷书"周元通宝"，光背。

闸口⑥：427-71，直径2.25、穿径0.59、厚0.1厘米，重2.3克（图3-3，1）。

咸平元宝　58枚。圆形方穿，正背及穿有郭，面旋读楷书"咸平元宝"，光背。

闸口⑥：427-29，直径2.28、穿径0.57、厚0.08厘米，重2.2克（图3-3，2）。

景德元宝　53枚。圆形方穿，正背及穿有郭，面旋读楷书"景德元宝"，光背。

闸口⑥：427-13，直径2.34、穿径0.61、厚0.1厘米，重3克（图3-3，3）。

祥符通宝　102枚。圆形方穿或花穿，正背及穿有郭，面旋读楷书"祥符通宝"，光背。

闸口⑥：426-26，方穿。直径2.25、穿径0.55、厚0.06厘米，重2.2克（图3-3，4）。

闸口⑥：443-405，方穿。直径2.55、穿径0.61、厚0.11厘米，重3.6克（图3-3，5）。

闸口⑥：443-427，花穿。直径2.26、穿径0.63、厚0.09厘米，重2.6克（图3-3，6）。

祥符元宝　79枚。圆形方穿，正背及穿有郭，面旋读楷书"祥符元宝"，光背。

闸口⑥：443-378，直径2.4、穿径0.56、厚0.09厘米，重2.5克（图3-3，7）。

闸口⑥：443-376，两侧剪边。直径2.0～2.3、穿径0.59、厚0.07厘米，重2.2克（图3-3，8）。

天禧通宝　35枚。圆形方穿，正背及穿有郭，面旋读楷书"天禧通宝"，光背。

闸口⑥：427-51，直径2.37、穿径0.6、厚0.09厘米，重2.9克（图3-4，1）。

天圣元宝　43枚。圆形方穿，正背及穿有郭，面旋读"天圣元宝"，书体分篆、楷两种，光背。

闸口⑥：427-19，钱文篆书。直径2.43、穿径0.63、厚0.12厘米，重3.4克（图3-4，2）。

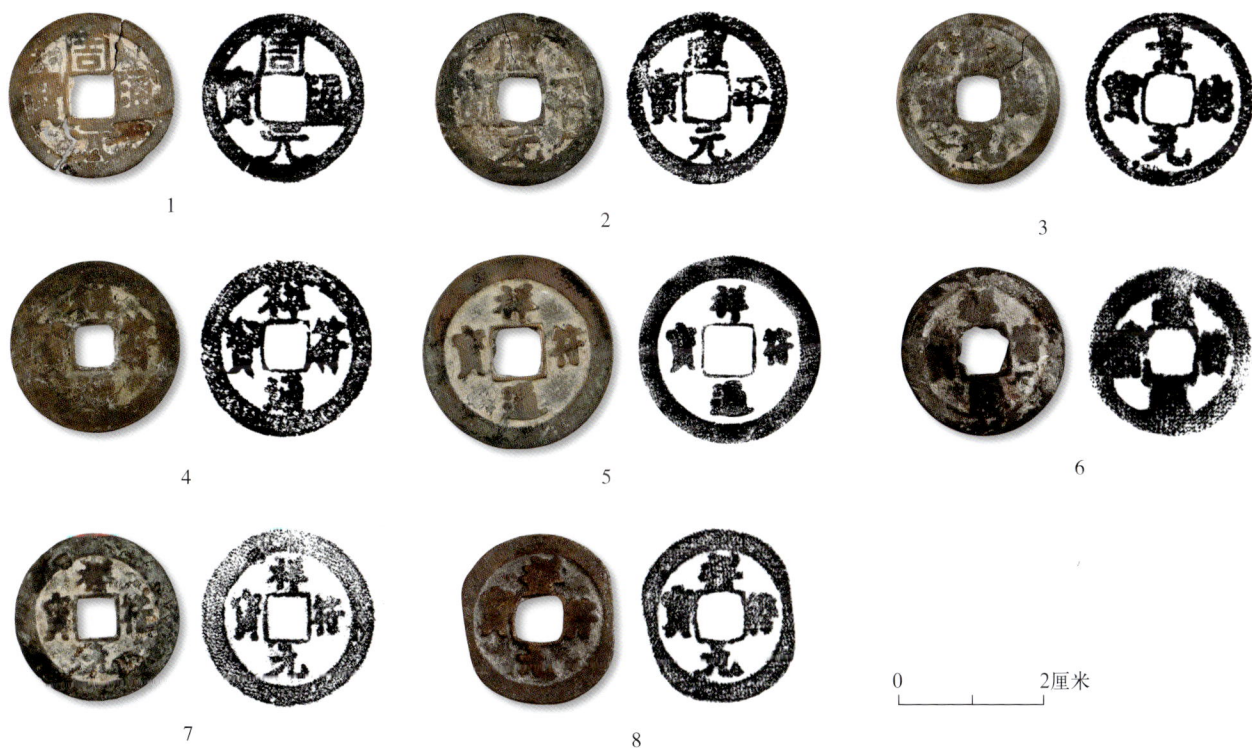

图3-3　宋代钱币

1.周元通宝（闸口⑥：427-71）　　2.咸平元宝（闸口⑥：427-29）　　3.景德元宝（闸口⑥：427-13）　　4～6.祥符通宝（闸口⑥：426-26、443-405、443-427）　　7、8.祥符元宝（闸口⑥：443-378、443-376）

闸口⑥：427-17，钱文楷书。直径 2.5、穿径 0.67、厚 0.11 厘米，重 3.6 克（图 3-4，3）。

明道元宝　2 枚。圆形方穿，正背及穿有郭，面旋读楷书"明道元宝"，光背。

闸口⑥：443-6，直径 2.31、穿径 0.53、厚 0.1 厘米，重 2.7 克（图 3-4，4）。

景祐元宝　7 枚。圆形方穿，正背及穿有郭，面旋读"景祐元宝"，书体分篆、楷两种，光背。

闸口⑥：443-279，钱文篆书。直径 2.25、穿径 0.64、厚 0.08 厘米，重 2.1 克（图 3-4，5）。

闸口⑥：443-27，钱文楷书。直径 2.48、穿径 0.56、厚 0.08 厘米，重 3.3 克（图 3-4，6）。

皇宋通宝　57 枚。圆形方穿或花穿，正背及穿有郭，面直读"皇宋通宝"，书体分篆、楷两种，光背。

闸口⑥：427-23，方穿，钱文楷书，直径 2.31、穿径 0.64、厚 0.1 厘米，重 2.7 克（图 3-5，1）。

闸口⑥：427-24，方穿，钱文楷书，直径 2.29、穿径 0.6、厚 0.11 厘米，重 3.1 克（图 3-5，2）。

闸口⑥：443-112，花穿，钱文篆书。直径 2.46、穿径 0.72、厚 0.1 厘米，重 3.7 克（图 3-5，3）。

闸口：426-23，方穿，钱文篆书。直径 2.33、穿径 0.63、厚度 0.1 厘米，重 2.5 克（图 3-5，4）。

至和元宝　1 枚。

闸口⑥：412-76，边缘略残。圆形方穿，正背及穿有郭，面旋读篆书"至和元宝"，光背。直径 2.33、穿径 0.56、厚 0.11 厘米，残重 3.3 克（图 3-5，5）。

至和通宝　1 枚。

闸口⑥：412-79，圆形方穿，正背及穿有郭，面直读篆书"至和通宝"，光背。直径 2.41、穿径 0.74、厚 0.06 厘米，重 2.5 克（图 3-5，6）。

嘉祐通宝　6 枚。圆形方穿或花穿，正背及穿有郭，面直读"嘉祐通宝"，书体分篆、楷两种，光背。

闸口⑥：427-54，花穿，钱文楷书。直径 2.57、穿径 0.73、厚 0.1 厘米，重 3.4 克（图 3-5，7）。

闸口⑥：427-55，方穿，钱文篆书。直径 2.51、穿径 0.68、厚 0.09 厘米，重 3 克（图 3-5，8）。

嘉祐元宝　7 枚。圆形方穿，正背及穿有郭，面旋读"嘉祐元宝"，书体分篆、楷两种，光背。

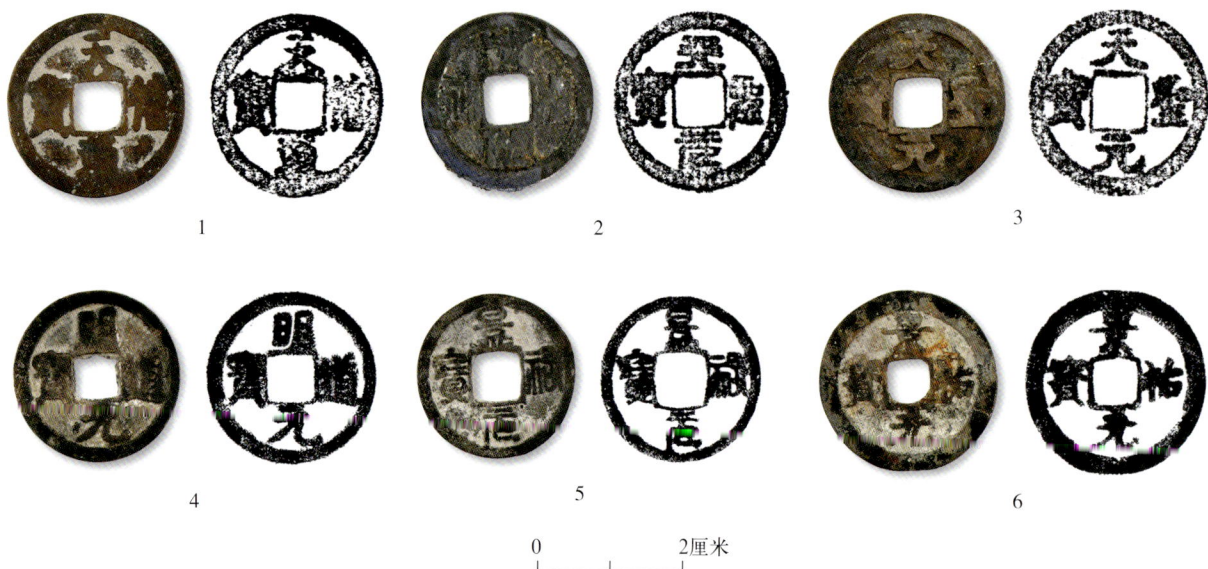

0 ⊢———⊣ 2厘米

图 3-4　宋代钱币

1.天禧通宝（闸口⑥：427-51）　2、3.天圣元宝（闸口⑥：427-19、427-17）　4.明道元宝（闸口⑥：443-6）　5、6.景祐元宝（闸口⑥：443-279、443-27）

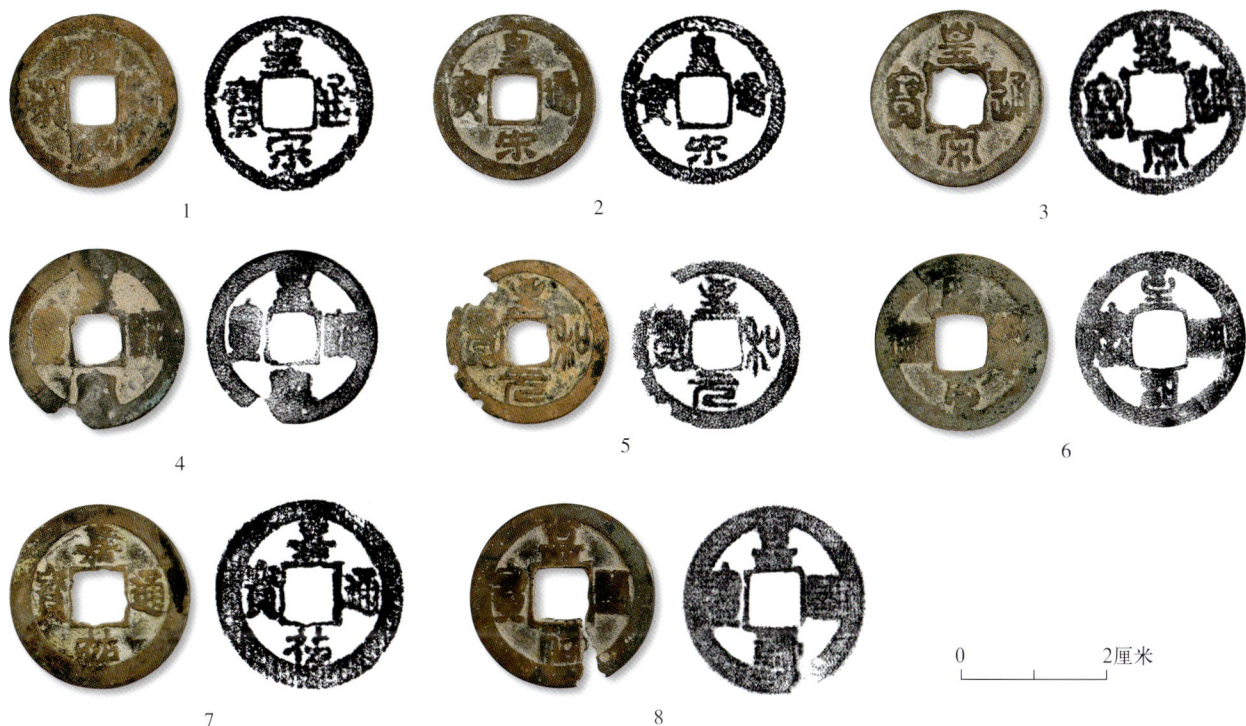

图 3-5　宋代钱币

1～4.皇宋通宝（闸口⑥：427-23、427-24、443-112、426-23）　5.至和元宝（闸口⑥：412-76）　6.至和通宝（闸口⑥：412-79）　7、
8.嘉祐通宝（闸口⑥：427-54、427-55）

闸口⑥：424-60，钱文篆书。直径 2.16、穿径 0.66、厚 0.07 厘米，重 2.1 克（图 3-6，1）。

闸口⑥：424-61，钱文楷书。直径 2.21、穿径 0.58、厚 0.05 厘米，重 1.4 克（图 3-6，2）。

闸口⑥：443-29，钱文楷书。直径 2.34、穿径 0.63、厚 0.11 厘米，重 3.3 克（图 3-6，3）。

治平元宝　17 枚。圆形方穿，正背及穿有郭，面旋读"治平元宝"，书体分篆、楷两种，光背。

闸口⑥：427-10，钱文楷书。直径 2.36、穿径 0.56、厚 0.1 厘米，重 2.8 克（图 3-6，4）。

闸口⑥：427-12，钱文篆书。直径 2.39、穿径 0.61、厚 0.09 厘米，重 2.8 克（图 3-6，5）。

熙宁元宝　28 枚。圆形方穿，正背及穿有郭，面旋读"熙宁元宝"，书体分篆、楷两种，光背。

闸口⑥：427-58，钱文楷书。直径 2.35、穿径 0.6、厚度 0.12 厘米，重 3.2 克（图 3-6，6）。

闸口⑥：427-59，钱文楷书。直径 2.49、穿径 0.66、厚 0.09 厘米，重 3.4 克（图 3-6，7）。

闸口⑥：443 66，钱文篆书。直径 2.38、穿径 0.63、厚 0.08 厘米，重 2.3 克（图 3-6，8）。

熙宁重宝　1 枚。

闸口⑥：427-61，残。圆形方穿，正背及穿有郭，面旋读楷书"熙宁重宝"，光背。直径 2.84、穿径 0.69、厚 0.15 厘米，残重 5.6 克（图 3-7，1）。

元丰通宝　124 枚。圆形方穿，正背及穿有郭，面旋读"元丰通宝"，书体分篆、行两种，光背。

闸口⑥：427-7，钱文篆书。直径 2.92、穿径 0.7、厚 0.34 厘米，重 6.3 克（图 3-7，2）。

闸口⑥：427-5，钱文行书。直径 2.37、穿径 0.62、厚 0.1 厘米，重 2.6 克（图 3-7，3）。

元祐通宝　64 枚。圆形方穿或花穿，正背及穿有郭，面旋读"元祐通宝"，书体分篆、行两种，光背。

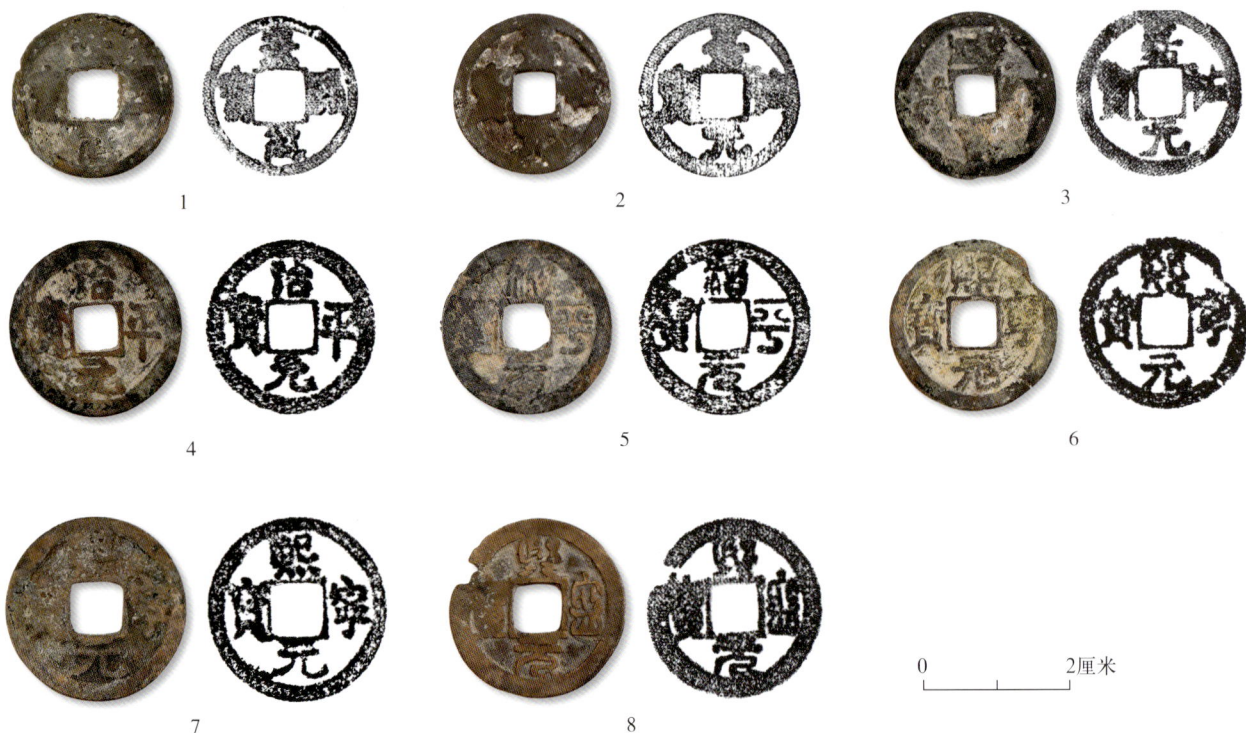

图 3-6　宋代钱币

1～3.嘉祐元宝（闸口⑥：424-60、424-61、443-29）　　4、5.治平元宝（闸口⑥：427-10、427-12）　　6～8.熙宁元宝（闸口⑥：427-58、427-59、443-66）

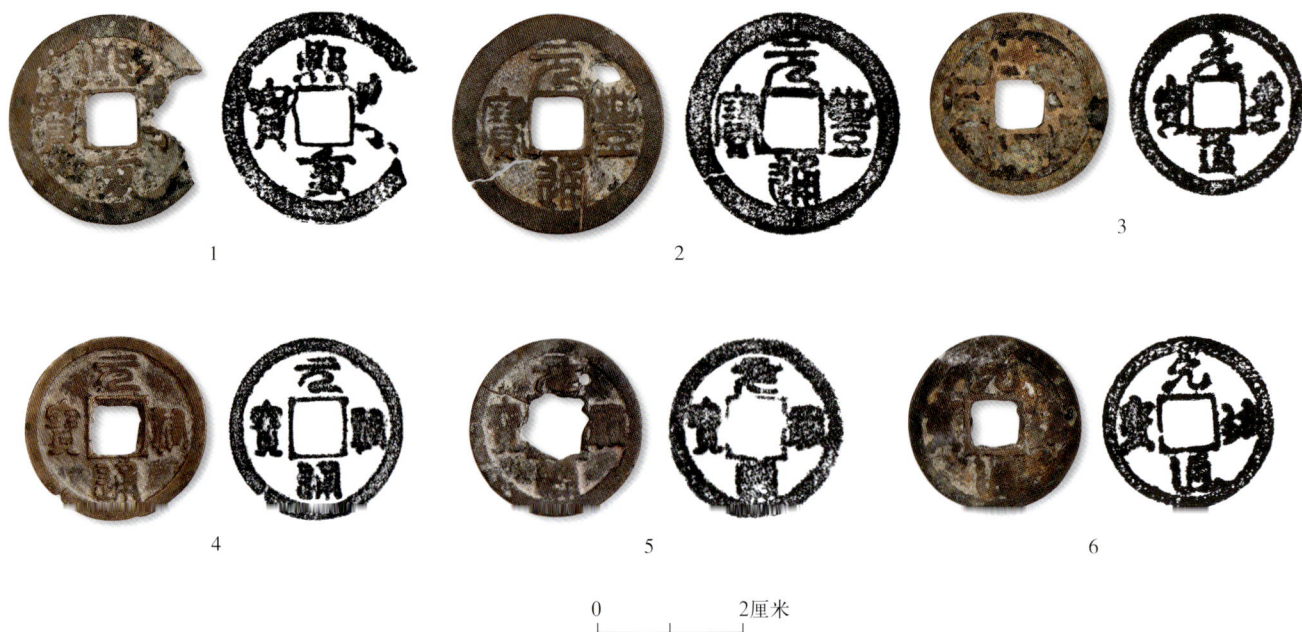

图 3-7　宋代钱币

1.熙宁重宝（闸口⑥：427-61）　　2、3.元丰通宝（闸口⑥：427-7、427-5）　　4～6.元祐通宝（闸口⑥：443-454、331-13、427-62）

闸口⑥：443-454，方穿，钱文篆书。直径2.41、穿径0.63、厚0.12厘米，重3.5克（图3-7，4）。

闸口⑥：331-13，花穿，钱文篆书。直径2.39、穿径0.73、厚0.06厘米，重2.1克（图3-7，5）。

闸口⑥：427-62，方穿，钱文行书。直径2.36、穿径0.62、厚0.11厘米，重3.2克（图3-7，6）。

绍圣元宝　19枚。圆形方穿或花穿，正背及穿有郭，面旋读"绍圣元宝"，书体分篆、行两种，光背。

闸口⑥：443-51，方穿，钱文篆书。直径2.21、穿径0.6、厚0.1厘米，重2.3克（图3-8，1）。

闸口⑥：427-1，方穿，钱文行书。直径2.37、穿径0.62、厚0.1厘米，重3.4克（图3-8，2）。

闸口⑥：427-2，残。方穿，钱文行书。直径2.33、穿径0.64、厚0.08厘米，残重1.8克（图3-8，3）。

闸口⑥：426-21，花穿，钱文行书。直径2.45、穿径0.76、厚0.11厘米，重3.1克（图3-8，4）。

元符通宝　7枚。圆形方穿，正背及穿有郭，面旋读"元符通宝"，书体分篆、行两种，光背。

闸口⑥：443-11，钱文篆书。直径2.25、穿径0.6、厚0.09厘米，重2.6克（图3-8，5）。

闸口⑥：443-14，钱文行书。直径2.36、穿径0.6、厚0.11厘米，重2.4克（图3-8，6）。

圣宋元宝　28枚。圆形方穿，正背及穿有郭，面旋读"圣宋元宝"，书体分篆、行两种，光背。

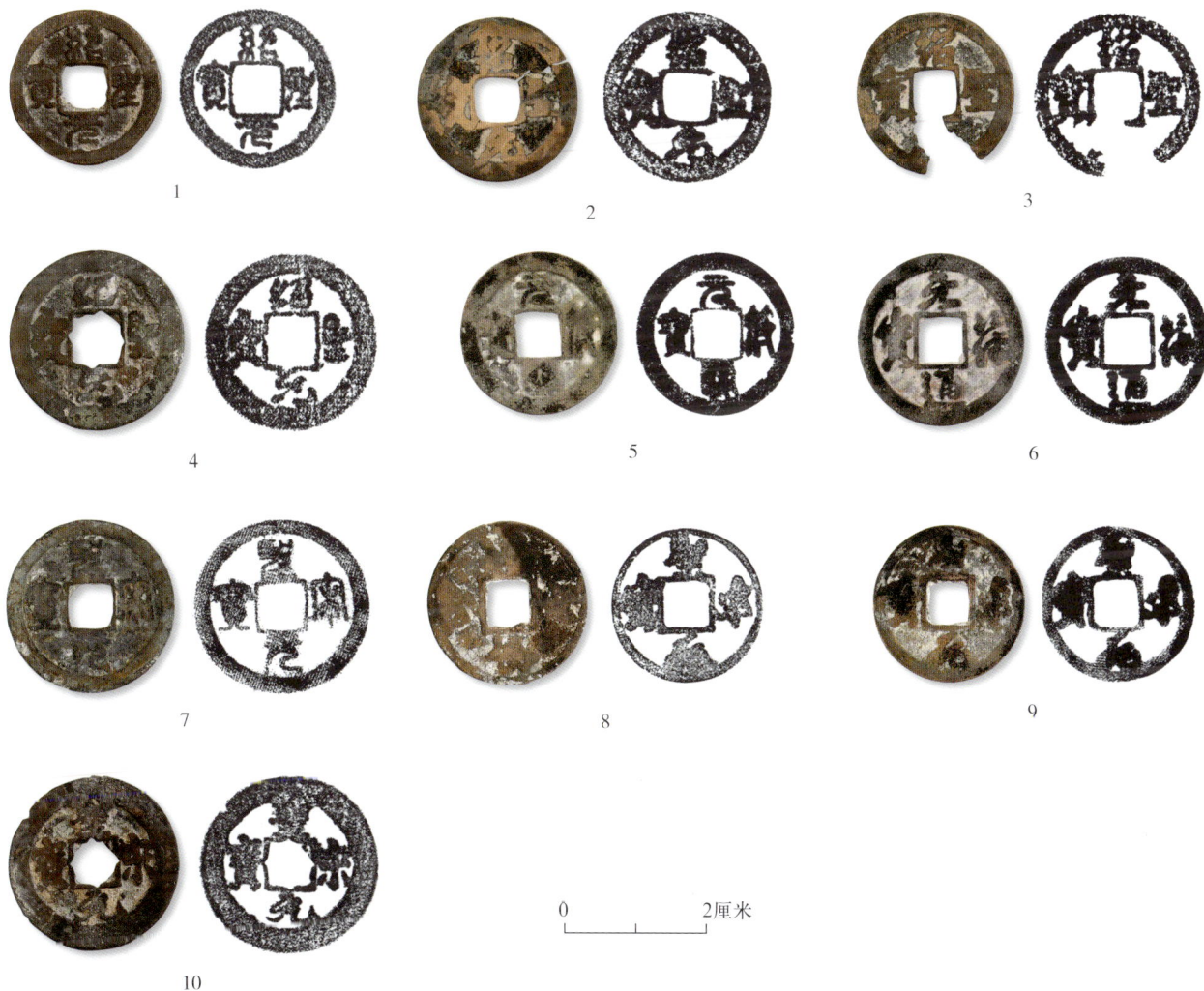

图3-8　宋代钱币

1~4.绍圣元宝（闸口⑥：443-51、427-1、427-2、426-21）　5、6.元符通宝（闸口⑥：443-11、443-14）　7~10.圣宋元宝（闸口⑥：443-80、443-89、443-90、396-37）

闸口⑥：443-80，钱文篆书。直径 2.43、穿径 0.62、厚 0.09 厘米，重 2.6 克（图 3-8，7）。

闸口⑥：443-89，细缘，钱文行书。直径 2.15、穿径 0.58、厚 0.08 厘米，重 2.2 克（图 3-8，8）。

闸口⑥：443-90，钱文行书。直径 2.16、穿径 0.55、厚 0.08 厘米，重 2.2 克（图 3-8，9）。

闸口⑥：396-37，花穿，钱文行书。直径 2.47、穿径 0.6、厚 0.08 厘米，重 4.1 克（图 3-8，10）。

大观通宝　3 枚。圆形方穿，正背及穿有郭，面直读瘦金体"大观通宝"，光背。

闸口⑥：427-68，直径 2.4、穿径 0.58、厚 0.09 厘米，重 3 克（图 3-9，1）。

政和通宝　27 枚。圆形方穿，正背及穿有郭，面直读"政和通宝"，书体分篆、楷两种，光背。

闸口⑥：443-16，钱文篆书。直径 2.46、穿径 0.63、厚 0.11 厘米，重 3.3 克（图 3-9，2）。

闸口⑥：427-42，钱文楷书。直径 2.4、穿径 0.6、厚 0.08 厘米，重 2.6 克（图 3-9，3）。

宣和通宝　21 枚。圆形方穿，正背及穿有郭，面直读"宣和通宝"，书体分篆、隶、行、瘦金体四种，光背。

闸口⑥：427-35，钱文篆书。直径 2.39、穿径 0.57、厚 0.1 厘米，重 3.3 克（图 3-9，4）。

闸口⑥：427-37，钱文篆书。直径 2.73、穿径 0.6、厚 0.12 厘米，重 5.3 克（图 3-9，5）。

闸口⑥：427-38，钱文隶书。直径 2.4、穿径 0.56、厚 0.12 厘米，重 4.3 克（图 3-9，6）。

闸口⑥：443-63，钱文行书。直径 2.36、穿径 0.6、厚 0.07 厘米，重 2.5 克（图 3-9，7）。

闸口⑥：443-62，钱文"宣""宝"二字隶书，"和""通"二字为瘦金体。直径 2.41、穿径 0.56、厚 0.11 厘米，重 3.1 克（图 3-9，8）。

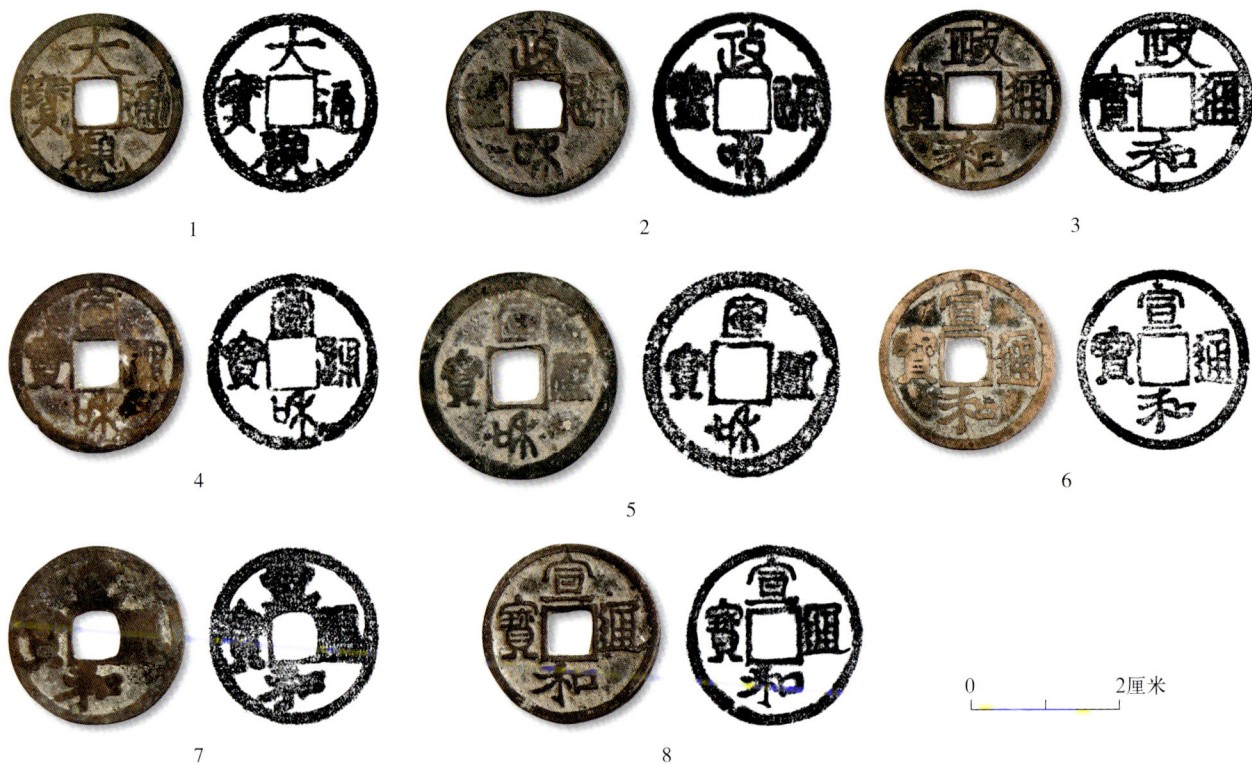

图 3-9　宋代钱币

1.大观通宝（闸口⑥：427-68）　2、3.政和通宝（闸口⑥：443-16、427-42）　4～8.宣和通宝（闸口⑥：427-35、427-37、427-38、443-63、443-62）

绍兴元宝 1枚。

闸口⑥：412-78，圆形方穿，正背及穿有郭，面旋读楷书"绍兴元宝"，光背。直径 2.26、穿径 0.74、厚 0.04 厘米，重 1.9 克（图 3-10，1）。

淳熙元宝 1枚。

闸口⑥：427-39，圆形方穿，正背及穿有郭，面旋读楷书"淳熙元宝"，背上"十"下"四"。直径 2.35、穿径 0.64、厚 0.1 厘米，重 2.9 克（图 3-10，2）。

绍熙元宝 1枚。

闸口⑥：427-70，圆形方穿，正背及穿有郭，面旋读楷书"绍熙元宝"，光背。直径 2.36、穿径 0.7、厚 0.12 厘米，重 3.6 克（图 3-10，3）。

庆元通宝 1枚。

闸口⑥：427-49，圆形方穿，正背及穿有郭，面旋读楷书"庆元通宝"，光背。直径 2.39、穿径 0.66、厚 0.1 厘米，重 2.5 克（图 3-10，4）。

嘉泰通宝 1枚。

闸口⑥：292-80，圆形方穿，正背及穿有郭，面直读楷书"嘉泰通宝"，光背。直径 2.36、穿径 0.67、厚 0.06 厘米，重 2.7 克（图 3-10，5）。

嘉定通宝 2枚。圆形方穿，正背及穿有郭，面直读楷书"嘉定通宝"，背光素或铸有文字。

闸口⑥：443-38，光背。直径 2.38、穿径 0.63、厚 0.1 厘米，重 2.8 克（图 3-10，6）。

闸口⑥：427-60，残。背上"二"。直径 2.39、穿径 0.59、厚 0.1 厘米，重 3.1 克（图 3-10，7）。

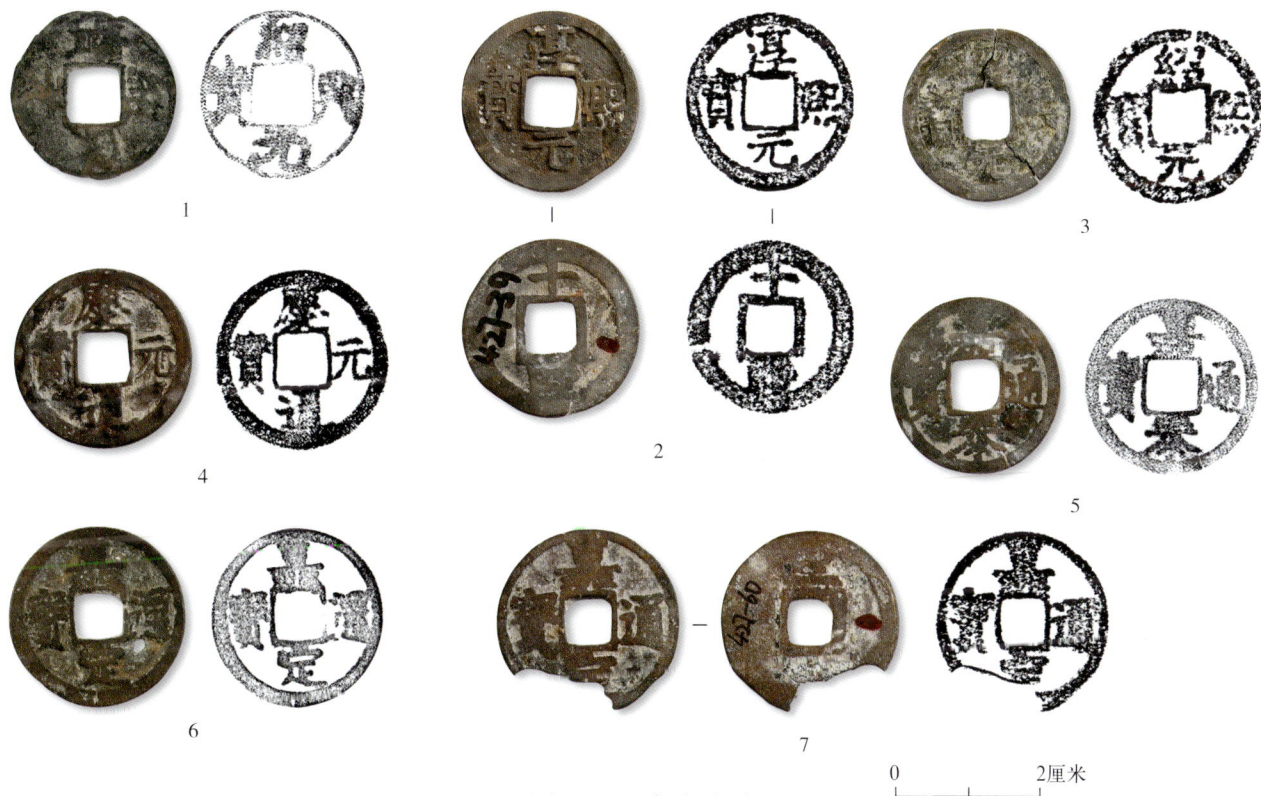

图 3-10 宋代钱币

1.绍兴元宝（闸口⑥：412-78） 2.淳熙元宝（闸口⑥：427-39） 3.绍熙元宝（闸口⑥：427-70） 4.庆元通宝（闸口⑥：427-49） 5.嘉泰通宝（闸口⑥：292-80） 6、7.嘉定通宝（闸口⑥：443-38、443-60）

绍定通宝　1枚。

闸口⑥：412-77，圆形方穿，正背及穿有郭，面直读楷书"绍定通宝"，背上"元"。直径2.37、穿径0.62、厚0.08厘米，重3克（图3-11，1）。

皇宋元宝　1枚。

闸口⑥：412-152，圆形方穿，正背及穿有郭，面旋读楷书"皇宋元宝"，背上"三"。直径2.48、穿径0.63、厚0.08厘米，重2.5克（图3-11，2）。

景定元宝　1枚。

闸口⑥：443-7，圆形方穿，正背及穿有郭，面直读楷书"景定元宝"，背上"二"。直径2.39、穿径0.64、厚0.1厘米，重3.2克（图3-11，3）。

咸淳元宝　1枚。

闸口⑥：427-69，圆形方穿，正背及穿有郭，面直读楷书"咸淳元宝"，背上"二"。直径2.35、穿径0.65、厚0.09厘米，重2.9克（图3-11，4）。

金时期钱币共出土13枚。包括大定通宝及正隆元宝两种。

大定通宝　5枚。圆形方穿，正背及穿有郭，面直读楷书"大定通宝"，光背。

闸口⑥：427-31，直径2.37、穿径0.58、厚0.07厘米，重2.6克（图3-12，1）。

闸口⑥：427-32，直径2.36、穿径0.56、厚0.1厘米，重3.2克（图3-12，2）。

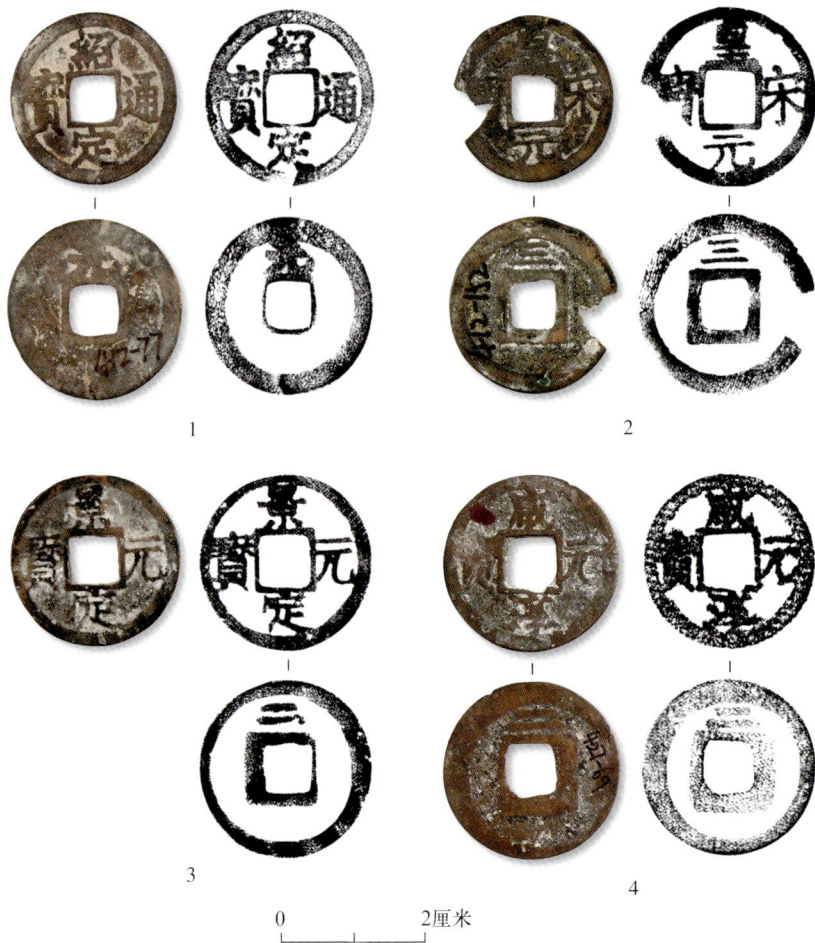

图3-11　宋代钱币

1.绍定通宝（闸口⑥：412-77）　2.皇宋元宝（闸口⑥：412-152）　3.景定元宝（闸口⑥：443-7）　4.咸淳元宝（闸口⑥：427-69）

图3-12　金代钱币

1、2.大定通宝（闸口⑥：427-31、427-32）　3.正隆元宝（闸口⑥：427-41）

正隆元宝　8枚。圆形方穿，正背及穿有郭，面旋读楷书"正隆元宝"，光背。闸口⑥：427-41，直径2.41、穿径0.57、厚0.1厘米，重3.2克（图3-12，3）。

三　元代遗物

共3枚，均为至大通宝。

至大通宝　3枚。圆形方穿，正背及穿有郭，面直读楷书"至大通宝"，光背。

闸口⑥：427-3，直径2.26、穿径0.53、厚0.14厘米，重3克（图3-13，1）。

闸口⑥：427-4，直径2.31、穿径0.47、厚0.14厘米，重4克（图3-13，2）。

图3-13　元代钱币

1、2.至大通宝（闸口⑥：427-3、427-4）

四　明代遗物

明代遗物共1688件，有陶瓷器、石器、骨角蚌器、木器、铁器、铜器、锡器、金器等。其中陶瓷器在板闸遗址中出土数量最多、最为丰富，以青花瓷为主，种类、纹饰多样。此外还有青瓷、青白瓷、白瓷、黑釉瓷、酱釉瓷等。器形主要有碗、盘、杯、盏、瓶、罐、壶、盆、钵等。

（一）陶瓷器

1. 青花瓷

共214件，以碗为主，还有杯、盘、盏、粉盒等。

（1）碗

150件。主要出土于水闸，其次为探方、探沟，数量较大、纹饰复杂多样。常见纹饰有动物纹、人物纹、山水纹、植物纹、花鸟纹、果实纹、吉祥字符纹、云纹及斋堂款等，底款多为"大明成化年造"等年号款及花押款。灰白胎，多数器身施满釉，足跟露胎。按照纹饰分类介绍部分标本如下。

动物纹

49件。主要有螭龙纹、凤凰纹、翼龙鱼跃纹、虾草纹、鱼草纹、露胎游鱼纹等。

螭龙纹　32件。敞口，圆唇，斜弧腹，圈足。口沿外饰两道弦纹，外壁近底部饰一道弦纹。内底两道弦纹内饰螭龙纹，外壁饰简化螭龙纹。

T1⑤：2，内足墙外斜，外底有跳刀痕。口沿内饰两道弦纹。口径12.6、足径5.8、高4.7厘米（图3-14，1）。

T1⑤：8，内足墙外斜，挖足过肩，足跟外向斜削并粘砂，外底有跳刀痕及旋削痕。口沿内饰两道青花圈线弦纹。口径12.6、足径5.6、高5.4厘米（图3-14，2）。

T1⑤：26，足墙内斜，挖足过肩。口沿内饰两道弦纹。口径12.2、足径5.1、高5.4厘米（图3-15，1）。

图 3-14　明代青花瓷碗
1.T1⑤：2　2.T1⑤：8

图 3-15 明代青花瓷碗
1.T1⑤：26　2.T1⑤：55

0 ____ 6厘米

T1⑤：55，矮圈足，足跟外向斜削。口沿内饰两道弦纹。口径12.4、足径5、高5.2厘米（图3-15，2）。

T1⑤：61，圈足内斜，足跟外向斜削并粘砂。口沿内饰两道弦纹。口径12.4、足径5.2、高5厘米（图3-16，1）。

ⅡT0103⑦：6，内足墙外斜，足跟外向斜削，外底有跳刀痕。口沿内饰一道弦纹。口径13.8、足径5.8、高5.5厘米（图3-16，2）。

凤凰纹　13件。

闸口⑥：18，敞口，圆唇，斜弧腹，圈足内斜。足跟外向斜削，外底有跳刀痕及旋削痕。口沿内外饰两道弦纹，足墙饰一道弦纹，内底两道弦纹内饰如意云纹，内壁饰凤凰纹、如意云纹、涡云纹，外壁饰简化花卉纹。口径14.2、足径7.3、高4.7厘米（图3-17，1）。

T1⑤：32，撇口，尖圆唇，斜弧腹，圈足内斜。足跟粘砂并外向斜削。口沿内外饰两道弦纹，足墙饰一道弦纹，内底两道弦纹内饰如意云纹，外壁饰祥云凤凰纹。口径12.2、足径6.1、高3.9厘米（图3-17，2）。

T1⑤：42，敞口微敛，圆唇，斜弧腹，圈足外斜。外底微凸，足跟粘砂，外底有跳刀痕及旋削痕。口沿内饰两道弦纹，间饰枝叶花带纹，内底两道弦纹内饰花卉纹，外壁上下各饰两道弦纹，间饰凤凰纹及涡云纹。口径16.8、足径6.4、高7.2厘米（图3-18，1）。

T1⑤：54，撇口，尖圆唇，斜弧腹，圈足较直。足跟外向斜削，外底有跳刀痕及旋削痕。口沿内外、足墙饰两道弦纹，内底两道弦纹内饰如意云纹，外壁饰凤凰纹及涡云纹。口径13.9、足径6.7、高4.5厘米（图3-18，2）。

T1⑤：64，敞口微敛，圆唇，斜弧腹，圈足外斜，外底微凸。足跟外向斜削，外底有跳刀痕及旋削痕。口沿内饰三道弦纹，间饰枝叶花带纹，内底两道弦纹内饰简笔画纹，外壁上部饰两道弦纹，下部饰一道弦纹，间饰凤凰纹、涡云纹。口径17.9、足径6.2、高7.3厘米（图3-19，1）。

闸口⑥：516，撇口，尖唇，斜弧腹，圈足外斜，外底微凸。足跟粘砂并外向斜削，外底有跳刀痕及旋削痕。口沿内两道弦纹内饰枝叶花带纹，内底一道粗弦纹内饰蕉叶纹，外壁上部饰两道弦纹，下部饰一道弦纹，间饰凤凰纹及涡云纹。口径18.2、足径6.9、高7.4厘米（图3-19，2）。

翼龙鱼跃纹　1件。

闸口⑥：252，撇口，圆唇，斜弧腹，圈足较直，足跟外向斜削。内底两道弦纹内饰鱼跃纹，外壁饰翼龙纹、云纹，圈足底部双圈内书"大明成化年造"款。口径11.8、足径5.2、高6.1厘米（图3-20，1）。

虾草纹　1件。

T1⑤：56，撇口，尖圆唇，斜弧腹，圈足。足跟外向斜削，外底有跳刀痕及旋削痕。内壁饰一道弦纹及虾纹、水草纹。口径13.6、足径6.7、高6厘米（图3-20，2）。

鱼草纹　1件。

T1⑤：45，敞口，口卜一道折痕，圆唇，斜弧腹，圈足，内足墙外斜，足跟粘砂。口沿内外饰两道弦纹，内底两道弦纹内饰简化鱼纹，外壁饰鱼纹、水草纹。口径18.8、足径7.2、高7.4厘米（图3-21，1）。

露胎游鱼纹　1件。

ⅡT0511②：2，敞口，圆唇，浅斜腹，卧足。口沿内饰一道弦纹，内底两道弦纹内贴塑一露胎游鱼，显火石红，周边衬水藻纹。口径11.6、底径3.1、高2.8厘米（图3-22，2）。

图 3-16 明代青花瓷碗
1.T1⑤：61　2.ⅡT0103⑦：6

0 ├──┼──┤ 6厘米

图 3-17　明代青花瓷碗
闸口⑥：18　2.T1⑤：32

0 　　　　　6厘米

图 3-18 明代青花瓷碗

0 _____ 6厘米

1.T1⑤：42 2.T1⑤：54

图 3-19　明代青花瓷碗

1.T1⑤：64　2.闸口⑥：516

0　　　　　　6厘米

图 3-20 明代青花瓷碗

1.闸口⑥：252　2.T1⑤：56

0 ⊢——⊣ 6厘米

图 3-21　明代青花瓷碗

1.T1⑤：45　2.ⅡT0511②：2

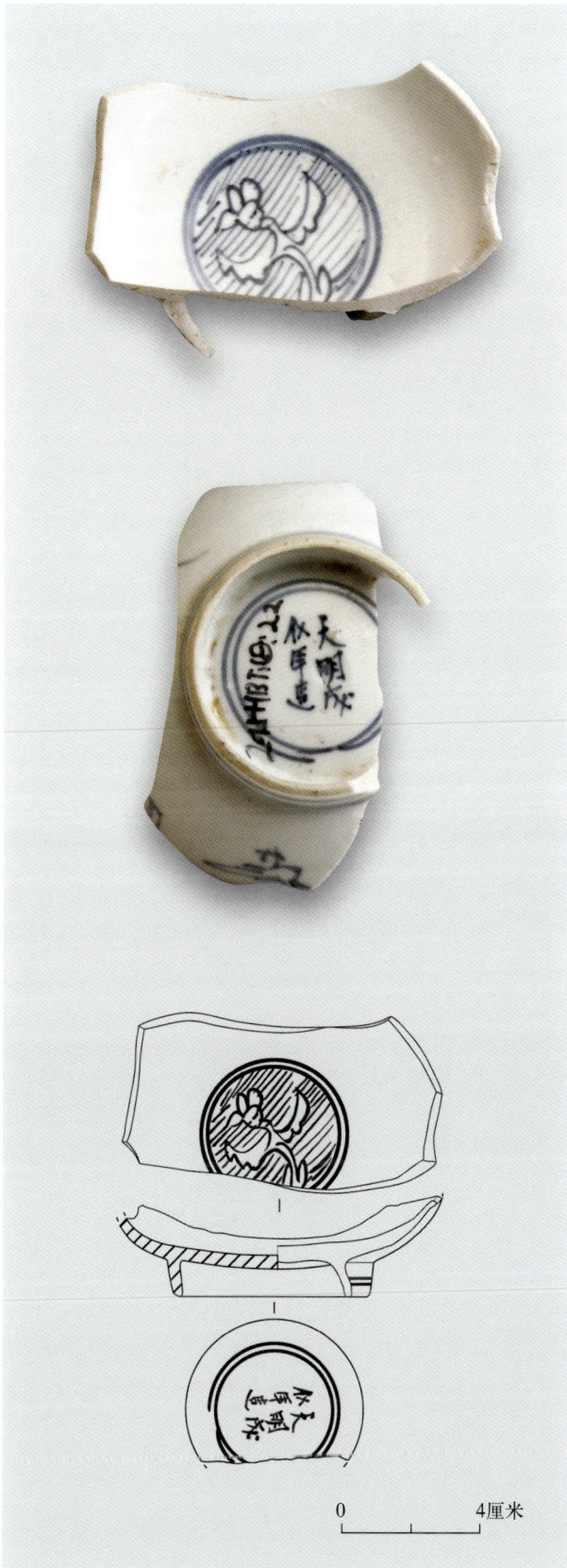

图 3-22　明代青花瓷碗

T1⑤：22

海马纹　1 件。

T1 ⑤：22，残，仅存碗底部。圈足内斜，足跟外向斜削。内底两道弦纹内饰海马纹，足墙饰两道弦纹，圈足底部双圈内书"大明成化年造"款。足径 5.6、残高 2.9 厘米（图 3-22）。

人物纹

1 件。

婴戏纹　1 件。

闸口②：467，敞口，圆方唇，斜弧腹，圈足。内足墙外斜。口部施酱釉，口沿内及足墙饰一道弦纹，口沿外饰两道弦纹，内底及外壁饰婴戏纹（童子舞戟）。口径 12.8、足径 6、高 6.4 厘米（图 3-23）。

图 3-23　明代青花瓷碗

闸口②：467

山水纹

24件。主要绘制策杖行旅、春江捕鱼、春湖泛舟、柳荫休憩、柳溪春景、秋江待渡、瀑布、高士观景、山水等纹饰。

策杖行旅纹　9件。撇口，斜弧腹，圈足，玉璧底。足跟内向斜削，外底有跳刀痕及旋削痕。口沿内外饰两道弦纹，内底两道弦纹内饰策杖行旅纹。

闸口⑥：230，尖唇，圈足内斜，足跟粘砂。足墙饰一道弦纹，外壁饰柳荫休憩纹。口径14.6、足径6.8、高5.2厘米（图3-24，1）。

T1⑤：71，圆唇。外壁饰山水纹。口径13.5、足径6.3、高5.1厘米（图3-24，2）。

春江捕鱼纹　1件。

闸口②：283，撇口，尖圆唇，斜弧腹，圈足。外底微凸，内足墙外斜，足跟外向斜削。口沿内饰两道弦纹，口沿外、足墙饰一道弦纹，内底两道弦纹内饰柳溪春景纹，外壁饰春江捕鱼纹。圈足底部单圈内书"大明成化年造"款。口径13.4、足径5.8、高7.6厘米（图3-25）。

春江泛舟纹　2件。撇口，尖圆唇，斜弧腹，圈足。

闸口⑥：512，口沿内外、圈足底部饰两道弦纹，足墙饰一道弦纹。内底两道弦纹内饰策杖行旅纹，外壁饰春江泛舟纹及"谈机忘岁月，一咲傲乾坤"两行诗文。口径17、足径7、高6.8厘米（图3-26，1）。

ⅡT0103③：1，圈足外斜。口沿内外、足墙饰两道弦纹，内底两道弦纹内饰山水纹，外壁饰春江泛舟纹。圈足底部双圈内书"大明成化年造"款。口径13.8、足径5.8、高7.2厘米（图3-26，2）。

柳荫休憩纹　1件。

闸口⑥：509，敞口，圆唇，斜弧腹，圈足。内足墙外斜。口沿外、足墙饰两道弦纹，外壁饰柳荫休憩纹。圈足底部单圈内书"大明成□□造"款。通体施釉。口沿12、足径4.9、高5.9厘米（图3-27，1）。

秋江待渡纹　1件。

闸口⑥：463-1，撇口，尖唇，斜弧腹，圈足，内足墙外斜。口沿内外饰两道弦纹，足墙饰一道弦纹，内底两道弦纹内饰秋江待渡纹，外壁饰山水纹。圈足底部单圈内书"大明□化"款。口径13.2、足径6.6、高5.2厘米（图3-27，2）。

柳溪春景纹　2件。

闸口⑥：463-2，撇口，尖圆唇，斜弧腹，圈足。内足墙外斜。口沿内外、足墙均饰两道弦纹，内底两道弦纹内饰山水纹，外壁饰柳溪春景纹。圈足底部单圈内书"□□成□年制"款。口径14.2、足径6.3、高5.6厘米（图3-28，1）。

瀑布纹　1件。

闸口⑥：472，撇口，尖圆唇，斜弧腹，圈足。内足墙稍外斜，外底微凸。口沿内外、足墙饰两道弦纹，外壁近底部饰一道弦纹，内底两道弦纹内饰柳溪春景纹，外壁饰瀑布纹。圈足底部单圈内书"大明成化年制"款。口径13.5、足径5.7、高7.1厘米（图3-28，2）。

高士观景纹　2件。

T1⑤：53，撇口，尖圆唇，斜弧腹，圈足外斜。足跟粘砂。口沿内外饰两道弦纹，足跟饰一道弦纹，内底两道弦纹内饰高士观景纹，外壁饰山水画纹。口径13.6、足径6.2、高5.2厘米（图3-29，1）。

山水纹　5件。

闸口②：561，敞口，尖圆唇，斜弧腹，圈足。内足墙外斜，足跟粘砂并外向斜削。口沿内饰一道弦纹，

图 3-24　明代青花瓷碗

1.闸口⑥：230　2.T1⑤：71

0　　　　6厘米

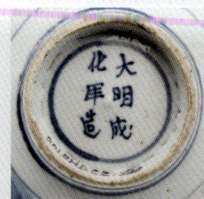

图 3-25　明代青花瓷碗

闸口②：283

0 ⎯⎯ 6厘米

图 3-26　明代青花瓷碗

1.闸口⑥：512　2.ⅡT0103③：1

图 3-27　明代青花瓷碗

1.闸口⑥：509　2.闸口⑥：463-2

0 ⊢⊣⊣⊣ 6厘米

图 3-28　明代青花瓷碗

1.闸口⑥：463-2　2.闸口⑥：472

0　　　　6厘米

图 3-29　明代青花瓷碗

1.T1⑤：53　2.闸口②：561

0　　　　　6厘米

内壁饰山水风景纹。圈足底部双圈内饰花押款。口径 11.4、足径 4.6、高 4 厘米（图 3-29，2）。

T1⑤：57，撇口，圆唇，斜弧腹，圈足，玉璧底。内足墙外斜，足跟外向斜削并粘砂，外底有跳刀痕及旋削痕。口沿内外饰两道弦纹，足墙饰一道弦纹，内底两道弦纹内饰山水人物纹，外壁饰柳岸休憩纹。口径 13.2、足径 6.2、高 5.1 厘米（图 3-30）。

植物纹

44 件。主要有花卉纹、花叶纹、莱菔纹、兰草纹、牡丹纹、莲花纹、盆景花卉纹、团花纹、竹梅纹、菊花纹、草叶纹等。

花卉纹　10 件。

T1④：1，撇口，尖唇，斜弧腹，圈足外撇。口沿内饰两道弦纹，口外及足跟部饰一道弦纹，内底两道弦纹内饰花卉纹，外壁饰人物花卉纹。圈足底部双圈内书"大明成化年制"款。口径 12.1、足径 6、高 5.4 厘米（图 3-31，1）。

闸口②：475，撇口，圆唇，斜弧腹，圈足。内足墙外斜，外底微凸，足跟外向斜削。口沿内外、足墙饰两道弦纹。内底两道弦纹内饰简化花草纹，外壁饰折枝花卉纹。口径 15.7、足径 6.5、高 5.8 厘米（图 3-31，2）。

闸口⑥：498，撇口，圆唇，斜弧腹，圈足。口沿内饰一道粗弦纹，口沿外、足墙饰两道弦纹。内底两道弦纹内饰折枝花卉纹，外壁饰缠枝花卉纹。釉面有铁锈斑点。口径 13.2、足径 5、高 6.1 厘米（图 3-32，1）。

闸口⑥：514，撇口，圆唇，斜弧腹，圈足。内足墙外斜，外底微凸，足跟外向斜削。口沿内、圈足底部饰两道弦纹，口沿外及足墙饰一道弦纹，内底两道弦纹内纹饰不明，外壁饰花卉纹。口径 11.7、足径 5.7、高 5.8 厘米（图 3-32，2）。

闸门⑥：557，敞口，尖唇，斜弧腹，圈足。内足墙外斜，外底微凸，足跟外向斜削。口沿内外、足墙饰两道弦纹，内底两道弦纹内饰花卉纹，外壁饰缠枝花卉纹被两道弦纹分为上下两层。口径 18.4、足径 6.6、高 6.8 厘米（图 3-33）。

图 3-30　明代青花瓷碗

T1⑤：57

图 3-31　明代青花瓷碗

1.T1④：1　2.闸口②：475

0　　　　　　6厘米

图 3-32　明代青花瓷碗

0　　　　　6厘米

1.闸口⑥：498　2.闸口⑥：514

图 3-33　明代青花瓷碗
闸口⑥：557

花叶纹　2 件。

ⅡT0512②：1，撇口，尖圆唇，斜弧腹，下腹略折，矮圈足。内足墙外斜。外壁上下部及足墙饰两道弦纹，内底两道弦纹内及外壁均饰花叶纹。口径 13.4、足径 5.4、高 5.7 厘米（图 3-34，1）。

闸口⑥：506，敞口，圆唇，斜弧腹，矮圈足。内足墙外斜，外底微凸，足跟外向斜削。口沿内外、足墙饰两道弦纹，内底两道弦纹内及外壁均饰花叶纹。口径 14.2、足径 5.4、高 5.4 厘米（图 3-34，2）。

菜菔纹　11 件。撇口，尖圆唇，斜弧腹。内底饰菜菔纹。

T1⑤：24，玉璧底，足跟外向斜削，外底有跳刀痕及旋削痕。口沿内饰一道弦纹。口径 13.2、足径 5.8、高 4.1 厘米（图 3-35，1）。

T1⑤：60，圈足，足跟外向斜削并粘砂。口外饰一道弦纹。口径 13.7、足径 6.2、高 3.6 厘米（图 3-35，2）。

闸口⑥：207，圈足，足跟粘砂，外底有跳刀痕及旋削痕。口沿内外饰一道弦纹。口径 14.6、足径 6.8、高 4.5 厘米（图 3-35，3）。

兰草纹　4 件。敞口微撇，圆唇，斜弧腹，圈足，玉璧底。口沿内饰一道弦纹，内底饰兰草纹。

T1⑤：70，挖足较浅。口径 12.6、足径 5.5、高 3.8 厘米（图 3-36，1）。

T1⑤：75，口径 12.4、足径 5.6、高 3.8 厘米（图 3-36，2）。

牡丹纹　4 件。撇口，尖圆唇，斜弧腹，圈足。

闸口⑥：13，口下略折，圈足稍高。外底有跳刀痕。口沿内外、足墙饰两道弦纹，内底两道弦纹内饰折枝牡丹纹，外壁饰缠枝牡丹纹。口径 13、足径 5.3、高 6.4 厘米（图 3-37，1）。

闸口⑥：554，微撇口，内足墙外斜，外底微凸。口沿内外、足墙饰两道弦纹，内底两道弦纹内饰折枝牡丹纹，外壁饰缠枝牡丹纹。口径 13.1、足径 5.6、高 6.6 厘米（图 3-37，2）。

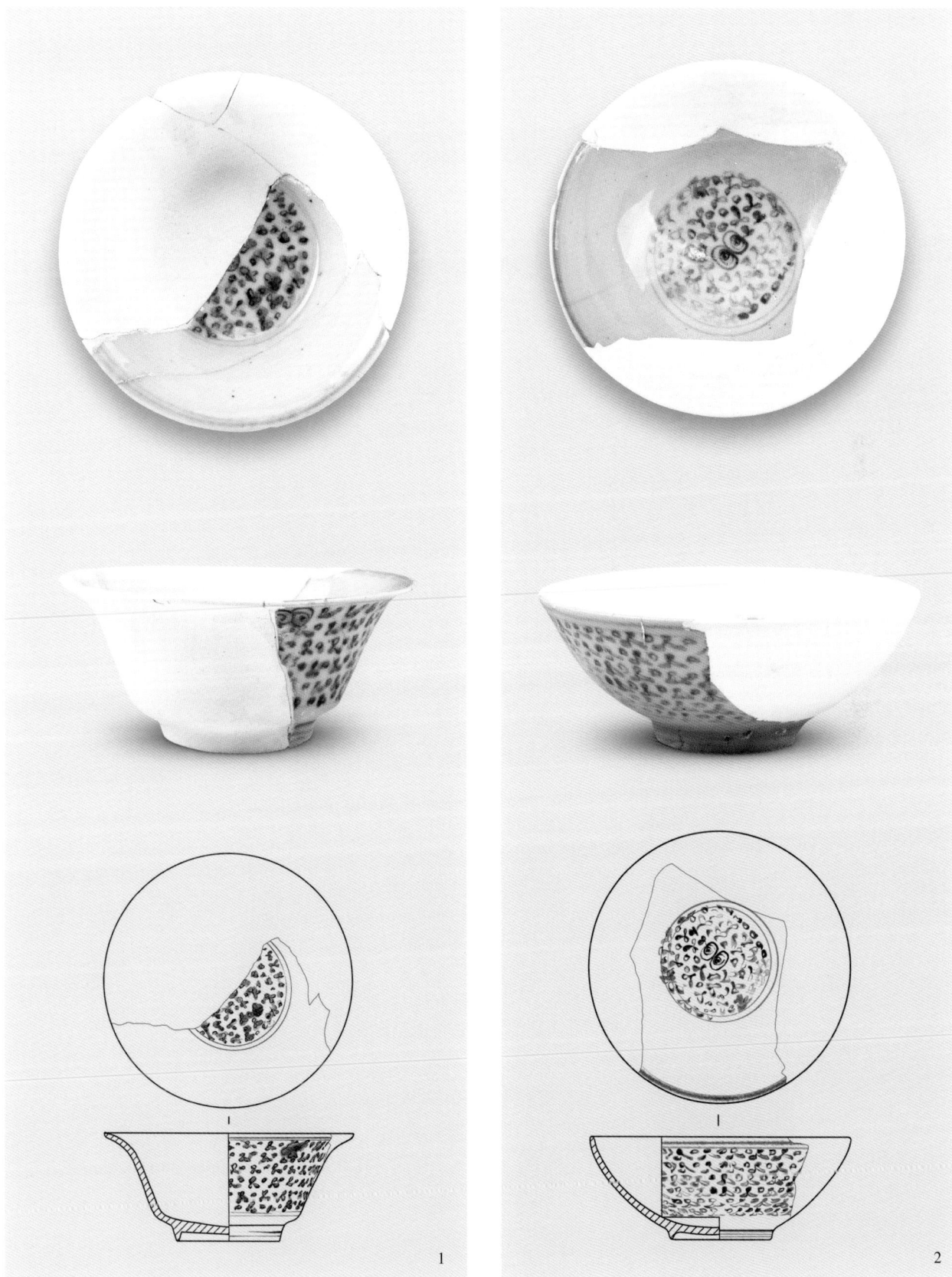

图 3-34 明代青花瓷碗
1. ⅡT0512②：1 2.闸口⑥：506

0 _____ 6厘米

1　　　　　　　　　　2　　　　　　　　　　3

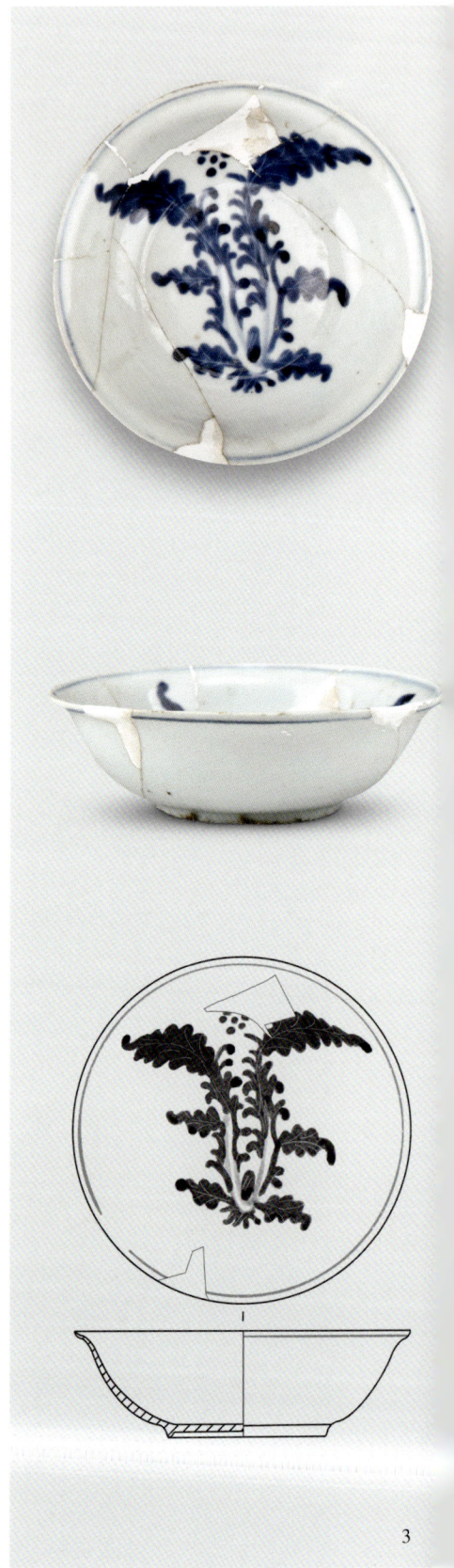

图 3-35　明代青花瓷碗

1.T1⑤：24　　2.T1⑤：60　　3.闸口⑥：207

0　　　　　6厘米

图 3-36　明代青花瓷碗

1.T1⑤：70　2.T1⑤：75

0　　　　　　　4厘米

图 3-37 明代青花瓷碗

0   6厘米

1.闸口⑥：13   2.闸口⑥：554

图 3-38 明代青花瓷碗
闸口⑥：495

闸口⑥：495，圈足内斜，外底微凸。口沿内外、足墙饰两道弦纹，足跟饰一道弦纹，内底两道弦纹内饰菊石纹，外壁饰折枝牡丹纹。圈足底部双圈内书"大明成化年制"款。通体施釉。口径13.6、足径5.1、高5.3厘米（图3-38）。

莲托八宝纹 4件。敞口，圆唇，斜弧腹，圈足。内足墙外斜，外底微凸。内底两道弦纹内饰团花纹，外壁饰缠枝莲托八宝纹。

闸口⑥：451，口沿内饰两道弦纹，口沿外、足墙饰一道弦纹。通体施釉。口径14.1、足径5、高5.2厘米（图3-39，1）。

闸口⑥：555，足跟外向斜削。口沿内外、足墙饰两道弦纹。口径14.9、足径5.1、高5.5厘米（图3-39，2）。

盆景花卉纹 3件。撇口，尖圆唇，斜弧腹，圈足。内壁饰盆景花卉纹，外壁饰简化花草纹。

T1⑤：4，口下微折，足跟外向斜削。口沿内外饰两道弦纹。口径12.2、足径5.6、高4.2厘米（图3-40，1）。

闸口②：31，内足墙外斜，足跟粘砂并内向斜削，外底有跳刀痕及旋削痕。口沿内外饰两道弦纹，足墙饰一道弦纹。口径14.6、足径7.3、高4.6厘米（图3-40，2）。

闸口②：496，足跟粘砂并内向斜削，外底有跳刀痕及旋削痕。口沿内外、足墙饰两道弦纹。口径14.4、足径6.5、高4.6厘米（图3-40，3）。

奇石梅花纹 2件。

闸口⑥：492，撇口，圆唇，斜弧腹，圈足。挖足过肩。口沿内饰三道弦纹，间饰枝叶花带纹，口沿外两组双弦纹内饰龟背锦纹，外壁饰奇石梅花纹，内底两道弦纹内饰山花纹，足墙饰两道弦纹。口径14.8、足径6.3、高5.7厘米（图3-41，1）。

T1⑤：31，残存碗底。圈足，内足墙外斜。内底饰山花纹，圈足底部双圈内书"成化年造"款。足径5、残高1.3厘米（图3-41，2）。

团花兔纹 1件。

闸口②：473-2，敞口，圆唇，斜弧腹，圈足。

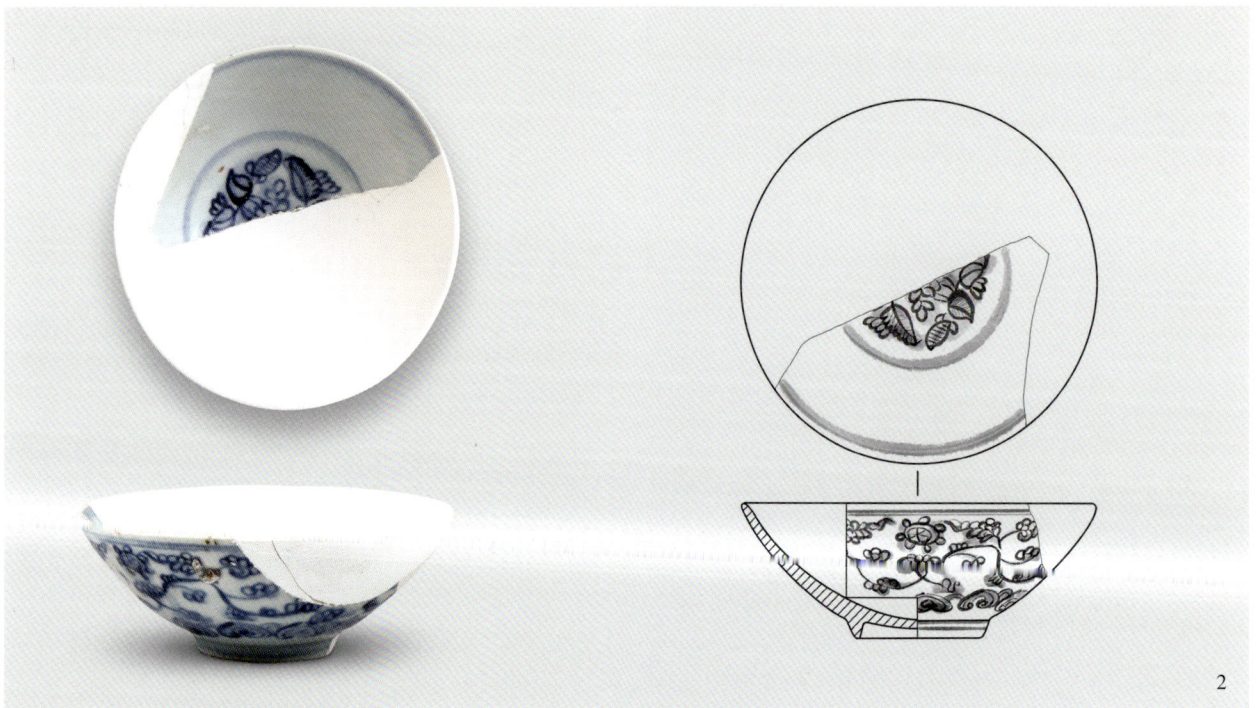

图 3-39　明代青花瓷碗

1.闸口⑥：451　2.闸口⑥：555

外壁展形图

0　　　　6厘米

图 3-40　明代青花瓷碗

1.T1⑤：4　2.闸口②：31　3.闸口②：496

0　　　　　　6厘米

口部施酱釉。内足墙外斜，外底微凸，足跟粘砂并外向斜削。口沿内外饰两道弦纹，内底两道弦纹内饰简化螭龙纹，外壁饰团花兔纹。口径 15.3、足径 7、高 6.6 厘米（图 3-42，1）。

竹梅纹　1件。

T1⑤：10，口残，斜弧腹，圈足内斜，外底微凸。足跟内、外向斜削。外壁饰一道弦纹及奇石竹梅纹，足墙饰两道弦纹。圈足底部单圈内书"大明成化年制"款。足径 5、残高 3.8 厘米（图 3-42，2）。

菊花纹　2件。

闸口②：499，撇口，圆唇，斜弧腹，圈足。足跟粘砂。口沿内外、足墙饰两道弦纹，内底两道

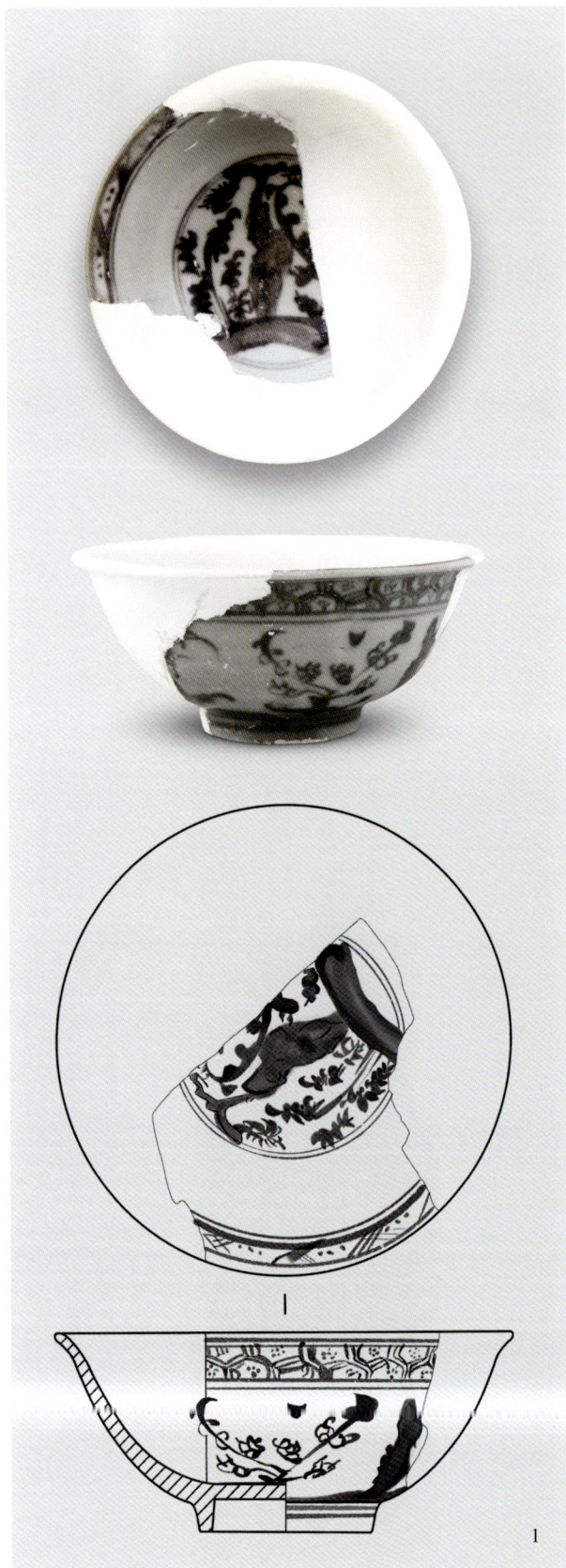

弦纹内饰菊纹，外壁饰缠枝菊纹。口径15.2、足径5.8、高6.4厘米（图3-43，1）。

草叶纹　1件。

闸口⑥：508，敞口，圆唇，斜弧腹，圈足。内足墙外斜，足跟粘砂并外向斜削。口沿外、圈足底部饰两道弦纹，足墙饰一道弦纹，外壁饰草叶纹。口径11、足径5.4、高5.5厘米（图3-43，2）。

花鸟纹

7件。主要有花草芦雁纹、荷塘鹭鸶纹、荷塘莲雁纹、灵芝花草稚鸡纹、梅林双鹊纹等。

花草芦雁纹　1件。

T1⑤：15，撇口，尖唇，斜弧腹，底残。口沿内外、内底饰两道弦纹，外壁饰花草芦雁纹。口径22.3、残高7.2厘米（图3-43，3）。

荷塘鹭鸶纹　1件。

T1⑤：30，撇口，圆唇，斜弧腹，圈足。足跟外向斜削，外底有跳刀痕及旋削痕。口沿内外、足墙、内底饰两道弦纹，内壁饰池塘、鹭鸶、莲花纹，寓意"一路连科"，外壁饰简笔画纹。口径15.6、足径7.8、高5.2厘米（图3-44）。

荷塘莲雁纹　2件。

ⅡT0216②：3，敞口，圆唇，浅弧腹，圈足，

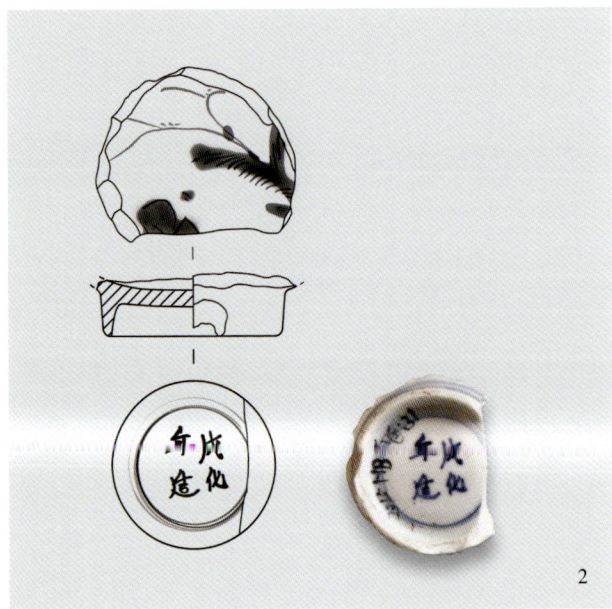

图3-41　明代青花瓷碗

1.闸口⑥：492　2.T1⑤：31

0 　　　4厘米

图 3-42 明代青花瓷碗
1.闸口②：473-2 2.T1⑤：10

图 3-43　明代青花瓷碗

1.闸口②：499　2.闸口⑥：508　3.T1⑤：15

内底鼓凸，外底微凹。口沿内外、内底、足墙、圈足底部饰两道弦纹，内壁饰荷塘莲雁纹，外壁饰蜻蜓纹。口径11.4、足径5.2、高3.4厘米（图3-45，1）。

梅林双鹊纹　2件。

闸口⑥：244，撇口，尖唇，斜弧腹，圈足。足跟粘砂，外底有跳刀痕及旋削痕。口沿内饰两道弦纹，口沿外饰一道粗弦线，内底两道弦纹内饰梅林双鹊纹。口径14.2、足径6.7、高4.3厘米（图3-45，2）。

灵芝花草稚鸡纹　1件。

闸口⑥：225，撇口，尖圆唇，斜弧腹，圈足。内足墙外斜。口沿内、足墙饰两道弦纹，内底两道弦纹内饰枯树稚鸡纹，外壁上下部各饰一道弦纹，间饰花草、灵芝、稚鸡纹。圈足底部双圈内书"大明成化年造"款。口径14、足径6、高7.4厘米（图3-46）。

果实纹

2件。分别为石榴纹和松鼠葡萄纹。

石榴纹　1件。

T1⑤：36，撇口，尖圆唇，斜弧腹，圈足。足跟外向斜削，外底有跳刀痕。口沿内外、足墙饰两道弦纹，内底饰石榴纹，外壁饰草叶纹。口径13.1、足径6.1、高4.4厘米（图3-47，1）。

松鼠葡萄纹　1件。

T1⑤：37，撇口，尖圆唇，斜弧腹，圈足，玉璧底。足跟外向斜削，外底有跳刀痕及旋削痕。口沿内外、足墙饰两道弦纹，内底两道弦纹内饰葡萄纹，外壁饰松鼠葡萄纹。口径16.6、足径6.8、高6.9厘米（图3-47，2）。

云纹

3件。器身主要绘制云气纹和祥云纹。

云气纹　2件。

闸口⑥：219，敞口，圆唇，斜弧腹，圈足。内足墙外斜，外底有跳刀痕及旋削痕，内底有涩圈。外壁饰云气纹。口径13.8、足径5.4、高5.3厘米（图3-48，1）。

闸口②：473-1，侈口，尖圆唇，斜直腹，圈足。

图3-44　明代青花瓷碗
T1⑤：30

1

2

图 3-45　明代青花瓷碗

1. ⅡT0216②：3　2. 闸口⑥：244

0　　　　　6厘米

图 3-46　明代青花瓷碗

闸口⑥：225

图 3-47　明代青花瓷碗

1.T1⑤：36　2.T1⑤：37

0　　　　　6厘米

图 3-48 明代青花瓷碗

1.闸口⑥：219 2.闸口②：473-1

0 6厘米

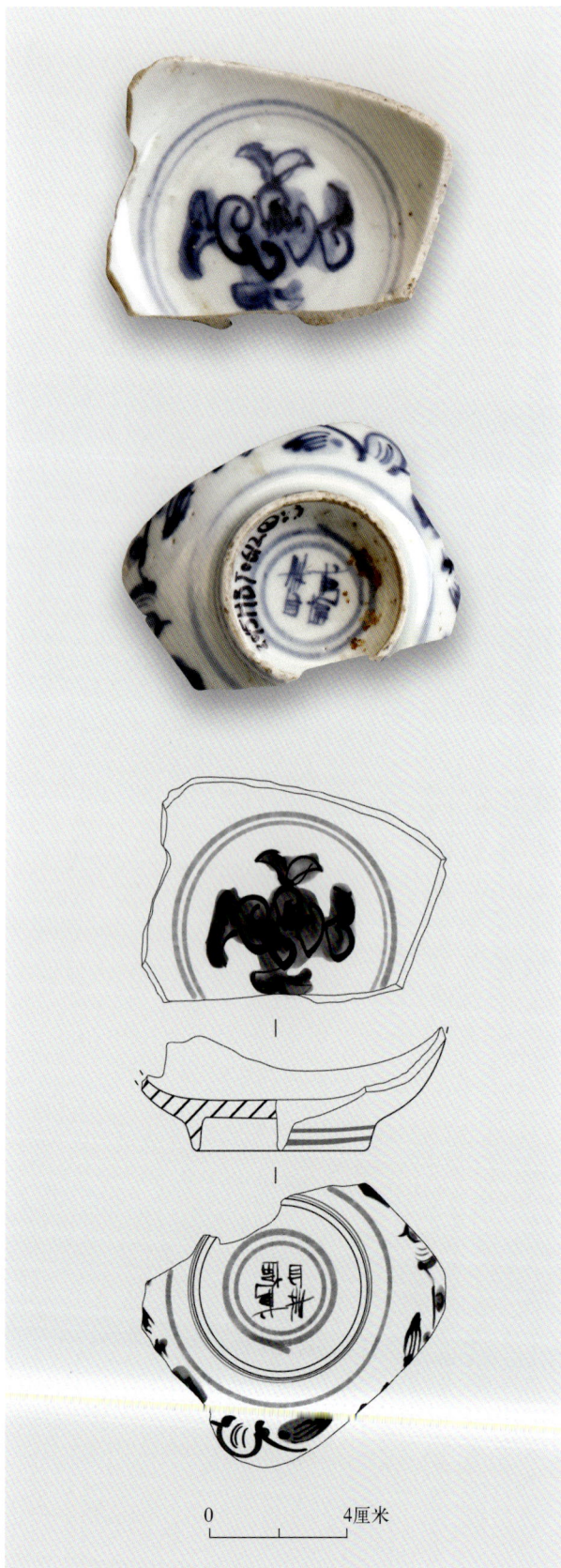

图 3-49　明代青花瓷碗
ⅡT0612②：3

内足墙外斜，外底微凸，足跟粘砂并外向斜削，外底有跳刀痕及旋削痕。口沿内饰三道弦纹，间饰枝叶花带纹，内底两道弦纹内饰折枝灵芝纹，外壁饰云气纹。口径 13.2、足径 5.1、高 5.1 厘米（图 3-48，2）。

祥云纹　1 件。

ⅡT0612②：3，残存碗底，圈足。足跟外向斜削。内底两道弦纹内饰"壬"字云纹。外壁下部饰一道弦纹，上部主体纹饰不明，足墙饰两道弦纹。圈足底部双圈内书"万福攸同"款。足径 4.8、残高 3.1 厘米（图 3-49）。

吉祥字符纹

11 件。主要有"寿"字纹、"喜"字纹、"佛"字纹。

"寿"字纹　4 件。

T1⑤：67，撇口，尖圆唇，斜弧腹，圈足，玉璧底。内足墙外斜，足跟内向斜削，外底有旋削痕。口沿内外、足墙饰两道弦纹，内底饰一圈"寿"字纹环绕一个"寿"字纹，外壁饰"寿"字纹及团寿图案。口径 17、足径 6.8、高 6.6 厘米（图 3-50，1）。

闸口⑥：198，撇口，尖圆唇，斜弧腹，圈足，玉璧底。足跟外向斜削。口沿饰两道弦纹，内底饰一圈"寿"字纹环绕一个"寿"字纹，口沿外、足墙饰一道弦纹，外壁饰"寿"字纹及团寿图案。口径 18.1、足径 6.5、高 7.8 厘米（图 3-50，2）。

闸口⑥：486-2，敞口，圆唇，斜弧腹，圈足。外底微凸，内足墙外斜，足跟粘砂并外向斜削，外底有跳刀痕及旋削痕。内口沿饰三道弦纹，间饰枝叶花带纹，内底两道弦纹内饰"寿"字纹。口径 15、足径 5.8、高 5.6 厘米（图 3-51）。

"喜"字纹　6 件。敞口，圆唇，斜弧腹，圈足。

T1⑤：41，圈足外斜，外底微凸。足跟粘砂。口沿内外、足墙饰两道弦纹，内底两道弦纹内饰"喜"字纹，外壁饰"万古□春"字纹及缠枝花卉纹。口径 16.3、足径 6.8、高 6.9 厘米（图 3-52，1）。

闸口⑥：486-1，内足墙外斜，足跟粘砂并

图 3-50　明代青花瓷碗

1.T1⑤：67　2.闸口⑥：198

图 3-51　明代青花瓷碗

闸口⑥：486-2

外向斜削。口沿内外、足墙饰两道弦纹，内底两道弦纹内饰"喜"字纹，外壁饰"古"字纹及缠枝花卉纹。口径 15.2、足径 6.4、高 6.8 厘米（图3-52，2）。

闸口⑥：503，外底微凸，内足墙外斜，足跟外向斜削，外底有跳刀痕及旋削痕。口沿内外饰两道弦纹，内底两道弦纹内饰"喜"字纹，外壁饰"万"字纹及缠枝花卉纹。口径 14.7、足径 5.7、高 5.6 厘米（图 3-53）。

"佛"字纹　1 件。

T1⑤：14，残存碗底，圈足外斜，足跟外向斜削。内底两道弦纹内饰"佛"字纹。足径 6.2、残高 6 厘米（图 3-54）。

其他纹饰

8 件。器身主要绘制月华纹、结带绣球纹、简笔画纹、香几纹、斋堂款、以及部分残底的年号款。

月华纹　1 件。

ⅡT0103⑦：2，敞口，圆唇，斜弧腹，圈足。内足墙外斜，足跟外向斜削并粘砂。外底有跳刀痕及旋削痕。口沿内饰两道弦纹，间饰云气纹，口沿外及足墙饰一道弦纹，内底两道弦纹内饰月华纹，外壁饰云气纹。口径 15.8、足径 6.3、高 5 厘米（图 3-55，1）。

结带绣球纹　1 件。

ⅡT0511②：1，撇口，圆方唇，斜弧腹，圈足。内足墙外斜，足跟外向斜削，外底有跳刀痕及旋削痕，内底有涩圈。外壁饰结带绣球纹。口径 13.6、足径 5.1、高 4.8 厘米（图 3-55，2）。

简笔画纹　1 件。

闸口⑥：515，敞口，圆方唇，斜弧腹，圈足。内足墙外斜。口沿内饰一道弦纹，内底一道弦纹内饰简笔化纹，外壁饰简笔画纹。口径 12.4、足径 5.3、高 5.2 厘米（图 3-56，1）。

香几纹　1 件。

T1⑤：18，残存碗底。圈足内斜，外底微凸。内底饰香几纹。圈足底部双圈内书"大明成化年制"款。足径 5.4、残高 1.8 厘米（图 3-56，2）。

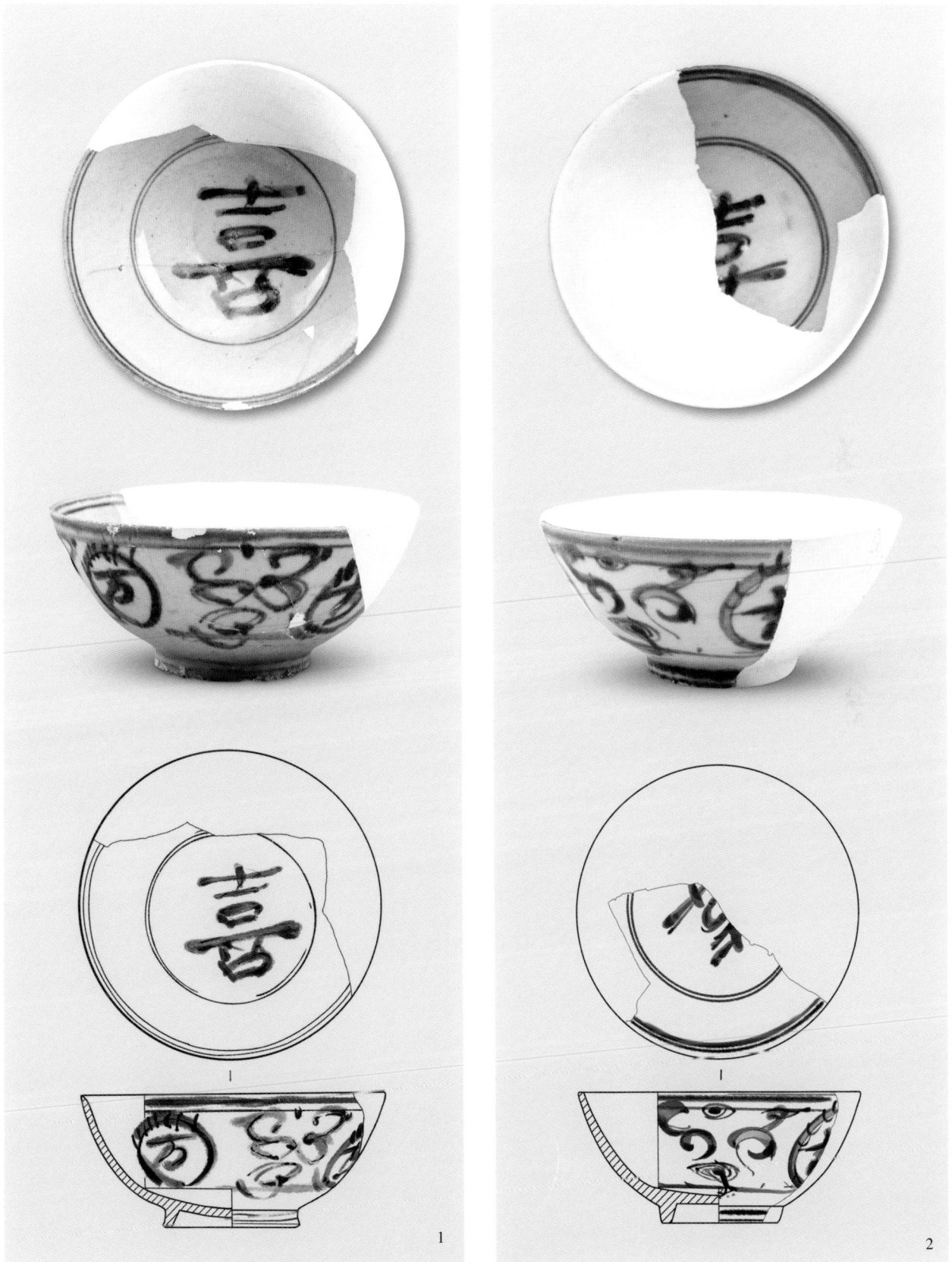

图 3-52 明代青花瓷碗

1.T1⑤：41 2.闸口⑥：486-1

0　　　　　6厘米

图 3-53 明代青花瓷碗
闸口⑥：503

图 3-54 明代青花瓷碗
T1⑤：14

图 3-55　明代青花瓷碗

1. ⅡT0103⑦：2　2. ⅡT0511②：1

0　　　　　　　6厘米

0　　　　　6厘米

1

0　　　4厘米

2

图 3-56　明代青花瓷碗

1.闸口⑥：515　2.T1⑤：18

"白玉斋"款　1件。

闸口⑥：25，敞口，圆唇，斜弧腹，矮圈足。足跟外向斜削，外底粘砂。口沿内饰两道弦纹。内底双圈内书"白玉斋"款。口径16.6、足径6.6、高5厘米（图3-57，1）。

年号款　3件。残存碗底。斜弧腹，圈足内斜。足跟外向斜削。足墙饰三道弦纹。圈足底部单圈内书"大明成化年制"款。

T1⑤：7，足径3.6、残高2.2厘米（图3-57，2）。

T1⑥：1，足径3.5、残高1.8厘米（图3-57，3）。

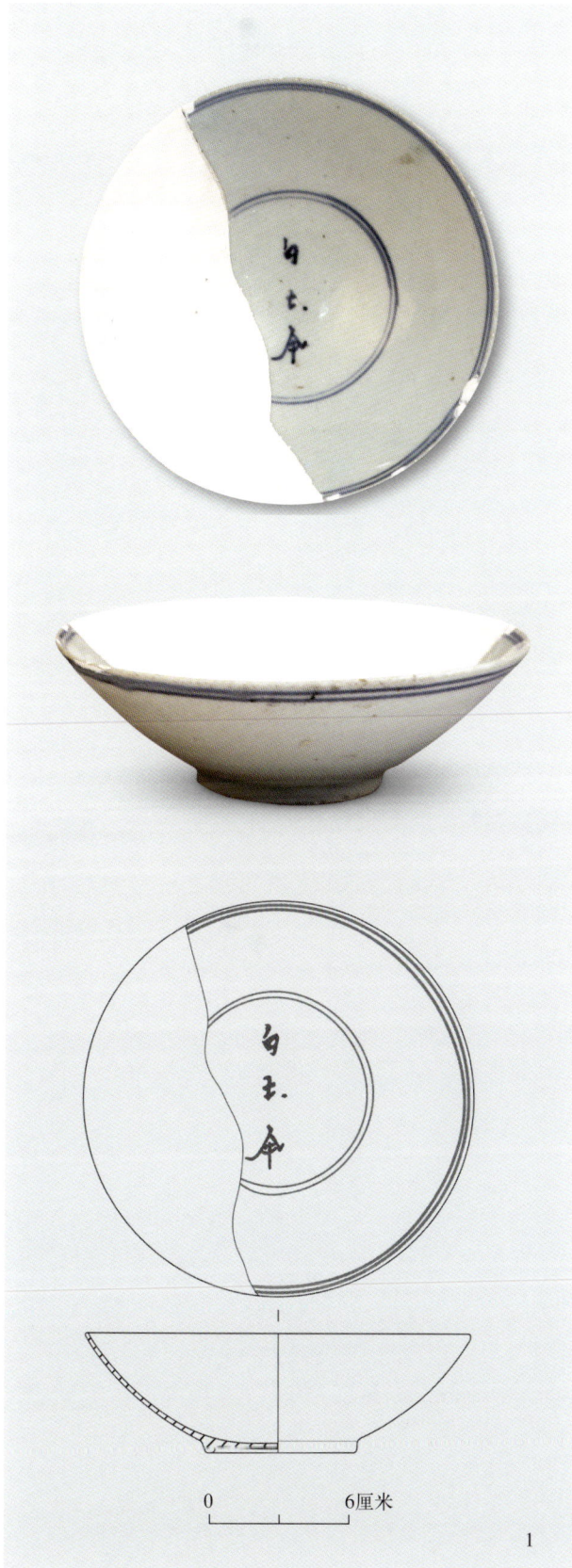

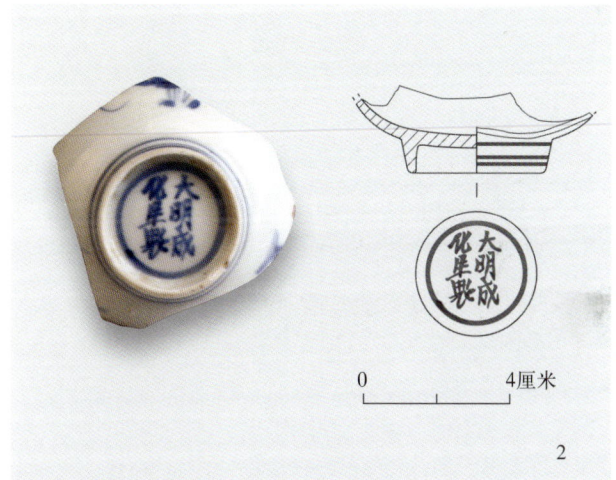

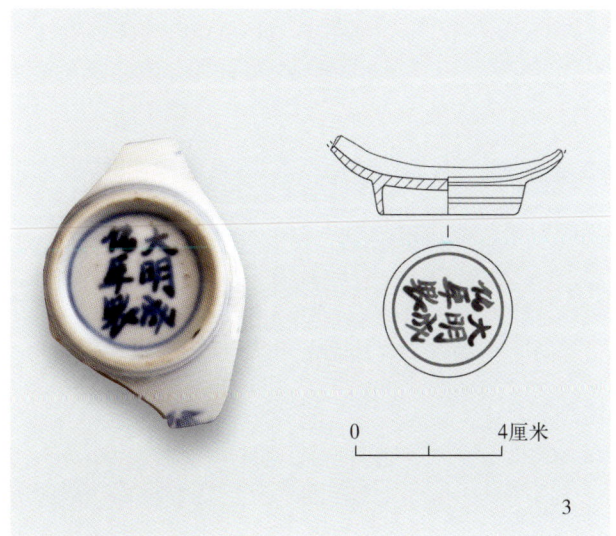

图3-57　明代青花瓷碗

1.闸口⑥：25　2.T1⑤：7　3.T1⑥：1

（2）杯

青花瓷杯的数量较少，共16件。器身主要绘制团鹤纹、鱼草纹、螭龙纹、竹纹、花卉纹、莲花纹、兰草纹、莱菔纹、牡丹纹、山水纹、"福"字纹等。底款多样，种类丰富。灰白胎，器身多施满釉，足底露胎。

团鹤纹　1件。

闸口②：527，撇口，圆唇，斜直腹，圈足。内足墙外斜，足跟外向斜削。口沿外饰两道弦纹，足墙饰一道弦纹。外壁饰团鹤纹。口部施酱釉。口径8.2、足径3.5、高4.7厘米（图3-58，1）。

鱼草纹　1件。

T1⑤：1，撇口，尖唇，斜腹近直，圈足。内足墙外斜。口沿内外、足墙饰一道弦纹，内底两道弦纹内饰简化水草纹，外壁饰鱼草纹。口径7.4、足径2.6、高4.3厘米（图3-59，1）。

螭龙纹　2件。撇口，斜腹近直，圈足。内足墙外斜，足跟内向斜削。口沿内外、足墙饰一道弦纹。内底一道弦纹内饰简笔画纹，外壁饰螭龙纹。

闸口⑥：528，尖唇，玉璧底。口径7.2、足径2.4、高4厘米（图3-59，2）。

T1⑤：5，圆唇。口径14、足径2.3、高4.2厘米（图3-59，3）。

竹纹　2件。

闸口⑤：36，撇口，尖唇，斜腹近直，圈足，玉璧底。内足墙外斜，足跟外向斜削。口沿内外、足墙饰一道弦纹，内底两道弦纹内饰折枝灵芝纹，外壁饰梅、喜鹊、竹纹，寓意"喜上眉梢"。口径7.2、足径2.6、高3.9厘米（图3-58，2）。

闸口⑥：139，直口，尖圆唇，弧腹近直，平底略凹。口沿外沿饰一道弦纹，外壁饰竹纹。口径4.4、足径2.3、高2.6厘米（图3-58，3）。

花卉纹　1件。

闸口⑥：261，撇口，尖唇，折沿，斜直腹，圈足。足跟外向斜削。口沿内外饰一道弦纹，内底一道弦纹内饰叶纹，外壁饰简化花卉纹。口径6.2、足径2.1、高3.8厘米（图3-58，4）。

莲花纹　1件。

闸口②：464-2，撇口，尖圆唇，斜弧腹，圈足。口沿内饰三道弦纹，间饰枝叶花带纹，内底两道弦纹内饰山水纹，外壁上下部各饰一道弦纹，间饰莲花纹，足墙饰一道弦纹。圈足底部书"寿"字款。口径6.5、足径2.8、高3.6厘米（图3-60，1）。

兰草纹　1件。

闸口②：474-1，撇口，圆唇，斜弧腹，圈足。足跟外向斜削。外壁饰兰草纹。口径7.6、足径2.9、高4.3厘米（图3-60，2）。

莱菔纹　1件。

闸口⑥：526，撇口，尖唇，斜直腹，圈足，玉璧底。足跟内向斜削。口沿外、足墙饰一道弦纹，外壁饰莱菔纹。口径6.4、足径2.3、高3.6厘米（图3-60，3）。

牡丹纹　1件。

闸口②：465，撇口，尖唇，斜弧腹，圈足。足跟外向斜削。口沿内外、足墙饰两道弦纹，内底两道弦纹内饰折枝牡丹纹，外壁饰缠枝牡丹纹。口径7.8、足径3.8、高3.9厘米（图3-61，1）。

山水纹　3件。撇口，尖圆唇，斜直腹。外壁上部饰一道弦纹，下部饰两道弦纹，间饰山水纹。

闸口⑥：529，矮圈足。口径5.4、足径2.4、高3.1厘米（图3-62，1）。

图 3-58 明代青花瓷杯

1.闸口②：527　2.闸口⑤：36　3.闸口⑥：139　4.闸口⑥：261

0　　　4厘米

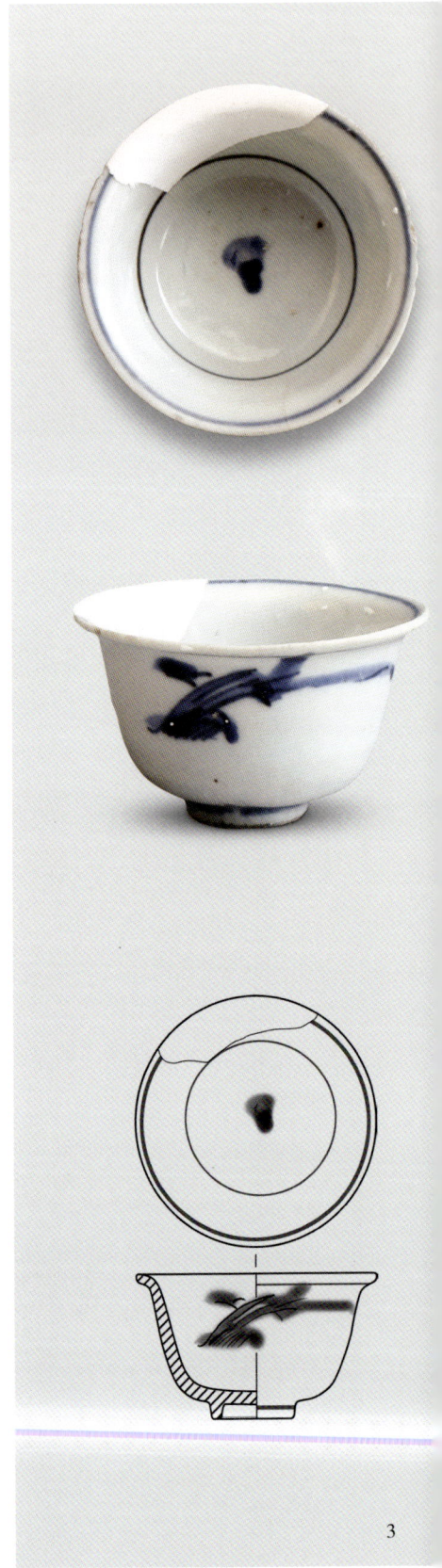

图 3-59　明代青花瓷杯

1.T1⑤：1　　2.闸口⑥：528　　3.T1⑤：5

0　　　　　4厘米

图 3-60 明代青花瓷杯

0　　　　　4厘米

1.闸口②：464-2　2.闸口②：474-1　3.闸口⑥：526

1　　　　　　　　　　　　　2　　　　　　　　　　　　　3

图 3-61　明代青花瓷杯

1.闸口②：465　2.ⅡT0707②：3　3.闸口②：474-2

0　　　　4厘米

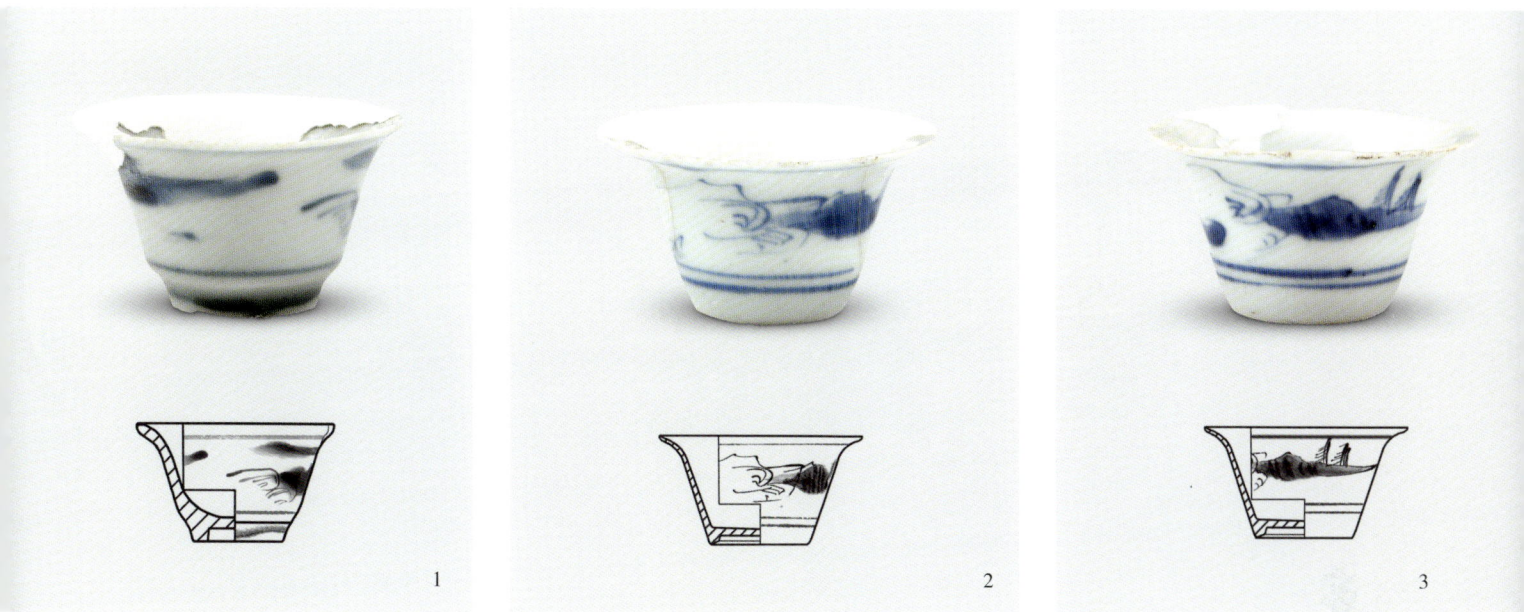

图 3-62 明代青花瓷杯

1.闸口⑥：529 2.T1④：2 3.T1⑥：3

0   4厘米

T1④：2，卧足。足跟内向斜削。口径 5.6、足径 2.3、高 2.7 厘米（图 3-62，2）。

T1⑥：3，卧足。口径 5.3、足径 2.8、高 2.7 厘米（图 3-62，3）。

"福"字款　1件。

ⅡT0707②：3，高足杯座。塔状柄，内底饰梵文，柄部饰五道弦纹，足底部方框内书"福"字款。残高 4.9 厘米（图 3-61，2）。

其他纹饰　1件。

闸口②：474-2，撇口，圆唇，斜腹近直，圈足。足跟外向斜削。口沿内外、内底饰两道弦纹，足墙饰一道青花粗弦纹。口径 7.6、足径 3.2、高 4.4 厘米（图 3-61，3）。

（3）盘

31件。纹饰主要有螭龙纹、魁星踢斗纹、树石栏杆纹、鱼草纹、花卉纹、松竹梅纹、"寿"字纹等。灰白胎，器身多施满釉，足底露胎。

螭龙纹　15件。敞口，圆唇，浅弧腹，圈足。内壁及底饰螭龙纹。

T1④：4，圈足内斜，圈足底部饰"万历年制"款。口径 14.4、底径 8.5、高 3.2 厘米（图 3-63，1）。

T1⑤：38，口径 13.6、足径 8.1、高 2.8 厘米（图 3-63，2）。

魁星踢斗纹　3件。敞口，尖圆唇，浅弧腹，圈足。内足墙外斜，足跟粘砂。口沿内饰三道弦纹，间饰枝叶花带纹，内底饰魁星踢斗纹。

T1⑤：72，内底饰一道弦纹。口径 10.3、足径 5.8、高 2.5 厘米（图 3-64，1）。

闸口②：267，内底饰两道弦纹，外壁饰一道弦纹。口径 11.4、足径 6.8、高 2.4 厘米（图 3-64，2）。

树石栏杆纹　6件。撇口，圆唇，浅弧腹，矮圈足，内足墙外斜。口沿内外、足墙饰两道弦纹，内底两道弦纹内饰树石栏杆纹。

图 3-63　明代青花瓷盘

1.T1④：4　2.T1⑤：38

0　　　　6厘米

图 3-64　明代青花瓷盘

1.T1⑤：72　2.闸口②：267

0 _____ 4厘米

ⅡT0507②：1，足跟粘砂。外壁饰缠枝莲托八宝纹。口径15.4、足径8、高2.8厘米（图3-65，1）。

闸口⑥：490，足墙饰两道弦纹，外壁饰缠枝花卉纹。口径13.2、足径7.9、高3厘米（图3-65，2）。

鱼草纹　1件。

闸口①：3，微撇口，圆唇，浅弧腹，圈足。外底有跳刀痕及旋削痕。口沿内饰三道弦纹，间饰枝叶花带纹，内底两道弦纹内饰鱼纹、水草纹。口沿外饰一道弦纹。口径11.6、足径6、高2厘米（图3-66，1）。

花卉纹　2件。

闸口⑥：174，敞口，圆唇，斜腹近直，圈足。足底粘砂。口沿内外饰一道弦纹，内底两道弦纹内饰折枝花卉纹。口径9.3、足径5.9、高2.3厘米（图3-66，2）。

松竹梅纹　1件。

闸口⑥：532，撇口，圆唇，浅弧腹，圈足。挖足过肩，内足墙外斜。口沿内饰三道弦纹，间饰枝叶花带纹，内底两道弦纹内饰松竹梅纹，外壁上部一道弦纹，下部两道弦纹，中间饰缠枝花卉纹，足墙饰两道弦纹。口径15.1、足径8.2、高3.8厘米（图3-67，1）。

"寿"字纹　1件。

T1⑤：63，敞口，圆唇，浅弧腹，圈足。内足墙外斜，足跟粘砂且外向斜削。口沿外饰一道弦纹，内壁饰简化花纹，内底两道弦纹内饰"寿"字纹。口径14.4、足径7.4、高2.6厘米（图3-67，2）。

其他纹饰　2件。

闸口②：269，侈口，尖圆唇，斜直腹，矮圈足。足跟粘砂，外底有跳刀痕。口沿内饰一道弦纹，内底饰两道弦纹。口径13、足径7.4、高1.9厘米（图3-68，1）。

闸口⑥：483，敞口，圆唇，浅斜腹，圈足。口沿内、内底、足跟均饰一道弦纹。底款不明。口径14.8、足径6.8、高3.1厘米（图3-68，2）。

（4）盏

16件。纹饰多样，主要绘制山水纹、海水纹、水涡纹、花卉纹、莱菔纹、花草纹、石榴纹、莲托"喜"字纹、"贵"字纹及年号款等。灰白胎，器身多施满釉，足底露胎。

山水纹　1件。

T1②：1，撇口，圆唇，深弧腹，圈足。外底略凸。口沿内外饰两道弦纹，足墙饰三道弦纹，内底两道弦纹内饰山水人物纹，外壁饰山水纹。圈足底部单圈内书"大明成□□制"款。口径9.2、足径4.4、高4.6厘米（图3-69，1）。

海水纹　2件。撇口，折沿，斜弧腹，圈足。足跟外向斜削。口沿内饰一道弦纹，内底饰海水纹，外壁饰婴戏纹。

闸口⑥：507。口径9.9、足径4.3、高5.1厘米（图3-69，2）。

T1⑤：33，口沿外饰一道弦纹，足墙饰两道弦纹。口径9.8、足径4.7、高4.9厘米（图3-69，3）。

水涡纹　1件。

ⅡT0612②：4，微撇口，圆唇，斜腹近直，下腹微折，圈足。内足墙外斜，足跟外向斜削，外底有跳刀痕及旋削痕。口沿内、外饰一道弦纹，内底两道弦纹内饰水涡纹，外壁饰篦点纹。口径9.2、足径3.2、高4.1厘米（图3-70，1）。

花卉纹　3件。

ⅡT0406②：2，撇口，尖圆唇，斜弧腹，圈足。内足墙外斜，足跟外向斜削。口沿内饰两道弦纹，

图 3-65　明代青花瓷盘

1.ⅡT0507②：1　2.闸口⑥：490

0　　　　　　　6厘米

图 3-66　明代青花瓷盘

1.闸口①：3　2.闸口⑥：174

0　　　　4厘米

图 3-67 明代青花瓷盘

1.闸口⑥：532 2.T1⑤：63

0   6厘米

图 3-68　明代青花瓷盘

1.闸口②：269　2.闸口⑥：483

0 ⊢─┤ 6厘米

图 3-69　明代青花瓷盏

1.T1②：1　2.闸口⑥：507　3.T1⑤：33

0　　　　　　4厘米

图 3-70　明代青花瓷盏

1. ⅡT0612②：4　2. T1⑤：58

0　　　　　　4厘米

内底两道弦纹内饰折枝花卉纹，外壁上下部各饰一道弦纹，间饰缠枝花卉纹。足墙饰一道弦纹。底款不明。口径9.9、足径2.8、高5厘米（图3-71，1）。

　　闸口②：524，撇口，圆唇，斜直腹，圈足。内足墙外斜，足跟外向斜削。外壁饰缠枝花卉纹及一道弦纹。口径9、足径3.1、高3.8厘米（图3-71，2）。

　　闸口⑥：525，撇口，圆唇，斜弧腹，圈足。内足墙外斜，足跟内、外线斜削。口沿内饰一道弦纹，内底一道弦纹内饰简笔画纹。外壁上下部各饰一道弦纹，间饰缠枝花卉纹。口径9.1、足径3.8、高4.5厘米（图3-71，3）。

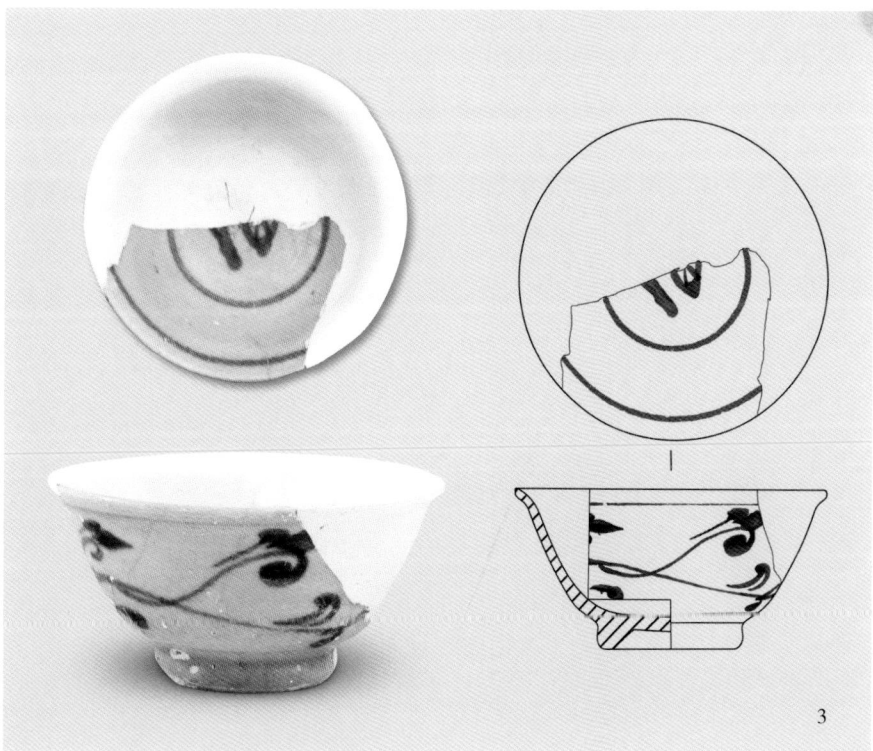

图 3-71　明代青花瓷盏

1.ⅡT0406②：2　2.闸口②：524　3.闸口⑥：525

图 3-72　明代青花瓷盏

1. T1⑥：2　2. 闸口⑥：221

0　　　　　4厘米

图 3-73　明代青花瓷盏

1.闸口②：505　2.闸口⑥：501

0　　　4厘米

图 3-74　明代青花瓷盏

1.闸口②：353　2.闸口④：352

0　　　　　　4厘米

莱菔纹　1件。

T1⑤：58，撇口，尖圆唇，斜弧腹，圈足，玉璧底。足跟内、外线斜削，外底有旋削痕。口沿内饰一道弦纹，内底饰莱菔纹。口径9.5、足径4.2、高3厘米（图3-70，2）。

花草纹　2件。

T1⑥：2，敞口近直，尖唇，斜弧腹，圈足。内足墙外斜。口沿内外饰两道弦纹，足墙饰三道弦纹，圈足底部饰一道弦纹，内底及外壁饰花草纹，采用青花和釉里红共同描绘。口径9、足径3.6、高4.6厘米（图3-72，1）。

闸口⑥：221，敞口，尖圆唇，斜弧腹，圈足内斜，足跟向内斜削，外底心有乳突。外壁饰一道弦纹和花草纹，足墙饰两道弦纹，圈足底部饰一道弦纹。口径8.9、足径4、高4.5厘米（图3-72，2）。

石榴纹　1件。

闸口②：505，撇口，圆唇，斜弧腹，圈足。内足墙外斜，足跟外向斜削。口沿内外饰两道弦纹，足墙饰三道弦纹，内底两道弦纹内饰点纹，外壁饰石榴纹。圈足底部双圈饰内花押款。口径9.2、足径3.8、高4.7厘米（图3-73，1）。

莲托"喜"字纹　1件。

闸口⑥：501，撇口，尖唇，斜弧腹，圈足，玉璧底。足跟向内斜削。口沿内外饰两道弦纹，内底两道弦纹内饰折枝莲托"卍"字纹，外壁饰折枝莲托"喜"字纹、"卍"纹及两道弦纹。口径9.9、足径4.2、高5厘米（图3-73，2）。

"贵"字纹　3件。撇口，尖圆唇，斜弧腹，圈足。内足墙外斜，外底略凸。通体施釉。

闸口②：353，撇口，尖圆唇，斜弧腹，圈足。内足墙外斜，外底略凸。口沿内、足墙饰两道弦纹，口沿外饰一道青花粗弦纹，内底两道弦纹内饰"贵"字纹，外壁书"□元及弟"。口径9.6、足径4.1、高5.2厘米（图3-74，1）。

闸口④：352，口沿内、外饰一道弦纹。内底两道弦纹内饰"贵"字纹。外壁书"金□题名"。口径9.8、足径4.7、高4.8厘米（图3-74，2）。

年号款　1件。

T1④：3，敞口近直，尖唇，斜弧腹，圈足外斜。圈足底部单圈内书"大明成化年制"款。口径8.8、足径4.3、高5厘米（图3-75）。

（5）粉盒

1件。

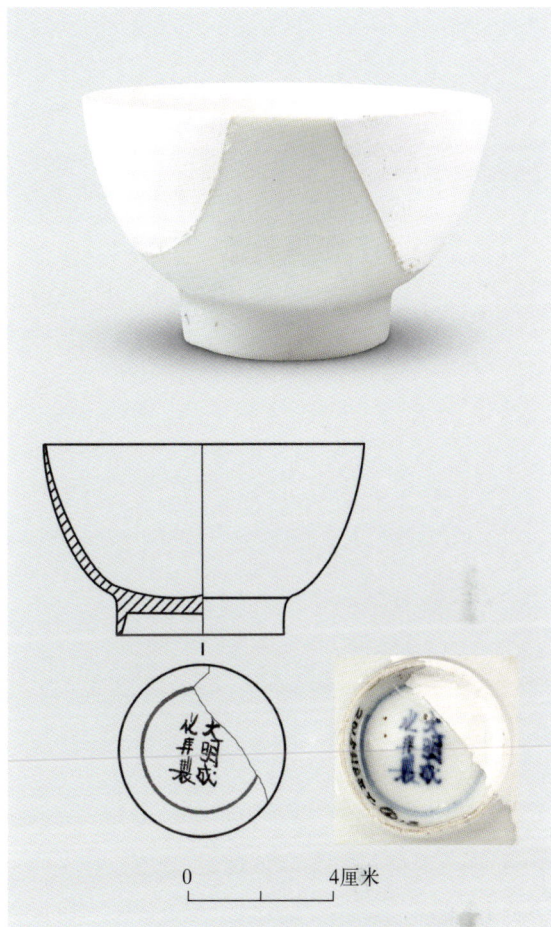

图3-75　明代青花瓷盏
T1④：3

图3-76　明代青花瓷粉盒
闸口②：521

闸口②：521，子口，方唇，直腹，圈足。外底心有乳突及旋削痕。灰白胎，器身施满釉，口沿及足底露胎。外壁饰缠枝花草纹及一道弦纹。口径5.1、足径4.9、高3.2厘米（图3-76）。

2. 青瓷

12件。主要器形有碗、盘、盏。均为素面。灰白胎，器身内外壁多施满釉，足底露胎。

（1）碗

9件。

ⅡT0706②：1，敞口，方圆唇，斜弧腹，圈足外斜。内底有涩圈。口径10.8、足径4.3、高5.5厘米（图3-77，1）。

图 3-77 明代青瓷碗

1.ⅡT0706②：1 2.闸口⑥：23 3.闸口②：294 4.闸口②：493

0 _____ 6厘米

闸口⑥：23，敞口，重唇，斜弧腹，圈足。内底无釉。口径14.8、足径5.8、高7.2厘米（图3-77，2）。

闸口②：294，敞口，方唇，斜弧腹，圈足。内足墙外斜，内底微凸，外底有跳刀痕和旋削痕。器身有明显轮制痕迹。内外壁均施釉不及底。口径17.3、足径8、高6.2厘米（图3-77，3）。

闸口②：493，敞口，方唇，斜腹近直，圈足外斜。足跟内、外线斜削，外底有跳刀痕及旋削痕。口径12.4、足径5.4、高7.8厘米（图3-77，4）。

闸口⑥：520，敞口，重唇，斜弧腹，内底微凸，圈足外斜。器身有轮制痕迹。内底有涩圈。口径13、足径6、高6.3厘米（图3-78，1）。

闸口⑥：522，敞口，圆唇，斜弧腹，圈足。内足墙外斜，足跟向内斜削，外底心有乳突。内底釉面有铁锈斑点。口径10.8、足径4.4、高5.3厘米（图3-78，2）。

图 3-78　明代青瓷碗

1.闸口⑥：520　2.闸口⑥：522　3.闸口⑥：553　4.闸口⑥：562

闸口⑥：553，敞口，重唇，斜弧腹，圈足。内底心微凸，外底心有乳突。内底无釉，有垫烧痕。口径15、足径6.2、高7.2厘米（图3-78，3）。

闸口⑥：562，敞口，重唇，斜弧腹，圈足。内足墙外斜，内底微凸，无釉。口径14、足径5.6、高6.5厘米（图3-78，4）。

（2）盘

1件。

闸口⑥：556，侈口，圆唇，斜直腹，下腹略折，圈足。足跟内、外向斜削，内壁及底处有刮削痕，外底心有乳突。灰白胎，器身施满釉，足底露胎。口径11.8、足径5、高3.2厘米（图3-79，1）。

（3）盏

1件。

闸口⑥：534，葵口，圆唇，斜弧腹，下腹略折，圈足。内足墙外斜。灰白胎，通体施釉。足跟露胎，显一圈火石红。口径9.2、足径4.4、高3.5厘米（图3-79，2）。

3. 青白瓷

12件。主要器形有碗、杯、盘、盏。均为素面。灰白胎，器身多通体施釉。

（1）碗

5件。

ⅡT0412②：1，撇口，圆唇，斜弧腹，圈足。口径13.5、足径4.7、高5.9厘米（图3-80，1）。

闸口④：17，微撇口，尖圆唇，斜弧腹，圈足。足跟粘砂，外底有跳刀痕及及旋削痕。足底露胎。口径14、足径6.4、高4厘米（图3-80，2）。

闸口⑥：200，撇口，圆唇，斜弧腹，圈足，玉璧底。足跟内、外向斜削，外底有跳刀痕及旋削痕。足底露胎。口径12.8、足径6.2、高4.1厘米（图3-80，3）。

闸口④：466，撇口，圆唇，斜弧腹，圈足。足跟外向斜削。口径16.5、足径7、高7.3厘米（图3-80，4）。

闸口⑥：519，微敛口，圆唇，斜弧腹，矮圈足。内足墙外斜。口部施酱釉。口径13、足径5、高6.1

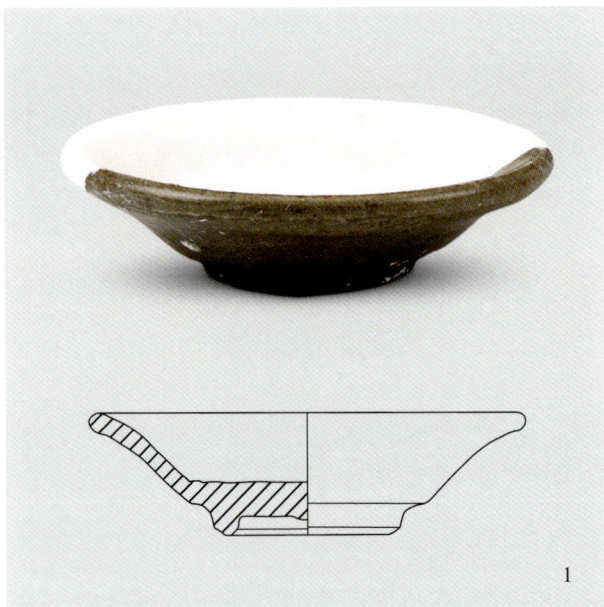

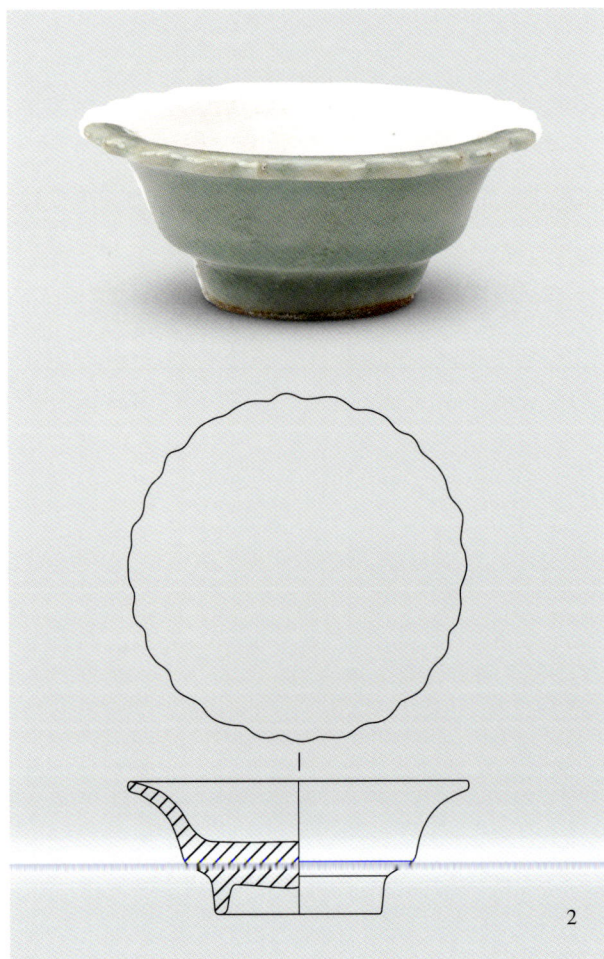

0　　　　4厘米

图 3-79　明代青瓷盘、盏

1.青瓷盘（闸口⑥：556）　　2.青瓷盏（闸口⑥：534）

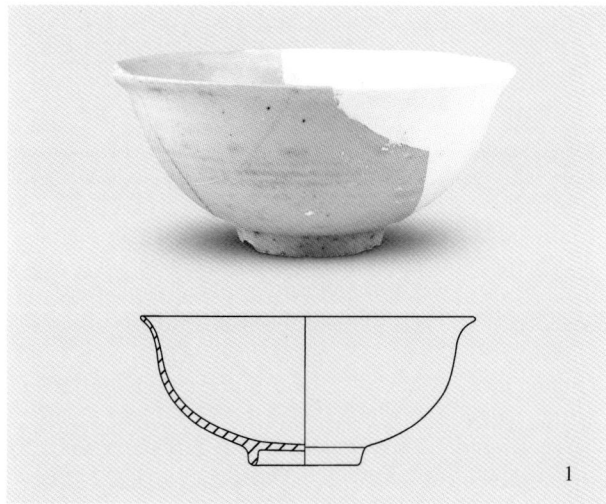

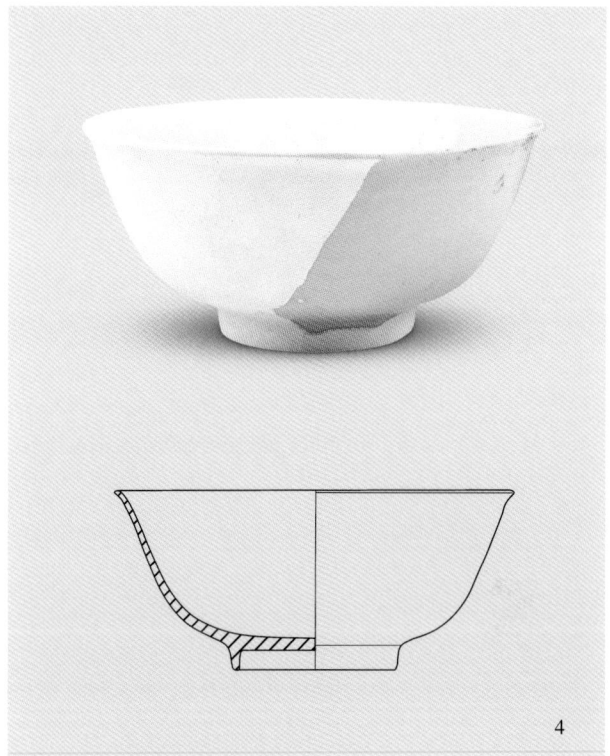

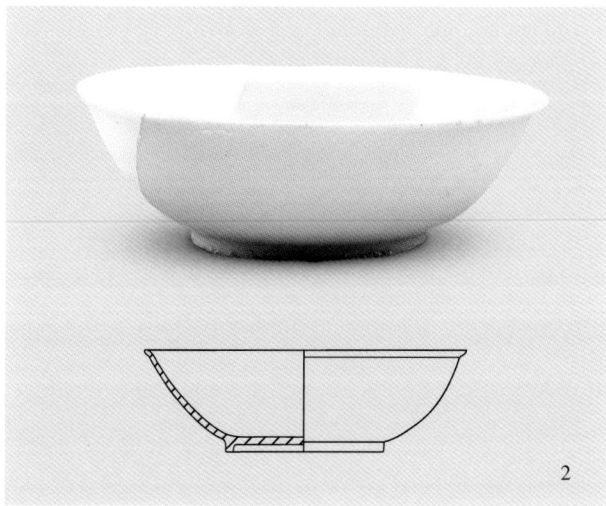

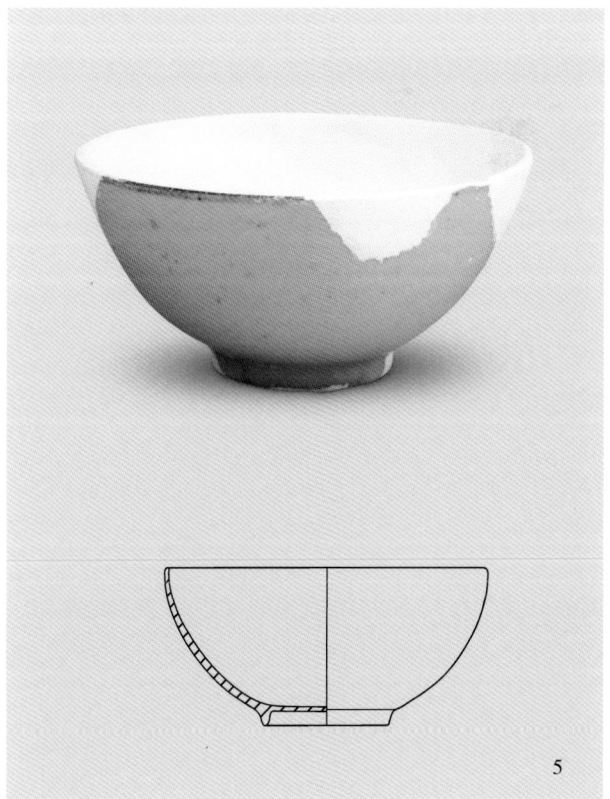

图 3-80　明代青白瓷碗

1.ⅡT0412②：1　2.闸口④：17　3.闸口⑥：200　4.闸口④：466　5.闸口⑥：519

厘米（图 3-80，5）。

（2）杯

1 件。

闸口②：291，敞口，尖圆唇，斜腹近直，下腹部微折，圈足。器表粘砂，内底有涩圈，足底露胎。口径 5、足径 2.3、高 2.6 厘米（图 3-81，1）。

（3）盘

2 件。大敞口，尖圆唇，浅斜腹，圈足。

闸口②：468，足跟内、外向斜削。外底有跳刀痕及旋削痕。口径 7.8、足径 4.1、高 2.2 厘米（图 3-81，2）。

闸口②：533，斜腹近直，圈足较直、稍高。口径 12.4、足径 5.8、高 2.9 厘米（图 3-81，3）。

（4）盏

4 件。撇口，斜弧腹，圈足。足底露胎。

T1 ⑤：27，圆唇。口径 9.4、底径 3.8、高 4.1 厘米（图 3-82，1）。

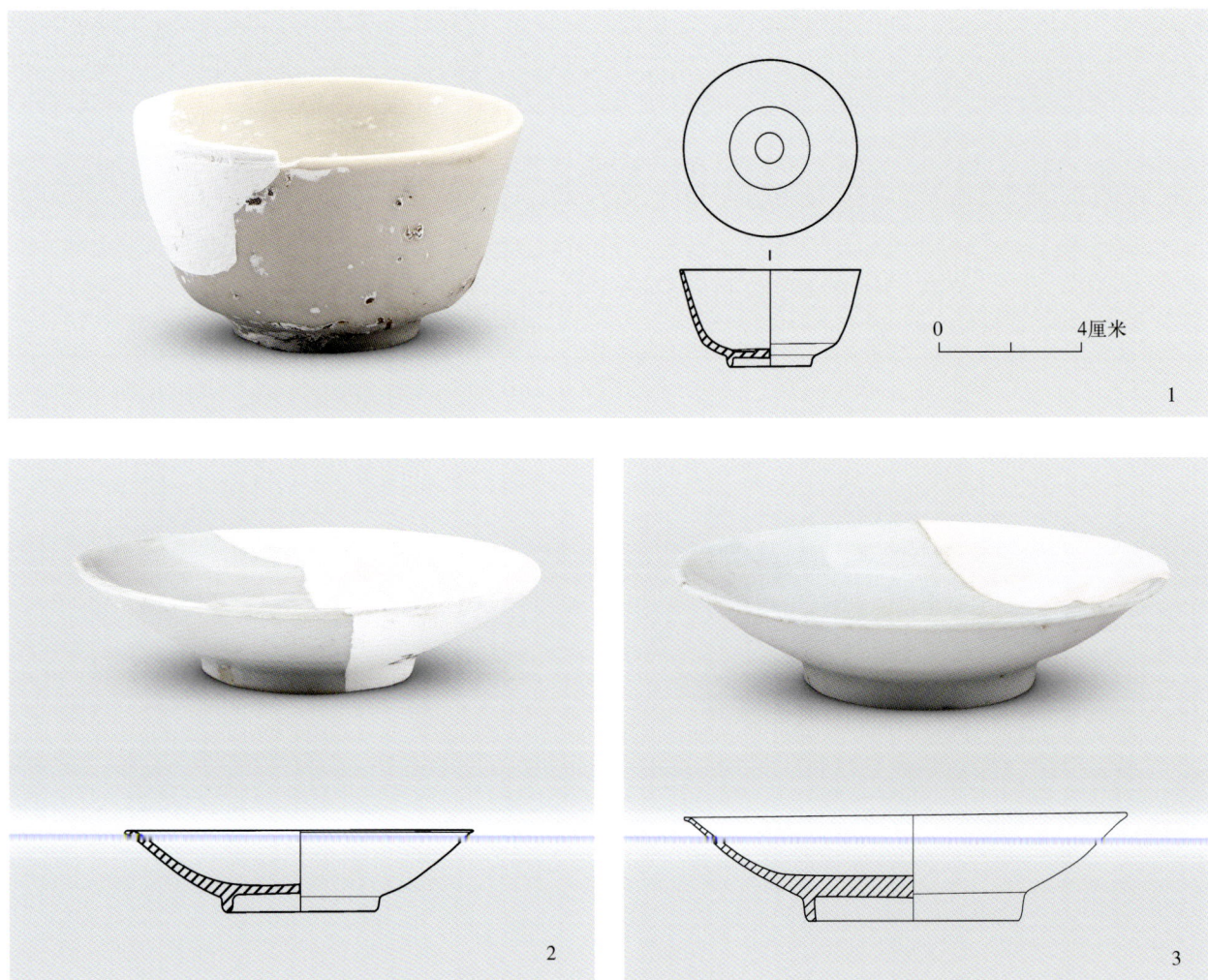

图 3-81　明代青白瓷

1.杯（闸口②：291）　　2、3.盘（闸口②：468、闸口②：533）

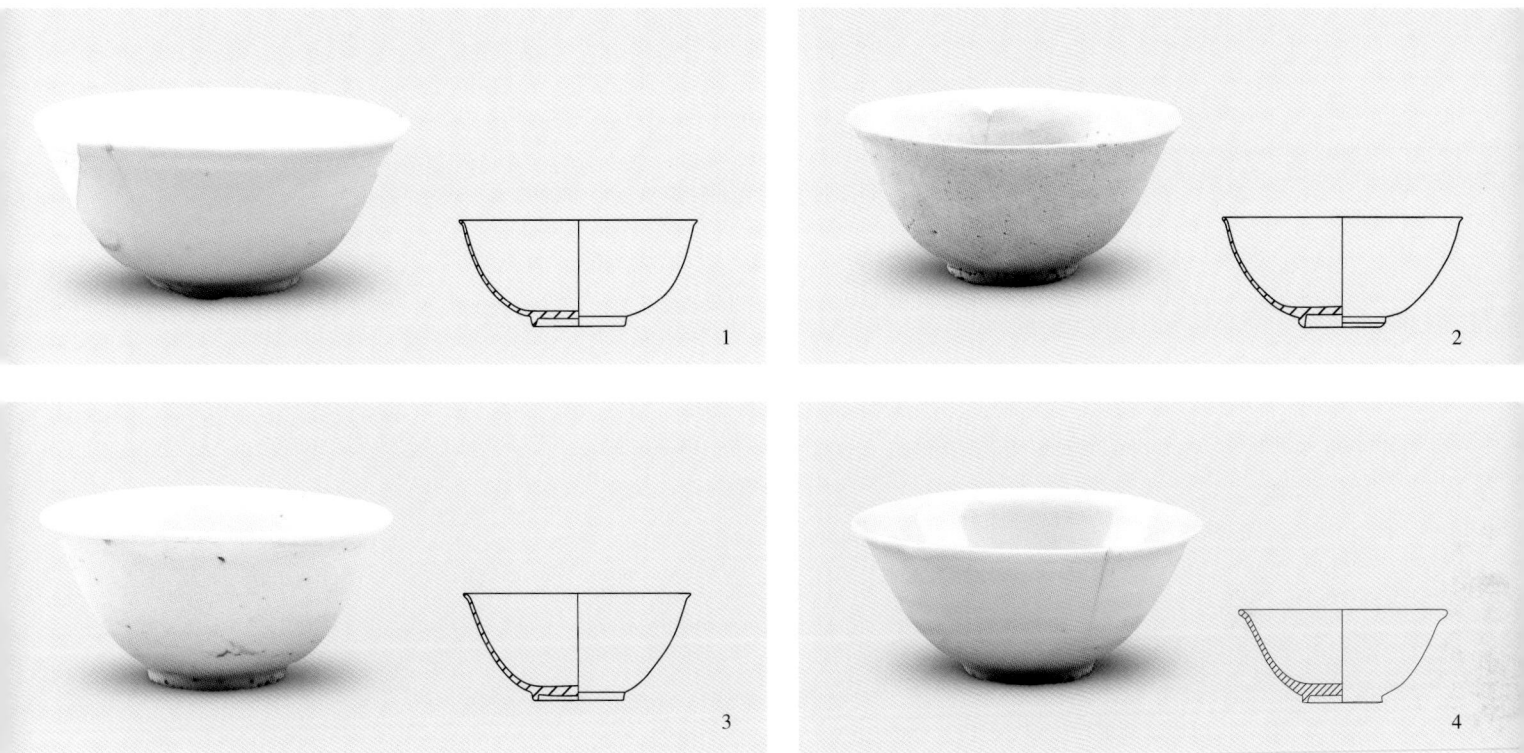

图 3-82 明代青白盏

0   6厘米

1.T1⑤：27 2.闸口②：24 3.闸口⑥：208 4.闸口⑥：220

　　闸口②：24，尖圆唇，足跟外向斜削。内底釉面有锈斑。口径 9.4、足径 3、高 9.4 厘米（图 3-82，2）。

　　闸口⑥：208，圆唇，器身粘砂。口径 9.2、足径 3.2、高 4.2 厘米（图 3-82，3）。

　　闸口⑥：220，圆唇，足跟向外斜削。口径 8.6、足径 3.3、高 3.7 厘米（图 3-82，4）。

4. 白瓷

1件。

杯　1件。

　　闸口⑥：564，敞口，尖唇，斜弧腹，圈足。素面。器身施满乳白色釉，内底刮釉，足底露胎。口径 4.6、足径 2、高 2.5 厘米（图 3-83，1）。

5. 黑釉瓷

2件。

碗　1件。

　　闸口⑥：535，敞口，圆唇较厚，斜弧腹，圈足。足跟粘砂并内向斜削。外壁施黑釉，内壁透明釉泛青，足底露胎。内口沿、内底饰弦纹，底款"长"。口径 28.2、足径 9.4、高 10.5 厘米（图 3-83，2）。

盏　1件。

　　ⅡT0512②：4，微撇口，尖圆唇，斜弧腹，圈足。灰白胎，外壁施黑釉，内壁透明釉泛青，足底露胎。口径 8.6、足径 2.6、高 4.3 厘米（图 3-83，3）。

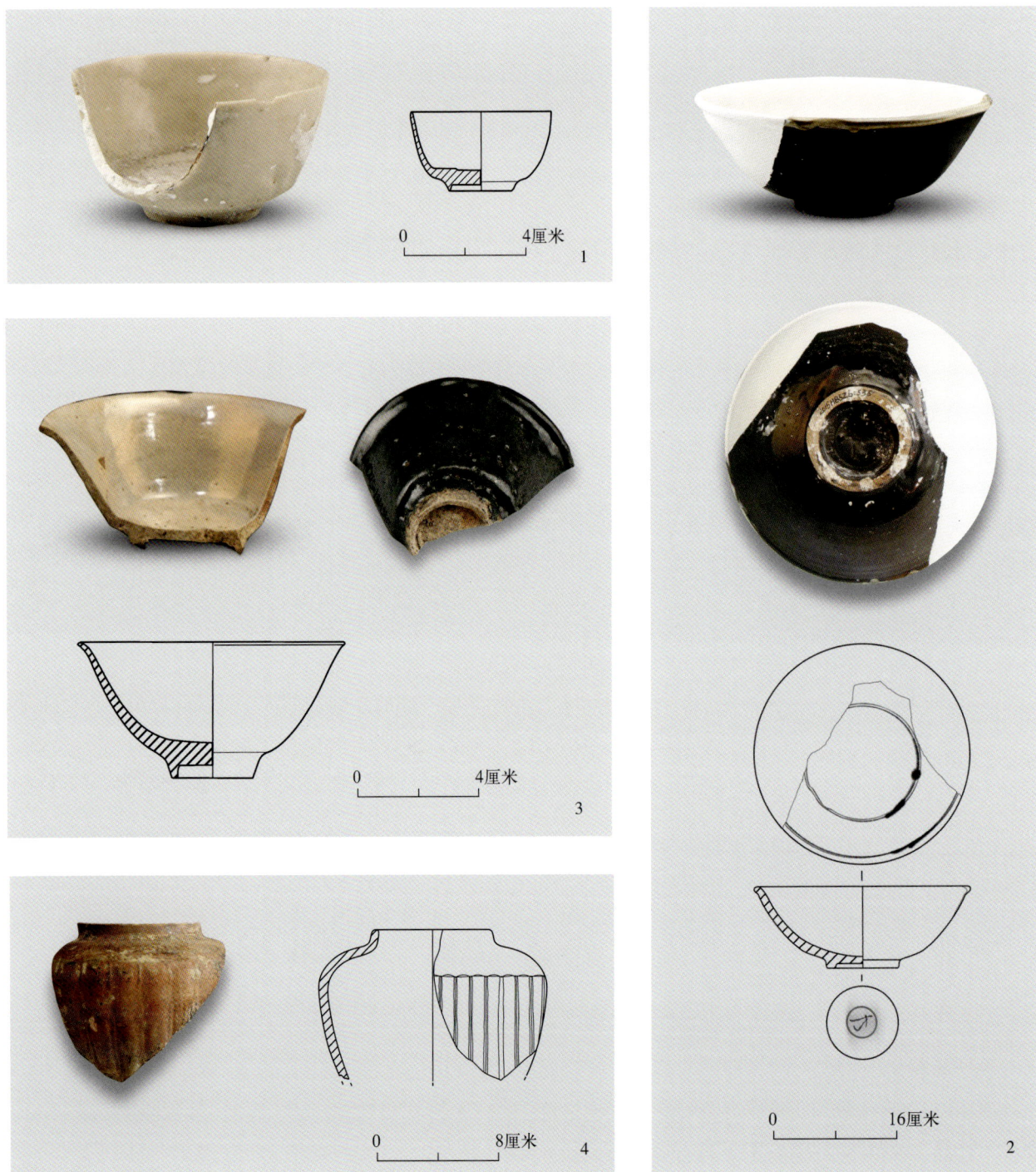

图 3-83　明代瓷器

1. 白瓷杆（闸口⑥：564）　2. 黑釉瓷碗（闸口⑥：535）　3. 黑釉瓷盏（ⅡT0512②：4）　4. 酱釉瓷罐（ⅡT0412②：3）

6. 酱釉瓷

1 件。

罐　1 件。

ⅡT0412②：3，底残。直口，圆唇，矮领，鼓肩，斜弧腹。外壁施酱釉，内壁施青釉。腹部饰纵向凹凸棱纹。口径 7.5、残高 9.2 厘米（图 3-83，4）。

图 3-84 明代釉陶钵

1.闸口⑥：163　2.闸口⑥·287　3.闸口⑥：550

7. 釉陶器

共 59 件。包括酱釉、绿釉、黄釉、黑釉等多种釉色，以酱釉为主。器形有钵、盏、壶、执壶、瓶、四系罐、罐、盆、器盖、器耳、器座、虎子、茶铫、瓦当等。

（1）钵

3 件。均残。

闸口⑥：163，口微敛，圆唇，深弧腹，平底，底附三乳丁足。红色胎。器表施绿釉，釉不及底，脱釉严重。腹部饰三道凹弦纹。口径 9.2、底径 6.2、高 5.9 厘米（图 3-84，1）。

闸口⑥：287，敞口，尖唇，斜弧腹，圜底近平。红褐色胎。内壁施酱釉，口沿至外底无釉。素面。口径 8.1、高 2.4 厘米（图 3-84，2）。

闸口⑥：550，口微敛，方唇，弧腹近直，平底。红色胎。器表施绿釉，外底无釉。素面。口径 10.6、底径 7.8、高 3.9 厘米（图 3-84，3）。

（2）盏

5 件。均残。素面。

T1④：6，侈口，圆唇，浅斜腹，平底微凹。灰褐色胎。通体施酱釉。口径 7.6、底径 2、高 2.5 厘米（图 3-85，1）。

ⅡT0408②：3，敛口，圆唇，浅弧腹，平底。红褐色胎。内壁施黄釉，外壁无釉。口径 5.4、底径 4、高 2 厘米（图 3-85，2）。

ⅡT0507②：6，敞口，圆唇，浅弧腹，平底。红色褐胎。通体施黄釉，外底露胎，局部脱釉。口径 6、底径 3.6、高 2.6 厘米（图 3-85，3）。

闸口⑥：341，微敛口，圆唇，浅弧腹，平底。外底有旋削痕。红褐色胎。内壁施黄釉，外壁无釉。口径 5.2、底径 3.2、高 1.8 厘米（图 3-85，4）。

图 3-85　明代釉陶盏

1.T1④：6　2.ⅡT0408②：3　3.ⅡT0507②：6　4.闸口⑥：341　5.闸口⑥：422

闸口⑥：422，敞口，圆唇，斜腹，平底。红褐色胎。内壁施黄釉，外壁口沿至底部露胎。口径6.9、底径4.2、高2.1厘米（图3-85，5）。

（3）壶

3件。均残。平底。红色胎。器表施酱釉，釉面粗糙，密布泡孔及杂质颗粒。

闸口②：6，侈口，圆唇，微束颈，垂腹。素面。口径3.8、底径6.2、最大腹径8.1、高10.5厘米（图3-86，1）。

闸口②：20，颈以上残。带流和錾，鼓腹，平底略凹。器表有轮制痕迹。底径5.1、最大腹径8.8、残高8.2厘米（图3-86，2）。

（4）执壶

2件。均残。红褐色胎。

闸口②：1，小盘口，方唇，束颈，垂腹较深，底略凹，长曲流。器身外壁施酱釉，釉不及底。素面。口径6.4、底径8.6、最大腹径12.5、高20.7厘米（图3-87，1）。

ⅡT0103⑦：1，底残。直口，方圆唇，短直颈，鼓肩，斜弧腹，下部微收，短曲流，扁带状錾。外壁施黄绿釉，内壁施黄釉，略有脱落。口部饰两道弦纹，颈部饰一圈波浪纹，肩腹部饰刻划花纹，腹部饰两组弦纹。口径7.2、底径6.5、最大腹径11.7、高14.3厘米；流长4.6、直径1.3厘米（图3-87，2）。

（5）瓶

16件。除1件施绿釉，其余皆为酱釉。

酱釉者皆为夹砂陶，胎体厚重，器形不甚规整，整体制作粗糙。小口微敛，重唇，翻沿，束颈，溜肩，弧腹，小平底。器表薄施一层酱釉，釉面粗糙无光，密布泡孔及杂质颗粒。器身内外壁多有制作轮旋纹。

闸口②：113，口残。上腹呈六边形，下腹曲收，底呈喇叭形。褐色胎。器身施绿釉，足跟无釉。器表饰梅花纹、如意云纹、方胜纹等。最大腹径5.8、残高9.3厘米（图3-88）。

闸口②：452，残。器身较矮胖，底部粘砂。红褐色胎。满釉。口径4、底径4.5、最大腹径9.7、

图3-86　明代釉陶壶

1.闸口②：6　2.闸口②：20

0 ——— 6厘米

图 3-87　明代釉陶执壶
1.闸口②：1　2.ⅡT0103⑦：1

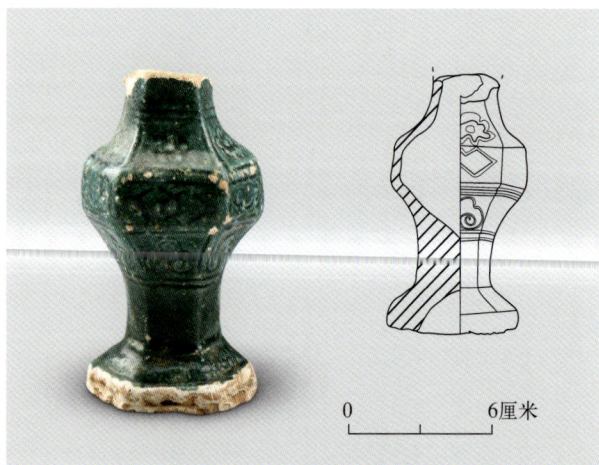

图 3-88　明代釉陶瓶
闸口②：113

高 11.8 厘米（图 3-89，1）。

　　闸口②：304，完整。较矮胖。灰胎。口径 4.5、底径 4.2、最大腹径 10.4、高 13.3 厘米（图 3-89，2）。

　　ⅡT0407②：4，完整。较矮胖。灰胎。口径 4、底径 4.8、最大腹径 9.2、高 13.7 厘米（图 3-89，3）。

　　闸口②：37，残。深弧腹，较矮胖，平底微内凹。灰胎。口径 4、底径 5.2、最大腹径 10.6、高 14.3 厘米（图 3-89，4）。

图 3-89 明代釉陶瓶

0 ⊢⊢⊢⊢⊣ 8厘米

1.闸口②：452　　2.闸口②：304　　3.ⅡT0407②：4　　4.闸口②：37　　5.闸口②：240　　6.闸口②：241

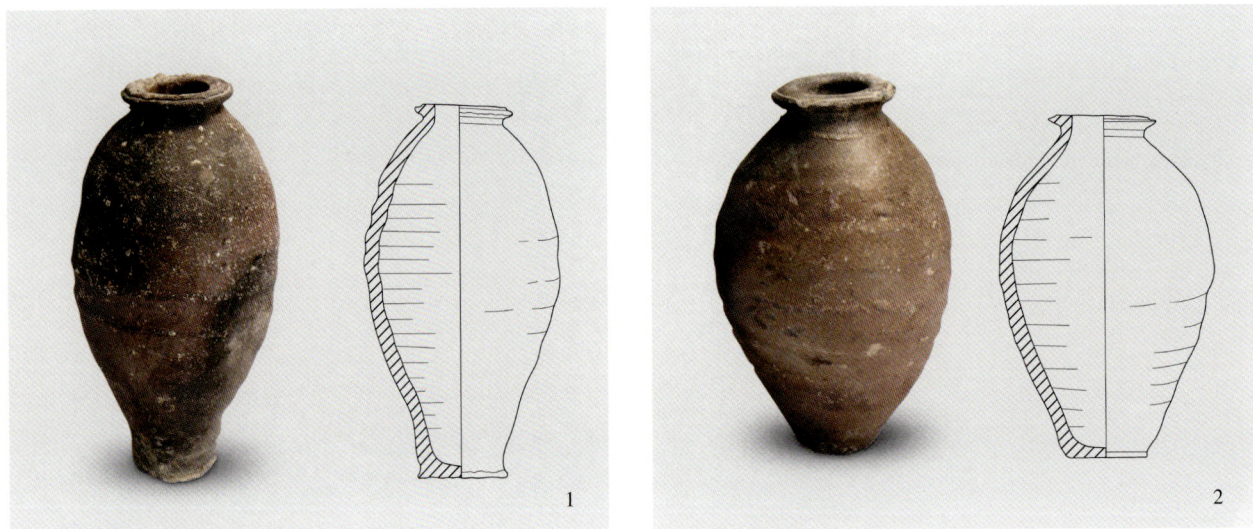

图 3-90　明代釉陶瓶

0 ⊢━━━━┤ 8厘米

1.闸口②：242　2.闸口②：11

闸口②：240，完整。深弧腹，较瘦长，小平底，器身凹凸不平。灰胎。口径5、底径4.3、最大腹径7.7、高16.4厘米（图3-89，5）。

闸口②：241，残。深弧腹，较鼓。红褐色胎。口径4.9、底径4.4、最大腹径10.7、高19.5厘米（图3-89，6）。

闸口②：242，残。深弧腹，较鼓。灰胎。口径4.5、底径4.8、最大腹径10.7、高19.6厘米（图3-90，1）。

闸口②：11，完整。深弧腹，较鼓。灰胎。口径5、底径4.4、最大腹径11.5、高18厘米（图3-90，2）。

闸口②：55，完整。深弧腹，较鼓。灰胎。器表有不规则划痕。口径4.6、底径4.3、最大腹径10.8、高21.2厘米（图3-91，1）。

闸口⑥：210，完整。敛口，深弧腹，较瘦长。红褐色胎。口径4.2，底径3.6、最大腹径8.4，高19.2厘米（图3-91，2）。

闸口②：239，完整。深弧腹，较鼓。灰胎。口径5.8、底径4.4、最大腹径10.4、高20.3厘米（图3-91，3）。

ⅡT0408②：2，完整。口外侈，深弧腹，较矮胖。灰胎。口径4.4、底径4.7、最大腹径9.4、高14.5厘米（图3-91，4）。

ⅡT0412②：2，完整。直口，深弧腹，较矮胖。灰胎。口径3.6、底径5.1、最大腹径11、高13.2厘米（图3-92，1）。

ⅡT0807②：1，完整。敛口，深弧腹，较矮胖。灰胎。口径4.7、底径4.6、最大腹径11.8、高15.7厘米（图3-92，2）。

闸口⑥：453，残。直口，重唇微斜，深弧腹，局部有凹陷，底部不规整。灰胎。口径5、底径5.2、最大腹径12.2，高16厘米（图3-92，3）。

图 3-91　明代釉陶瓶

0　　　　　　8厘米

1.闸口②：55　2.闸口⑥：210　3.闸口②：239　4.ⅡT0408②：2　5.ⅡT0412②：2　6.ⅡT0807②：1

图 3-92　明代釉陶瓶
闸口⑥：453

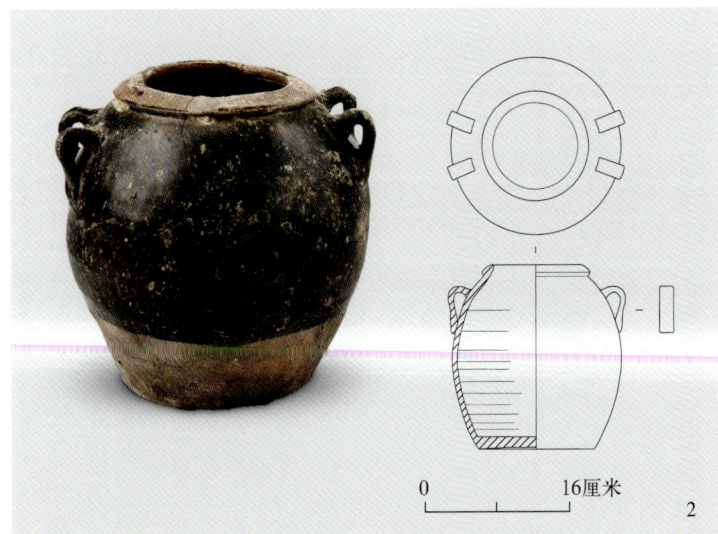

图 3-93　明代釉陶四系罐
1.闸口②：5　2.闸口⑥：22

（6）四系罐

2件。均残。敛口，重唇，深鼓腹，平底微凹，上腹部设对称器耳。内壁可见轮制弦纹。红褐色胎。唇至下腹部施酱釉，釉面粗糙无光，密布泡孔及杂质颗粒。

闸口②：5，口径10.6、底径15、最大腹径24.4、高23.5厘米（图3-93，1）。

闸口⑥：22，口径9.2、底径12.4、最大腹径18.8、高19.4厘米（图3-93，2）。

（7）罐

10件。皆为夹砂陶，胎体厚重，器形不甚规整，整体制作粗糙。方唇，束颈，溜肩，鼓腹，最大腹径位于上腹部，下腹斜收，小平底。器表薄施一层酱釉，釉面粗糙无光，密布泡孔及杂质颗粒。

闸口②：552，残。直口。灰胎。腹部拍印一周圆痕。口径9.1、底径7.4、最大腹径13.4、高14.2厘米（图3-94，1）。

TG1④：1，完整。敞口。灰胎，器表因过烧呈暗红色。一侧釉面粘砂。器身及内壁可见轮制弦纹。口径8.8、底径5.9、最大腹径14、高18.5厘米（图3-94，2）。

ⅡT0507②：4，完整。直口微侈。灰胎。器身及内壁可见轮制弦纹。口径8.4、底径7.1、最大腹径15.3、高18.3厘米（图3-95，1）。

ⅡT0611②：1，完整。直口。灰胎。素面。口径8.5、底径7、最大腹径14.3、高18.8厘米（图3-95，2）。

ⅡT0610②：1，完整。直口。红褐色胎。腹部一侧和底部大面积粘砂。腹部拍印圆痕及斜篮纹，器身及内部可见轮制弦纹。口径9.1、底径6、最大腹径16.9、高19.8厘米（图3-96，1）。

T1④：7，残。直口。红褐色胎，器表因过烧呈暗红色。器壁下腹流釉。器身及内壁可见轮制弦纹，腹部拍印圆痕。口径10.5、底径7.8、最大腹径19.3、高

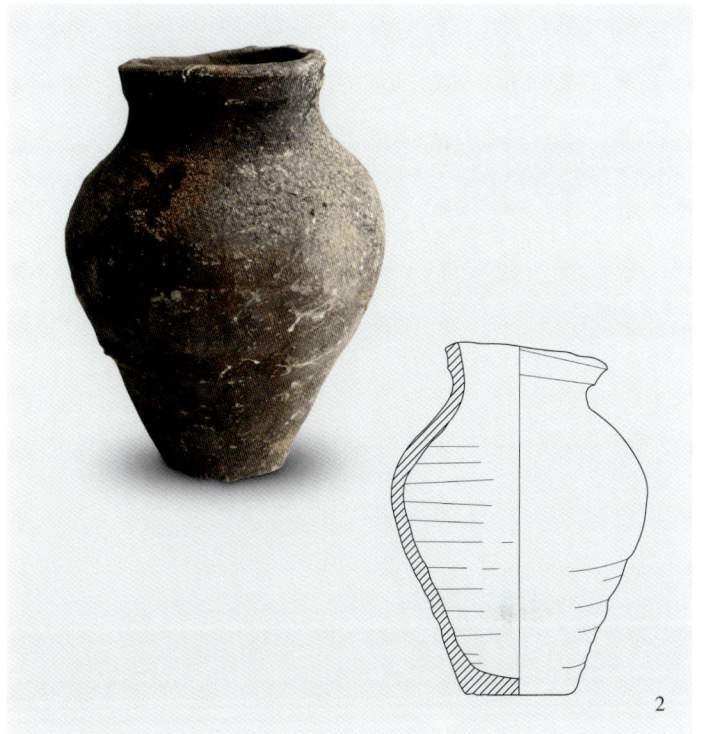

图 3-94　明代釉陶罐

1.闸口②：552　2.TG1④：1

0　　　　8厘米

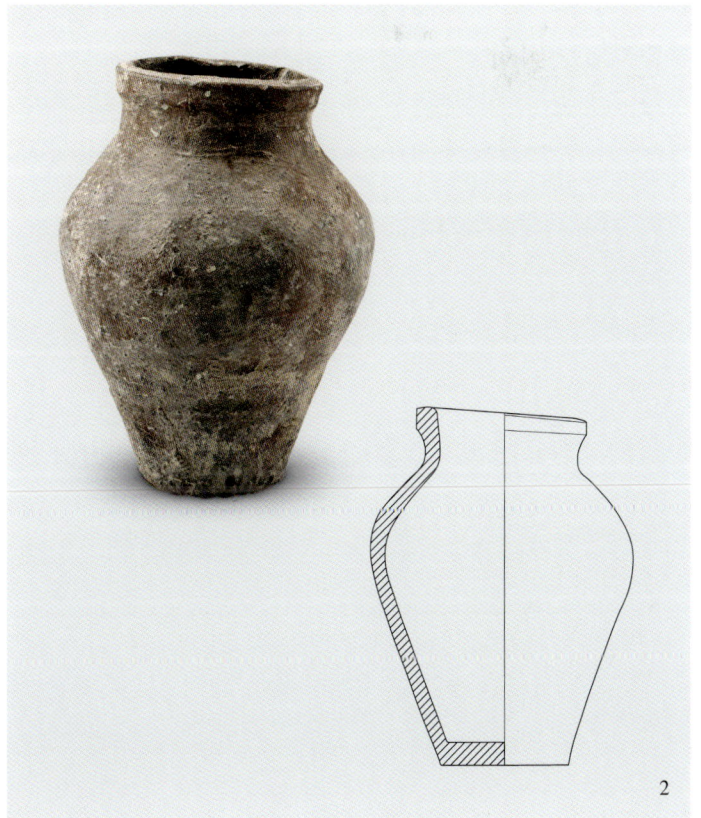

图 3-95　明代釉陶罐

1.ⅡT0507②：4　2.ⅡT0611②：1

0　　　　8厘米

图 3-96　明代釉陶罐
1. ⅡT0610② : 1　2. T1④ : 7

22.3 厘米（图 3-96，2）。

　　闸口② : 9，完整。直口。红褐色胎。器壁一侧釉面粘砂。素面。口径 8、底径 8.9、最大腹径 18、高 19.5 厘米（图 3-97，1）。

　　闸口⑥ : 209，残。直口微侈。灰胎。一侧腹部有大面积釉迹痕迹。素面。口径 8.6、底径 8.2、最大腹径 16.3、高 20.7 厘米（图 3-97，2）。

　　ⅡT0406② : 4，完整。直口，圆方唇。红褐色胎。器壁下腹流釉。器身及内壁可见轮制弦纹，腹部拍印圆痕。口径 7.8、底径 5.2、最大腹径 12.4、高 16.4 厘米（图 3-98，1）。

　　闸口⑥ : 551，残。直口。灰胎。器壁下腹流釉。器身及内壁可见轮制弦纹。口径 7.8、底径 7.5、最大腹径 15.5、高 20.5 厘米（图 3-98，2）。

图 3-97 明代釉陶罐
1.闸口②：9 2.闸口⑥：209

0 8厘米

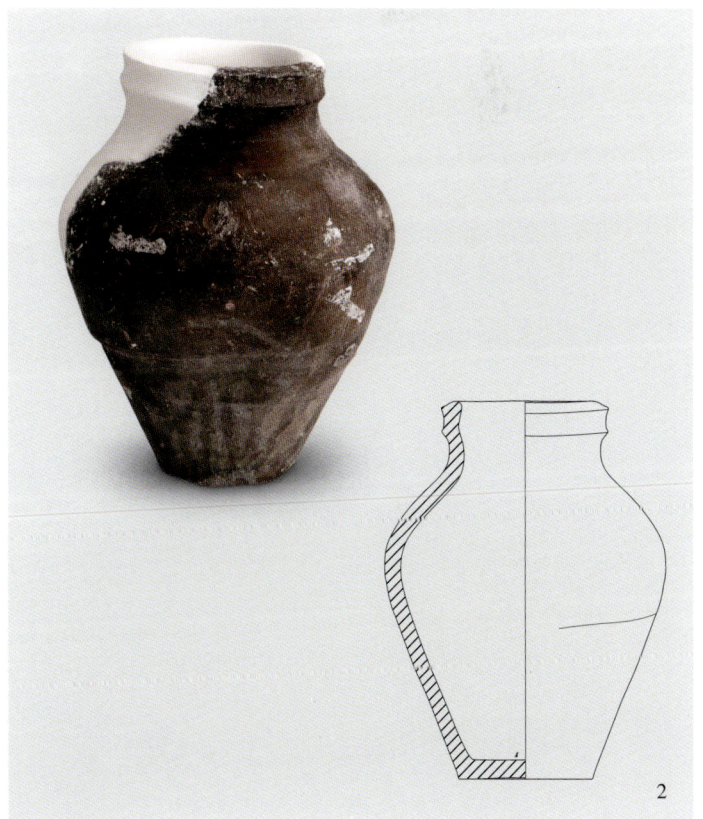

图 3-98 明代釉陶罐
1.ⅡT0406②：4 2.闸口⑥：551

0 8厘米

（8）盆

5件。均残。

ⅡT0305②：1，敛口，圆唇，直腹，平底微凹。红色胎。内壁及口沿施绿釉。素面。口径10.2、底径8.1、高5.3厘米（图3-99，1）。

闸口⑥：181，敛口，叠唇，斜腹近直，外底略凹。红褐色胎。器身施酱釉不及底。内底有轮制弦纹。口径20.8、底径15.8、高8.3厘米（图3-99，2）。

闸口⑥：565，敛口，圆唇，深弧腹，平底。红色胎。器表施酱釉不及底。腹部雕刻菊花纹及镂孔。

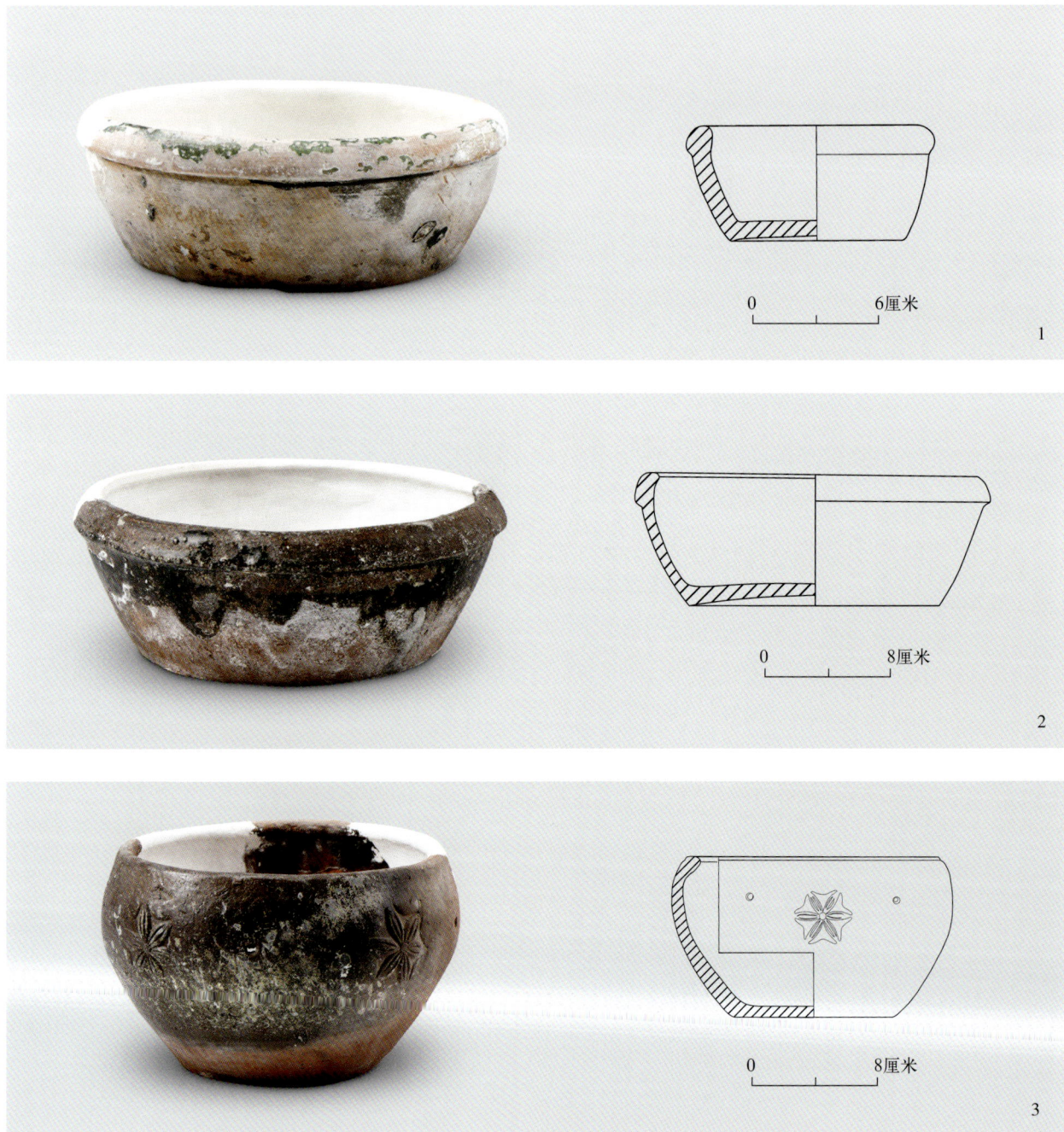

图 3-99 明代釉陶盆

1.ⅡT0305②：1　2.闸口⑥：181　3.闸口⑥：565

口径22.4、底径15、最大腹径25.9、高15.4厘米（图3-99，3）。

（9）器盖

5件。均残。子口较直，盖沿外翻。

闸口②：547，圆方唇，斜弧壁，弧顶设纽状捉手。红色胎。器表施绿釉，内壁无釉。素面。子口径14.6、盖沿径18.2、高4.5厘米（图3-100，1）。

ⅡT0508②：3，圆方唇，斜弧壁，弧顶设纽状捉手。红色胎。器表施绿釉，内壁无釉。素面。子口径12.4、盖沿径16.5、高4.8厘米（图3-100，2）。

闸口⑥：161，圆方唇，斜弧壁，弧顶设圆形捉手。褐色胎。器表施绿釉。盖面有轮制弦纹。子口径20.6、盖沿径25、高6.4厘米（图3-100，3）。

ⅡT0407②：3，方圆唇，斜弧壁，弧顶设乳丁状捉手，盖沿有花边。褐色胎。器表施酱釉，内壁无釉。素面。子口径2.6、盖沿径4.2、高2.8厘米（图3-100，4）。

闸口②：536，方唇，斜壁，圆顶设桃形捉手。红色胎。外壁施绿釉，内壁露胎。素面。子口径3.6、

图3-100　明代釉陶器盖

1.闸口②：547　2.ⅡT0508②：3　3.闸口⑥：161　4.ⅡT0407②：3　5.闸口②：536

盖沿径 6.1、高 5.1 厘米（图 3-100，5）。

（10）器耳

1 件。

闸口②：395-2，残。呈扁平状，上部圆方，有圆形穿孔，下部断裂。灰胎。器表施酱釉，多已脱落。素面。残长 2.4、宽 2.2、厚 1.1 厘米（图 3-101，1）。

（11）器座

2 件。均残留底座。红褐色胎。

闸口②：537，座身呈方塔状，空心。器身施白色陶衣，再施绿釉，釉面有开片。长 6.7、宽 5.5、残高 3.7 厘米（图 3-101，2）。

闸口②：538，座身呈逐层内收的台阶状，有四乳丁足。器身施绿釉。长 9.6、宽 7.1、残高 3.6 厘米（图 3-101，3）。

（12）虎子

3 件。均残。直口上仰，方圆唇，外翻，短颈，腹部浑圆，平底略凹。顶部设三只纵桥形耳，一只横桥形耳。红褐色胎。器身施酱釉，釉面粗糙，密布泡孔及杂质颗粒，施釉不及底，有流釉现象。素面。

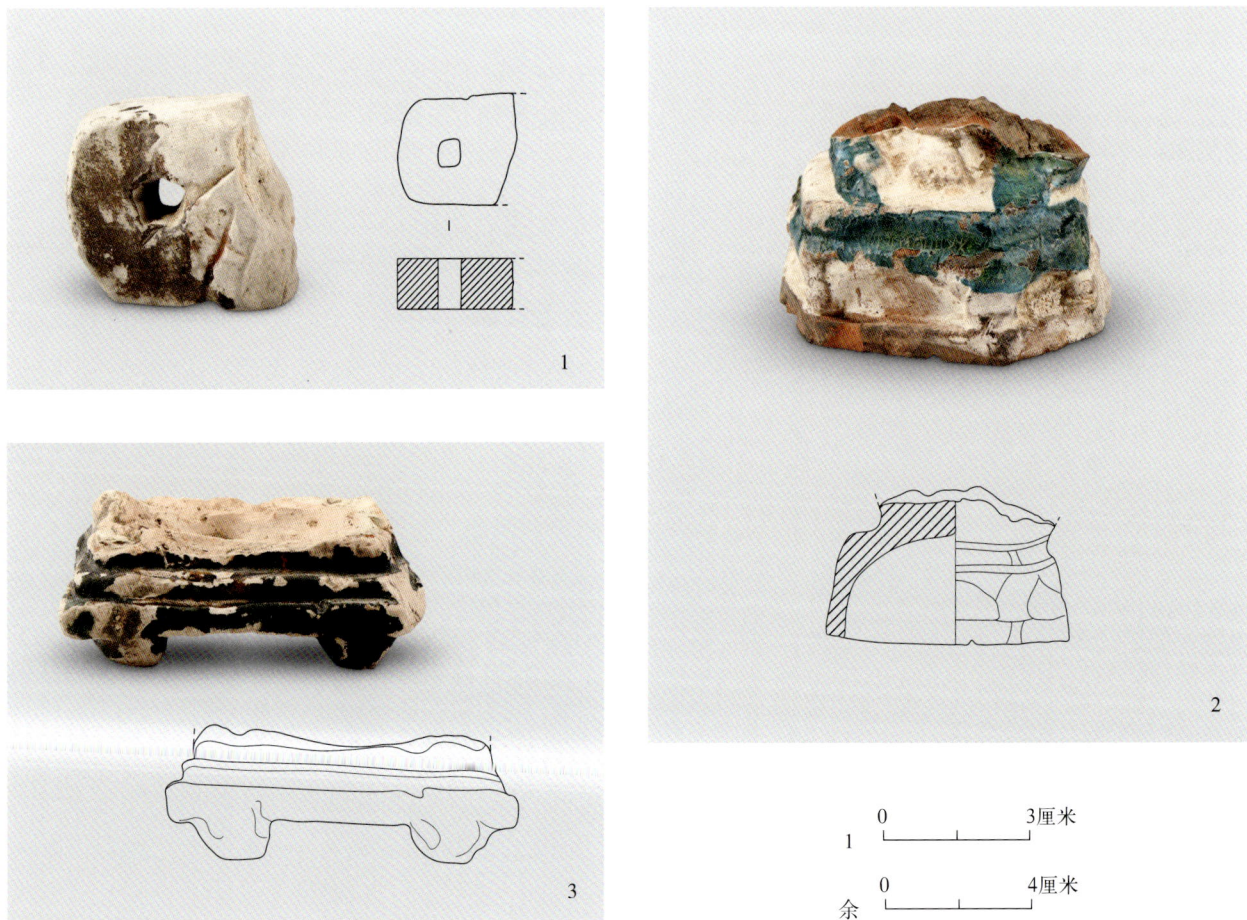

图 3-101　明代釉陶器

1.釉陶器耳（闸口②：395-2）　2、3.釉陶器座（闸口②：537、538）

闸口②：270，口径 5、底径 14.5、最大腹径 21、高 17.3 厘米（图 3-102）。

闸口⑥：255，口径 6、底径 14.7、最大腹径 19.8、高 16.2 厘米（图 3-103，1）。

闸口⑥：307，口径 5.3、底径 14.6、最大腹径 18.9、高 16.7 厘米（图 3-103，2）。

（13）茶铫

1 件。

ⅡT0707②：1，底残。敛口，方圆唇，溜肩，垂腹，下腹斜收，口部有流，器身接倒锥形把，中空。壶身由上下两部分拼合而成，内壁可见有泥片接痕。紫砂胎。外壁施透明釉。素面。口径 16、最大腹径 18、残高 12.7 厘米。把长 7、直径 3.5 厘米。流长 1.4 厘米、宽 3.8 厘米（图 3-104，1）。

（14）琉璃瓦当

1 件。

闸口②：546，残。呈圆饼状，边廓略高于当面。红色胎。表面施绿釉，略有脱落。当心饰龙纹。当径 11.6、边廓宽 1.2、厚 0.9 厘米（图 3-104，2）。

8. 陶器

54 件。器形有盘、鼎、盅、盏、壶、扑满、纺轮等生活用具及瓦当、花纹砖、滴水等建筑构件。建筑构件皆为泥质灰陶，有不同程度的残损，其中以兽面纹瓦当最多。

（1）鼎

1 件。

T1⑤：17，唇口残。侈口，束颈，溜肩，鼓腹，圜底，底接三蹄足。肩部饰有两道凸棱。泥质红陶。口径 11、最大腹径 15.8、高 15.7 厘米，足高 4.2 厘米（图 3-105）。

（2）盘

1 件。

闸口②：542，残。侈口，翻沿，圆唇，斜腹内折，大平底。夹砂灰陶。素面。口径 23.6、底径 15.6、高 5 厘米（图 3-106，1）。

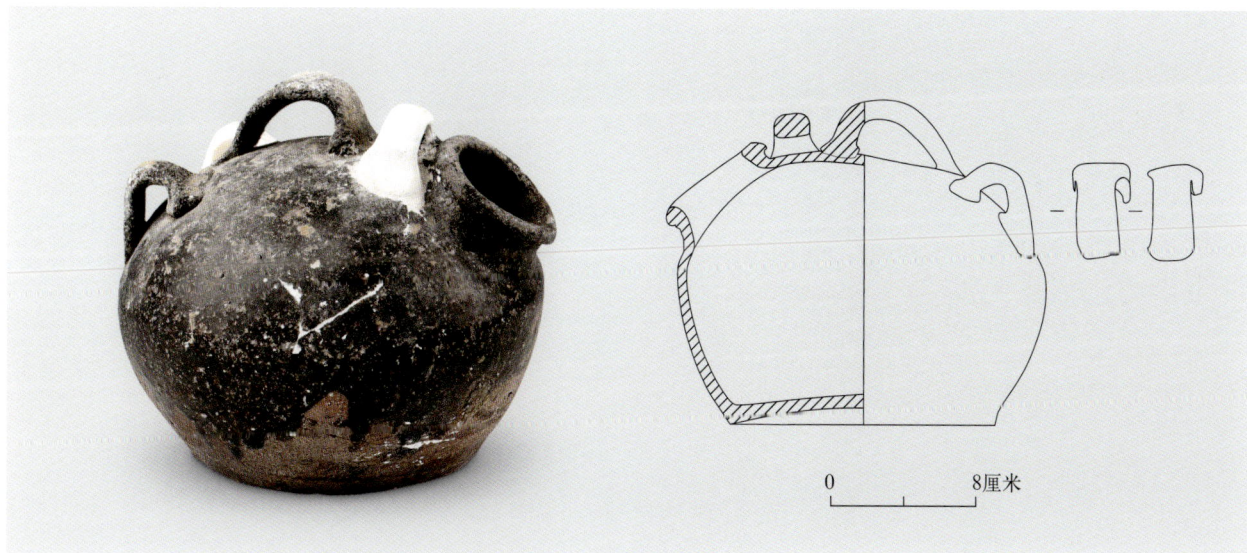

图 3-102　明代釉陶虎子
闸口②：270

图 3-103　明代釉陶虎子

1.闸口⑥：255　2.闸口⑥：307

0　　　　　　8厘米

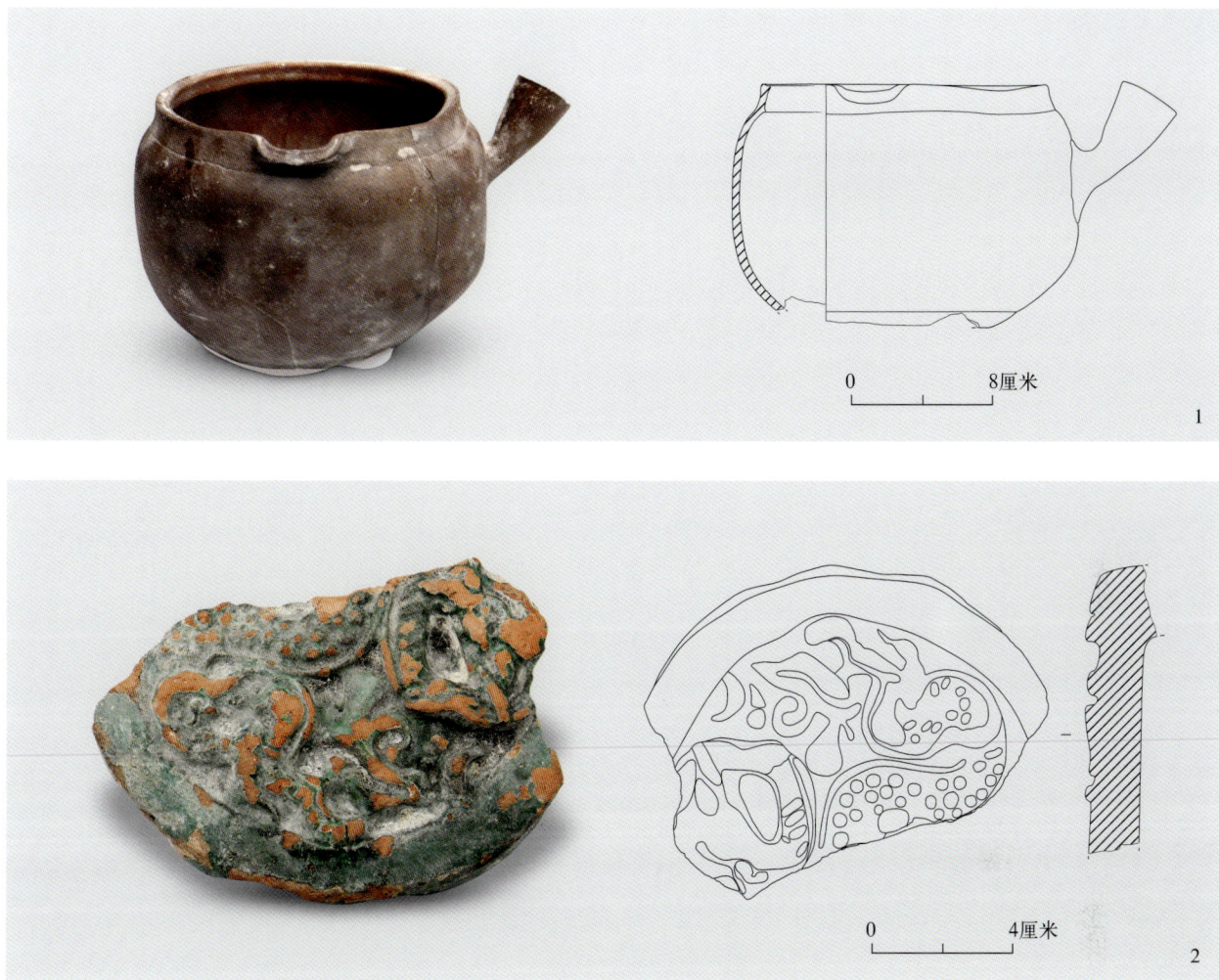

图 3-104　明代釉陶器

1..釉陶茶铫（ⅡT0707②：1）　　2.琉璃瓦当（闸口②：546）

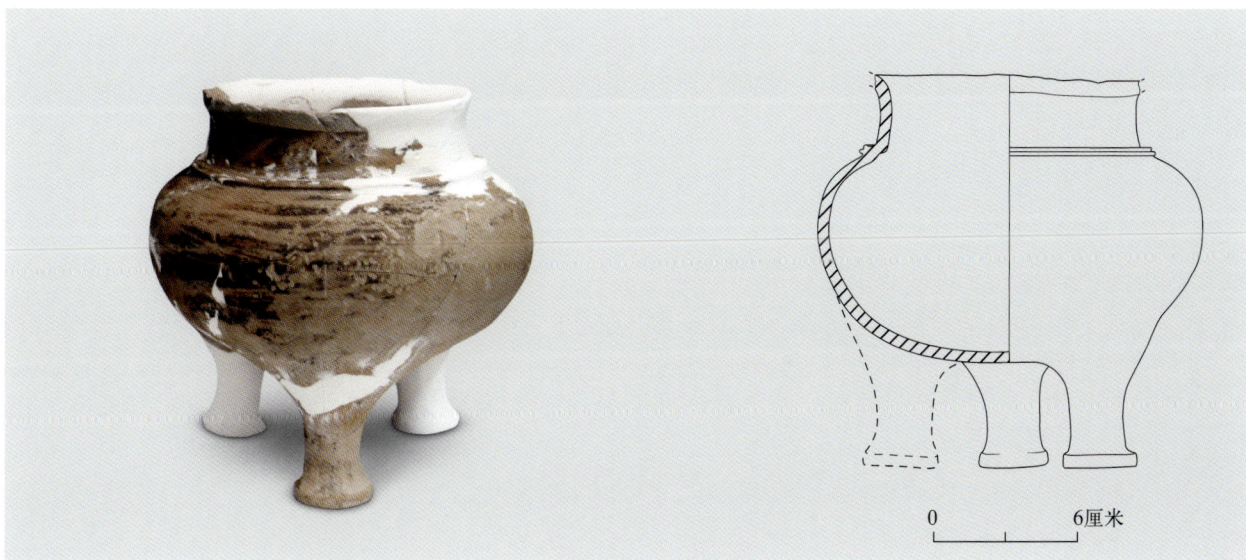

图 3-105　明代陶鼎

T1⑤：17

图 3-106 明代陶器

1.陶盘（闸口⑥：542） 2.陶盅（闸口②：266） 3、4.陶盏（闸口⑥：549、闸口⑥：344）

（3）盅

1件。

闸口：266，残，敛口，圆方唇，斜弧腹，下腹微曲，小平底。夹砂褐陶。素面。口径3.6、底径1.8、高3.2厘米（图3-106，2）。

（4）盏

2件。

均残。圆唇，浅弧腹，平底。

闸口②：549，直口，平底略凹。外口沿饰凹弦纹。泥质灰陶。口径7、底径3.6、高2.2厘米（图3-106，3）。

闸口⑥：344，敞口。内壁可见有轮制弦纹。泥质红陶。口径5.8、底径3.4、高2.1厘米（图3-106，4）。

（5）紫砂壶

1件。

图 3-107　明代紫砂壶
闸口④：172

闸口④：172，残。母口，方唇，矮领较直，折肩，斜直腹，圈足，长曲流，环形把手。紫砂陶。素面。口径 10、底径 9.8、最大腹径 14.1、高 14 厘米（图 3-107）。

（6）其他生活用具

扑满　1件。

闸口②：14，底残。弧形顶，鼓腹，平底，器顶施乳丁状小纽，另有圆孔和长条形孔各一。上腹部有一道浅凹槽，底部有旋削痕。泥质灰陶。最大腹径 11、高 10.5 厘米（图 3-108）。

灯柄　1件。

闸口②：480，残。竹节状柄，喇叭形底座，直收。柄部有凸棱。泥质灰陶。底径 5.5、残高 9.45 厘米（图 3-109，1）。

支钉　1件。

闸口⑥：42，完整。呈圆锥状，平底微弧。泥质灰陶。素面。顶径 2.7、高 2.8 厘米（图 3-109，2）。

穿孔陶饼　1件。

闸口⑥：377，残。呈圆饼状，近边缘处有穿孔。泥质灰陶。素面。直径 17.8、厚 6.2 厘米（图 3-109，3）。

纺轮　3件。均残。素面。

闸口②：395-1，呈圆饼状，中间有方形孔。泥质灰陶。直径 7.5、厚 2.1 厘米（图 3-109，4）。

闸口②：395-3，呈扁圆状，中间有圆形孔。泥

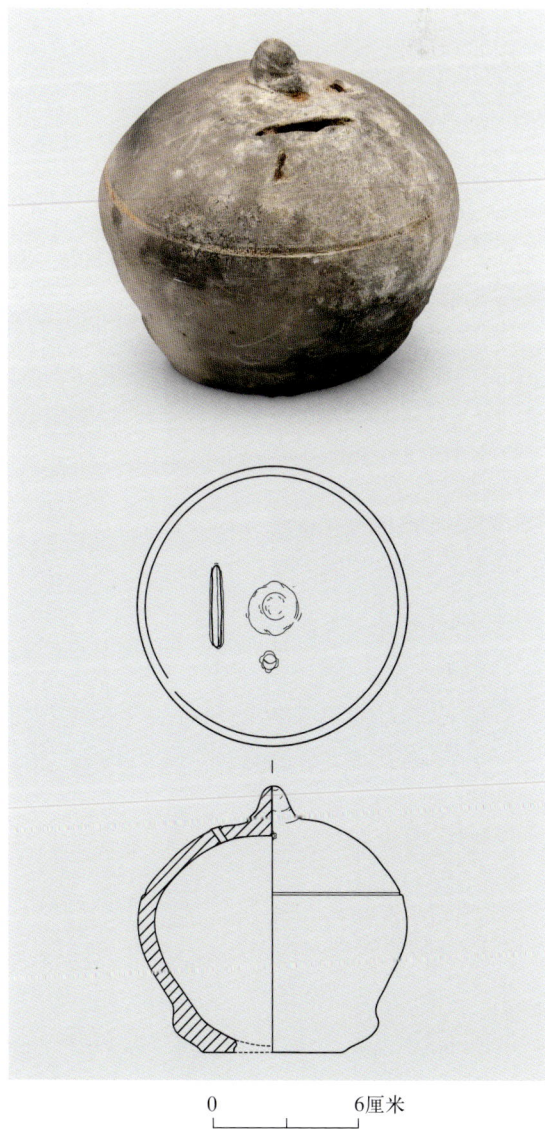

图 3-108　明代陶扑满
闸口②：14

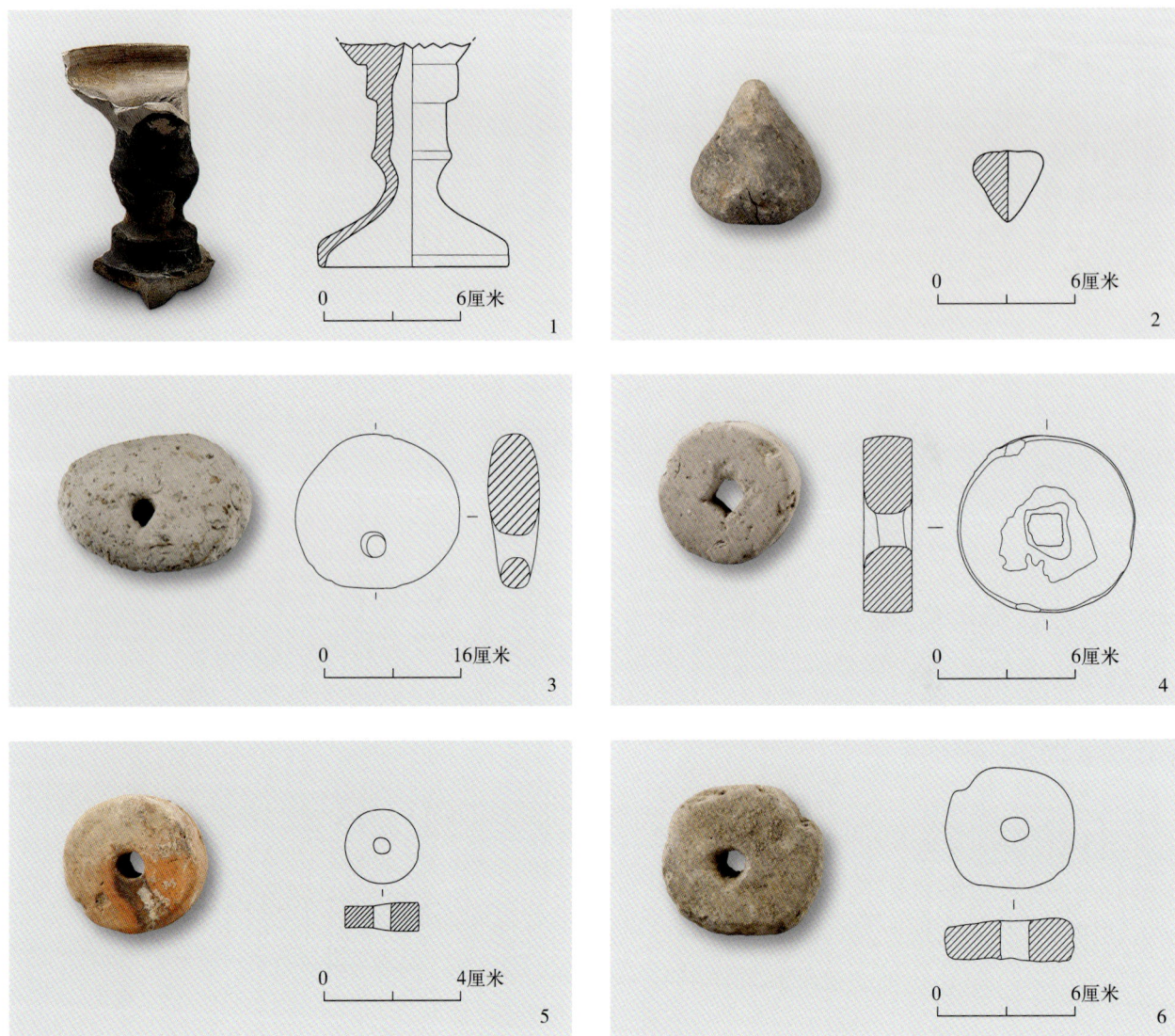

图 3-109　明代陶器

1.灯柄（闸口②：480）　2.支钉（闸口⑥：42）　3.穿孔陶饼（闸口⑥：377）　4～6.陶纺轮（闸口②：395-1、3、ⅡT0507②：3）

质红陶。直径 2.2、厚 0.8 厘米（图 3-109，5）。

ⅡT0507②：3，呈椭圆饼状，中间有穿孔。泥质灰陶。长径 5.3、短径 4.2、厚 1.2 厘米（图 3-109，6）。

（7）瓦当

18 件。有兽面纹、蝴蝶纹、莲花纹、花卉纹等。

兽面纹　10 件。均残。当心饰兽面纹，额际有鬃无犄，兽面略凸，眉脊倒竖，圆眼外凸，咧嘴，单排齿，嘴角边饰两颗獠牙，吻部下方饰须。当面边缘饰联珠纹和凸棱各一周。

闸口⑥：111，当径 9.6、边廓宽 0.6、厚 1 厘米（图 3-110，1）。

ⅠT0214②：1，眉脊上仰，上嘴角饰两颗獠牙，当径 9.2、边廓宽 1、厚 1.1 厘米（图 3-110，2）。

ⅡT0216②：1，当径 13.4、边廓宽 0.6、厚 1.5 厘米（图 3-110，3）。

闸口⑥：421，当径 9.6、边廓宽 0.6、厚 1.1 厘米（图 3-111，1）。

图 3-110 明代瓦当

1.闸口⑥：111　2.ⅠT0214②：1　3.ⅡT0216②：1

0 ⎯⎯⎯ 4厘米

图 3-111　明代瓦当

0 〜 4厘米

1.闸口⑥：421　2.闸口⑥：545　3.闸口：⑥282

闸口⑥：545，当径 8.2、边廓宽 0.7、厚 0.8 厘米（图 3-111，2）。

蝴蝶纹 1件。

闸口⑥：282，残。当心饰蝴蝶纹，当面边缘饰联珠纹和凸棱各一周。当径 10.4、边廓宽 1.1、厚 1.2 厘米（图 3-111，3）。

莲花纹 5件。均残。当心饰莲花纹，花心外凸。

闸口⑥：488-1，当面边缘饰联珠纹和凸棱各一周。当径 9.7、边廓宽 1、厚 1.3 厘米（图 3-112，1）。

图 3-112 明代瓦当

1.闸口⑥：488-1 2.闸口⑥：488-2 3.闸口⑥：342

0   4厘米

图 3-113　明代瓦当

1.闸口⑥：544　2.ⅡT0407②：1-1

0   4厘米

图 3-114　明代瓦当

1.闸口⑥：543　2.ⅡT0507②：2

0   4厘米

闸口⑥：488-2，当面边缘饰凸棱两周。当径 8.3、边廓宽 0.5、厚 1.1 厘米（图 3-112，2）。

闸口⑥：342，当面边缘饰凸棱一周。当径 10.5、边廓宽 0.5、厚 1.2 厘米（图 3-112，3）。

闸口⑥：544，当径 9.6、边廓宽 0.6、厚 1 厘米（图 3-113，1）。

ⅡT0407②：1-1，花心残，当面边缘联珠纹和凸棱各一周。当径 9.1、边廓宽 0.6、厚 1.4 厘米（图 3-113，2）。

花卉纹　2件。均残。当心饰花卉纹，花心外凸，当面边缘饰凸棱一周。

闸口⑥：543，当径 11.8、边廓宽 1.1、厚 0.9 厘米（图 3-114，1）。

ⅡT0507②：2，当径 10.2、边廓宽 0.6、厚 1.2 厘米（图 3-114，2）。

（8）花纹砖

3件。均残。呈长方体。

ⅡT0405②：2，砖面饰高浮雕花叶纹，花瓣居中，花叶向两边展开。长 25.3、宽 10.3、厚 3.1 厘米（图 3-115，1）。

ⅡT0408②：4，砖面饰忍冬纹，上下边缘饰凸棱。长 15.9、宽 4.6、厚 3 厘米（图 3-115，2）。

闸口⑥：541，砖面饰忍冬纹，上下边缘饰宽凸棱。残长 10.1、宽 6.6、厚 2.8 厘米（图 3-115，3）。

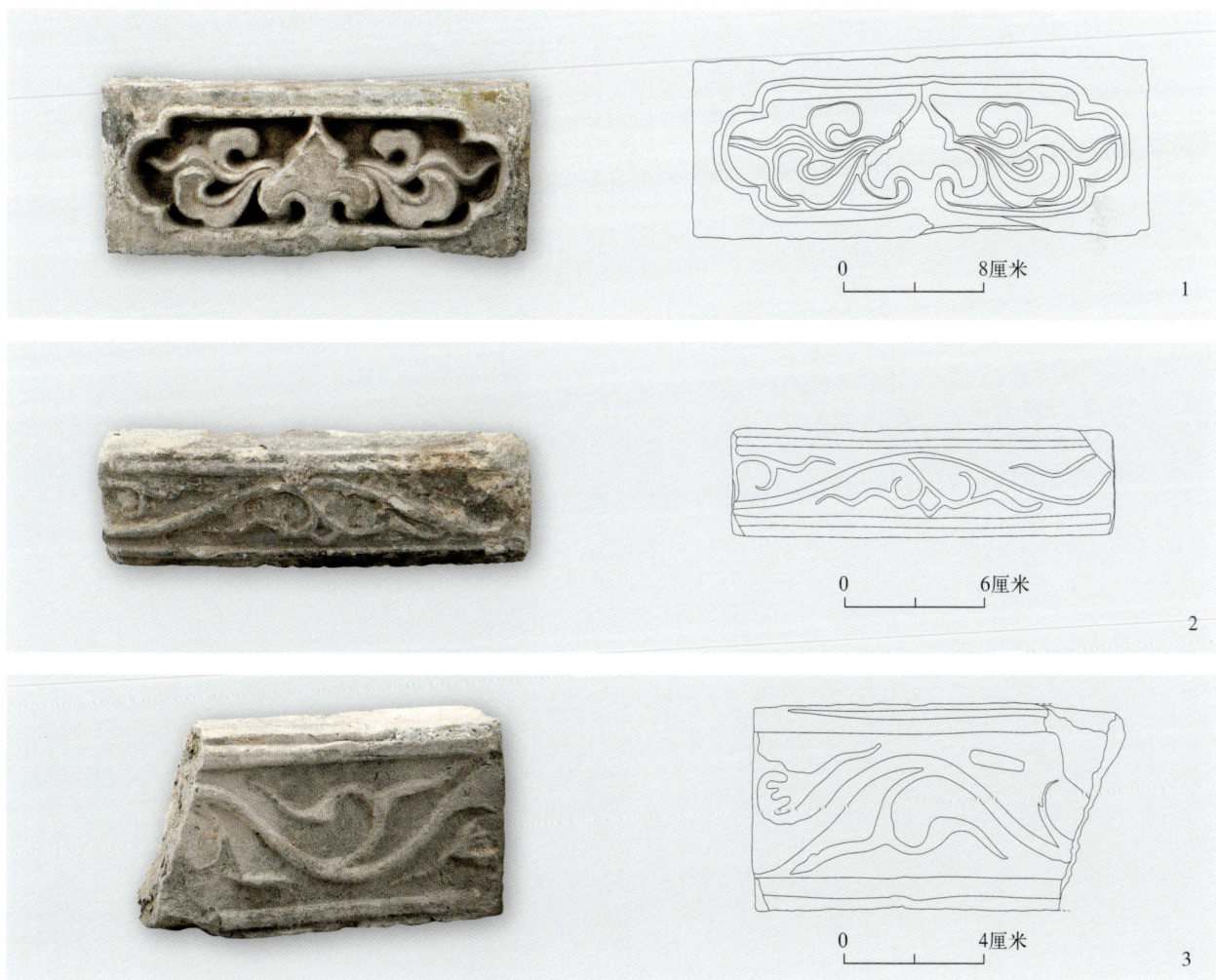

图 3-115　明代花纹砖

1.ⅡT0405②：2　2.ⅡT0408②：4　3.闸口⑥：541

（9）滴水

兽面纹　2件。均残。滴面饰兽面纹，额际有鬃无犄，兽面略凸，双耳上竖，圆眼，咧嘴，上嘴两颗獠牙，吻部下方饰卷须。兽面边缘饰凸棱。

T1⑤：51，下沿呈连弧三角状，眉脊上仰，单排齿。残长13.6、残宽8.7、残厚0.6厘米（图3-116，1）。

ⅡT0606②：2，上沿呈圆弧状，下沿呈连弧三角状。长17.4、高9.6、厚1.2、板瓦残长4.5厘米（图3-116，2）。

菊花纹　1件。

ⅠT0214②：2，残。上沿呈弧形，下沿呈连弧三角状。滴面饰菊花纹，花瓣居中，枝叶向两边展开，

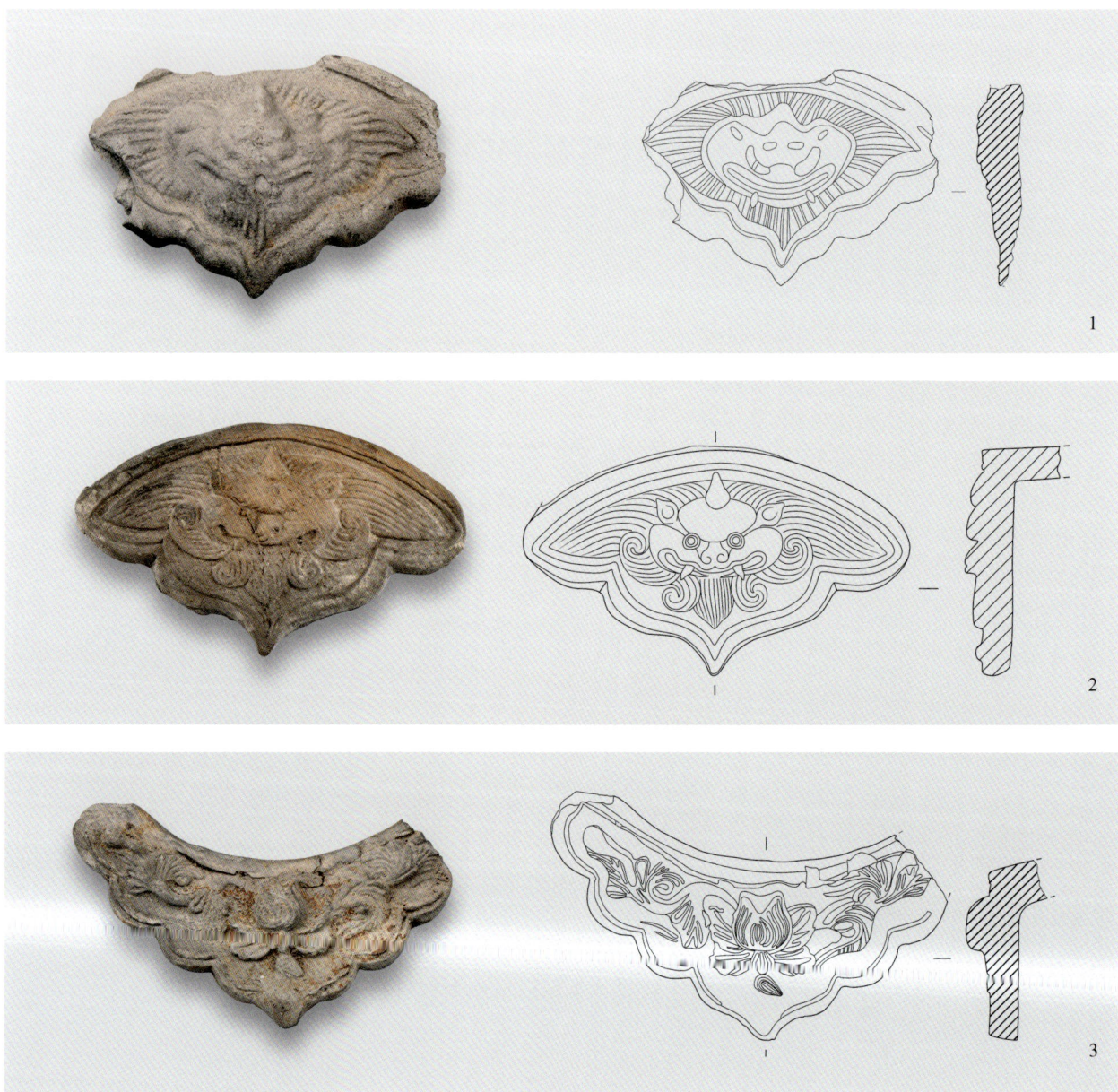

图3-116　明代滴水

1.T1⑤：51　2.ⅡT0606②：2　3.ⅠT0214②：2

花纹边缘饰凸棱。残长 17.8、高 7.9、厚 1.3 厘米（图 3-116，3）。

莲花纹　2 件。均残。上沿呈弧形，下沿呈连弧三角状。滴面饰莲花纹，花瓣居中，枝叶向两边展开，花纹边缘饰凸棱。

ⅡT0609 ②：1，长 18.6、高 1、厚 1.1、板瓦残长 9 厘米（图 3-117，1）。

ⅡT0806 ②：1，花纹边缘饰两道凸棱。残长 13.5、高 7.3、厚 1、板瓦残长 11.2 厘米（图 3-117，2）。

牡丹纹　6 件。上沿呈圆弧状，下沿呈连弧三角状。滴面饰牡丹纹，花瓣居中，枝叶向两边展开，花纹边缘饰凸棱。

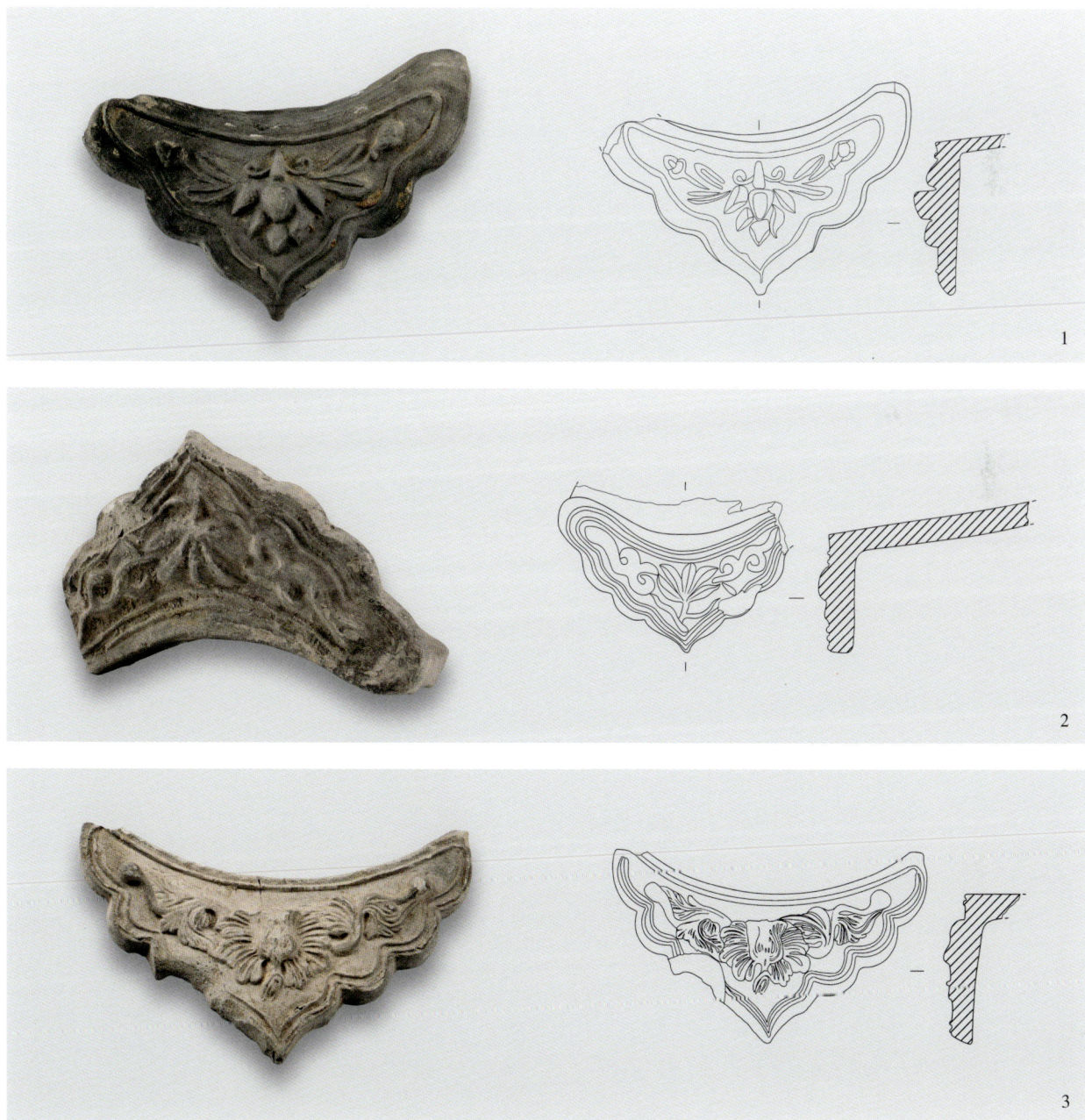

图 3-117　明代滴水

0　　　　　8厘米

1. ⅡT0609②：1　2. ⅡT0806②：1　3. ⅡT0606②：8

ⅡT0606②：8，残。残长 19.4、高 8.6、厚 1.3、板瓦残长 2.1 厘米（图 3-117，3）。

ⅡT0506②：1，完整。板瓦部分呈圆弧状，表面有波纹。长 15.8、高 7.4、厚 1.1、板瓦长 12.1 厘米（图 3-118，1）。

ⅡT0407②：2，残。残长 11.6、高 6、厚 1.3 厘米（图 3-118，2）。

ⅡT0606②：1，完整。长 18.6、高 9.6、厚 1 厘米（图 3-118，3）。

（11）其他建筑构件

河砖　2 件。呈长方体状。

闸口⑥：272，完整。素面。长 47、宽 24、高 17.5 厘米（图 3-119，1）。

闸口⑥：458，边角微残。一侧反向模印"宿迁县"阳纹。长 22.5、宽 17.5、高 11.5 厘米（图 3-119，2）。

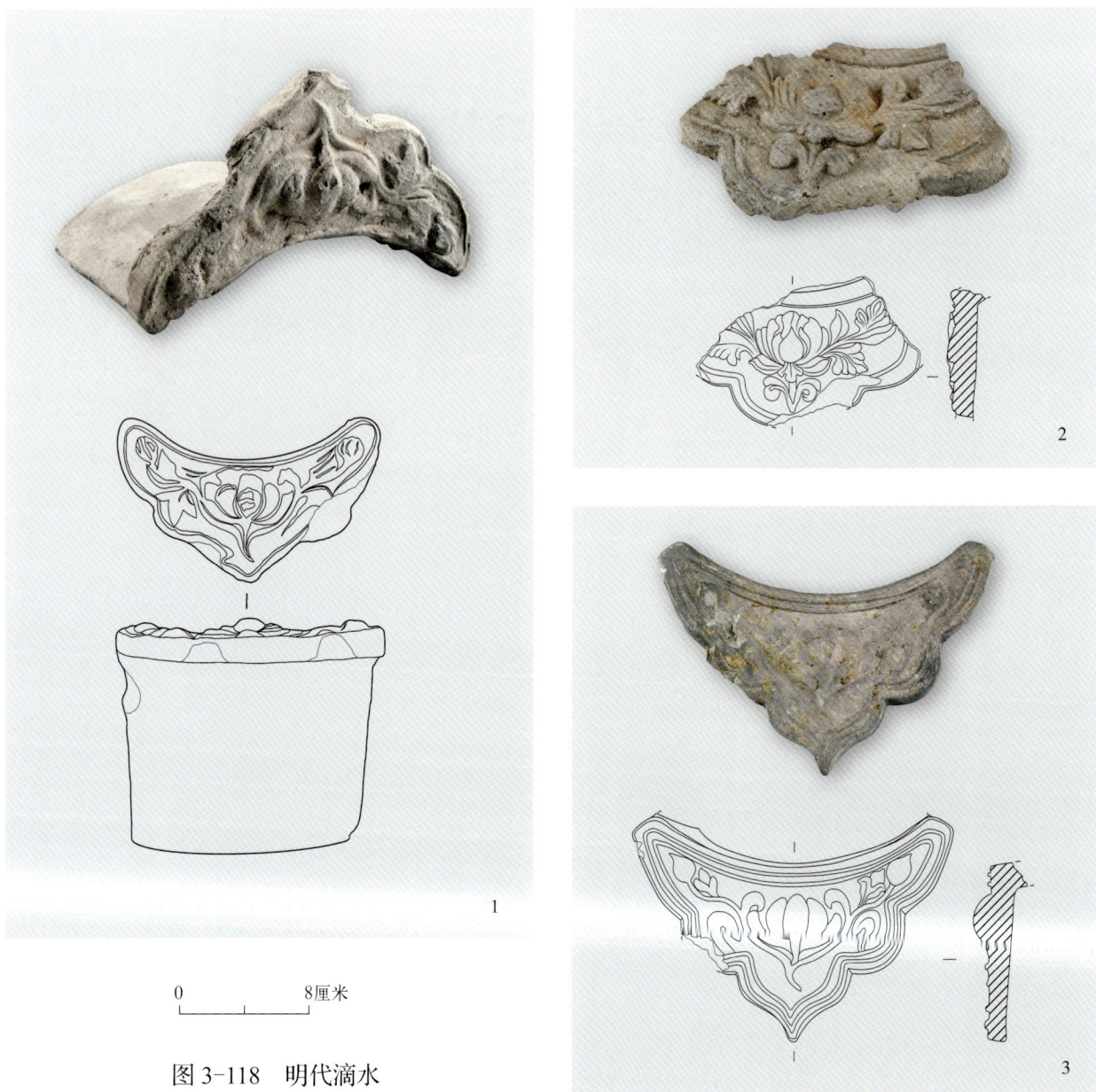

0   8厘米

图 3-118　明代滴水

1. ⅡT0506②：1　2. ⅡT0407②：2　3. ⅡT0606②：1

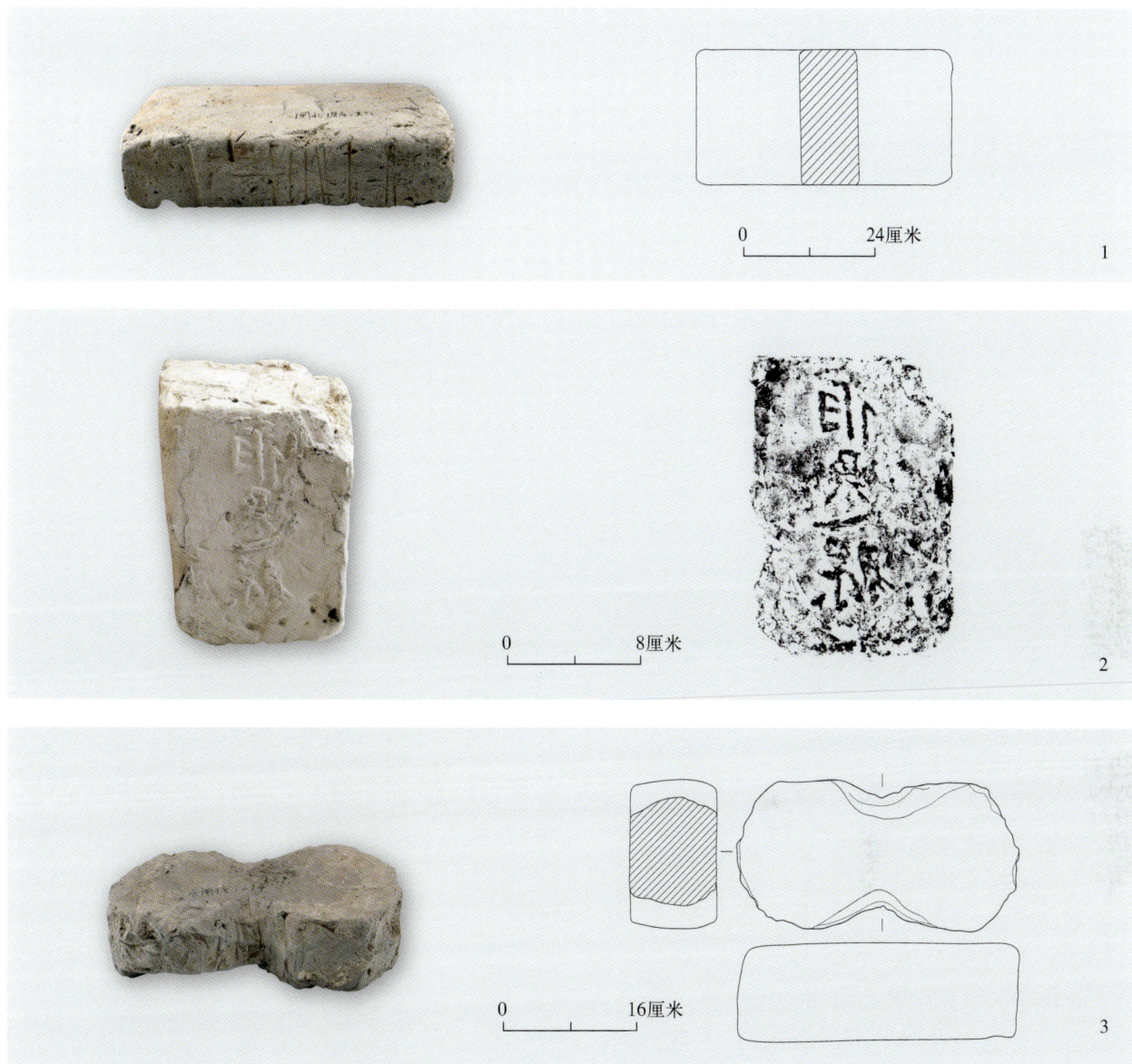

图 3-119 明代砖

1~2.河砖（闸口⑥：272、闸口：458） 3.异形砖（闸口⑥：274）

异形砖 1件。

闸口⑥：274，完整。呈对称蝶状，横截面为长方形。素面。长 35.5、宽 17.1、厚 11.4 厘米（图 3-119，3）。

砖雕配件 4件。大多残。呈柱状，有条形榫。柱面呈竹节状，每节均饰两周凸棱。节内饰对称莲瓣纹，莲瓣边缘雕饰两道浅凹槽。

ⅡT0606②：7，完整。高 11.2 厘米（图 3-120，1）。

兽尾构件 2件。均残。表面雕饰鬃毛纹。

闸口⑥：539，呈多段弧形，残长 12.6 厘米（图 3-120，2）。

闸口⑥：540，尾端上翘，残长 9.8 厘米（图 3-120，3）。

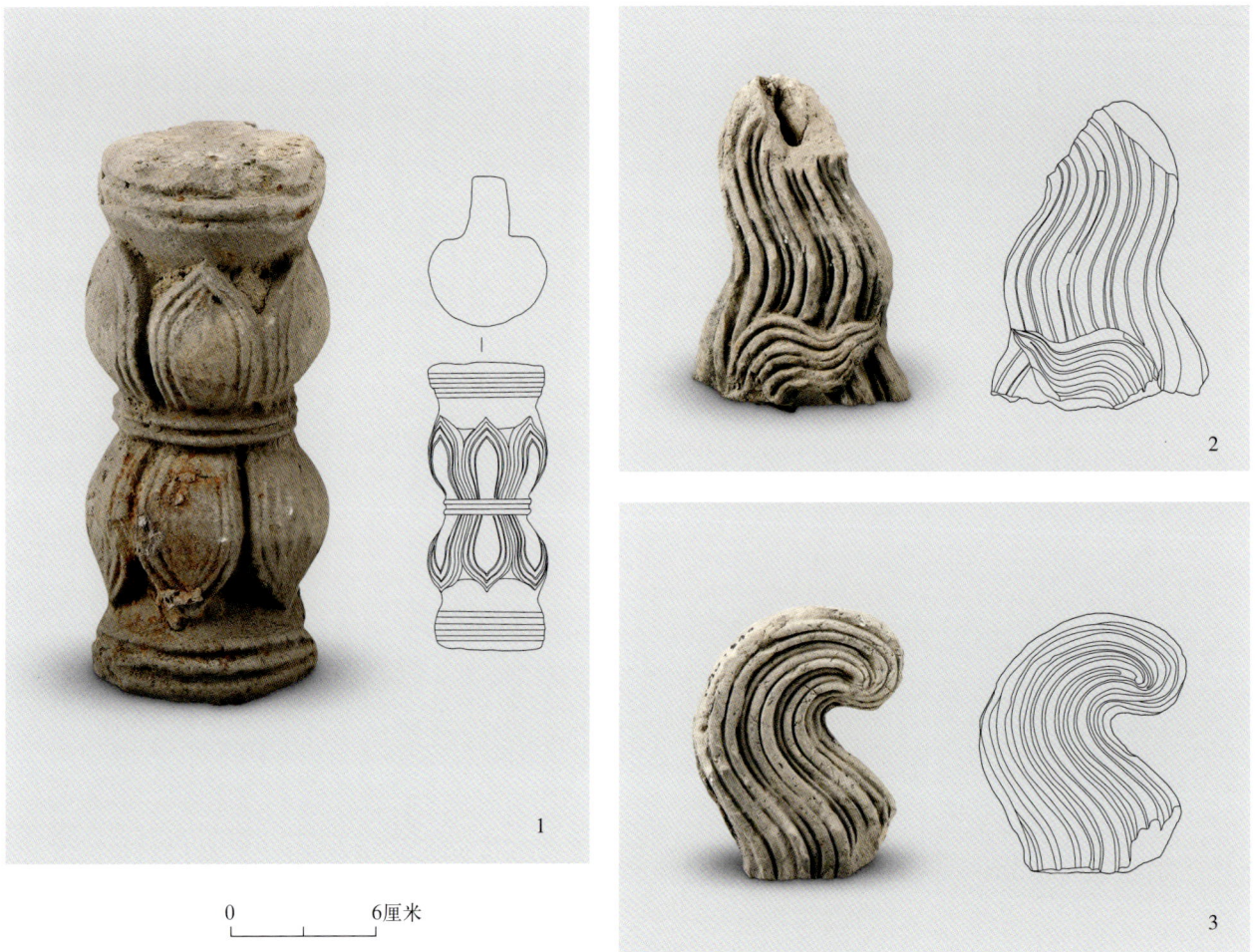

图 3-120　明代砖雕配件、兽尾构件

1.砖雕配件（ⅡT0606②：7）　2～3.兽尾构件（闸口：539、540）

（二）石器

板闸遗址中出土石器较少，共 10 件，有权、杵、臼、穿孔石器、石块、桩、盘等。

权　1 件。

闸口⑥：428，完整。呈馒首状，表面有凹陷，上部有穿孔，平底。底径 7.2、高 6.7 厘米（图 3-121，1）。

杵　1 件。

闸口⑥：116，呈圆柱状，两端圆钝，表面磨光，略有气孔。长 13.4、直径 3.6 厘米（图 3-121，2）。

臼　2 件。直口，口部有流，斜弧腹，高足，平底。表面有凿痕。

闸口⑥：387，完整。方唇。口径 12.6、底径 8.6、高 9.4 厘米（图 3-121，3）。

闸口⑥：273，残。方圆唇，腹部有裂。口径 12.8、底径 8.4、高 8.8 厘米，内深 7.1 厘米（图 3-121，4）。

穿孔石器　1 件。

闸口⑥：30，完整，呈长板状，表面经过打磨，一端宽，一端窄，窄端有圆孔。长 6.9、宽 2.8～3.2、厚 0.75 厘米（图 3-121，5）。

带字石块　1 件。

闸口⑥：27，残。一面平整，刻有篆书"闸"字，另一面为不规则破碎断裂痕。长 11.1、宽 10.2

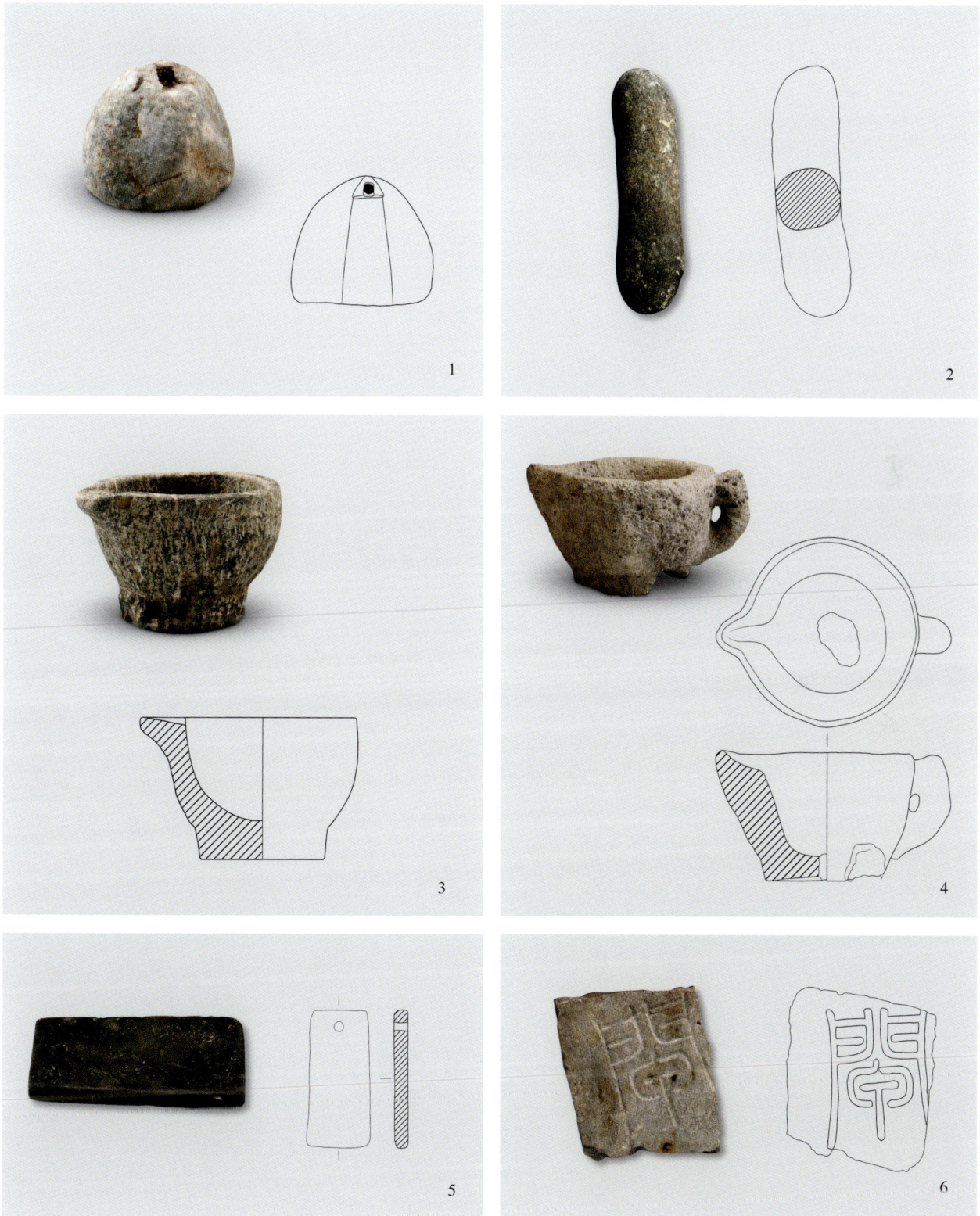

图 3-121 明代石器

1.石权（闸口⑥：428） 2.石杵（闸口⑥：116） 3～4.石臼（闸口⑥：387、273） 5.穿孔石器（闸口⑥：30） 6.带字石块（闸口⑥：27）

厘米（图 3-121，6）。

桩　3 件。完整。长条形，上端为圆柱形，有绳索磨痕，中下部为长方体。

闸口②：566-1，长 2.14、宽 0.36、厚 0.25 米（图 3-122，1）。

闸口②：566-2，长 1.76、宽 0.45、厚 0.27 米（图 3-122，2）。

闸口②：566-3，长 1.87、宽 0.52、厚 0.25 米（图 3-122，3）。

盘　1 件。

闸口⑥：7，残损，圆形，中间有一长方形孔，边缘有四小孔伸向外侧。直径 0.96、厚 0.17 米，孔长 34.4、宽 21 厘米（图 3-122，4）。

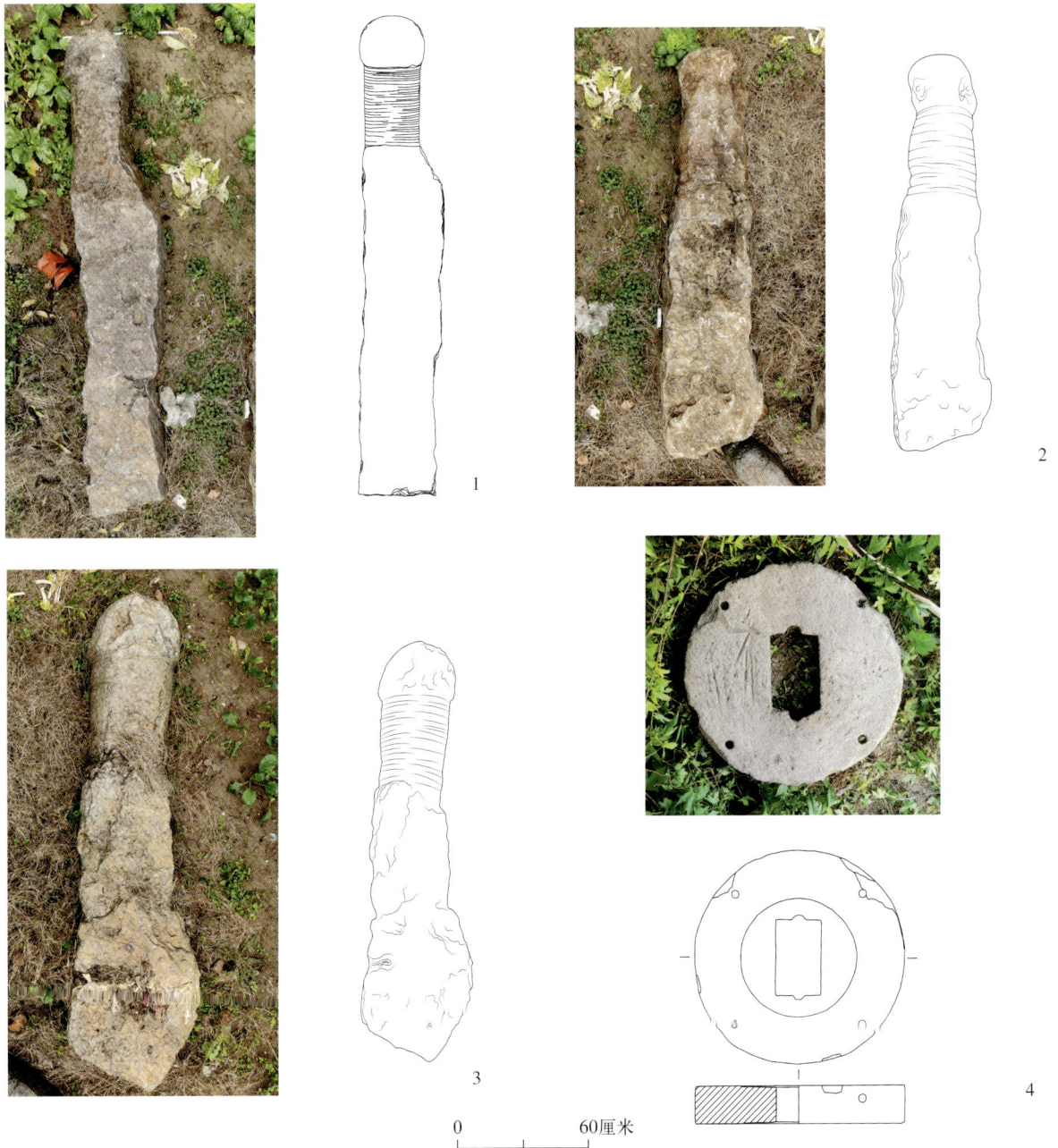

0　　　　　60厘米

图 3-122　明代石构件
1～3.桩（闸口②：566-1～566-3）　4.盘（闸口⑥：7）

（三）骨、角、蚌器

11件。骨、角、蚌器的数量和种类皆较少，有骨料、骨簪、骨秤杆、骨饰件、角器和蚌壳等。

骨料 4件。完整。呈倒锥状，尖端经打磨呈扁平状，尾端保留原始骨面的海绵状骨松质，边缘有明显切割痕迹。

ⅡT0405②：1-1，长15.8厘米（图3-123，1）。

骨簪 3件。

T1⑤：47，残。器身呈柱状，横截面呈方圆形。表面经打磨较为光滑，尖端圆钝。残长9厘米（图3-123，2）。

闸口⑥：318，残。呈圆柱状，尾端为钉帽状扁平头。器表原经打磨，现已密布划痕。残长9.6厘米（图3-123，3）。

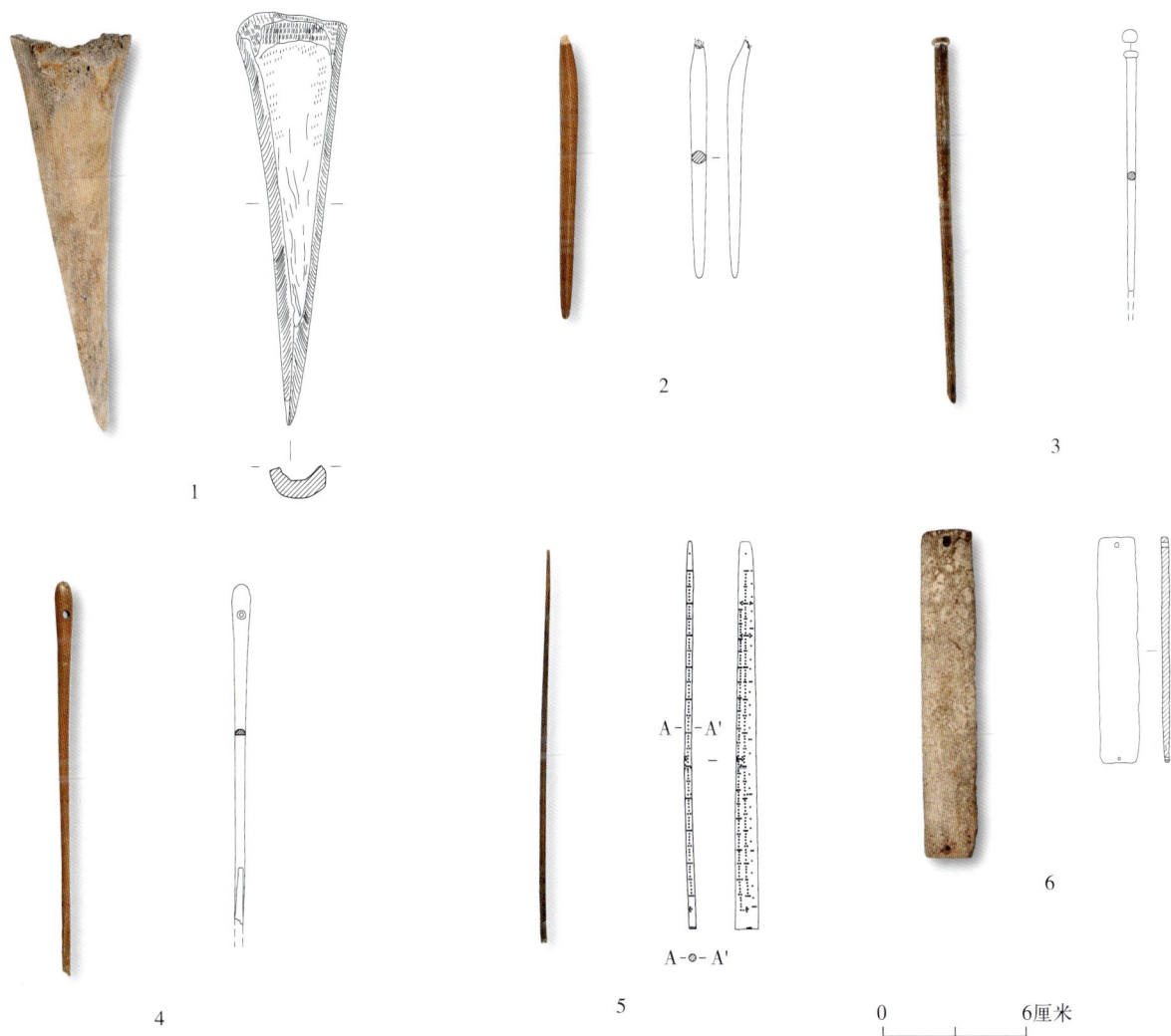

图3-123 明代骨器

1.骨料（ⅡT0405②：1-1） 2～4.骨簪（T1⑤：47、闸口⑥：318、447） 5.骨秤杆（闸口⑥：450） 6.骨饰件（闸口⑥：108）

闸口⑥：447，残。呈扁平状，一面弧，一面平，尾端较宽且有孔，尖端已残断。残长13.5厘米（图3-123，4）。

骨秤杆 1件。

闸口⑥：450，残。呈纤细圆柱状，表面刷漆并镶有称星。残长15.8厘米（图3-123，5）。

骨饰件 1件。

闸口⑥：108，完整。呈扁平长方体状，一面弧，一面平，两端有孔，表面较为粗糙。长8.7、宽1.6厘米（图3-123，6）。

角器 1件。

闸口⑥：449，残。呈方形锥状，尾端磨光，横截面呈方形。残长8.6厘米（图3-124，1）。

蚌壳 1件。

闸口⑥：482，完整。表面乳白色。长10.8、宽9.7、厚0.2厘米（图3-124，2）。

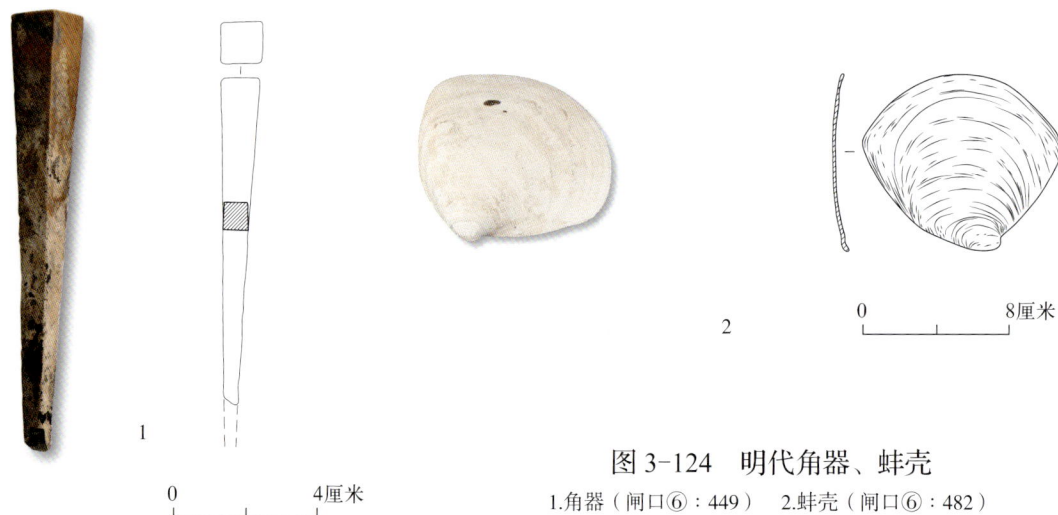

图3-124 明代角器、蚌壳
1.角器（闸口⑥：449） 2.蚌壳（闸口⑥：482）

（三）木器

9件。有箸、塞子、榫头、梳子及其他木器。

箸 2件，均残。

闸口②：2，仅余下段，呈细长圆柱状。头部较尖，中部呈波浪状起伏，纹络似竹节。残长11.4厘米（图3-125，1）。

闸口⑥：367，仅余上段，呈四棱柱状。残长17.4厘米（图3-125，2）。

塞子 1件。

闸口⑥：481，完整。呈蘑菇形，上部为大圆柱体，下部为小圆柱体。顶径4.6、底径2.4、高5.2厘米（图3-125，3）。

榫头 2件。

闸口⑥：459，残。略呈长方体，表面干裂露出木材原始纹理。长21、宽6.2、厚4.5厘米（图3-125，4）。

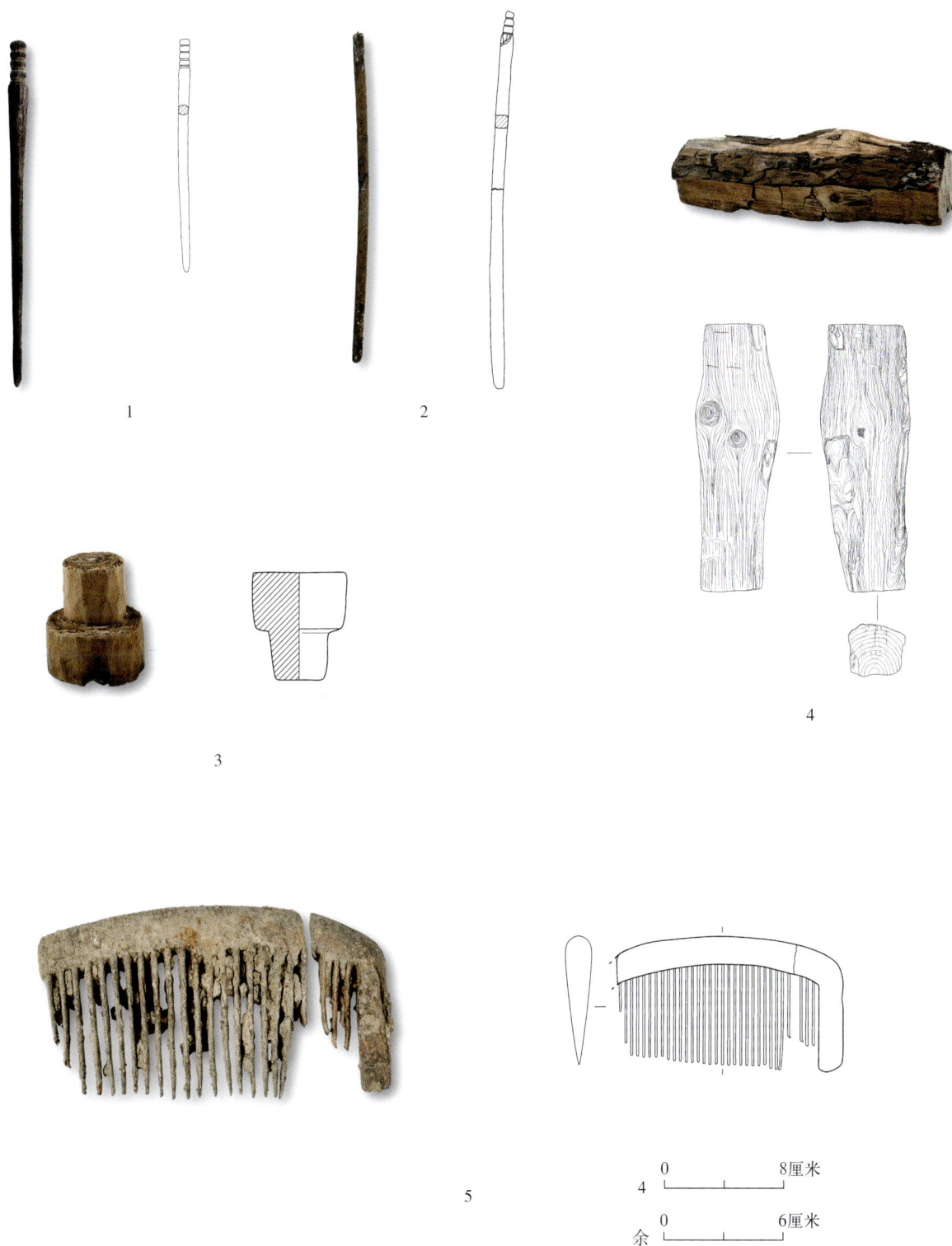

图 3-125 明代木器

1、2.箸（闸口：2、闸口：367） 3.塞（闸口：481） 4.榫头（闸口：459） 5.梳（ⅡT0709②：2）

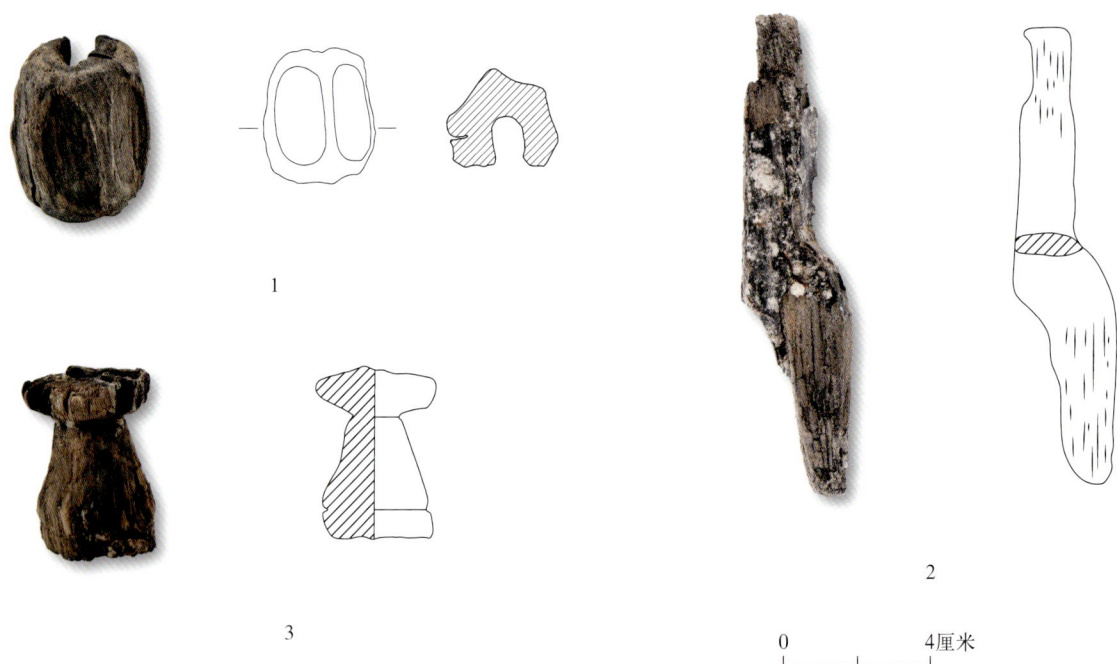

图 3-126　明代木器

1.闸口⑥：32　2.ⅡT0709②：1　3.ⅡT0610②：2

梳　1件。

ⅡT0709②：2，残。弧状梳背，梳齿呈扁锥状。残长 11.1、宽 6.3、厚 1.3 厘米（图 3-125，5）。

木器　3件。均残，用途不明。

闸口⑥：32，略呈六边形圆柱状，柱状孔贯通器身，器表有对称凹窝。长 3.2、直径 2.4 厘米（图 3-126，1）。

ⅡT0709②：1，不规则状，一端有榫头，表面漆皮脱落严重。长 12.1、厚 2.5 厘米（图 3-126，2）。

ⅡT0610②：2，整体呈蘑菇状。上部为圆饼形，下部为圆台休，下部近残断处有一道凹槽。残高 4.6 厘米（图 3-126，3）。

（四）铁器

遗址内出土铁器共有 1106 件，是数量最多、种类最为多样的器类。绝大多数出土于水闸底部（第⑥层），包括篙头、钉、勾刺、锥、箍、钻头、饰件、锭、吊环、锚、刀、叉、环、权、锥、凿、柄形器、篙钉、剪、针等生活用具，其中又以篙头及各类钉为数最多。

（1）篙头

335 件。均锈蚀严重。整体呈空心圆锥状，系以扇形铁片卷制而成，器身侧面可观察到明显接缝。尖端多呈棱锥状，少量为圆锥状。后接木柄，少数仍有残留，部分尾端可见用以穿钉的圆孔。

闸口⑥：33，尖端呈棱锥状。口径 4.2、长 6.9、厚 0.2 厘米（图 3-127，1）。

闸口⑥：34，尖端呈棱锥状，近尾端处见有两处对称分布的钉孔。口径 5.3、长 11.3、厚 0.2、孔径 0.54 厘米（图 3-127，2）。

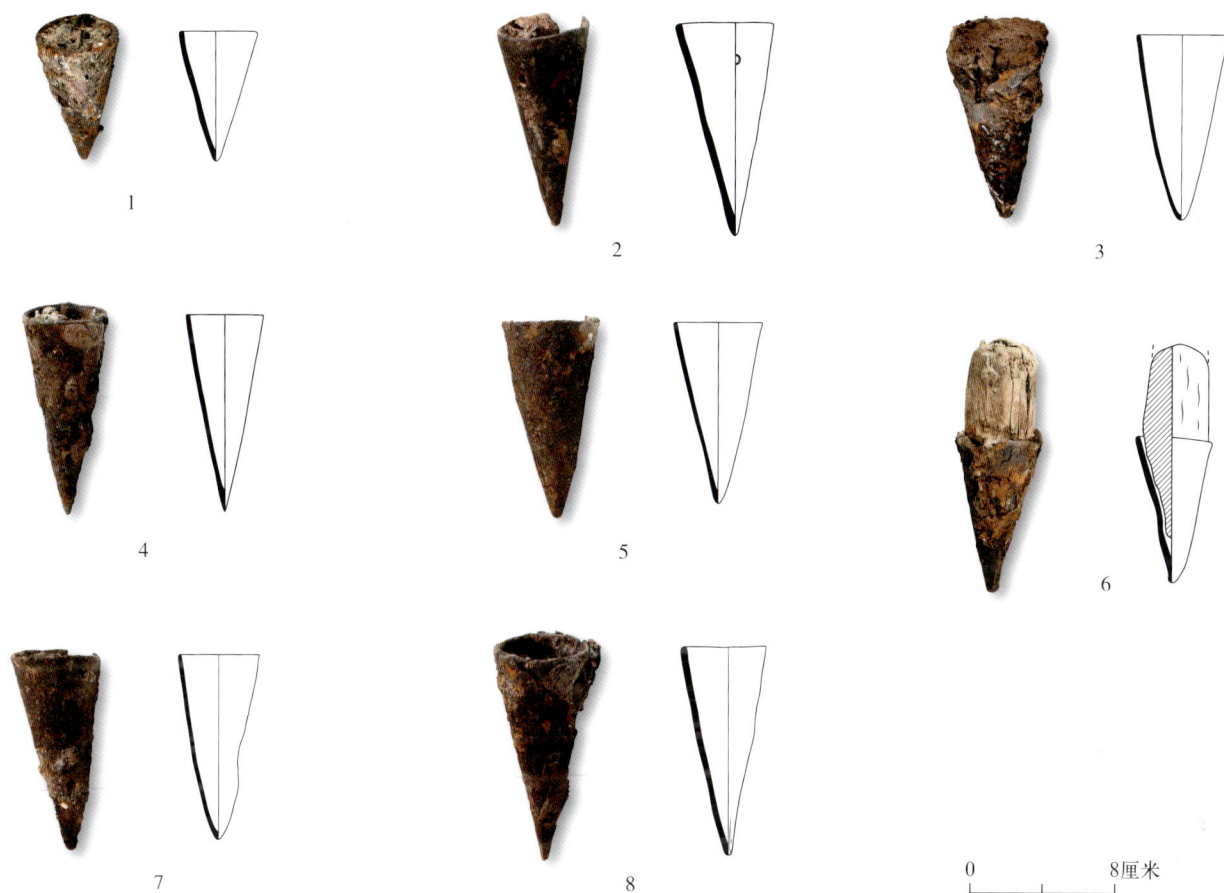

图 3-127 明代铁篙头

1.闸口⑥：33 2.闸口⑥：34 3.闸口⑥：46 4.闸口⑥：48 5.闸口⑥：49 6.闸口⑥：61 7.闸口⑥：70 8.闸口⑥：91

闸口⑥：46，尖端呈棱锥状。口径 5、长 9.8、厚 0.2 厘米（图 3-127，3）。

闸口⑥：48，尖端呈棱锥状。口径 4.2、长 10.4、厚 0.2 厘米（图 3-127，4）。

闸口⑥：49，尖端呈棱锥状。口径 4.8、长 9.6、厚 0.2 厘米（图 3-127，5）。

闸口⑥：61，尖端呈棱锥状，后残留有部分木柄。口径 4.2、长 7.7、厚 0.2、全长 12.5 厘米。

闸口⑥：70，尖端呈棱锥状。口径 4.4、长 9.8、厚 0.2 厘米（图 3-127，7）。

闸口⑥：91，尖端呈棱锥状。口径 4.6、长 11.1、厚 0.2 厘米（图 3-127，8）。

闸口⑥：92，尖端呈棱锥状。口径 3.9、长 10.7、厚 0.2 厘米（图 3-128，1）。

闸口⑥：93，尖端呈棱锥状。口径 4.8、长 8.9、厚 0.2 厘米（图 3-128，2）。

闸口⑥：117，尖端呈棱锥状，尾端外翻。口径 4.4、长 11、厚 0.2 厘米（图 3-128，3）。

闸口⑥：126，尖端呈棱锥状，后残留有小段木柄。口径 3.9、长 11.5、厚 0.2、全长 12.8 厘米（图 3-128，4）。

闸口⑥：135，尖端呈棱锥状。口径 4.4、长 9.3、厚 0.2 厘米（图 3-128，5）。

闸口⑥：136，尖端呈棱锥状。口径 4、长 8、厚 0.2 厘米（图 3-128，6）。

闸口⑥：159，尖端呈棱锥状。口径 4、长 8.4、厚 0.2 厘米（图 3-128，7）。

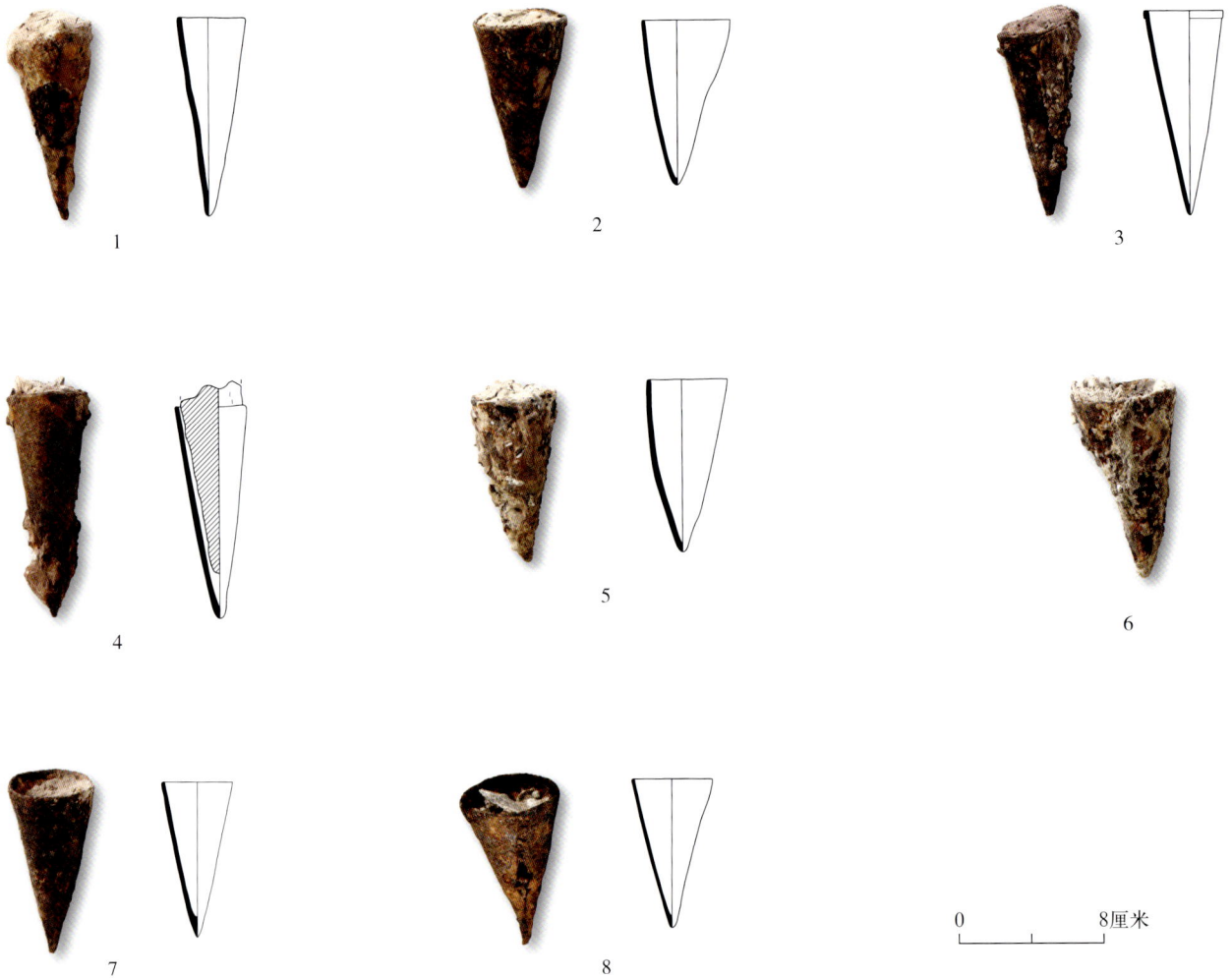

图 3-128 明代铁篙头

1.闸口⑥：92 2.闸口⑥：93 3.闸口⑥：117 4.闸口⑥：126 5.闸口⑥：135 6.闸口⑥：136 7.闸口⑥：159 8.闸口⑥：202

闸口⑥：202，尖端呈棱锥状。口径 4.8、长 9.6、厚 0.2 厘米（图 3-128，8）。

闸口⑥：204，尖端呈棱锥状。口径 4.5、长 10、厚 0.2 厘米（图 3-129，1）。

闸口⑥：213，尖端呈棱锥状，后残留有较长木柄。口径 4.6、长 9.3、厚 0.2、全长 50.5 厘米（图 3-129，2）。

闸口⑥：290，尖端呈棱锥状。口径 4.2、长 10.9、厚 0.2 厘米（图 3-129，3）。

闸口⑥：296-1，尖端呈棱锥状，后残留有小段木柄。口径 4.1、长 9.8、厚 0.2、全长 11 厘米（图 3-129，4）。

闸口⑥：311-1，尖端呈棱锥状。口径 4.3、长 9.9、厚 0.2 厘米（图 3-129，5）。

闸口⑥：326-1，尖端呈棱锥状。口径 4.9、长 12、厚 0.2 厘米（图 3-129，6）。

闸口⑥：60，尖端呈圆锥状，内残留有小段木柄。口径 5.2、长 11.9、厚 0.2 厘米（图 3-129，7）。

闸口⑥：77，尖端呈圆锥状。口径 4.2、长 9.5、厚 0.2 厘米（图 3-129，8）。

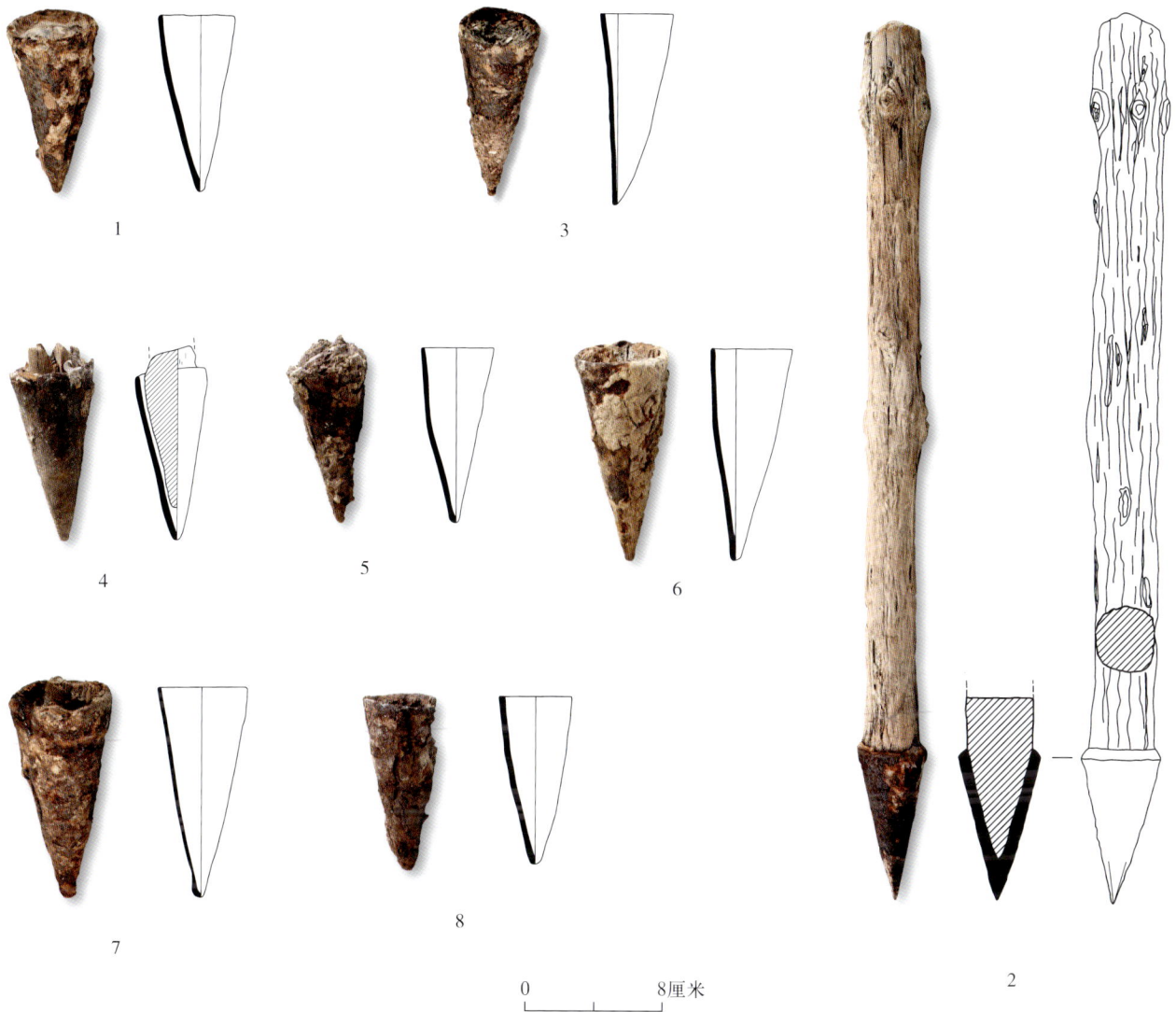

图 3-129 明代铁篙头

1.闸口⑥：204　2.闸口⑥：213　3.闸口⑥：290　4.闸口⑥：296-1　5.闸口⑥：311-1　6.闸口⑥：326-1　7.闸口⑥：60　8.闸口⑥：77

（2）钉

285 件。均锈蚀严重。钉身呈四棱锥状，钉头扁平或弯折成结，部分器体长而厚重，另有上接伞状钉帽者 1 枚。

闸口⑥：44-1，钉头扁平，近圆形，略残。长 6.1、宽 1、厚 0.4、钉头长 1、厚 0.14 厘米（图 3-130，1）。

闸口⑥：44-2，钉头扁平，近圆形。长 7.4、宽 1.3、厚 0.3、钉头长 1.4、厚 0.15 厘米（图 3-130，2）。

闸口⑥：44-3，钉头扁平，近圆形。长 11.9、宽 1.3、厚 0.5、钉头长 1.5、厚 0.23 厘米（图 3-130，3）。

闸口⑥：8，器体厚重，钉身弯曲，钉头弯折。长 31、宽 1.6、厚 1.8 厘米（图 3-130，4）。

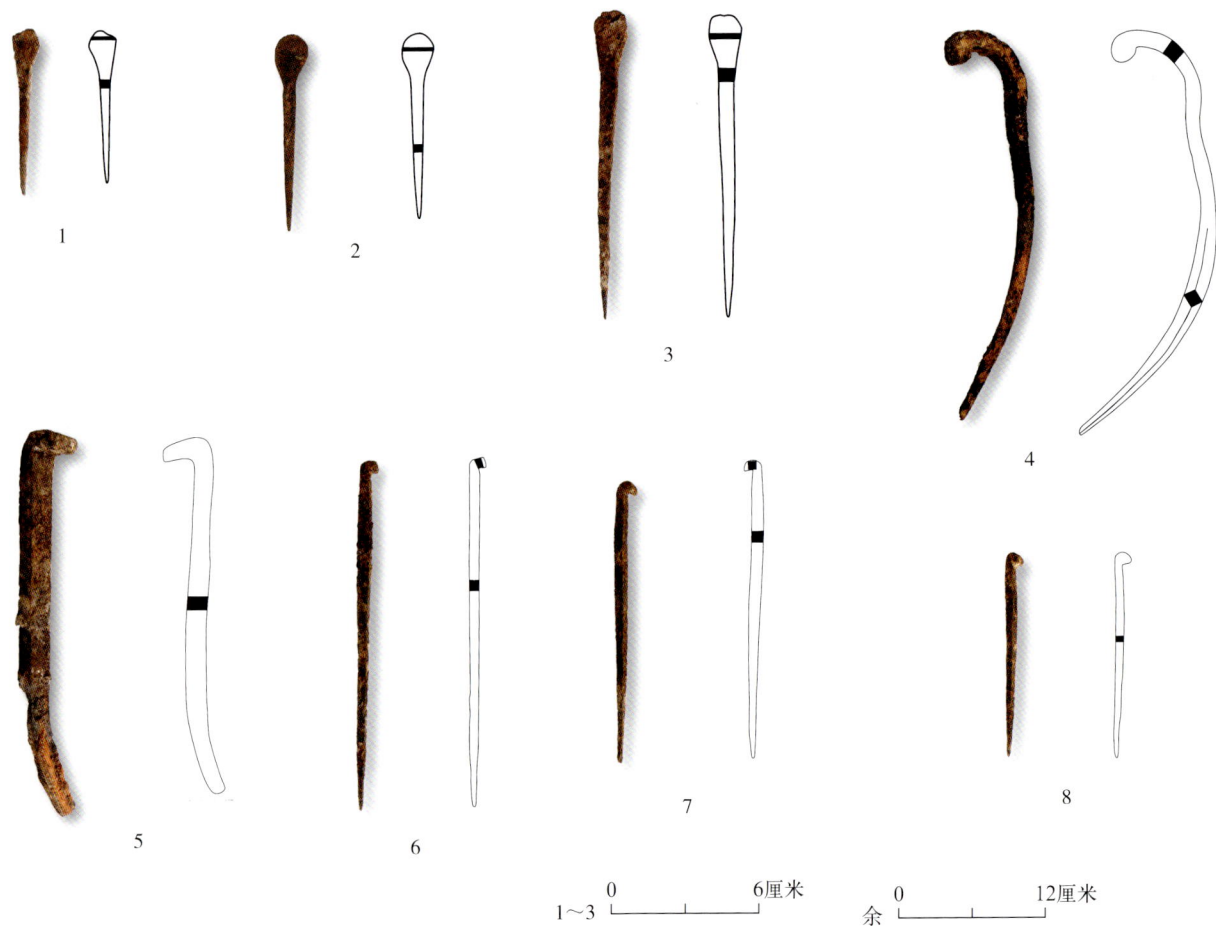

图 3-130　明代铁钉

1.闸口⑥：44-1　2.闸口⑥：44-2　3.闸口⑥：44-3　4.闸口⑥：8　5.闸口⑥：78　6.闸口⑥：456-3　7.闸口456-4　8.闸口⑥：456-5

闸口⑥：78，器体厚重，尖端残，钉身下部略有弯曲，钉头弯折。残长 28.3、宽 2、厚 1.5 厘米（图 3-130，5）。

闸口⑥：456-3，钉头弯折。长 27.7、宽 1.4、厚 0.9 厘米（图 3-130，6）。

闸口⑥：456-4，钉头弯折。长 23.5、宽 1.4、厚 0.9 厘米（图 3-130，7）。

闸口⑥：456-5，钉头弯折。长 16.5、宽 0.8、厚 0.6 厘米（图 3-130，8）。

闸口⑥：456-6，钉身略弯曲，钉头弯折。长 15.3、宽 0.7、厚 0.7 厘米（图 3-131，1）。

闸口⑥：456-7，钉头弯折。长 13.7、宽 0.8、厚 0.6 厘米（图 3-131，2）。

闸口⑥：262，钉头残，器体厚重，器身弯曲。残长 25.6、宽 1.6、厚 1.5 厘米（图 3-131，3）。

闸口⑥：456-1，钉头残，器体厚重。残长 26.4、宽 1.8、厚 1.8 厘米（图 3-131，4）。

闸口⑥：456-2，两端均残，器体厚重。残长 14.5、宽 1.9、厚 1.9 厘米（图 3-131，5）。

闸口⑥：456-8，钉头残。残长 12.1、宽 0.8、厚 0.8 厘米（图 3-131，6）。

闸口⑥：456-9，钉头残。残长 12、宽 0.9、厚 0.6 厘米（图 3-131，7）。

闸口⑥：456-10，钉头残。残长 12、宽 0.8、厚 0.5 厘米（图 3-131，8）。

闸口⑥：456-11，钉头残。残长 12、宽 0.6、厚 0.5 厘米（图 3-132，1）。

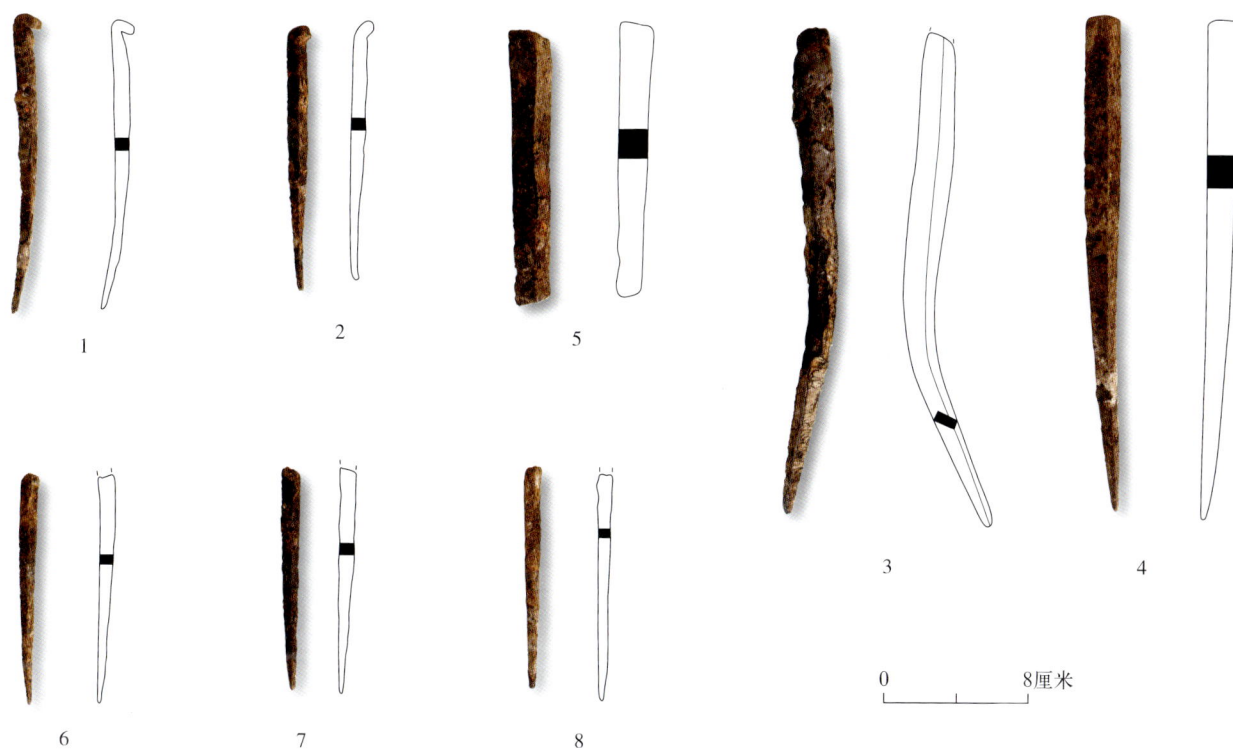

图 3-131 明代铁钉

1.闸口⑥：456-6 2.闸口⑥：456-7 3.闸口⑥：262 4.闸口456-1 5.闸口⑥：456-2 6.闸口⑥：456-8 7.闸口⑥：456-9 8.闸口⑥：456-10

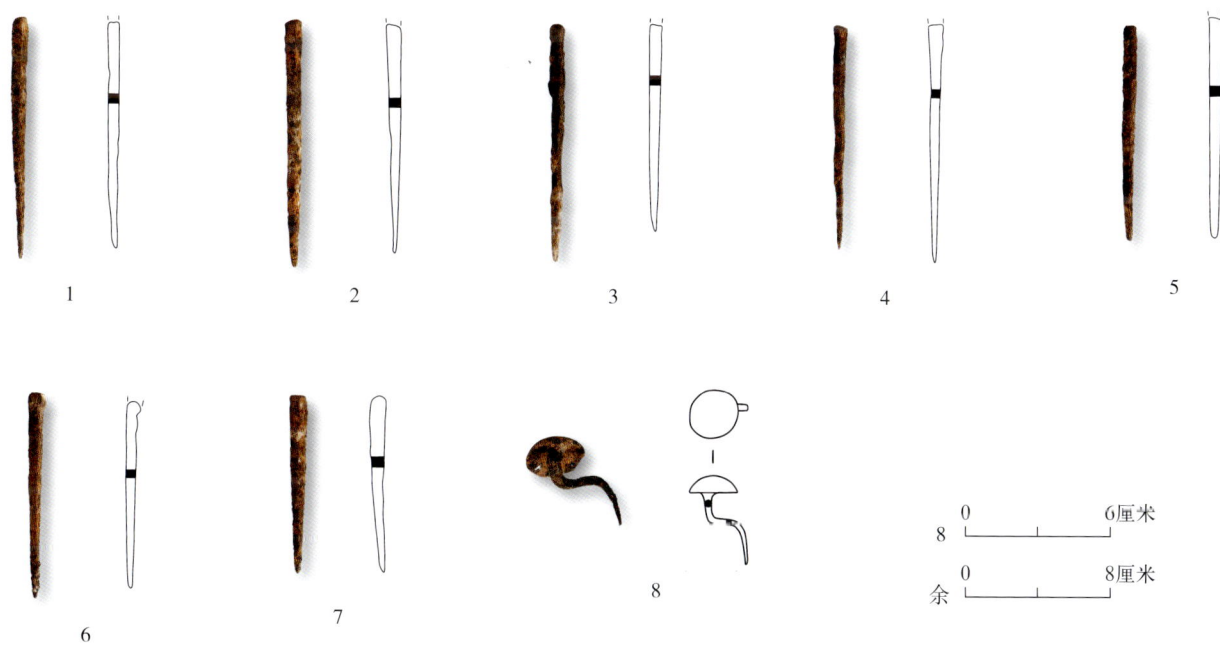

图 3-132 明代铁钉

1.闸口⑥：456-11 2.闸口⑥：456-12 3.闸口⑥：456-13 4.闸口⑥：456-14 5.闸口⑥：456-15 6.闸口⑥：456-16 7.闸口⑥：456-17 8.闸口⑥：278

闸口⑥：456-12，钉头残。残长12.2、宽0.8、厚0.5厘米（图3-132，2）。

闸口⑥：456-13，钉头残。残长10.8、宽0.7、厚0.5厘米（图3-132，3）。

闸口⑥：456-14，钉头残。残长12.6、宽0.8、厚0.5厘米（图3-132，4）。

闸口⑥：456-15，钉头残。残长11.7、宽0.7、厚0.6厘米（图3-132，5）。

闸口⑥：456-16，钉头残。残长9.9、宽0.7、厚0.5厘米（图3-132，6）。

闸口⑥：456-17，钉头残。长9.4、宽0.8、厚0.6厘米（图3-132，7）。

闸口⑥：278，钉身弯曲，呈圆锥状，上接一伞状钉帽。钉帽直径2、全长4、直径0.3厘米（图3-132，8）。

（3）骑马钉

87件。均锈蚀严重。完整者系柳叶状扁平铁片，两尖端向同侧平行弯折，部分钉身中部或两端有圆形穿孔。

闸口⑥：64，钉身略弯曲，一端残。钉身残长16.5、最宽处1.2、尖端长2.6、厚0.4厘米（图3-133，1）。

闸口⑥：148，一侧呈柳叶状，尖端弯折，中有一孔，另一侧呈四棱锥状，尖端残。钉身残长28、最宽处1.6、尖端长2.4、厚0.4厘米（图3-133，2）。

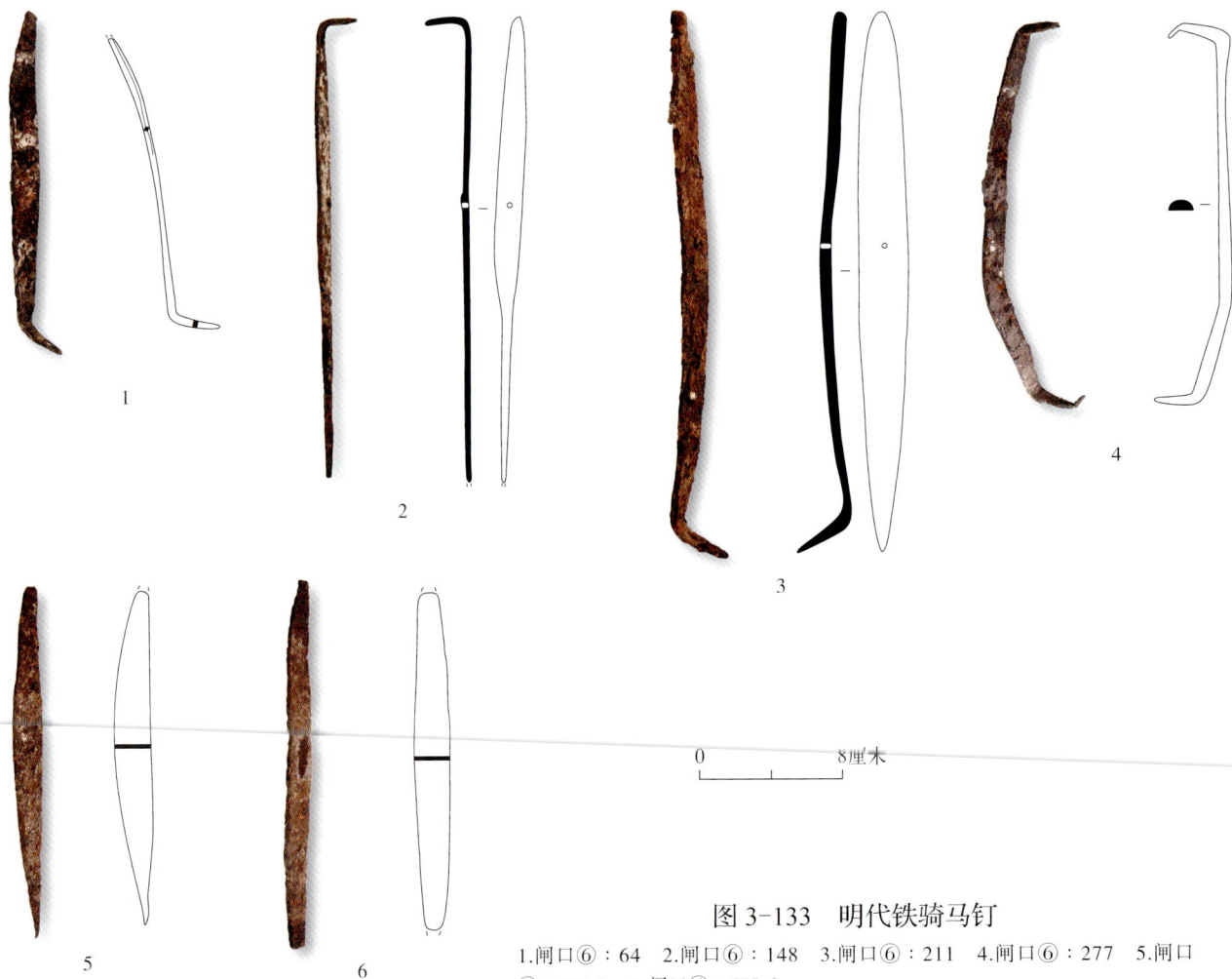

图3-133　明代铁骑马钉

1.闸口⑥：64　2.闸口⑥：148　3.闸口⑥：211　4.闸口⑥：277　5.闸口⑥：455-1　6.闸口⑥：455-2

闸口⑥：211，一端残，钉身正中有一圆孔。钉身残长 29.4、最宽处 2.8、尖端长 3.6、厚 0.55 厘米（图 3-133，3）。

闸口⑥：277，扭曲较重，钉身中部内侧平直，外侧略弧鼓。钉身长 20.6、最宽处 1.5、尖端长 2.6、厚 0.7 厘米（图 3-133，4）。

闸口⑥：455-1，一端残。残长 18.2、最宽处 2、厚 0.25 厘米（图 3-133，5）。

闸口⑥：455-2，两端残。残长 18.3、最宽处 2、厚 0.25 厘米（图 3-133，6）。

闸口⑥：455-3，一端残，钉身中部有一圆孔。残长 18.4、最宽处 1.9、尖端长 1.8、厚 0.45 厘米（图 3-134，1）。

闸口⑥：455-4，一端残。残长 16.2、最宽处 1.8、尖端长 1.8、厚 0.35 厘米（图 3-134，2）。

闸口⑥：455-5，钉身弯折，一端残。残长 17.8、最宽处 1.6、尖端长 3.1、厚 0.15 厘（图 3-134，3）。

闸口⑥：455-28，钉身弯折，两端各有一圆孔。长 25.8、最宽处 1.9、尖端长 3.1、厚 0.25 厘（图 3-134，4）。

闸口⑥：567，长 6.4、最宽处 1.1、尖端长 2、厚 0.2 厘米（图 3-134，5）。

闸口⑥：253，系两端尖锐的棱锥状铁条，弯折幅度较大，整体略呈“U”形。钉身长 6、最宽处 0.7、尖端长 5.1、厚 0.3 厘米（图 3-134，6）。

（4）勾刺

80 件。均锈蚀严重。系船篙底部构件，整体近似戈状，器身柄部竖直扁平，其上多见有圆形穿孔，尖端渐窄、厚，呈棱锥状或圆锥状，近尖端处横伸出弯曲如牛角状的钩部，其横截面多近长方形，

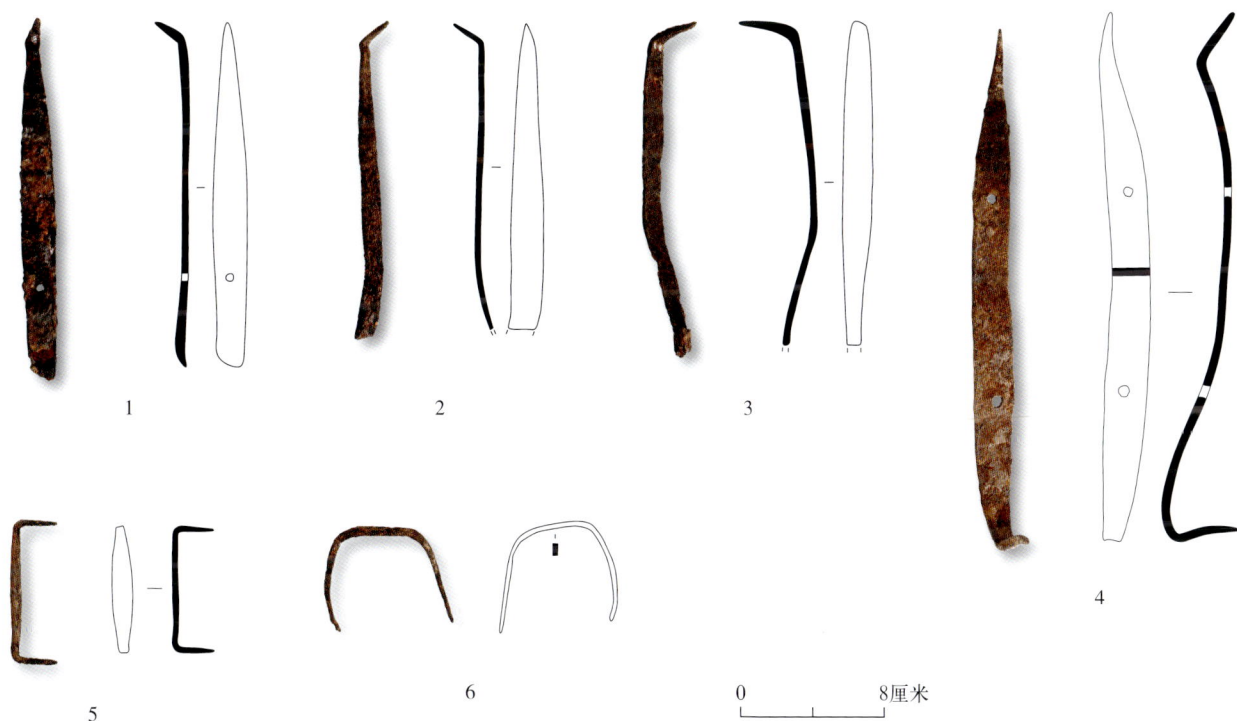

图 3-134　明代铁骑马钉

1.闸口⑥：455-3　2.闸口⑥：455-4　3.闸口⑥：455-5　4.闸口⑥：455-28　5.闸口⑥：567　6.闸口⑥：253

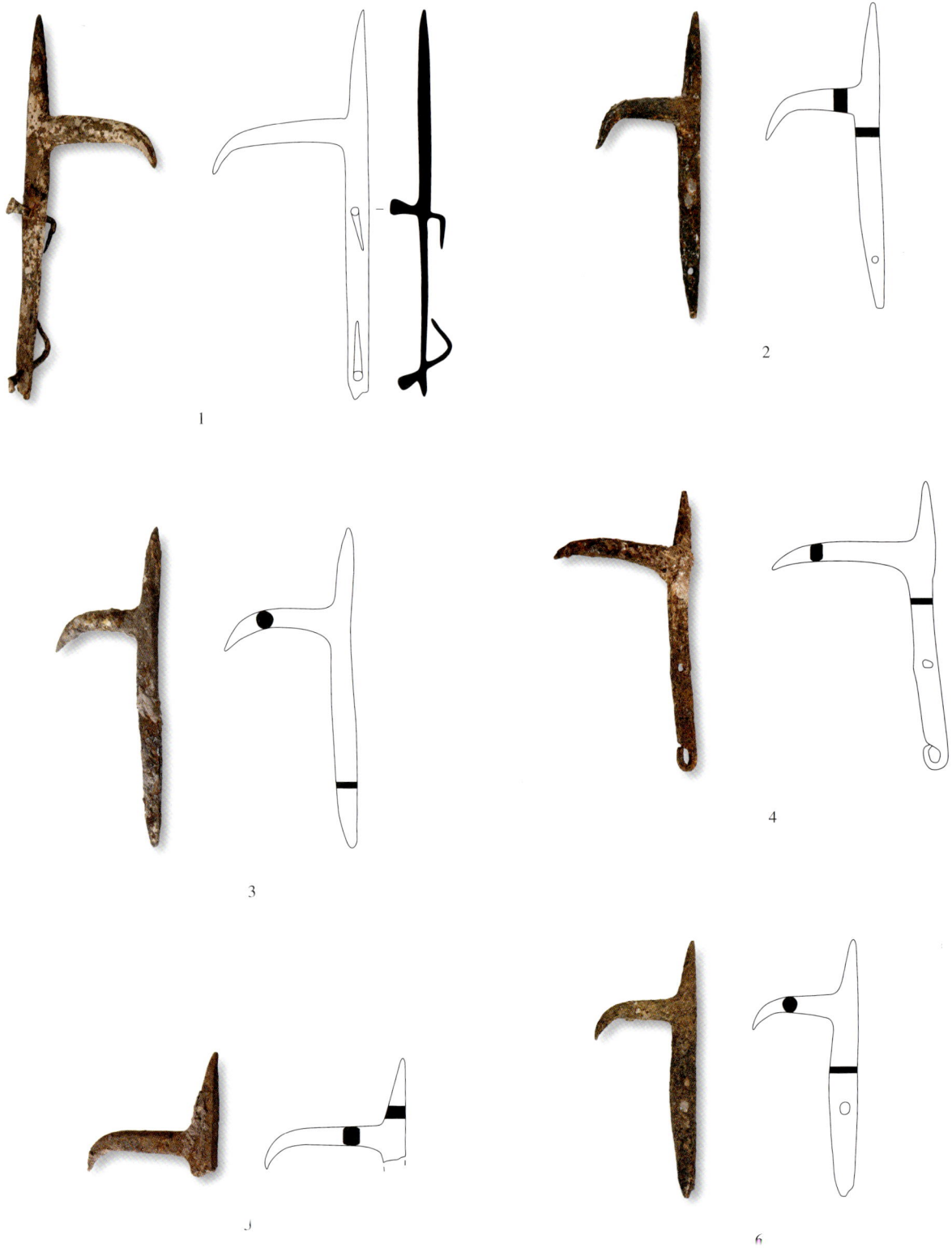

图 3-135　明代铁钩刺

1.闸口⑥：63　2.闸口⑥：110　3.闸口⑥：142　4.闸口⑥：170　5.闸口⑥：189　6.闸口⑥：194

部分略呈圆形。使用时，将船篙木柄头端对半纵剖，勾刺夹于其间，仅尖端及钩部出露，外以铁箍束紧，穿孔处置入铁钉加固。遗址内出土勾刺除个别保留有铁箍、木柄等组合构件外，绝大多数仅存器物本体。

闸口⑥：63，柄部尾端及中部各见有圆孔一处，均存留铁钉一枚，钉身弯曲。尖端呈棱锥状，钩部横截面呈长方形。长25.3、柄宽1.6、厚0.7、钩部长8.8、最大径1.5厘米（图3-135，1）。

闸口⑥：110，柄部尾端见有一圆孔。尖端呈棱锥状，钩部横截面呈长方形。长20、柄宽1.6、厚0.5、钩部长5.9、宽1.7、厚1.1厘米（图3-135，2）。

闸口⑥：142，尖端呈棱锥状，钩部横截面呈长方形。长20.9、柄宽1.4、厚0.5、钩部长7、宽1.8、厚1.1厘米（图3-135，3）。

闸口⑥：170，柄部正中见有一穿孔，尾端呈细柱状并向器身卷曲成环，其功能应与柄部穿孔相近。尖端呈棱锥状，钩部横截面近长方形。长18.8、柄宽1.5、厚0.3、钩部长8.9、宽1.5、厚1厘米（图3-135，4）。

闸口⑥：189，柄部残断无存。尖端呈棱锥状，钩部横截面近长方形。残长6.9、钩部长7.8、宽1.6、厚1.2厘米（图3-135，5）。

闸口⑥：194，柄部正中见有一圆孔。尖端呈棱锥状，钩部横截面呈长方形。长16.8、柄宽1.9、厚0.4、钩部长5.2、宽1.4、厚1.1厘米（图3-135，6）。

闸口⑥：227，柄部尾端见有一圆孔。尖端呈棱锥状，钩部横截面近长方形。长22.4、柄宽1.5、厚0.5、钩部长7.2、宽1.5、厚0.8厘米（图3-136，1）。

闸口⑥：232，柄部正中见有一穿孔，尾端呈细柱状并向器身卷曲成环，其功能应与柄部穿孔相近。尖端呈棱锥状，钩部横截面呈长方形。长21、柄宽1.6、厚0.6、钩部长7.8、宽1.3、厚1厘米（图3-136，2）。

闸口⑥：320，柄部残断，外存留有部分木柄，以圆形铁箍固定。尖端呈圆锥状，钩部横截面近长方形。长11.4、木柄直径3.1、铁箍外径3.7、柄厚0.5、钩部长5.6、宽1.2、厚1.2厘米（图3-136，3）。

闸口⑥：343-1，柄部外存留有部分木柄，两端以圆形铁箍固定，正中有一圆孔，其内钉有铁钉。尖端呈棱锥状，钩部横截面呈圆形。长24.4、木柄直径3.6、铁箍外径4.4、柄厚1、钩部长6.8、最大径1.6厘米（图3-136，4）。

闸口⑥：372，柄部上端外存留有小段木柄，以一圆形铁箍固定。尖端呈棱锥状，钩部横截面呈圆形。长16.5、铁箍外径4.5、柄厚0.5、钩部长5.8、最大径1.6厘米（图3-136，5）。

闸口⑥：430-1，柄部外存留有小段木柄，以一圆形铁箍固定，中部即尾端各有一圆孔，中部圆孔内存留有铁钉一枚。尖端呈棱锥状，钩部横截面呈长方形。长15.9、铁箍外径3.3、柄宽1.5、厚0.4、钩部长6.1、宽1.3、厚1.2厘米（图3-136，6）。

（5）箍

53件。均锈蚀严重。系圆环状或椭圆环状的铁条，依其铸造工艺，绝大多数为整体模铸，仅个别为铁条弯曲围制而成。

闸口⑥：65，圆环状。外径4.2、宽1、厚0.25厘米（图3-137，1）。

闸口⑥：254，圆环状，部分残缺。外径10.5、宽1.6、厚0.35厘米（图3-137，2）。

闸口⑥：265，圆环状。外径2.8、宽1.3、厚0.25厘米（图3-137，3）。

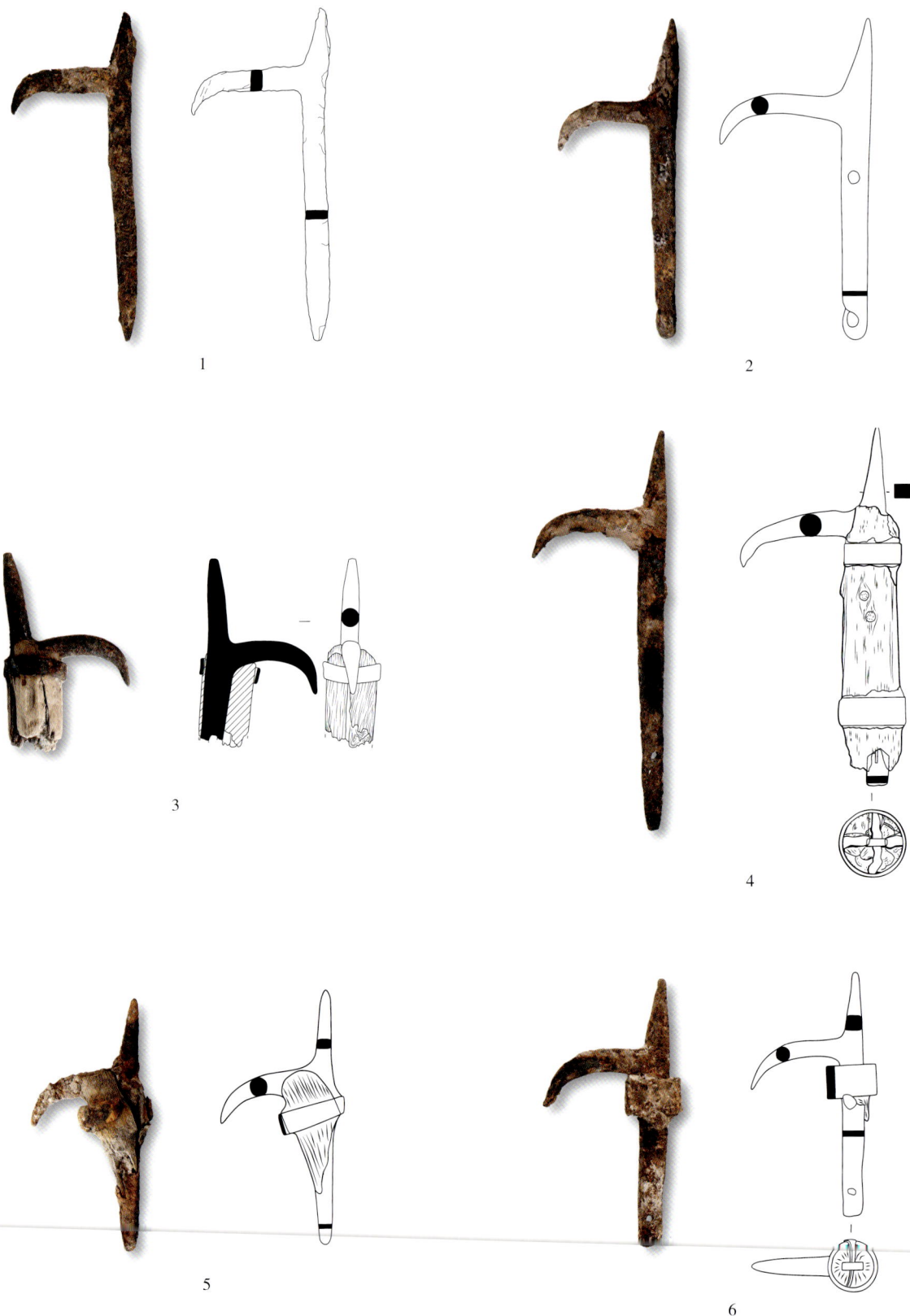

图 3-136　明代铁钩刺

1.闸口⑥：227　2.闸口⑥：232　3.闸口⑥：320　4.闸口⑥：343-1　5.闸口⑥：372　6.闸口⑥：430-1

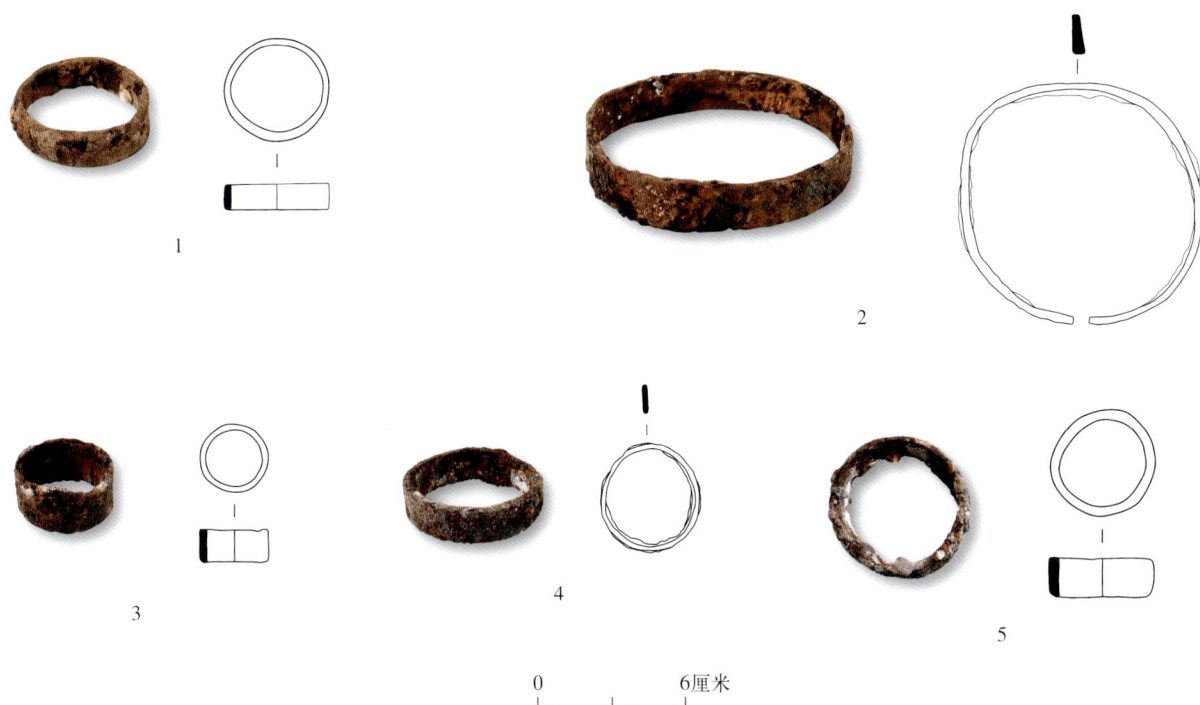

图 3-137　明代铁箍

1.闸口⑥：65　2.闸口⑥：254　3.闸口⑥：265　4.闸口⑥：321　5.闸口⑥：394-1

闸口⑥：321，圆环状。外径 4.1、宽 1、厚 0.15 厘米（图 3-137，4）。

闸口⑥：394-1，圆环状。外径 4.3、宽 1.6、厚 0.35 厘米（图 3-137，5）。

闸口⑥：394-2，圆环状。外径 2.6、宽 1.5、厚 0.3 厘米（图 3-138，1）。

闸口⑥：66，椭圆环状，开口，应为铁条弯曲围制而成。最大径 4.4、宽 1.2、厚 0.3 厘米（图 3-138，2）。

闸口⑥：276，椭圆环状。最大径 10.7、宽 1.3、厚 0.2 厘米（图 3-138，3）。

闸口⑥：301，椭圆环状。最大径 5.4、宽 1.2、厚 0.3 厘米（图 3-138，4）。

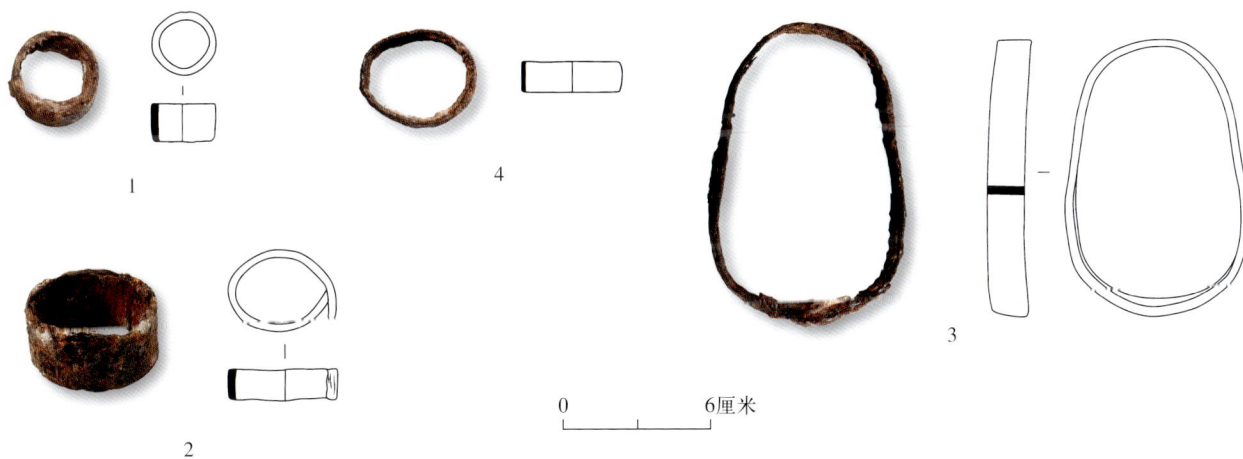

图 3-138　明代铁箍

1.闸口⑥：394-2　2.闸口⑥：66　3.闸口⑥：276　4.闸口⑥：301

（6）钻头

36件。均锈蚀严重。整体形似箭镞，分头、柄两部分，头部较宽厚，柄部细长，均呈四棱锥状，两端为尖。

闸口⑥：68，柄部弯曲。长14.8、头部宽1.3、柄部宽0.6厘米（图3-139，1）。

闸口⑥：69，长16.1、头部宽1.3、柄部宽0.7厘米（图3-139，2）。

闸口⑥：162，柄部弯曲。长14.6、头部宽1.5、柄部宽0.7厘米（图3-139，3）。

闸口⑥：231-1，柄部残断无存。残长7.3、头部宽1.3厘米（图3-139，4）。

闸口⑥：231-2，柄部残断。残长10.3、头部宽1.2、柄部宽0.6厘米（图3-139，5）。

闸口⑥：248，柄部弯曲。长13.4、头部宽1.5、柄部宽0.7厘米（图3-139，6）。

闸口⑥：312，柄部弯曲。长16、头部宽1.1、柄部宽0.8厘米（图3-140，1）。

闸口⑥：338，柄部弯折。长15.7、头部宽1.5、柄部宽0.7厘米（图3-140，2）。

闸口⑥：369，长19.8、头部宽1.4、柄部宽0.8厘米（图3-140，3）。

闸口⑥：401，柄部弯曲。长14.7、头部宽1.3、柄部宽0.5厘米（图3-140，4）。

（7）钩

38件。均锈蚀严重。整体近"J"形或"S"形，"J"形者均为长直柄，钩部较平直，尾部平折或卷曲，"S"形者多较短小，柄部稍斜，钩部弧曲较深，尾部均卷曲。钩部横截面亦有圆形与长方形之分。因其应用不同，部分器物尾端存留有铁环、木柄等组合构件。

闸口⑥：76，近"J"形，尾端稍折，嵌入一横置木柄之内。钩部横截面近圆形。全长24.8、钩部横截面直径0.8厘米（图3-141，1）。

闸口⑥：160，近"J"形，尾部平折。钩部横截面呈长方形。全长16.8、柄长14.6、宽1.5、厚0.9

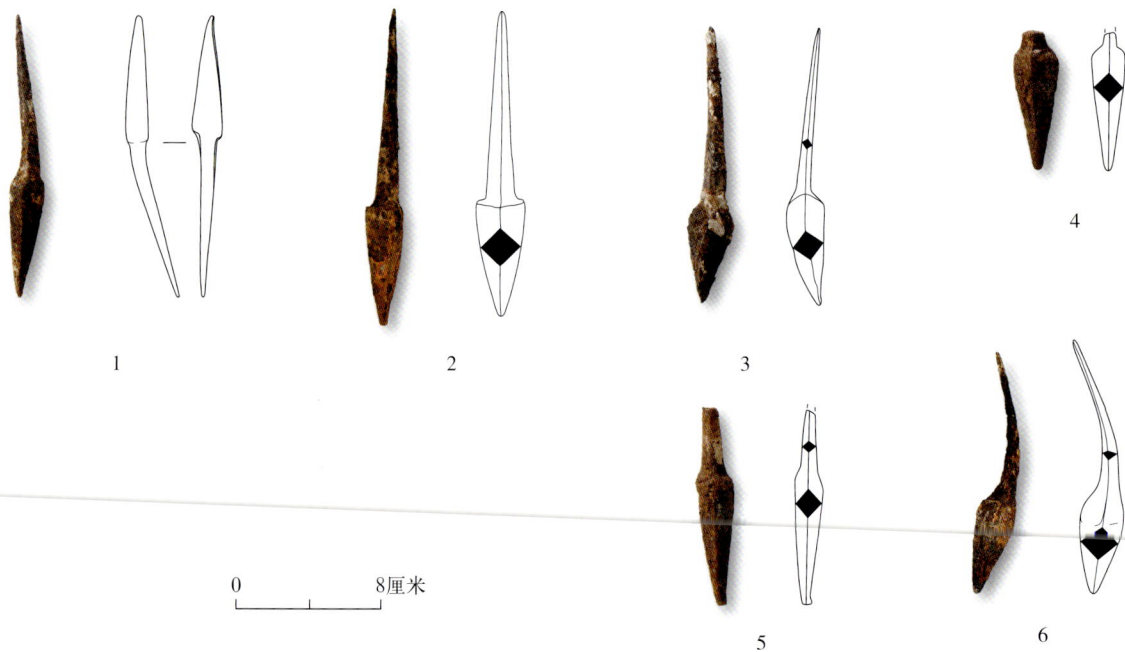

图3-139　明代铁钻头

1.闸口⑥：68　2.闸口⑥：69　3.闸口⑥：162　4.闸口⑥：231-1　5.闸口⑥：231-2　6.闸口⑥：248

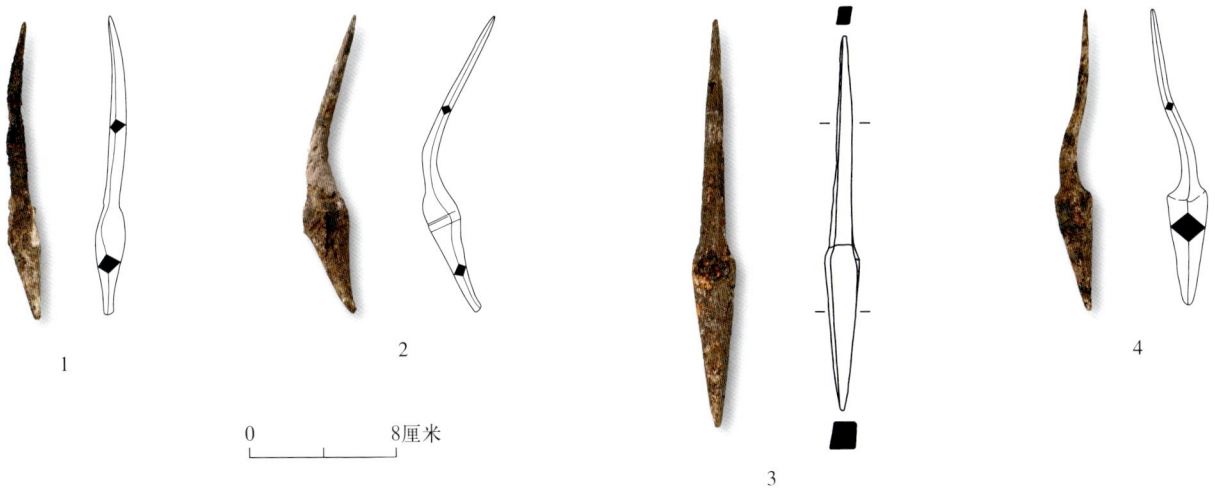

图 3-140　明代铁钻头

1.闸口⑥：312　2.闸口⑥：338　3.闸口⑥：369　4.闸口⑥：401

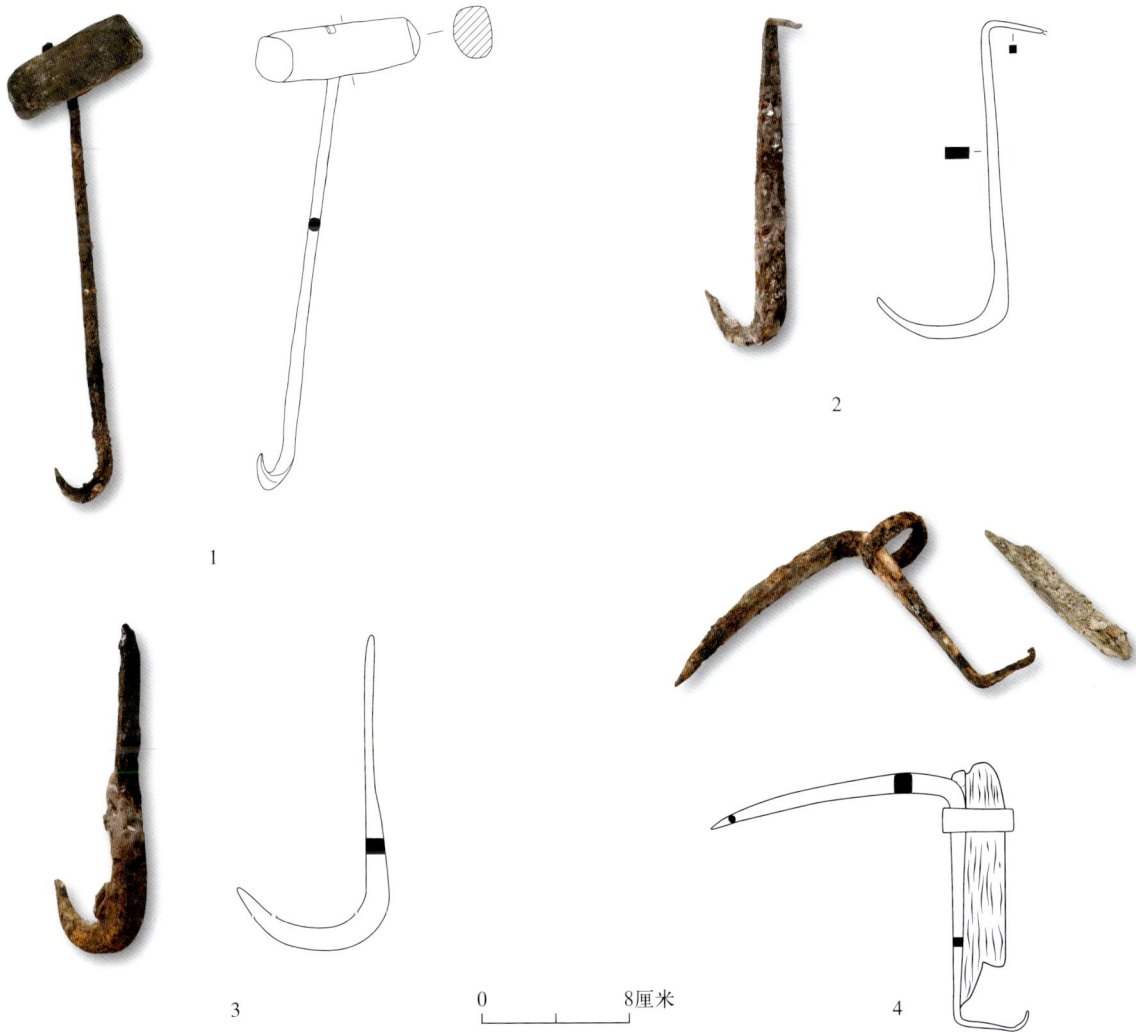

图 3-141　明代铁钩

1.闸口⑥：76　2.闸口⑥：160　3.闸口⑥：216　4.闸口⑥：218

厘米（图 3-141，2）。

闸口⑥：216，近"J"形，尾部残断。钩部横截面近方形。残长 16.5、柄长 12.7、宽 1.4、厚 0.7、钩部宽 1.4 厘米（图 3-141，3）。

闸口⑥：218，近"J"形，尾部平折，钩部长且平直，弯折处焊接有一铁箍，内装木柄，已残断。钩部横截面近方形。全长 13.8、柄长 12、宽 1.6、厚 0.6、钩部长 13.7、宽 1.4、铁箍外径 3.8、木柄残长 12.8、直径 2.4 厘米（图 3-141，4）。

闸口⑥：280，由两钩套接于吊环两端而成。两钩均近"J"形，器身较短，尾部卷曲成环，钩部横截面均呈圆形。吊环两端为一大一小两个圆环，中部扭曲呈绞丝状。全长 27、钩长 11.2、横截面直径 0.8、吊环长 8.4 厘米（图 3-142，1）。

闸口⑥：392-1，近"J"形，尾部平折。钩部横截面呈圆形。全长 19.7、柄长 17、宽 1.4、厚 0.8、钩部截面径 1.3 厘米（图 3-142，2）。

闸口⑥：392-2，近"J"形，尾部向一侧卷曲成环。钩部横截面呈圆形。全长 18.6、柄长 16、钩部横截面直径 1 厘米（图 3-143，1）。

闸口⑥：414-1，近"J"形，尾部平折。钩部横截面呈长方形。全长 16.9、柄长 14.8、宽 1.2、厚 0.9、钩部宽 1.2 厘米（图 3-143，2）。

闸口⑥：197，近"S"形。钩部横截面近椭圆形。长 3.7、钩部横截面直径 0.4 厘米（图 3-143，3）。

闸口⑥：340，近"S"形，尾端衔一圆形铁环。钩部及吊环横截面均呈圆形。全长 9.5、钩长 6.8、钩部横截面径 0.8、吊环外径 4.9、横截面直径 0.7 厘米（图 3-143，4）。

（8）饰件

19 件。均锈蚀严重。系扁平铁片，两端作如意状，部分一端为尖，另有一整体近三角形者。端部多见有呈三角形分布的圆形穿孔。

闸口⑥：105，一端残断，余部端部作如意状。残长 15.6、宽 8.4、厚 0.2 厘米（图 3-144，1）。

闸口⑥：247，一端略残，两端均作如意状。残长 24.6、宽 7.7、厚 0.2 厘米（图 3-144，2）。

图 3-142　明代铁钩

0　　　　　　8厘米

1.闸口⑥：280　2.闸口⑥：392-1

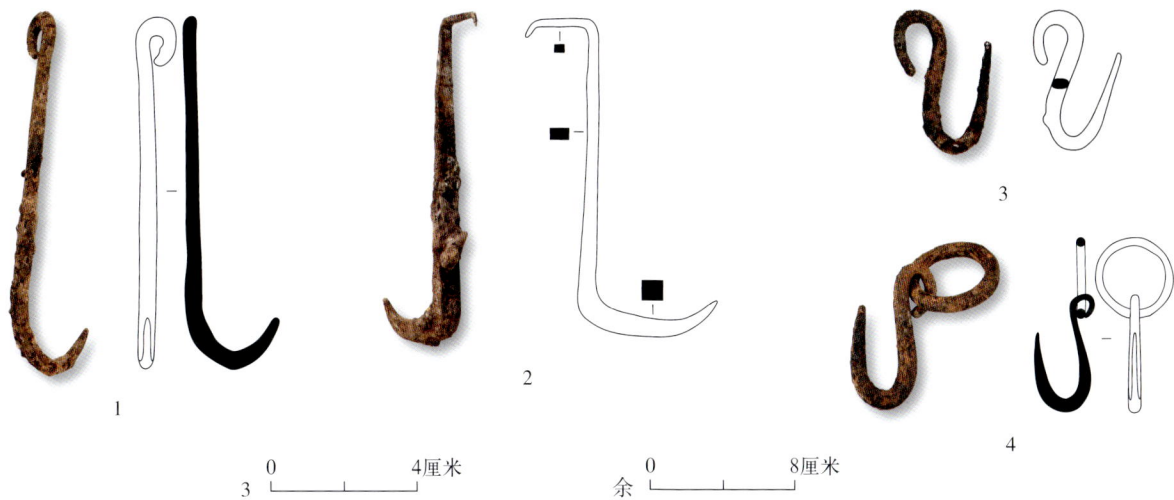

图 3-143　明代铁钩

1.闸口⑥：392-2　2.闸口⑥：414-1　3.闸口⑥：197　4.闸口⑥：340

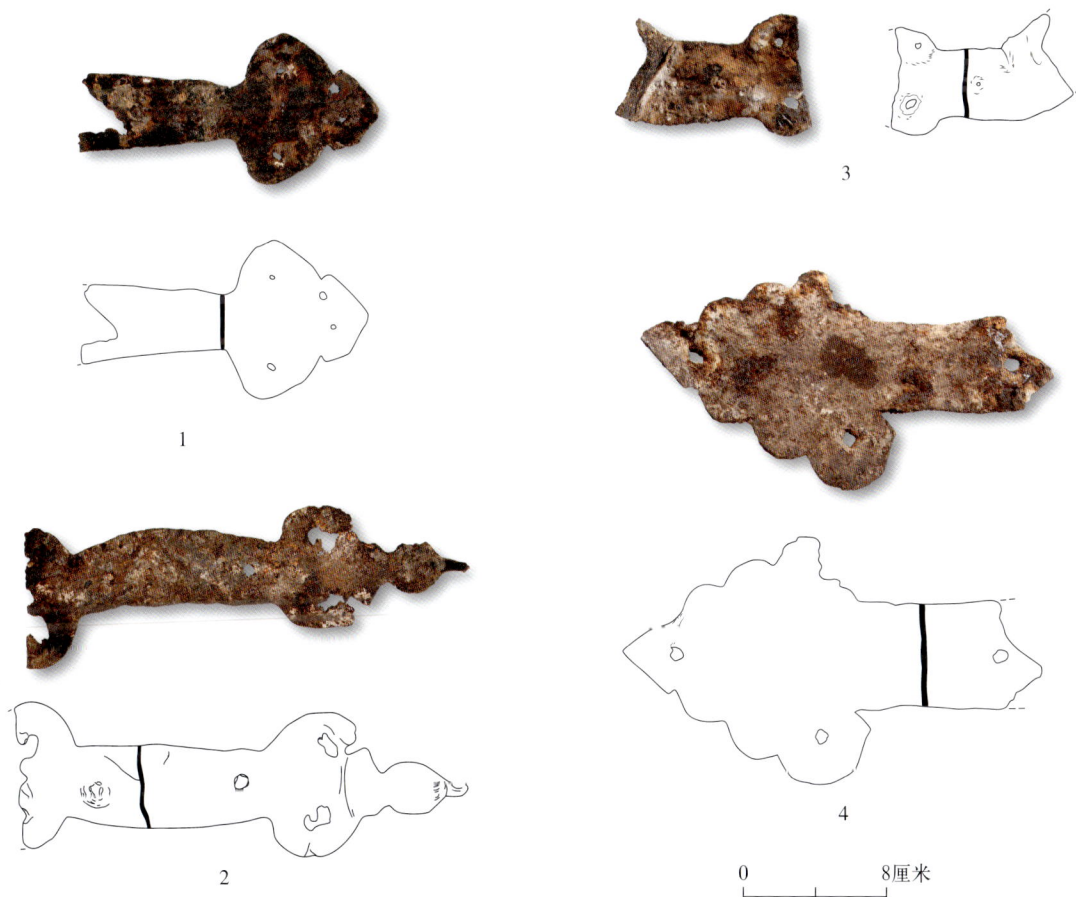

图 3-144　明代饰件

1.闸口⑥：105　2.闸口⑥：247　3.闸口⑥：333-1　4.闸口⑥：333-2

闸口⑥：333-1，两端均残，仅余部分中段，器身弯折。残长 9.8、宽 5.5、厚 0.2 厘米（图 3-144，3）。

闸口⑥：333-2，一端残断，余部端部作如意状。残长 23.3、宽 13.1、厚 0.3 厘米（图 3-144，4）。

闸口⑥：358，一端稍残，两端均作如意状。长 21.1、宽 6.3、厚 0.15 厘米（图 3-145，1）。

闸口⑥：461-1，一端作如意状，一端为尖。全长 12.8、宽 6.9、厚 0.2 厘米（图 3-145，2）。

闸口⑥：461-2，一端作如意状，一端为尖。全长 24.3、宽 9、厚 0.2 厘米（图 3-145，3）。

闸口⑥：461-3，一侧稍残，整体近似三角形。全长 20.6、宽 8.7、厚 0.2 厘米（图 3-145，4）。

（9）锭

18 件。表面锈蚀严重。亚腰，器体厚重，形制相近，用于石工建筑中石料间的加固和连接。

闸口⑥：223，长 20.6、宽 10.5、厚 2.7 厘米（图 3-146，1）。

闸口⑥：349，长 20.5、宽 12.4、厚 4.8 厘米（图 3-146，2）。

闸口⑥：360，长 20.5、宽 11.9、厚 2.6 厘米（图 3-146，3）。

闸口⑥：388，长 20.3、宽 11.9、厚 3.5 厘米（图 3-146，4）。

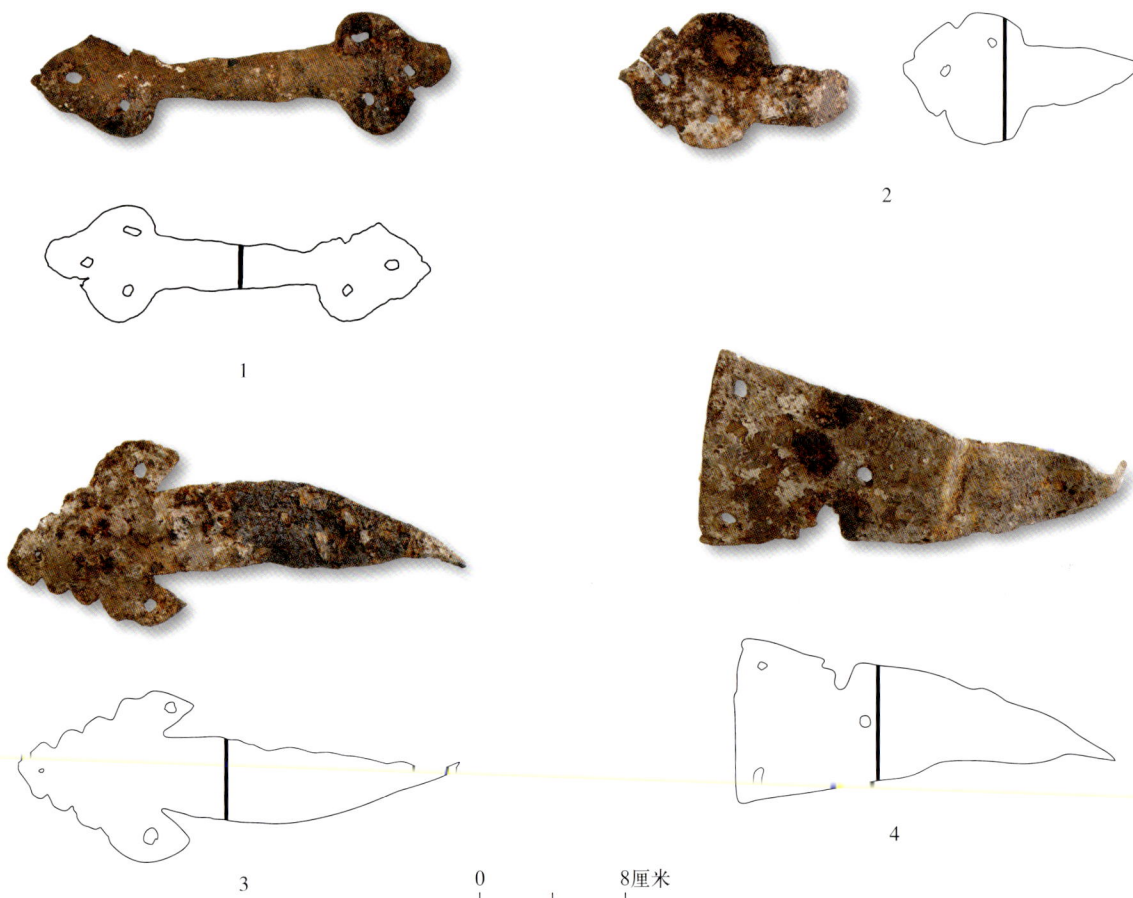

0   8厘米

图 3-145 明代饰件

1.闸口⑥：358 2.闸口⑥：461-1 3.闸口⑥：461-2 4.闸口⑥：461-3

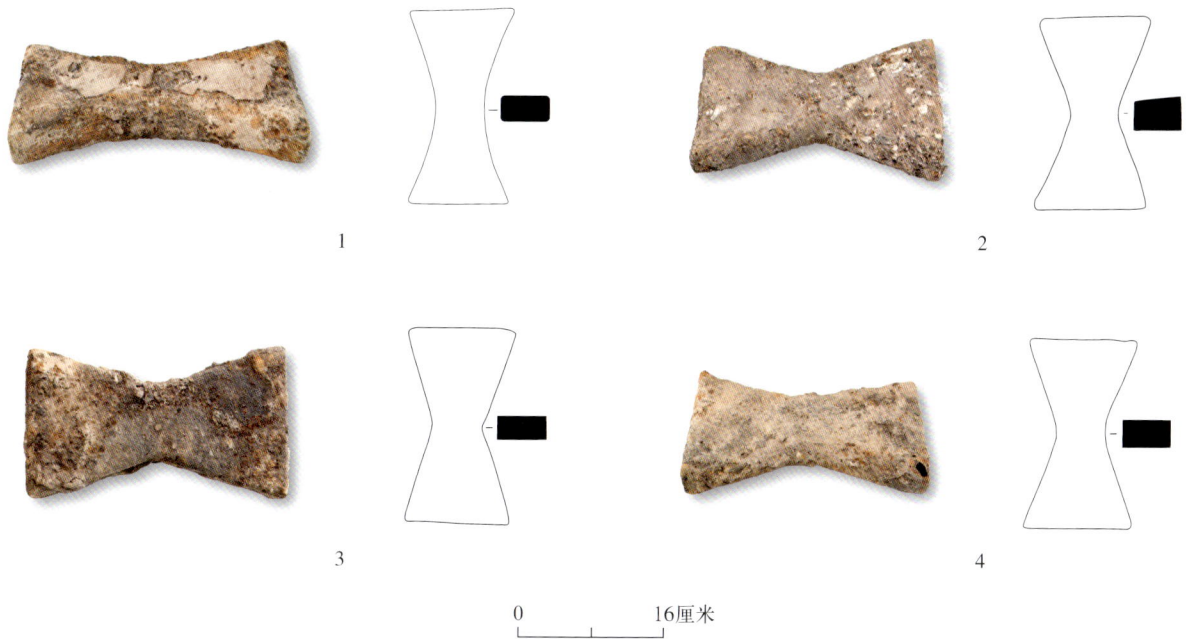

图 3-146 明代铁锭

1.闸口⑥：223 2.闸口⑥：349 3.闸口⑥：360 4.闸口⑥：388

（10）链

13 件。均锈蚀严重。由数个形制相近的圆形或椭圆形铁环套接而成，部分中段有铁钩等连接构件。

闸口⑥：53，仅存两个相互套连的椭圆形铁环。全长 10.1、横截面直径 0.8 厘米（图 3-147，1）。

闸口⑥：80，现存四个相互套连的椭圆形铁环，一端衔一较大的圆形铁环。全长 22.9 厘米（图 3-147，2）。

闸口⑥：460-1，现仅存九个残断的椭圆形铁环，长度不详（图 3-147，3）。

闸口⑥：201，现存 18 个相互套连的椭圆形铁环。全长 138 厘米（图 3-147，4）。

（11）吊环

12 件。均锈蚀严重。由一圆形或椭圆形铁环及与之相套接的细长铁条组合而成，铁条对折，中部弯曲成环，内套铁环。

闸口⑥：43，器体短小，铁条残断，仅存中部小段。残长 4.4、铁环外径 3、横截面最大径 0.4 厘米（图 3-148，1）。

闸口⑥：286，器体较大，铁条上部残断。残长 35、铁环外径 3、横截面最大径 2.4 厘米（图 3-148，2）。

（12）锚

10 件。表面锈蚀严重。无完整器，均仅残存一齿，状如牛角，残断较甚者呈圆锥状，横截面均近圆形，器体大小差异明显。

闸口⑥：71，器体大而厚重，呈牛角状。残长 39.1、横截面直径 4.5 厘米（图 3-149，1）。

闸口⑥：229，器体大而厚重，呈牛角状。残长 34、横截面直径 5 厘米（图 3-149，2）。

闸口⑥：441-1，器体大而厚重，呈牛角状。残长 28、横截面直径 4.1 厘米（图 3-149，3）。

闸口⑥：81，器体偏小，呈圆锥状。残长 10.6、横截面直径 2.8 厘米（图 3-150，1）。

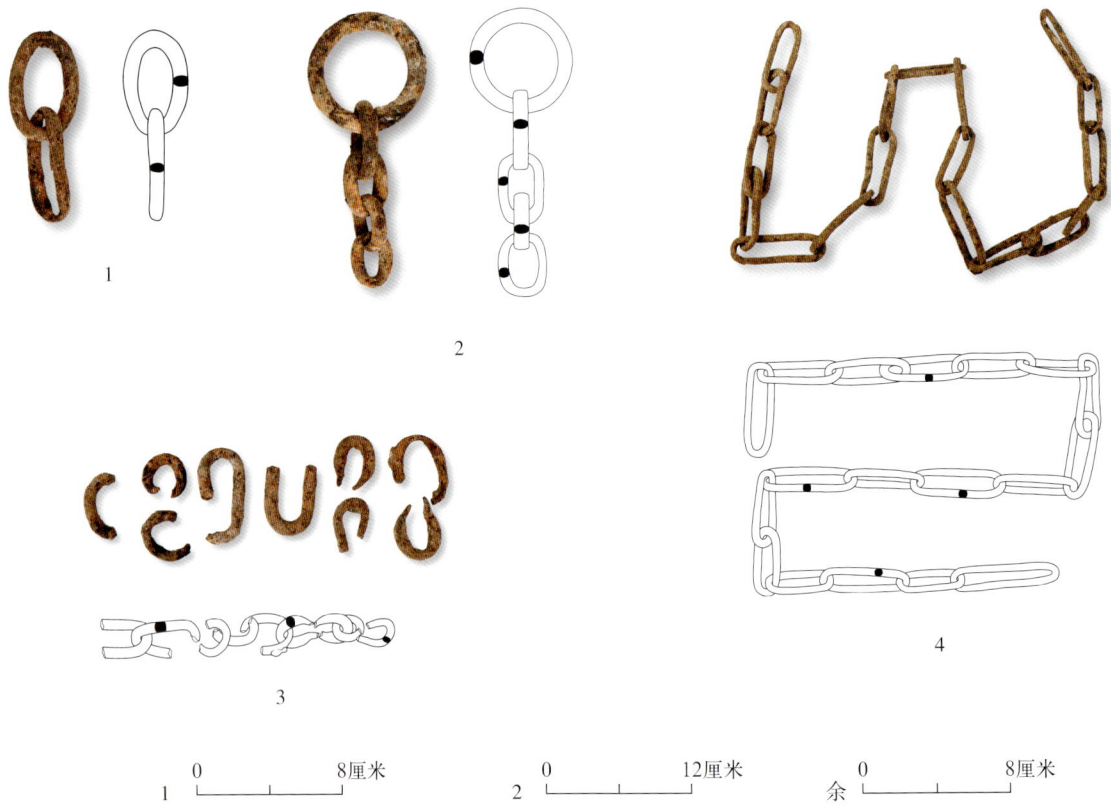

0　　　　　8厘米
1

0　　　　　12厘米
2

0　　　　　8厘米
余

图 3-147　明代铁链

11.闸口⑥：53　2.闸口⑥：80　3.闸口⑥：460-1　4.闸口⑥：201

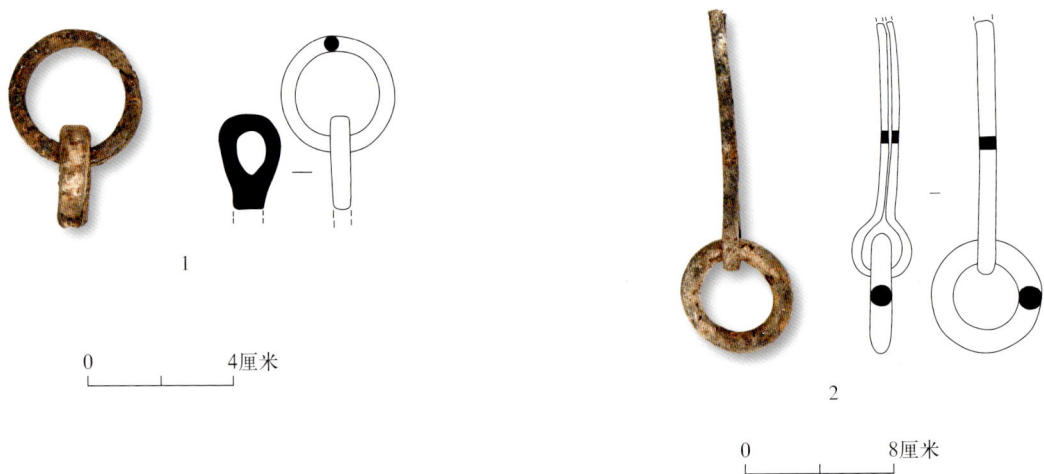

0　　　　　4厘米
1

0　　　　　8厘米
2

图 3-148　明代铁吊环

1.闸口⑥：43　2.闸口⑥：286

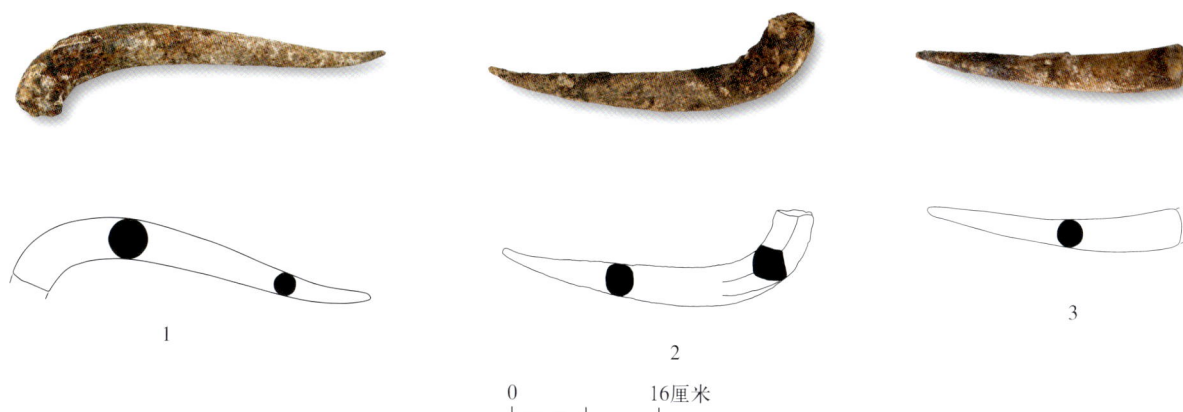

图 3-149 明代铁锚
1.闸口⑥：71 2.闸口⑥：229 3.闸口⑥：441-1

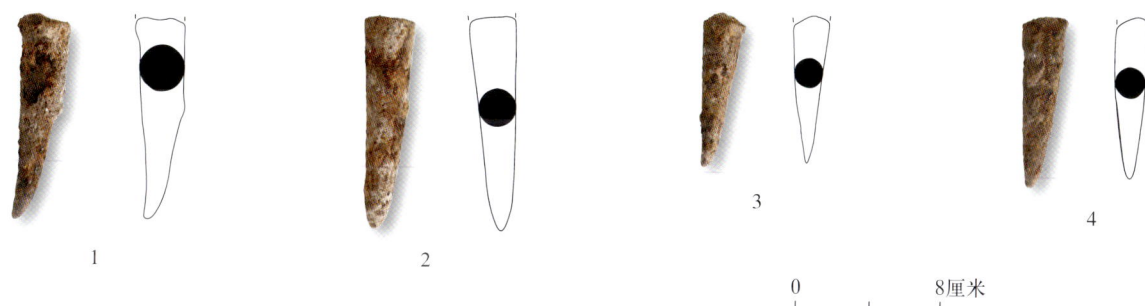

图 3-150 明代铁锚
1.闸口⑥：81 2.闸口⑥：441-2 3.闸口⑥：441-3 4.闸口⑥：441-4

闸口⑥：441-2，器体偏小，呈圆锥状。残长 11.4、横截面直径 2.5 厘米（图 3-150，2）。

闸口⑥：441-3，器体偏小，呈圆锥状。残长 7.8、横截面直径 2 厘米（图 3-150，3）。

闸口⑥：441-4，器体偏小，呈圆锥状。残长 8.5、横截面直径 1.8 厘米（图 3-150，4）。

（13）刀

9 件。均残断，且锈蚀严重。依整体形态有直刀、弯刀之分，均厚背薄刃。直刀者刀身呈长条状或片状，直背直刃，无尖，柄部细长，呈棱锥状或圆锥状，其外应装有木柄，部分存留有铁箍等组合构件。弯刀仅见 1 例，刀身、柄部均有差异。

闸口⑥：72，直刀，前端残断，片状刀身，柄部呈棱锥状。残长 20.3、刀身长 10、宽 9.7、背厚 0.8厘米（图 3-151，1）。

闸口⑥：166，直刀，残损严重，仅余部分刀身，片状。残长 13.1、残宽 9.2、背厚 0.8 厘米（图 3-151，2）。

闸口⑥：171，直刀，残损严重，仅余部分刀身，长条状。残长 16.8、残宽 7.3、背厚 0.25 厘米（图 3-151，3）。

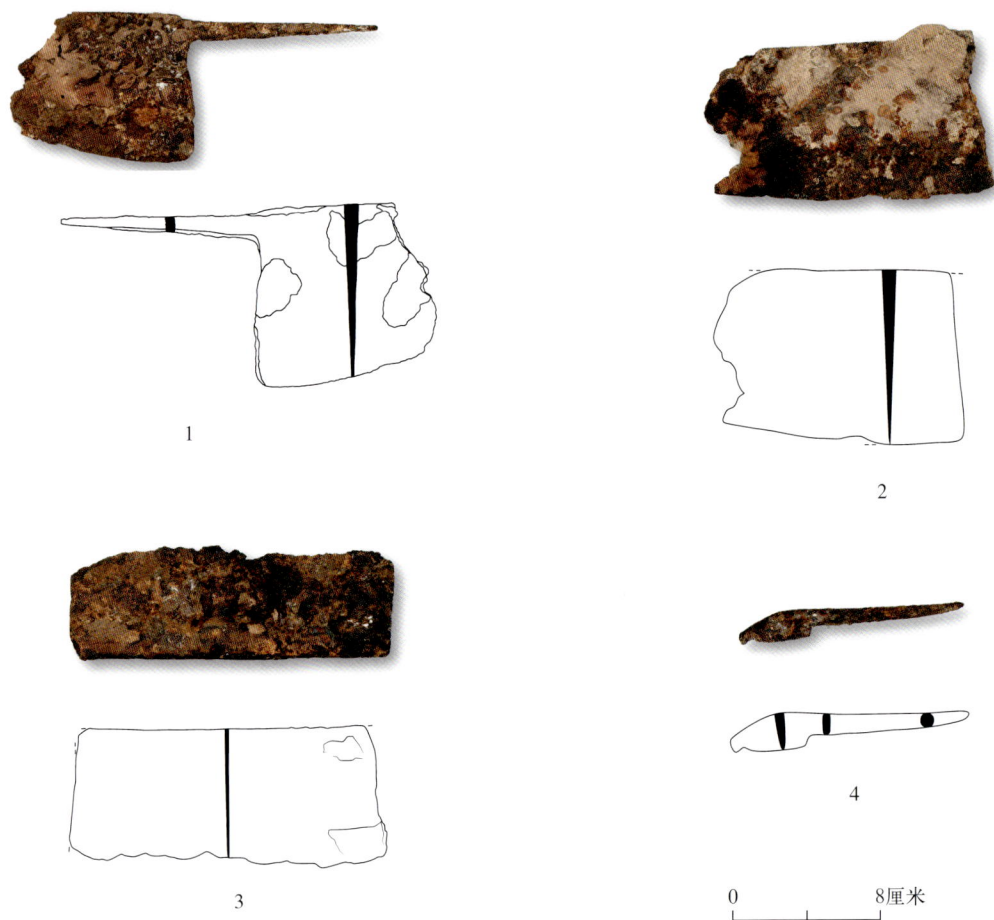

图 3-151　明代铁刀

1.闸口⑥：72　2.闸口⑥：166　3.闸口⑥：171　4.闸口⑥：217

　　闸口⑥：217，直刀，刀身残损严重，仅余后部小段，长条状，柄部呈圆锥状。残长 12.9、刀身残宽 2.1、背厚 0.5 厘米（图 3-151，4）。

　　闸口⑥：268，直刀，前端残断，长条状刀身，柄部呈棱锥状，尾端稍有弯曲。残长 10.7、刀身宽 1.5、背厚 0.2 厘米（图 3-152，1）。

　　闸口⑥：439，直刀，刃部前端略有残损，长条状刀身，柄部呈棱锥状，上存留有一管状铁箍。残长 27.4、刀身宽 6.6、背厚 0.45、铁箍外径 2.3、厚 0.12 厘米（图 3-152，2）。

　　闸口⑥：378-1，弯刀，前端残断，长条状刀身，弧背弧刃，柄部呈细长棱柱状，尾端渐细且卷曲成环。残长 14.9、刀身宽 3、背厚 0.4 厘米（图 3-152，3）。

　　（14）扒钉

　　9 件。表面锈蚀严重，状如骑马钉而器体厚重，无尖，系棱柱状铁条两端向同侧平行弯折而成。

　　闸口⑥：140，长 25.4、宽 3.3、厚 1.5 厘米（图 3-153，1）。

　　闸口⑥：420，长 28.4、宽 3.2、厚 1.5 厘米（图 3-153，2）。

　　闸口⑥：314，长 21.6、宽 3.2、厚 1.6 厘米（图 3-153，3）。

　　闸口⑥：368，长 20.5、宽 1.9、厚 1.8 厘米（图 3-153，4）。

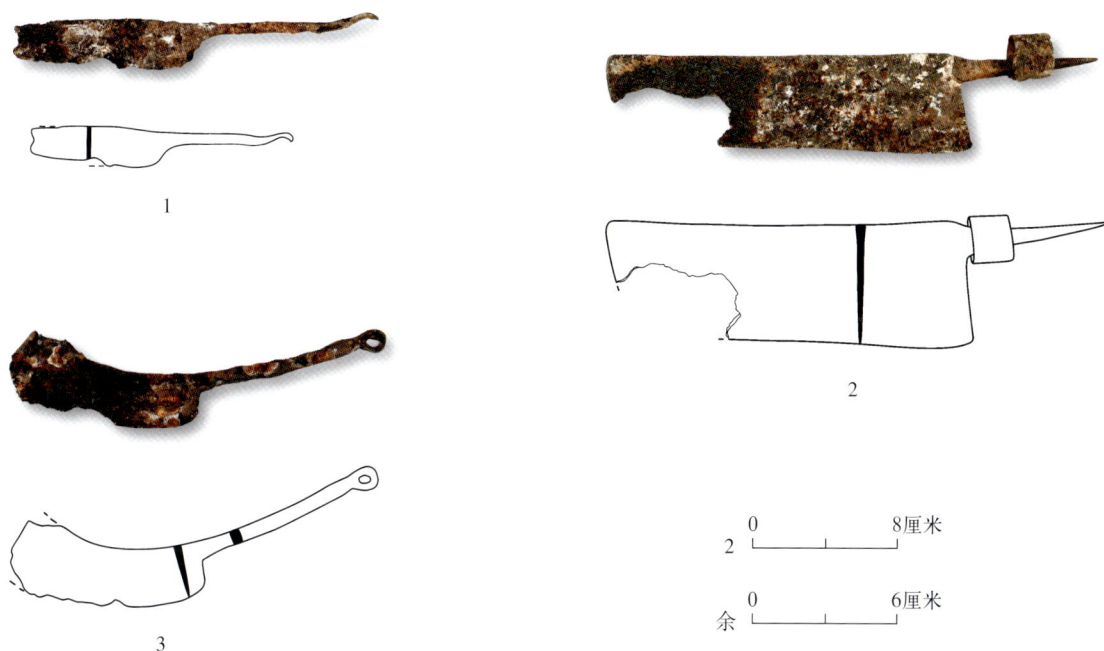

图 3-152　明代铁刀

1.闸口⑥：268　2.闸口⑥：439　3.闸口⑥：378-1

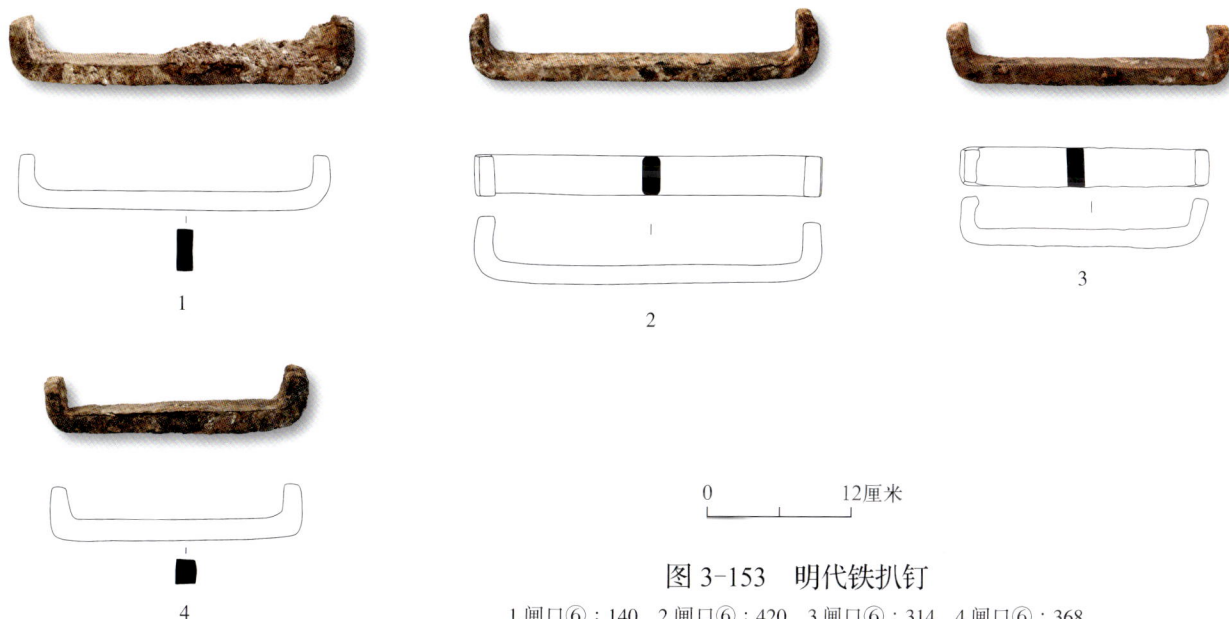

图 3-153　明代铁扒钉

1.闸口⑥：140　2.闸口⑥：420　3.闸口⑥：314　4.闸口⑥：368

（15）叉

8 件。均锈蚀严重。双齿，齿部形态有直、曲之分，直者形如"V"字，齿呈棱锥状或圆锥状，曲者形如"U"字，齿近牛角状且向同侧弯曲，横截面近圆形。直柄，均较扁平，部分尾端见有穿孔，内存留有铁钉等组合构件，其外应装有木柄。柄、齿连接方式亦有一体铸就与套连焊接之分。

闸口⑥：357，曲齿，一齿残缺，柄部尾端有一圆形穿孔，内存留铁钉一枚。柄、齿一体铸就。

全长 31.7、柄长 14.3、宽 2、厚 0.8、齿长 17.4、横截面直径 1.1 厘米（图 3-154，1）。

闸口⑥：362，曲齿，柄部尾端稍收，上有一椭圆形穿孔。柄、齿一体铸就。全长 26、柄长 12.5、宽 2.4、厚 0.5、齿长 13.4、横截面直径 1.2 厘米（图 3-154，2）。

闸口⑥：409，曲齿，柄部前端伸入齿间，尾端有一圆形穿孔。柄、齿套连焊接而成。全长 13.2、柄长 8、宽 1、厚 0.5、齿长 6.4、横截面直径 0.45 厘米（图 3-154，3）。

闸口⑥：431-3，曲齿，柄部未见穿孔，前端压薄呈舌状并向后弯折，叉齿套连于内并焊接而成。全长 22.9、柄长 9、宽 1.9、厚 1、齿长 13.9、横截面直径 1 厘米（图 3-154，4）。

闸口⑥：431-4，曲齿，两齿前端均残，柄部见有一圆形穿孔。柄、齿一体铸就。残长 12.2、柄长 8.5、宽 2、厚 0.5、齿残长 3.7、横截面直径 0.9 厘米（图 3-155，1）。

闸口⑥：431-1，直齿，尖端略残，齿呈圆锥状，柄部未见穿孔。柄、齿一体铸就。残长 17.3、

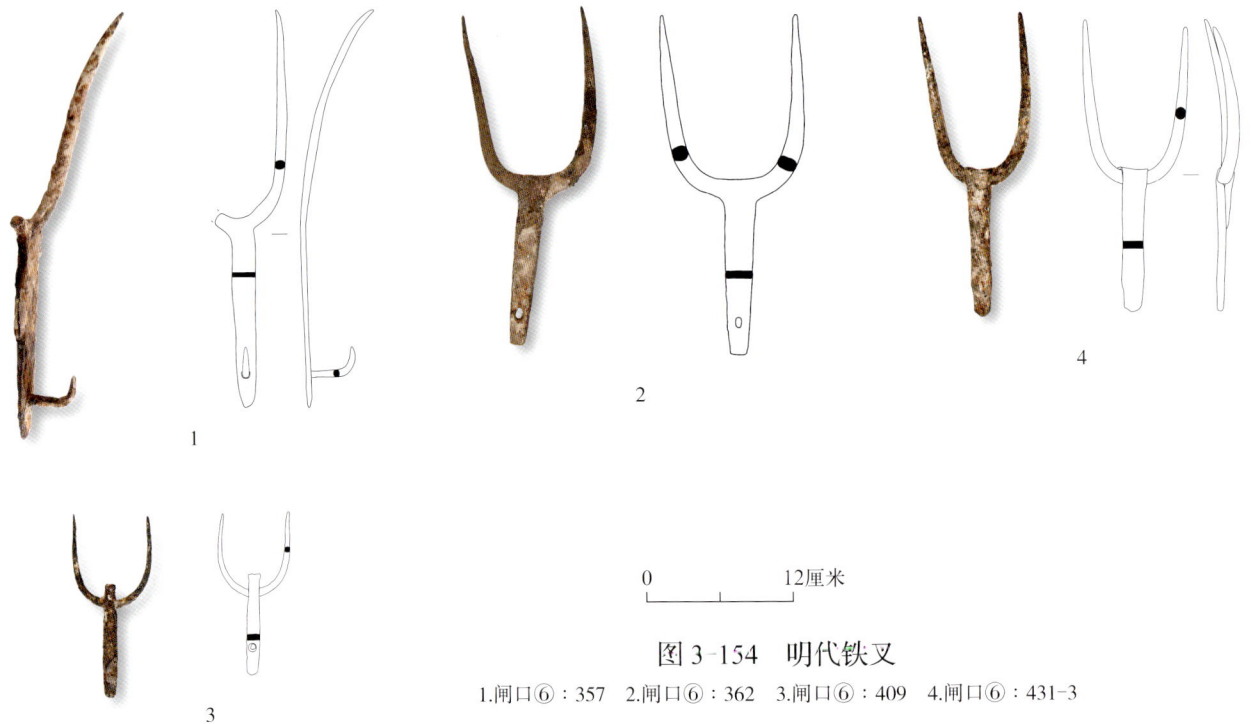

0   12厘米

图 3-154　明代铁叉

1.闸口⑥：357　2.闸口⑥：362　3.闸口⑥：409　4.闸口⑥：431-3

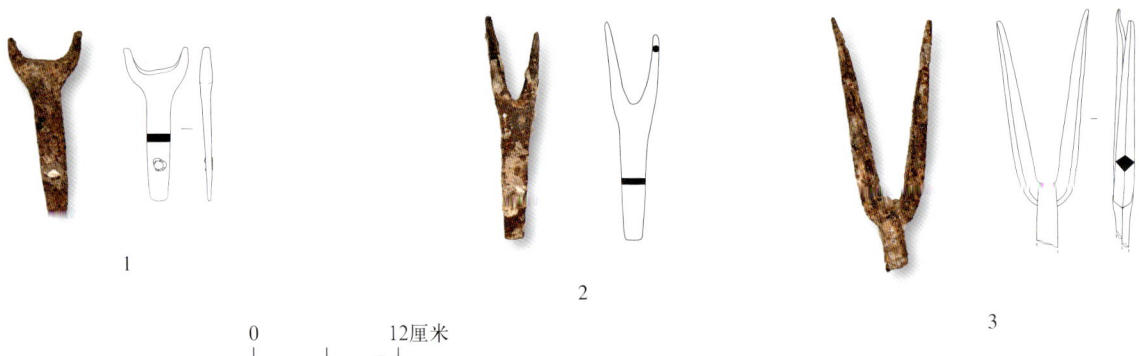

0   12厘米

图 3-155　明代铁叉

1.闸口⑥：431-4　2.闸口⑥：431-1　3.闸口⑥：431-2

柄长 10.8、宽 2.1、厚 0.8、齿长 6.5、横截面直径 1.3 厘米（图 3-155，2）。

闸口⑥：431-2，直齿，齿呈棱锥状，横截面近菱形，柄大部残断，前端向后弯折，叉齿套连于内并焊接而成。全长 18.9、柄长 3.4、宽 1.4、厚 1、齿长 15.5、宽 1.4 厘米（图 3-155，3）。

（16）环

17 件。均锈蚀严重。整体呈圆环状或椭圆环状。

闸口⑥：52，残，圆环状。外径 7.8、横截面直径 0.9 厘米（图 3-156，1）。

闸口⑥：123，残，圆环状。横截面直径 0.5 厘米（图 3-156，2）。

闸口⑥：234，圆环状。外径 4.5、横截面直径 0.4 厘米（图 3-156，3）。

闸口⑥：154，梨形，上窄下宽，窄端横截面近圆形，宽端扁薄并外卷呈凹槽状。外径 7、横截面直径 0.5 厘米（图 3-156，4）。

（17）权

7 件。表面锈蚀严重。器身近葫芦状，平底，上接圆孔方纽，部分存留有铁钩等组合构件。

闸口⑥：86，底径 4.1、高 8.1 厘米（图 3-157，1）。

闸口⑥：245，腰部见有两道凸棱。底径 6.8、高 13.3 厘米（图 3-157，2）。

闸口⑥：285，底径 3.6、高 8.8 厘米（图 3-157，3）。

闸口⑥：303，纽部残断，底径 3.7、残高 3.8 厘米（图 3-157，4）。

闸口⑥：442，纽孔内存留铁钩 1 件。底径 3.8、高 9、通高 15.4 厘米（图 3-158）。

（18）锥

8 件。均锈蚀严重。锥身呈细长锥状，横截面近圆形或方形，尾端卷曲成环。因锥身与环长度占比不同而形态上有较大差异。

闸口⑥：188-1，长身小环，尖端略残，锥身横截面呈圆形。残长 19、横截面直径 1.7、环长径 1.7、横截面直径 0.4 厘米（图 3-159，1）。

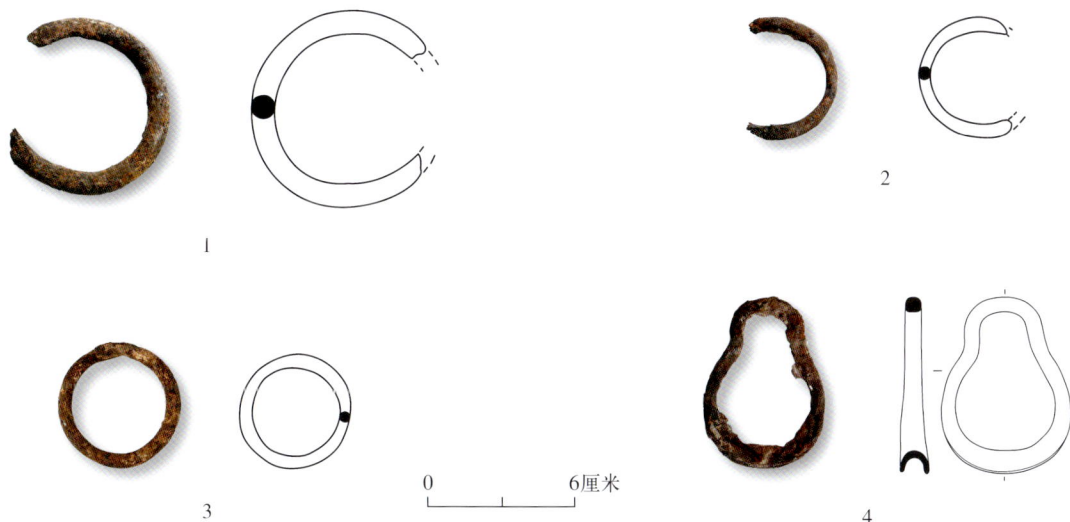

图 3-156　明代铁环

1.闸口⑥：52　2.闸口⑥：123　3.闸口⑥：234　4.闸口⑥：154

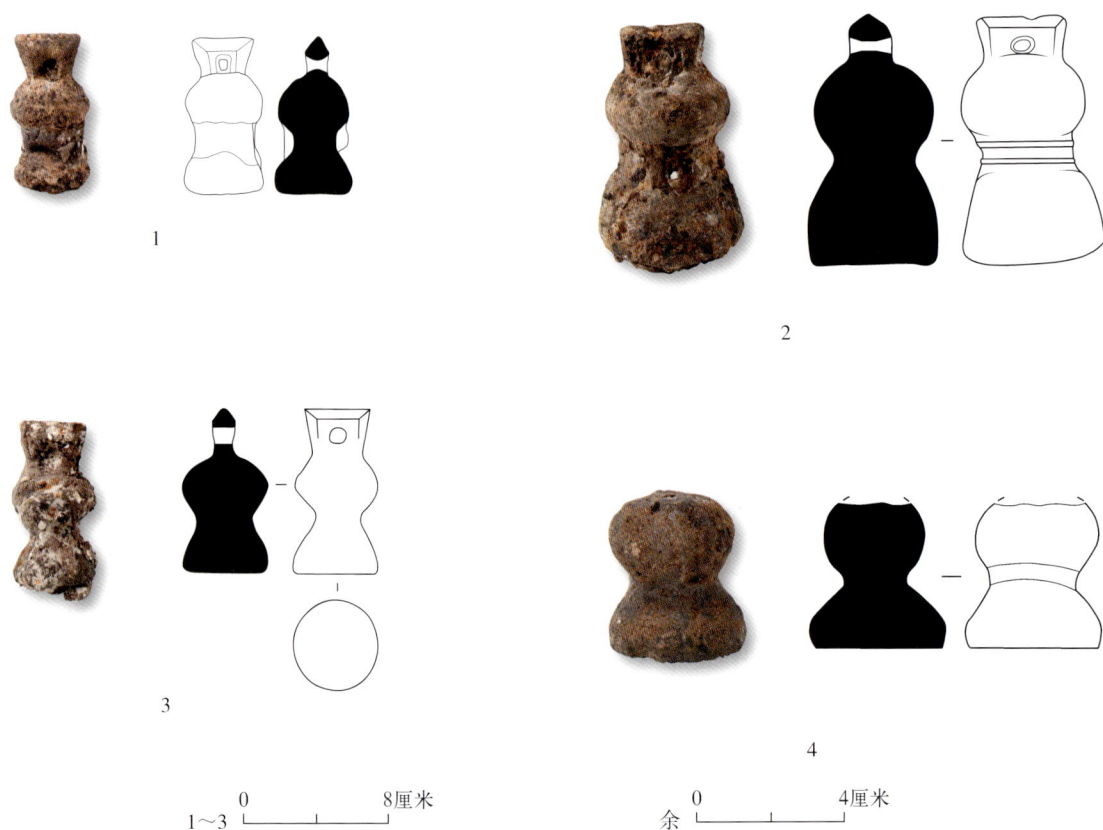

图 3-157　明代铁权
1.闸口⑥：86　2.闸口⑥：245　3.闸口⑥：285　4.闸口⑥：303

闸口⑥：302，长身小环，锥身横截面近方形。全长 27.9、锥身横截面直径 0.6、环外径 1.4、横截面直径 0.25 厘米（图 3-159，2）。

闸口⑥：393-2，长身小环，锥身弯曲，上部横截面呈圆形，近尖端处呈方形，尾端表面铸为螺纹状。全长 28.1、锥身横截面直径 0.6、环外径 1.1、横截面直径 0.2 厘米（图 3-159，3）。

闸口⑥：313，短身大环，锥身横截面呈圆形。全长 12.2、锥身横截面直径 0.5、环长径 3.8、横截面直径 0.3 厘米（图 3-159，4）。

（19）鱼钩

6 件。均锈蚀严重。整体形似"J"字，钩身横截面呈圆形或椭圆形，尖端内侧铸有倒刺，尾端扁平外翻，呈倒三角状，用以卡固鱼线。

闸口⑥：149，钩身横截面呈椭圆形。长 5.1、横截面长径 0.2 厘米（图 3-160，1）。

闸口⑥：317-1，尾端残，钩身横截面呈椭圆形。残长 4.5、横截面长径 0.2 厘米（图 3-160，2）。

闸口⑥：317-2，尾端残，钩身横截面呈圆形。残长 3.2、横截面直径 0.2 厘米（图 3-160，3）。

闸口⑥：371，钩身横截面呈椭圆形。长 3.2、横截面长径 0.2 厘米（图 3-160，4）。

闸口⑥：397-1，钩身弯曲变形，横截面呈圆形。长 4、横截面直径 0.2 厘米（图 3-160，5）。

闸口⑥：397-2，钩身横截面呈圆形。长 3.6、横截面直径 0.2 厘米（图 3-160，6）。

图 3-158 明代铁权
闸口⑥：442

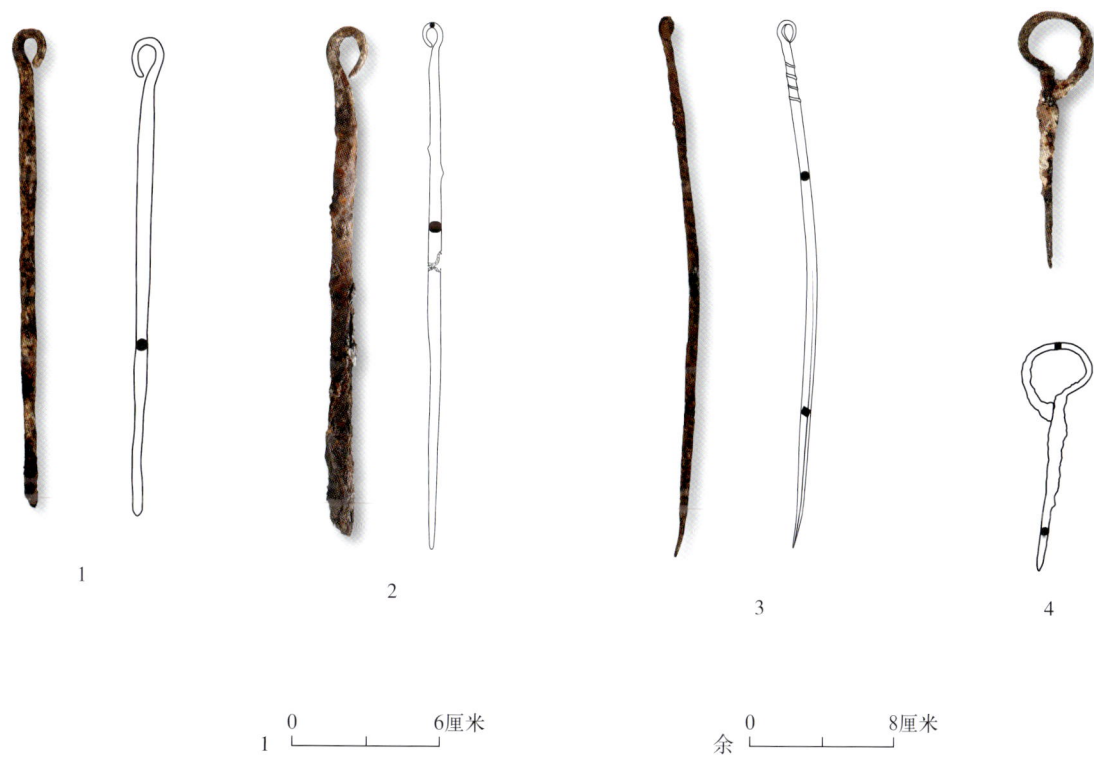

1   2   3   4

0   6厘米   0   8厘米
1 ┣━━━━┫   余 ┣━━━━┫

图 3-159 明代铁锥
1.闸口⑥：188-1 2.闸口⑥：302 3.闸口⑥：393-2 4.闸口⑥：313

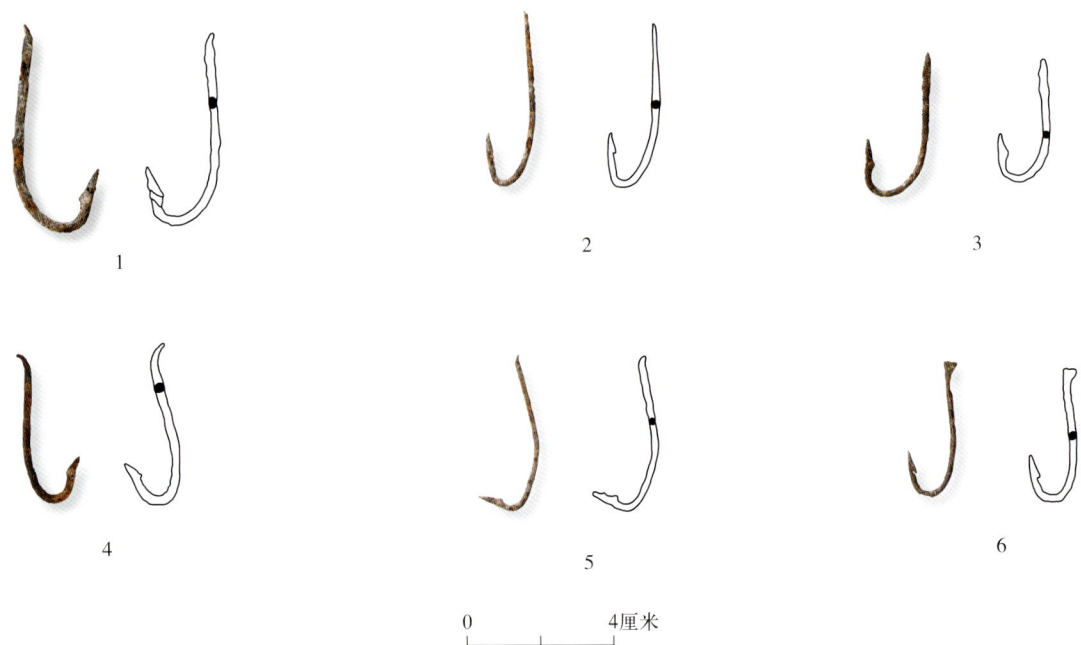

图 3-160　明代铁鱼钩

1.闸口⑥：149　2.闸口⑥：317-1　3.闸口⑥：317-2　4.闸口⑥：371　5.闸口⑥：397-1　6.闸口⑥：397-2

（20）凿

6 件。均锈蚀严重。凿身呈窄长条状，薄刃厚柄，刃部有单面平刃、双面平刃、双面弧刃之分，后端为管状竖銎，内接木柄，部分仍有残留。

闸口⑥：45，凿身窄细，侧观状如尖刀，单面平刃。銎内存留有小段木柄。全长 28.5、凿长 20.9、刃宽 1.2、柄宽 0.6、厚 1.8、銎外径 3 厘米（图 3-161，1）。

闸口⑥：275，单面平刃。长 12.1、刃宽 1.4、柄宽 0.8、厚 0.8、銎外径 1.8 厘米（图 3-161，2）。

闸口⑥：16，銎部残断，双面平刃。残长 23.7、刃宽 2.9、柄宽 2.1、厚 1 厘米（图 3-161，3）。

闸口⑥：249，双面平刃。长 15.8、刃宽 1.7、柄宽 1.1、厚 0.7、銎外径 2.8 厘米（图 3-162，1）。

闸口⑥：440，刃及銎部稍残，双面平刃。銎内存留有小段木柄。长 12.1、刃宽 1.4、柄宽 1、厚 0.9、銎外径 1.8 厘米（图 3-162，2）。

闸口⑥：102，凿身较宽，双面弧刃，銎部一侧前端开放。长 16.5、刃宽 4.2、柄宽 2.6、厚 0.8、銎外径 2.8 厘米（图 3-162，3）。

（21）柄形器

5 件。均锈蚀严重。一侧呈四棱锥状，上端扁薄，至尖端渐厚，另一侧为扁平片状，平面形如剑尖，连接处亦呈扁平片状，平面近椭圆形或桃心形。

闸口⑥：103，一侧残断，仅存四棱锥状一侧，连接处平面近椭圆形。残长 15.2、宽 6.6、厚 1.4 厘米（图 3-163，1）。

闸口⑥：408，连接处平面近桃心形。长 21.2、宽 4.9、厚 1.2 厘米（图 3-163，2）。

（22）篙钉

3 件。均锈蚀严重。钉身弯曲呈鸟喙状，横截面近圆形或长方形，后接管状竖銎。

闸口⑥：355，銎部稍残，钉身横截面呈长方形。全长 11.2、钉身长 7.2、宽 1.3、厚 1.8、銎外径

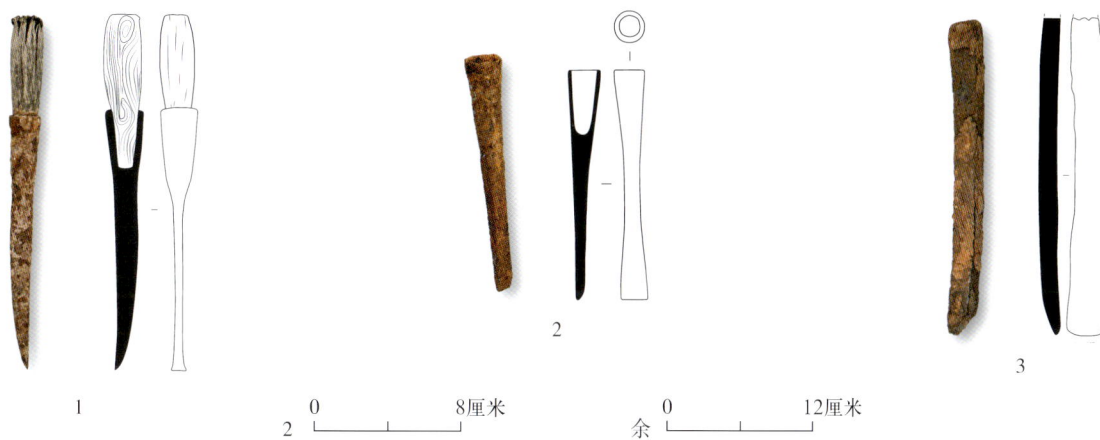

0   8厘米

0   12厘米

图 3-161 明代铁凿

1.闸口⑥：45　2.闸口⑥：275　3.闸口⑥：16

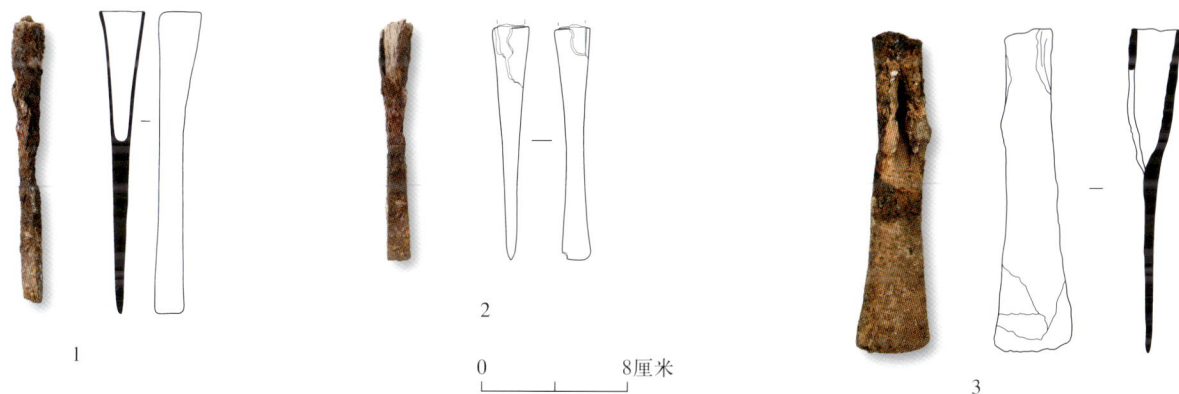

0   8厘米

图 3-162 明代铁凿

1.闸口⑥：249　2.闸口⑥：440　3.闸口⑥：102

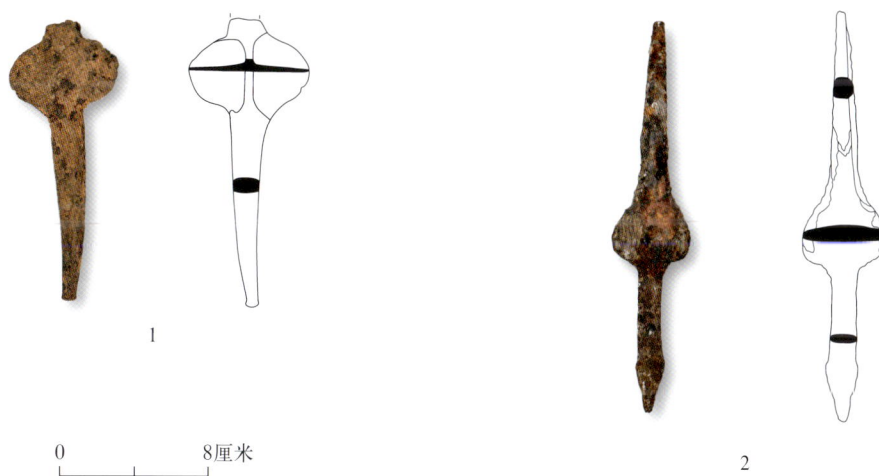

0   8厘米

图 3-163 明代铁柄形器

1.闸口⑥：103　2.闸口⑥：408

4、宽 2.8、厚 0.5 厘米（图 3-164，1）。

闸口⑥：384，钉身横截面呈圆形。銎部自上而下渐厚，一侧开口。全长 12.3、钉身长 7.1、横截面直径 1.5、銎外径 5.2、宽 3.5、最厚处 0.8 厘米（图 3-164，2）。

（23）剪刀

3 件。均锈蚀严重。双股。

闸口⑥：279，器体轻小，尖端略残，刃部宽且平直，中部内凹，横截面近月牙形，内侧开刃、单面直刃，柄部纤细，横截面近圆形，弯曲呈环钩状。双股交叉，中部穿孔，内插销钉以做连接。全长 21、刃部长 12.3、宽 1.8、厚 0.3、柄部横截面直径 0.4 厘米（图 3-165，1）。

闸口⑥：385，器体长而厚重，双股均系棱柱状铁条，长短不一，长者弯曲如牛角状，短者弯折近于直角。方头无尖，近头端处内侧凸出以开刃，双刃相对，均已残损，尾端扁薄且向外撇。双股头端似榫卯状嵌合，长者居内，上各有一圆形穿孔，内插销钉以做连接。长 34.5、头端宽 4.8、厚 2.6、刃长 4.7、长股柄长 34.5、宽 2、厚 1.6、短股柄长 24、宽 1.6、厚 1.2 厘米（图 3-165，2）。

（24）针

3 件。均锈蚀严重。整体呈细长锥状，尾端有细小穿孔。

闸口⑥：370-1，尾端残。残长 4.5、横截面直径 0.1 厘米（图 3-166，1）。

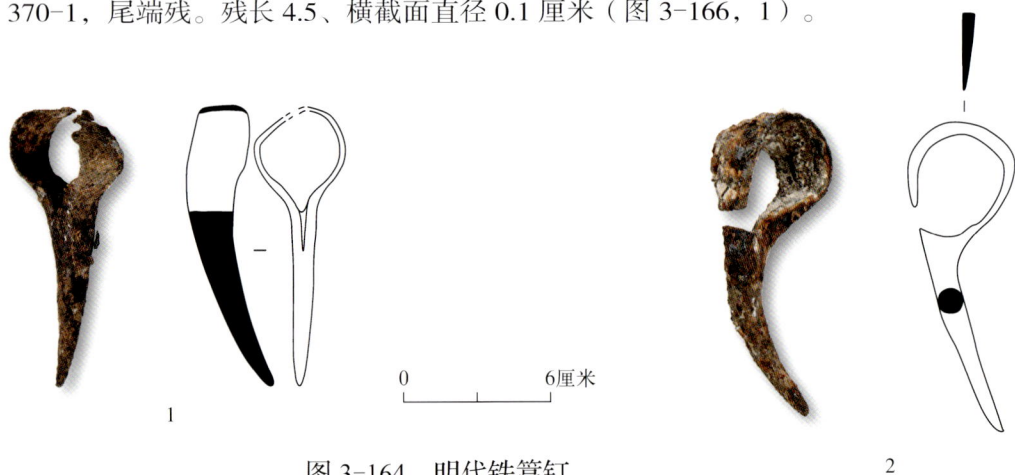

图 3-164 明代铁篙钉
1.闸口⑥：355 2.闸口⑥：384

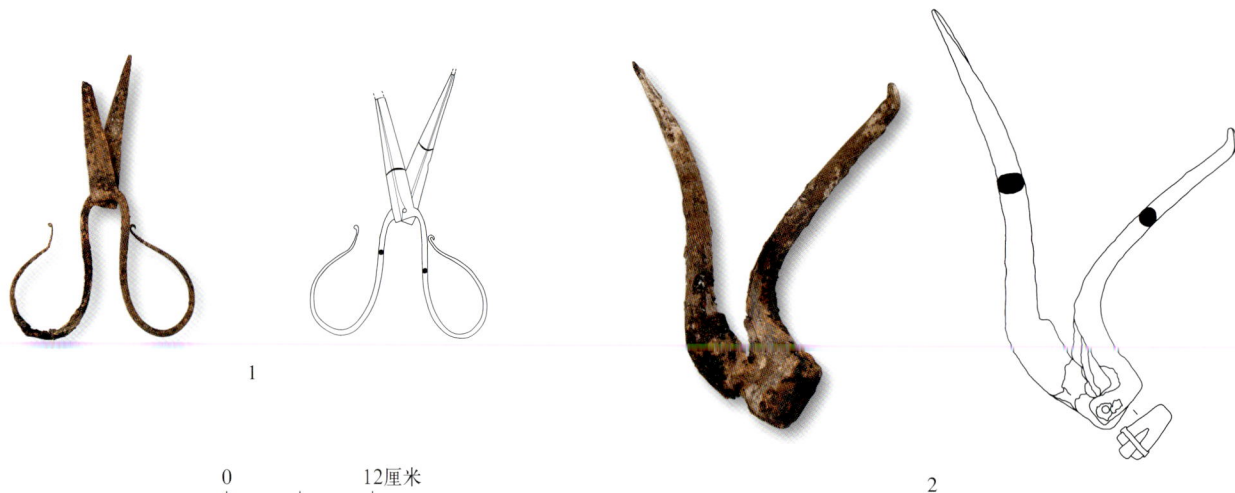

图 3-165 明代铁剪刀
1.闸口⑥：279 2.闸口⑥：385

闸口⑥：370-2，尾端残。残长 7.8、横截面直径 0.1 厘米（图 3-166，2）。

闸口⑥：370-3，长 4.35、横截面直径 0.1 厘米（图 3-166，3）。

（25）其他

共 36 件。均锈蚀严重。有鱼叉、铲、饼、夯、弹簧、斧、铧、扣、钳、镰、铁块及各种异形铁器。

鱼叉　1 件。

闸口⑥：67，仅残存一齿，呈细长圆锥状，尖端内侧铸有倒刺，尾端微曲。残长 13.8、横截面直径 0.9 厘米（图 3-167，1）。

铲　1 件。

闸口⑥：337，扁平片状铲头，平面近三角形，刃部平直。圆柱状长直柄，略有弯曲，尾端存留有一铁箍，后接管状竖銎，残。残长 28.3、铲头长 4、宽 4.2 厘米（图 3-167，2）。

饼　1 件。

ⅡT0506②：5，平面略呈圆形，中部微凹。

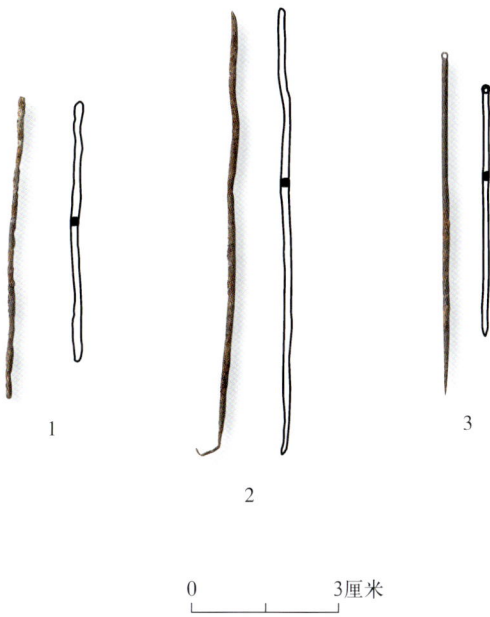

图 3-166　明代铁针
1.闸口⑥：370-1　2.闸口⑥：370-2　3.闸口⑥：370-3

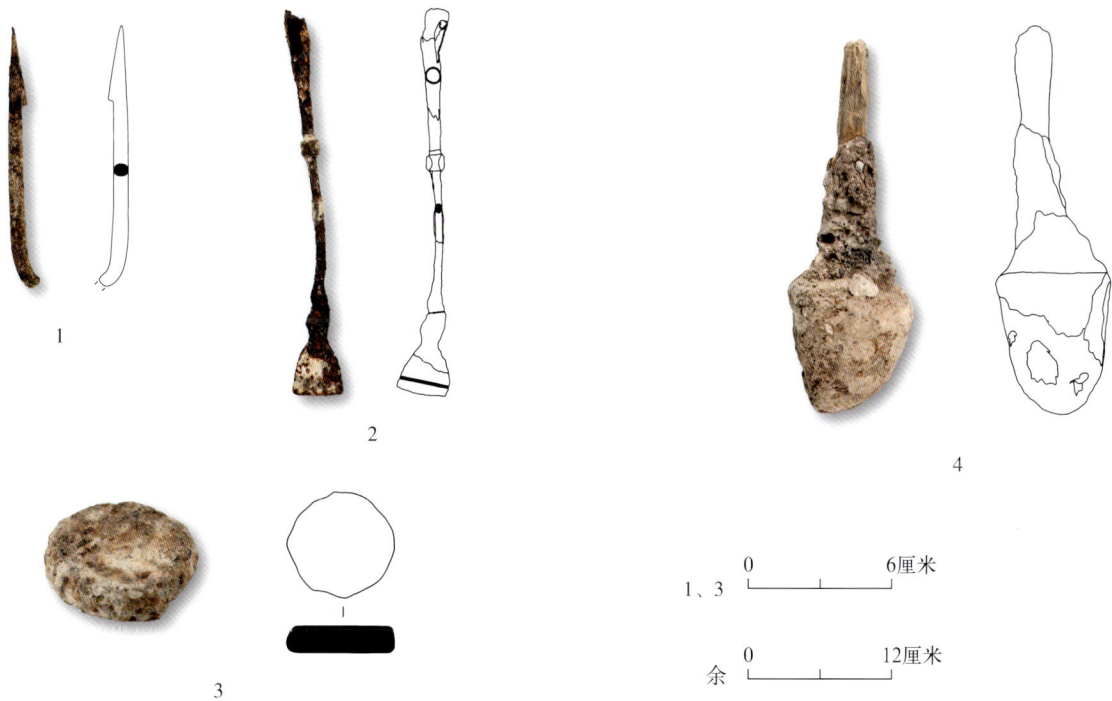

图 3-167　明代铁器
1.鱼叉（闸口⑥：67）　2.铲（闸口⑥：337）　3.饼（ⅡT0506②：5）　4.夯（闸口⑥：222）

直径 5.9、厚 1.4 厘米（图 3-167，3）。

夯   1 件。

闸口⑥：222，半球状，中空，内填以灰浆混合物等用以增重并固定木柄，后接木柄已残断。器身横截面最大径 10.5、高 12、通高 33.5 厘米（图 3-167，4）。

弹簧   1 件。

闸口⑥：413，系细长柱状铁条螺旋盘绕而成，两端残断。直径 3.4、高 3.9、厚 0.6～1 厘米（图 3-168，1）。

斧   1 件。

闸口⑥：124，完整。薄刃厚背，双面弧刃，背部平，器身中部有一方形銎孔。长 11.7、刃宽 6.2、背宽 2.8、厚 3.1、銎长 2.6、宽 1.4 厘米（图 3-168，2）。

铧   1 件。

闸口⑥：51，尖端及一侧刃部残断，整体略呈梯形，两侧刃呈翼状展开，中部为一圆锥状銎孔，亦有残损。残长 8.2、宽 11.8、刃残长 8.8、宽 1.8、銎径 4.5 厘米（图 3-168，3）。

扣   1 件。

TG4⑧：2，由一细长柱状销轴与套接其上的 3 枚铁钩、2 个铁片组合而成。轴身两端加厚呈蘑菇状用以收束，铁钩、铁条于其上相间分布，二者均形制相近，其中铁钩系两端尖细的窄长铁条对折而成，中部弯曲成环以套接销轴，尖端向同侧弯折成钩，部分残断。铁片器身扁薄，两侧向内微卷，

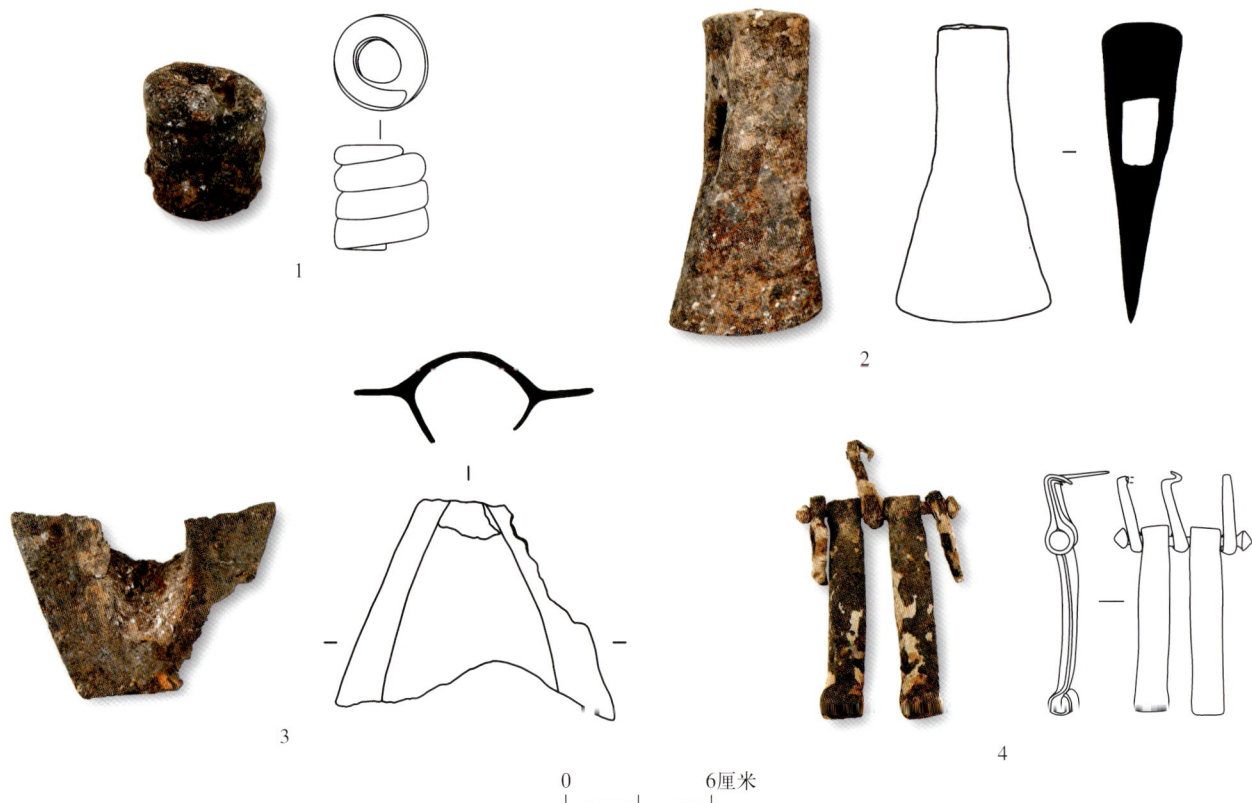

0   6厘米

图 3-168   明代铁器

1.弹簧（闸口⑥：413）   2.斧（闸口⑥：124）   3.铧（闸口⑥：51）   4.扣（TG4⑧：2）

两端向同侧卷曲成环，一端套接于销轴之上。销轴长 5.3、全长 9.4、钩长 3.1、铁片长 7.2、宽 1.2 厘米（图 3-168，4）。

钳　1 件。

闸口⑥：300，双股交叉，近头端处穿孔，内插销钉以做连接。长柄短口，柄部呈细长棱柱状，一侧残断，钳口形如鸟喙。长 14.2、柄宽 1.6、厚 0.7 厘米（图 3-169，1）。

镰　1 件。

闸口⑥：454-25，仅存刃部，刃缘多有残损。长条状，前窄后宽，弧背凹刃，尖端圆钝。长 23.2、最宽处 6.1、背厚 0.45 厘米（图 3-169，2）。

环形铁器　1 件。

闸口⑥：298，完整，器身扁平，呈椭圆环状，长径两端各有一圆形穿孔，一面对称分布有六个方块状凸起。外长径 9.3、外短径 5、最厚处 0.7 厘米（图 3-169，3）。

圆柱形铁器　1 件。

闸口⑥：361，实心圆柱状，两端均残。残长 12.6、横截面直径 6.2 厘米（图 3-169，4）。

弓形铁器　2 件。均较完整，形如弓状，系一扁平铁片弯曲所成，两端向外侧卷曲成环，其内套接铁锥等组合构件。

闸口⑥：393-1，一端与一铁锥相套接。全长 30.6、弓长 20、宽 1.6、厚 0.4 厘米（图 3-170，1）。

"U" 形铁器　2 件。均较完整，系细长柱状铁条对称弯折而成。

闸口⑥：336，两端尖锐，器身横截面呈圆形。长 12.2、横截面直径 0.4 厘米（图 3-170，2）。

闸口⑥：460-2，两端圆钝，器身横截面呈长方形。长 7.2、宽 1、厚 0.4 厘米（图 3-170，3）。

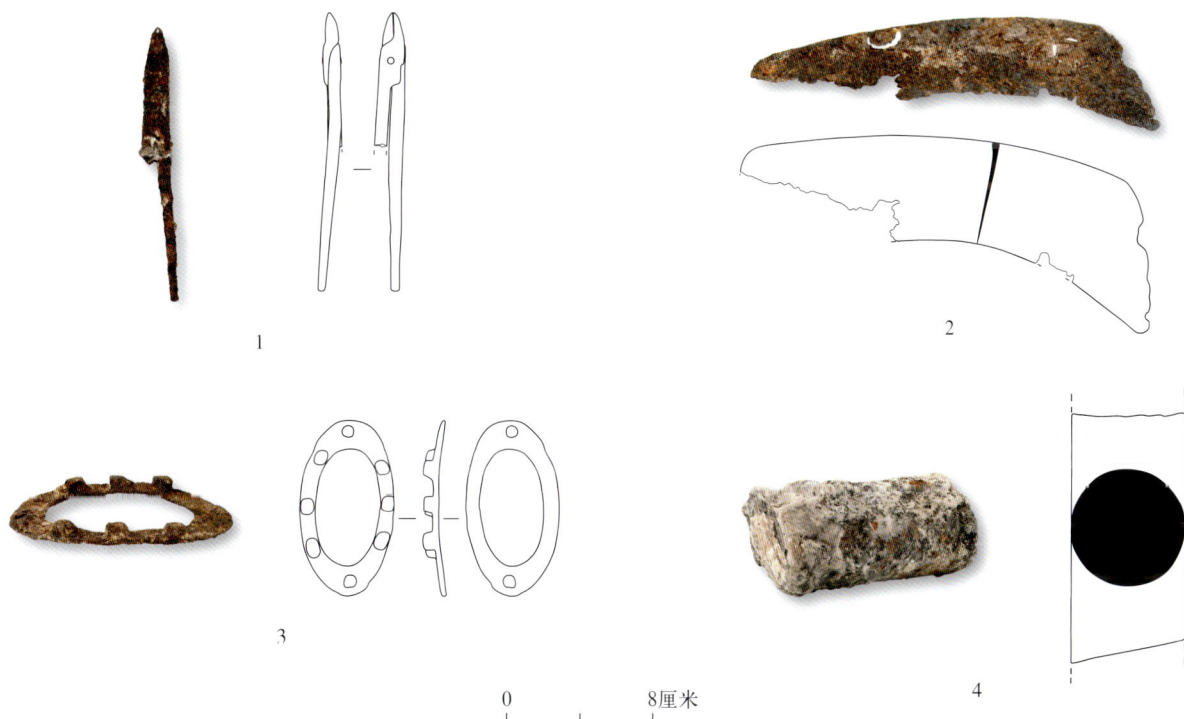

图 3-169　明代铁器

1.铁钳（闸口⑥：300）　2.铁镰（闸口⑥：454-25）　3.环形铁器（闸口⑥：298）　4.圆柱形铁器（闸口⑥：361）

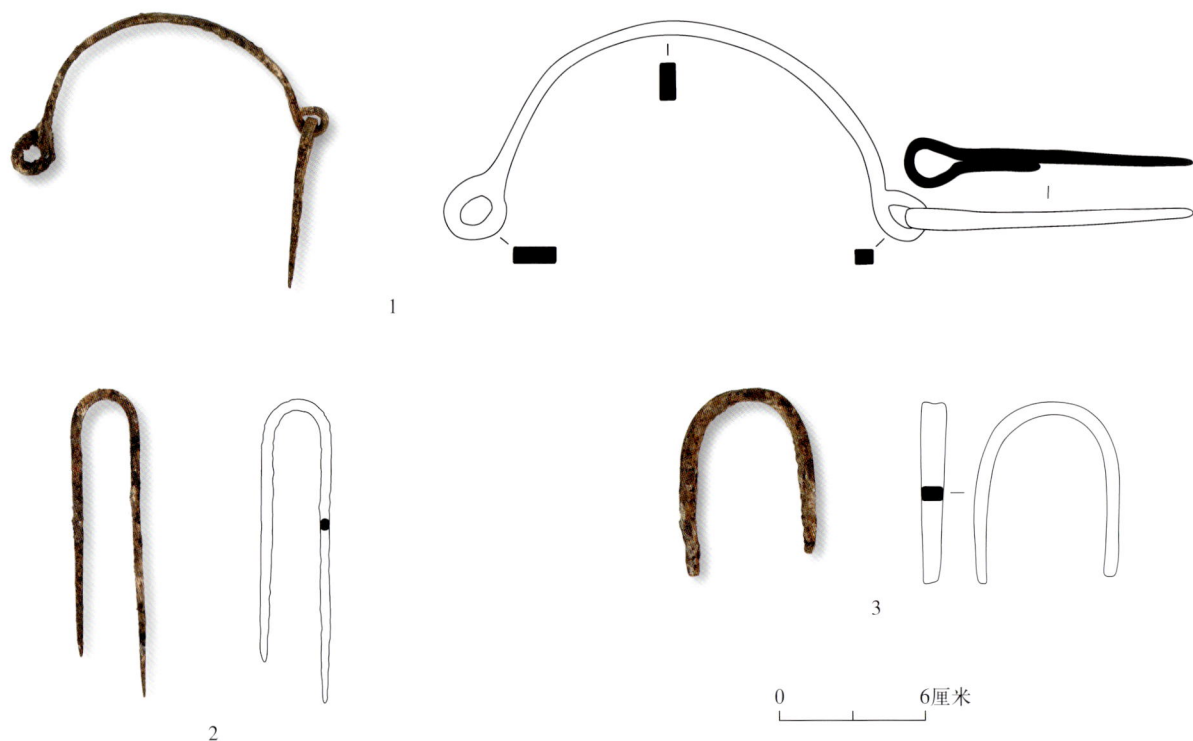

图 3-170　明代铁器

1.弓形铁器（闸口⑥：393-1）　2."U"形铁器（闸口⑥：336、460-2）

"T"形铁器　3件。细长柱状直柄，横截面呈圆形或方形，前端接一锤形头部，弧顶，尾端趋于扁薄，上有一圆形穿孔，部分内存留有铁钉等组合构件。

闸口⑥：165，柄部尾端残，横截面呈圆形。残长24.3、头部长4.2、柄横截面直径0.5厘米（图3-171，1）。

闸口⑥：379，柄部横截面近方形。长15.6、头部长5、柄宽0.8、尾端宽1.8厘米（图3-171，2）。

闸口⑥：456-40，柄部尾端稍残，穿孔内存留铁钉一枚，横截面近方形。长10.4、头部长4、柄宽0.6、尾端宽1.8厘米（图3-171，3）。

铁块　3件。

闸口⑥：456-28，表面锈蚀严重，残。整体呈实心长方体状，一侧边缘不甚规整。长4.4、最宽处4、厚1.5厘米（图3-171，4）。

异形铁器　14件。

ⅡT0513②：1，完整，整体呈龟背状，中空内凹，口部向外平折成沿，一端凸出呈燕尾状。长13.7、宽7.3、高5.9厘米（图3-172，1）。

闸口⑥：190，完整，长直柄状，中部弯折，上端扁平，中有圆形穿孔，至下端渐窄渐厚呈四棱柱状，其横截面近方形。弯折处遭沉积物覆盖，具体形制不明。长15厘米（图3-172，2）。

闸口⑥：454-33，两端均残，呈细长圆柱状，器身弯曲。残长10.6、横截面直径1.3厘米（图3-172，3）。

闸口⑥：456-34，完整，中部弯折变形，呈扁平长条状，两端渐细并向器身卷曲成环，二者均近椭圆形，大小不一。长10、宽1.9、厚0.4厘米（图3-172，4）。

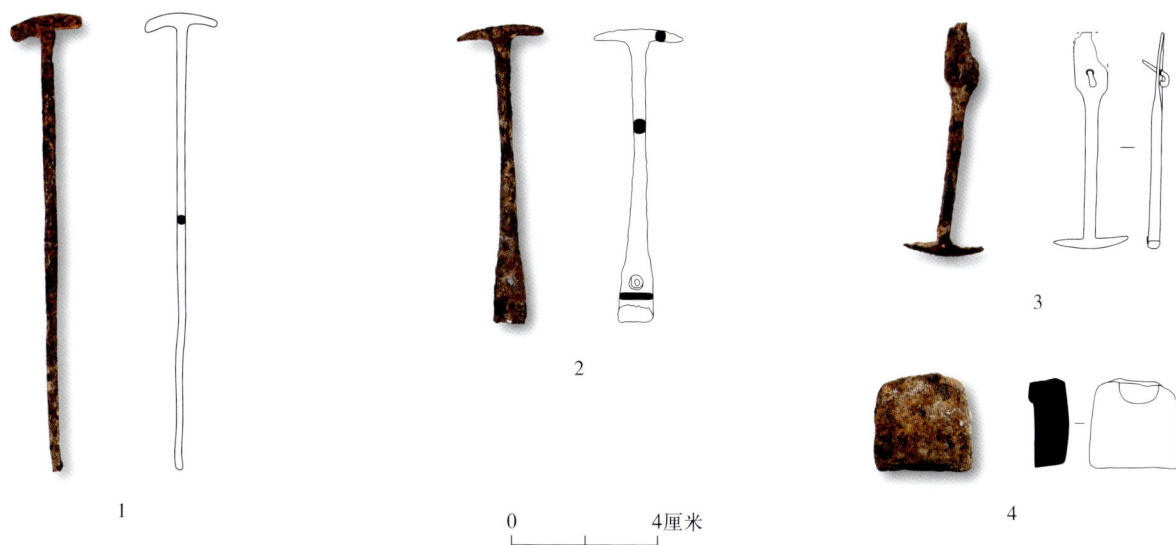

图 3-171 明代铁器

1～3. "T" 形铁器（闸口⑥：165、379、456-40） 4.铁块（闸口⑥：456-28）

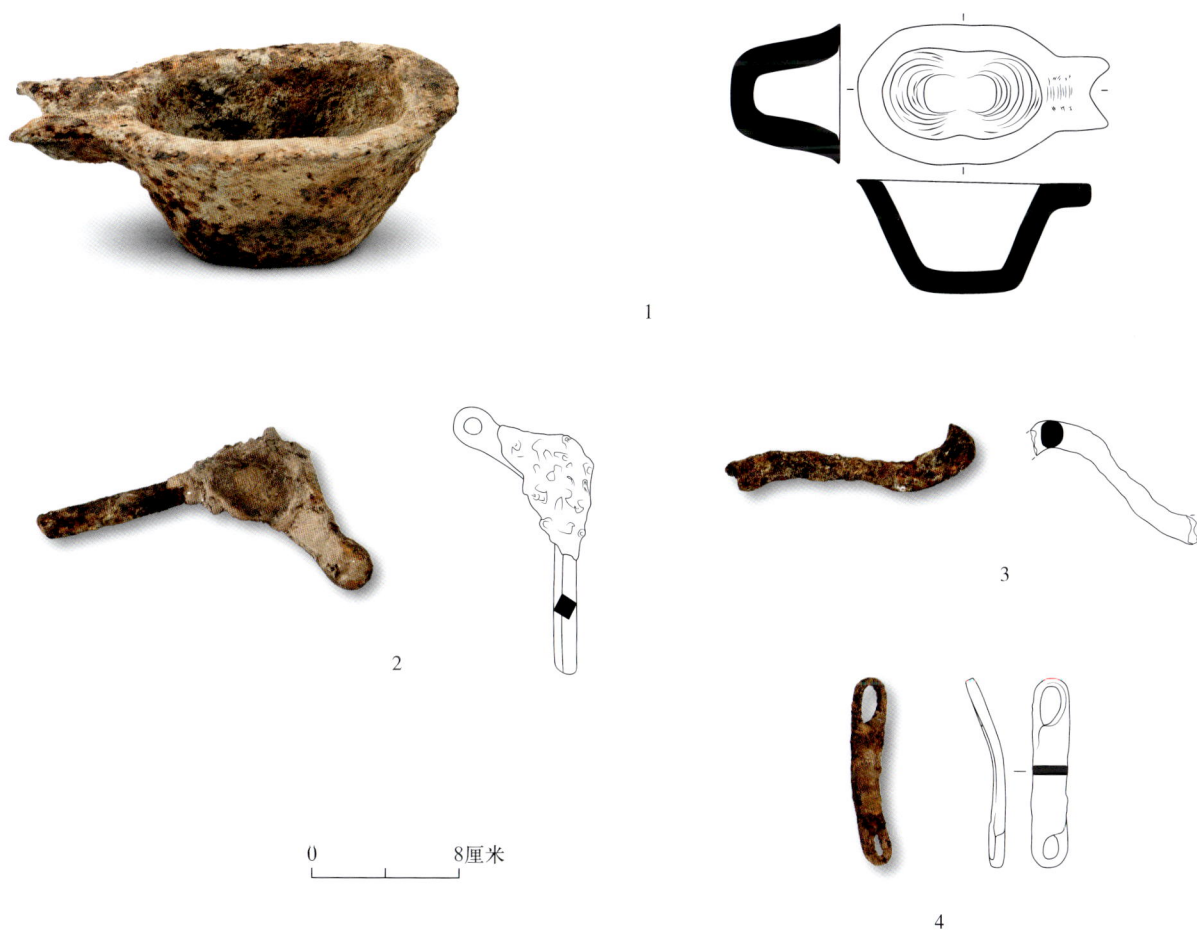

图 3-172 明代异形铁器

1.ⅡT0513②：1 2.闸口⑥：190 3.闸口⑥：454-33 5.闸口⑥：456-34

闸口⑥：460-3，完整，呈扁平长条状，两端渐细并向器身卷曲成环，二者均近椭圆形，大小不一。长10.1、宽1.4、厚0.4厘米（图3-173，1）。

闸口⑥：456-41，两端略残。器身弧曲，两端窄而中部宽，两侧边内卷作凹槽状。残长16.2、宽2.1、厚0.15厘米（图3-173，2）。

闸口⑥：456-42，前端略残。器身弯曲，呈扁平叶片状，正中有一穿孔，内存留铁钉1枚。后接一细棱柱状柄部，尾端渐细并向器身卷曲成环。残长22.4、宽1.6、厚0.5厘米（图3-173，3）。

闸口⑥：456-43，前端残，呈细长圆柱状，至尾端渐细，尾端近方块状，上有一圆形穿孔。残长8.2、横截面直径0.8厘米（图3-173，4）。

闸口⑥：322，完整，呈细长棱柱状，前端稍细，略有弯曲，尾端接一管状竖銎。长17.8、宽1.5、厚1.4厘米（图3-174，1）。

闸口⑥：365，完整，呈细长棱锥状，尖端卷曲，尾端接一管状竖銎。长16、宽1、厚1厘米（图3-174，2）。

闸口⑥：104，两端残，呈圆管状，两端略向外侧扭曲，扭曲处较扁薄。残长7.8、横截面外径0.65厘米（图3-174，3）。

闸口⑥：456-50，两端残，呈圆管状，两端略向外侧扭曲，扭曲处较扁薄。残长7、横截面外径0.7厘米（图3-174，4）。

闸口⑥：456-38，残。圆管状，器身略弯曲，一端较宽。残长29.5、外径2.7厘米（图3-175，1）。

闸口⑥：456-18，完整，平面略呈三角形，厚背薄刃，刃缘平直。长7、刃宽4.5、背厚0.5厘米（图3-175，2）。

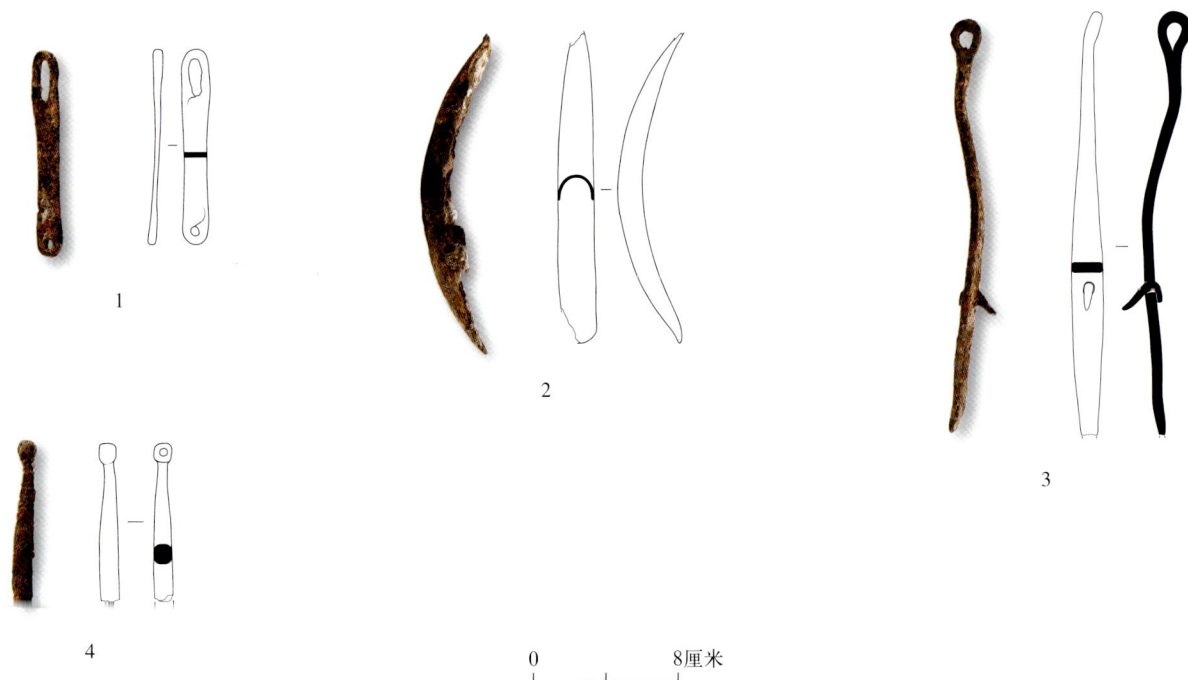

0　　　　8厘米

图3-173　明代异形铁器
1.闸口⑥：460-3　2.闸口⑥：456-41　3.闸口⑥：456-42　4.闸口⑥：456-43

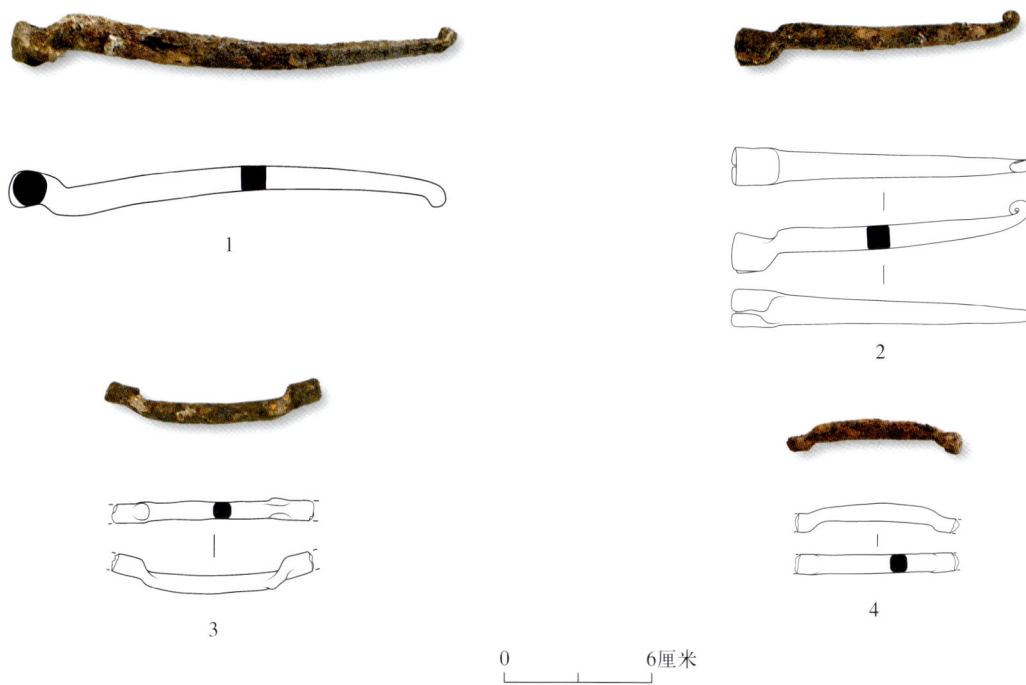

图 3-174 明代异形铁器

1.闸口⑥：322　2.闸口⑥：365　3.闸口⑥：104　4.闸口⑥：456-50

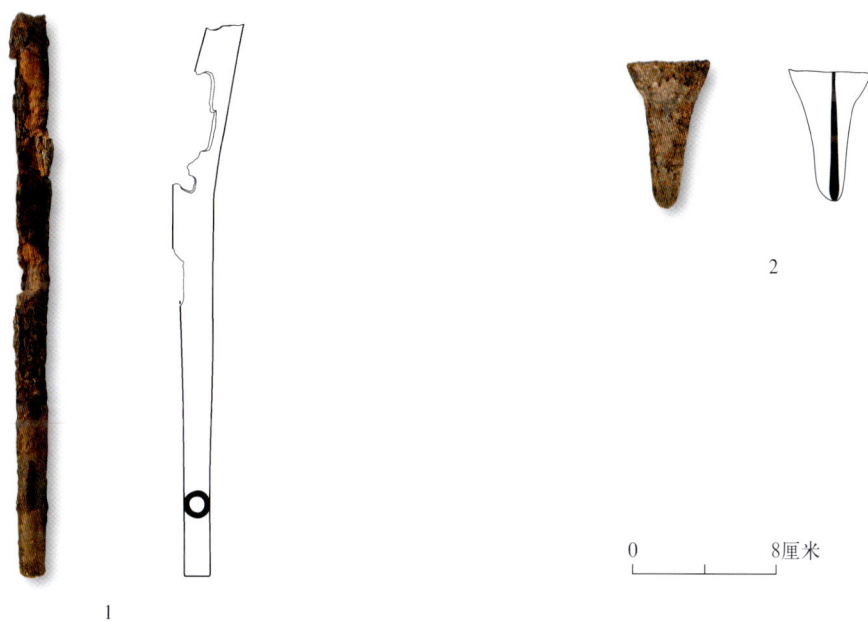

图 3-175 明代异形铁器

1.闸口⑥：456-38　2.闸口⑥：456-18

（五）铜器

遗址内出土铜器种类与数量较少，共计18件，均为日常生活用具，有簪、耳勺、匙、秤盘、饰件、钱币等。

（1）簪

11件。表面均锈蚀。簪身自上至下渐细，形状有窄长条状、棱锥状与圆锥状之分，簪头造型亦各有不同。

闸口⑥：446，完整，器身扁平，呈窄长条状，尖端较钝，簪头作叶片形并卷曲成环。长13.2厘米（图3-176，1）。

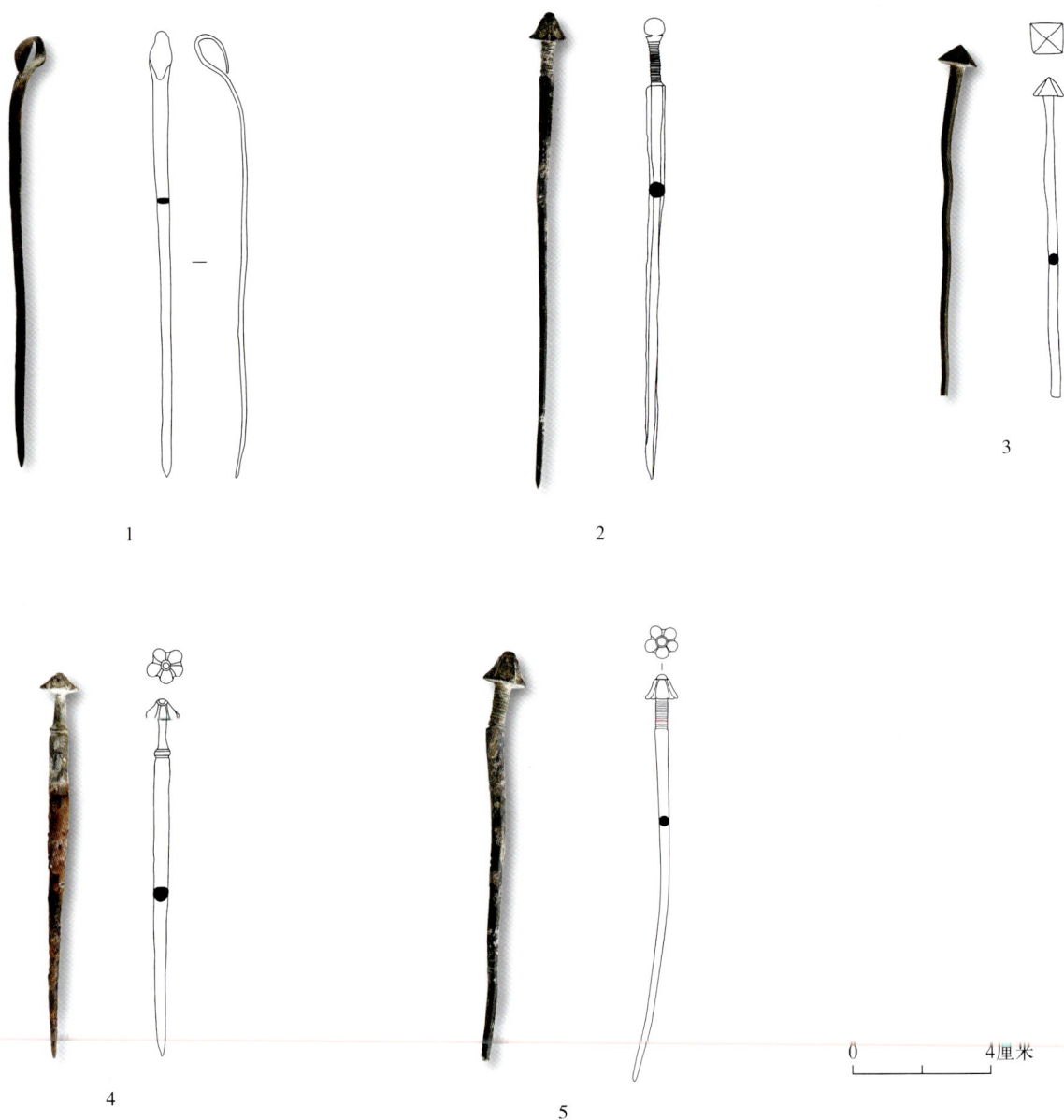

图 3-176　明代铜簪

1.闸口⑥：446　2.闸口⑥：448-1　3.闸口⑥：448-4　4.闸口⑥：448-2　5.闸口⑥：448-3

闸口⑥：448-1，完整，簪身呈六棱锥状，尖端较锐，簪头作圆珠状，头、身连接处呈细圆柱状，表面饰细密螺纹。长 11.4 厘米（图 3-176，2）。

闸口⑥：448-4，完整，簪身呈六棱锥状，略弯曲变形，尖端较锐，簪头作花卉状，头、身连接处呈细圆柱状，表面饰细密螺纹。长 12.3 厘米（图 3-176，3）。

闸口⑥：448-2，完整，簪身呈细圆锥状，表面附着有铁锈，尖端较锐，簪头作花卉状，头、身连接处较细。长 9.1 厘米（图 3-176，4）。

闸口⑥：448-3，尖端残，簪身呈细圆锥状，稍有弯曲，表面光滑，簪头作金字塔状。残长 8.1 厘米（图 3-176，5）。

（2）耳勺

1 件。闸口⑥：398，完整，表面锈蚀，细长棱柱状直柄，前接椭圆半球状小勺，稍向柄部弯折。长 9.7 厘米（图 3-177，1）。

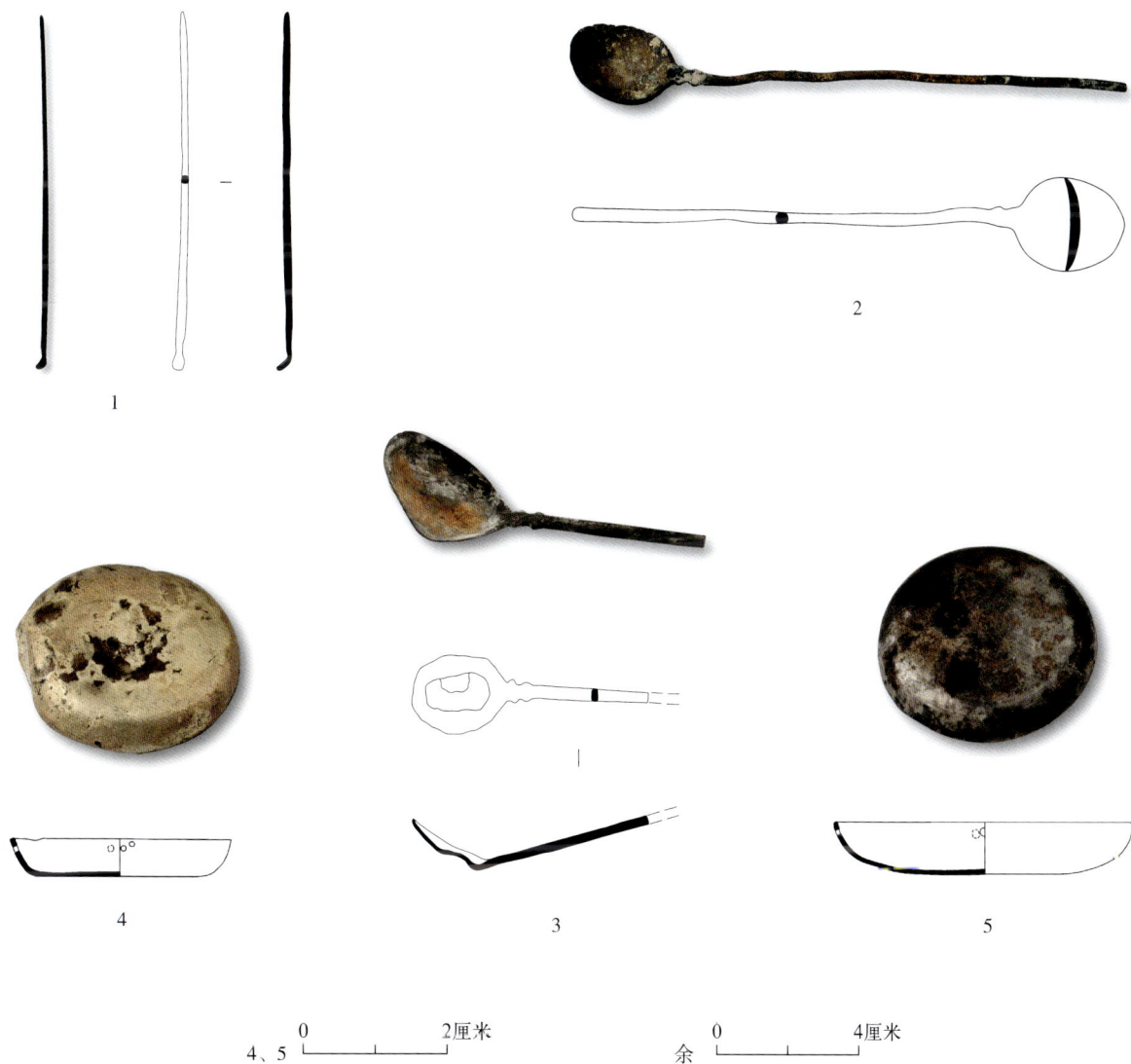

图 3-177 明代铜器

1.耳勺（闸口⑥：398） 2、3.匙（ⅡT0408②：1、闸口⑥：106） 4、5.秤盘（闸口⑥：260、闸口⑥：351）

（3）匙

2件。表面锈蚀，细长棱柱状直柄，较扁平，前接椭圆半球状勺，勺、柄相接处两侧作波浪形装饰。

ⅡT0408②：1，柄部略有弯曲变形，表面鎏金，大部已脱落。长15.7厘米（图3-177，2）。

闸口⑥：106，柄部残，勺部遭挤压而有弯折、变形。残长6.7厘米（图3-177，3）。

（4）秤盘

2件。完整，表面锈蚀，器体轻小，平面呈圆形，平底，斜直壁，其上对称分布有四个圆形穿孔。

闸口⑥：260，壁遭挤压略有变形。口径3.2、高0.5厘米（图3-177，4）。

闸口⑥：351，底微凹。口径4.3、高0.6厘米（图3-177，5）。

（5）饰件

2件。

闸口⑥：237，残损严重，表面锈蚀，余部呈弧形片状，上有一菱形穿孔。残长6.3、厚0.1厘米（图3-178，1）。

闸口⑥：293，中部破损，表面锈蚀，整体作六瓣花卉状，花瓣扁平，均匀外展，内饰以心形凸棱，边缘饰以联珠。中部呈空心圆柱状凸起，顶端边缘接有一周小圆环以象花蕊，倾斜交叠，分布细密。背部正中作扁圆柱状凸起。外径2.6、残高0.7厘米（图3-178，2）。

（6）钱币

共176枚。其中以"洪武通宝"最多，达157枚，余者包括永乐通宝、宣德通宝、弘治通宝、嘉靖通宝、万历通宝等五种。

洪武通宝　157枚。圆形方穿或花穿，正背及穿有郭，面直读楷书"洪武通宝"，背多光素，部分铸有图案或文字。

闸口⑥：424-12，方穿，背下指甲纹。直径2.26、穿径0.55、厚0.11厘米，重3.4克（图3-179，1）。

闸口⑥：443-303，方穿，背上指甲纹。直径2.23、穿径0.52、厚0.17厘米，重3.2克（图3-179，2）。

闸口⑥：427-56，方穿，背下"福"。直径2.32、穿径0.49、厚0.1厘米，重3.3克（图3-179，3）。

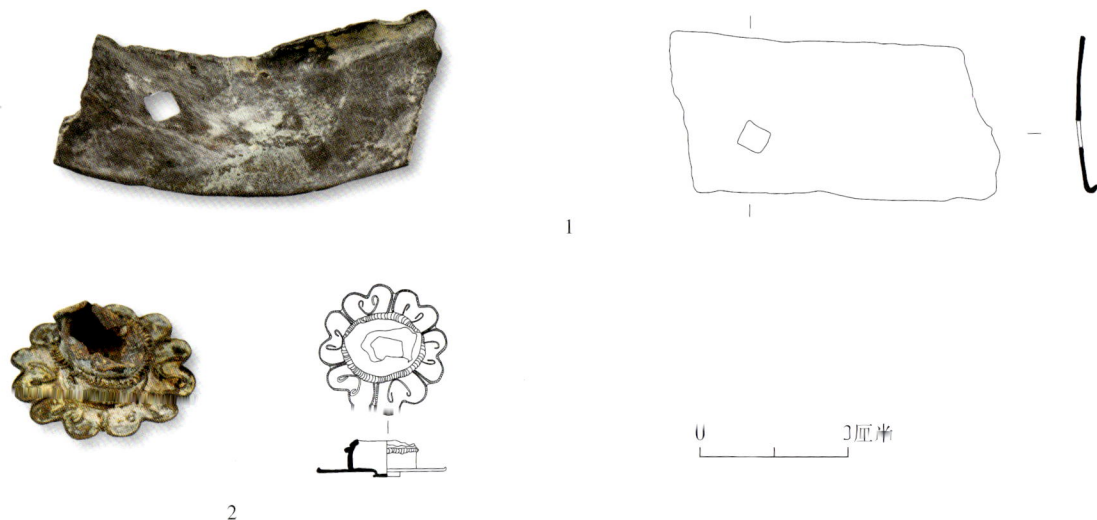

图3-178　明代铜饰件

1.闸口⑥：237　2.闸口⑥：293

闸口⑥：292-66，方穿，背上"浙"及一星。直径2.42、穿径0.6、厚0.1厘米，重3克（图3-179，4）。

闸口⑥：443-301，方穿，背右"一钱"。直径2.15、穿径0.47、厚0.13厘米，重3.2克（图3-179，5）。

闸口⑥：443-342，花穿，光背。直径2.29、穿径0.59、厚0.12厘米，重2.8克（图3-179，6）。

永乐通宝　3枚。圆形方穿，正背及穿有郭，面直读楷书"永乐通宝"，光背。

闸口⑥：427-16。直径2.4、穿径0.49、厚0.09厘米，重2.9克（图3-180，1）。

宣德通宝　1枚。

闸口⑥：427-44，圆形方穿，正背及穿有郭，面直读楷书"宣德通宝"，光背。直径2.35、穿径0.49、厚0.1厘米，重2.8克（图3-180，2）。

弘治通宝　6枚。圆形方穿，正背及穿有郭，面直读楷书"弘治通宝"，光背。

闸口⑥：427-28，直径2.27、穿径0.5、厚0.05厘米，重2克（图3-180，3）。

嘉靖通宝　1枚。

闸口⑥：424-72，圆形方穿。正背及穿有郭，面直读楷书"嘉靖通宝"，光背。直径2.5、穿径0.54、

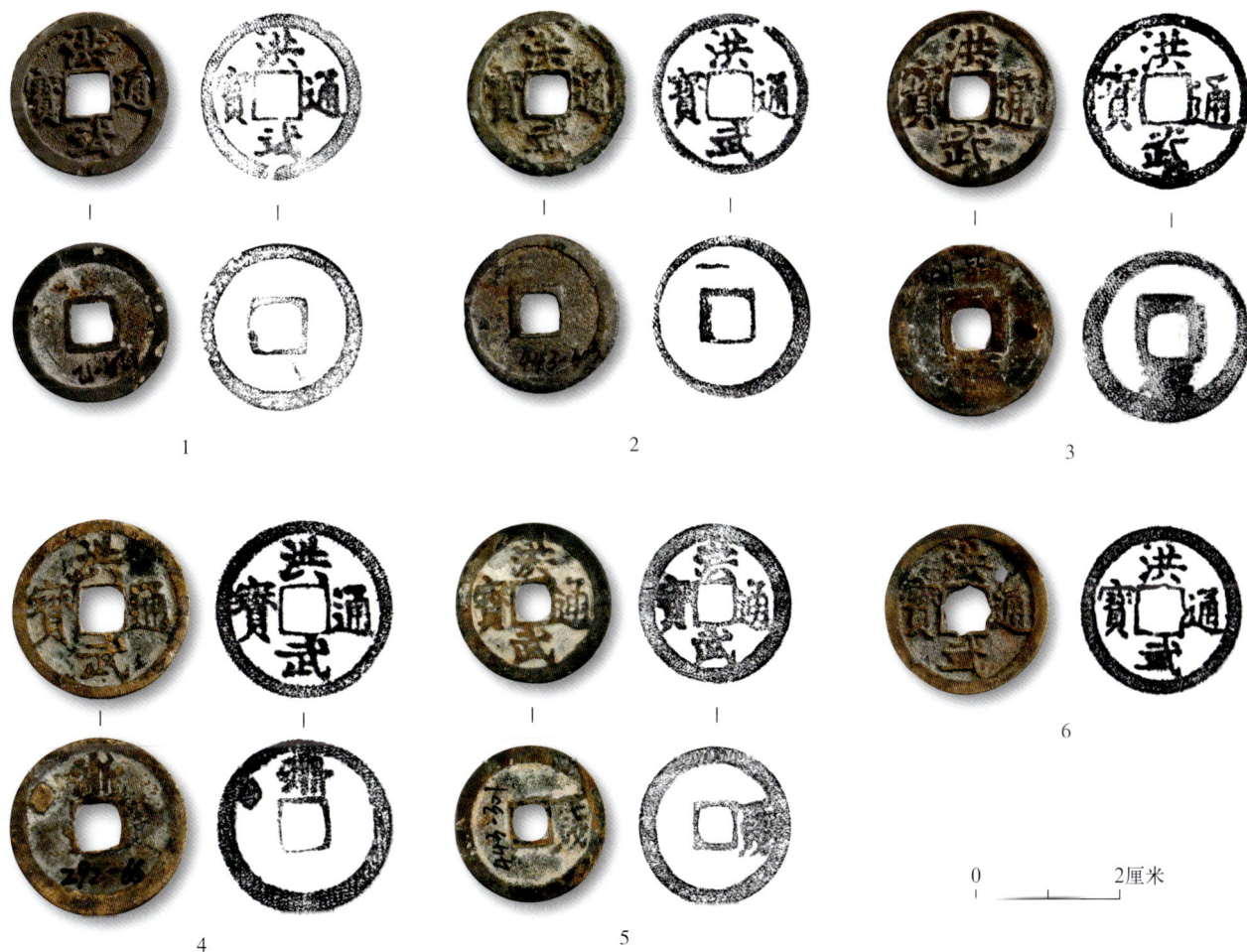

图3-179　洪武通宝

1.闸口⑥：424-12　2.闸口⑥：443-303　3.闸口⑥：427-56　4.闸口⑥：292-66　5.闸口⑥：443-301　6.闸口⑥：443-342

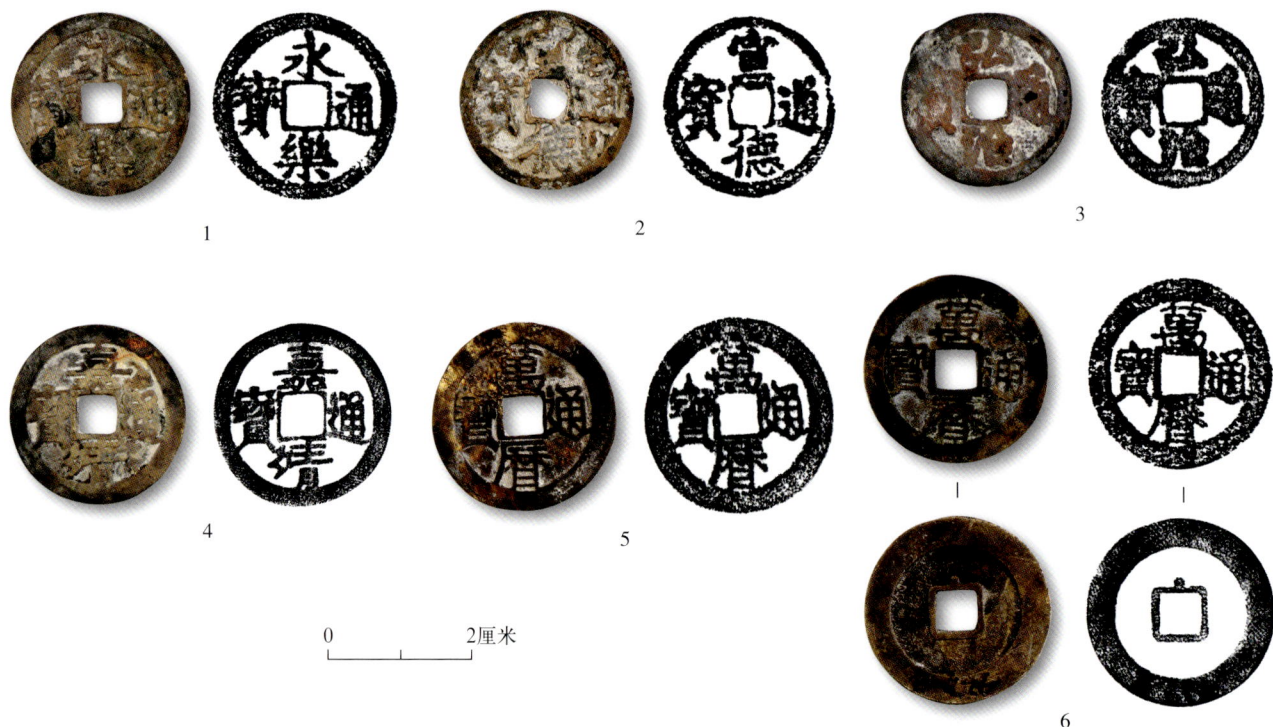

图 3-180　明代钱币

1.永乐通宝（闸口⑥：427-16）　2.宣德通宝（闸口⑥：427-44）　3.弘治通宝（闸口⑥：427-28）　4.嘉靖通宝（闸口⑥：424-72）　5、6.万历通宝（闸口⑥：443-4、427-8）

厚 0.11 厘米，重 4 克（图 3-180，4）。

　　万历通宝　8 枚。圆形方穿，正背及穿有郭，面直读楷书"万历通宝"，背多光素，部分铸有图案。

　　闸口⑥：443-4，光背，表面鎏金，部分已脱落。直径 2.5、穿径 0.48、厚 0.13 厘米，重 4.1 克（图 3-180，5）。

　　闸口⑥：427-8，背上一星。直径 2.5、穿径 0.53、厚 0.12 厘米，重 4.2 克（图 3-180，6）。

（六）锡器

1 件。

器盖　1 件。

　　闸口⑥：214，平面略呈圆形，因遭挤压而扁塌。直径 7.6、厚 1 厘米（图 3-181，1）。

（七）金器

3 件。

耳勺　2 件。完整，表面金黄，细长棱柱状直柄，前接椭圆半球状小勺，勺向柄部弯折。

　　闸口⑥：376，勺向柄部弯折较甚，近于垂直。长 11.4 厘米（图 3-181，2）。

　　闸口⑥：445，柄部前端弯曲。长 8.6 厘米（图 3-181，3）。

　　匙　1 件。

　　闸口⑥：444，完整，表面金黄，细长棱柱状直柄，前接椭圆半球状勺，勺腹较浅，稍向前弯曲。长 15.1 厘米（图 3-181，4）。

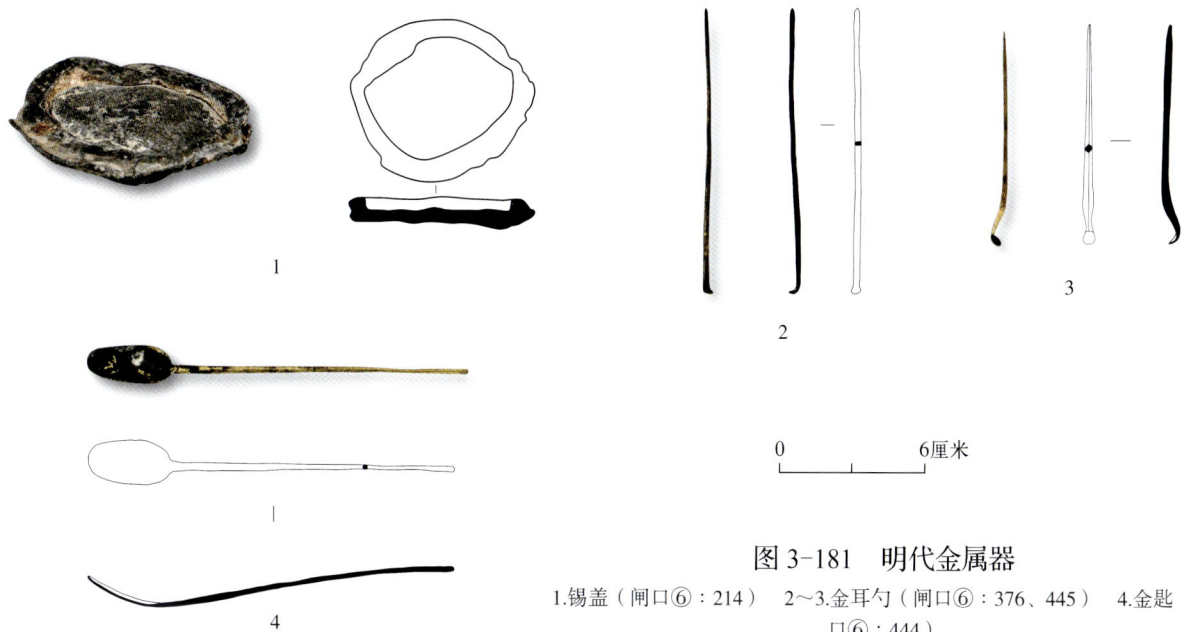

图 3-181　明代金属器

1.锡盖（闸口⑥：214）　　2~3.金耳勺（闸口⑥：376、445）　　4.金匙（闸口⑥：444）

五　清代遗物

清代出土遗物共 13 件，主要为青花瓷器，还有 1 件青瓷器和 1 枚钱币。

（一）陶瓷器

12 件。以青花瓷为主，青白瓷仅 1 件。器形主要为碗、杯、盘等。

1. 青花瓷

11 件，均残。器物内外饰有缠枝牡丹、"寿"字、缠枝莲托八宝、菊花、梧桐叶、花篮、蝙蝠等纹饰，底款常见"乾隆年制"、"笔锭如意"或花押款等。器形有碗、杯、盘、盏、罐、器盖等。

（1）碗

4 件。

ⅡT0606①：9，撇口，圆唇，深弧腹，圈足。内足墙外斜。灰白胎，通体施釉。口沿内纹三道弦纹，间饰枝叶花带纹，内底两道弦纹内纹饰不明，外壁饰两道弦纹及缠枝纹牡丹纹，足墙饰三道弦纹。圈足底部书"□□乾隆年制"款。口径 11.8、足径 5.2、高 5.8 厘米（图 3-182，1）。

闸口②：469，微撇口，尖圆唇，深弧腹，圈足。内足墙外斜，足跟粘砂。口沿内饰两道弦纹，间饰枝叶花带纹，内底两道弦纹内饰菊花纹，外壁饰缠枝菊花纹和两道弦纹，足墙饰两道弦纹。圈足底部双圈内饰"兰花"花押款。口径 15.8、足径 7、高 7.6 厘米（图 3-182，2）。

闸口②：511，敞口，圆唇，斜弧腹，圈足。通体施釉。口沿内饰一道弦纹，口沿外、足墙饰两道弦纹，内底两道弦纹内纹饰不明，外壁饰缠枝莲托杂宝纹。圈足底部双圈内饰"笔锭如意"款。口径 11.7、足径 4.8、高 5.6 厘米（图 3-183，1）。

闸口②：477，敞口，圆唇，斜弧腹，矮圈足。足跟内、外向斜削。口沿内外饰两道弦纹，内底两道弦纹内饰简笔画纹，外壁饰缠枝莲纹。口径 13.9、足径 6、高 6.6 厘米（图 3-183，2）。

图 3-182　清代青花瓷碗

0　　　　　　6厘米

1.ⅡT0606①：9　2.闸口②：469

图 3-183　清代青花瓷碗

1.闸口②：511　2.闸口②：477

0　　　　　6厘米

图 3-184　清代青花瓷杯
闸口②：464-1

（2）杯

1件。

闸口②：464-1，敞口，圆唇，斜弧腹，圈足略高。灰白胎，器身施满釉，足底露胎。口沿内外饰两道弦纹，足墙饰三道弦纹，内底两道弦纹内饰简化花纹，外壁饰花卉纹。圈足底部双圈内书"翰"字款。口径6、足径3.2、高4.4厘米（图3-184）。

（3）盘

3件。灰白胎，器身均施满釉，足底露胎。

闸口②：462，敞口，尖圆唇，浅弧腹，圈足。内足墙外斜，足跟粘砂。内底饰梧桐叶纹，书"梧桐一落，天下尽秋"。口径11.5、足径5.2、高2.8厘米（图3-185）。

闸口②：478，侈口，圆唇，浅腹微折，矮圈足。内足墙外斜。盘沿饰一圈冰梅纹，内底两道弦纹内饰花篮纹，仅剩花篮底部，外壁饰简化草叶纹。口径22、足径12、高3.6厘米（图3-186，1）。

图 3-185　清代青花瓷盘
闸口②：462

图 3-186 清代青花瓷盘

1.闸口②：478 2.闸口②：471

0 _____ 6厘米

图 3-187　清代青花瓷盏

闸口②：523

闸口②：471，敞口微敛，浅弧腹，圈足，挖足过肩。内足墙外斜，足跟外向斜削。通体施釉。口沿内外均三道弦纹，间饰缠枝叶花带纹，内底两道弦纹内饰三狮穿花纹。口径14.7、足径7、高4.4厘米（图3-186，2）。

（4）盏

1件。

闸口②：523，敞口微撇，圆唇，斜弧腹，圈足。内足墙外斜，足跟外向斜削。灰白胎，器身施满釉，足底露胎。口沿内外饰两道弦纹，足墙饰一道弦纹，内底两道弦纹内饰"四蝠捧寿"纹，外壁饰蝙蝠纹。圈足底部双圈内饰"四朵花"花押款。口径8.6、足径4、高3厘米（图3-187）。

（5）罐

1件。

T1⑤：12，残存腹片。溜肩，下腹斜收。外壁饰人物、树木、花草纹。残高10.1厘米（图3-188）。

（6）器盖

1件。

闸口②：470，直口，尖圆唇，直壁，微弧顶。灰白胎，器身施满釉，唇部无釉。顶面饰松树纹。口径6.5、高1.8厘米（图3-189）。

2. 青白瓷

1件。

杯　1件。

闸口②：479，敞口，方圆唇，斜弧腹，圈足。足跟内向斜削。灰白胎，釉色青白，足底露胎。口径5.7、足径2.7、高2.6厘米（图3-190）。

图 3-188　清代青花瓷罐
T1⑤：12

图 3-189　清代青花瓷器盖
闸口②：470

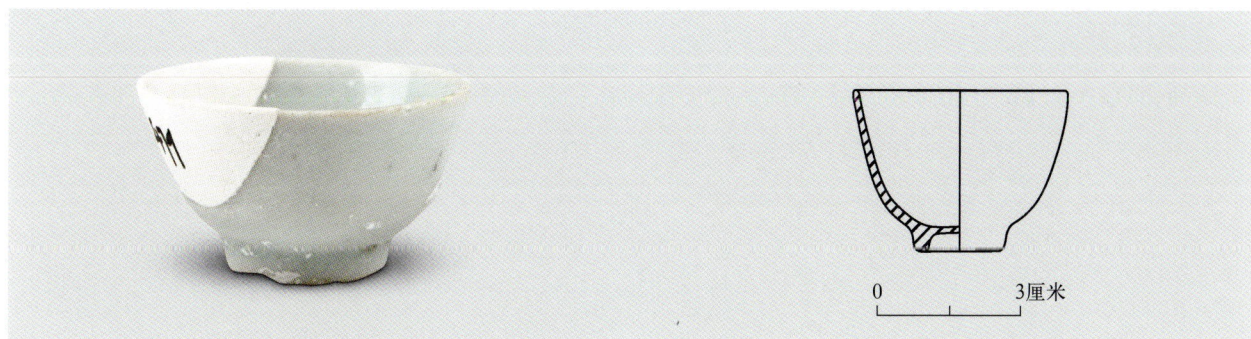

图 3-190　清代青瓷杯
闸口②：479

（二）铜器

1件。为钱币，发现于在建筑基址区表土。

道光通宝　1枚。

ⅡT0709 ①：5，圆形方穿，正背及穿有郭，面直读楷书"道光通宝"，背有满文，已漫漶不清。直径2.13、穿径0.49、厚0.12厘米，重3克（图3-191）。

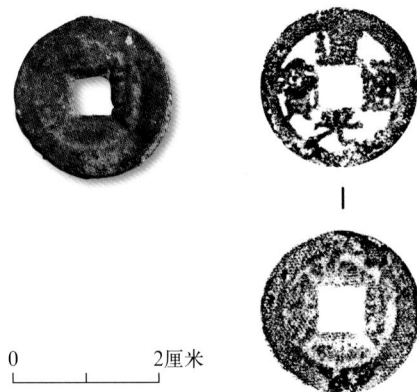

图 3-191　道光通宝
ⅡT0709①：5

第二节　采集遗物

板闸遗址共采集可复原遗物191件，时代均为明清两代。

一　明代采集遗物

明代采集遗物共119件，其中以陶瓷器最为丰富，石器、木器、铁器较少。陶瓷中以青花瓷为主，还有少量的青瓷、青白瓷、仿哥釉瓷、白底黑花瓷、釉陶器、陶器。器形主要有碗、杯、盘、盏、罐、壶、瓶、器盖，还有少量建筑构件等。

（一）陶瓷器

1. 青花瓷

（1）碗

55件。器身多绘制动物纹、人物纹、植物纹，吉祥纹、山水纹等。灰白胎，多器身施满釉，足底露胎。

螭龙纹　6件。

采集：122，敞口，圆唇，斜弧腹，圈足内斜，内底微凸，挖足过肩。口沿内外饰两道弦纹，足墙饰三道弦纹，内底两道弦纹内饰螭龙纹，外壁饰螭龙纹和花卉纹。圈足底部饰方形花押款。口径13.6、足径4.4、高6.7厘米（图3-192，1）。

凤凰纹　4件。

采集：88，撇口，圆唇，斜弧腹，圈足。内足墙外斜。口沿内三道弦纹，间饰花卉纹，内底双圈青花线内饰折枝牡丹纹。口沿外及足墙饰两道弦纹，外壁饰凤穿牡丹纹。口径13、足径6.2、高7.1厘米（图3-192，2）。

婴戏纹　5件。敞口，尖圆唇，斜弧腹，圈足。内底及外壁均饰婴戏纹。

采集：103，足跟向外斜削，外底心有乳突。口沿内、圈足底部饰一道弦纹，口沿外、足墙饰两道弦纹，婴戏纹为童子舞戟。口径12.2、足径5.4、高6厘米（图3-193，1）。

采集：127，内足墙外斜，足跟粘砂并外向斜削。口部施酱釉。口沿内饰一道弦纹，口沿外饰两道弦纹，婴戏纹为童子舞戟。口径12.7、足径6、高6.6厘米（图3-193，2）。

采集：140，内足墙外斜，外底微凸，足跟粘砂并外向斜削。口部施酱釉。口沿内饰一道弦纹，口沿外、足墙饰两道弦纹，婴戏纹为童子舞刀。口径11.6、足径5.2、高5.8厘米（图3-194）。

图 3-192　采集明代青花瓷碗
1.采集：122　2.采集：88

图 3-193　采集明代青花瓷碗

1.采集：103　2.采集：127

兰草纹 3件。

采集：69，敞口，圆唇，斜弧腹，卧足。器表粘砂，挖足过肩，足跟外向斜削，外底有跳刀痕及旋削痕。口沿内外、足墙饰一道弦纹，内底一道弦纹内饰兰草纹。口径12、足径5.2、高5.6厘米（图3-195，1）。

采集：134，撇口，圆唇，斜弧腹，玉璧底。底部粘砂，外底有跳刀痕及旋削痕。口沿内饰一道弦纹，内壁饰兰草纹及"富贵佳器"字纹。口径13.8、底径6.4、高4.1厘米（图3-195，2）。

莲花纹 2件。

采集：125，撇口，圆唇，斜弧腹，圈足。内足墙外斜，外底微凸。口沿内外、足墙饰两道弦纹。内底两道弦纹内饰并蒂莲纹，外壁饰缠枝并蒂莲托八宝纹。圈足内书"天禄佳器"款。通体施釉。口径12、足径5.2、高6厘米（图3-196，1）。

采集：152，敞口，尖圆唇，斜弧腹，圈足。内足墙外斜，外底微凸，足跟外向斜削。口沿内外、足墙饰两道弦纹。内底两道弦纹内饰折枝花叶纹，外壁饰缠枝莲托八宝纹。口径14.7、足径5.7、高5.3厘米（图3-196，2）。

花草纹 2件。

采集：183，敞口，圆唇，斜弧腹，圈足。内足墙外斜，外底微凸，足跟粘砂。口沿外饰两道弦纹，外壁饰花草纹。口径11.8、底径5.1、高5.8厘米（图3-197，1）。

花卉纹 4件。

采集：141，撇口，圆唇，斜弧腹，圈足。口沿内一道弦纹，内底两道弦纹内饰折枝花卉纹，外壁饰缠枝花卉纹和两道弦纹。口径15、足径6.4、高6.8厘米（图3-197，2）。

菜菔纹 3件。

采集：126，撇口，圆唇，深弧腹，圈足。口沿内饰一道弦纹，口沿外、足墙饰两道弦纹，内底两道弦纹内饰乳虎纹、花叶纹，外壁饰菜菔纹。口径15、足径6.2、高6.7厘米（图3-197，3）。

竹石纹 1件。

采集：63，敞口，圆唇，斜弧腹，圈足。内足墙外斜，外底微凸，足跟外向斜削。口沿外及足墙饰两道弦纹。外壁饰洞石、竹纹。圈足底部一道弦纹。口径11.1、足径4、高5.4厘米（图3-198，1）。

图3-194 采集明代青花瓷碗

采集：140

图 3-195　采集明代青花瓷碗

1.采集：69　2.采集：134

0 ⊢——⊣ 6厘米

图 3-196　采集明代青花瓷碗

1.采集：125　2.采集：152

0 ——— 6厘米

图 3-197　采集明代青花瓷碗

1.采集：183　2.采集：141　3.采集：126

0 ⊢⊣⊣ 6厘米

图 3-198 采集明代青花瓷碗

1.采集：63 2.采集：70

0 6厘米

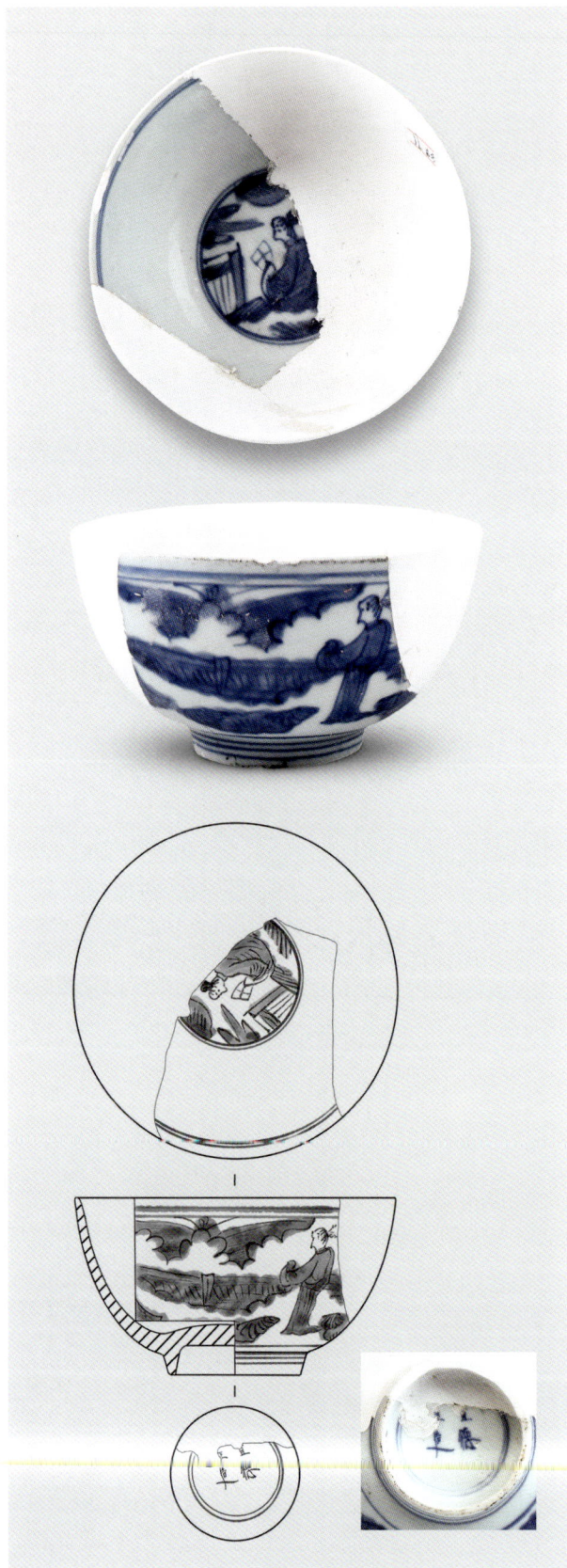

图 3-199   采集明代青花瓷碗
采集：73

菊花纹   1件。

采集：70，撇口，圆唇，斜弧腹，圈足。足跟粘砂。口沿内三道弦纹，间饰缠枝纹，内底两道弦纹内饰折枝菊花纹，外壁饰缠枝菊花纹和两道弦纹。口径16.3、足径7.2、高7.4厘米（图3-198，2）。

庭院诵读纹   1件。

采集：73，敞口，圆唇，斜弧腹，圈足。挖足过肩，内足墙外斜，内底微凸。口沿内饰两道弦纹，内底两道弦纹内饰庭院诵读纹，外壁上部饰两道弦纹，下部饰一道弦纹，间饰凭栏远望纹，足墙饰三道弦纹。圈足底部双圈内书"宣德年造"款。口径14.5、足径5.9、高7.7厘米（图3-199）。

策杖行旅纹   5件。

采集：111，撇口，尖圆唇，斜弧腹，圈足。内足墙微外斜。口沿内外、足墙饰两道弦纹，内底两道弦纹内饰策杖行旅纹，外壁饰山水纹及一道弦纹。圈足底部双圈内书"大明成化年制"款。口径14.8、足径6.4、高7.3厘米（图3-200，1）。

采集：118，敞口，圆唇，斜弧腹，圈足。内足墙外斜，足跟外向斜削。口沿内外、足墙饰两道弦纹，圈足底部饰一道弦纹，内底两道弦纹内饰策杖行旅纹，外壁饰柳溪行旅纹。口径13.1、足径6.8、高4.8厘米（图3-200，2）。

春江捕鱼纹   2件。

采集：151，微撇口，圆唇，斜弧腹，圈足内斜，足跟外向斜削。口沿内饰两道弦纹，内底一道弦纹内饰山水纹，口沿外饰一道弦纹，外壁饰春江捕鱼纹。足墙饰三道弦纹。圈足底部单圈内书"大明成化年造"款。口径13.8、足径6.3、高6.9厘米（图3-201，1）。

柳溪春景纹   1件。

采集：121-2，微撇口，尖圆唇，斜弧腹，圈足内斜，外底心微凸。口沿内饰两道弦纹，内底两道弦纹内饰垂柳纹，外壁上部两道弦纹，下部饰一道弦纹，间饰柳溪春景纹。足墙饰两道弦纹。口径5.5、足径5.9、高6厘米（图3-201，2）。

喜字纹   4件。敞口，圆唇，斜弧腹，圈足。内足墙外斜，足跟粘砂并外向斜削。

图 3-200　采集明代青花瓷碗

1.采集：111　2.采集：118

0　　　　　　6厘米

图 3-201　采集明代青花瓷碗

1.采集：151　2.采集：121-2

0　　　　　6厘米

采集：93，外底有跳刀痕及旋削痕。口沿内饰一道弦纹，口沿外、足墙饰两道弦纹。内底两道弦纹内饰"喜"字纹，外壁饰"万古长春"字纹及缠枝纹。口径15.6、足径5.9、高7.5厘米（图3-202，1）。

采集：120，外底微凸。口沿内外饰两道弦纹，足墙饰一道弦纹，内底两道弦纹内饰"喜"字纹，外壁饰"万春"字纹及缠枝花纹。口径15.9、足径6、高7.3厘米（图3-202，2）。

灵芝纹　1件。

采集：202，敞口微敛，圆唇，斜直腹，圈足。外底微凸，足跟粘砂并外向斜削，外底有跳刀痕及旋削痕。口沿内饰三道弦纹，间饰枝叶花带纹。内底两道弦纹内饰简化灵芝纹，外壁上部饰两道弦纹，下部饰一道弦纹，间饰云气纹。口径16.4、足径5.5、高6.7厘米（图3-203，1）。

简笔画纹　2件。

采集：177，敞口，圆唇，斜弧腹，圈足。内足墙外斜，足跟外向斜削。口沿内外饰两道弦纹，内底部两道弦纹内饰一点纹，外壁饰简笔画纹。口径11.2、足径4.8、高6.3厘米（图3-203，2）。

绶带纹　1件。

采集：180，敞口，圆唇，斜弧腹，圈足。内足墙外斜，足跟粘砂并外向斜削。口沿内外饰两道弦纹。内底两道弦纹内及外壁均饰结带纹，圈足底部饰两道粗弦纹。口径12.2、足径5.8、高4.4厘米（图3-204，1）。

"博古斋"款　2件。

采集：181，敞口，圆唇，斜弧腹，圈足。内足墙外斜，足跟粘砂并外向斜削，口沿内外饰一道弦纹，圈足外底部饰一道青花粗弦纹。内底双圈内书"博古斋"款。口径13、足径5.9、高4.4厘米（图3-204，2）。

"雨香斋"款　3件。敞口，圆唇，斜弧腹，圈足。内足墙外斜，足跟粘砂。内底书"雨香斋"款。

采集：130-2，口沿内外、内底、足墙饰一道弦纹。口径11.9、足径4.2、高5.5厘米（图3-205，1）。

采集：197-1，外底微凸，口沿内外、内底、足墙饰一道弦纹。口径11.8、足径4.6、高5.8厘米（图3-205，2）。

采集：199，外底凸起，足跟外向斜削，外底有跳刀痕及旋削痕。口沿内外、内底饰两道弦纹。口径15.9、足径5.9、高5厘米（图3-205，3）。

"白玉斋"款　1件。

采集：22，敞口，圆唇，斜弧腹，圈足内斜。外底微凸，足跟外向斜削。口沿内外饰两道弦纹，足墙饰一道弦纹。内底双圈内书"白玉□"款。口径13.9、足径5.7、高4.3厘米（图3-206，1）。

年号款　1件。

采集：62-1，残存碗底部，圈足，足跟内、外向斜削。内底两道弦纹内纹饰不明。圈足底部双圈内书"正德年造"款（图3-206，2）。

（2）杯

6件。主要绘制梅林纹、树木纹饰和简笔画纹。灰白胎，多数器物器身施满釉，足底露胎。

梅林纹　1件。

采集：98，撇口，尖圆唇，深弧腹，圈足。内足墙外斜，足跟外向斜削。内底一道弦纹内饰梅林纹。口径4.8、足径2.1、高3.2厘米（图3-207，1）。

图 3-202　采集明代青花瓷碗

1.采集：93　2.采集：120

0　　　　　　6厘米

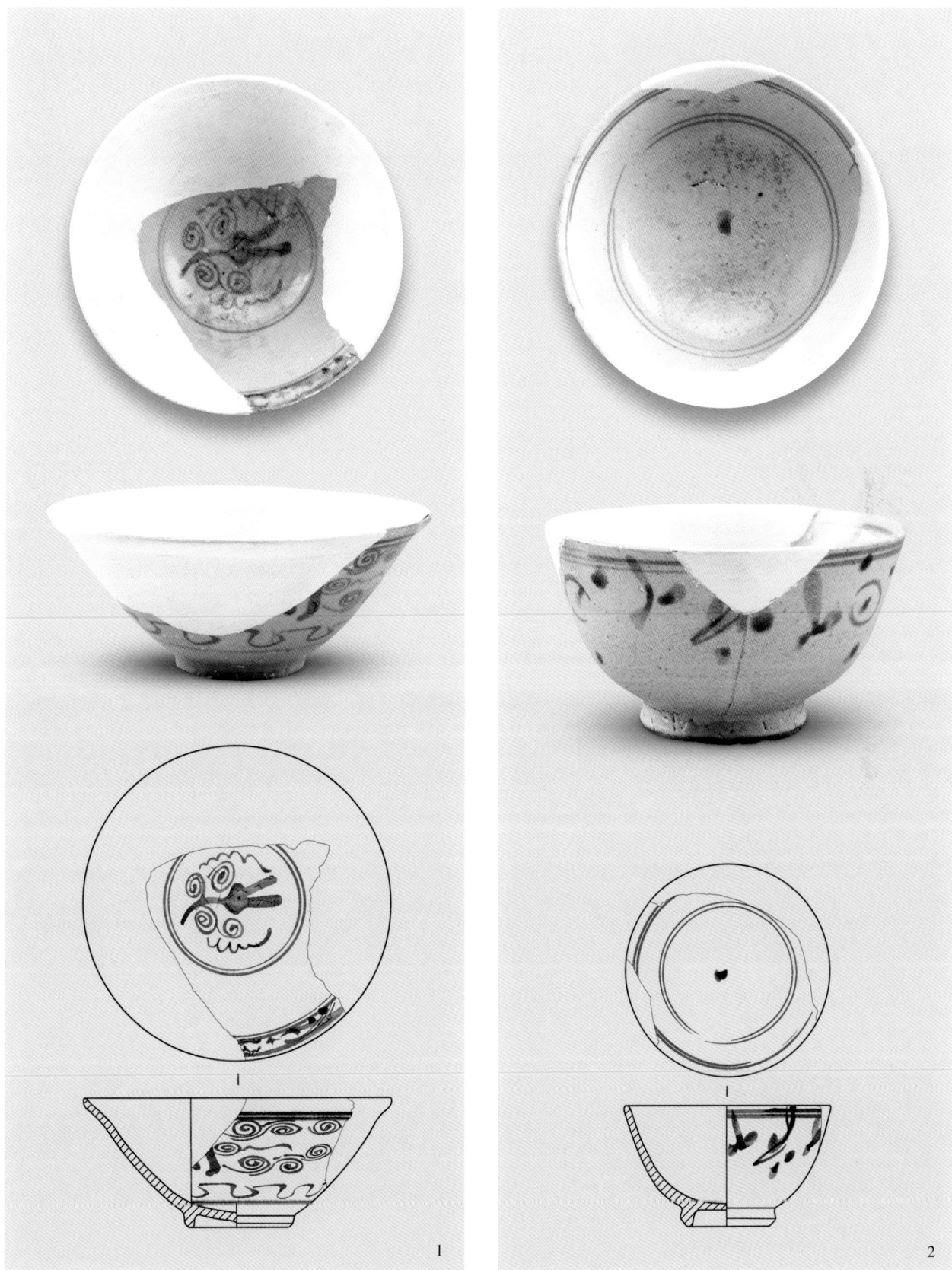

图 3-203　采集明代青花瓷碗

1.采集：202　2.采集：177

0 　　　　6厘米

图 3-204　采集明代青花瓷碗

1.采集：180　2.采集：181

0　　　　　6厘米

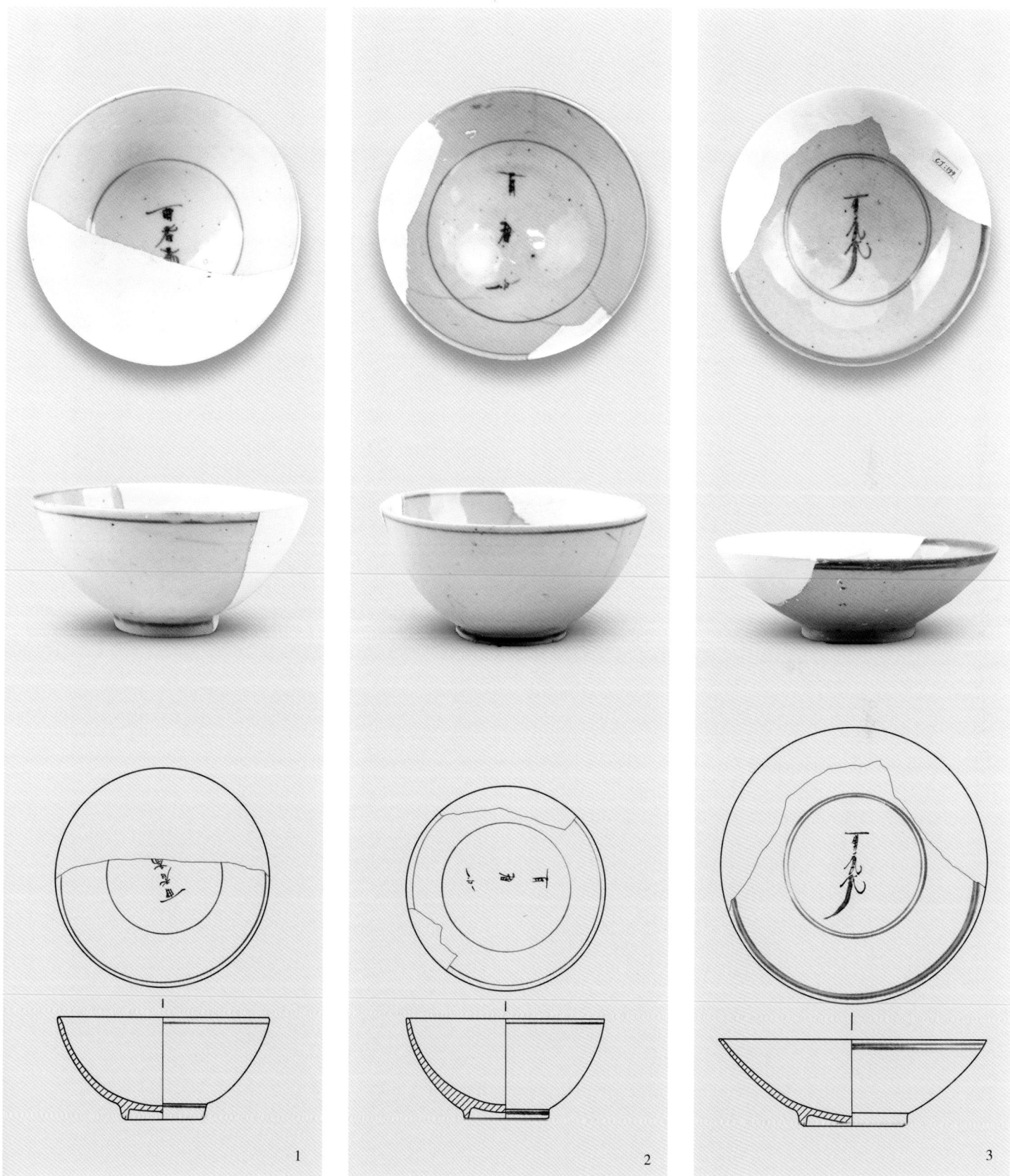

图 3-205 采集明代青花瓷碗

1.采集：130-2　2.采集：197-1　3.采集：199

0 ⊢———————⊣ 6厘米

树木纹　1件。

采集：65，撇口，折沿，尖唇，斜腹近直，圈足。内足墙外斜，足跟外向斜削。口部施酱釉。口沿外饰两道弦纹，足墙饰一道弦纹，外壁饰树木纹。口径8、足径3.6、高4.7厘米（图3-207，2）。

简笔画纹　2件。

采集：55，敞口，圆唇，斜弧腹，圈足。内足墙外斜，足跟外向斜削。内底及外壁饰简笔画纹。口径6.7、底径2.9、高3.8厘米（图3-207，3）。

采集：201，撇口，折沿，圆方唇，斜直腹，圈足。内足墙外斜，足跟外向斜削。口沿外饰两道弦纹，足墙饰一道弦纹，外壁饰简笔画纹和团花纹。口径8、足径3.2、高4.5厘米（图3-207，4）。

螭龙纹　1件。

采集：96，撇口，折沿，圆唇，斜直腹，圈足，玉璧底。内足墙外斜，足跟外向斜削。口沿内外、足墙饰一道弦纹，内底一道弦纹内饰一点简笔

图3-206　采集明代青花瓷碗
1.采集：22　2.采集：62-1

图 3-207 采集明代青花瓷杯

1.采集：98 2.采集：65 3.采集：55 4.采集：201

0 ____ 4厘米

画纹，外壁饰螭龙纹。口径 6.2、足径 2.3、高 3.7 厘米（图 3-208，1）。

其他　1 件。

采集：43，撇口，尖圆唇，斜直腹，圈足。口沿内、足墙饰一道弦纹，内底、口沿外饰两道弦纹。口径 9、足径 3.4、高 4.4 厘米（图 3-208，2）。

（3）盘

共 27 件。盘内壁纹饰以螭龙纹居多，另有荷塘游鸭纹、树石栏杆纹、八宝纹、花篮纹、松竹纹、魁星踢斗纹、牡丹纹、"寿"字纹、莱菔纹以及花押款等。灰白胎，器身多满釉，足底露胎。

螭龙纹　8 件。微撇口，尖唇，浅弧腹，圈足。内足墙外斜，足跟粘砂并外向斜削。口沿内饰三道弦纹，间饰枝叶花带纹，内底两道弦纹内饰双螭龙纹，外壁饰一道弦纹及简化花卉纹。

采集：94，口径 12.8、足径 6.3、高 3 厘米（图 3-209，1）。

采集：207，圈足底部书"成化年制"款。口径 12.5、足径 5.8、高 2.7 厘米（图 3-209，2）。

荷塘游鸭纹　1 件。

采集：170，敞口，圆唇，浅弧腹，圈足。挖足过肩，内足墙外斜，足跟外向斜削。内壁饰荷塘游鸭纹，圈足底部饰两道弦纹。口径 12.5、足径 5.8、高 4.3 厘米（图 3-210，1）。

树石栏杆纹　3 件。

采集：161，敞口，圆唇，浅弧腹，圈足。口沿内外、足墙饰两道弦纹，内底两道弦纹内饰树石栏杆纹，外壁饰缠枝莲托八宝纹。口径 14、足径 7、高 3 厘米（图 3-210，2）。

八宝纹　1 件。

采集：178，敞口，圆唇，浅弧腹，矮圈足。内足墙外斜，足跟粘砂并外向斜削，口沿内饰两道弦纹。内底两道弦纹内饰十字宝杵纹，外壁饰八宝、兰草纹。口径 13.3、足径 7、高 2.6 厘米（图 3-211，1）。

花篮纹　1 件。

采集：206，撇口，尖圆唇，浅弧腹，圈足。挖足过肩，内足墙外斜，足跟粘砂并外向斜削。口沿内饰一道弦纹，内底饰花篮纹，圈足底部饰青花粗双圈。口径 11.9、足径 5、高 3.3 厘米（图 3-211，2）。

松竹纹　3 件。

采集：154，敞口，圆唇，浅弧腹，矮圈足。足跟粘砂并外向斜削。口沿内外饰两道弦纹，内底两道弦纹内饰松竹梅纹，内外壁饰松叶纹。底款不明。口径 12.3、足径 6.6、高 2.7 厘米（图 3-212，1）。

魁星踢斗纹　2 件。

采集：19，敞口，圆唇，浅弧腹，矮圈足似卧。足跟外向斜削。口沿内饰两道弦纹，间饰枝叶花带纹，内底一道弦纹内饰魁星踢斗纹，口沿外饰一道弦纹。口径 10.4、足径 6、高 2.3 厘米（图 3-212，2）。

牡丹纹　1 件。

采集：116，敞口，圆唇，浅弧腹，圈足。内足墙内斜，挖足过肩。口沿内饰二道弦纹，间饰卷草纹，内底两道弦纹内牡丹纹，圈足底部饰两道弦纹。口径 15.1、足径 7.3、高 3.6 厘米（图 3-213，1）。

"寿"字纹　1 件。

采集：117，敞口，圆唇，浅弧腹，矮圈足。口沿内外、足墙饰一道弦纹，内壁饰缠枝花纹，内底两道弦纹内饰"寿"字纹。口径 14、足径 7.3、高 2.1 厘米（图 3-213，2）。

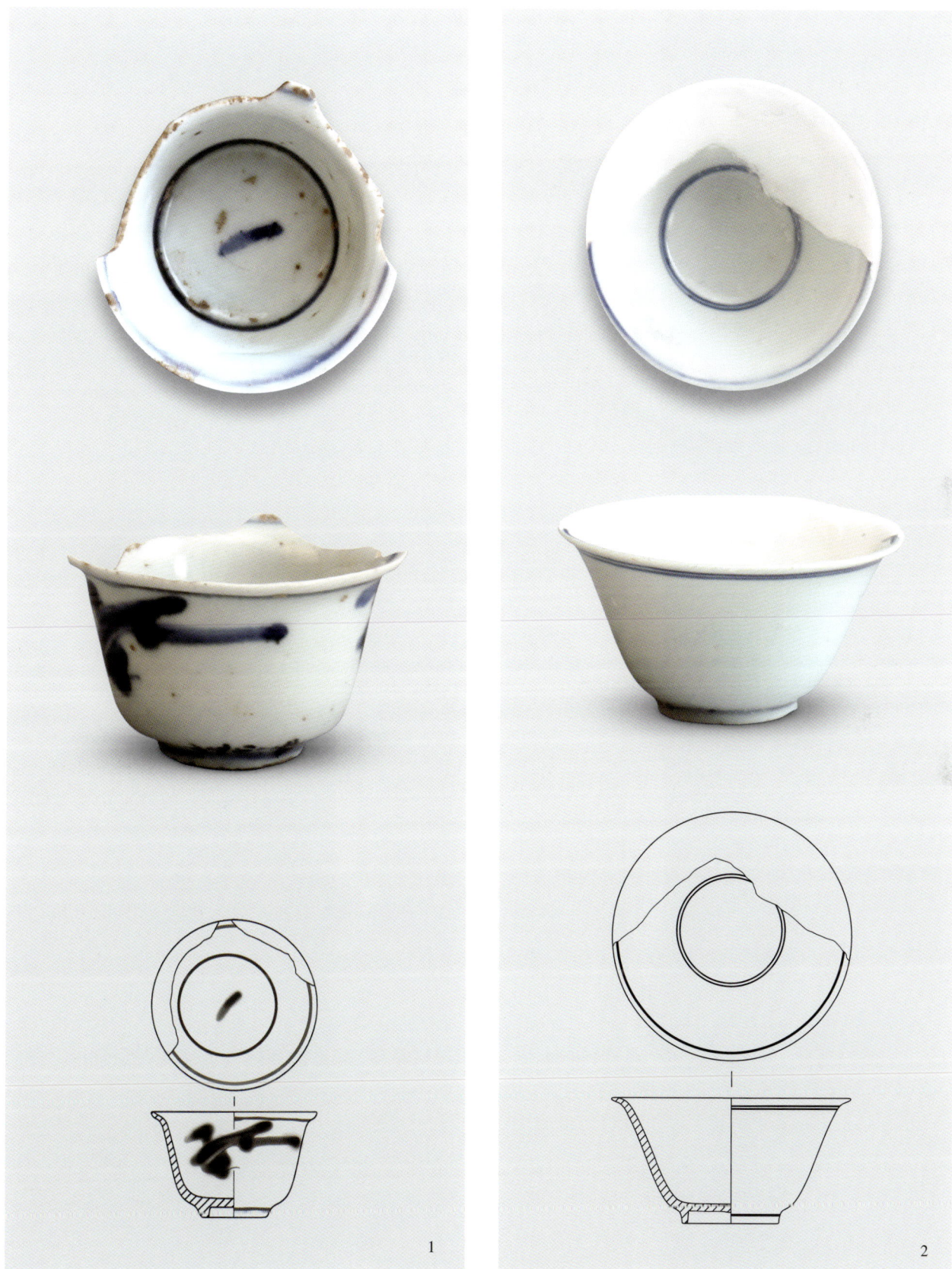

图 3-208 采集明代青花瓷杯

1.采集：96　2.采集：43

0 ⊢━━━━┥ 4厘米

图 3-209　采集明代青花瓷盘

1.采集：94　2.采集：207

0　　　　　　6厘米

图 3-210　采集明代青花瓷盘

3.采集：170　4.采集：161

0 —————— 6厘米

图 3-211　采集明代青花瓷盘
1.采集：178　2.采集：206

0　　　　　　6厘米

图 3-212　采集明代青花瓷盘

1.采集：154　5.采集：19

0 ——— 6厘米

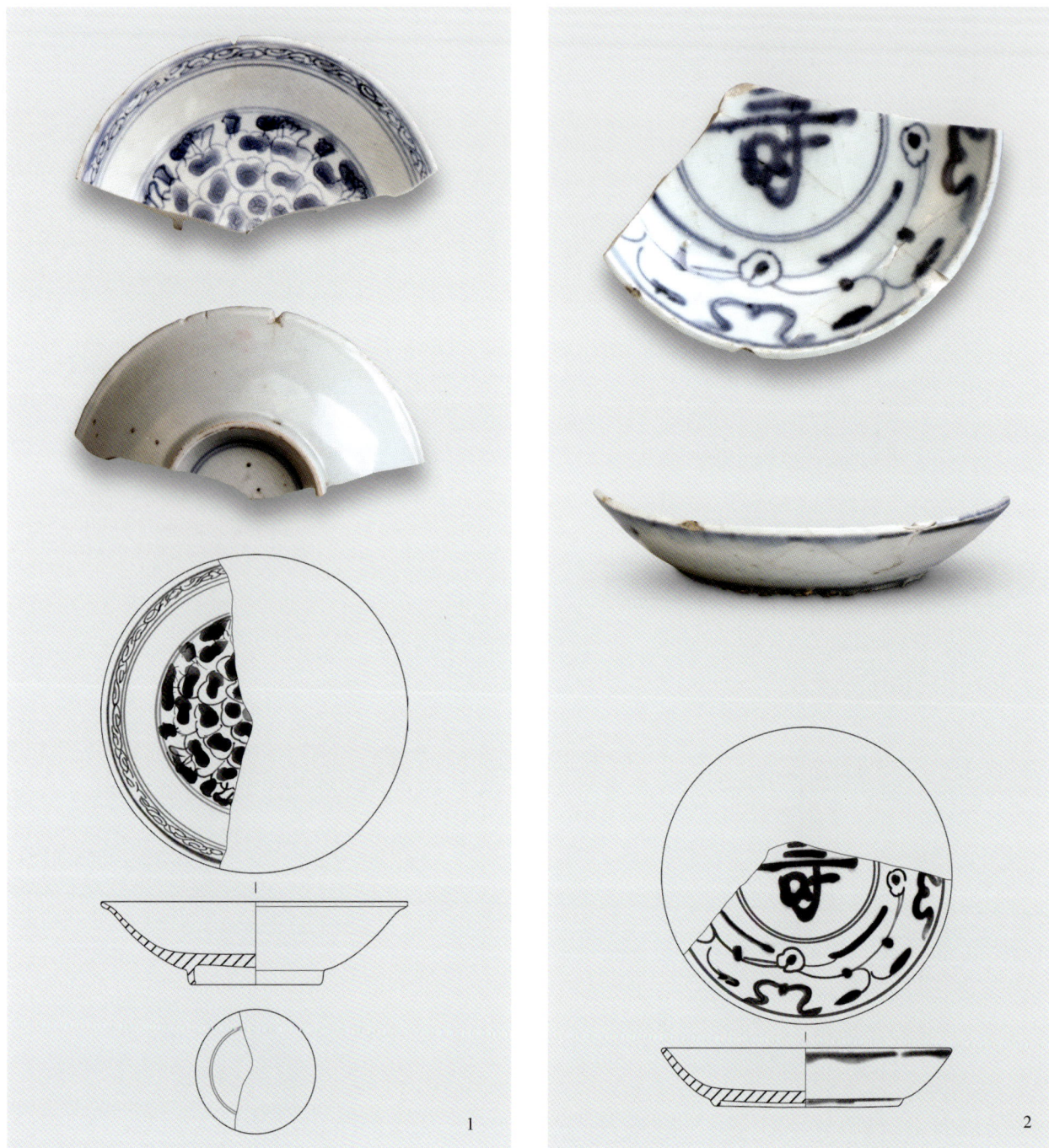

图 3-213　采集明代青花瓷盘
1.采集：116　2.采集：117

菜菔纹　1件。

采集：133，敞口，口下一道折痕，尖唇，深弧腹，圈足内斜。口沿内饰一道弦纹，内底饰菜菔纹、蝶纹。口径 13.9、足径 6.7、高 3.8 厘米（图 3-214，1）。

花押款　1件。

采集：115，敞口微撇，尖圆唇，浅弧腹，圈足。圈足底部双圈内饰方胜款。口径 22.2、足径 12.2、高 4.4 厘米（图 3-214，2）。

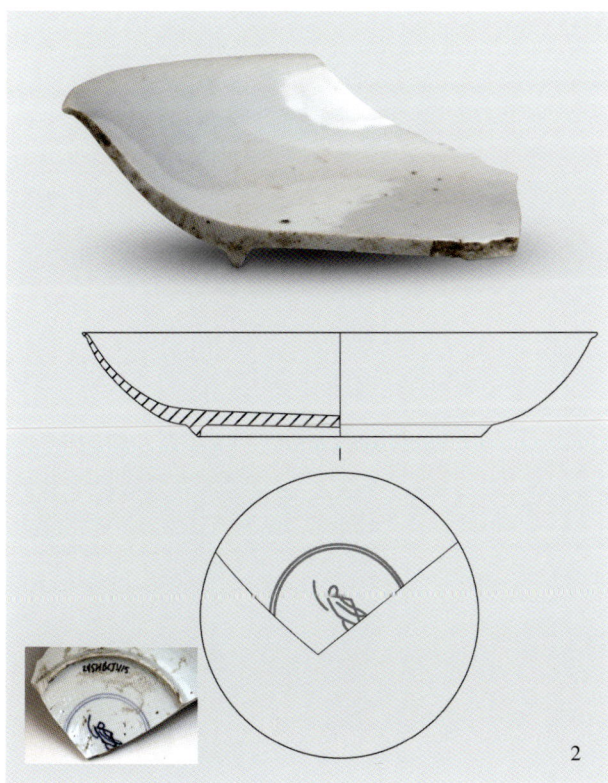

图 3-214 采集明代青花瓷盘

1.采集：133　2.采集：115　第.采集：23

0 　　　6厘米

其他纹饰　4件。

采集：23，敞口，尖圆唇，浅弧腹，圈足，足跟外向斜削。口沿内外、内底饰一道弦纹。口径12.7、足径7.4、高2.6厘米（图3-214，3）。

（4）盏

4件。灰白胎，器身施满釉，底足无釉。绘制夔龙纹、"贵"字纹、水涡纹。

夔龙纹　1件。

采集：175，敞口，圆唇，斜弧腹，圈足，玉璧底。足跟内向斜削。口沿内外饰两道弦纹，足墙饰一道弦纹，内底两道弦纹内纹饰不明，外壁饰夔龙纹。口径9.3、足径3.8、高5厘米（图3-215，1）。

"贵"字纹　2件。撇口，圆唇，斜弧腹，圈足。内足墙外斜。

采集：101，口沿内外、足墙饰一道弦纹，内底两道弦纹内饰"贵"字纹，外壁书"金榜□名"。口径9.7、足径4.8、高5厘米（图3-215，2）。

采集：186，外底微凸，足跟外向斜削。口沿内、足墙饰两道弦纹，口沿外饰一道弦纹，内底两道弦纹内饰"贵"字纹，外壁残留"榜题"二字。口径9.4、足径4.4、高4.9厘米（图3-215，3）。

水涡纹　1件。

采集：114，微撇口，圆唇，斜腹近直，下腹微折，圈足。内足墙外斜，足跟外向斜削，外底有跳刀痕及旋削痕。口沿内饰两道弦纹，口沿外饰一道弦纹，内底两道弦纹内饰水涡纹，外壁饰篦点纹。口径11.4、足径3.9、高4.7厘米（图3-215，4）。

2. 青瓷

1件。

青瓷高足碗　1件。

采集：131，敞口，圆唇，斜弧腹，高圈足。内足墙外斜，足跟外向斜削。灰白胎，器身施釉，足底露胎。口径10.9、足径4.9、高7.4厘米（图3-216，1）。

3. 青白瓷

4件。

碗　3件。

采集：34，敞口，圆唇，斜弧腹，圈足，内足墙外斜。内壁饰一道凹弦纹。灰白胎，口沿施酱釉，器身施釉，足底露胎。口径16.9、足径7.3、高6.3厘米（图3-216，2）。

盘　1件。

采集：209，敞口，圆方唇，浅弧腹，圈足。足跟粘砂。灰白胎，

1

图 3-215 采集明代青花瓷盏

0 ├──┤ 4厘米

1.采集：175　2.采集：101　3.采集：186　4.采集：114

图 3-216 采集明代瓷器

1.青瓷碗（采集：131）　2.青白瓷碗（采集：34）　3.青白瓷盘（采集：209）

口沿施酱釉，器身釉色青白，足底露胎。口径 13.4、足径 5.3、高 3.6 厘米（图 3-216，3）。

4. 仿哥窑瓷器

1 件。

钵 1 件。

采集：164，敛口，方唇，弧腹，内底微凸，平底微凹。灰白胎，釉色仿哥窑，外底无釉。口径 8、足径 5.4、高 5.8 厘米（图 3-217，1）。

5. 白地黑花瓷器

1 件。

碗 1 件。

采集：200，敞口，圆唇，斜弧腹，圈足。外底有跳刀痕及旋削痕。灰白胎，外壁施釉不及底，

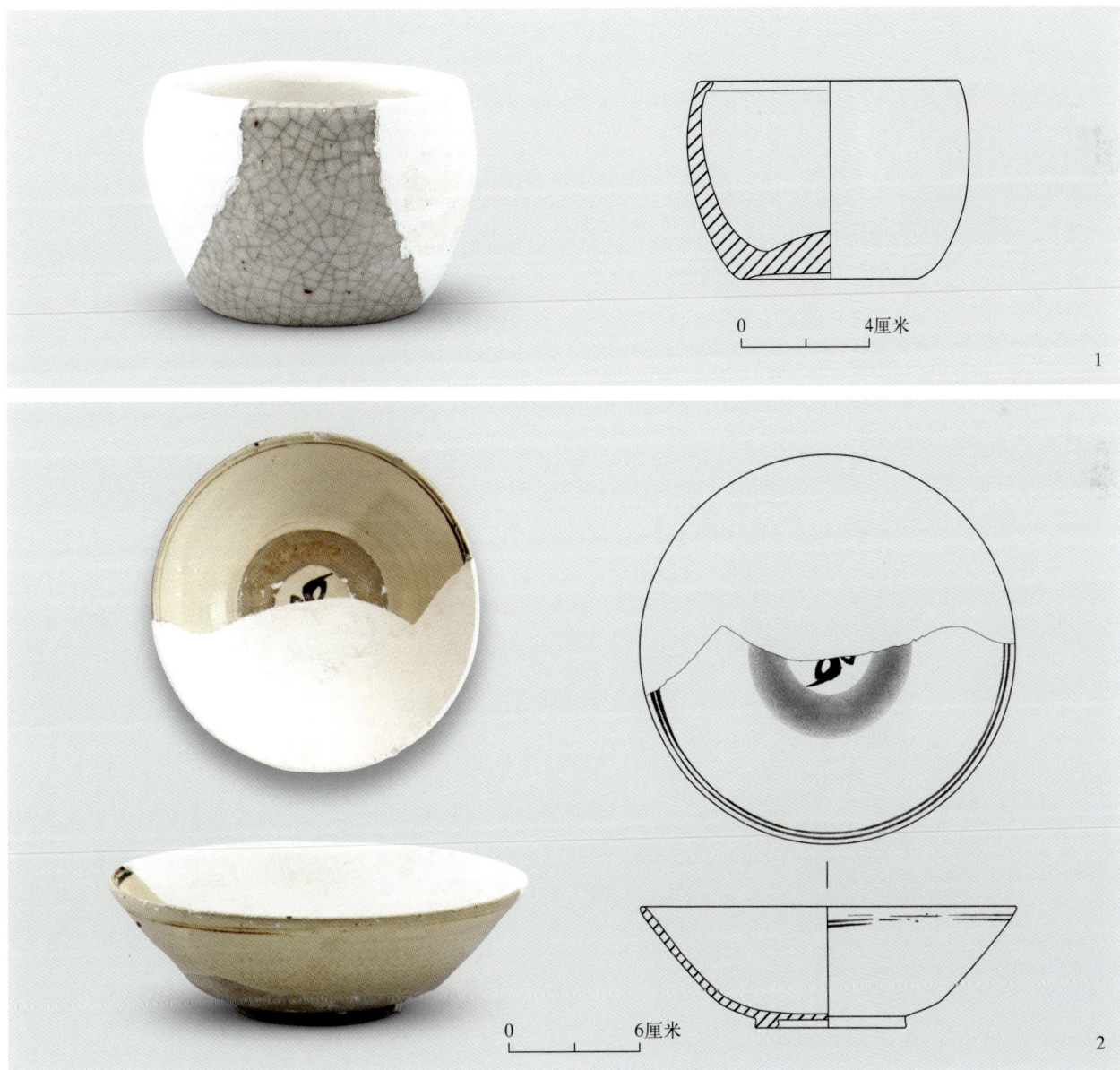

图 3-217 采集明代瓷器

1.仿哥窑瓷钵（采集：164） 2.白地黑花瓷碗（采集：200）

内底有涩圈。口沿内外饰两道黑釉弦纹，内底纹饰不明。口径 17.3、足径 7、高 3.4 厘米（图 3-217，2）。

6. 釉陶器

5 件。釉色有酱釉和透明釉，器形有盘、罐、瓶、坩埚。

盘　1 件。

采集：160，撇口，尖圆唇，弧腹略垂，圈足。灰褐胎，器身施釉，足底露胎。口径 8、足径 3.6、高 2 厘米（图 3-218）。

罐　1 件。

采集：60，残。敛口，圆唇，短颈，广肩，鼓腹，最大腹径在上腹部，平底。红褐色胎。器身施酱釉，下腹部有流釉现象，底部露胎。素面。口径 11.2、底径 14、最大腹径 21.4、高 12.9 厘米（图 3-219，1）。

坩埚　1 件。

采集：171，完整。夹砂褐陶，敞口，方唇，斜弧腹，圜底。器身表面泛黑。器表施透明釉不及底，。素面。口径 6.4、高 5.4 厘米（图 3-219，2）。

瓶　2 件。敛口，小平底。器表薄施一层酱釉，釉面粗糙无光，密布泡孔及杂质颗粒。

采集：58，完整。深弧腹，较瘦长。红褐色胎。素面。口径 5、底径 3.6、最大腹径 7.7、高 18.2 厘米（图 3-219，3）。

采集：80，残。深弧腹，较鼓。灰胎。器表与内壁有轮制弦纹。口径 4.4、底径 5、最大腹径 11.3、高 20.4 厘米（图 3-219，4）。

7. 陶器

6 件。包括紫砂器盖 2 件，陶建筑构件 4 件。建筑构件有滴水、滴水瓦头和砖雕构件等，均为泥质灰陶。

紫砂器盖　2 件。均残。子口，斜弧顶，弧顶设柱状捉手。

采集：84，方圆唇，顶部捉手有一贯通孔。子口径 10、盖沿径 12.2、高 5 厘米（图 3-220，1）。

图 3-218　采集明代釉陶盘
采集：160

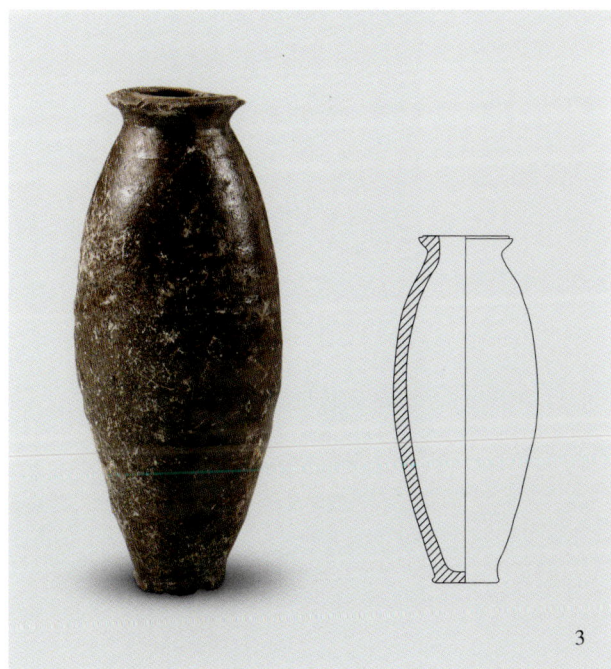

图 3-219　采集明代釉陶器

1.罐（采集：60）　2.坩埚（采集：171）　3、4.瓶（采集：58、80）

0　　　　8厘米

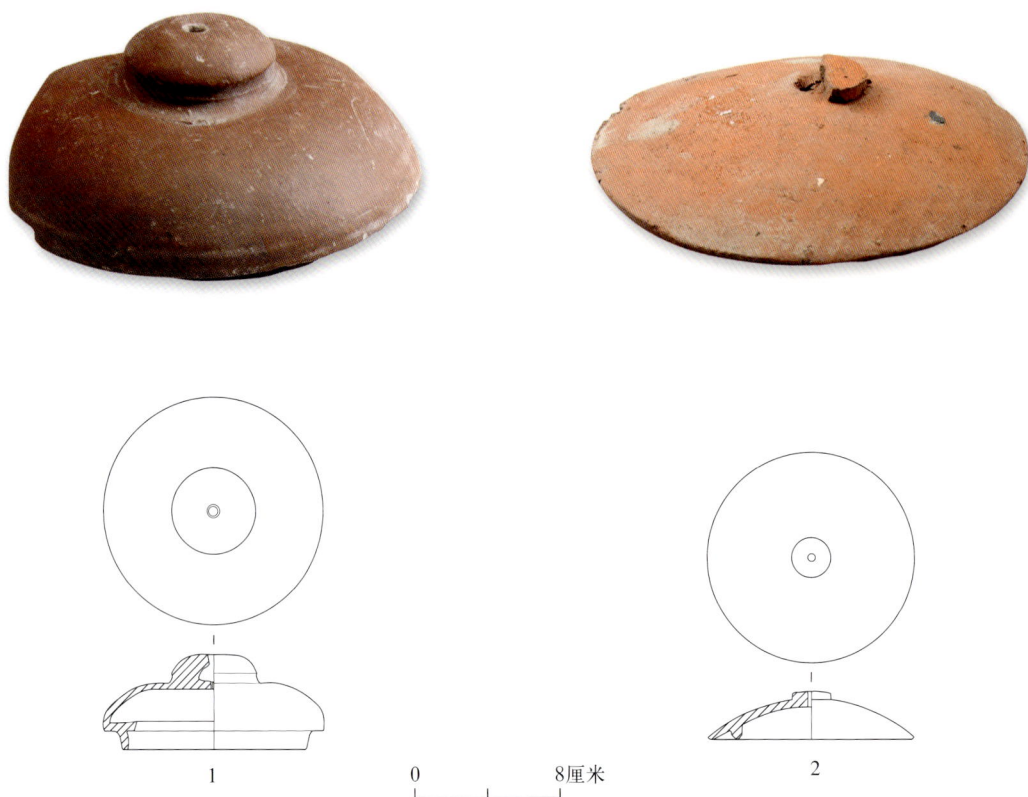

图 3-220　采集明代紫砂器盖
1.采集：84　2.采集：109

采集：109，方唇。素面。子口径 8、盖沿径 11、高 2.5 厘米（图 3-220，2）。

滴水　1 件。

采集：53，残。上沿呈圆弧状，下沿呈连弧三角状。滴面饰牡丹纹，花瓣居中，枝叶向两边展开，花纹边缘饰凸棱。残长 8.5、高 6.6、厚 1.4 厘米（图 3-221，1）。

滴水瓦头　2 件。均残。呈长条弧形，上沿有花边凹槽。

采集：82，滴面有"五福来"字纹，字纹间被两道竖凸棱隔开，文字边缘饰凸棱。残长 14.6、高 4.5、厚 1.3、板瓦残长 10.6 厘米（图 3-221，2）。

采集：78，滴面有"一品□"字纹，每个字有凸棱外框，框内四角饰直角扇形凸棱，框外饰凸棱。残长 13.4、高 5.8、厚 1.5、板瓦残长 7.3 厘米（图 3-221，3）。

砖雕构件　1 件。

采集：87，残。泥质灰陶，呈倒三角状，正面饰方孔圆钱纹。长 13.2、高 10.6、厚 1.1 厘米（图 3-221，4）。

（二）石构件

5 件。有碑座、绞关石、抱鼓石等。

碑座　2 件。

0　　　　　6厘米

图 3-221　采集明代建筑构件

1.滴水（采集：53）　　2、3.滴水瓦头（采集：82、78）　　4.砖雕构件（采集：87）

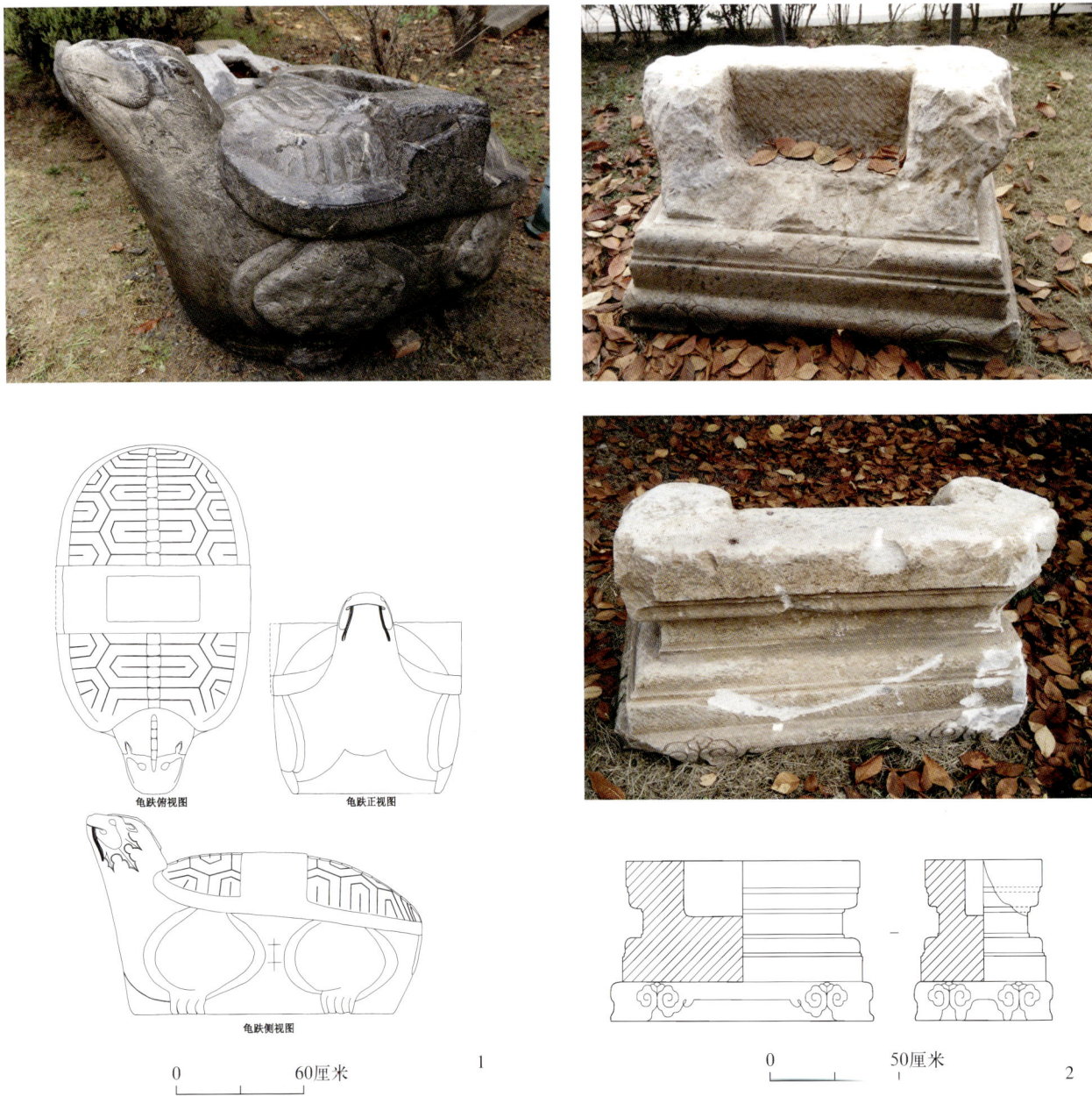

图 3-222　采集明代石碑座
1～2.采集：1、2

采集：1，残损。龟趺形，背宽，壳表面雕饰龟背纹，中间有一长方形榫卯凹槽，足短，闭口，面部呈方形，有角和胡须，比较接近龙首。底部一侧刻划"十"符号。长 1.61、宽 0.91、高 0.93 米（图 3-222，1）。

采集：2，残。长方形须弥座形，自下而上残存圭角、下枋、下枭、束腰、上枭、上枋等部位，各部位连接处雕刻出方涩条，圭角部位雕饰花纹图案。长 1.01、宽 0.52、高 0.6 米（图 3-222，2）。

绞关石　1 件。

采集：3，已残，长方形，中部为绞口，绞口呈椭圆形，绞口外围有较深的圆形磨痕。残长 1.51、

残宽 0.76、厚 0.25 米，绞口长径 37、短径 25 厘米（图 3-223，1）。

抱鼓石　2 件。均残。为扁圆形鼓石侧立于长方形门枕石座之上，石座中间有一方形深凹槽，和一圆柱体浅凹槽。鼓身两端各雕饰一周联珠纹，鼓面中间雕饰一弦纹圈。

采集：4，鼓面弦纹圈内雕刻花卉纹。长 0.51、高 0.41、厚 0.14 米（图 3-223，2）。

采集：5，长 0.57、高 0.56、厚 0.18 米（图 3-223，3）。

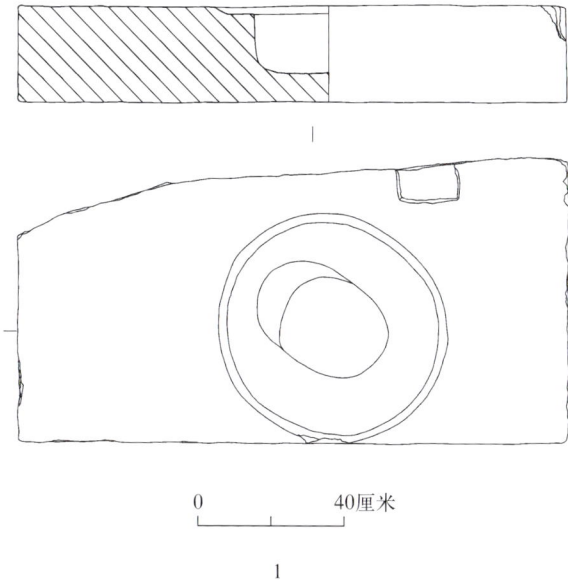

图 3-223　采集明代石构件

1. 绞关石（采集：3）　2. 抱鼓石（采集：4）　3. 抱鼓石（采集：5）

（三）木器

3 件。有箸、瓶和木构件。

箸　1 件。

采集：59，下段残断。上段呈四棱柱状，表面呈黑色，中部呈波浪状起伏，纹络似竹节。残长 13.2、宽 0.6 厘米（图 3-224，1）。

瓶　1 件。

采集：81，完整。平面呈扁平椭圆状，两端大小不一，表面有规则纵长线状刻划纹路。长 11.8、宽 4.1、厚 1 厘米（图 3-224，2）。

木构件　1 件。

采集：52，残，用途不明。残体呈长方体，表面有较规则的凹槽，形似"回"字纹。残长 5.6、宽 2.7、厚 1.1 厘米（图 3-224，3）。

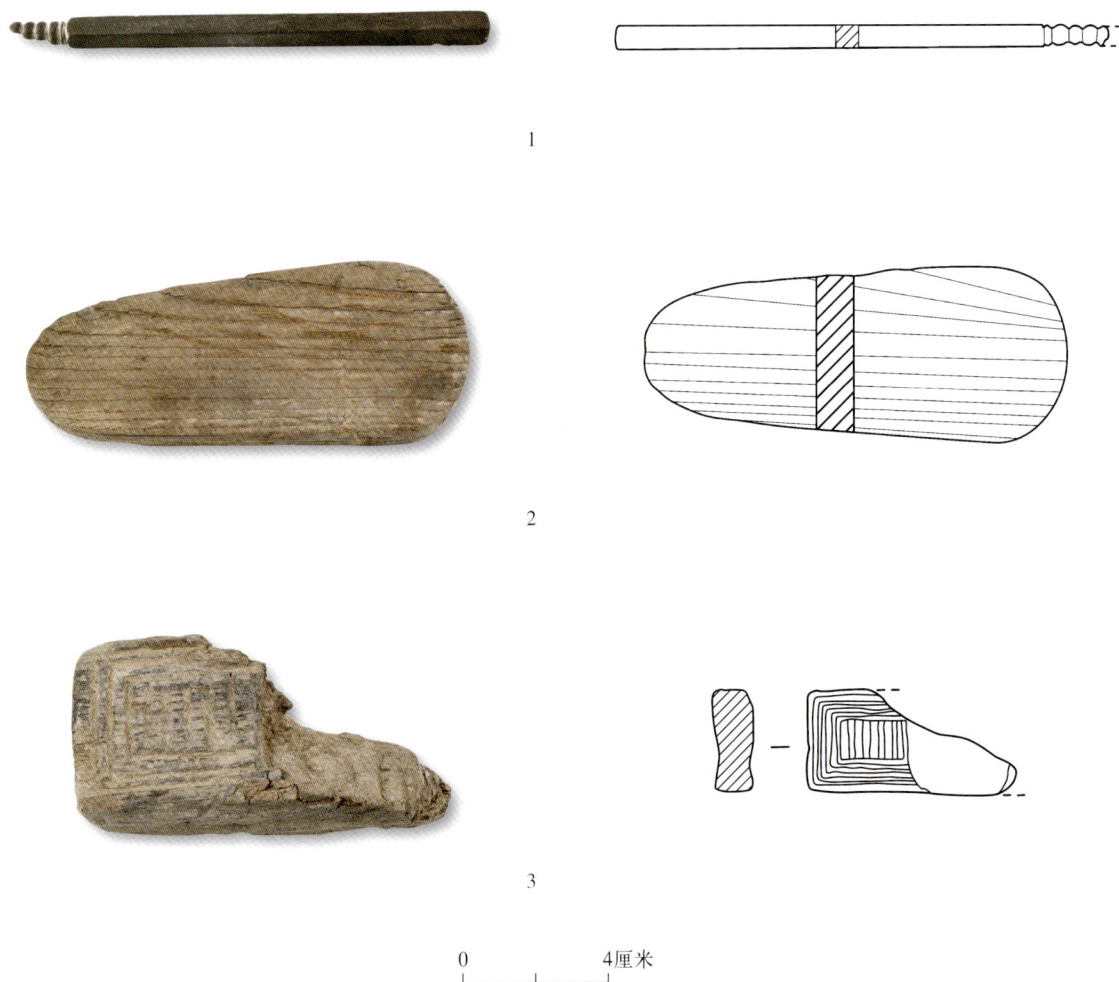

1

2

3

0　　　　　4厘米

图 3-224　采集明代木器

1.箸（采集：59）　2.瓶（采集：81）　3.构件（采集：52）

（四）铁器

4件。有篙头、箍、马衔等。

篙头 1件。

采集：79。锈蚀严重，残，整体呈空心圆锥状，系以扇形铁片围制而成，器身侧面可观察到明显接缝。尖端呈棱锥状。口径4.5、长10.5、厚0.2厘米（图3-225，1）。

箍 1件。

采集：85。锈蚀严重，系一圆环状铁条。外径14.8、宽2.2、厚0.5厘米（图3-225，2）。

马衔 1件。

采集：86，表面锈蚀，较完整，两节，器身均呈窄长条状，一端渐细且卷曲成环，并彼此套连，另一端作圆环状，外各衔一圆形铁环，一侧铁环略残。长19.4厘米（图3-225，3）。

异形铁器 1件。

采集：108，锈蚀严重，前端残，器身扁平，呈窄长条状，尾端渐细并向器身卷曲成环，前端弯折。残长18.4、宽1.9、厚0.3、环外径1.8、横截面直径0.4厘米（图3-225，4）。

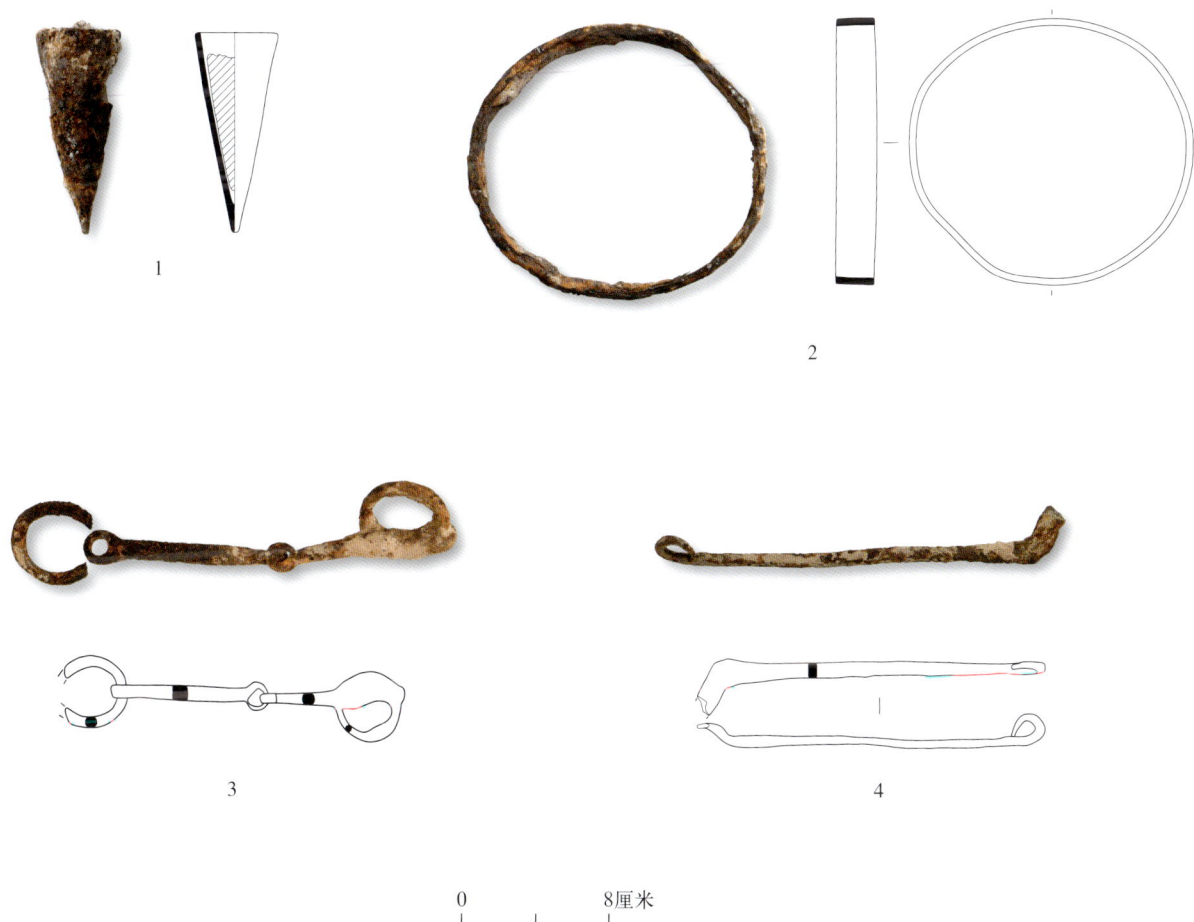

0 8厘米

图3-225 采集明代铁器

1.篙头（采集：79） 2.箍（采集：85） 3.马衔（采集：86） 4.异形铁器（采集：108）

二　清代采集遗物

清代采集遗物共 73 件，以青花瓷器为主，主要器形有碗、盏、杯、盘。灰白胎。多器身施满釉，足底露胎。

（一）陶瓷器

1. 青花瓷

（1）碗

20 件。器身纹饰主要有莲花纹、灵芝纹、菊纹、花卉纹、海水云气纹、松树纹、"寿"字纹、婴戏纹、团花纹、喜鹊登梅纹、飞鹤纹、山水纹、斋堂款及花押款。灰白胎，器身多施满釉，足底露胎。

莲花纹　3 件。敞口，圆唇，斜弧腹，圈足。内足墙外斜，足跟外向斜削。

采集：142，挖足过肩。口沿内外饰两道弦纹，足墙饰三道弦纹，内底两道弦纹内饰三桃纹，外壁饰缠枝莲托八宝纹。圈足底部双圈内书"福"字款。口径 15.4、足径 7.6、高 7.9 厘米（图 3-226）。

采集：172，口沿内外饰两道弦纹。内底两道弦纹内饰简笔画纹，外壁饰缠枝莲纹，圈足底饰一道间断青花粗弦纹。口径 11.2、足径 5.6、高 6.4 厘米（图 3-227，1）。

采集：198，口微撇，足跟粘砂。口部施酱釉。口沿内外、足墙、圈足底部饰两道弦纹，内底两道弦纹内饰持莲童子团花纹，外壁饰并蒂莲花纹及持莲童子团花纹。口径 14、足径 6.7、高 6.6 厘米（图 3-227，2）。

灵芝纹　1 件。

采集：167，敞口微撇，圆唇，斜弧腹，圈足。内足墙外斜，足跟外向斜削。口沿内外饰一道青花弦纹，晕染较宽，足墙饰三道弦纹。内底两道弦纹内及外壁均饰折枝灵芝纹。圈足底部双圈内饰花押款。口径 14.3、足径 6.5、高 6.9 厘米（图 3-228，1）。

菊花纹　3 件。

采集：168，敞口，圆唇，斜弧腹，圈足。

图 3-226　采集清代青花瓷碗

1. 采集：142

图 3-227 采集清代青花瓷碗

1.采集：172 2.采集：198

图 3-228　采集清代青花瓷碗

1.采集：167　2.采集：168

0 　　　　　6厘米

足跟粘砂并外向斜削。口沿内外饰两道弦纹，内底两道弦纹内饰兰草纹，外壁饰菊花纹和一道弦纹。圈足底部双圈内饰花押款。口径 13.9、足径 6.1、高 7 厘米（图 3-228，2）。

花卉纹　1 件。

采集：169，敞口，圆唇，深弧腹，圈足。口沿内外饰两道弦纹，足墙饰三道弦纹，内底两道弦纹内饰折枝花卉纹，外壁饰缠枝花卉纹，近底部饰一圈莲瓣纹。圈足底部双圈内书"福"字款。口径 15.1、足径 7、高 8 厘米（图 3-229，1）。

海水云气纹　2 件。

采集：128，敞口，圆方唇，斜弧腹，圈足外斜。挖足过肩。口沿内饰三道弦纹，间饰垂带纹，内壁饰海水云气纹，口沿外饰三道弦纹，间饰如意云纹、水藻海水纹，下腹部饰一圈仰莲瓣纹。口径 16.9、足径 6.4、高 9.5 厘米（图 3-229，2）。

松树纹　1 件。

采集：121-1，敞口，圆唇，斜弧腹，圈足。口沿内饰一道弦纹，口沿外饰两道弦纹，足墙饰三道弦纹，内底两道弦纹内饰山石花草纹，外壁饰松树花草纹。圈足底部两道弦纹内书"玉石奇玩之珍"。口径 15.8、足径 5.9、高 7.9 厘米（图 3-230，1）。

"寿"字纹　2 件。

采集：130-1，敞口，圆唇，斜弧腹，圈足。内足墙外斜。口沿外饰两道弦纹，足墙饰一道弦纹，内底两道弦纹内饰一个梵文"寿"字纹，外壁满饰梵文"寿"字纹。圈足底单圈内饰"笔锭如意"花押款。口径 10.2、足径 3.8、高 4.7 厘米（图 3-230，2）。

花押款　1 件。

采集：74，敞口，尖圆唇，斜弧腹，圈足。足跟外向斜削。口部施酱釉。圈足底部双圈内饰花押款。口径 12.6、足径 5.8、高 6.2 厘米（图 3-231，1）。

婴戏纹　1 件。

采集：18，敞口，尖圆唇，斜弧腹，圈足。足跟外向斜削。口部施酱釉。口沿内外饰两道弦纹，内底及外壁饰婴戏纹。口径 12.3、足径 4.6、高 5.2 厘米（图 3-231，2）。

团花纹　1 件。

采集：45，敞口，圆唇，斜弧腹，圈足。足跟外向斜削。口沿内饰两道细弦纹和一道粗弦纹，内底两道弦纹内饰团花纹，外壁饰团花纹和两道弦纹。圈足底部双圈内饰花押款。口径 13.5、足径 6.5、高 7 厘米（图 3-232，1）。

喜鹊登梅团花纹　1 件。

采集：71，敞口，圆唇，斜弧腹，圈足。足跟外向斜削。内底饰喜鹊登梅团花纹，外壁饰喜鹊登梅团花纹和缠枝莲纹。圈足底部双圈内款识不明。口径 13.5、足径 6.2、高 7.1 厘米（图 3-232，2）。

飞鹤纹　1 件。

采集：119，撇口，尖圆唇，斜弧腹，圈足。足跟内、外向斜削。口沿内外、内底、足墙饰两道弦纹，外壁饰三桃飞鹤纹。圈足底部两道弦纹。口径 16、足径 7.2、高 7.6 厘米（图 3-233，1）。

山水纹　1 件。

采集：29，敞口，圆唇，斜弧腹，圈足。足跟粘砂并外向斜削。口沿内饰一道弦纹，内底山水纹。圈足底部双圈内饰花押款。口径 12.3、足径 4.6、高 5.2 厘米（图 3-233，2）。

图 3-229　采集清代青花瓷碗

0 ⊢―⊢―⊣ 6厘米

1.采集：169　2.采集：128

图 3-230 采集清代青花瓷碗

1.采集：121-1 2.采集：130-1

0 6厘米

图 3-231　采集清代青花瓷碗

1.采集：74　2.采集：18

0 ⊢—————⊣ 6厘米

图 3-232　采集清代青花瓷碗

1.采集：45　2.采集：71

0　　　　　　6厘米

图 3-233　采集清代青花瓷碗

1.采集：119　2.采集：29

0　　　　　　6厘米

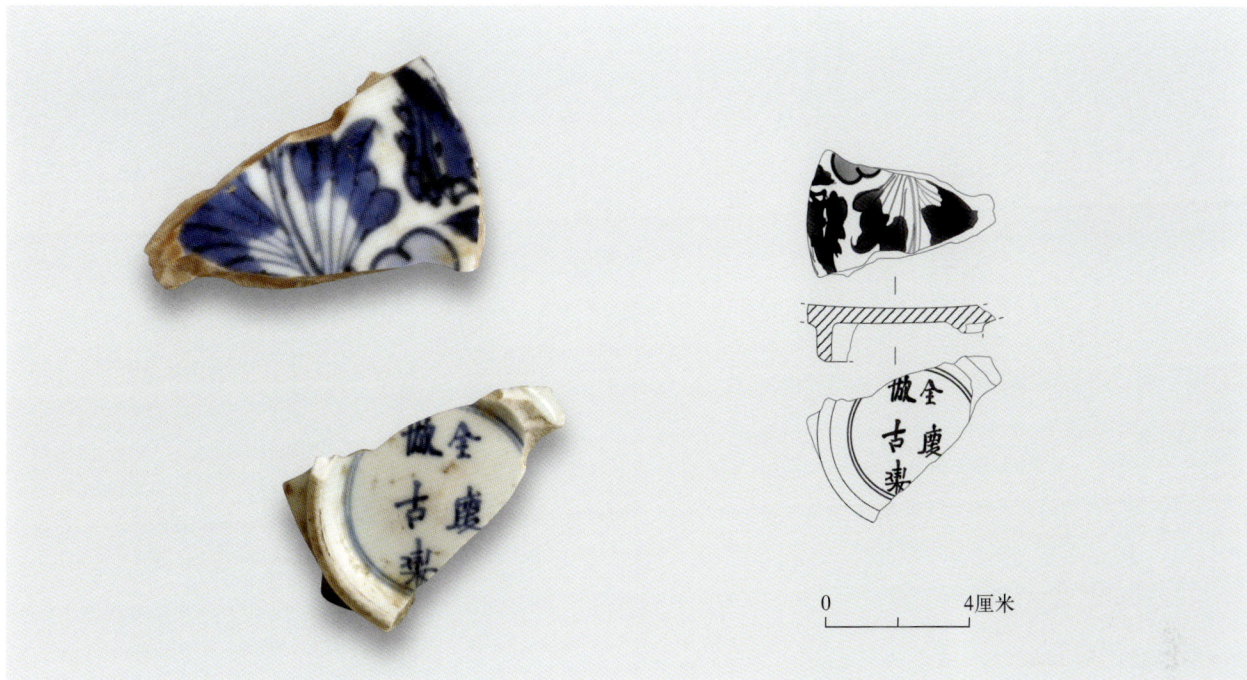

图 3-234 采集清代青花瓷碗
采集：62-2

斋堂款 1件。

采集：62-2，残存碗底部，圈足，足跟外向斜削。内底纹饰不明。圈足底部双圈内书"全庆□做古制"款。足径4.6厘米（图3-234）。

（2）杯

18件。主要绘制夔龙纹、奇石稚鸡纹、喜鹊登梅团花纹、洞石梅竹纹、花卉纹、牡丹纹、灵芝纹、山花纹、莲托八宝纹、水波纹、山水纹、博古纹、简笔画纹、动物纹等。灰白胎，器身多施满釉，足底露胎。

夔龙纹 2件。

采集：149，微撇口，圆唇，斜弧腹，圈足。内足墙外斜。口沿内外饰两道弦纹，内底两道弦纹内饰折枝花卉纹，外壁饰回文、夔龙纹、莲瓣纹。圈足底部单圈内饰"四朵花"花押款。口径6.8、足径3、高3.5厘米（图3-235，1）。

奇石稚鸡纹 1件。

采集：165，敞口，尖圆唇，深弧腹，圈足外斜。口沿内饰一道弦纹，口沿外、足墙饰两道弦纹，内底两道弦纹内饰灵芝纹，外壁饰荷花、奇石、稚鸡纹。圈足底部双圈内书"兴元堂制"款。口径8.5、足径4、高5.8厘米（图3-235，2）。

喜鹊登梅团花纹 1件。

采集：157，敞口，圆唇，深弧腹，圈足稍高、外斜。内底饰蝴蝶纹，外壁饰喜鹊登梅团花纹。圈足底部单圈内书"奇玉堂制"款。口径8.9、足径4、高6厘米（图3-235，3）。

洞石梅竹纹 1件。

采集：208，敞口，圆唇，深弧腹，圈足稍高、外斜。内底饰竹石纹，外壁饰洞石、梅花、竹叶纹。圈足底部双圈内书"圣友雅制"款。口径8.6、足径4、高5.8厘米（图3-236，1）。

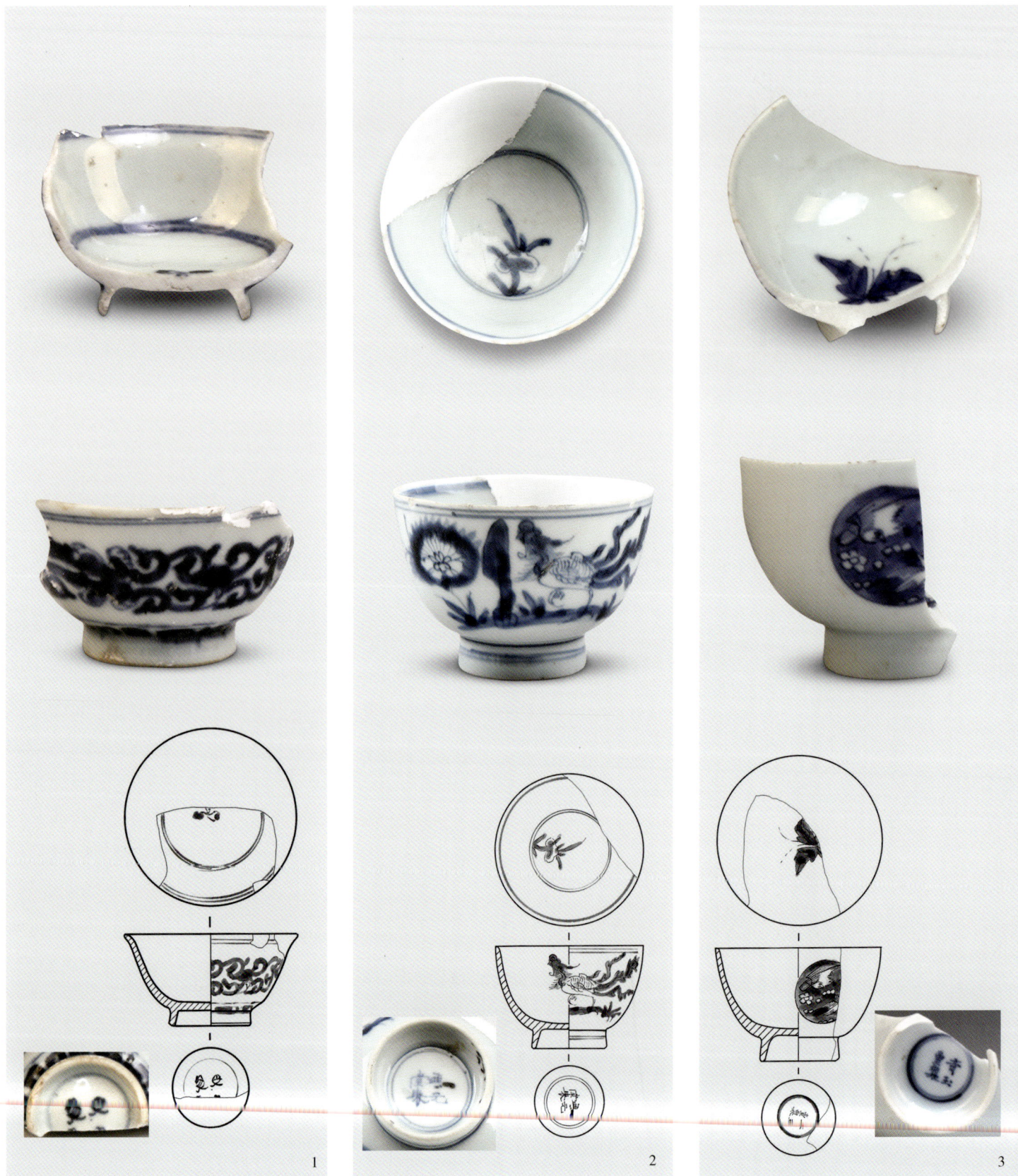

图 3-235　采集清代青花瓷杯
1.采集：149　2.采集：165　3.采集：157

图 3-236 采集清代青花瓷杯

1.采集：208 2.采集：64 3.采集：147

0   4厘米

花卉纹　3件。

采集：64，撇口，圆唇，深弧腹，矮圈足。口沿内外、足墙饰一道弦纹，内底一道弦纹内饰简笔画纹，外壁缠枝花卉纹、灵芝纹。口径5.8、足径2.9、高4.3厘米（图3-236，2）。

采集：147，敞口，圆唇，深弧腹，圈足，玉璧底。足跟外向斜削。口沿内外、足墙饰一道弦纹，内底一道弦纹内饰一点纹，外壁饰缠枝花卉纹。口径5.1、足径1.9、高3.2厘米（图3-236，3）。

采集：148，微撇口，尖圆唇，深弧腹，圈足外斜。口沿内外、足墙饰两道弦纹。内底两道弦纹内饰折枝花卉纹，外壁饰缠枝花卉纹及莲瓣纹。圈足底部双圈内书"慎友珍玩"款。口径6.6、足径3.2、高4.1厘米（图3-237，1）。

牡丹纹　1件。采集：145，敞口，圆唇，深弧腹，圈足。口沿内外饰两道弦纹，足墙饰三道弦纹，内底两道弦纹内饰花卉纹，外壁饰缠枝牡丹纹。圈足底部双圈内书"魁□□"款。口径8.5、足径4.1、高5.4厘米（图3-237，2）。

灵芝纹　1件。

采集：158，微撇口，尖圆唇，斜弧腹，圈足，玉璧底。挖足过肩，足跟内、外向斜削。口沿内外、足墙饰一道弦纹。内底两道弦纹内及外壁均饰折枝灵芝纹。口径6.6、足径2.8、高3.5厘米（图3-237，3）。

山花纹　1件。

采集：176，撇口略折，尖圆唇，斜直腹，圈足。口部施酱釉。口沿内外、足墙饰两道弦纹，外壁饰山花纹。口径9、足径3.7、高4.9厘米（图3-238，1）。

莲托八宝纹　1件。

采集：205，微撇口，圆唇，斜弧腹，圈足。足跟内、外向斜削。外壁饰莲托八宝纹。圈足底部单圈内饰花押款。口径9.1、足径3.2、高4.9厘米（图3-238，2）。

水波纹　1件。

采集：54，撇口，圆唇，斜弧腹，圈足。足跟内、外向斜削。口沿内饰两道弦纹，口沿外、足墙饰一道弦纹，内底两道弦纹内饰云纹，外壁饰水波纹、团寿纹、"寿"字纹。口径6.9、足径2.7、高3.5厘米（图3-238，3）。

山水纹　1件。

采集：204，敞口，圆唇，深弧腹，圈足微外斜。足跟粘砂并外向斜削。口沿内外、足墙饰两道弦纹，内底两道弦纹内饰山水纹，外壁饰山水、垂柳纹，圈足底部单圈内饰花押款。口径8.4、足径3.6、高5.4厘米（图3-239，1）。

博古纹　1件。

采集：146，敞口，圆唇，斜弧腹，圈足。内足墙外斜。口沿内外、足墙饰两道弦纹，内底两道弦纹内饰如意纹，外壁饰博古纹，圈足底部饰花押款。口径6、足径2.8、高2.4厘米（图3-239，2）。

简笔画纹　2件。敞口，圆唇，斜弧腹，圈足。内足墙外斜，足跟外向斜削。内底、外壁饰简笔画纹。

采集：150，口径6.7、足径2.9、高4.5厘米（图3-240，1）。

采集：174，圈足底部双圈内饰花押款。口径5.6、足径3.8、高5.7厘米（图3-240，2）。

动物纹　1件。

采集：91，敞口，圆唇，斜弧腹，圈足。外壁上下各饰一道弦纹，间饰动物纹。圈足底部单圈内款识不明。口径7.2、足径3.1、高3.6厘米（图3-240，3）。

图 3-237　采集清代青花瓷杯

1.采集：148　2.采集：145　3.采集：158

0　　　　　4厘米

图 3-238　采集清代青花瓷杯

1.采集：176　2.采集：205　3.采集：54

0　　　　　4厘米

图 3-239 采集清代青花瓷杯

0 _____ 4厘米

1.采集：204 2.采集：146

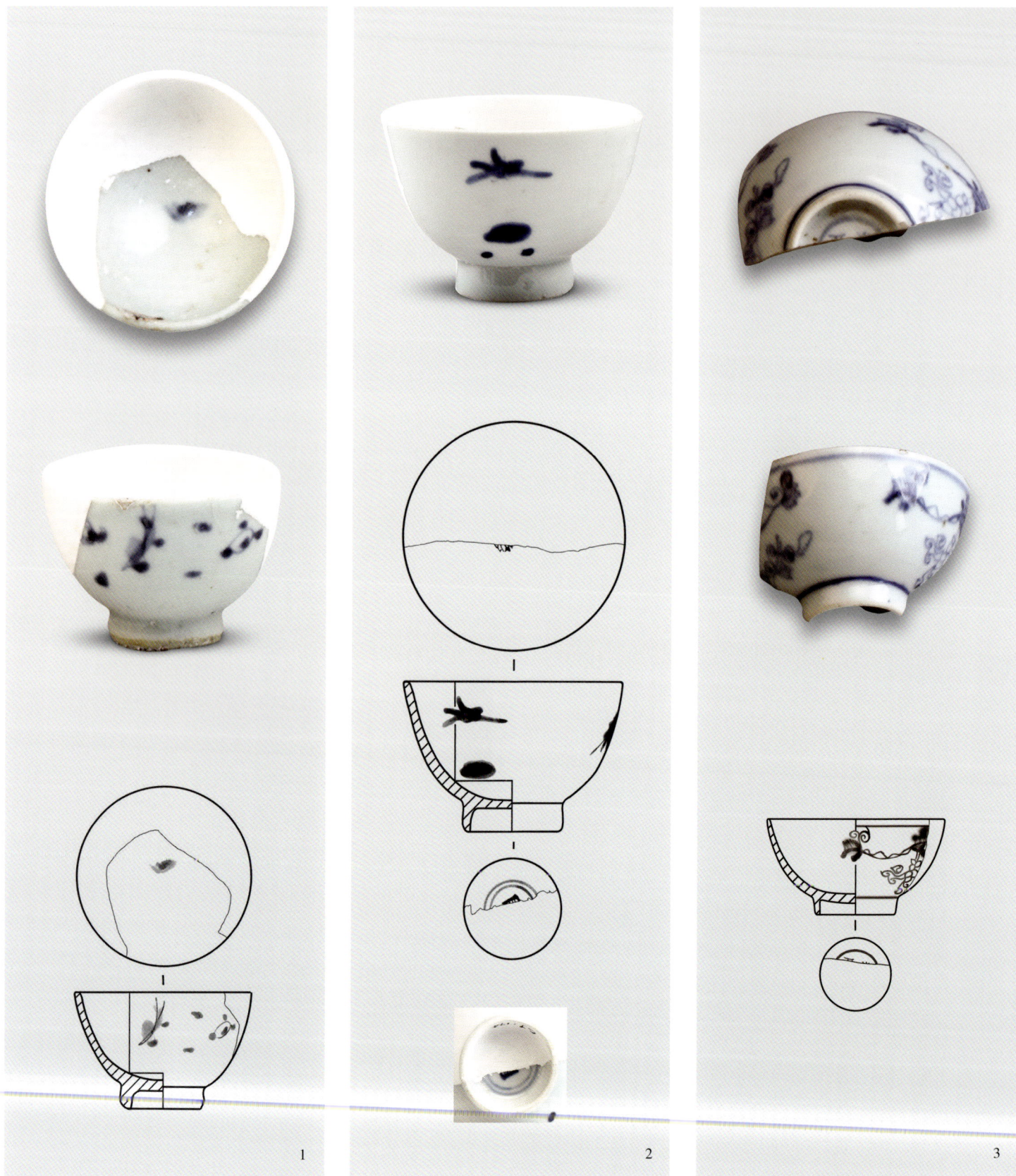

图 3-240　采集清代青花瓷杯

1.采集：150　2.采集：174　3.采集：91

0　　　　4厘米

（3）盘

20件。内壁多绘制夔龙纹、螭龙纹、牡丹花纹、菊花纹、凤穿牡丹纹、三狮穿花纹、灵芝纹、洞石秋叶纹、诗文秋叶纹、山水纹、"寿"字纹，底部有年号款。灰白胎，器身多施满釉，足底露胎。

夔龙纹　1件。

采集：99，敞口，圆唇，浅弧腹，圈足。内足墙外斜，外底微凸。口沿内外饰两道弦纹，内壁饰三条夔龙纹，内底两道弦纹内饰夔龙纹，外壁饰折枝花卉纹。口径20.4、足径13、高4.2厘米（图3-241，1）。

螭龙纹　1件。

采集：138，敞口，圆唇，浅弧腹，圈足内斜，足跟外向斜削。内壁饰螭龙纹。口径15、足径9、高2.8厘米（图3-241，2）。

牡丹花纹　2件。侈口，浅弧腹，圈足。口沿内饰三道弦纹，间饰卷草纹，内底两道弦纹内饰牡丹花纹。

采集：187，圈足底部饰两道弦纹。口径16.7、足径6.6、高4.5厘米（图3-242，1）。

采集：192，圈足底部双圈内书"忠有□（美）玉雅□（制）"款。口径14、足径5.8、高3.9厘米（图3-242，2）。

菊花纹　2件。

采集：197-2，侈口，浅弧腹，圈足。口沿内饰两道弦纹，内底一道弦纹内饰菊花纹。圈足底部双圈内书"玉堂□器"款。口径14.4、足径6.2、高3.8厘米（图3-243，1）。

采集：132，敞口微撇，浅弧腹，圈足。内足墙外斜，足跟外向斜削，挖足过肩。口沿内饰两道弦纹，间饰枝叶花带纹，内底两道弦纹内饰菊花纹。圈足底部双圈内饰花押款。口径14.2、足径64、高3.6厘米（图3-243，2）。

凤穿牡丹纹　1件。

采集：135，敞口，圆唇，浅弧腹，圈足较直、稍高。口沿内饰一道弦纹及凤穿牡丹纹，圈足底部单圈内书"全庆□做"款。口径13.8、足径6、高4.2厘米（图3-244，1）。

三狮穿花纹　1件。

采集：191，敞口微敛，浅弧腹，圈足。内足墙外斜，足跟外向斜削。口沿内外均三道弦纹，间饰缠枝叶花带纹，内底两道弦纹内饰三狮穿花纹。圈足底部双圈内书"□玉宝□雅制"款。口径14.9、足径6.7、高4.7厘米（图3-244，2）。

灵芝纹　2件。敞口，圆唇，浅弧腹，圈足，内足墙外斜。内外壁均饰折枝灵芝纹。圈足底部单圈内饰花押款。

采集：110，口径15.3、足径9.7、高2.6厘米（图3-245，1）。

采集：203，内底饰菊花纹。口径19.5、足径1.6、高3.5厘米（图3-245，2）。

洞石秋叶纹　2件。敞口，圆唇，浅弧腹，圈足。口部施酱釉。内足墙外斜，足跟粘砂。内底饰秋叶、玲珑石纹。

采集：184，口径20.2、足径7.8、高4.5厘米（图3-246，1）。

采集：189，口沿内饰三道弦纹，间饰缠枝叶花带纹。圈足底部一道弦纹。口径12.6、足径5.8、高3.4厘米（图3-246，2）。

图 3-241　采集清代青花瓷盘

1.采集：99　　2.采集：138

0　　　　　6厘米

图 3-242 采集清代青花瓷盘

1.采集：187 2.采集：192

0 ⊢——⊢——⊣ 6厘米

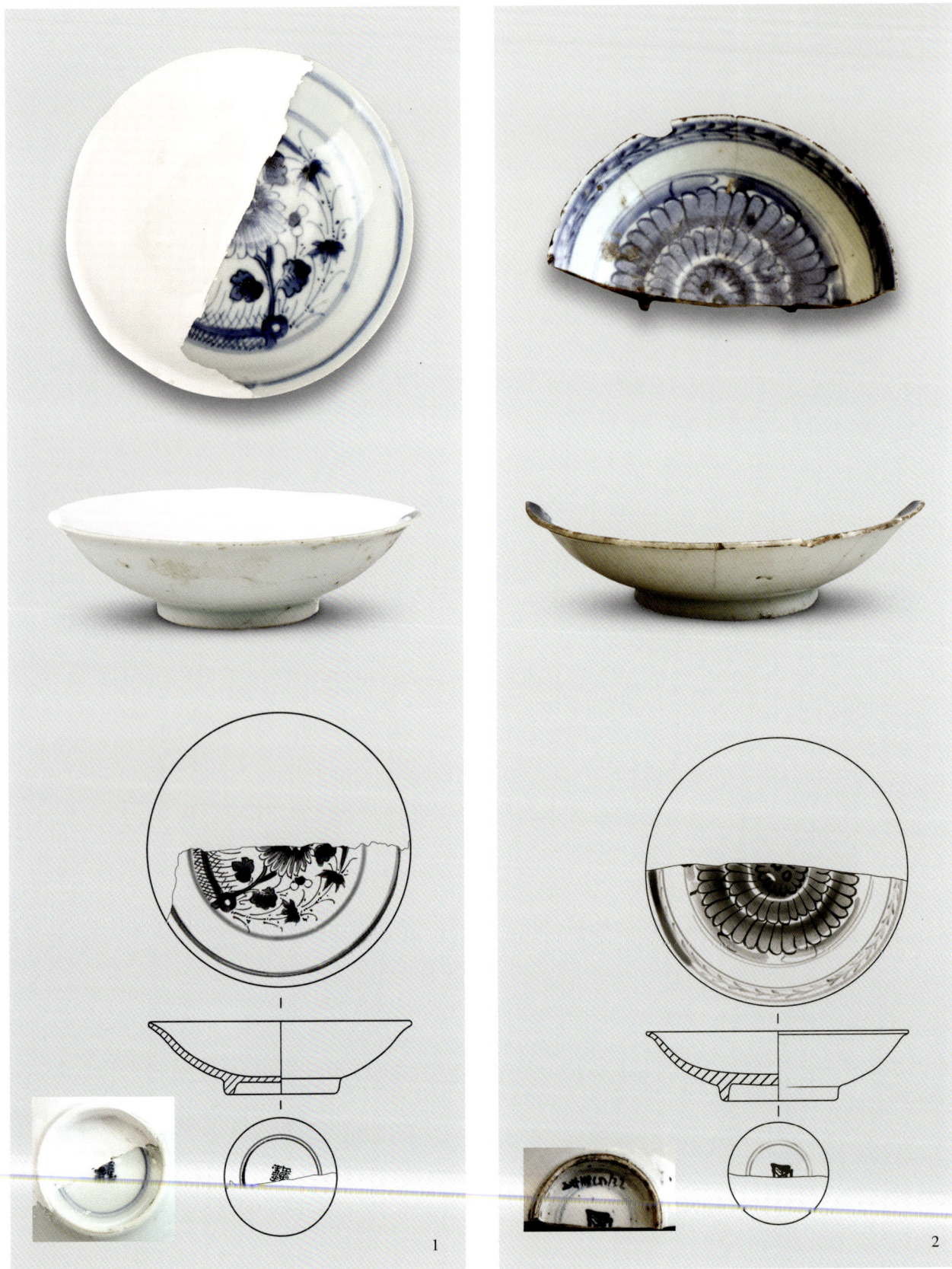

图 3-243　采集清代青花瓷盘

0 ————————— 6厘米

1.采集：197-2　2.采集：132

图 3-244　采集清代青花瓷盘

1.采集：135　2.采集：191

0　　　　　6厘米

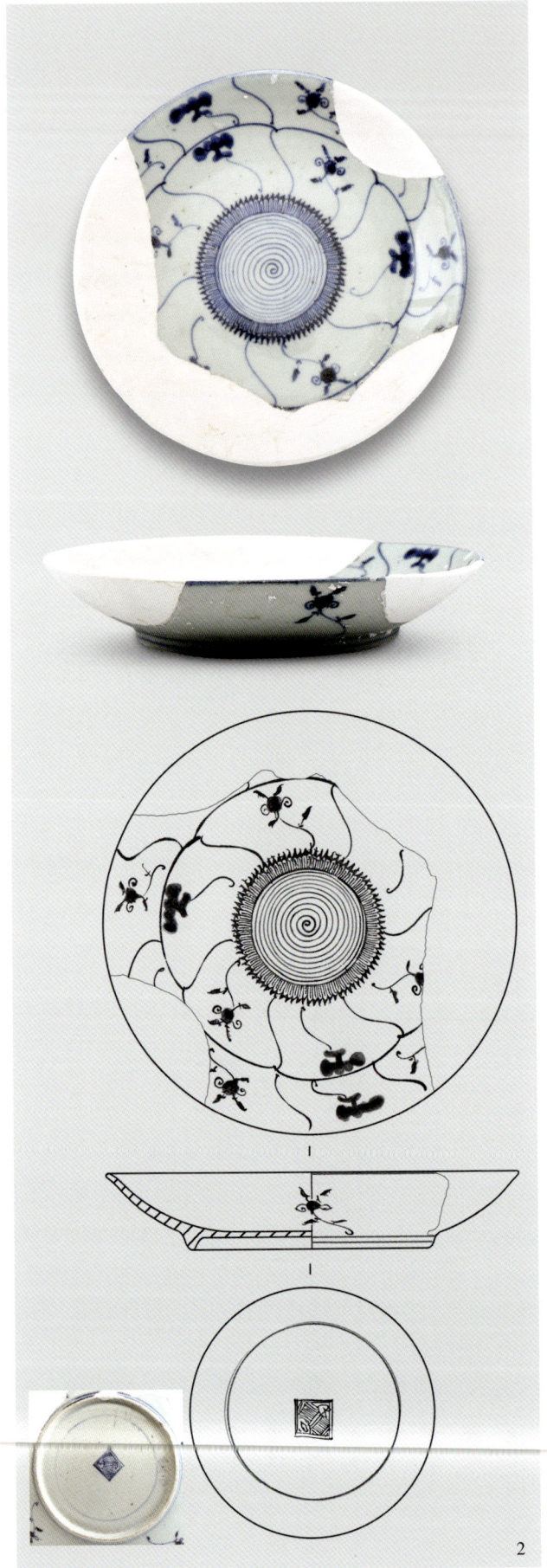

图 3-245　采集清代青花瓷盘

1.采集：110　2.采集：203

图 3-246 采集清代青花瓷盘

0   6厘米

1.采集：184   2.采集：189

诗文秋叶纹　1件。

采集：89，敞口，圆唇，浅弧腹，圈足内斜，足跟外向斜削，外底微凸。口部施酱釉。内底饰秋叶纹及"梧桐一""天下尽"字纹。口径12.1、足径5.7、高3.2厘米（图3-247，1）。

山水纹　1件。

采集：139，敞口，圆唇，弧腹，圈足，足跟外向斜削，挖足过肩。口沿内饰一道弦纹，内底饰山水纹。圈足底部两道弦纹。通体施釉。口径13.9、足径5.6、高4.5厘米（图3-247，2）。

"寿"字纹　3件。敞口，圆唇，浅弧腹，圈足，内足墙外斜。

采集：195，口沿内外、足墙饰两道弦纹，内壁饰夔龙纹，内底两道弦纹内饰四蝠捧寿纹，外壁饰蝙蝠纹。圈足底部双圈内饰花押款。口径15.6、足径9.2、高3厘米（图3-248，1）。

采集：190，足跟外向斜削。口沿内饰一道弦纹，内底两道弦纹内饰五蝠捧"寿"纹，外壁饰蝙蝠纹。圈足底部双圈内饰花押款。口径11.6、足径6、高2.6厘米（图3-248，2）。

采集：105，口部微敛。口沿外饰两道弦纹，内底两道弦纹内饰"寿"字纹，内壁饰两圈梵文"寿"字纹，外壁饰"寿"字纹。圈足底部双圈内饰花押款。口径15.7、足径9.4、高3.7厘米（图3-249，1）。

年号款　3件。敞口，圆唇，浅弧腹，矮圈足，内足墙外斜。内、外壁釉色青白。

采集：179，圈足底部青花书"大清嘉庆年制"草记字款。口径15、足径9.1、高3.1厘米（图3-249，2）。

采集：188，圈足底部青花书"大清嘉庆年制"款。口径14.8、足径9、高2.8厘米（图3-250，1）。

采集：193，圈足底部青花书"□清□□□□"款。口径14.9、足径8.9、高2.8厘米（图3-250，2）。

（4）盏

8件。敞口，圆唇，浅弧腹，圈足。内足墙外斜。灰白胎，通体施釉，足底露胎。

采集：166，足跟外向斜削。内外壁饰竹纹。圈足底部单圈内书"雍正年制"款。口径7、足径2.8、高3.6厘米（图3-251，1）。

采集：196，口沿微撇，口沿内外饰一道弦纹。内外壁均饰折枝灵芝纹，圈足底部双圈内饰四朵花款。口径9、底径4.4、高3.5厘米（图3-251，2）。

采集：173，口沿微撇。口沿内外、足墙饰两道弦纹，足墙饰三道弦纹，内底两道弦纹内饰折枝花卉纹，外壁饰缠枝莲托杂宝纹，圈足底部双圈内饰"四朵花"花押款。口径9.8、足径4.5、高4.8厘米（图3-252，1）。

采集：107，足跟外向斜削。口沿内外、足墙饰两道弦纹，内底两道弦纹内及外壁均饰山水人物纹。圈足底部两道弦纹内饰"福"字纹。口径8.6、足径4、高5.7厘米（图3-252，2）。

（5）粉盒

3件。子口，方唇，浅弧腹，圈足。内足墙外斜。灰白胎，器身施满釉，口沿、足底露胎。

采集：159，外壁饰一道弦纹及一圈卷云纹，足墙饰一道弦纹。口径9.3、足径5.7、高2.1厘米（图3-253，1）。

采集：182，足跟内、外线斜削。外壁饰一道弦纹及樱桃纹，樱桃纹采用粉彩描绘，足墙饰一道弦纹。口径9.7、足径5.5、高3.4厘米（图3-253，2）。

采集：185，口沿外、足墙饰一道弦纹，外壁刻划莲瓣纹。口径6.8、足径5、高2.6厘米（图3-253，3）。

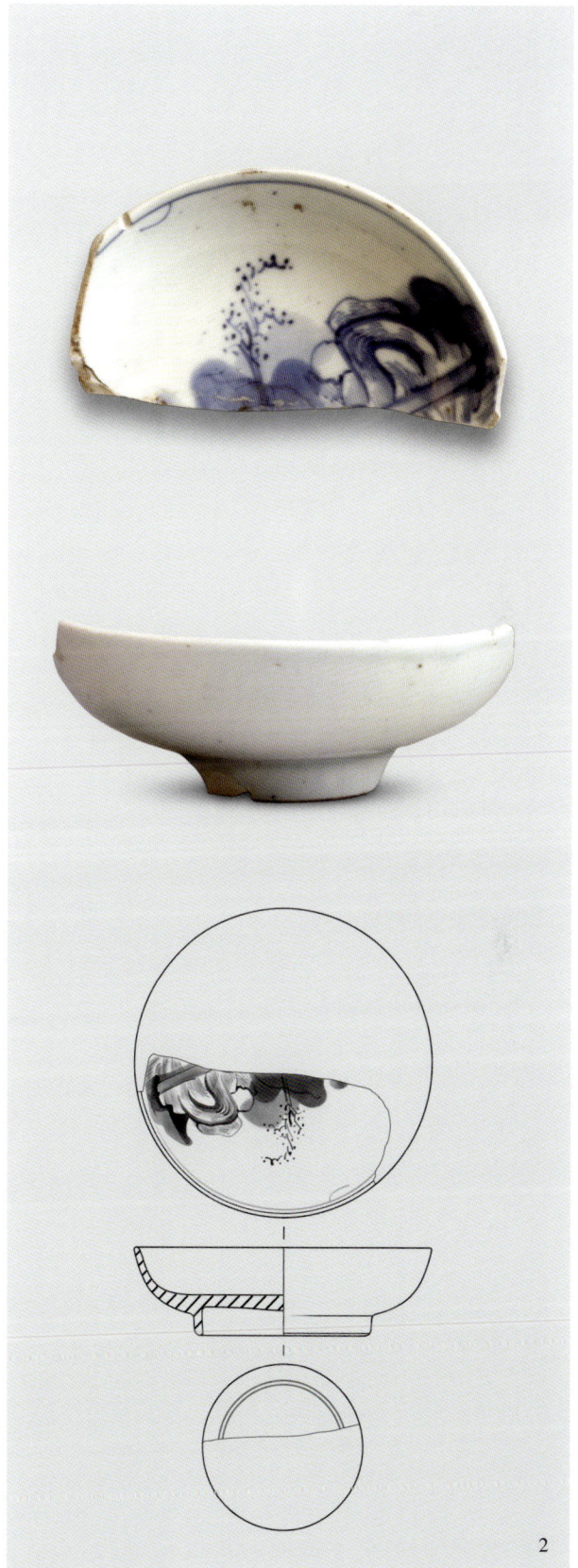

图 3-247　采集清代青花瓷盘
1.采集∶89　2.采集∶139

0　　　　　6厘米

图 3-248　采集清代青花瓷盘

1.采集：195　2.采集：190

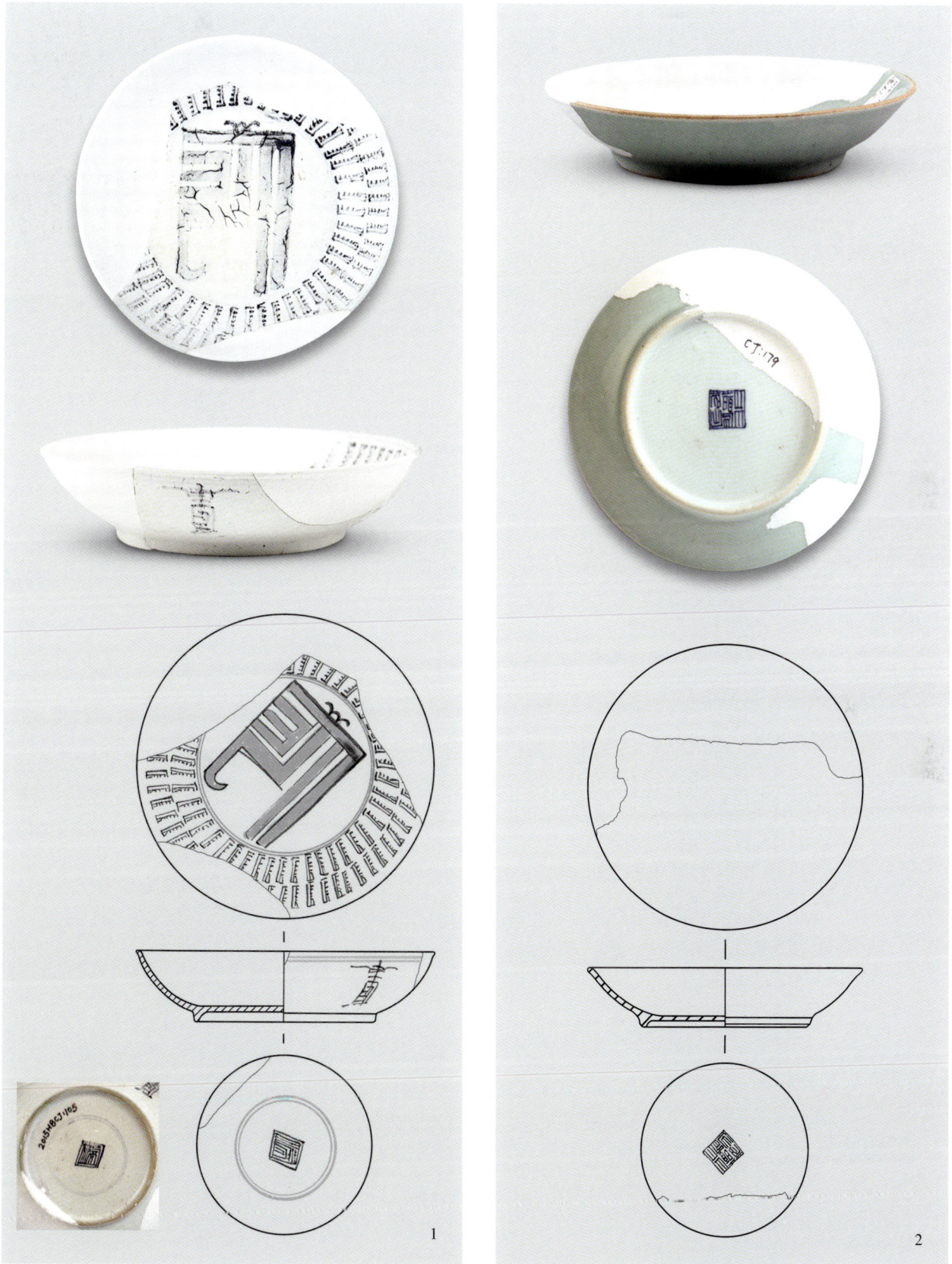

图 3-249　采集清代青花瓷盘

1.采集：105　2.采集：179

0　　　　　　6厘米

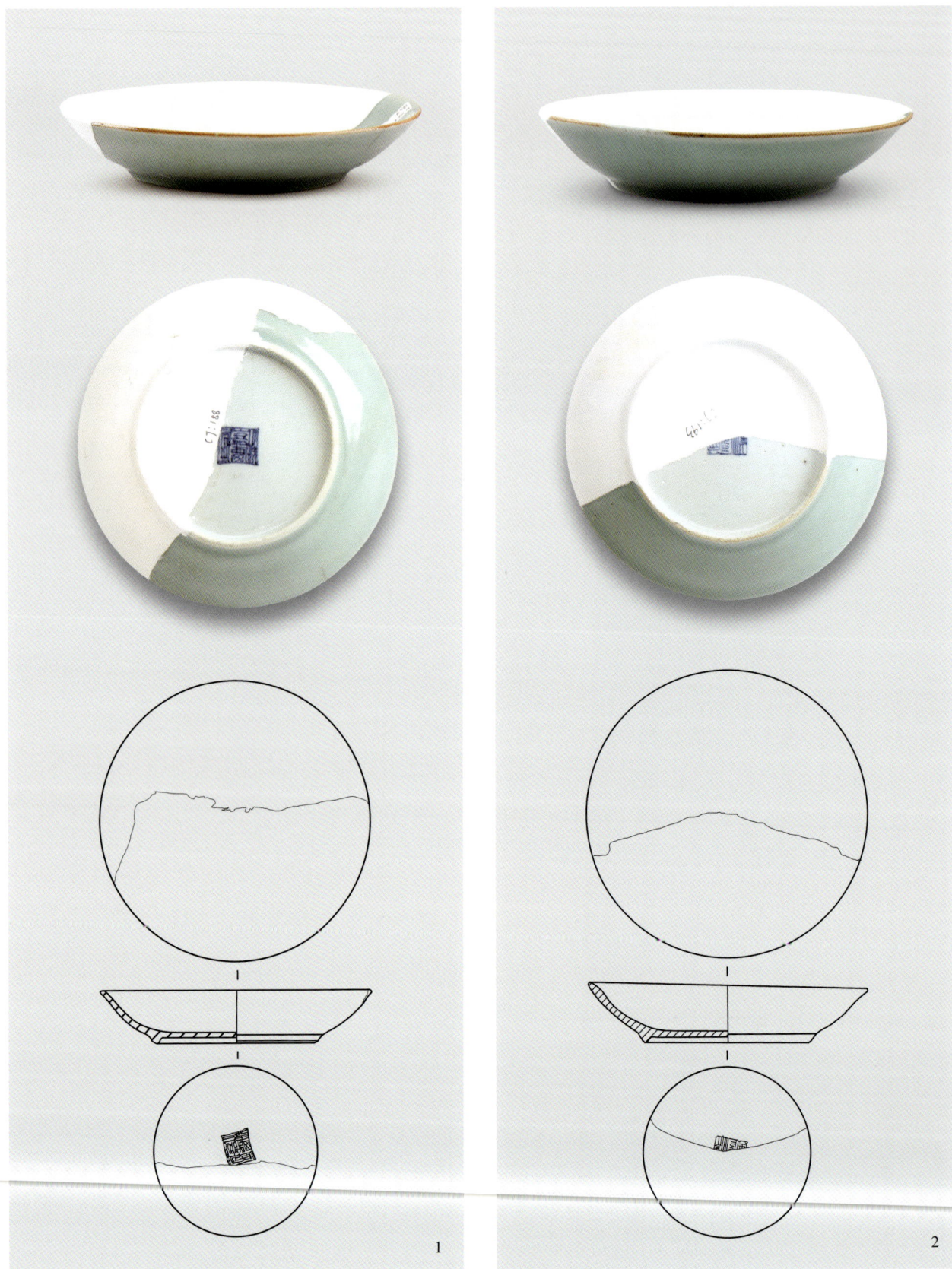

图 3-250　采集清代青花瓷盘

1.采集：188　2.采集：193

0　　　　　　6厘米

图 3-251　采集清代青花瓷盏

1.采集：166　2.采集：196

0　　　　　　　4厘米

图 3-252　采集清代青花瓷盏

0   4厘米

1.采集：173　2.采集：107

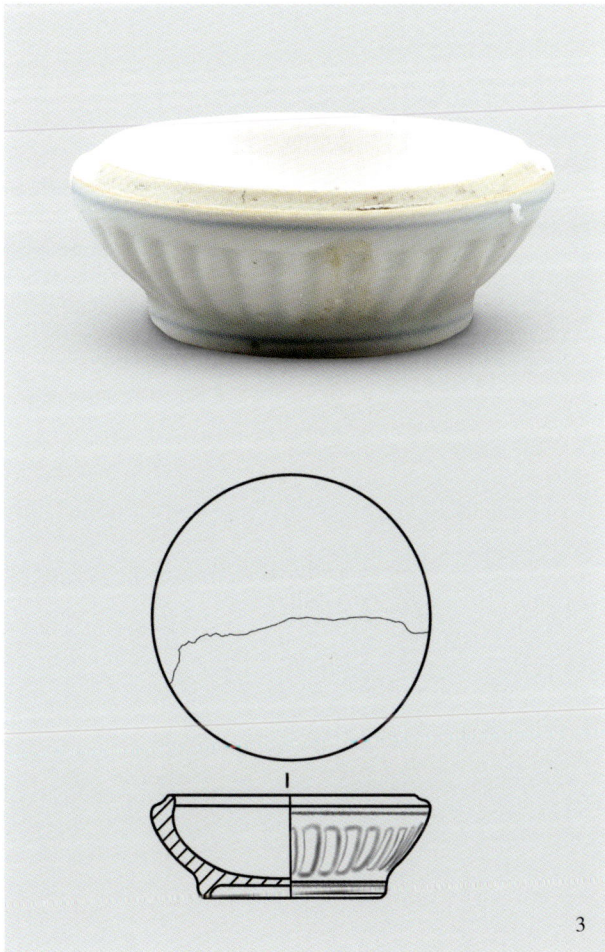

图 3-253　采集清代青花粉盒

1.采集：159　2.采集：182　3.6.采集：185

0   4厘米

图 3-254　采集清代釉陶器

1~2.釉陶小壶（采集：61、163）　3.釉陶盆（采集：30）　4.釉陶器盖（采集：31）

2. 釉陶器

4件。器形有壶、盆、器盖。釉色主要为绿釉、青黄釉、乳白釉等。

小壶　2件。侈口，短束颈，鼓肩。红褐色胎。

采集：61，完整。圆唇，直腹，底略凹。器身施乳白釉，不及底。口径4.8、底径9.2、最大腹径10.6、高10.8厘米（图3-254，1）。

采集：163，残。卷沿外翻，斜直腹，平底。器身施青黄釉，不及底。口径3.8、底径8.2、高10.6厘米（图3-254，2）。

盆　1件。

采集：30，残。敛口，圆唇，直腹，平底微凹。红色胎。内壁及口沿施绿釉。口径17.8、底径13.4、高5.7厘米（图3-254，3）。

器盖　1件。

采集：31，残。子口较直，盖沿外翻，圆方唇，斜弧顶，顶设圆形捉手。褐色胎。器表施绿釉。饰刻划花纹。子口径15.7、盖沿径19.6、高5.2厘米（图3-254，4）。

第四章　结语

　　清江浦河是明清大运河最为繁华的线路之一，扼漕运、盐运、河工、榷关、邮驿之机杼，是古代运河的交通枢纽和商业重地，沿线留下了丰富的历史文化遗存。

　　据《宋史·河渠志六》记载："雍熙（984～987年）中，转运使刘蟠议开沙河，以避淮水之险，未克而受代。乔维岳继之，开河自楚州至淮阴，凡六十里，舟行便之。"沙河与洪泽新河、龟山运河共同构成了淮安境内北宋时运河避淮工程，其连接楚州、泗州两座重要运河都市，沟通了宋代山阳渎和汴河，成为大运河的主要航道。沙河即清江浦河前身。

　　明代黄河夺泗入淮，运河线路也发生改变，从淮安到徐州借用黄河河道进行漕运。洪武元年（1367年），淮安知府姚斌于淮安新城东门建车盘坝，称仁字坝。永乐二年（1404年），平江伯陈瑄又建义、礼、智、信四坝，与仁字坝合称淮安五坝[1]。明初时除了采取海运以外，运河航运均由淮安城北五坝车盘入淮，其中漕船经由仁、义字二坝，官、民、商船经由礼、智、信字三坝[2]。由于黄淮合流，山阳湾段波涛汹涌，船只逆流而上，常有倾覆危险。此外，车盘过坝也颇为艰辛。为此，明代永乐十三年至十五年（1415～1417年），总兵官陈瑄循北宋沙河故道凿通运河，由淮安府城西管家湖引水至淮河鸭陈口，从东向西筑板闸、移风、清江、福兴、新庄五闸节制运河水流，递互启闭行船。

　　据文献记载，永乐十四年（1416年）陈瑄建木闸于淮安城西十里处，北距移风闸三里，因前一年所建移风等四闸不能达到预期节水目的而仓促起建，第二年，又将其改为石闸。因采用木板建造，所以称为"板闸"[3]，此地也由此得名。从历史位置和存续时间来看，板闸遗址中的水闸遗存应为文献记载中的"板闸"，保留木板衬底是"板闸"名称沿用的重要原因。

　　从1416年陈瑄初建板闸开始，到1429年明政府设立钞关，再到1931年钞关被裁撤，最后2011年板闸村被完全拆迁，此地经历了近600年的沧桑变迁，也遗留下了丰富的物质文化遗存，这些即是板闸遗址的主要内涵，主体年代为明清时期。因此，无论是考古发现的水闸、建筑基址、古河道、堤坝和码头等五类遗存，还是地面仍然留存的三元宫、钞关（旗杆和码头）及里运河板闸段，仅仅代表板闸遗址的一部分。

---

[1]　（清）顾炎武：《天下郡国利病书·淮南水利考》，上海古籍出版社，1995年，第1069页。

[2]　（清）张廷玉等：《明史》卷八十五《河渠三·运河上》，中华书局，2000年，第1388页。

[3]　a.《天下郡国利病书·淮南水利考》（上海古籍出版社，1995年，第1072页）："板闸，去府西十里，永乐十四年平江伯建。其时以四闸不能节水，仓卒建木闸，次年乃甃以石，乡人仍呼板闸云。"b.《续纂淮关统志》卷十四《艺文·建移风社学记》（方志出版社，2006年，第409页）："府西北十里地名板闸，旧名上移风，闸之北有钞关公署一所，又三里许，有闸名下移风，二闸南北相望。"c.《乾隆淮安府志·城池》（《续修四库全书（第699册）》，上海古籍出版社，1995年，第479页）："板闸镇，城西北十里，宋故沙河所经处，明平江伯陈瑄于此建闸开槽渠，先以板，故名板闸。"

第一节　五类发掘遗存的早晚关系

由前文可知，板闸遗址中水闸的闸墙从下到上可分为四期：一期使用年限较长，受水流冲刷严重，闸体平面结构对称；二期在一期基础上进行了增高和修补，但仍保持了原来的形状；三期在东北、西南、西北三处雁翅进行了接续延长（延长处的闸墙底部远高于闸底，采用桩钉作为基础，可能存在更早期河岸），并整体进行了增高，平面形状变得不规则；四期在三期基础上又进行了加砌增高，东北雁翅和东南裹头最上部的条石尾端叠压于外部土层上。

从叠压打破和共存关系来看，古河道宽度与水闸三、四期闸墙形态相适应，因此目前所见古河道的开凿年代上限应与闸墙三期同时。建筑基址区域内的排水沟均向西侧下沉和延伸，且G2被古河道打破，这表明建筑基址区域应早于古河道。而从TG1解剖情况来看，此处还存在着更早期的河道，因此，建筑基址区的排水沟应通向早期河道内。堤坝叠压于建筑基址上，其年代晚于建筑基址。堤坝排桩侧面的挡土木板代表了堤坝的起建处，其起建处叠压于古河道东西两岸，年代也应晚于古河道。码头底部木桩和堤坝起建位置高度基本相同，表明二者年代应较为接近或同时。建筑基址所在层面与闸墙二期残存最高处大致相同，结合还存在有与建筑基址排水设施相适应的更早期河道的这一情况，推测闸墙二期和建筑基址可能共存过，年代相差不会太远。综合来看，建筑基址和一、二期闸墙均较早，现存古河道和三期闸墙略晚，四期闸墙和堤坝、码头最晚。

从水闸内出土遗物来看，闸底（⑥层）出土瓷器年代主要集中在明代末期（天启、崇祯），少量分布于明代晚期（嘉靖、隆庆、万历）和明代中期（成化、弘治、正德），钱文也不见明代晚期之后年号。因此，初步推测水闸的废弃年代应为明代末期。闸内出现的部分清代遗物为水闸及古河道废弃后的上层堆积，这也表明在清代早中期时此处河道尚未完全淤平。由于运河河道曾经历过多次疏浚，也就无法通过闸内现存的考古遗物来判断闸体修筑年代。据建筑基址区②层废弃堆积中的出土遗物判断，建筑基址年代下限为明代晚期。而堤坝、码头均未收集到可供判断年代的遗物，河道和堤坝也未经过正式发掘，因此关于这五类遗存的具体年代仍较为模糊，需要进一步探讨。

第二节　水闸的年代问题

由于考古发掘所获取的信息无法完全准确判断板闸遗址各类遗存的具体年代，因此只能结合文献资料进行进一步分析。鉴于考古发现的水闸未必能代表历史上"板闸"的所有阶段，也未必能和文献所示完全对应，因此我们在论述时以板闸指代文献材料中的"板闸"，以水闸指代考古发现的遗迹，以免在讨论二者对应关系时发生混淆。

关于移风闸和板闸的关系已有学者做过考证[1]，此处不再赘述。二者明确为两座不同的闸体，所

[1]　a.荀德麟：《清江浦闸坝与高程考》，《淮阴工学院学报》2017年第6期；b.张捷、刘飞：《淮安"板闸"名实考》，《淮阴工学院学报》2015年第6期。

谓板闸即故移风闸的说法[1]应不实。因此，板闸遗址发现的水闸遗迹确为历史上之板闸，移风闸应在板闸西北侧二三里许，约在万历初年废弃。

由水闸基础结构来看，以金门为界，底部南侧短，北侧长，南侧略高，北侧略低，因此可判断南侧闸体为迎水面，北侧为分水面。这表明建闸之初，运河水流方向乃是由南至北。明代永乐十三年（1415年）时陈瑄开清江浦河后通过引管家湖水济运行船。管家湖位于板闸东南方向，约在今淮安生物工程高等职业学校位置（古湖心寺），天启年间淤涸为田[2]，湖水自西南至板闸，与水闸基础结构设置相吻合。结合第一期闸墙石面被水流冲蚀程度来看，水闸底板及以下部分应为永乐十四年（1416年）陈瑄所建木闸底部，一期闸墙则为永乐十五年（1417年）改木闸为石闸后的遗存。

继续梳理文献资料可知，明万历六年（1578年）治水名臣潘季驯第三次主持治河工程，在其著述《河防一览·勘估工程疏》中有"修复板闸、清江、福兴、新庄等闸各加石六七层不等，共该工料银一千四百九十两，四闸各开月河打坝节流该用银五百两"的记载。而后的《恭报续议工程疏》中又载："原议修复清江等闸，今勘得通济闸……改建于甘罗城东坚实之地………新庄闸……不易启闭，相应拆卸，福兴闸……今议改建于寿州厂适中处所，其清江一闸，仍照原议修复，至于板闸，地洼水平，无庸启闭，止需照旧，免行增高。"[3]这两处记录表明，潘季驯在此次治河初期进行实地勘察时曾考虑过加高板闸闸墙，但最终由于板闸地势低洼，河道水流平缓，无需启闭闸门，因而最终放弃了这一计划。在万历七年（1579年）其上奏奏疏《河工告成疏》中也同样提到了"板闸止宜仍旧"的说法，可为补证。同时，该奏疏中详细记载了改建福兴闸和修复清江闸的状况，却不见对板闸的修复记录。这些资料均表明在潘季驯第三次治河期间，板闸并未进行过修复或加高。而《勘估工程疏》中拟对板闸增加六七层条石的记载则又说明，潘季驯在前期实地勘察时曾认为板闸确有增高的必要，并将这一看法上奏给朝廷批准，但在后期实际施行时却由于此处地势低洼，也无需启闭闸门，最后才改变原来计划，使板闸"止需照旧"即可。结合水闸现存各期闸墙的实际状况来判断，水闸第四期闸墙恰为六至七层。由此，我们推测这次闸墙增高应发生于潘季驯第三次治河之后，也即万历七年（1579年）以后，那么水闸第三期闸墙的修复施工应在此之前。

据明代胡应恩《淮南水利考》载："（嘉靖）十七年，都御史周金奏修宝、应湖岸，浚山阳运河，自清江至十字亭，长三十里，深一丈，阔二十丈，役夫十三万，自弘治以来始此大浚通利者数十年……修新庄等五闸，严启闭之节，惟通运船，余皆由坝车盘。"[4]故而可知，嘉靖十七年（1538年）都御史周金总督漕运时，曾修复了新庄等五闸。五闸是对新庄、福兴、清江、移风和板闸的统称。周金不仅修复了板闸，还疏浚了清江至十字亭的运河河道。清江即是今淮安清江浦区的清江闸一带，

[1] a.（清）张廷玉：《明史》卷八十五《河渠三·运河上》（中华书局，1974年，第2094页）："板闸即故移风闸也"；b.（明）马麟修、（清）杜琳等重修、李如枚等续修《续纂淮关统志》卷四《乡镇》（方志出版社，2006年，第68～69页）："上移风闸、下移风闸，按：淮郡旧志云：城西北二十里，永乐十五年建，今废。又《行水金鉴》载：移风闸即板闸。闸西十五里即清江闸，又五里即福兴闸，又二十里曰新庄闸。此平江伯陈瑄所建四闸也。淮关旧志又云：去城十里，地名板闸，旧名上移风闸，又三里许名下移风闸。二闸南北相望。是移风本有二闸，与极闸是一是二，不过相去二三里许，乃自正德志以后，悉言板闸在城西十里，移风闸在城西二十里。与诸书不合。今诸闸皆废，无从考证，惟备存各说，以俟知者"。

[2] （明）马麟修，（清）杜琳等重修，李如枚等续修：《续纂淮关统志》卷十二《古迹》，方志出版社，2006年，第369页。

[3] （明）潘季驯原著，中国水利史典编委会办公室编：《河防一览》，中国水利水电出版社，2017年，第124、130～131页。

[4] （清）顾炎武：《天下郡国利病书·淮备录·淮南水利考》，《续修四库全书（第596册）》，上海古籍出版社，1995年，第152页。

十字亭应指十字亭浅铺一带，位于"（淮安）城南十里"[1]，从清江到十字亭的这段疏浚线路也包含了板闸段运道。板闸遗址中古河道的宽度为 42 ～ 56 米，与该记录中的二十丈基本相合。从古河道下部存在更早期河道，又打破建筑基址的情况来看，第三期闸墙的接续延长，与适应拓宽后的河道范围这一目的密切相关。二者应系同一时期的河工遗留，在加宽原有河道的同时，同步延长了原有闸墙，否则闸、河之间将无法匹配。由此可判断文献中嘉靖十七年（1538 年）对板闸的修复可能对应于水闸第三期闸墙。若此推测无误，那么第二期闸墙的修建年代应处于永乐十五年（1417 年）和嘉靖十七年（1538 年）之间。

崇祯时工部管河郎中朱国盛在《南河志》提到，"板闸，万历四十五年李郎中重建在山阳西十里"。李郎中即李之藻。又《淮安府公署考》："板闸，在县西北一十一里，明永乐十五年重建，官厅三间，久废，万历四十三年重建。"[2]《李之藻研究》一书中也提到"万历四十三年……是年先生（李之藻）在高邮任敕理河道工部郎中……复淮安板闸五坝"[3]。而《天启淮安府志》中则称万历四十二年重建板闸。若重建板闸者果为李之藻，在万历四十二年时其人尚未指任南河郎中，重建板闸自然无法实现。因此《天启淮安府志》的记载可能有误，板闸重建时间当在万历四十五年或四十三年。这几处记载中都提到了重建板闸一事，但从如今发现的水闸闸体来看，四期闸墙均无法反映出重建迹象。如此一来，重建板闸之说可作两种解释：一是万历末年重建的板闸另有所指，并非考古已经发现的水闸，发掘所见水闸彼时当已废弃；另一是记载不够准确，并非重建，而是重修板闸，即在三期闸墙的基础上进行了增高，修建了四期闸墙。无论哪种解释，结合前文推测，均可将水闸第四期年代界定在万历七年（1579 年）至万历四十五年（1617 年）年之间。

需要强调的是，我们所划分的四期闸墙并不能完全代表板闸的修筑过程，存在一些修复过的痕迹没被保存下来，或者有些修复过程我们无法通过现有遗迹现象直接观察出来的可能。

综合上述推论，可初步确定板闸遗址水闸共经历了五个阶段的建造和修复：第一阶段为永乐十四年（1416 年）建造的木闸，只余基础部分；第二阶段为永乐十五年（1417 年），目前只余底部闸墙；第三阶段可能处在永乐十五年（1417 年）至嘉靖十七年（1538 年）之间，在第二阶段的闸墙之上进行了部分修复和加高；第四阶段可能为嘉靖十七年（1538 年），对水闸平面形态进行了较大的改造，不仅在西北、东北、西南三处雁翅进行了接续延长，改变了其伸展方向，还进行了整体加高；第五阶段应在万历七年（1579 年）至万历四十五年（1617 年）之间，对水闸再次进行了整体加高。

此外，我们也查阅到其他关于板闸的记载，但因无法确定所指所以不作对比。如《淮安府公署考》中还提到"（山阳县）河泊所，旧在（淮安）旧城西门，明宣德年改建，正统年重修。因重建板闸，本官兼闸务。天启年裁。"此处言及重建板闸，只知是正统年以后，不知具体指哪一次重建（修），无法与现存水闸进行对应。又如《明史》卷八十五《河渠三·运河上》提到，万历五年总漕吴桂芳与淮安知府邵元哲"修新庄诸闸"，不知是否包含板闸。同前文所说，今之水闸遗存并不能与文献中的所有记载进行对应，或许也非板闸全部的历史遗留。对于水闸整体五个阶段的年代推测，仅是我们结合文献材料和考古发掘实物进行的可能性判断。

---

[1]　（清）顾炎武：《天下郡国利病书·淮备录·淮南水利考》，《续修四库全书（第596册）》，上海古籍出版社，1995年，第149页。

[2]　（清）陈梦雷：《古今图书集成·方舆汇编·职方典》卷七四五《淮安府部汇考五·淮安府公署考》，中华书局影印，1934年，第120册，第18页。

[3]　方豪：《李之藻研究》，海豚出版社，2016年，第284页。

第三节　其他遗存的年代

古河道　古河道与水闸贯通，虽未经正式发掘，但其年代下限应与水闸底部遗物年代下限相同，均为明代末期。关于其开凿年代，由前文知，现有古河道应与水闸第三期闸墙同时，即可能为嘉靖十七年（1538 年）时总漕周金疏浚运河时拓宽原有河道形成的。而古河道西岸的解剖结果以及建筑基址区排水设施水流的最终流向，均表明还存在有更早期河道的迹象，时代或可早至明永乐十三年（1415 年）开凿清江浦河时。此外，在古河道内勘探时在远超闸底深度处所发现的青沙堆积，与近年来在山阳湾段古黄河（淮河）底部所发现的青沙（图 4-1）相同，此处应与古淮河密切相关，可能与北宋时引淮河水行运的沙河[1]有关。

建筑基址　建筑基址主要分布于河道东侧（Ⅱ区），包括 28 座房址、3 条排水沟、2 条道路等。房址基本呈西南—东北向排列，道路将各房址沟通连接，排水沟横穿道路和房址，并与后二者附属小水沟构成排水系统，因此建筑基址区的各类遗存的使用和废弃年代均应为同时。观其平面布局，大部分房址应属民居，当是永乐十五年（1417 年）以后，由于拦河设闸而在运河东岸围绕水闸聚集形成的居民定居点。《续纂淮关统志》卷十四《艺文·建移风社学记》中有记载："二闸（移风闸和板闸）南北相望，居民环处者甚众……（板闸）西岸居民甚少，而东岸十倍之。"[2]该文作于明代弘治与正德年之交，与遗址中河道东、西两侧建筑分布状况吻合。建筑基址区为古河道打破，且可能与水闸第二期闸墙共存过，那么其存在年代上限至少应在弘治（1488～1505 年）正德（1506～1521 年）之交，下限应为嘉靖十七年（1538 年），可能因该年运河河道的拓宽而废弃，再之后部分区域又为堤坝所覆盖。这一年代判断与建筑基址区废弃堆积中出土遗物的年代下限——明代晚期相符合，出入当不至太大。

此外，除了河道东侧连片的建筑基址以外，分别于河道东、西两侧还有编号为一、二号的两处建筑基址，其平面形状和结构与其他建筑基址明显不同，似为公署一类建筑。明代时板闸附近存在过许多公署类建筑，如板闸官厅[3]、移风社学[4]等，这两处建筑基址可能与此有关。

堤坝　由于堤坝未经正式发掘，也未见出土遗物，因此无法通过出土遗物确定其年代。因堤坝叠压于建筑基址之上以及河道两侧，它的年代必然要晚于建筑基址和河道。查文献材料中嘉靖十七年（1538 年）以后板闸地区堤岸修筑情况，《南河全考》中有记载："（万历）五年漕抚侍郎吴桂芳命主事张誉、知府邵元哲等增筑山阳运堤，自板闸至黄浦长七十里……筑清江浦南堤以御湖水，加河岸以御黄淮，加清江闸以便运舟之牵挽，创板闸漕堤，北接旧堤，南接新堤。"[5]这条记录亦见

---

[1]　（元）脱脱等撰：《宋史》卷九十六《志第四十九·河渠六》（中华书局，1985年，第2379页）："初，楚州北山阳湾尤迅急，多有沈溺之患。雍熙中，转运使刘蟠议开沙河，以避淮水之险，未克而受代。乔维岳继之，开河自楚州至淮阴，凡六十里，舟行便之。"

[2]　（明）马麟修，（清）杜琳等重修，李如枚等续修：《续纂淮关统志》卷十四《艺文·建移风社学记》，方志出版社，2006年，第409页。

[3]　（明）薛修、陈艮山纂《正德淮安府志》卷六《规制二》（方志出版社，2009年）："板闸，去府治一十里，永乐十五年重建，官厅三间。"

[4]　移风社学最初位于板闸西岸，明代弘治和正德年之交移至板闸东岸，见《续纂淮关统志》卷十四《艺文·建移风社学记》（方志出版社，2006年，第409页）。

[5]　（明）朱国盛、徐标：《南河全考》，《续修四库全书（第729册）》，上海古籍出版社，1995年，第47页。

图 4-1 山阳湾段古黄河（淮河）勘探土样

于《淮南水利考》[1] 和《明史》[2]。从《淮南水利考》中言及"板闸堤在漕河东岸",且南、北分别与新、旧堤相接来看,自板闸延续至宝应黄浦的山阳运堤应位于运河西岸。因此,古河道东、西两侧堤坝的始建年代均为万历五年（1577 年）。

此外,由水闸东侧闸墩剖面可知,东侧堤坝经过三元宫门前与板闸村南街道路重合。结合古河道分布位置及板闸村南街以西原地表仍残留的水塘及太平桥、通惠桥等桥梁设施,推测这些水塘和桥梁所在位置即为未完全填埋平整的古河道所在。由此,古河道东侧堤坝应沿板闸村"南街——中街——西前街"一线分布,位于道路之下,南、北两端最终和今里运河交汇。

在东堤西侧靠近水闸东北雁翅处的河道内还存在一排木桩。根据 T1 和 ⅡT0103 的解剖后所显示的层位关系（图 4-2）来看,此处木桩打破了其东侧淤沙层（T1 ⑥层）,东侧淤沙又层层叠压于东堤临水面排桩所在土层（ⅡT0103 ⑤层）之上,年代应远远晚于万历五年（1577 年）。T1 ⑤层系晚于该排桩的堆积,从该层出土遗物年代来看,下限为明代末期,与闸底（⑥层）时代大致相同。因此这排木桩的时代应处于明代末期,可能系东堤内侧抢修或加固措施。

码头 码头与堤坝同时,那么码头年代也应在万历五年（1577 年）左右。根据《正德淮安府志》卷首图《郡城之图》和《天启淮安府志》卷首图《府城全境山阳县图》中所示,钞关处于板闸之北。《建移风社学记》中也提到"（板）闸之北,有钞关公署一所"。从《续纂淮关统志·公署》中的记载 [3] 来看,在乾隆三十九年钞关公署被湮没殆尽并原址重建之前,其内各类建筑的兴废变迁过程非常明确,清代对明代兴建建筑也多有沿用和修葺,因此可以断定明清两朝钞关公署均位于此处。因此,该码头即于钞关公署西南位置,二者距离不足 100 米,关联应十分密切。另一方面,在万历年间潘季驯第三次治河时板闸已"无庸启闭",这表明钞关在此时并非借由板闸闸门闭合进行拦截设关的。《续纂淮关统志》卷五《关口》:"关楼之前设有桥船五只,联以篾缆,横截河身。每日放关,暂撤南岸,过后仍即封闭。"该段记载位于清代元成续纂关口内容之前,应为嘉庆二十一年之前的记录,较大可能为清代时的设关情形。我们推测,明代晚期时同样采取以桥船连接成关的可能性很大。如此一来,位于水闸之北,处于河道转折之处,且距离钞关公署非常之近的码头,较大可能为明代的关口码头。

里运河板闸段 《天下郡国利病书·淮安府志河防》:"板闸、清江、福兴、通济、新庄[4] 各闸上隔黄沙倒灌之患,下便节宣之势,近来黄强淮弱,五坝不通,闸座不闭,以致沙泥内侵,伏秋水溜,漕舟上闸,难若登天,每舟用纤夫至三四百人,犹不能过,用力急则断缆沉舟,故于万历十六

[1] （清）顾炎武《天下郡国利病书·淮备录·淮南水利考》（《续修四库全书（第596册）》,上海古籍出版社,1995年）:"（万历）五年侍郎吴桂芳、知府邵元哲、同知刘顺之、通判王弘化,增筑山阳运堤,皆高厚,自板闸以南至黄浦长七十里……主事张誉筑清江浦南堤以御湖水,加河岸以御黄淮之水,加清江闸土岸以便运舟之牵挽者,主事陈瑛加板闸漕堤,北接平江伯陈瑄旧址,南接侍郎翁（大立）新堤,新堤因挑河出土而为之也。"

[2] （清）张廷玉《明史》卷八十五《河渠三·运河上》（中华书局,1974年）:"（万历五年吴）桂芳又与元哲增筑山阳长堤,自板闸至黄浦亘七十里,闭通济闸不用,而建兴文闸,且修新庄诸闸,筑清江浦南堤,创板闸漕堤,南北与新旧堤接。板闸即故移风闸也。堤、闸并修,淮、扬漕道渐固。"

[3] 《续纂淮关统志》卷九《公署》（方志出版社,2006年,第296页）:"按:旧志所载榷署形势、房间,或兴或废,至详且晰。兼以地处卑洼,多方培筑,其所以彰体制、壮观瞻者至矣。厥后远历八九十年,增损改易,莫可考据,而规模犹是也。迨甲午河溢,湮没殆尽。水退泥淤,基址增高,重建匪易。仰蒙圣恩准借办公银五千两,庀材鸠工,刻日告成。现已焕然改观,迥非旧制。而前此之历任经营,今日之借帑一新,俱不可泯也。故特备载之。"

[4] 如前文所引,新庄闸已于万历六、七年时为潘季驯所拆卸,此处应有误。

图 4-2　Ⅱ T0103 和 T1 内层位叠压情况（上东下西）

年于各闸傍俱开月河一道，避险就平，以便漕挽[1]。"由于遗址中河道为弯月形，整体向东侧鼓凸，再于东侧开月河势必更加弯曲，河岸受水流冲刷更严重，不利通航。因此判断万历十六年（1588 年）所开月河应位于古河道西侧，即今里运河板闸段。在该段里运河东岸还存留有约 320 米长的石工堤，据《江南通志》"（康熙三十八年）八月总河于成龙等……将板闸关口埽工一百二十丈改建石工"[2]，又乾隆《淮安府志》卷六《河防》"板闸关口上下石工，康熙三十八年建，四十五年加高修筑"[3]，今存石工堤长度与记载中的"一百二十丈"相差仿佛，石工堤始建年代应为康熙三十八年（1699 年），康熙四十五年（1706 年）增高。

钞关（旗杆和码头）　目前钞关地面部分存有码头和旗杆两处遗存。明代钞关始设于宣德四年（1429 年），清顺治二年（1645 年），按照明朝前例设置钞关。钞关分为位于运河东岸的大关楼（关口）和稍北的钞关公署两部分，可见《续纂淮关统志》中《淮关分图》示意位置。结合历史影像资料，大关楼应位于钞关旗杆之后，钞关公署位于今市文化馆与翔宇大道之间位置。钞关码头应为康熙三十八年（1699 年）改板闸关口埽工为石工时所置，以便设置桥船拦截河道，位于大关楼北侧。《续纂淮关统志》中《淮安大关图》中码头南侧大关楼前绘有一座旗杆[4]。今之钞关旗杆，位于钞关码头

[1]（清）顾炎武：《天下郡国利病书·淮徐备录·淮安府志河防》，《续修四库全书（第596册）》，上海古籍出版社，1995年，第175页。

[2]（清）赵弘恩、黄之隽：《江南通志》卷六十《河渠志·运河三》，《文渊阁四库全书（第508册）》，台湾商务印书馆，1986年，第724页。

[3]（清）卫哲治、叶长扬、顾栋高：《乾隆淮安府志》卷六《河防》，《续修四库全书（第699册）》，上海古籍出版社，1995年，第557页。

[4]（明）马麟修，（清）杜琳等重修，李如枚等续修：《续纂淮关统志》，方志出版社，2006年，第35页。

之南，应为大关楼前旗杆，而非公署辕门内旗杆[1]。大关楼为康熙十四年（1675年）"主事他那库建"[2]，楼前旗杆应为此之后。

三元宫　据《续纂淮关统志》卷十二《古迹》记载"三元宫，板闸镇南街，明万历己未年，榷使庄起元建。后正殿火毁。乾隆十七年，前监督普福捐资复建。"万历己未年即万历四十八年（1620年），始建三元宫，乾隆十七年（1752年）复建。又《续纂淮关统志》卷三《川原》"乾隆三十九年八月，黄河老坝漫溢，板闸被淹。及水退，平地积沙八九尺，湖亦淤平，仅存一线。"三元宫必无幸免，今所见三元宫应为乾隆三十九年（1774年）之后复建。

第四节　水闸的使用历程

由前文可知，从永乐十四年陈瑄并四闸为五闸设置木闸开始，至万历四十五年，水闸的形态经历了多次改变。永乐十五年（1417年）为第一次大修，因前一年水闸仓促而建，所以改木闸为石闸，只留下了此前的木质基础，于之上修建石质闸墙，即闸墙第一期，奠定了水闸的主体。第二次重修是对原有闸墙的修复，变化较小，年代在永乐十五年（1417年）至嘉靖十七年（1538年）之间。第三次重修对水闸闸墙形态改变最大，年代应为嘉靖十七年（1538年），对西北、东北、东南三处雁翅改变原有走向进行了延长和增高，尤以西北闸墙延长最甚。第四次重修则对水闸闸墙进行了增高，年代在万历七年（1579年）至万历四十五年（1617年）之间。那么，为何第三次重修时会对水闸结构进行大改呢？

明代中晚期成化至嘉靖年间（1465～1566年），黄河南下入淮河道逐渐固定，对清口地区造成了严重冲击，其中一个结果就是造成了运河河身的淤高。成化七年（1471年）因漕河水涸，闭新庄闸，设坝于闸外[3]。嘉靖（1522～1566年）末年于三里沟开新河并建通济闸，引淮水以济漕运[4]。清江浦河的水源也发生改变，不再通过淮安府城西的管家湖引水行船，而是改由淮河济运。这就导致板闸遗址中水闸的迎水和分水位置发生调换，水闸北侧成为了迎水面，南侧成为分水面。我们推测，在这一历史背景下，为防止黄、淮频繁倒灌运河，适应由北而来的水流，当时的河官改变了水闸的结构。水闸所在河道为弯月形，受水本就急促，缩小上游迎水面雁翅扩散角，延长闸墙可以降低水流对闸身和闸门的冲击；同样的，改变下游分水面西南雁翅的方向并延长，应当也是为了防止雁翅扩散角太大，形成折冲水流，不利于通航[5]；至于东北、西北两侧雁翅延长程度不一，东北雁翅处延长较短，或是由于河道凹岸水流流速较大，以防止船只被水流冲击而触墙。这可能是第三次重修水闸时改动闸体形态的原因之一。同时，由于运河河道的疏浚和拓宽，水闸也需进一步适应河道的宽度。

---

[1]　《续纂淮关统志》（方志出版社，2006年，第29页）卷首图《淮关分图》中，大关前为一座旗杆，关署内为两座旗杆。关署内旗杆有详细记载，《续纂淮关统志》（方志出版社，2006年，第296页）卷九《公署》中提到旧有辕门"内旗杆二，具有台"，后又有新建"旗杆台二座"，新建建筑部分的截止时间为乾隆四十二年，结合乾隆三十九年黄河决口，钞关被"淹没殆尽，水退泥淤，基址增高"，而后重建钞关公署，新建旗杆年代应为乾隆三十九年之后至乾隆四十二年间。大关楼前旗杆在《续纂淮关统志》中并无记载，但与关署内两座旗杆同绘于《淮关分图》中，较为可信，二者并非一处，不能混淆。

[2]　（明）马麟修，（清）杜琳等重修，李如枚等续修：《续纂淮关统志》卷九《公署》，方志出版社，2006年，第291页。

[3]　（清）顾炎武：《天下郡国利病书·淮备录·淮南水利考》，《续修四库全书（第596册）》，上海古籍出版社，1995年，第145页。

[4]　（清）张廷玉：《明史》卷八十五《河渠三·运河上》，中华书局，1974年，第2094页。

[5]　郭天亮：《水闸上下游翼墙设计中应当注意的几个问题》，《广东科技》2009年第12期。

而随着时间推移，黄河倒灌运河带来的泥沙越来越多，板闸地势卑洼，不得不对水闸继续进行增高，以适应日益增高的河身，保障船只正常通过。

谈迁《北游录·纪程》："（淮安府西）凡行十五里抵板闸，闸废。前二十年，舟内转里许，经榷部公署而后出。今移河直达榷部，放舟出公署数百武，驻河上之水心亭。榷署前石桥，并废。今犹曰板闸，非故道也。宋元旧河湮，尚隐隐可见，市居千余家。"[1]此书乃谈迁北上京城时沿途见闻纪实，记述了板闸两条河道之前后关系。这段记载的发生时间为清顺治十年（1653年），前二十年即明崇祯（1628～1644年）初年。崇祯四年（1631年）时淮扬地区遭遇数十年未见大雨，总河朱光祚在《飞报淮黄泛滥疏》中详细记载了当时大水滔天的情形，"诸湖泛滥，漕河一线土石堤岸，水逾堤面三四尺，诸城内外，水亦深四五尺"，清口地区更是"水天茫茫，不辨淮黄，只见土堤如火消膏，民屋如风卷叶"[2]，板闸一带地势低洼，遭洪水影响想必更甚，《淮关小志》中也有相应记载[3]。板闸较大可能即废弃于这一时期。此后清代康熙中期的《黄河图》[4]上已只见淮安钞关而无板闸。康熙三十九年（1700年），总河张鹏翮上奏朝廷复建天妃闸时也提及"板闸久废"[5]，其后绘制的《运河图》[6]中同样只见淮关，不见板闸。这都说明板闸的废弃年代远在此之前。那么，水闸及其所在河道的使用年代下限应为崇祯四年（1631年），此后运河漕船改道西侧月河（今里运河板闸段），原有河道被废弃。

第五节　淮安五闸的历史作用

板闸在历史上与移风、清江、福兴、新庄等闸共同构成了大运河清江浦段的闸运体系，为明代永乐时陈瑄所设。潘季驯在《河防一览》中对五闸的作用进行过总结："诸闸之设，先臣平江伯陈瑄殊有深意，盖节宣有度，则外河之水不得突入，运河之水不得盈漕。"[7]这与前文中"上隔黄沙倒灌之患，下便节宣之势"含义相同，板闸等五闸构成了一个有机整体，隔绝黄河倒灌运道的泥沙，调节清江浦运河水流，并且拥有一套严格的启闭制度来保障漕运的正常运转："启闭有期，或二三日，或四五日，且迭为启闭。如启板闸，则闭新庄等闸，如启新庄闸，则闭板闸等闸，闭新庄等闸，则板闸为平水，闭板闸等闸，则新庄闸为平水，故启闭甚易易也。令官船由闸唱筹，挨帮序行，民船悉令过坝自便。"[8]

[1]（清）谈迁：《北游录·纪程》，中华书局，1960年，第18页。

[2]（明）朱国盛、徐标：《南河志》卷五《章奏》，《续修四库全书（第728册）》，上海古籍出版社，1995年，第607、608页。

[3]（民国）冒广生《淮关小志》（方志出版社，2006年，第535页）："乾隆甲午，河决老坝口，板闸被灾最重。然崇祯辛未、道光甲申两次大水，一自钵池东奔至城西桥，见尚严陵诗。一漂没运河西人民庐舍，见府志。板闸必无幸免……崇祯辛未岁，入夏，斗杓且指未矣。当暑行秋，三时不雷，苦雨二月不止，大水遍行，决漕堤东奔，自钵池至城西桥，遂不行，封户成河，竟为水乡。余生六十有五，仅此　见也（尚严陵）。"

[4] 孙果清：《鼎盛时期的中国古代传统形象画法地图之三：绢底彩绘〈黄河图〉长卷》，《地图》2009年第4期。

[5]（清）赵弘恩、黄之隽：《江南通志》卷六十《河渠志·运河三》，《文渊阁四库全书（第508册）》，台湾商务印书馆，1986年，第727页。

[6] 李孝聪、席会东：《淮安运河图考》，中国书籍出版社，2008年，第73页。

[7]（明）潘季驯原著、中国水利史典编委会办公室编：《河防一览》卷三《河防险要·淮南》，中国水利水电出版社，2017年，第57页。

[8]（清）顾炎武：《天下郡国利病书·淮备录·乡人知府胡效谟请复闸旧制书》，《续修四库全书（第596册）》，上海古籍出版社，1995年，第162页。

陈瑄所创的淮安五闸系统对明清时期大运河淮安段的运转产生了深远影响。嘉靖初年以后，随着岁久法弊，闸禁、坝禁松弛，五闸漫无启闭，河道逐渐淤高，水患频仍，漕船不通。[1] 至万历初年潘季驯治河时，移风闸久废，板闸无需启闭，遂将陈瑄时五闸闸制改为三闸，拆卸新庄闸，移通济闸于淮阴甘罗城，迁福兴闸于寿州厂（今清江浦区韩信城遗址附近），并严格执行三闸启闭制度，"如启通济闸，则福、清二闸必不可启，启清江闸，则福、通二闸必不可启，启福兴闸则清、通二闸必不可启，河水常平，船行自易，单日放进，双日放出，蒲漕方放，放后即闭，时将入伏，即于通济闸外填筑软坝，秋杪方启，悉照先年旧规"。[2] 由此可以看出，最初作为四闸不能节水补充而建的板闸，此时已经失去了原本节制水流的作用，最终以致废弃湮灭。而接替五闸继续发挥作用的三闸中，除了清江闸仍在原处，通济闸和福兴闸均为后期异地改建。这也表明，随着黄河屡袭清口地区，运道淤积且被大大抬高，清江浦段水源发生改变，陈瑄所建的淮安五闸体系已经逐渐衰落了。但之后的三闸依旧继承了陈瑄所设闸制，彼此递互启闭，防止运道灌淤，在明代清口枢纽的运转中继续发挥着重要作用。

天启（1620～1627年）初年，疏浚清江浦正河和备用河道永济河时，漕储参政朱国盛言"必复先臣之旧制，正仲春之运期，葺堤筑坝，敛戢水维，启一闭二，无坠闸禁"[3]，此处的"启一闭二"，即指清江、福兴、通济三闸之启闭。顺治九年（1652年），河道总督杨方兴上疏请求于清江、通济二闸之间恢复福兴闸，同样提到了"启一闭二"的运转方式[4]。后至康熙十年（1671年），总河王光裕再次提请复建福兴闸，实施"启一闭二"[5]。康熙三十九年（1700年），张鹏翮请复天妃闸时又称："平江伯陈瑄建通济、新庄、福兴、清江、板闸等五闸递相启闭，以防黄河之淤……今天妃、福兴、板闸久废，新庄闸亦以无用弃之，唯存龙汪闸（即清江闸）一座，金门参差，不能下板。但古今异宜，不能尽复五闸。臣相度地势，博访舆论，公议酌复天妃闸一座，以防黄水内灌，将见存之龙汪闸、宝应闸拆修，金门下板。设遇水涸，递相启闭，蓄水济运。"[6] 他在此处详细说明了三闸递相启闭的运转机理以及渊源流变。至乾隆二年（1737年），运口地区最终形成了惠济、福兴、通济三闸串联的格局[7]。三闸仍为渐次启闭，同样具备控制运道水流和防止黄河倒灌的作用。如此看来，五闸本体虽已基本无存，但五闸体系所代表的闸座启闭制度和管理方式却流传下来，从淮安五闸到清口枢纽运口三闸，贯穿了明清两代淮安段大运河发展的始终。

[1]　（明）潘季驯原著、中国水利史典编委会办公室编：《河防一览》卷七《两河经略疏》、卷八《查复旧规疏》，中国水利水电出版社，2017年。《查复旧规疏》："自开天妃闸后，专引黄水入闸，且任其常流，并无启闭。而高堰决进止水，又复锁其下流，以致沙淤日积。"《查复旧规疏》："延自嘉靖八年间，坝禁废弛，河渠淤塞。"《两河经略疏》："平江伯陈瑄创开里河，仍恐外水内侵，特建五闸，设法甚严，锁钥掌于漕抚，启闭属之分司，运毕即行封塞……此在嘉靖初年尚尔，循行故事，制非弗善也。"

[2]　（明）潘季驯原著，中国水利史典编委会办公室编：《河防一览》卷三《河防险要·淮南》，中国水利水电出版社，2017年，第57页。

[3]　（明）宋祖舜修，方尚祖纂：《天启淮安府志》卷二十《艺文志一·重修二河记》，方志出版社，2009年，第849页。

[4]　（民国）赵尔巽等：《清史稿》卷二七九《杨方兴》，中华书局，1977年，第10110页。

[5]　（清）傅泽洪：《行水金鉴》卷一百二十五《运河水》，《文渊阁四库全书（第582册）》，台湾商务印书馆，1986年，第192页。

[6]　（清）赵弘恩、黄之隽：《江南通志》卷六十《河渠志·运河三》，《文渊阁四库全书（第508册）》，台湾商务印书馆，1986年，第727页。

[7]　（清）胡裕燕等修，吴昆田等纂：《光绪清河县志》卷六《川渎下》，台湾成文出版社有限公司，1983年，第47～48页。

附 表

附表一 板闸遗址明代遗迹登记表（房址）

（单位：方向：度；长度：米）

序号	编号	相对位置	开口层位	方向	形状	长	宽	备注
1	F1	北邻 F2，西邻 L1	②层下	305	不规则形	6.25	6.07	南半部延伸入基坑壁
2	F2	北邻 F3，南邻 F1，西邻 L1	②层下	304	长方形	9.8	6.1	
3	F3	南邻 F2，北邻 F4，西邻 L1	②层下	303	曲尺形	7.1	4.1	
4	F4	北邻 F5，南邻 F3，西邻 L1	②层下	299	长方形	9.8	4.8～5	
5	F5	北邻 F7，南邻 F4，东邻 F6，西邻 L1	②层下	296	长方形	8.9	5.2	
6	F6	西邻 F5，南邻 F4	②层下	297	不明	/	/	仅存一道北墙
7	F7	南邻 F5，北邻 F8，西邻 L1	②层下	295	长方形	8.13	6.1	
8	F8	南邻 F7，北邻 F10，东邻 F9，西邻 L1	②层下	293	长方形	7.1	6.2	
9	F9	西邻 F8，西南邻 F7	②层下	293	长方形	7.1	4.8	
10	F10	南邻 F8，北邻 F11、G2，西邻 L1	②层下	297	曲尺形	9.3	6～7.2	
11	F11	西邻 L1，南邻 F10、G2	②层下	298	三角形	4.3	1.4	仅余西墙和南墙部分
12	F12	东邻 L1，北邻 F14、G2	②层下	115	长方形	9.4	5.3	
13	F13	西邻 L1，南邻 L2，北邻 F21	②层下	290	长方形	13.3	6.36	
14	F14	南邻 F12，北邻 F27，东邻 L1	②层下	115	长方形	2.3	4.7	仅余部分东西二墙
15	F15	东邻 L1，北邻 L2，南邻 F27	②层下	116	"凸"字形	11.7	6.8	
16	F16	北邻 F17，南邻 F11，东邻 L1	②层下	297	长方形	8	4.64	
17	F17	北邻 L2，南邻 F16，西邻 L1	②层下	297	梯形	6.1～6.55	5.56	
18	F18	北邻 F19，南邻 L2，东邻 L1	②层下	110	长方形	7.7	4.6	
19	F19	北邻 F20，南邻 F18，东邻 L1	②层下	109	长方形	10	4.6	
20	F20	北邻 F24，南邻 F19，东邻 L1	②层下	110	长方形	7.76	6.02	
21	F21	南邻 F13，北邻 F22，西邻 L1	②层下	290	长方形	8.53	6.03	
22	F22	南邻 F21，北邻 F23，西邻 L1	②层下	292	曲尺形	9.53	5.1～5.97	
23	F23	南邻 F22，北邻 F25，西邻 L1	②层下	293	长方形	10.1	6.5	
24	F24	东邻 L1，北邻 F26，南邻 F20	②层下	111	长方形	9.4	5.6	
25	F25	西邻 L1、G3，南邻 F23	②层下	288	不规则形	6.2	6.5	东北部未揭露
26	F26	东邻 L1，南邻 F24	②层下	110	长方形	10.3	6.05	
27	F27	东邻 L1，北邻 F15	②层下	117	长方形	5.86	4.6	
28	F28	无	②层下	209	长方形	9.8	4.8	

附表二 板闸遗址明代遗物登记表（瓷碗）

（单位：长度：厘米）

序号	品种	编号	纹饰	口径	足径	高	保存情况	备注
1		采集：7	婴戏纹	12.4	5.9	6.5	残	酱口
2		采集：11	婴戏纹	13.2	5.2	6.2	残	酱口
3		采集：15	螭龙纹	12.5	5.8	4.7	残	圈足内露胎
4		采集：16	花卉纹	11.6	5.1	5.6	残	酱口
5		采集：21	莱菔纹	12.2	5.8	3.2	残	圈足内露胎
6		采集：22	"白玉□"字纹	13.9	5.7	4.3	残	
7		采集：24	螭龙纹	12.7	5.6	5.1	残	圈足内露胎
8		采集：26	"喜""万古长春"字纹	14.6	6.2	5.5	残	
9		采集：27	缠枝花卉纹、莲瓣纹、花叶纹	13.7	5.2	4.6	残	
10		采集：28	螭龙纹	12	5.5	5.0	残	圈足内露胎
11		采集：37	"博古斋"字纹	12.8	6.4	4.2	残	
12		采集：39	兰草纹、"□雅"字纹	13.3	5.6	4.2	残	玉璧底，挖足较浅
13		采集：40	祥云凤凰、如意云纹	14.2	6.2	4.5	残	圈足内露胎
14		采集：42	"喜""万"字纹、缠枝花纹	15.2	6.1	6.0	残	
15		采集：46	山水人物纹	13.5	5.7	5.0	残	
16		采集：47	花草纹	14.2	6.0	5.3	残	圈足内露胎
17	青花瓷	采集：62-1	不明	/	/	/	无法复原	"正德年造"款
18		采集：63	洞石、竹纹	11.1	4	5.4	残	
19		采集：66	盆景花卉纹、蜻蜓纹	14.3	6.7	4.5	残	圈足内露胎
20		采集：69	兰草纹	12	5.2	5.6	残	圈足内露胎，挖足过肩，矮圈足
21		采集：70	缠枝菊、折枝菊纹	16.3	7.2	7.4	残	
22		采集：72	垂柳、山水人物纹	13.7	6.5	6.7	残	
23		采集：73	庭院人物纹	14.5	5.9	7.7	残	挖足过肩；"宣德年造"款
24		采集：88	折枝牡丹、风穿牡丹纹	13	6.2	7.1	残	
25		采集：93	"喜"、"万古长春"字、缠枝纹	15.6	5.9	7.5	残	圈足内露胎
26		采集：97	祥云、凤凰纹、如意云纹	12.2	5.9	4.1	残	圈足内露胎
27		采集：100	简笔画纹	16	7.8	7.2	残	
28		采集：102	垂柳、山水人物纹	14.8	5.8	5.5	残	
29		采集：103	婴戏纹	12.2	5.4	6	残	
30		采集：111	山水人物纹	14.8	6.4	7.3	残	"大明成化年制"款
31		采集：118	山水人物纹	13.1	6.8	4.8	残	
32		采集：120	"万春"字、缠枝花纹、"喜"字纹	15.9	6	7.3	残	

续表

序号	品种	编号	纹饰	口径	足径	高	保存情况	备注
33		采集：121-2	垂柳、山水纹	5.5	5.9	6	残	
34		采集：122	螭龙纹、花卉纹	13.6	4.4	6.7	残	挖足过肩；花押款
35		采集：123	螭龙纹	13.1	5.8	5.7	残	
36		采集：124	螭龙纹	13.2	5	5.5	残	挖足过肩
37		采集：125	缠枝莲托八宝、并蒂莲纹	12	5.2	6	残	"天禄佳器"款
38		采集：126	乳虎、花叶、莱菔纹	15	6.2	6.7	残	挖足过肩
39		采集：127	婴戏纹	12.7	6	6.6	残	酱口
40		采集：130-2	"雨香斋"字纹	11.9	4.2	5.5	残	
41		采集：134	兰草、"富贵佳器"字纹	13.8	6.4	4.1	残	
42		采集：137	莱菔纹	13.6	9.2	3.8	残	圈足内露胎
43		采集：140	婴戏纹（童子舞刀）	11.6	5.2	5.8	残	足底粘砂，酱口
44		采集：141	折枝花卉、缠枝花卉纹	15	6.4	6.8	残	
45		采集：151	山水、山水人物纹	13.8	6.3	6.9	残	"大明成化年造"款
46		采集：152	折枝花叶纹、缠枝莲托八宝纹	14.7	5.7	5.3	残	
47		采集：153	山水人物纹	13.1	6.8	4.8	残	"大明成化年制"款
48		采集：162	缠枝、凤凰、兰草纹、枝叶花带	17.7	6.3	7.4	残	
49	青花瓷	采集：177	简笔画纹	11.2	4.8	6.3	残	
50		采集：180	绶带纹	12.2	5.8	4.4	残	
51		采集：181	"博古斋"字纹	13	5.9	4.4	残	
52		采集：183	花草纹	11.8	5.1	5.8	残	
53		采集：197-1	"雨香斋"字纹	11.8	4.6	5.8	残	
54		采集：199	"雨香斋"字纹	15.9	5.9	5	残	圈足内露胎
55		采集：202	简化灵芝、云气纹、枝叶花带纹	16.4	5.5	6.7	残	敞口、略内收
56		T1②：2	山水人物纹	14.5	6.2	5.3	残	
57		T1④：1	人物花卉纹	12.1	6	5.4	残	"大明成化年制"款
58		T1④：5	祥云、凤凰纹、如意云纹	12.6	6.2	4.1	残	圈足内露胎
59		T1⑤：2	螭龙纹	12.6	5.8	4.7	残	圈足内露胎
60		T1⑤：3	螭龙纹	12.3	5.1	5.3	残	圈足内露胎
61		T1⑤：4	盆景花卉、简化花草纹	12.2	5.6	4.2	残	圈足内露胎
62		T1⑤：6	螭龙纹	13.1	5.7	5.7	残	挖足过肩
63		T1⑤：8	螭龙纹	12.6	5.6	5.4	残	圈足内露胎
64		T1⑤：7	不明	/	3.6	2.2	无法复原	"大明成化年制"款
65		T1⑤：9	梅林双鹊纹	/	7.1	3.6	无法复原	圈足内露胎

序号	品种	编号	纹饰	口径	足径	高	保存情况	备注
66		T1⑤：10	奇石竹梅纹	/	5	3.8	无法复原	"大明成化年制"款
67		T1⑤：11	莱菔纹	/	6.2	2.5	无法复原	玉璧底
68		T1⑤：13	山水纹	14.9	7.3	5.9	残	
69		T1⑤：14	"佛"字纹	/	6.2	6	无法复原	圈足内露胎
70		T1⑤：15	芦雁、花草纹	22.3	/	7.2	无法复原	
71		T1⑤：16	山水人物纹	/	5.1	2.5	无法复原	"大明成化年制"款
72		T1⑤：18	香几纹	/	5.4	1.8	无法复原	"大明成化年制"款
73		T1⑤：19	凤凰纹	/	5.1	1.9	无法复原	"大明成化年制"款
74		T1⑤：20	不明	/	3.3	1.8	无法复原	"大明成化年制"款
75		T1⑤：22	海马纹	/	5.6	2.9	无法复原	"大明成化年造"款
76		T1⑤：23	"寿"字纹	/	16.1	6.6	无法复原	
77		T1⑤：24	莱菔纹	13.2	5.8	4.1	残	玉璧底
78		T1⑤：25	螭龙纹	12.5	5.6	5.5	残	圈足内露胎
79		T1⑤：26	螭龙纹	12.2	5.1	5.4	残	
80		T1⑤：29	"喜""春"字纹	16.2	6.6	6.8	残	圈足内露胎
81		T1⑤：30	"一鹭莲科"纹（池塘、鹭丝、莲花纹）	15.6	7.8	5.2	残	圈足内露胎
82	青花瓷	T1⑤：31	山花纹	/	5	1.3	无法复原	"成化年造"款
83		T1⑤：32	如意云、祥云凤凰纹	12.2	6.1	3.9	残	圈足内露胎
84		T1⑤：34	螭龙纹	13.6	5.3	5.7	残	圈足内露胎
85		T1⑤：36	石榴、草叶纹	13.1	6.1	4.4	残	圈足内露胎
86		T1⑤：37	松鼠葡萄纹	16.6	6.8	6.9	残	玉璧底
87		T1⑤：39	兰草纹	12.5	5.6	4.1	残	
88		T1⑤：41	缠枝花纹、"喜""万古□春"字纹	16.3	6.8	6.9	残	圈足内露胎
89		T1⑤：42	花卉、凤凰、枝叶花带、涡云纹	16.8	6.4	7.2	残	圈足内露胎
90		T1⑤：43	螭龙纹	12.9	5.7	5.5	残	圈足内露胎
91		T1⑤：44	螭龙纹	12.6	5.3	5.3	残	圈足内露胎
92		T1⑤：45	简化鱼、水草纹	18.8	7.2	7.4	残	圈足内露胎
93		T1⑤：46	螭龙纹	12.6	5.7	5.1	残	圈足内露胎
94		T1⑤：48	螭龙纹	12.5	5.6	5.6	残	圈足内露胎
95		T1⑤：49	螭龙纹	12.7	6.2	5.1	残	圈足内露胎
96		T1⑤：50	山水纹	13.4	6.2	5.3	残	
97		T1⑤：52	祥云凤凰、如意云纹	12.2	6.4	3.9	残	圈足内露胎
98		T1⑤：53	山水、山水人物纹	13.6	6.2	5.2	残	

序号	品种	编号	纹饰	口径	足径	高	保存情况	备注
99		T1⑤:54	凤凰、涡云、如意云纹	13.9	6.7	4.5	残	圈足内露胎
100		T1⑤:55	螭龙纹	12.4	5	5.2	残	圈足内露胎
101		T1⑤:56	虾、水草纹	13.6	6.7	6	残	圈足内露胎
102		T1⑤:57	山水人物、柳树纹	13.2	6.2	5.1	残	圈足内露胎
103		T1⑤:60	莱菔纹	13.7	6.2	3.6	残	
104		T1⑤:61	螭龙纹	12.4	5.2	5	残	圈足内露胎
105		T1⑤:62	山水人物纹		6.1	2.3	无法复原	"大明成化年制"款
106		T1⑤:64	凤凰、涡云、枝叶花带、简笔画纹	17.9	6.2	7.3	残	圈足内露胎,口部微收
107		T1⑤:66	山水人物纹	13.5	6.1	5.2	残	玉璧底
108		T1⑤:67	团寿、"寿"字纹	17	6.8	6.6	残	玉璧底
109		T1⑤:68	莱菔纹	13	6.3	4.1	残	玉璧底
110		T1⑤:69	凤凰、涡云、简笔画、枝叶花带纹	18.4	7.1	7.4	残	口部微收,圈足内露胎
111		T1⑤:70	兰草纹	12.6	5.5	3.8	残	玉璧底,挖足较浅
112		T1⑤:71	山水、山水人物纹	13.5	6.3	5.1	残	玉璧底
113		T1⑤:73	花卉纹	/	3.6	4.9	无法复原	"大明成化年制"款
114		T1⑤:74	螭龙纹	12.6	5.5	5.4	残	圈足内露胎
115	青花瓷	T1⑤:75	兰草纹	12.4	5.6	3.8	残	玉璧底
116		T1⑤:76	螭龙纹	12.9	5.3	5.2	残	圈足内露胎
117		T1⑤:78	涡云、凤凰纹	12.1	6.3	3.7	残	圈足内露胎
118		T1⑥:1	无	/	3.5	1.8	无法复原	"大明成化年制"款
119		ⅡT0103③:1	山水、山水人物纹	13.8	5.8	7.2	残	"大明成化年造"款
120		ⅡT0103⑦:2	云气、月华纹	15.8	6.3	5	残	圈足内露胎
121		ⅡT0103⑦:3	山水人物纹	/	6.2	3.2	无法复原	"大明成化年造"款
122		ⅡT0103⑦:4	螭龙纹	12.2	6.1	5.2	残	足底粘砂,圈足内露胎
123		ⅡT0103⑦:5	螭龙纹	12.7	5.6	5.3	残	
124		ⅡT0103⑦:6	螭龙纹	13.8	5.8	5.5	残	
125		ⅡT0215②·2	荷塘连雁、水卓纹	/	6.3	1.7	无法复原	
126		ⅡT0216②:3	荷塘连雁、蜻蜓纹	11.4	5.2	3.4	残	馒头底
127		ⅡT0216②:2	螭龙纹	13.2	5.5	6.2	残	挖足过肩
128		ⅡT0216②:4	缠枝花纹、"喜""长"字纹	14.2	6.2	7.4	残	
129		ⅡT0305②:2	花卉纹	14.5	5.5	5.9	残	兰花款
130		ⅡT0506②:4	缠枝牡丹、花卉纹	11.6	4.4	5.8	残	"大□□□"款
131		ⅡT0510②:1	兰草纹	12.2	4.7	4.2	残	内底有涩圈,圈足内露胎

序号	品种	编号	纹饰	口径	足径	高	保存情况	备注
132		ⅡT0511②：1	结带绣球纹	13.6	5.1	4.8	残	内底有涩圈，圈足内露胎
133		ⅡT0511②：2	露胎游鱼、水藻纹	11.6	3.1	2.8	残	卧足
134		ⅡT0512②：1	花叶纹	13.4	5.4	5.7	残	
135		ⅡT0512②：2	莲托八宝纹	/	6.3	3.3	无法复原	挖足过肩
136		ⅡT0612②：1	花卉纹	/	4.9	4	无法复原	挖足过肩；"万福攸同"款
137		ⅡT0612②：3	"壬"字云纹	/	4.8	3.1	残	"万福攸同"款
138		ⅡT0707②：2	花卉纹	/	5.3	3.3	无法复原	
139		闸口①：4	莱菔纹	10.9	5.2	3.2	残	圈足内露胎
140		闸口⑥：13	缠枝牡丹、折枝牡丹纹	13	5.3	6.4	残	
141		闸口⑥：18	凤凰、涡云、如意云、简化花卉纹	14.2	7.3	4.7	残	圈足内露胎
142		闸口⑥：25	"白玉斋"字纹	16.6	6.6	5	残	足底粘砂
143		闸口③：26	螭龙纹	13.3	5.5	5.3	残	圈足内露胎
144		闸口②：31	盆景花卉纹	14.6	7.3	4.6	残	圈足内露胎
145		闸口⑥：100	莲托八宝纹、花叶纹	13.3	4.8	5.8	残	
146		闸口⑥：101	莱菔纹	13.4	6.6	4.2	残	圈足内露胎
147		闸口⑥：164	垂柳、山水人物纹	13.2	5.8	5	残	玉璧底
148	青花瓷	闸口⑥：182	螭龙纹	12.6	5.6	5.5	残	圈足内露胎，挖足过肩
149		闸口⑥：198	团寿、"寿"字纹	18.1	6.5	7.8	残	玉璧底
150		闸口⑥：207	莱菔纹	14.6	6.8	4.5	残	圈足内露胎
151		闸口⑥：219	云气纹	13.8	5.4	5.3	残	圈足内露胎，内底涩圈
152		闸口⑥：225	花草、灵芝云、稚鸡纹	14	6	7.4	残	"大明成化年造"款
153		闸口⑥：230	垂柳、山水人物纹	14.6	6.8	5.2	残	玉璧底
154		闸口⑥：243	莱菔纹	13.7	5.6	4.1	残	玉璧底
155		闸口⑥：244	梅林双鹊纹	14.2	6.7	4.3	残	圈足内露胎
156		闸口⑥：252	鱼跃、翼龙、云纹	11.8	5.2	6.1	残	"大明成化年制"款
157		闸口②：283	垂柳、山水人物纹	13.4	5.8	7.6	完整	"大明成化年造"款
158		闸口②：288	如意云、凤凰纹	13.4	6.7	4.2	残	圈足内露胎
159		闸口②：334	山水人物纹	13.5	5.8	6.8	残	"大明成化年制"款
160		闸口①：431	缠枝莲托八宝、团花纹	14.1	5	5.2	完整	外底心微凸
161		闸口⑥：463-1	山水人物纹	13.2	6.6	5.2	残	"大明□化"款
162		闸口⑥：463-2	垂柳、山水纹	14.2	6.3	5.6	残	"□成□年制"款
163		闸口②：467	婴戏纹（童子舞戟）	12.8	6	6.4	残	酱口
164		闸口②：469	缠枝菊、团菊纹	14.5	5.5	5.9	残	兰花款

序号	品种	编号	纹饰	口径	足径	高	保存情况	备注
165		闸口⑥：472	垂柳山水、瀑布纹	13.5	5.7	7.1	残	"大明成化年制"款
166		闸口②：473-1	折枝灵芝、云气、枝叶花带纹	13.2	5.1	5.1	残	圈足内露胎，挖足较浅，口部微收
167		闸口②：473-2	螭龙、团花、兔纹	15.3	7	6.6	残	酱口
168		闸口②：475	简化花草、折枝花卉纹	15.7	6.5	5.8	残	
169		闸口②：476-1	如意云、凤凰纹	12.5	5.8	4.1	残	圈足内露胎
170		闸口②：476-2	山水人物纹	14.4	5.9	5.1	残	
171		闸口⑥：484	螭龙纹	13.2	5.5	5.6	残	圈足内露胎
172		闸口⑥：486-1	"喜"字、"古"字、缠枝花卉纹	15.2	6.4	6.8	残	圈足内露胎
173		闸口⑥：486-2	"寿"字、枝叶花带纹	15	5.8	5.6	残	圈足内露胎
174		闸口⑥：487	螭龙纹	13.5	5.5	5.4	残	圈足内露胎，馒头底
175		闸口⑥：489	莱菔纹	12.4	5.6	3.6	残	玉璧底
176		闸口⑥：492	奇石梅花、龟背锦纹、山花纹	14.8	6.3	5.7	残	
177		闸口⑥：494	螭龙纹	13.4	5.6	5.6	残	
178		闸口⑥：495	折枝牡丹、菊石纹	13.6	5.1	5.3	残	"大明成化年制"款
179		闸口②：496	盆景花卉纹	14.4	6.5	4.6	残	
180		闸口⑥：497	螭龙纹	13	4.9	5.1	残	挖足过肩
181	青花瓷	闸口⑥：498	缠枝花卉、折枝花卉纹	13.2	5	6.1	残	青花釉里红
182		闸口②：499	缠枝菊纹	15.2	5.8	6.4	残	
183		闸口⑥：500	山水、山水人物纹	13.6	5.6	5.2	残	玉璧底
184		闸口⑥：502	"喜"字、"万""青"字、花草纹	15.3	6.6	6.6	残	圈足内露胎
185		闸口⑥：503	"喜"字、"万"字、缠枝花卉纹	14.7	5.7	5.6	残	圈足内露胎
186		闸口⑥：504	螭龙纹	12.9	5.8	5.7	残	挖足过肩
187		闸口⑥：506	花叶纹	14.2	5.4	5.4	残	
188		闸口⑥：508	草叶纹	11	5.4	5.5	残	
189		闸口⑥：509	山水人物纹	12	4.9	5.9	残	"大明成□□造"款
190		闸口⑥：510	山水人物纹	12.9	5.7	5.1	残	
191		闸口⑥：512	垂柳、山水人物纹、题诗	17	7	6.8	残	
192		闸口⑥：513	螭龙纹	13.6	6.2	5	残	玉璧底
193		闸口⑥：514	花卉纹	11.7	5.7	5.8	残	
194		闸口⑥：515	简笔画纹	12.4	5.3	5.2	残	圈足内露胎
195		闸口⑥：516	枝叶花带、蕉叶、凤凰、涡云纹	18.2	6.9	7.4	残	口部微收
196		闸口⑥：517	螭龙纹	12.7	5.2	5.7	残	
197		闸口⑥：518	螭龙纹	12.4	5.5	5	残	圈足内露胎

续表

序号	品种	编号	纹饰	口径	足径	高	保存情况	备注
198	青花瓷	闸口⑥：531	莱菔纹	14.2	7.1	4.1	残	圈足内露胎
199		闸口⑥：554	折枝牡丹、缠枝牡丹纹	13.1	5.6	6.6	残	
200		闸口⑥：555	团花纹、缠枝莲托八宝纹	14.9	5.1	5.5	残	
201		闸口⑥：557	缠枝花卉纹	18.4	6.6	6.8	残	
202		闸口⑥：558	莱菔纹	13.3	6.6	4.2	残	圈足内露胎
203		闸口②：559	螭龙纹	13.1	5.7	5.6	残	圈足内露胎
204		闸口⑥：560	螭龙纹	12.6	5.8	5.2	残	圈足内露胎
205		闸口②：561	山水风景纹	11.4	4.6	4	残	花押款
206	青瓷	采集：131	无	10.9	4.9	7.4	残	圈足内露胎
207		ⅡT0406②：1	无	/	/	/	无法复原	口部残片；残长6.3、残宽4、厚0.5厘米
208		ⅡT0706②：1	无	10.8	4.3	5.5	残	釉色青灰，圈足内露胎，内底涩圈
209		闸口⑥：23	无	14.8	5.8	7.2	残	内外底均无釉
210	青瓷	闸口②：294	无	17.3	8	6.2	残	施釉不及底
211		闸口②：493	无	12.4	5.4	7.8	残	圈足内露胎
212		闸口⑥：520	无	13	6	6.3	残	圈足内露胎，内底涩圈
213		闸口⑥：522	无	10.8	4.4	5.3	残	圈足内露胎
214		闸口⑥：553	无	15	6.2	7.2	残	内外底均无釉
215		闸口⑥：562	无	14	5.6	6.5	残	内外底均无釉
216	青白瓷	采集：34	刻划弦纹	16.9	7.3	6.3	残	酱口
217		采集：41	无	13.1	6.4	4.4	残	圈足内露胎
218		采集：74	无	12.6	5.8	6.2	残	花押款
219		闸口④：17	无	14	6.4	4	残	圈足内露胎
220		闸口⑥：200	无	12.8	6.2	4.1	残	玉璧底
221		闸口④：466	无	16.5	7	7.3	残	
222		闸口⑥：519	无	13	5	6.1	残	酱口
223		ⅡT0412②：1	无	13.5	4.7	5.9	残	
224	白瓷	采集：49	无	12.7	5.6	4.8	残	折腹、圈足内露胎
225	黑釉瓷	闸口⑥：535	弦纹	28.2	9.4	10.5	残	内底支钉痕
226	白地黑花瓷	采集：200	弦纹	17.3	7	3.4	残	内底刮涩圈，字纹不明

附表三　板闸遗址明代遗物登记表（瓷盘）

（单位：长度：厘米）

序号	品种	编号	纹饰	口径	足径	高	保存情况	备注
1		采集：9	缠枝花卉、树石栏杆纹	13.8	7.3	2.3	残	
2		采集：19	魁星踢斗、枝叶花带纹	10.4	6.0	2.3	残	
3		采集：23	弦纹	12.7	7.4	2.6	残	
4		采集：35	松竹梅、缠枝花纹	13.1	7.2	2.7	残	"大明年造"款
5		采集：36	螭龙纹	14.2	8.3	3.0	残	
6		采集：67	螭龙纹	14.2	7.8	3.1	残	
7		采集：68	螭龙纹	14.3	8.1	7.1	残	
8		采集：94	双螭龙、枝叶花带纹	12.8	6.3	3	残	
9		采集：95	弦纹	12.1	7.2	2.3	残	圈足内露胎，足跟粘砂
10		采集：104	缠枝莲托八宝、树石栏杆纹	13.6	7.6	2.9	残	
11		采集：106	螭龙纹	13.8	8.9	2.8	残	
12		采集：112	松竹纹	14.1	9.4	3.2	残	"长□富贵"款
13		采集：113	螭龙纹	12.8	8.4	2.8	残	
14		采集：115	无	22.2	12.2	4.4	残	方胜款
15	青花瓷	采集：116	牡丹、卷草纹	15.1	7.3	3.6	残	挖足过肩
16		采集：117	缠枝花、"寿"字纹	14	7.3	2.1	残	圈足内露胎
17		采集：133	莱菔、蝴蝶纹	13.9	6.7	3.8	残	圈足内露胎
18		采集：136	弦纹	14.7	7.8	3.2	残	
19		采集：154	松竹梅、松叶纹	12.3	6.6	2.7	残	底款不明
20		采集：155	魁星踢斗、枝叶花带纹	11.2	6.6	2.1	残	
21		采集：156	螭龙、枝叶花带纹	12.1	8	2.1	残	口沿微收
22		采集：161	缠枝莲托八宝、树石栏杆纹	14	7	3	残	
23		采集：170	荷塘游鸭纹	12.5	5.8	4.3	残	挖足过肩
24		采集：178	兰草、八宝、十字宝杵纹	13.3	7	2.6	残	
25		采集：194	弦纹	13.1	7.7	2.9	残	花押款
26		采集：206	花蓝纹	11.9	5	3.3	残	挖足过肩
27		采集：207	枝叶花带、双螭龙、简化花卉纹	12.5	5.8	2.7	残	"成化年制"款
28		T1②：3	螭龙纹	14.3	7.9	3.4	残	
29		T1④：4	螭龙纹	14.4	8.5	3.2	残	"万历年制"款
30		T1⑤：28	螭龙纹	14.2	8.3	3.2	残	

序号	品种	编号	纹饰	口径	足径	高	保存情况	备注
31		T1⑤:35	螭龙纹	13.6	8.7	2.8	残	
32		T1⑤:38	螭龙纹	13.6	8.1	2.8	残	
33		T1⑤:40	螭龙纹	13.4	7.7	3.1	残	
34		T1⑤:59	螭龙纹	13.8	8.3	3.1	残	圈足内露胎
35		T1⑤:63	简化花、"寿"字纹	14.4	7.4	2.6	残	足底粘砂
36		T1⑤:65	螭龙纹	14.2	8.8	3.3	残	
37		T1⑤:72	魁星踢斗、枝叶花带纹	10.3	5.8	2.5	残	
38		T1⑤:77	缠枝花卉、魁星踢斗、枝叶花带纹	10.3	5.7	2.5	残	
39		Ⅱ T0103⑦:7	螭龙纹	14.4	8.8	3.1	残	
40		Ⅱ T0103⑦:8	螭龙纹	/	8	1.4	无法复原	
41		Ⅱ T0215②:1	螭龙纹	/	7.4	3.2	无法复原	
42		Ⅱ T0406②:3	花卉纹	15	8.1	3.2	残	
43		Ⅱ T0506②:3	缠枝莲、树石栏杆纹	15.8	6.1	3.1	残	
44		Ⅱ T0507②:1	缠枝莲托八宝、树石栏杆纹	15.4	8	2.8	残	
45		Ⅱ T0612②:2	缠枝莲、树石栏杆纹	14.4	8.2	3.2	残	
46		闸口①:3	水草、鱼、枝叶花带纹	11.6	6	2	残	圈足内露胎
47		闸口⑤:19	螭龙纹	13.6	8.7	2.9	残	
48		闸口⑥:174	折枝花卉纹	9.3	5.9	2.3	完整	足底粘砂
49		闸口⑥:199	螭龙纹	14.2	8.4	2.9	残	
50	青花瓷	闸口②:267	魁星踢斗、枝叶花带纹	11.4	6.8	2.4	残	
51		闸口②:269	弦纹	13	7.4	1.9	残	圈足内露胎，足底大量粘砂
52		闸口⑥:483	弦纹	14.8	6.8	3.1	残	底款不明
53		闸口⑥:485	螭龙纹	14.4	8.8	3.1	残	
54		闸口⑥:490	缠枝花卉、树石栏杆纹	13.2	7.9	3	残	
55		闸口⑥:491	缠枝莲、树石栏杆纹	15.5	8.1	3.2	残	
56		闸口⑥:530	螭龙纹	14.4	8.5	3.3	残	
57		闸口⑥:532	松竹梅、缠枝花卉、枝叶花带纹	15.1	8.2	3.8	残	
58		闸口⑥:563	缠枝莲、树石栏杆纹	12.7	6.5	2.4	残	
59		采集:209	无	13.4	5.3	3.6	残	
60	青白瓷	闸口②:468	无	7.8	4.1	2.2	残	
61		闸口②:533	无	12.4	5.8	2.9	残	
63	青瓷	闸口⑥:556	无	11.8	5	3.2	残	圈足内露胎

附表四　板闸遗址明代器物登记表（瓷杯）

（单位：长度：厘米）

序号	名称	器物编号	纹饰	口径	足径	高	保存情况	备注
1	青花瓷	采集：43	弦纹	9	3.4	4.4	残	
2		采集：55	简笔画纹	6.7	2.9	3.8	残	
3		采集：65	树木纹	8	3.6	4.7	残	酱口
4		采集：96	螭龙、简笔画纹	6.2	2.3	3.7	残	玉璧底，底无釉
5		采集：98	梅林纹	4.8	2.1	3.2	残	圈足内露胎
6		采集：201	简笔画、团花纹	8	3.2	4.5	残	
7	青花瓷	T1④：2	山水纹	5.6	2.3	2.7	残	卧足，圈足内露胎
8		T1⑤：1	鱼、水草纹	7.4	2.6	4.3	残	
9		T1⑤：5	灵芝、简笔画、螭龙纹	14	2.3	4.2	残	圈足内露胎
10		T1⑥：3	山水纹	5.3	2.8	2.7	残	卧足，圈足内露胎
11		Ⅱ T0707②：3	梵文	/	/	4.9	无法复原	高足杯柄；"福"字款
12		闸口⑤：36	喜上梅梢、竹纹、灵芝纹	7.2	2.6	3.9	残	玉璧底、圈足内露胎
13		闸口⑥：139	竹纹	4.4	2.3	2.6	完整	
14		闸口⑥：261	简化花卉纹	6.2	2.1	3.8	残	圈足内露胎
15		闸口②：464-2	莲花、山水、枝叶花带纹	6.5	2.8	3.6	残	"寿"字款
16		闸口②：465	折枝牡丹、缠枝牡丹纹	7.8	3.8	3.9	残	
17		闸口②：474-1	兰草纹	7.6	2.9	4.3	残	圈足内露胎
18		闸口②：474-2	弦纹	7.6	3.2	4.4	残	圈足内露胎
19		闸口⑥：526	莱菔纹	6.4	2.3	3.6	残	玉璧底
20		闸口②：527	团鹤纹	8.2	3.5	4.7	残	酱口
21		闸口⑥：528	螭龙纹	7.2	2.4	4	残	玉璧底，圈足内露胎
22		闸口⑥：529	山水纹	5.4	2.4	3.1	残	
23	青白瓷	闸口②：291	无	5	2.3	2.6	残	圈足内露胎
24	白瓷	闸口⑥：564	无	4.6	2	2.5	残	

附表五　板闸遗址明代器物登记表（瓷盏）

（单位：长度：厘米）

序号	品种	编号	纹饰	口径	足径	高	保存情况	备注
1	青花瓷	采集：101	"贵"字、"金榜□名"字纹	9.7	4.8	5	残	
2		采集：114	水涡、篦点纹	11.4	3.9	4.7	残	圈足内露胎
3		采集：175	夔龙纹	9.3	3.8	5	残	玉璧底

序号	品种	编号	纹饰	口径	足径	高	保存情况	备注
4		采集：186	"贵"字、"榜题"字纹	9.4	4.4	4.9	残	
5		T1②：1	山水人物纹	9.2	4.4	4.6	残	"大明成□□制"款
6		T1④：3	无	8.8	4.3	5	残	"大明成化年制"款
7		T1⑤：33	婴戏、海水纹	9.8	4.7	4.9	残	
8		T1⑤：21	"榜题"字纹	9.8	4.1	4.8	残	
9		T1⑤：58	莱菔纹	9.5	4.2	3	残	玉璧底
10		T1⑥：2	花草纹	9	3.6	4.6	残	青花釉里红
11		ⅡT0406②：2	折枝花卉、缠枝花卉纹	9.9	2.8	5	残	底款不明
12		ⅡT0612②：4	篦点、水涡纹	9.2	3.2	4.1	残	圈足内露胎
13		闸口⑥：221	花草纹	8.9	4	4.5	残	
14	青花瓷	闸口④：352	"贵"字、"金□题名"字纹	9.8	4.7	4.8	残	
15		闸口②：353	"贵"字、"□元及弟"字纹	9.6	4.1	5.2	残	
16		闸口⑥：501	莲托"喜"字、"卍"字纹	9.9	4.2	5	残	玉璧底
17		闸口②：505	石榴纹	9.2	3.8	4.7	残	花押款
18		闸口⑥：507	婴戏、海水纹	9.9	4.3	5.1	残	
19		闸口②：524	缠枝花卉纹	9	3.1	3.8	残	圈足内露胎
20		闸口⑥：525	缠枝花卉、简笔画纹	9.1	3.8	4.5	残	
21		T1⑤：27	无	9.4	3.8	4.1	残	圈足内露胎
22	青白瓷	闸口②：24	无	9.4	3	9.4	残	圈足内露胎
23		闸口⑥：208	无	9.2	3.2	4.2	残	圈足内露胎
24		闸口⑥：220	无	8.6	3.3	3.7	残	
25	青瓷	闸口⑥：534	无	9.2	4.4	3.5	残	葵口
26		ⅡT0512②：4	无	8.6	2.6	4.3	残	

附表六　板闸遗址明代器物登记表（其他瓷器）

（单位：长度：厘米）

序号	器形	品种	编号	纹饰	口径	足（底）径	高	保存情况	备注
1	盒	青花瓷	闸口②：521	草叶纹	5.1	4.9	3.2	残	
2	器盖	青花瓷	采集：75	折枝花卉纹	10.4	/	3.1	残	
3	罐	酱釉瓷	ⅡT0412②：3	无	7.5	/	9.2	无法复原	
4		青花瓷	T1⑤：12	人物、树木、花草纹	/	/	10.1	无法复原	
5	钵	仿哥釉瓷	采集：164	无	8	5.4	5.8	残	圈足内露胎
6	盆	黑釉瓷	采集：32	无	17.3	11.2	7.6	残	外黑釉、内透明釉

附表七　板闸遗址明代器物登记表（釉陶瓶）

（单位：长度：厘米）

序号	编号	纹饰	口径	底径	最大腹径	高	保存情况
1	采集：58	器表有轮制弦纹	5	3.6	7.7	18.2	完整
2	采集：80	器身内外有轮制弦纹	4.4	5	11.3	20.4	残
3	ⅡT0407②：4	器身内外有轮制弦纹	4	4.8	9.2	13.7	完整
4	ⅡT0408②：2	器身内外有轮制弦纹	4.4	4.7	9.4	14.5	完整
5	ⅡT0412②：2	器身内外有轮制弦纹	3.6	5.1	11	13.2	完整
6	ⅡT0807②：1	器身内外有轮制弦纹	4.7	4.6	11.8	15.7	完整
7	闸口②：11	器身内外有轮制弦纹	5	4.4	11.5	18	完整
8	闸口②：37	无	4	5.2	10.6	14.3	残
9	闸口②：55	无	4.6	4.3	10.8	21.2	完整
10	闸口⑥：210	器身内外有轮制弦纹	4.2	3.6	8.4	19.2	完整
11	闸口②：239	器身内外有轮制弦纹	5.8	4.4	10.4	20.3	完整
12	闸口②：240	器内有轮制弦纹	5	4.3	7.7	16.4	完整
13	闸口②：241	器身内外有轮制弦纹	4.9	4.4	10.7	19.5	残
14	闸口②：242	器身内外有轮制弦纹	4.5	4.8	10.7	19.6	残
15	闸口②：304	无	4.5	4.2	10.4	13.3	完整
16	闸口②：452	器身内外有轮制弦纹	4	4.5	9.7	11.8	残
17	闸口⑥：453	器身内外有轮制弦纹	5	5.2	12.2	16	残

附表八　板闸遗址明代器物登记表（釉陶罐）

（单位：长度：厘米）

序号	编号	口径	底径	最大腹径	高	保存情况	备注
1	采集：60	11.2	14	21.4	12.9	残	
2	TG1④：1	8.8	5.9	14	18.5	完整	器身内外有轮制弦纹
3	T1④：7	10.5	7.8	19.3	22.3	残	
4	ⅡT0406②：4	7.8	5.2	12.4	16.4	完整	
5	ⅡT0507②：4	8.4	7.1	15.3	18.3	完整	
6	ⅡT0610②：1	9.1	6	16.9	19.8	完整	
7	ⅡT0611②：1	8.5	7	14.3	18.8	完整	
8	闸口②：5	10.6	15	24.4	23.5	残	四系
9	闸口⑥：22	9.2	12.4	18.8	19.4	残	四系
10	闸口②：9	8	8.9	18	19.5	完整	

序号	编号	口径	底径	最大腹径	高	保存情况	备注
11	闸口⑥：209	8.6	8.2	16.3	20.7	残	
12	闸口⑥：551	7.8	7.5	15.5	20.5	残	
13	闸口②：552	9.1	7.4	13.4	14.2	残	

附表九　板闸遗址明代器物登记表（其他陶器）

（单位：长度：厘米）

序号	器形	编号	口径	底径	最大腹径	高	保存情况	备注
1	紫砂器盖	采集：84	子口径 10、盖沿径 12.2	/	/	5	残	
2		采集：109	子口径 8、盖沿径 11	/	/	2.5	残	
3	紫砂壶	闸口④：172	10	9.8	14.1	14	残	
4	紫砂茶铫	ⅡT0707②：1	16	/	18	12.7	残	
5	釉陶执壶	闸口②：1	6.4	8.6	12.5	20.7	残	酱釉
6		ⅡT0103⑦：1	7.2	6.5	11.7	14.3	残	绿釉，流长 4.6、直径 1.3
7	釉陶壶	闸口②：6	3.8	6.2	8.1	10.5	残	
8		闸口②：20	/	5.1	8.8	8.2	残	
9		闸口②：120	/	7.8	/	/	无法复原	
10	釉陶瓶	闸口②：113	/	5.8	/	9.3	残	绿釉，梅花纹、云纹、弦纹
11	釉陶坩埚	采集：171	6.4	/	/	5.4	完整	
12	陶扑满	闸口②：14	/	/	11	10.5	残	
13	陶支钉	闸口⑥：42	/	/	/	2.8	完整	顶径 2.7
14	陶盅	闸口⑥：266	3.6	1.8	/	3.2	残	
15	陶钵	闸口⑥：163	9.2	6.2	/	5.9	残	
16		闸口⑥：287	8.1	/	/	2.4	残	
17		闸口⑥：550	10.6	7.8	/	3.9	残	
18	釉陶器耳	闸口②：395-2	/	/	/	/	无法复原	残长 2.4、宽 2.2、厚 1.1
19	釉陶炉	ⅡT0709②：3	/	/	/	4.3	无法复原	绿釉，乳丁纹
20	陶纺轮	闸口②：395-1	/	/	/	/	残	直径 7.5、厚 2.1
21		闸口②：395-3	/	/	/	/	残	直径 2.2、厚 0.8
22		ⅡT0507②：3	/	/	/	/	残	长径 5.3、短径 4.2、厚 1.2
23	陶盘	闸口②：542	23.6	15.6	/	5	残	
62	釉陶盘	采集：160	无	8	3.6	2	残	
24	釉陶盏	T1④：6	7.6	2	/	2.5	残	酱釉
25		ⅡT0408②：3	5.4	4	/	2	残	黄釉
26		ⅡT0507②：6	6	3.6	/	2.6	残	黄釉

序号	器形	编号	口径	底径	最大腹径	高	保存情况	备注
27		闸口⑥：341	5.2	3.2	/	1.8	残	黄釉
28		闸口⑥：344	5.8	3.4	/	2.1	残	
29		闸口⑥：422	6.9	4.2	/	2.1	残	黄釉
30		闸口②：549	7	3.6	/	2.2	残	
31		Ⅰ T0214②：3	21	19.2	/	5.3	残	
32		Ⅱ T0305②：1	10.2	8.1	/	5.3	残	
33	釉陶盆	闸口②：181	20.8	15.8	/	8.3	残	
34		闸口②：548	22.7	19	/	5.5	残	
35		闸口⑥：565	22.4	15	/	15.4	残	
36	穿孔陶饼	闸口⑥：377	/	/	/	/	残	直径17.8、厚6.2
37	陶灯柄	闸口②：480	/	5.5	/	9.45	无法复原	
38	釉陶器座	闸口②：537	/	/	/	3.7	无法复原	绿釉，长6.7、宽5.5
39		闸口②：538	/	/	/	3.6	无法复原	绿釉，长9.6、宽7.1
40		Ⅱ T0407②：3	子口径2.6、盖沿径4.2	/	/	2.8	残	
41		Ⅱ T0508②：3	子口径12.4、盖沿径16.5	/	/	4.8	残	
42	釉陶器盖	闸口⑥：161	子口径20.6、盖沿径25	/	/	6.4	残	
43		闸口②：547	子口径14.6、盖沿径18.2	/	/	4.5	残	
44		闸口②：536	子口径3.6、盖沿径6.1	/	/	5.1	残	
45		闸口⑥：255	6	14.7	19.8	16.2	残	
46	釉陶虎子	闸口②：270	5	14.5	21	17.3	残	
47		闸口⑥：307	5.3	14.6	18.9	16.7	残	
48	陶鼎	T1⑤：17	11	/	15.8	15.7	残	足高4.2

附表一〇　板闸遗址明代器物登记表（建筑构件）

（单位：长度：厘米）

序号	名称	器物编号	纹饰	当径	长	宽	高	边廓宽	厚	保存情况	备注
1		闸口⑥：111	兽面纹	9.6	/	/	/	0.6	0.5	残	
2		闸口⑥：282	蝴蝶纹	10.4	/	/	/	1.1	1.2	残	
3		闸口⑥：342	莲花纹	10.5	/	/	/	0.5	1.2	残	
4	瓦当	闸口⑥：421	兽面纹	9.6	/	/	/	0.4	0.4	残	
5		闸口⑥：488-1	莲花纹	9.7	/	/	/	1	1.3	残	
6		闸口⑥：488-2	莲花纹	8.3	/	/	/	0.5	1.1	残	
7		闸口⑥：543	花纹	11.8	/	/	/	11.8	0.9	残	

序号	名称	器物编号	纹饰	当径	长	宽	高	边廓宽	厚	保存情况	备注
8	瓦当	闸口⑥：544	莲花纹	9.6	/	/	/	0.6	1	残	
9		闸口⑥：545	兽面纹	8.2	/	/	/	0.7	0.8	残	
10		Ⅰ T0214②：1	兽面纹	10.1	/	/	/	1	1.1	残	
11		Ⅱ T0216②：1	兽面纹	13.4	/	/	/	0.6	1.5	残	
12		Ⅱ T0407②：1-2	兽面纹	10.2	/	/	/	1	1.3	残	
13		Ⅱ T0407②：1-1	莲花纹	9.1	/	/	/	0.6	1.4	残	
14		Ⅱ T0409②：1	兽面纹	9.2	/	/	/	0.8	0.9	残	
15		Ⅱ T0507②：5	兽面纹	9.8	/	/	/	0.5	1.1	残	
16		Ⅱ T0507②：2	花卉纹	10.2	/	/	/	0.6	1.2	残	
17		Ⅱ T0508②：1	兽面纹	/	/	/	/	0.5	1.1	残	
18		Ⅱ T0508②：2	兽面纹	10.4	/	/	/	1.3	0.6	残	
19		Ⅱ T0709②：4	不明	/	9.8	/	/	/	1.3	残	
20		采集：50	兽面纹	10.4	/	/	/	1.1	1.3	残	
21		采集：56	兽面纹	9.2	/	/	/	0.7	0.9	残	
22		采集：76	兽面纹	10.2	/	/	/	0.8	0.9	残	
23		采集：77	兽面纹	14.2	/	/	/	1.2	1.2	残	
24	琉璃瓦当	闸口②：546	龙纹	11.6	/	/	/	1.2	0.9	残	
25	滴水	T1⑤：51	兽面纹	/	13.6	8.7	/	/	0.6	残	
26		Ⅰ T0214②：2	菊花纹	/	17.8	/	7.9	/	1.3	残	
27		Ⅱ T0407②：2	牡丹纹	/	11.6	/	6	/	1.3	残	
28		Ⅱ T0506②：1	牡丹纹	/	16.3	/	7.4	/	1.1	完整	
29		Ⅱ T0506②：2	牡丹纹	/	16.3	/	7.2	/	0.9	残	
30		Ⅱ T0606②：1	牡丹纹	/	18.6	/	9.6	/	1	完整	
31		Ⅱ T0606②：2	兽面纹	/	17.4	/	9.6	/	1.2	残	
32		Ⅱ T0606②：3	牡丹纹	/	14.3	/	9.4	/	0.9	残	
33		Ⅱ T0606②：8	牡丹纹	/	19.4	/	8.6	/	1.3	残	
34		Ⅱ T0609②：1	莲花纹	/	18.6	/	1	/	1.1	残	
35		Ⅱ T0806②：1	莲花纹	/	13.5	/	7.3	/	1	残	
36		采集：53	牡丹纹	/	8.5	/	6.6	/	1.4	残	
37	滴水瓦头	采集：78	字纹	/	13.4	/	5.8	/	1.5	残	
38		采集：82	字纹	/	14.6	/	4.5	/	1.3	残	
39	花纹砖	闸口⑥：541	云气纹	/	10.1	6.6	/	/	2.8	残	
40		Ⅱ T0405②：2	草叶纹	/	25.3	10.3	/	/	3.1	完整	
41		Ⅱ T0408②：4	云气纹	/	15.9	4.6	/	/	3	完整	

序号	名称	器物编号	纹饰	当径	长	宽	高	边廓宽	厚	保存情况	备注
42	花纹砖	采集：83	云气纹	/	9	6.3	/	/	2.8	残	
43		ⅡT0606②：4	莲纹	/	/	/	11.2	/	/	完整	
44		ⅡT0606②：5	莲纹	/	/	/	10.5	/	/	残	
45	砖雕构件	ⅡT0606②：6	莲纹	/	/	/	11	/	/	完整	
46		ⅡT0606②：7	莲纹	/	/	/	11.2	/	/	完整	
47		采集：87	钱纹	/	13.2	/	10.6	/	1.1	残	
48	铭文砖	闸口⑥：458	"宿州县"	/	22.5	17.5	11.5	/	/	残	
49	兽尾构件	闸口⑥：539	/	/	12.6	8.8	/	/	/	残	
50		闸口⑥：540	/	/	9.8	6.5	/	/	/	残	
51	异形砖	闸口⑥：274	素面	/	35.5	17.1	11.4	/	/	完整	蝶形
52	河砖	闸口⑥：272	素面	/	47	24	17.5	/	/	完整	

附表一一 板闸遗址明代器物登记表（石器）

（单位：长度：厘米）

序号	名称	编号	长	宽	厚	直径	口径	底径	高	保存情况	备注
1	碑座	采集：1	161	91	/	/	/	/	93	残	龟趺
2	碑座	采集：2	101	52	/	/	/	/	60	残	雕刻云纹
3	绞关石	采集：3	151	76	25	25～37	/	/	/	残	
4	抱鼓石	采集：4	51	/	14	/	/	/	41	残	
5		采集：5	57	/	18	/	/	/	56	残	
6	盘	闸口⑥：7	/	/	17	96	/	/	/	残	
7	带字石块	闸口⑥：27	11	10.2	7.5	/	/	/	/	残	阴刻"闸"字
8	石器	闸口⑥：30	6.9	2.8～3.2	0.75	/	/	/	/	完整	有穿孔
9	杵	闸口⑥：116	13.4	/	/	3.6	/	/	/	完整	
10	臼	闸口⑥：273	/	/	/	/	12.8	8.4	8.8	残	底部残损
11		闸口⑥：387	/	/	/	/	12.6	8.6	9.4	完整	
12	权	闸口⑥：428	/	/	/	/	/	7.2	6.7	完整	
13		闸口②：566-1	214	36	25	/	/	/	/	完整	上宽29、中间最宽40
14	桩	闸口②：566-2	176	45	27	/	/	/	/	完整	上宽31、中间最宽39
15		闸口②：566-3	187	52	25	/	/	/	/	完整	上宽33、中间最宽37.5

附表一二　板闸遗址明代器物登记表（骨、角、蚌器）

（单位：长度：厘米）

序号	名称	编号	长	宽	保存情况	备注
1	骨料	ⅡT0405②：1-1	15.8	/	完整	
2		ⅡT0405②：1-2	18.6	/	完整	
3		ⅡT0405②：1-3	12.4	/	完整	
4		ⅡT0405②：1-4	17.2	/	完整	
5	骨饰件	闸口⑥：108	8.7	1.6	完整	
6	骨簪	T1⑤：47	9	/	残	
7		闸口⑥：318	9.6	/	残	
8		闸口⑥：447	13.5	/	残	
9	骨秤杆	闸口⑥：450	15.8	/	残	
10	角器	闸口⑥：449	8.6	/	残	
11	蚌壳	闸口⑥：482	10.8	9.7	完整	厚2

附表一三　板闸遗址明代器物登记表（木器）

（单位：长度：厘米）

序号	名称	编号	长	宽	厚（高）	直径	保存情况	备注
1	构件	采集：52	5.6	2.7	1.1	/	残	
2	木器	ⅡT0610②：2	/	/	4.6	/	残	
3		ⅡT0709②：1	12.1	/	2.5	/	残	
4		闸口⑥：32	3.2			2.4	残	
5	瓢	采集：81	11.8	/	4.1	/	完整	
6	梳	ⅡT0709②：2	11.1	6.3	1.3	/	残	
7	箸	采集：59	13.2	0.6		/	残	
8		闸口②：2	11.4			/	残	
9		闸口⑥：367	17.4			/	残	
10	榫头	闸口⑥：73	13	7.5	4	/	残	
11		闸口⑥：459	21	6.2	4.5		残	
12	塞	闸口⑥：481	/	/	5.2	2.4～4.6	完整	

附表一四　板闸遗址明代器物登记表（铁篙头）

序号	编号	尖端形状	口部直径	长	壁厚	保存状况	备注
1	TG4⑨：3-1	棱锥状	4.5	8.3	0.2	完整	
2	TG4⑨：3-2	棱锥状	5.1	9.8	0.25	完整	
3	采集：79	棱锥状	4.5	10.5	0.2	残	
4	闸口⑥：10	棱锥状	4	10.2	0.2	完整	
5	闸口⑥：28	棱锥状	5.3	9.8	0.2	残	
6	闸口⑥：33	棱锥状	4.2	6.9	0.2	完整	
7	闸口⑥：34	棱锥状	5.3	11.3	0.2	残	
8	闸口⑥：35	棱锥状	4.8	9.4	0.2	完整	
9	闸口⑥：38	不明	4.9	10.5	0.2	残	尖端变形；内有木柄
10	闸口⑥：39	棱锥状	4.8	15.5	0.2	完整	残存木柄外露部分长7.4
11	闸口⑥：40	棱锥状	5.6	10.8	0.2	完整	
12	闸口⑥：41	棱锥状	4.8	9.2	0.2	完整	内有木柄
13	闸口⑥：46	棱锥状	5	9.8	0.2	完整	
14	闸口⑥：47	不明	4.6	11.2	0.2	完整	尖端被沉积物覆盖
15	闸口⑥：48	棱锥状	4.2	10.4	0.2	完整	
16	闸口⑥：49	棱锥状	4.8	9.6	0.2	残	
17	闸口⑥：50	不明	4	6.9	0.25	残	尖端残
18	闸口⑥：57	棱锥状	4.2	10.4	0.2	残	
19	闸口⑥：58	棱锥状	/	9.7	0.2	残	
20	闸口⑥：59	棱锥状	/	10.6	0.2	完整	口部变形严重
21	闸口⑥：60	圆锥状	5.2	11.9	0.2	完整	内有木柄
22	闸口⑥：61	棱锥状	4.2	7.7	0.2	完整	残存木柄外露部分长4.8
23	闸口⑥：70	棱锥状	4.4	9.8	0.2	残	
24	闸口⑥：77	圆锥状	4.2	9.5	0.2	完整	
25	闸口⑥：87	棱锥状	5.7	9.5	0.2	完整	
26	闸口⑥：88	不明	4	10.3	0.2	完整	尖端被沉积物覆盖
27	闸口⑥：89	棱锥状	4.1	11.9	0.2	残	内有木柄
28	闸口⑥：90	棱锥状	5.7	11	0.2	完整	
29	闸口⑥：91	棱锥状	4.6	11.1	0.2	完整	
30	闸口⑥：92	棱锥状	3.9	10.7	0.2	残	
31	闸口⑥：93	棱锥状	4.8	8.9	0.2	完整	
32	闸口⑥：94	棱锥状	3.9	7.4	0.2	完整	

序号	编号	尖端形状	口部直径	长	壁厚	保存状况	备注
33	闸口⑥:95	棱锥状	4.5	9.9	0.2	残	
34	闸口⑥:96	棱锥状	/	11.5	0.2	残	变形严重
35	闸口⑥:97	棱锥状	4.5	9	0.2	残	
36	闸口⑥:98	棱锥状	/	9.8	0.2	残	变形严重
37	闸口⑥:99	棱锥状	/	9	0.2	残	变形严重
38	闸口⑥:117	棱锥状	4.4	11	0.2	完整	
39	闸口⑥:118	不明	4.5	10.8	0.2	完整	尖端被沉积物覆盖
40	闸口⑥:119	棱锥状	4.4	8.4	0.2	完整	
41	闸口⑥:121	棱锥状	3.8	9.8	0.2	完整	
42	闸口⑥:125	棱锥状	4.3	12.1	0.2	完整	
43	闸口⑥:126	棱锥状	3.9	11.5	0.2	完整	残存木柄外露部分长1.3
44	闸口⑥:127	棱锥状	4.2	8.8	0.2	完整	
45	闸口⑥:128	不明	4.7	7.9	0.2	残	尖端残
46	闸口⑥:129	不明	/	10.2	0.2	完整	尖端被沉积物覆盖
47	闸口⑥:130	棱锥状	4.9	12.5	0.2	完整	
48	闸口⑥:131	棱锥状	4.7	9.4	0.2	完整	
49	闸口⑥:132	不明	4.7	7.8	0.2	残	尖端残
50	闸口⑥:133	棱锥状	4.1	9.4	0.2	完整	
51	闸口⑥:134	棱锥状	4.7	10.3	0.2	残	
52	闸口⑥:135	棱锥状	4.4	9.3	0.2	完整	
53	闸口⑥:136	棱锥状	4	8	0.2	完整	
54	闸口⑥:137	不明	5.5	8.2	0.2	残	尖端残
55	闸口⑥:144	棱锥状	4.7	10.7	0.2	完整	
56	闸口⑥:146	棱锥状	4.2	9.1	0.2	完整	尾部保留有铁钉1枚
57	闸口⑥:147	不明	4.3	7.5	0.2	残	尖端残；内有木柄
58	闸口⑥:150	棱锥状	4.4	9.2	0.2	完整	
59	闸口⑥:151	棱锥状	4.7	10.8	0.2	完整	
60	闸口⑥:152	棱锥状	4	8.7	0.2	完整	内有木柄
61	闸口⑥:153	棱锥状	4.3	7.6	0.2	完整	
62	闸口⑥:155	不明	6	8	0.2	残	尖端残
63	闸口⑥:156	棱锥状	4.9	10.7	0.2	完整	
64	闸口⑥:157	棱锥状	4.4	8.4	0.2	完整	
65	闸口⑥:158	不明	4.4	6	0.2	残	尖端残

序号	编号	尖端形状	口部直径	长	壁厚	保存状况	备注
66	闸口⑥：159	棱锥状	4	8.4	0.2	完整	
67	闸口⑥：167	不明	4.1	8.4	0.2	完整	尖端被沉积物覆盖
68	闸口⑥：168	不明	5.7	3.5	0.2	残	尖端残
69	闸口⑥：169	圆锥状	4.2	7.9	0.2	完整	
70	闸口⑥：176	棱锥状	4.1	9.5	0.2	残	
71	闸口⑥：177	棱锥状	4.1	9.9	0.2	完整	内有木柄
72	闸口⑥：178	棱锥状	5	9.7	0.2	完整	
73	闸口⑥：179	棱锥状	4.9	10.4	0.2	完整	
74	闸口⑥：180	棱锥状	4.9	9.2	0.2	残	
75	闸口⑥：183	不明	4.7	12.3	0.2	完整	尖端被沉积物覆盖
76	闸口⑥：184	棱锥状	4.4	9.7	0.2	完整	
77	闸口⑥：185	棱锥状	3.8	11.3	0.2	完整	
78	闸口⑥：186	棱锥状	5.5	9.6	0.2	残	
79	闸口⑥：187	棱锥状	4	9.7	0.2	完整	
80	闸口⑥：191	棱锥状	4.4	8.7	0.2	完整	
81	闸口⑥：195	棱锥状	4.9	9.2	0.2	完整	
82	闸口⑥：202	棱锥状	4.8	9.6	0.2	完整	
83	闸口⑥：203	不明	/	6.4	0.2	完整	尖端残
84	闸口⑥：204	棱锥状	4.5	10	0.2	完整	
85	闸口⑥：205	棱锥状	4.4	10.8	0.2	完整	
86	闸口⑥：212	棱锥状	3.9	11	0.2	完整	
87	闸口⑥：213	棱锥状	4.6	9.3	0.2	完整	残存木柄外露部分长41.2
88	闸口⑥：233-1	棱锥状	4	7.7	0.2	完整	
89	闸口⑥：233-2	棱锥状	4.4	9.5	0.2	完整	
90	闸口⑥：233-3	棱锥状	4.1	10	0.2	残	
91	闸口⑥：233-4	棱锥状	4	8.2	0.2	完整	
92	闸口⑥：233-5	棱锥状	3.9	8.2	0.2	完整	
93	闸口⑥：251-1	棱锥状	4.2	9.3	0.2	完整	
94	闸口⑥：251-2	棱锥状	3.9	10.7	0.2	完整	
95	闸口⑥：251-3	棱锥状	4.3	8.1	0.2	完整	
96	闸口⑥：258-1	棱锥状	/	9.9	0.2	完整	口部被沉积物覆盖无法测量
97	闸口⑥：258-2	棱锥状	4.5	10.6	0.2	残	

序号	编号	尖端形状	口部直径	长	壁厚	保存状况	备注
98	闸口⑥：258-3	棱锥状	4.7	9.6	0.2	完整	
99	闸口⑥：281-1	棱锥状	5.3	11.5	0.2	残	
100	闸口⑥：281-2	棱锥状	4.1	10	0.2	残	
101	闸口⑥：281-3	棱锥状	4.4	10.2	0.2	完整	
102	闸口⑥：281-4	棱锥状	4.2	9.6	0.2	完整	内有木柄
103	闸口⑥：281-5	棱锥状	4.7	9.5	0.2	完整	
104	闸口⑥：290	棱锥状	4.2	10.9	0.2	完整	
105	闸口⑥：296-1	棱锥状	4.1	9.8	0.2	完整	残存木柄外露部分长1.2
106	闸口⑥：296-2	棱锥状	4.2	8	0.2	完整	
107	闸口⑥：296-3	棱锥状	4.5	8.5	0.2	完整	
108	闸口⑥：306-1	棱锥状	4.8	11.4	0.2	完整	内有木柄
109	闸口⑥：306-2	棱锥状	4.9	11.7	0.2	完整	内有木柄
110	闸口⑥：306-3	棱锥状	/	10.8	0.2	残	
111	闸口⑥：306-4	棱锥状	4.1	9.4	0.2	完整	
112	闸口⑥：308-1	棱锥状	4.6	9.3	0.2	完整	
113	闸口⑥：308-2	棱锥状	4.7	10.1	0.2	完整	
114	闸口⑥：308-3	棱锥状	4.9	11.4	0.2	完整	
115	闸口⑥：308-4	棱锥状	5.2	10	0.2	残	
116	闸口⑥：308-5	棱锥状	/	9.9	0.2	完整	
117	闸口⑥：308-6	棱锥状	4.4	10.2	0.2	完整	
118	闸口⑥：308-7	棱锥状	3.9	10.1	0.2	完整	
119	闸口⑥：308-8	棱锥状	4.6	9.8	0.2	完整	
120	闸口⑥．311-1	棱锥状	4.3	9.9	0.2	完整	
121	闸口⑥：311-2	棱锥状	5	9.3	0.2	完整	
122	闸口⑥：311-3	不明	4.8	6.8	0.2	残	尖端残
123	闸口⑥：311-4	棱锥状	4.4	8.3	0.2	完整	
124	闸口⑥：319-1	不明	/	6.5	0.2	残	尖端残
125	闸口⑥：319-2	棱锥状	5.3	7.2	0.2	残	
126	闸口⑥：319-3	棱锥状	/	7.2	0.2	残	
127	闸口⑥：319-4	棱锥状	4.2	10.0	0.2	完整	
128	闸口⑥：319-5	棱锥状	5.2	9.7	0.2	残	
129	闸口⑥：319-6	棱锥状	4.4	9.5	0.2	完整	
130	闸口⑥：319-7	棱锥状	4.1	10.5	0.2	残	

序号	编号	尖端形状	口部直径	长	壁厚	保存状况	备注
131	闸口⑥：326-1	棱锥状	4.9	12	0.2	完整	
132	闸口⑥：326-2	棱锥状	/	4	0.2	残	
133	闸口⑥：326-3	棱锥状	/	7.1	0.2	完整	
134	闸口⑥：326-4	棱锥状	4.3	7.9	0.2	完整	
135	闸口⑥：326-5	棱锥状	/	7	0.2	完整	残存木柄外露部分长 6
136	闸口⑥：326-6	棱锥状	/	9.8	0.2	残	
137	闸口⑥：326-7	棱锥状	4.4	9.7	0.2	完整	
138	闸口⑥：328-1	棱锥状	4.5	9.5	0.2	残	
139	闸口⑥：328-2	圆锥状	5.1	10.9	0.2	完整	
140	闸口⑥：328-3	棱锥状	4.2	9	0.2	完整	
141	闸口⑥：328-4	棱锥状	4.8	9.9	0.2	完整	
142	闸口⑥：328-5	棱锥状	5	9.1	0.2	完整	残存木柄外露部分长 2.5
143	闸口⑥：332-1	棱锥状	4.5	10.6	0.2	完整	内有木柄
144	闸口⑥：332-2	不明	4.3	7.5	0.2	完整	尖端残
145	闸口⑥：332-3	棱锥状	5.1	9.7	0.2	完整	
146	闸口⑥：332-4	棱锥状	4.8	9.7	0.2	完整	
147	闸口⑥：345-1	棱锥状	/	9.3	0.2	完整	口部被沉积物覆盖无法测量
148	闸口⑥：345-2	棱锥状	4.4	9.2	0.2	完整	残存木柄外露部分长 25.8
149	闸口⑥：347-1	棱锥状	4.4	8	0.2	完整	
150	闸口⑥：347-2	棱锥状	/	8.4	0.2	残	
151	闸口⑥：356-1	棱锥状	4	8.6	0.2	完整	
152	闸口⑥：356-2	棱锥状	3.8	7.8	0.2	完整	
153	闸口⑥：356-3	棱锥状	4.7	8.7	0.2	完整	残存木柄外露部分长 3.1
154	闸口⑥：373-1	棱锥状	5	10.4	0.2	完整	
155	闸口⑥：373-2	棱锥状	4.7	8.3	0.2	残	
156	闸口⑥：373-3	棱锥状	4.3	10.2	0.2	残	
157	闸口⑥：373-4	不明	4.2	6.2	0.2	残	尖端残
158	闸口⑥：373-5	棱锥状	5.5	8.3	0.2	残	
159	闸口⑥：381-1	棱锥状	4	10.1	0.2	完整	
160	闸口⑥：381-2	棱锥状	5.2	11.5	0.2	残	
161	闸口⑥：381-3	棱锥状	5	11.6	0.2	完整	残存木柄外露部分长 16.8
162	闸口⑥：386-1	棱锥状	4.8	9.4	0.2	完整	

序号	编号	尖端形状	口部直径	长	壁厚	保存状况	备注
163	闸口⑥：386-2	棱锥状	4.9	10.1	0.2	完整	
164	闸口⑥：386-3	棱锥状	4.6	10.3	0.2	完整	
165	闸口⑥：386-4	不明	4.3	7	0.2	残	尖端残
166	闸口⑥：386-5	棱锥状	4.7	10.2	0.2	完整	
167	闸口⑥：386-6	棱锥状	4.2	9.1	0.2	完整	尾端存留有铁钉1枚
168	闸口⑥：386-7	棱锥状	4.5	10	0.2	完整	尾端存留有铁钉1枚
169	闸口⑥：389-1	棱锥状	4.3	7.5	0.2	完整	
170	闸口⑥：389-2	棱锥状	3.7	10.6	0.2	完整	
171	闸口⑥：389-3	棱锥状	4.1	8.3	0.2	完整	
172	闸口⑥：389-4	棱锥状	/	9.6	0.2	残	
173	闸口⑥：389-5	棱锥状	4.4	10.1	0.2	残	
174	闸口⑥：389-6	棱锥状	4.8	9.2	0.2	残	
175	闸口⑥：389-7	棱锥状	/	10	0.2	残	
176	闸口⑥：389-8	棱锥状	4.5	9.6	0.2	完整	
177	闸口⑥：389-9	棱锥状	/	8.7	0.2	完整	
178	闸口⑥：389-10	棱锥状	5.1	9.7	0.2	完整	
179	闸口⑥：399-1	棱锥状	/	8	0.2	残	
180	闸口⑥：399-2	棱锥状	4.7	9.8	0.2	完整	
181	闸口⑥：399-3	棱锥状	4.3	10.2	0.2	完整	
182	闸口⑥：399-4	棱锥状	4.6	8.5	0.2	完整	
183	闸口⑥：407-1	棱锥状	4.4	9	0.2	完整	
184	闸口⑥：407-2	棱锥状	/	8.8	0.2	完整	
185	闸口⑥：407-3	棱锥状	4.3	7.8	0.2	完整	
186	闸口⑥：407-4	棱锥状	3.9	7.8	0.2	完整	
187	闸口⑥：411-1	棱锥状	/	10.3	0.2	完整	口部被沉积物覆盖无法测量
188	闸口⑥：411-2	棱锥状	4.5	9.8	0.2	完整	
189	闸口⑥：411-3	棱锥状	4.4	9.5	0.2	完整	
190	闸口⑥：417-1	棱锥状	4.2	11	0.2	完整	内有木柄
191	闸口⑥：417-2	不明	4.2	9.8	0.2	完整	尖端被沉积物覆盖
192	闸口⑥：417-3	棱锥状	/	9.2	0.2	完整	口部被沉积物覆盖无法测量
193	闸口⑥：417-4	棱锥状	5.3	9.2	0.2	残	
194	闸口⑥：417-5	棱锥状	4.6	8.3	0.2	完整	尾端存留有铁钉1枚；内有木柄

序号	编号	尖端形状	口部直径	长	壁厚	保存状况	备注
195	闸口⑥：417-6	棱锥状	4.7	7.3	0.2	完整	
196	闸口⑥：423-1	棱锥状	5.2	6.1	0.2	完整	
197	闸口⑥：423-2	不明	4.6	10.4	0.2	残	尖端残
198	闸口⑥：423-3	不明	4.5	9.4	0.2	残	尖端残
199	闸口⑥：423-4	棱锥状	5.4	7	0.2	完整	
200	闸口⑥：425-1	棱锥状	4.8	10.6	0.2	完整	
201	闸口⑥：425-2	棱锥状	4.1	9.2	0.2	残	
202	闸口⑥：425-3	棱锥状	4.3	9.9	0.2	完整	
203	闸口⑥：425-4	棱锥状	4.8	8.9	0.2	完整	
204	闸口⑥：425-5	棱锥状	4.3	9.6	0.2	完整	尾端存留有铁钉1枚
205	闸口⑥：425-6	棱锥状	4.7	8.1	0.2	残	
206	闸口⑥：425-7	棱锥状	4.5	8.5	0.2	残	尾端存留有铁钉1枚
207	闸口⑥：429-1	棱锥状	4.6	9.5	0.2	完整	
208	闸口⑥：429-2	棱锥状	4.3	8.8	0.2	完整	
209	闸口⑥：429-3	不明	4.4	6.8	0.2	残	尖端残
210	闸口⑥：429-4	棱锥状	3.9	7	0.2	残	
211	闸口⑥：429-5	不明	/	5.2	0.2	残	尖端残
212	闸口⑥：429-6	棱锥状	3.8	10.6	0.2	完整	
213	闸口⑥：429-7	棱锥状	4	9.2	0.2	完整	
214	闸口⑥：429-8	不明	4.4	8.2	0.2	残	尖端残
215	闸口⑥：429-9	棱锥状	4.4	9.8	0.2	残	
216	闸口⑥：429-10	棱锥状	/	9	0.2	残	
217	闸口⑥：429-11	棱锥状	4.2	7.7	0.2	残	
218	闸口⑥：429-12	棱锥状	4.4	8.7	0.2	完整	
219	闸口⑥：429-13	棱锥状	4.2	8	0.2	完整	
220	闸口⑥：429-14	棱锥状	4.3	8.5	0.2	完整	
221	闸口⑥：429-15	棱锥状	4	7.7	0.2	残	
222	闸口⑥：429-16	圆锥状	4.8	9.5	0.2	完整	
223	闸口⑥：429-17	棱锥状	/	8.8	0.2	残	
224	闸口⑥：429-18	棱锥状	5.1	10.1	0.2	完整	
225	闸口⑥：429-19	棱锥状	/	8	0.2	残	
226	闸口⑥：429-20	棱锥状	4.4	8.7	0.2	完整	
227	闸口⑥：429-21	棱锥状	4	7.6	0.2	残	

序号	编号	尖端形状	口部直径	长	壁厚	保存状况	备注
228	闸口⑥：429-22	棱锥状	3.8	8.9	0.2	残	
229	闸口⑥：429-23	不明	4	9	0.2	完整	尖端被沉积物覆盖
230	闸口⑥：429-24	棱锥状	5	12.2	0.2	残	
231	闸口⑥：429-25	棱锥状	4	6.3	0.2	残	
232	闸口⑥：429-26	不明	/	7.8	0.2	残	尖端残
233	闸口⑥：429-27	棱锥状	5	9.6	0.2	完整	
234	闸口⑥：429-28	棱锥状	/	10.3	0.2	残	
235	闸口⑥：429-29	棱锥状	4.4	8.4	0.2	残	
236	闸口⑥：429-30	棱锥状	4.3	8.5	0.2	残	
237	闸口⑥：429-31	棱锥状	4.9	12.8	0.2	完整	尾端存留有铁钉1枚
238	闸口⑥：429-32	棱锥状	5	9.9	0.2	残	
239	闸口⑥：429-33	不明	4	9.7	0.2	完整	尖端被沉积物覆盖
240	闸口⑥：429-34	棱锥状	4.1	7	0.2	残	
241	闸口⑥：429-35	棱锥状	/	6.8	0.2	残	
242	闸口⑥：429-36	不明	4.5	7.4	0.2	残	尖端残
243	闸口⑥：429-37	棱锥状	/	9.7	0.2	完整	口部被沉积物覆盖无法测量
244	闸口⑥：429-38	棱锥状	4.2	10.9	0.2	完整	
245	闸口⑥：429-39	不明	5.1	7.2	0.2	残	尖端残
246	闸口⑥：429-40	棱锥状	4	11.4	0.2	完整	
247	闸口⑥：429-41	棱锥状	4.5	7	0.2	残	
248	闸口⑥：429-42	棱锥状	4.6	8	0.2	残	
249	闸口⑥：429-43	棱锥状	/	11.1	0.2	残	
250	闸口⑥：429-44	棱锥状	4	9.1	0.2	完整	
251	闸口⑥：429-45	棱锥状	/	6.8	0.2	残	
252	闸口⑥：429-46	不明	4.4	6	0.2	残	尖端残
253	闸口⑥：429-47	棱锥状	4.2	10.8	0.2	完整	
254	闸口⑥：429-48	棱锥状	4.4	10.2	0.2	完整	
255	闸口⑥：429-49	不明	/	9	0.2	残	尖端残
256	闸口⑥：429-50	棱锥状	4.4	9	0.2	完整	
257	闸口⑥：429-51	不明	4.2	7.5	0.2	残	尖端残
258	闸口⑥：429-52	棱锥状	4.3	9.3	0.2	完整	
259	闸口⑥：429-53	棱锥状	4.5	11.8	0.2	完整	
260	闸口⑥：429-54	不明	4.2	6.5	0.2	残	尖端残

序号	编号	尖端形状	口部直径	长	壁厚	保存状况	备注
261	闸口⑥：429-55	棱锥状	4.7	8.7	0.2	完整	
262	闸口⑥：429-56	棱锥状	4.8	8.9	0.2	残	
263	闸口⑥：429-57	棱锥状	5.4	9.3	0.2	残	
264	闸口⑥：429-58	棱锥状	5.1	12.4	0.2	完整	
265	闸口⑥：429-59	棱锥状	/	5.2	0.2	残	
266	闸口⑥：429-60	不明	4	9	0.2	残	尖端残
267	闸口⑥：429-61	棱锥状	5	11.5	0.2	残	
268	闸口⑥：429-62	棱锥状	/	7	0.2	残	
269	闸口⑥：429-63	棱锥状	4.3	8.7	0.2	残	残存木柄外露部分长11.3
270	闸口⑥：429-64	棱锥状	4.2	8	0.2	完整	
271	闸口⑥：429-65	棱锥状	/	8.9	0.2	残	
272	闸口⑥：429-66	棱锥状	/	3.6	0.2	残	仅存尖部
273	闸口⑥：429-67	棱锥状	4.3	10.4	0.2	完整	
274	闸口⑥：429-68	棱锥状	/	7.7	0.2	残	变形严重
275	闸口⑥：429-69	棱锥状	4.5	8	0.2	残	
276	闸口⑥：429-70	棱锥状	4.8	8.5	0.2	残	
277	闸口⑥：429-71	棱锥状	/	8.7	0.2	残	
278	闸口⑥：429-72	棱锥状	4.3	10.1	0.2	完整	内有木柄
279	闸口⑥：429-73	棱锥状	/	6.7	0.2	残	
280	闸口⑥：429-74	棱锥状	/	5.9	0.2	残	仅存尖部
281	闸口⑥：429-75	棱锥状	4.1	10	0.2	完整	
282	闸口⑥：429-76	棱锥状	/	8.8	0.2	残	
283	闸口⑥：429-77	不明	4.1	7.6	0.2	残	尖端残
284	闸口⑥：429-78	棱锥状	/	6.3	0.2	残	仅存尖部
285	闸口⑥：429-79	不明	3.6	8.9	0.2	残	尖端残；内有木柄
286	闸口⑥：429-80	棱锥状	4.8	9	0.2	残	
287	闸口⑥：429-81	棱锥状	4.7	8.2	0.2	残	
288	闸口⑥：429-82	棱锥状	4.8	8	0.2	残	
289	闸口⑥：429-83	棱锥状	4.1	9.7	0.2	完整	
290	闸口⑥：429-84	棱锥状	/	10.2	0.2	残	
291	闸口⑥：429-85	棱锥状	4.5	9	0.2	完整	
292	闸口⑥：429-86	不明	4.5	6.6	0.2	残	尖端残
293	闸口⑥：429-87	棱锥状	/	10.5	0.2	完整	变形严重

序号	编号	尖端形状	口部直径	长	壁厚	保存状况	备注
294	闸口⑥：429-88	棱锥状	/	8.8	0.2	残	
295	闸口⑥：429-89	不明	4.5	7.8	0.2	残	尖端残
296	闸口⑥：429-90	不明	4.2	6.5	0.2	残	尖端残
297	闸口⑥：429-91	棱锥状	4.8	10.1	0.2	残	
298	闸口⑥：429-92	棱锥状	4.5	9.8	0.2	完整	残存木柄9.4
299	闸口⑥：429-93	棱锥状	5	7.3	0.2	残	
300	闸口⑥：429-94	棱锥状	5	9.2	0.2	残	
301	闸口⑥：429-95	棱锥状	4.4	10.9	0.2	完整	
302	闸口⑥：429-96	棱锥状	/	11	0.2	残	
303	闸口⑥：429-97	不明	5	7.3	0.2	残	尖端残
304	闸口⑥：429-98	棱锥状	4.4	8	0.2	残	
305	闸口⑥：429-99	棱锥状	4.5	9.8	0.2	完整	
306	闸口⑥：429-100	棱锥状	4.1	8.4	0.2	残	
307	闸口⑥：429-101	棱锥状	4.5	8.2	0.2	残	
308	闸口⑥：429-102	不明	4.3	7.3	0.2	残	尖端残；内有木柄
309	闸口⑥：429-103	不明	5	7.2	0.2	残	尖端残
310	闸口⑥：429-104	不明	4	7	0.2	残	尖端残；内有木柄
311	闸口⑥：429-105	不明	4.3	7.2	0.2	残	尖端残
312	闸口⑥：429-106	棱锥状	/	10	0.2	完整	口部被沉积物覆盖无法测量
313	闸口⑥：429-107	不明	/	8	0.2	残	尖端残；口部被沉积物覆盖无法测量
314	闸口⑥：429-108	棱锥状	4.4	6.8	0.2	残	
315	闸口⑥：429-109	不明	4.6	8	0.2	残	尖端残
316	闸口⑥：429-110	棱锥状	4.3	9	0.2	完整	
317	闸口⑥：429-111	棱锥状	4.5	11	0.2	完整	
318	闸口⑥：429-112	棱锥状	4.3	9.2	0.2	完整	
319	闸口⑥：429-113	棱锥状	/	5.3	0.2	残	仅存尖部
320	闸口⑥：454-34	棱锥状	4.2	8.9	0.2	残	
321	闸口⑥：454-35	棱锥状	/	7.5	0.2	残	
322	闸口⑥：454-36	棱锥状	/	10.5	0.2	残	
323	闸口⑥：454-37	不明	/	6.5	0.2	残	尖端残
324	闸口⑥：454-38	棱锥状	4.5	7.7	0.2	残	
325	闸口⑥：454-39	棱锥状	4.3	7.8	0.2	残	
326	闸口⑥：454-40	棱锥状	3.9	10.8	0.2	完整	

序号	编号	尖端形状	口部直径	长	壁厚	保存状况	备注
327	闸口⑥：454-41	不明	4.2	6.8	0.2	残	尖端残
328	闸口⑥：454-42	棱锥状	/	5	0.2	残	仅存尖部
329	闸口⑥：454-43	棱锥状	4.6	10.5	0.2	残	
330	闸口⑥：454-44	棱锥状	/	6	0.2	残	仅存尖部
331	闸口⑥：454-45	不明	5	8.5	0.2	残	尖端残
332	闸口⑥：454-46	不明	4.3	9	0.2	残	尖端残
333	闸口⑥：454-47	棱锥状	3.8	11.2	0.2	完整	
334	闸口⑥：454-48	棱锥状	/	7.3	0.2	完整	
335	闸口⑥：454-49	不明	/	5.7	0.2	完整	尖端残
336	闸口⑥：568	不明	4.3	10.2	/	完整	尖端被沉积物覆盖

附表一五　板闸遗址明代器物登记表（铁钉）

（单位：长度：厘米）

序号	编号	顶端形态	长	宽	厚	保存情况	备注
1	闸口⑥：8	弯折	31	1.6	1.8	完整	器体厚重，器身弯曲
2	闸口⑥：29	残损	6.3	0.4	0.3	残	
3	闸口⑥：44-1	扁平	6.1	1	0.4	完整	
4	闸口⑥：44-2	扁平	7.4	1.3	0.3	完整	
5	闸口⑥：44-3	扁平	11.9	1.3	0.5	完整	
6	闸口⑥：44-4	残损	6.8	1	0.5	残	
7	闸口⑥：44-5	残损	4	0.3	0.3	残	
8	闸口⑥：78	弯折	28.3	2	1.5	残	器体厚重，器身弯曲
9	闸口⑥：196-2	残损	11	0.8	0.7	残	
10	闸口⑥：262	残损	25.6	1.6	1.5	残	器体厚重，器身弯曲
11	闸口⑥：264-1	弯折	15.6	0.9	0.6	完整	
12	闸口⑥：264-2	弯折	13.7	0.8	0.5	完整	
13	闸口⑥：264-3	弯折	14.5	1	0.9	完整	
14	闸口⑥：264-4	弯折	14	0.8	0.6	完整	
15	闸口⑥：264-5	弯折	16.2	0.8	0.8	完整	器身弯曲
16	闸口⑥：264-6	弯折	13.8	0.9	0.8	完整	器身弯曲
17	闸口⑥：264-7	弯折	13.8	0.7	0.6	完整	器身弯曲
18	闸口⑥：264-8	弯折	10.4	0.6	0.5	完整	
19	闸口⑥：264-9	弯折	9.7	0.7	0.5	完整	

序号	编号	顶端形态	长	宽	厚	保存情况	备注
20	闸口⑥：264-10	扁平并弯折	5.4	0.5	0.3	完整	器身弯曲
21	闸口⑥：264-11	残损	8.5	0.4	0.4	残	
22	闸口⑥：264-12	扁平并弯折	5.2	0.5	0.3	完整	器身弯曲
23	闸口⑥：264-13	残损	9.7	0.5	0.5	残	
24	闸口⑥：264-14	扁平	11.6	0.6	0.5	完整	
25	闸口⑥：264-15	扁平	7.8	0.5	0.4	完整	
26	闸口⑥：264-16	扁平	8.8	0.7	0.6	弯折	
27	闸口⑥：264-17	残损	6.3	0.5	0.35	残	
28	闸口⑥：264-18	残损	10.6	1	0.8	残	
29	闸口⑥：264-19	残损	9.2	0.6	0.5	残	器身弯曲
30	闸口⑥：264-20	残损	10	0.7	0.3	残	
31	闸口⑥：264-21	残损	8.1	0.5	0.15	残	
32	闸口⑥：264-22	残损	7.7	0.5	0.3	残	
33	闸口⑥：264-23	弯折	6.2	0.5	0.4	残	
34	闸口⑥：264-24	残损	7.1	0.6	0.5	残	器身弯曲
35	闸口⑥：264-25	残损	6	0.8	0.6	残	
36	闸口⑥：264-26	残损	4.6	0.5	0.5	残	
37	闸口⑥：264-28	弯折	4.4	0.5	0.15	残	器身弯折呈"U"形
38	闸口⑥：278	弯折	4	/	/	完整	整体呈伞状；钉帽直径2
39	闸口⑥：297-1	弯折	18	1.8	1.8	残	器体厚重
40	闸口⑥：297-2	弯折	25.8	1.8	1.8	残	器体厚重
41	闸口⑥：335-1	弯折	26.5	1.7	1.4	残	器体厚重
42	闸口⑥：335-2	残损	26	2	2	残	器体厚重
43	闸口⑥：431-5	残损	11.8	0.9	0.7	残	
44	闸口⑥：431-6	残损	12.1	0.8	0.7	残	
45	闸口⑥：438-7	弯折	11.8	1	0.8	残	器身弯折
46	闸口⑥：454-1	弯折	16.6	0.7	0.6	完整	
47	闸口⑥：454-2	弯折	14.9	1	0.8	完整	
48	闸口⑥：454-3	弯折	13.7	0.7	0.6	完整	
49	闸口⑥：454-4	弯折	12.3	0.8	0.5	完整	
50	闸口⑥：454-5	扁平并弯折	5.6	0.4	0.4	残	
51	闸口⑥：454-6	扁平并弯折	6.7	0.5	0.4	完整	
52	闸口⑥：454-7	扁平并弯折	8.6	0.5	0.3	完整	

序号	编号	顶端形态	长	宽	厚	保存情况	备注
53	闸口⑥：454-8	扁平	9.8	0.6	0.6	完整	
54	闸口⑥：454-9	残损	12.3	0.6	0.6	残	
55	闸口⑥：454-10	残损	10	0.8	0.8	残	器身弯曲
56	闸口⑥：454-11	残损	8.7	0.6	0.5	残	器身弯曲
57	闸口⑥：454-12	残损	9	0.5	0.4	残	器身弯曲
58	闸口⑥：456-1	残损	26.4	1.8	1.8	残	器体厚重
59	闸口⑥：456-2	残损	14.5	1.9	1.9	残	器体厚重
60	闸口⑥：456-3	弯折	27.7	1.4	0.9	完整	
61	闸口⑥：456-4	弯折	23.5	1.4	0.9	完整	
62	闸口⑥：456-5	弯折	16.5	0.8	0.6	完整	
63	闸口⑥：456-6	弯折	15.3	0.7	0.7	完整	器身弯曲
64	闸口⑥：456-7	弯折	13.7	0.8	0.6	完整	
65	闸口⑥：456-8	残损	12.1	0.8	0.8	残	
66	闸口⑥：456-9	残损	12	0.9	0.6	残	
67	闸口⑥：456-10	残损	12	0.8	0.5	残	
68	闸口⑥：456-11	残损	12	0.6	0.5	残	
69	闸口⑥：456-12	残损	12.2	0.8	0.5	残	
70	闸口⑥：456-13	残损	10.8	0.7	0.5	残	
71	闸口⑥：456-14	残损	12.6	0.8	0.5	残	
72	闸口⑥：456-15	残损	11.7	0.7	0.6	残	
73	闸口⑥：456-16	残损	9.9	0.7	0.5	残	
74	闸口⑥：456-17	残损	9.4	0.8	0.6	残	
75	闸口⑥：456-31	残损	4	1	0.7	残	
76	闸口⑥：456-44	弯折	19.5	2.2	1.5	残	器体厚重
77	闸口⑥：456-45	弯折	16.8	1.9	1.4	残	器体厚重
78	闸口⑥：456-46	弯折	18.8	1.9	1.4	残	器体厚重
79	闸口⑥：456-47	弯折	11.3	0.9	0.8	残	
80	闸口⑥：456-48	弯折	10.5	1.2	1	残	
81	闸口⑥：456-49	弯折	31.9	1.2	1	完整	
82	闸口⑥：456-50	残损	20.8	1.6	1.3	残	
83	闸口⑥：456-51	弯折	32.9	1.2	0.9	完整	
84	闸口⑥：456-52	弯折	24.1	1.1	0.9	完整	
85	闸口⑥：456-53	弯折	17.3	1	0.8	残	

序号	编号	顶端形态	长	宽	厚	保存情况	备注
86	闸口⑥：456-54	弯折	26.9	1	0.8	完整	
87	闸口⑥：456-55	弯折	18	1.2	0.6	完整	器身弯曲
88	闸口⑥：456-56	弯折	18.7	1	0.8	残	
89	闸口⑥：456-57	弯折	13.4	0.8	0.8	完整	
90	闸口⑥：456-58	弯折	12	1	0.8	完整	
91	闸口⑥：456-59	弯折	9	0.7	0.55	完整	器身弯曲
92	闸口⑥：456-60	弯折	9.4	0.8	0.5	残	
93	闸口⑥：456-61	弯折	12.2	0.7	0.5	完整	器身弯曲
94	闸口⑥：456-62	弯折	14.3	0.7	0.5	完整	器身弯曲
95	闸口⑥：456-63	弯折	10.4	0.8	0.6	完整	器身弯曲
96	闸口⑥：456-64	弯折	10.6	0.5	0.6	完整	器身弯曲
97	闸口⑥：456-65	弯折	9.6	0.7	0.4	完整	
98	闸口⑥：456-66	弯折	9.9	0.8	0.8	完整	
99	闸口⑥：456-67	弯折	11.3	0.6	0.6	完整	
100	闸口⑥：456-68	弯折	12.5	0.6	0.5	完整	
101	闸口⑥：456-69	弯折	8.2	0.6	0.4	完整	器身弯曲
102	闸口⑥：456-70	弯折	14.2	0.9	0.5	完整	
103	闸口⑥：456-71	弯折	9	0.5	0.5	完整	
104	闸口⑥：456-72	弯折	7.8	0.6	0.4	完整	
105	闸口⑥：456-73	弯折	6.6	0.6	0.4	完整	
106	闸口⑥：456-74	弯折	5.9	0.6	0.4	残	
107	闸口⑥：456-75	弯折	7	0.7	0.4	残	
108	闸口⑥：456-76	弯折	6.2	0.6	0.5	残	
109	闸口⑥：456-77	弯折	6	0.9	0.5	残	
110	闸口⑥：456-78	弯折	11.6	0.6	0.5	残	器身弯曲
111	闸口⑥：456-79	弯折	9.4	0.6	0.6	残	器身弯曲
112	闸口⑥：456-80	弯折	7.2	0.5	0.3	残	器身弯曲
113	闸口⑥：456-81	弯折	10.3	0.8	0.5	完整	器身弯曲
114	闸口⑥：456-82	弯折	8.6	0.6	0.5	完整	器身弯曲
115	闸口⑥：456-83	弯折	9.8	0.7	0.5	完整	器身弯曲
116	闸口⑥：456-84	弯折	5.8	0.4	0.4	完整	器身弯曲
117	闸口⑥：456-85	弯折	6.1	0.9	0.5	完整	器身弯曲
118	闸口⑥：456-86	弯折	14.1	0.7	0.7	完整	顶端连有一波折铁片

序号	编号	顶端形态	长	宽	厚	保存情况	备注
119	闸口⑥：456-87	扁平并弯折	4.8	0.3	0.3	完整	
120	闸口⑥：456-88	弯折	4.7	0.5	0.3	残	
121	闸口⑥：456-89	扁平	12	1	0.7	完整	
122	闸口⑥：456-90	残损	13	0.7	0.7	完整	
123	闸口⑥：456-91	残损	11.8	0.8	0.5	完整	
124	闸口⑥：456-92	扁平	10	0.6	0.6	完整	
125	闸口⑥：456-93	扁平	7.2	0.7	0.5	完整	
126	闸口⑥：456-94	扁平	8.6	0.6	0.4	完整	
127	闸口⑥：456-95	扁平	8.2	0.5	0.5	完整	
128	闸口⑥：456-96	扁平	9.3	0.7	0.5	完整	
129	闸口⑥：456-97	扁平	8.2	0.6	0.6	残	
130	闸口⑥：456-98	扁平	6.2	0.6	0.4	完整	
131	闸口⑥：456-99	扁平	7.3	0.7	0.4	完整	
132	闸口⑥：456-100	扁平	7	0.4	0.3	残	
133	闸口⑥：456-101	扁平	5	0.5	0.4	完整	
134	闸口⑥：456-102	扁平	6.9	0.4	0.4	残	
135	闸口⑥：456-103	扁平	4.9	0.6	0.5	残	
136	闸口⑥：456-104	扁平	10.1	1	0.8	残	
137	闸口⑥：456-105	扁平	7.2	0.6	0.4	完整	
138	闸口⑥：456-106	扁平	6.6	0.6	0.5	完整	
139	闸口⑥：456-107	残损	6.9	0.6	0.4	完整	器身弯曲
140	闸口⑥：456-108	扁平	7.2	0.4	0.4	完整	器身弯曲
141	闸口⑥：456-109	扁平	5.7	0.6	0.3	完整	器身弯曲
142	闸口⑥：456-110	扁平	9.1	0.7	0.5	完整	器身弯曲
143	闸口⑥：456-111	扁平	5	0.6	0.5	残	
144	闸口⑥：456-112	扁平	7.4	0.7	0.4	残	
145	闸口⑥：456-113	扁平	5.2	0.6	0 4	残	
146	闸口⑥：456-114	扁平	6	0.7	0.5	残	
147	闸口⑥：456-115	扁平	5.4	0.6	0.4	完整	器身弯曲
148	闸口⑥：456-116	扁平	7.9	0 3	0.3	完整	中部扁平
149	闸口⑥：456-117	残损	5	0.5	0.3	残	器身弯曲
150	闸口⑥：456-118	扁平并弯折	4.6	0.3	0.2	残	
151	闸口⑥：456-119	残损	20	1.7	1.4	残	

序号	编号	顶端形态	长	宽	厚	保存情况	备注
152	闸口⑥：456-120	残损	19.3	1.9	1.5	残	器体厚重
153	闸口⑥：456-121	残损	12.9	1.5	1	残	器体厚重
154	闸口⑥：456-122	残损	13.3	1.7	1.4	残	器体厚重
155	闸口⑥：456-123	残损	14.5	1.9	1.9	残	器体厚重
156	闸口⑥：456-124	残损	5.6	0.8	0.7	残	
157	闸口⑥：456-125	残损	13	0.8	0.6	残	
158	闸口⑥：456-126	残损	12.5	1	0.9	残	
159	闸口⑥：456-127	残损	12.6	0.8	0.7	残	
160	闸口⑥：456-128	残损	12	0.65	0.6	残	
161	闸口⑥：456-129	残损	11.6	0.6	0.55	残	
162	闸口⑥：456-130	弯折	42.8	2.1	1.6	残	器体厚重，器身弯曲
163	闸口⑥：456-131	残损	10.6	0.5	0.5	残	
164	闸口⑥：456-132	残损	10	0.5	0.6	残	
165	闸口⑥：456-133	残损	10.1	0.6	0.5	残	
166	闸口⑥：456-134	残损	10	0.6	0.6	残	
167	闸口⑥：456-135	残损	8.6	0.8	0.6	残	
168	闸口⑥：456-136	残损	8.3	0.6	0.5	残	
169	闸口⑥：456-137	残损	9.9	0.6	0.6	残	
170	闸口⑥：456-138	残损	9.7	0.8	0.5	残	
171	闸口⑥：456-139	残损	10.1	0.6	0.6	残	
172	闸口⑥：456-140	残损	10.3	0.7	0.6	残	
173	闸口⑥：456-141	残损	10.2	0.6	0.5	残	
174	闸口⑥：456-142	残损	9.9	0.7	0.7	残	
175	闸口⑥：456-143	残损	11.2	0.6	0.6	残	
176	闸口⑥：456-144	残损	9.8	0.8	0.4	残	
177	闸口⑥：456-145	残损	11.9	0.8	0.8	残	
178	闸口⑥：456-146	残损	12.5	0.7	0.6	残	
179	闸口⑥：456-147	残损	11.9	0.6	0.6	残	
180	闸口⑥：456-148	残损	9.7	0.8	0.7	残	
181	闸口⑥：456-149	残损	11.4	1	0.8	残	
182	闸口⑥：456-150	残损	10.3	0.6	0.6	残	
183	闸口⑥：456-151	残损	11.1	0.7	0.6	残	
184	闸口⑥：456-152	残损	9.1	0.7	0.5	残	器身弯曲

序号	编号	顶端形态	长	宽	厚	保存情况	备注
185	闸口⑥：456-153	残损	10	0.6	0.6	残	
186	闸口⑥：456-154	残损	8	0.7	0.7	残	
187	闸口⑥：456-155	残损	9.6	0.8	0.7	残	
188	闸口⑥：456-156	残损	7.2	0.6	0.4	残	
189	闸口⑥：456-157	残损	9	0.6	0.4	残	
190	闸口⑥：456-158	残损	10.6	0.8	0.6	残	
191	闸口⑥：456-159	残损	10.3	0.6	0.5	残	
192	闸口⑥：456-160	残损	10.2	0.5	0.6	残	
193	闸口⑥：456-161	残损	9.7	0.5	0.4	残	
194	闸口⑥：456-162	残损	9	0.5	0.5	残	
195	闸口⑥：456-163	残损	11.4	0.6	0.5	残	
196	闸口⑥：456-164	残损	8.9	0.5	0.6	残	
197	闸口⑥：456-165	残损	9	0.7	0.7	残	
198	闸口⑥：456-166	残损	9.7	1	0.9	残	
199	闸口⑥：456-167	残损	11.2	0.6	0.5	残	
200	闸口⑥：456-168	残损	12.8	0.8	0.5	残	
201	闸口⑥：456-169	残损	8.4	0.6	0.55	残	
202	闸口⑥：456-170	残损	8.1	1.4	1.1	残	
203	闸口⑥：456-171	残损	9.5	0.8	0.7	残	
204	闸口⑥：456-172	残损	7.7	0.7	0.7	残	
205	闸口⑥：456-173	残损	8.7	0.7	0.6	残	
206	闸口⑥：456-174	残损	9.8	0.75	0.65	残	
207	闸口⑥：456-175	残损	10.3	0.6	0.5	残	
208	闸口⑥：456-176	残损	9.3	0.7	0.4	残	
209	闸口⑥：456-177	残损	10.8	0.7	0.5	残	
210	闸口⑥：456-178	残损	11.1	0.6	0.5	残	
211	闸口⑥：456-179	残损	10.2	0.6	0.6	残	
212	闸口⑥：456-180	残损	10.2	0.5	0.5	残	
213	闸口⑥：456-181	残损	9.2	0.5	0.4	残	
214	闸口⑥：456-182	残损	10.1	0.7	0.5	残	
215	闸口⑥：456-183	残损	7.7	0.6	0.4	残	
216	闸口⑥：456-184	残损	7.7	0.6	0.6	残	
217	闸口⑥：456-185	残损	6.2	0.5	0.4	残	

序号	编号	顶端形态	长	宽	厚	保存情况	备注
218	闸口⑥：456-186	残损	7.7	0.7	0.6	残	
219	闸口⑥：456-187	残损	8.7	0.5	0.5	残	器身弯曲
220	闸口⑥：456-188	残损	8.2	0.5	0.5	残	
221	闸口⑥：456-189	残损	8.8	0.6	0.5	残	
222	闸口⑥：456-190	残损	6.2	0.6	0.6	残	
223	闸口⑥：456-191	残损	8.6	0.4	0.4	残	
224	闸口⑥：456-192	残损	6.4	0.5	0.45	残	
225	闸口⑥：456-193	残损	7.5	0.5	0.4	残	
226	闸口⑥：456-194	残损	8.5	0.4	0.4	残	
227	闸口⑥：456-195	残损	9.8	0.9	0.8	残	
228	闸口⑥：456-196	残损	9.2	0.6	0.5	残	
229	闸口⑥：456-197	残损	10	0.7	0.6	残	
230	闸口⑥：456-198	残损	9.5	0.6	0.5	残	
231	闸口⑥：456-199	残损	11.2	0.8	0.5	残	
232	闸口⑥：456-200	残损	8.3	0.6	0.6	残	
233	闸口⑥：456-201	残损	8.7	0.7	0.7	残	
234	闸口⑥：456-202	残损	10.5	0.6	0.6	残	
235	闸口⑥：456-203	残损	11.7	0.8	0.5	残	
236	闸口⑥：456-204	残损	10.5	0.6	0.5	残	器身弯曲
237	闸口⑥：456-205	残损	7.5	0.7	0.6	残	
238	闸口⑥：456-206	残损	11.8	0.7	0.2	残	
239	闸口⑥：456-207	残损	8.6	0.8	0.7	残	
240	闸口⑥：456-208	残损	9.5	0.7	0.7	残	
241	闸口⑥：456-209	残损	7	0.7	0.5	残	
242	闸口⑥：456-210	残损	6.4	0.6	0.5	残	
243	闸口⑥：456-211	残损	8.6	0.8	0.7	残	
244	闸口⑥：456-212	残损	9.8	0.7	0.6	残	
245	闸口⑥：456-213	残损	9.9	0.8	0.5	残	
246	闸口⑥：456-214	残损	6.4	0.6	0.5	残	
247	闸口⑥：456-215	残损	8.1	0.5	0.4	残	
248	闸口⑥：456-216	残损	6.7	0.6	0.5	残	
249	闸口⑥：456-217	残损	4.9	0.5	0.4	残	
250	闸口⑥：456-218	残损	6.9	0.5	0.4	残	

序号	编号	顶端形态	长	宽	厚	保存情况	备注
251	闸口⑥：456-219	残损	4.1	0.6	0.5	残	
252	闸口⑥：456-220	残损	6.3	0.5	0.4	残	
253	闸口⑥：456-221	残损	7.6	0.6	0.6	残	
254	闸口⑥：456-222	残损	5.9	0.6	0.5	残	
255	闸口⑥：456-223	残损	5.8	0.5	0.4	残	
256	闸口⑥：456-224	残损	5.2	0.3	0.3	残	
257	闸口⑥：456-225	残损	4.7	0.25	0.25	残	
258	闸口⑥：456-226	残损	4.9	0.6	0.4	残	
259	闸口⑥：456-227	残损	7	0.2	0.2	残	
260	闸口⑥：456-228	残损	5.3	0.5	0.4	残	
261	闸口⑥：456-229	残损	13	0.6	0.6	残	器身弯曲
262	闸口⑥：456-230	残损	8	0.4	0.4	残	器身弯曲
263	闸口⑥：456-231	残损	14.6	1	0.6	残	器身弯曲
264	闸口⑥：456-232	残损	9.3	0.6	0.5	残	器身弯曲
265	闸口⑥：456-233	残损	9.5	0.6	0.6	残	器身弯曲
266	闸口⑥：456-234	残损	14.6	0.6	0.4	残	器身弯曲
267	闸口⑥：456-235	残损	10.5	1	0.6	残	器身弯曲
268	闸口⑥：456-236	残损	6.3	0.5	0.4	残	器身弯曲
269	闸口⑥：456-237	残损	6.9	0.6	0.4	残	器身弯曲
270	闸口⑥：456-238	残损	8.3	0.6	0.6	残	器身弯曲
271	闸口⑥：456-239	残损	6.7	0.6	0.6	残	器身弯曲
272	闸口⑥：456-240	残损	5.8	0.8	0.8	残	器身弯曲
273	闸口⑥：456-241	残损	6.7	0.55	0.3	残	器身弯曲
274	闸口⑥：456-242	残损	5.9	0.5	0.5	残	器身弯曲
275	闸口⑥：456-244	残损	4.8	0.4	0.4	残	器身弯曲
276	闸口⑥：456-245	残损	4.4	0.4	0.3	残	器身弯曲
277	闸口⑥：456-246	残损	4.4	0.6	0.55	残	器身弯曲
278	闸口⑥：456-247	残损	7.2	0.6	0.5	残	器身弯曲
279	闸口⑥：456-248	残损	5.3	0.9	0.6	残	
280	闸口⑥：456-250	残损	5.9	0.45	0.3	残	器身弯曲
281	闸口⑥：456-251	残损	4	/	/	残	器身弯折
282	闸口⑥：456-252	残损	5.5	0.4	0.2	残	器身弯曲
283	闸口⑥：456-253	残损	4.1	0.5	0.5	残	

序号	编号	顶端形态	长	宽	厚	保存情况	备注
284	闸口⑥: 456-254	残损	5	0.3	0.3	残	器身弯曲
285	闸口⑥: 456-255	残损	3.6	0.45	0.45	残	

附表一六　板闸遗址明代器物登记表（铁骑马钉）

（单位：长度：厘米）

序号	编号	长	宽	厚	保存情况	备注
1	闸口⑥: 21	17.8	1.5	0.4	一端残	
2	闸口⑥: 64	16.5	1.2	0.4	一端残	
3	闸口⑥: 148	28	1.6	0.4	完整	一端有一圆孔
4	闸口⑥: 211	29.4	2.8	0.55	一端残	中部有一圆孔
5	闸口⑥: 253	6	0.7	0.3	完整	弯折严重呈"U"形
6	闸口⑥: 277	20.6	1.5	0.7	完整	扭曲变形
7	闸口⑥: 323-1	17.5	2.2	0.8	一端残	弯折变形
8	闸口⑥: 323-2	7.9	1.9	0.8	一端残	
9	闸口⑥: 454-13	7.2	0.7	0.2	完整	
10	闸口⑥: 454-14	21.7	1.7	0.25	完整	两端各有一圆孔
11	闸口⑥: 454-15	17.3	1.2	0.35	两尖端残	
12	闸口⑥: 454-16	13	2.3	0.25	完整	一端有一圆孔，内存留铁钉1枚
13	闸口⑥: 454-17	17	1.75	0.3	完整	
14	闸口⑥: 454-18	20.8	2.4	0.15	完整	
15	闸口⑥: 454-19	13.9	1.8	0.4	两尖端残	
16	闸口⑥: 454-20	8	1.3	0.15	两尖端残	
17	闸口⑥: 454-21	8.4	1.4	0.15	一尖端残	
18	闸口⑥: 455-1	18.2	2	0.25	一端残	
19	闸口⑥: 455-2	18.3	2	0.25	两端残	
20	闸口⑥: 455-3	18.4	1.9	0.45	一端残	中部有一圆孔
21	闸口⑥: 455-4	16.2	1.8	0.35	一端残	
22	闸口⑥: 455-5	17.8	1.6	0.15	一端残	钉身弯折
23	闸口⑥: 455-6	13.4	1.9	0.2	一端残	残存一端有一圆孔
24	闸口⑥: 455-7	15.3	2	0.15	完整	扭曲变形
25	闸口⑥: 455-8	11.1	1.2	0.3	完整	中部弯曲
26	闸口⑥: 455-9	15.6	1.5	0.4	一端残	弯折变形

序号	编号	长	宽	厚	保存情况	备注
27	闸口⑥：455-10	11.2	1.8	0.3	两端残	
28	闸口⑥：455-11	23	1.6	0.4	完整	扭曲变形
29	闸口⑥：455-12	18.3	2.1	0.25	完整	扭曲变形；两端各有一圆孔
30	闸口⑥：455-13	10.9	1.8	0.25	两尖端残	
31	闸口⑥：455-14	11.7	1.9	0.25	两端残	中部有一圆孔
32	闸口⑥：455-15	13.8	1.7	0.25	两端残	
33	闸口⑥：455-16	16	1.9	0.4	完整	弯折变形
34	闸口⑥：455-17	17	2.7	0.4	两端残	
35	闸口⑥：455-18	14.8	1.6	0.45	两端残	
36	闸口⑥：455-19	17.7	2.5	0.55	两端残	
37	闸口⑥：455-20	20.2	1.8	0.5	完整	扭曲变形
38	闸口⑥：455-21	15.7	1.7	0.15	一端残	
39	闸口⑥：455-22	14.6	1.3	0.35	两端残	
40	闸口⑥：455-23	15.5	1.6	0.35	完整	扭曲变形
41	闸口⑥：455-24	18.1	1.4	0.3	一端残	弯折变形
42	闸口⑥：455-25	15	1.6	0.2	一端残	
43	闸口⑥：455-26	18.3	2.2	0.15	两端残	中部及两端各有一圆孔
44	闸口⑥：455-27	9.6	1.3	0.45	两端残	
45	闸口⑥：455-28	25.8	1.9	0.25	完整	弯折变形；两端各有一圆孔
46	闸口⑥：455-29	19.3	2	0.25	一端残	
47	闸口⑥：455-30	17.6	0.9	0.15	两端残	
48	闸口⑥：455-31	20.8	1.5	0.3	完整	扭曲变形
49	闸口⑥：455-32	14.7	1.6	0.7	完整	
50	闸口⑥：455-33	26.2	2.2	0.4	完整	弯折变形；两端各有一圆孔
51	闸口⑥：455-34	17.6	0.4	0.4	两端残	整体呈细枝杜状
52	闸口⑥：455-35	8	1.2	0.1	完整	弯折变形
53	闸口⑥：455-36	6.7	0.9	0.2	完整	
54	闸口⑥：455-37	6.5	1.1	0.15	完整	
55	闸口⑥：455-38	12.4	1.4	0.15	完整	弯折变形
56	闸口⑥：455-39	11.2	1.4	0.2	一端残	
57	闸口⑥：455-40	12.6	1.7	0.15	完整	

序号	编号	长	宽	厚	保存情况	备注
58	闸口⑥：455-41	12	1.7	0.15	一端残	
59	闸口⑥：455-42	7.3	0.9	0.2	一端残	扭曲变形
60	闸口⑥：455-43	8.8	1.9	0.3	一端残	
61	闸口⑥：455-44	14.6	1.8	0.15	一端残	
62	闸口⑥：455-45	12.4	1.3	0.7	一端残	
63	闸口⑥：455-46	8.4	0.8	0.2	完整	扭曲变形
64	闸口⑥：455-47	6.6	1.7	0.2	一端残	
65	闸口⑥：456-19	11.5	0.8	0.5	一尖端残	
66	闸口⑥：456-20	9.6	1.7	0.5	两端残	
67	闸口⑥：456-21	14.7	2.1	0.4	两尖端残	
68	闸口⑥：456-22	12.7	1.7	0.25	两端残	中部及两端各有一圆孔
69	闸口⑥：456-23	8	0.9	0.4	一尖端残	
70	闸口⑥：456-24	12.7	0.7	0.3	完整	扭曲变形
71	闸口⑥：456-25	9.1	0.8	0.2	一尖端残	
72	闸口⑥：456-26	8	0.8	0.3	一尖端残	
73	闸口⑥：456-27	5	1.8	0.2	一尖端残	
74	闸口⑥：456-243	7.7	0.6	0.2	一尖端残	
75	闸口⑥：461-4	22.1	3.6	0.2	一端残	中部有一圆孔
76	闸口⑥：461-5	19.6	1.8	0.3	完整	弯折变形
77	闸口⑥：461-6	21	1.5	0.3	完整	扭曲变形
78	闸口⑥：461-7	17.8	2	0.35	一尖端残	
79	闸口⑥：461-8	11.7	1.6	0.15	一端残	
80	闸口⑥：461-9	18.9	1.8	0.2	一尖端残	
81	闸口⑥：461-10	13.9	1.8	0.5	一尖端残	
82	闸口⑥：461-11	16.9	1.6	0.4	一端残	两端各有一圆孔
83	闸口⑥：461-12	17	1.9	0.2	一尖端残	
84	闸口⑥：461-13	13.5	1.9	0.3	两端残	
85	闸口⑥：461-14	12.2	1.4	0.25	完整	
86	闸口⑥：461-15	16.8	1.5	0.4	完整	扭曲变形
87	闸口⑥：567	6.4	1.1	0.2	完整	

附表一七　板闸遗址明代器物登记表（铁钩刺）

（单位：长度：厘米）

序号	编号	尖部形态	钩部横截面形状	长	钩厚	柄厚	保存情况	备注
1	闸口⑥：56	棱锥状	长方形	10.4	1.3	0.5	残	
2	闸口⑥：62	棱锥状	长方形	16.4	1	0.4	残	
3	闸口⑥：63	棱锥状	长方形	25.3	1.5	0.7	残	柄部正中及尾端各有一圆孔，分别存留铁钉一枚
4	闸口⑥：110	棱锥状	长方形	20	1.1	0.5	完整	柄部尾端有一圆孔
5	闸口⑥：141	棱锥状	圆形	9.9	1.2	0.5	残	
6	闸口⑥：142	棱锥状	长方形	20.9	1.1	0.5	完整	
7	闸口⑥：170	棱锥状	长方形	18.8	1	0.3	完整	柄部正中有一圆孔，尾端卷曲成环
8	闸口⑥：173	棱锥状	长方形	17.4	0.8	0.3	残	
9	闸口⑥：175	棱锥状	长方形	23.5	1	0.4	完整	
10	闸口⑥：189	棱锥状	长方形	6.9	1.2	/	残	
11	闸口⑥：194	棱锥状	长方形	16.8	1.1	0.4	完整	柄部正中有一圆孔
12	闸口⑥：215	棱锥状	长方形	11	1.2	0.6	残	
13	闸口⑥：227	棱锥状	长方形	22.6	1.3	0.5	完整	柄部尾端有一圆孔
14	闸口⑥：232	棱锥状	长方形	21	1	0.6	完整	柄部正中有一圆孔，尾端卷曲成环
15	闸口⑥：238	棱锥状	长方形	9.3	1.4	0.8	残	
16	闸口⑥：250-1	棱锥状	圆形	7.8	1.1	0.5	残	
17	闸口⑥：250-2	棱锥状	长方形	20.9	1.1	0.7	完整	
18	闸口⑥：250-3	棱锥状	长方形	20.4	1.3	0.6	残	
19	闸口⑥：257-1	棱锥状	长方形	23	1.2	0.5	完整	
20	闸口⑥：257-2	棱锥状	长方形	7.7	0.9	0.4	残	
21	闸口⑥：257-3	棱锥状	长方形	12.4	1.3	0.6	残	
22	闸口⑥：263	棱锥状	长方形	7.3	1.1	0.7	残	
23	闸口⑥：289	棱锥状	圆形	8.2	1	0.5	残	
24	闸口⑥：315	棱锥状	长方形	20.9	1.3	0.6	残	
25	闸口⑥：316	棱锥状	圆形	17.4	1.4	0.5	完整	
26	闸口⑥：320	圆锥状	长方形	11.4	1.2	0.5	残	柄外存留有木柄及铁箍
27	闸口⑥：325	棱锥状	长方形	20.6	1	0.5	完整	柄部存留有1件铁箍
28	闸口⑥：329	棱锥状	长方形	8.3	1.2	0.5	残	
29	闸口⑥：339	棱锥状	圆形	14.8	1.3	0.9	残	
30	闸口⑥：343-1	棱锥状	圆形	24.4	1.4	1	完整	柄外存留有木柄及铁箍

序号	编号	尖部形态	钩部横截面形状	长	钩厚	柄厚	保存情况	备注
31	闸口⑥：343-2	棱锥状	长方形	26.5	1.2	0.6	完整	
32	闸口⑥：354-1	棱锥状	长方形	19.5	1.3	0.45	完整	
33	闸口⑥：354-2	棱锥状	长方形	11.3	1	0.3	残	
34	闸口⑥：364	棱锥状	圆形	13.5	0.9	0.3	完整	柄部弯折
35	闸口⑥：372	棱锥状	圆形	16.5	1.3	0.5	完整	柄外存留有木柄及铁箍
36	闸口⑥：391-1	棱锥状	长方形	11.2	1	0.6	残	
37	闸口⑥：391-2	棱锥状	圆形	5.2	1.1	0.6	残	
38	闸口⑥：391-3	棱锥状	长方形	10.3	1.1	0.5	残	
39	闸口⑥：391-4	棱锥状	长方形	7.3	1	0.7	残	
40	闸口⑥：391-5	棱锥状	长方形	12.9	1.2	0.4	残	
41	闸口⑥：400-1	棱锥状	长方形	20.4	1.1	0.65	完整	
42	闸口⑥：400-2	棱锥状	圆形	10.3	1	0.4	残	
43	闸口⑥：400-3	棱锥状	圆形	11.2	1.3	0.5	残	
44	闸口⑥：405-1	棱锥状	长方形	9.4	1	0.6	残	
45	闸口⑥：405-2	棱锥状	长方形	12.2	1.4	0.7	残	
46	闸口⑥：405-3	棱锥状	长方形	7.3	1.1	0.6	残	
47	闸口⑥：405-4	棱锥状	圆形	18.4	1.1	0.25	完整	柄外存留有木柄及铁箍；柄部弯折
48	闸口⑥：410-1	棱锥状	长方形	10.7	1	0.4	残	
49	闸口⑥：410-2	棱锥状	圆形	18.8	1.1	0.5	完整	
50	闸口⑥：415-1	棱锥状	长方形	8.2	1.1	0.5	残	
51	闸口⑥：415-2	棱锥状	圆形	11.2	1	0.2	残	
52	闸口⑥：415-3	棱锥状	长方形	7.9	1	/	残	
53	闸口⑥：415-4	棱锥状	圆形	6.7	1.2	/	残	
54	闸口⑥：415-5	棱锥状	长方形	16.3	1	0.8	完整	柄部弯曲
55	闸口⑥：415-6	棱锥状	长方形	14.4	1.2	0.6	残	
56	闸口⑥：415-7	棱锥状	长方形	19.3	1.1	0.3	完整	
57	闸口⑥：430-1	棱锥状	长方形	15.9	1.2	0.4	完整	柄部存留有铁箍、铁钉各1件
58	闸口⑥：430-2	棱锥状	圆形	18.3	1.1	0.3	完整	柄外存留有木柄、铁钉及铁箍
59	闸口⑥：430-3	棱锥状	长方形	23.4	1.2	/	完整	柄外存留有木柄、铁钉及铁箍
60	闸口⑥：430-4	棱锥状	长方形	21	1.1	0.2	完整	
61	闸口⑥：430-5	圆锥状	圆形	19.4	1	0.3	残	

续表

序号	编号	尖部形态	钩部横截面形状	长	钩厚	柄厚	保存情况	备注
62	闸口⑥：430-6	圆锥状	圆形	18.5	1.1	0.2	完整	
63	闸口⑥：430-7	棱锥状	圆形	15.8	0.6	0.5	完整	
64	闸口⑥：430-8	棱锥状	长方形	19.5	1.1	0.3	完整	
65	闸口⑥：430-9	棱锥状	长方形	20.3	1.2	0.5	残	
66	闸口⑥：430-10	棱锥状	长方形	20.2	1.2	0.5	完整	
67	闸口⑥：430-11	棱锥状	圆形	12.4	1.3	0.5	残	
68	闸口⑥：430-12	棱锥状	圆形	10.7	1.5	0.8	残	
69	闸口⑥：430-13	圆锥状	圆形	9.2	1.2	0.6	残	
70	闸口⑥：430-14	棱锥状	长方形	11.8	1	0.4	残	
71	闸口⑥：430-15	棱锥状	圆形	7.4	1.1	0.8	残	
72	闸口⑥：430-16	棱锥状	圆形	9.1	1	0.3	残	
73	闸口⑥：430-17	棱锥状	长方形	8	1.1	0.8	残	
74	闸口⑥：430-18	棱锥状	圆形	6.7	1.2	0.7	残	
75	闸口⑥：430-19	棱锥状	长方形	12.3	/	0.5	残	
76	闸口⑥：430-20	棱锥状	圆形	14.8	1.2	0.6	残	
77	闸口⑥：438-15	棱锥状	长方形	/	1	/	残	仅存钩部
78	闸口⑥：454-30	棱锥状	圆形	18.2	1.2	0.5	残	
79	闸口⑥：454-31	棱锥状	圆形	1.7	1.1	/	残	仅存钩部
80	闸口⑥：454-32	棱锥状	圆形	0.9	1	/	残	仅存钩部

附表一八　板闸遗址明代器物登记表（铁箍）

（单位：长度：厘米）

序号	编号	整体形态	外径	宽	壁厚	保存情况	备注
1	采集：85	圆环状	14.8	2.2	0.5	完整	
2	闸口⑥：65	圆环状	4.2	1	0.25	完整	
3	闸口⑥：66	椭圆环状	4.4	1.2	0.3	完整	
4	闸口⑥：82	圆环状	4.8	1.2	0.4	完整	
5	闸口⑥：84	椭圆环状	18.5	1.8	0.2	残	
6	闸口⑥：206	椭圆环状	6.9	1.1	0.25	完整	
7	闸口⑥：236-1	圆环状	4.2	1.1	0.15	完整	
8	闸口⑥：236-2	圆环状	4.1	1.05	0.15	完整	
9	闸口⑥：254	圆环状	10.5	1.6	0.35	残	

序号	编号	整体形态	外径	宽	壁厚	保存情况	备注
10	闸口⑥：265	圆环状	2.8	1.3	0.25	完整	
11	闸口⑥：276	椭圆环状	10.7	1.3	0.2	完整	
12	闸口⑥：301	椭圆环状	5.4	1.2	0.3	完整	
13	闸口⑥：309	圆环状	5.6	1.2	0.2	完整	
14	闸口⑥：321	圆环状	4.1	1	0.15	完整	
15	闸口⑥：348	圆环状	3.9	1.5	0.2	完整	
16	闸口⑥：366-1	椭圆环状	3.5	2.4	0.25	完整	
17	闸口⑥：366-2	圆环状	3.6	1	0.2	完整	
18	闸口⑥：366-3	圆环状	4.3	1.15	0.2	完整	
19	闸口⑥：366-4	椭圆环状	9	1.2	0.3	完整	
20	闸口⑥：394-1	圆环状	4.3	1.6	0.35	完整	
21	闸口⑥：394-2	圆环状	2.6	1.5	0.3	完整	
22	闸口⑥：403-1	圆环状	3.8	2.2	0.2	完整	
23	闸口⑥：403-2	圆环状	4	1.3	0.2	残	
24	闸口⑥：404-1	圆环状	4.2	1.2	0.2	完整	
25	闸口⑥：404-2	圆环状	4.5	1.4	0.15	完整	
26	闸口⑥：404-3	圆环状	3.4	0.8	0.15	完整	
27	闸口⑥：418-1	圆环状	4.4	1.6	0.1	完整	
28	闸口⑥：418-2	圆环状	3.3	1.1	0.2	完整	
29	闸口⑥：432-1	圆环状	4	1.2	0.15	完整	
30	闸口⑥：432-2	圆环状	3.5	0.9	0.1	完整	
31	闸口⑥：432-3	圆环状	3.7	1.4	0.2	完整	
32	闸口⑥：432-4	椭圆环状	5.8	1.2	0.3	完整	
33	闸口⑥：432-5	圆环状	3.9	1	0.1	完整	
34	闸口⑥：432-6	圆环状	3.1	1.2	0.15	完整	
35	闸口⑥：432-7	圆环状	4.4	1.2	0.15	完整	
36	闸口⑥：432-8	圆环状	4.2	1.2	0.15	完整	
37	闸口⑥：432-9	圆环状	4.3	1.2	0.15	完整	
38	闸口⑥：432-10	圆环状	4.3	1	0.2	完整	
39	闸口⑥：432-11	圆环状	4.6	1.3	0.2	完整	
40	闸口⑥：432-12	圆环状	2	1.5	0.2	完整	
41	闸口⑥：432-16	圆环状	3.7	1.7	0.15	完整	

续表

序号	编号	整体形态	外径	宽	壁厚	保存情况	备注
42	闸口⑥: 432-17	椭圆环状	4.5	0.8	0.15	完整	
43	闸口⑥: 432-18	椭圆环状	5	1.4	0.2	残	
44	闸口⑥: 432-20	椭圆环状	10.3	1.7	0.2	完整	
45	闸口⑥: 432-21	椭圆环状	13.6	2	0.15	完整	略有变形
46	闸口⑥: 432-22	圆环状	9.5	1.5	0.3	完整	
47	闸口⑥: 432-23	圆环状	4.2	1.3	0.2	完整	
48	闸口⑥: 432-24	圆环状	4.1	1.3	0.2	完整	
49	闸口⑥: 432-25	椭圆环状	3.4	1.2	0.15	完整	
50	闸口⑥: 432-26	圆环状	4	1	0.15	完整	
51	闸口⑥: 432-27	圆环状	4.7	1.1	0.15	完整	
52	闸口⑥: 432-28	椭圆环状	4.5	0.9	0.2	完整	
53	闸口⑥: 454-23	圆环状	4.3	1.3	0.2	完整	
54	闸口⑥: 455-44	圆环状	5.1	1.7	0.2	完整	

附表一九 板闸遗址明代遗物登记表（铁钻头）

（单位：长度：厘米）

序号	编号	长	头部宽	柄部宽	保存情况	备注
1	闸口⑥: 68	14.8	1.3	0.6	完整	柄部弯曲
2	闸口⑥: 69	16.1	1.3	0.7	完整	
3	闸口⑥: 162	14.6	1.5	0.7	完整	柄部弯曲
4	闸口⑥: 192	14.9	1.3	0.5	完整	柄部弯曲
5	闸口⑥: 193	7	1.4	/	残	柄部残断
6	闸口⑥: 196-1	8.5	1.4	/	残	柄部残断
7	闸口⑥: 231-1	7.3	1.3	/	残	柄部残断
8	闸口⑥: 231-2	10.3	1.2	0.6	残	柄部残断
9	闸口⑥: 248	13.4	1.5	0.7	完整	柄部弯曲
10	闸口⑥: 264-29	3.6		/	残	仅存部分头部
11	闸口⑥: 312	16	1.1	0.8	完整	柄部弯曲
12	闸口⑥: 338	15.7	1.5	0.7	完整	柄部弯折
13	闸口⑥: 369	19.8	1.4	0.8	完整	
14	闸口⑥: 390-1	17.9	1.5	0.8	完整	柄部弯曲
15	闸口⑥: 390-2	6.9	1.1	/	残	柄部残断
16	闸口⑥: 390-3	9.4	1.4	0.7	残	柄部残断

序号	编号	长	头部宽	柄部宽	保存情况	备注
17	闸口⑥：390-4	7.7	1.2	/	残	柄部残断
18	闸口⑥：401	14.7	1.3	0.5	完整	柄部弯曲
19	闸口⑥：406	14.8	1.3	0.6	完整	柄部弯曲
20	闸口⑥：416-1	13	1.4	0.6	完整	柄部弯曲
21	闸口⑥：416-2	11.5	1.6	0.6	完整	柄部弯曲
22	闸口⑥：416-3	10.5	1.6	0.6	残	柄部残断
23	闸口⑥：416-4	6.6	1.2	/	残	柄部残断
24	闸口⑥：434-1	15.9	1.3	0.6	完整	柄部弯曲
25	闸口⑥：434-2	13.6	1.4	0.8	完整	
26	闸口⑥：434-3	16.2	1.4	0.8	完整	柄部略弯曲
27	闸口⑥：434-4	13.4	1.2	0.7	完整	柄部弯曲
28	闸口⑥：434-5	9.4	1.4	0.7	残	柄部残断
29	闸口⑥：434-6	16	1.8	0.8	完整	
30	闸口⑥：434-7	7.6	1.5	0.8	残	柄部残断，上穿有一铁环
31	闸口⑥：434-8	7.7	1.3	/	残	柄部残断
32	闸口⑥：434-9	4	1.3	/	残	仅存部分头部
33	闸口⑥：434-10	7.1	1.2	/	柄部残缺	
34	闸口⑥：434-11	3.6	1	/	残	仅存部分头部
35	闸口⑥：456-35	4	1.3	/	柄部残缺	仅存部分头部
36	闸口⑥：456-36	3.5	0.9	/	柄部残缺	仅存部分头部

附表二〇　板闸遗址明代器物登记表（铁钩）

（单位：长度：厘米）

序号	编号	整体形态	尾端形态	钩部截面形状	全长	柄长	柄宽	柄厚	钩径	保存情况	备注
1	闸口⑥：76	"J"形	平折	圆形	24.8	/	/	/	0.8	完整	尾端装有一横向木柄
2	闸口⑥：160	"J"形	平折	长方形	16.8	14.6	1.5	0.9	1.2	完整	
3	闸口⑥：197	"S"形	卷曲	圆形	3.7	/	/	/	0.4	完整	
4	闸口⑥：216	"J"形	/	方形	16.5	12.7	1.4	0.7	1.4	柄部尾端残断	
5	闸口⑥：218	"J"形	平折	方形	13.7	12	1.6	0.6	1.4	完整	柄、钩部转折处焊接有一铁箍
6	闸口⑥：235	"J"形	/	长方形	13.7	11.2	1.1	0.7	1	柄部尾端残断	
7	闸口⑥：280	"J"形	卷曲成环	圆形	27	/	/	/	/	完整	两件铁钩套接于一吊环两端而成
8	闸口⑥：284-1	"S"形	卷曲	圆形	6.5	/	/	/	1.1	完整	

序号	编号	整体形态	尾端形态	钩部截面形状	全长	柄长	柄宽	柄厚	钩径	保存情况	备注
9	闸口⑥：284-2	不明	/	长方形	5	/	/	/	1.3	柄部残断	
10	闸口⑥：340	"S"形	卷曲成环	圆形	6.8	/	/	/	0.8	完整	尾端衔一圆形铁环
11	闸口⑥：392-1	"J"形	平折	圆形	19.7	17	1.4	0.8	1.3	完整	
12	闸口⑥：392-2	"J"形	卷曲成环	圆形	18.6	16	0.9	/	1	完整	
13	闸口⑥：392-3	"J"形	平折	长方形	20.8	17.4	1.2	0.6	1	完整	
14	闸口⑥：392-4	"J"形	/	长形	7.6	4.5	1.6	0.8	1.3	柄部残断	
15	闸口⑥：414-1	"J"形	平折	长方形	16.9	14.8	1.2	0.9	1.2	完整	
16	闸口⑥：414-2	"J"形	/	长方形	23	19.5	1.2	0.8	1.1	柄部尾端残断	
17	闸口⑥：414-3	"J"形	/	长方形	10	7.2	1.8	1	1.7	柄部残断	
18	闸口⑥：438-1	"J"形	平折	长方形	25.8	21.3	1.3	0.8	1.3	完整	柄部尾端略有变形
19	闸口⑥：438-2	"J"形	/	圆形	21.8	19.3	1.1	1.1	1.3	柄部尾端残断	
20	闸口⑥：438-3	"J"形	/	长方形	20.8	17.8	1.5	0.8	1.3	柄部尾端残断	
21	闸口⑥：438-4	"J"形	平折	长方形	19	17.5	0.8	0.6	0.8	完整	柄部尾端略有变形
22	闸口⑥：438-5	"J"形	平折	长方形	14.8	11	1.1	0.6	1	完整	
23	闸口⑥：438-6	"J"形	/	长方形	12.5	9.9	1	0.8	0.9	柄部尾端残断	
24	闸口⑥：438-8	"J"形	/	长方形	15.8	13.1	1.1	0.6	1	柄部尾端残断	
25	闸口⑥：438-9	不明	/	长方形	3.8	/	/	/	1.2	仅存部分钩部	
26	闸口⑥：438-10	不明	/	长方形	3.6	/	/	/	1.2	仅存部分钩部	
27	闸口⑥：438-11	不明	/	长方形	2.2	/	/	/	1.4	仅存部分钩部	
28	闸口⑥：438-12	不明	/	长方形	4.4	/	/	/	1.2	仅存部分钩部	
29	闸口⑥：438-13	不明	/	长方形	2.5	/	/	/	1.2	仅存部分钩部	
30	闸口⑥：438-14	"J"形	/	长方形	2	/	/	/	1.3	仅存部分钩部	
31	闸口⑥：438-16	"S"形	卷曲	圆形	2.8	/	/	/	1	钩部残缺	
32	闸口⑥：438-17	"S"形	卷曲成环	长方形	7.9	/	/	/	0.8	完整	尾端套接有一铁环
33	闸口⑥：438-18	"S"形	卷曲	圆形	5.8	/	/	/	0.8	柄部尾端残断	
34	闸口⑥：438-19	"S"形	卷曲	圆形	3.9	/	/	/	0.4	完整	尾端略有变形
35	闸口⑥：438-20	"S"形	卷曲	圆形	3.5	/	/	/	0.3	完整	
36	闸口⑥：454-27	"J"形	卷曲成环	长方形	9	7.2	0.5	0.5	0.4	完整	
37	闸口⑥：454-28	"J"形	/	圆形	6	/	/	/	0.8	柄部残断	
38	闸口⑥：454-29	"J"形	/	圆形	10	/	1	0.9	1.1	柄部残断	

附表二一　板闸遗址明代器物登记表（铁饰件）

（单位：长度：厘米）

序号	编号	整体形态	长	宽	厚	保存情况	备注
1	闸口⑥：105	不明	15.6	8.4	0.2	一端残	
2	闸口⑥：247	两端均作如意状	24.6	7.7	0.2	一端残	
3	闸口⑥：333-1	不明	10	5.7	0.15	仅存中段	器身弯折
4	闸口⑥：333-2	不明	23.3	13.1	0.3	一端残	
5	闸口⑥：358	两端均作如意状	21.1	6.3	0.15	一端残	
6	闸口⑥：461-1	一端作如意状，一端为尖	12.8	6.9	0.2	完整	
7	闸口⑥：461-2	一端作如意状，一端为尖	24.3	9	0.2	完整	
8	闸口⑥：461-3	三角状	20.6	8.7	0.2	稍残	
9	闸口⑥：461-17	不明	20	8	0.2	一端残	
10	闸口⑥：461-18	不明	17.3	6.2	0.2	一端残	
11	闸口⑥：461-19	两端均作如意状	19.2	5.6	0.2	两端稍残	器身弯折
12	闸口⑥：461-20	不明	13.8	6.3	0.2	一端残	
13	闸口⑥：461-21	不明	12.4	6.5	0.15	一端残	
14	闸口⑥：461-22	不明	9.4	6.6	0.15	一端残	
15	闸口⑥：461-23	不明	12.6	6.8	0.2	一端残	
16	闸口⑥：461-24	不明	11.8	4	0.15	仅存中段	
17	闸口⑥：461-25	不明	9.2	5.6	0.15	一端残	
18	闸口⑥：461-26	不明	9	5.7	0.3	一端残	
19	闸口⑥：461-27	不明	10.5	7.6	0.15	一端残	

附表二二　板闸遗址明代器物登记表（铁锔扣）

（单位：长度：厘米）

序号	编号	长	宽	厚	保存情况
1	TG4⑧：1	11.6	11	3.9	残
2	闸口⑥：15	21	11.5	4.3	完整
3	闸口⑥：223	20.6	10.5	2.7	完整
4	闸口⑥：256	22	12.2	6.4	完整
5	闸口⑥：259	20.5	12	4.3	完整
6	闸口⑥：295	21	10.5	3.5	完整
7	闸口⑥：310	20.4	11.4	4.0	完整

序号	编号	长	宽	厚	保存情况
8	闸口⑥：327	20.5	11	2.8	完整
9	闸口⑥：330	20.4	11.4	4.0	完整
10	闸口⑥：349	20.5	12.4	4.8	完整
11	闸口⑥：359	20	12	5	完整
12	闸口⑥：360	20.5	11.9	2.6	完整
13	闸口⑥：382	20.7	12.3	4.5	完整
14	闸口⑥：383	22.7	13	4.4	完整
15	闸口⑥：388	20.3	11.9	3.5	完整
16	闸口⑥：419	21	11.6	3.8	完整
17	闸口⑥：435-1	12.3	12.4	4.4	残
18	闸口⑥：435-2	12.2	12.5	3.4	残

附表二三　板闸遗址明代器物登记表（铁环）

（单位：长度：厘米）

序号	编号	整体形态	外径	截面径	保存情况	备注
1	闸口⑥：52	圆环状	7.8	0.9	残	
2	闸口⑥：123	圆环状	/	0.5	残	
3	闸口⑥：143	圆环状	11.7	1.3	完整	
4	闸口⑥：154	梨形环状	7	0.5	完整	
5	闸口⑥：234	圆环状	4.5	0.4	完整	
6	闸口⑥：375-1	圆环状	2.7	0.3	完整	
7	闸口⑥：375-2	圆环状	2.6	0.25	完整	
8	闸口⑥：432-19	梨形环状	9.8	1.4	完整	
9	闸口⑥：433-5	圆环状	3.1	0.4	残	
10	闸口⑥：433-6	圆环状	4	0.4	残	
11	闸口⑥：433-7	圆环状	2.7	0.3	完整	
12	闸口⑥：433-8	圆环状	3.2	0.4	完整	
13	闸口⑥：433-9	圆环状	2.9	0.4	完整	
14	闸口⑥：433-10	圆环状	4.2	0.6	完整	套接有一小铁环
15	闸口⑥：433-11	椭圆环状	4.3	0.3	完整	
16	闸口⑥：433-12	椭圆环状	3.8	0.35	完整	
17	闸口⑥：433-13	椭圆环状	/	/	残	

附表二四　板闸遗址明代器物登记表（铁链）

（单位：长度：厘米）

序号	编号	组合	长	保存情况
1	闸口⑥：12	1个亚腰椭圆形铁环、22个椭圆形小铁环与1个圆形大铁环套接而成	73.4	完整
2	闸口⑥：53	2个椭圆形铁环套接而成	10.1	完整
3	闸口⑥：79	3个椭圆形小铁环、1个椭圆形大铁环与1个圆形大铁环套接而成	19.8	完整
4	闸口⑥：80	4个椭圆形小铁环与1个圆形大铁环套接而成	22.9	完整
5	闸口⑥：145	6个椭圆形小铁环、1个"S"形铁钩、14个椭圆形铁小环套接而成，末端连接有一石块	37	完整
6	闸口⑥：201	18个椭圆形铁环套接而成	138	完整
7	闸口⑥：305	9个椭圆形小铁环与1个圆形大铁环套接而成	48.1	完整
8	闸口⑥：346-1	1个对折铁条、3个亚腰椭圆形小铁环与1个椭圆形大铁环套接而成	28.3	完整
9	闸口⑥：346-2	16个椭圆形铁环套接而成	28.2	完整
10	闸口⑥：346-3	40个椭圆形小铁环与1个圆形大铁环套接而成	52.7	完整
11	闸口⑥：454-26	6个椭圆形小铁环与1个圆形大铁环套接而成	19	完整
12	闸口⑥：456-33	4个椭圆形铁环套接而成	/	铁环均残断
13	闸口⑥：460-1	9个椭圆形铁环套接而成	/	铁环均残断

附表二五　板闸遗址明代器物登记表（铁吊环）

（单位：长度：厘米）

序号	编号	全长	环外径	环截面径	保存情况	备注
1	闸口⑥：43	4.4	3	0.4	铁条残断	
2	闸口⑥：286	35	12.2	2.4	完整	
3	闸口⑥：109	3.5	3	0.5	铁条残断	
4	闸口⑥：264-27	3.2	2.2	0.3	铁条残断	
5	闸口⑥：432-13	4.4	3.3	0.4	铁条残断	
6	闸口⑥：432-14	3.8	3.3	0.4	铁条残断	
7	闸口⑥：432-15	3.5	3.1	0.3	铁条残断	
8	闸口⑥：433-1	6.2	5.4	0.4	铁条残断	铁环呈椭圆形
9	闸口⑥：433-2	3.6	3.2	0.4	铁条残断	
10	闸口⑥：433-3	5.5	3.2	0.5	铁条残断	
11	闸口⑥：433-4	4.4	3	0.3	铁条残断	
12	闸口⑥：456-32	21.4	9.8	0.7	完整	铁环呈椭圆形

附表二六　板闸遗址明代遗物登记表（铁锚）

（单位：长度：厘米）

序号	编号	整体形态	残长	截面径	保存情况
1	闸口⑥: 71	牛角状	39.1	4.5	残
2	闸口⑥: 81	圆锥状	10.6	2.8	残
3	闸口⑥: 224	牛角状	46.8	5.5	残
4	闸口⑥: 229	牛角状	34	5	残
5	闸口⑥: 441-1	牛角状	28	4.1	残
6	闸口⑥: 441-2	圆锥状	11.4	2.5	残
7	闸口⑥: 441-3	圆锥状	3.8	2	残
8	闸口⑥: 441-4	圆锥状	8.5	1.8	残
9	闸口⑥: 454-22	牛角状	17.3	3.3	残
10	闸口⑥: 457	牛角状	38.1	5	残

附表二七　板闸遗址明代器物登记表（铁刀）

（单位：长度：厘米）

序号	编号	整体形态	长	宽	厚	保存情况	备注
1	闸口⑥: 72	直刀	20.3	9.7	0.8	残	
2	闸口⑥: 166	直刀	13.1	9.2	0.8	残	仅存部分刃部
3	闸口⑥: 171	直刀	16.8	7.3	0.25	残	仅存部分刃部
4	闸口⑥: 217	直刀	12.9	2.1	0.5	残	
5	闸口⑥: 268	直刀	10.7	/	0.2	残	
6	闸口⑥: 378-1	弯刀	14.9	/	0.4	残	
7	闸口⑥: 378-2	直刀	19.1	5.7	0.3	残	柄部残断
8	闸口⑥: 439	直刀	27.4	6.6	0.45	残	
9	闸口⑥: 454-24	直刀	16.5	4.6	0.25	残	仅存部分刃部

附表二八　板闸遗址明代器物登记表（铁扒钉）

（单位：长度：厘米）

序号	编号	长	宽	厚	保存情况	备注
1	闸口⑥: 140	25.4	3.3	1.5	完整	
2	闸口⑥: 314	21.6	3.2	1.6	完整	
3	闸口⑥: 368	20.5	1.9	1.8	完整	
4	闸口⑥: 420	28.4	3.2	1.5	完整	
5	闸口⑥: 324	16	3	1.2	残	
6	闸口⑥: 246	21.5	3.4	1.5	残	

序号	编号	长	宽	厚	保存情况	备注
7	闸口⑥：436-1	28.5	2.7	1.7	完整	
8	闸口⑥：436-2	22.7	3	1.4	完整	
9	闸口⑥：436-3	25.8	2.8	1.4	完整	

附表二九　板闸遗址明代器物登记表（铁叉）

（单位：长度：厘米）

序号	编号	整体形态	齿部形态	铸造方式	全长	柄长	柄宽	柄厚	齿长	齿径	保存情况	备注
1	闸口⑥：112	"U"形	曲齿	不明	7.5	/	/	/	/	1	残	柄外存留有木柄及铁箍
2	闸口⑥：357	"U"形	曲齿	柄、齿一体铸就	31.7	14.3	2	0.8	17.4	1.1	残	一齿残断；柄部尾端有一穿孔，内存留铁钉1枚
3	闸口⑥：362	"U"形	曲齿	柄、齿一体铸就	26	12.5	2.4	0.5	13.4	1.2	完整	柄部尾端有一穿孔
4	闸口⑥：409	"U"形	曲齿	柄、齿套连焊接	13.2	8	1	0.5	6.4	0.45	完整	柄部尾端有一穿孔
5	闸口⑥：431-1	"V"形	直齿	柄、齿一体铸就	17.3	10.8	2.1	0.8	6.5	1.3	完整	
6	闸口⑥：431-2	"V"形	直齿	柄、齿套连焊接	18.9	3.4	1.4	1	15.5	1.4	残	柄部残断
7	闸口⑥：431-3	"U"形	曲齿	柄、齿套连焊接	22.9	9	1.9	1	13.9	1	完整	
8	闸口⑥：431-4	"U"形	曲齿	柄、齿一体铸就	12.2	8.5	2	0.5	3.7	0.9	残	柄部尾端有一穿孔

附表三〇　板闸遗址明代器物登记表（铁权）

（单位：长度：厘米）

序号	编号	底径	高	保存情况	备注
1	闸口⑥：86	4.1	8.1	完整	
2	闸口⑥：226	9.8	13.9	完整	
3	闸口⑥：245	6.8	13.3	完整	
4	闸口⑥：285	3.6	8.8	完整	
5	闸口⑥：303	3.7	3.8	纽残	
6	闸口⑥：402	3.3	7.1	完整	
7	闸口⑥：442	3.8	9	完整	纽上套连有一铁钩

附表三一　板闸遗址明代器物登记表（铁锥）

（单位：长度：厘米）

序号	编号	形状	锥身截面形状	全长	锥截面径	环直径	环截面径	保存情况	备注
1	闸口⑥：188-1	长身小环	方形	19	0.6	1.7	0.4	残	
2	闸口⑥：188-2	短身大环	圆形	8.4	0.3	2.7	0.3	完整	
3	闸口⑥：228	长身小环	圆形	15.2	0.6	3	0.2	完整	器身上穿有1枚铜钱
4	闸口⑥：299	短身大环	圆形	9	0.4	2.9	0.15	完整	
5	闸口⑥：302	长身小环	方形	27.9	0.6	1.4	0.25	完整	
6	闸口⑥：313	短身大环	圆形	12.2	0.5	3.8	0.3	完整	
7	闸口⑥：393-2	长身小环	方形	28.1	0.6	1.1	0.2	完整	
8	闸口⑥：456-249	长身小环	圆形	7.3	0.25	0.7	0.25	完整	器身略弯曲

附表三二　板闸遗址明代器物登记表（铁鱼钩）

（单位：长度：厘米）

序号	编号	截面形状	长	截面径	保存情况	备注
1	闸口⑥：149	椭圆形	5.1	0.2	完整	
2	闸口⑥：317-1	椭圆形	4.5	0.2	完整	
3	闸口⑥：317-2	圆形	3.2	0.2	完整	
4	闸口⑥：371	椭圆形	4.2	0.2	完整	
5	闸口⑥：397-1	圆形	4	0.2	完整	
6	闸口⑥：397-2	圆形	3.6	0.2	完整	

附表三三　板闸遗址明代器物登记表（铁凿）

（单位：长度：厘米）

序号	编号	刃部形态	全长	刃宽	柄宽	柄厚	銎外径	保存情况	备注
1	闸口⑥：16	双面平刃	23.7	2.9	2.1	1	/	残	銎部残断
2	闸口⑥：45	单面平刃	28.5	1.2	0.6	1.8	3	残	残存木柄外露部分长7.6
3	闸口⑥：102	双面弧刃	16.5	4.2	2.6	0.8	2.8	残	
4	闸口⑥：249	双面平刃	15.8	1.7	1.1	0.7	2.5	残	
5	闸口⑥：275	单面平刃	12.1	1.4	0.8	0.8	1.8	残	
6	闸口⑥：440	双面平刃	12.1	1.4	1	0.9	1.8	残	

附表三四　板闸遗址明代器物登记表（铁柄形器）

（单位：长度：厘米）

序号	编号	长	宽	厚	保存情况	备注
1	闸口⑥：54	15.2	5	0.4	残	
2	闸口⑥：103	15.2	6.6	1.4	残	
3	闸口⑥：363	16.5	3.9	0.6	残	器身弯折
4	闸口⑥：408	:21.2	4.9	1.2	残	
5	闸口⑥：456-39	24.1	6.7	1.8	残	

附表三五　板闸遗址明代器物登记表（铁篙钉）

（单位：长度：厘米）

序号	编号	全长	钉身长	钉身宽	钉身厚	銎外径	銎厚	銎宽	保存情况	备注
1	闸口⑥：355	11.2	7.2	1.3	1.8	4	0.5	2.8	残	
2	闸口⑥：384	12.3	7.1	1.5	/	5.2	0.8	3.5	残	
3	闸口⑥：430-21	10.2	6.2	1.1	1.3	4	0.3	1.8	残	

附表三六　板闸遗址明代器物登记表（铁剪刀）

序号	编号	全长	保存情况	备注
1	闸口⑥：279	21	残	一股尖端残
2	闸口⑥：385	34.5	完整	
3	闸口⑥：437	23.2	完整	

附表三七　板闸遗址明代器物登记表（铁针）

序号	编号	长	截面径	保存情况	备注
1	闸口⑥：370-1	4.5	0.1	残	
2	闸口⑥：370-2	7.8	0.1	残	
3	闸口⑥：370-3	4.35	0.1	完整	

附表三八　板闸遗址明代器物登记表（其他铁器）

序号	名称	编号	长	宽	高	直径	厚	保存情况	备注
1	铁鱼叉	闸口⑥：67	13.8			0.9		残	
2	铁扣	TG4⑧：2	9.4	5.3	/	/	/	残	
3	铁饼	ⅡT0506②：5	/	/	/	5.9	1.4	残	
4	异形铁器	ⅡT0513②：1	13.7	7.3	5.9	/		残	
5	铁马衔	采集：86	19.4	/	/	/		残	

序号	名称	编号	长	宽	高	直径	厚	保存情况	备注
6	铁铧	闸口⑥：51	8.2	11.8	/	/	4.5	残	
7	铁斧	闸口⑥：124	11.7	6.2	/	/	3.3	残	
8	铁夯	闸口⑥：222	12	/	/	10.5	/	残	
9	铁铲	闸口⑥：337	28.3	/	/	/	/	残	
10	铁弹簧	闸口⑥：413	/	/	3.9	3.4	1	残	
11	铁镰	闸口⑥：454-25	23.2	6.1	/	/	0.45	残	
12	异形铁器	闸口⑥：456-18	7	4.5	/	/	0.5	残	
13	铁块	闸口⑥：456-28	4.4	4	1.5	/	/	残	
14	铁块	闸口⑥：456-29	2.1	2.1	2.1	/	/	残	
15	铁块	闸口⑥：456-30	2.8	3	1	/	/	残	
16	异形铁器	闸口⑥：456-38	29.5	/	/	2.7	/	残	
17	圆柱形铁器	闸口⑥：361	/	/	12.6	6.2	/	残	
18	环形铁器	闸口⑥：298	9.3	5	/	/	0.7	残	
19	"U"形铁器	闸口⑥：336	12.2	/	/	/	0.4	残	
20	"U"形铁器	闸口⑥：460-2	7.2	1	0.4	/	/	残	
21	弓形铁器	闸口⑥：393-1	30.6	/	/	/	/	残	
22	弓形铁器	闸口⑥：461-16	11.5	/	/	/	/	残	
23	异形铁器	闸口⑥：190	15	/	/	/	/	残	
24	异形铁器	采集：108	18.4	1.9	/	1.8	0.3	残	
25	异形铁器	闸口⑥：104	7.8	0.65	/	/	0.65	完整	
26	铁钳	闸口⑥：300	14.2	1.6	/	/	0.7	残	
27	异形铁器	闸口⑥：322	17.8	1.5	/	/	1.4	残	
28	异形铁器	闸口⑥：365	16	1	/	/	1	残	
29	异形铁器	闸口⑥：454-33	10.6	1.3	/	/	/	残	
30	异形铁器	闸口⑥：454-50	8.4	0.9	/	/	0.8	残	
31	异形铁器	闸口⑥：456-34	10	1.9	/	/	0.4	残	
32	异形铁器	闸口⑥：456-41	16.2	2.1	/	/	0.15	残	
33	异形铁器	闸口⑥：456-42	22.4	1.6	/	/	0.5	残	
34	异形铁器	闸口⑥：456-43	8.2	/	/	0.8	/	残	
35	异形铁器	闸口⑥：460-3	10.1	1.4	/	/	0.4	完整	
36	"T"形铁器	闸口⑥：165	24.3	4.2	/	/	/	残	柄部横截面呈圆形
37	"T"形铁器	闸口⑥：379	15.6	5	/	/	/	残	柄部横截面近方形
38	"T"形铁器	闸口⑥：456-40	7	0.7	/	/	0.65	残	柄部横截面近方形

附表三九　板闸遗址明代器物登记表（其他金属器）

（单位：长度：厘米）

序号	名称	器物编号	长	宽	厚	直径	高	保存情况
1	铜勺	闸口⑥：106	6.7	/	/	/	/	残
2		ⅡT0408②：1	13	7.5	4	/	/	残
3	铜饰件	闸口⑥：237	6.3	/	0.1	/	/	残
4		闸口⑥：293	/	/	/	2.6	0.7	残
5	铜秤盘	闸口⑥：260	/	/	/	3.2	0.5	完整
6		闸口⑥：351	/	/	/	4.3	0.6	完整
7	铜耳勺	闸口⑥：398	9.7	/	/	/	/	完整
8	铜簪	闸口⑥：446	13.2	/	/	/	/	残
9	铜簪	闸口⑥：448-1	11.4	/	/	/	/	残
10	铜簪	闸口⑥：448-2	9.1	/	/	/	/	完整
11	铜簪	闸口⑥：448-3	8.1	/	/	/	/	残
12	铜簪	闸口⑥：448-4	12.3	/	/	/	/	完整
13	铜簪	闸口⑥：448-5	6.3	/	/	/	/	残
14	铜簪	闸口⑥：448-6	10.4	/	/	/	/	残
15	铜簪	闸口⑥：448-7	8.7	/	/	/	/	残
16	铜簪	闸口⑥：448-8	10.2	/	/	/	/	残
17	铜簪	闸口⑥：448-9	7.8	/	/	/	/	残
18	铜簪	闸口⑥：448-10	10.3	/	/	/	/	残
19	金耳勺	闸口⑥：376	11.4	/	/	/	/	完整
20	金耳勺	闸口⑥：445	8.6	/	/	/	/	完整
21	金勺	闸口⑥：444	15.1	/	/	/	/	残
22	锡器盖	闸口⑥：214				6.2	0.7	

附表四〇　板闸遗址清代器物登记表（瓷器）

（单位：长度：厘米）

序号	器形	编号	纹饰	口径	足径	高	保存情况	备注
1	碗	采集：6	团菊纹	14.4	6.3	6.8	残	
2		采集：17	梵文"寿"字纹	11.8	5.2	5.7	残	"福"字款
3		采集：18	婴戏纹	12.3	4.6	5.2	残	酱口，圈足内露胎
4		采集：29	山水纹	11	4.9	3.8	残	花押款
5		采集：45	团花纹	13.5	6.5	7.0	残	酱口；花押款
6		采集：48	莲瓣、水藻海水、海水如意纹	16.0	7.0	9.2	残	

序号	器形	编号	纹饰	口径	足径	高	保存情况	备注
7	碗	采集：62-2	不明	/	4.6	/	无法修复	"全庆（堂）做古制"字款
8		采集：71	喜鹊登梅团花、缠枝莲纹	13.5	6.2	7.1	残	
9		采集：74	/	12.6	5.8	6.2	残	酱口；花押款
10		采集：119	三桃飞鹤纹	16	7.2	7.6	残	
11		采集：121-1	山石花草、松树花草纹	15.8	5.9	7.9	残	"玉石奇玩之珍"款
12		采集：128	海水云气、莲瓣、如意云、水藻海水纹	16.9	6.4	9.5	残	底款不明
13		采集：129	缠枝菊纹	16	6.1	7.6	残	
14		采集：130-1	梵文"寿"字纹	10.2	3.8	4.7	残	笔锭如意款
15		采集：142	三桃、缠枝莲托八宝纹	15.4	7.6	7.9	残	挖足过肩；"福"字款
16		采集：167	折枝灵芝纹	14.3	6.5	6.9	残	花押款
17		采集：168	兰草、菊花纹	13.9	6.1	7	残	花押款
18		采集：169	缠枝花卉、折枝花卉、莲瓣纹	15.1	7	8	残	"福"字款
19		采集：172	简笔画、缠枝莲纹	11.2	5.6	6.4	残	
20		采集：198	执莲童子团花、并蒂莲纹	14	6.7	6.6	残	酱口
21		Ⅱ T0606①：9	枝叶花带、缠枝牡丹纹	11.8	5.2	5.8	残	"□□乾隆年制"款
22		闸口②：477	简笔画、缠枝莲纹	13.9	6	6.6	残	
23		闸口②：469	枝叶花带、缠枝菊纹	15.8	7	7.6	残	"兰花"款
24		闸口②：511	缠枝莲托杂宝纹	11.7	4.8	5.6	残	笔锭如意款
25	盘	采集：89	秋叶纹、题诗	12.1	5.7	3.2	残	酱口
26		采集：99	夔龙、折枝花卉纹	20.4	13	4.2	残	
27		采集：105	梵文"寿"字、"寿"字纹	15.7	9.4	3.7	残	花押款
28		采集：110-2	灵芝纹	15.3	9.7	2.6	残	花押款
29		采集：132	菊花、枝叶花带纹	14.2	6.4	3.6	残	花押款
30		采集：135	凤凰、缠枝牡丹纹	13.8	6	4.2	残	"全庆□做"款
31		采集：138	螭龙纹	15	9	2.8	残	
32		采集：139	山水纹	13.9	5.6	4.5	残	挖足过肩
33		采集：179	/	15	9.1	3.1	残	豆青釉；"大清嘉庆年制"草记款
34		闸口②：478	草叶、冰梅、花篮纹	22	12	3.6	残	斜腹微折
35		采集：8	无	16.0	7.8	4.8	残	酱口
36		采集：10	无	14.2	5.8	3.2	残	酱口
37		采集：12	无	20.2	7.5	5.4	残	酱口

序号	器形	编号	纹饰	口径	足径	高	保存情况	备注
38	盘	采集：13	无	20.3	7.8	5.1	残	酱口
39		采集：14	无	21	8.2	4.7	残	酱口
40		采集：33	无	22	9.0	4.8	残	酱口
41		采集：184	洞石秋叶纹	20.2	7.8	4.5	残	酱口
42		采集：187	牡丹、卷草纹	16.7	6.6	4.5	残	
43		采集：188	/	14.8	9	2.8	残	豆青釉、酱口；"大清嘉庆年制"字款
44		采集：189	枝叶花带、洞石秋叶纹	12.6	5.8	3.4	残	酱口
45		采集：190	五蝠捧"寿"、蝙蝠纹	11.6	6	2.6	残	花押款
46		采集：191	枝叶花带、三狮穿花纹	14.9	6.7	4.7	残	挖足过肩；"□玉宝□雅制"款
47		采集：192	牡丹、卷草纹	14	6	3.9	残	"忠有□（美）玉雅□（制）"款
48		采集：193	/	14.8	8.8	2.8	残	豆青釉、酱口；"□清□□□□"款
49		采集：195	夔龙纹、四蝠捧寿纹、蝙蝠纹	15.6	9.2	3	残	花押款
50		采集：197-2	菊花纹	14.4	6.2	3.8	残	"玉堂□器"款
51		采集：203	灵芝、菊花纹	19.5	1.6	3.5	残	花押款
52		闸口②：462	秋叶纹、题诗	11.5	5.2	2.8	残	
53		闸口②：471	枝叶花带、三狮穿花纹	14.7	7	4.4	残	挖足过肩
54	盏	采集：20	/	9.6	4.7	5.2	残	外豆青釉、内青白釉
55		采集：25	/	9.3	4.3	5.0	残	蓝釉，玉璧底，圈足内露胎
56		采集：38	缠枝莲纹	8.8	4.2	6.3	残	花押款
57		采集：44	折枝灵芝纹	8.8	4.5	3.4	残	花押款
58		采集：107	山水人物纹	8.6	4	5.7	残	"福"字款
59		采集：143	缠枝莲纹	8.8	4.6	5.5	残	底款不明
60		采集：144	缠枝莲纹、折枝莲纹	8.2	4.2	4.9	残	树叶款
61		采集：166	竹纹	7	2.8	3.6	残	"雍正年制"款
62		采集：173	折枝花卉、缠枝莲托杂宝纹	9.8	4.5	4.8	残	四朵花款
63		采集：196	折枝灵芝纹	9	4.4	3.5	残	四朵花款
64		闸口②：523	四蝠捧"寿"、蝙蝠纹	8.6	4	3	残	四朵花款
65	杯	采集：54	云纹、团寿、水波、"寿"字纹	6.9	2.7	3.5	残	玉璧底
66		采集：64	简笔画、缠枝花卉、灵芝纹	5.8	2.9	4.3	残	圈足内露胎
67		采集：90	夔龙、花草纹	7.8	3.8	3.8	残	花押款

序号	器形	编号	纹饰	口径	足径	高	保存情况	备注
68		采集：91	动物纹	7.2	3.1	3.6	残	款识不明
69		采集：145	花卉、缠枝牡丹纹	8.5	4.1	5.4	残	"魁□□□"款
70		采集：146	如意、博古纹	6	2.8	2.4	残	花押款
71		采集：147	缠枝花卉纹	5.1	1.9	3.2	残	玉璧底
72		采集：148	折枝花纹、缠枝花卉纹、莲瓣纹	6.6	3.2	4.1	残	"慎友珍玩"款
73		采集：149	折枝花卉、回文、莲瓣、夔龙纹	6.8	3	3.5	残	四朵花款
74		采集：150	简笔画纹	6.7	2.9	4.5	残	
75	杯	采集：157	蝴蝶、喜鹊登梅团花纹	8.9	4	6	残	"奇玉堂制"款
76		采集：158	折枝灵芝纹	6.6	2.8	3.5	残	挖足过肩
77		采集：165	荷花、奇石、稚鸡、灵芝纹	8.5	4	5.8	残	"兴元堂制"款
78		采集：174	简笔画纹	5.6	3.8	5.7	残	花押款
79		采集：176	山花纹	9	3.7	4.9	残	酱口
80		采集：204	垂柳、山水纹	8.4	3.6	5.4	残	花押款
81		采集：205	莲托八宝纹	9.1	3.2	4.9	残	花押款
82		采集：208	洞石、梅花、竹叶、竹石纹	8.6	4	5.8	残	"圣友雅制"款
83		闸口②：464-1	简化花、花卉纹	6	3.2	4.4	残	"翰"字款
84		闸口②：479	/	13.9	6	6.6	残	
85	瓷狮	采集：57	/	/	/	/	残	长4.4、宽3.4、高3.8
86	瓷笔洗	采集：92	缠枝花卉纹	5.8	6	4.1	残	圈足内露胎
87		采集：159	卷云纹	9.5	5.7	2.1	残	
88	瓷盒	采集：182	樱桃纹	9.7	5.5	3.4	残	
89		采集：185	刻划莲瓣纹、弦纹	6.8	5	2.6	残	
90	瓷器盖	闸口②：470	松树纹	6.5	/	1.8	残	

附表四一　板闸遗址清代器物登记表（陶器）

（单位：长度：厘米）

序号	器形	编号	口径	底径	最大腹径	高	保存情况	备注
1	釉陶小壶	采集：61	4.8	9.2	10.6	10.8	完整	乳白釉
2		采集：163	3.8	8.2	/	10.6	残	黄釉
3	釉陶盆	采集：30	17.8	13.4	/	5.7	残	绿釉
4	釉陶器盖	采集：31	子口径15.7、盖沿径19.6	/	/	5.2	残	绿釉，子母口，刻划花纹

附表四二　板闸遗址出土铜钱登记表

（单位：长度：厘米；重量：克）

钱文	编号	字体	直径	穿径	厚度	重量	备注	钱文	编号	字体	直径	穿径	厚度	重量	备注
半两钱	闸口⑥：427-20	大篆	2.34	0.81	0.06	2.1			闸口⑥：292-5	隶书	2.53	0.69	0.11	3.2	
	闸口⑥：427-21	大篆	2.31	0.7	0.1	3			闸口⑥：292-6	隶书	2.29	0.66	0.08	1.7	
开元通宝	闸口⑥：107-1	隶书	2.31	0.57	0.1	3.4			闸口⑥：292-7	隶书	2.42	0.65	0.1	2.8	
	闸口⑥：107-2	隶书	2.19	0.59	0.05	1.5			闸口⑥：292-8	隶书	2.39	0.69	0.11	3.3	
	闸口⑥：107-3	隶书	2.19	0.58	0.04	1.5			闸口⑥：292-9	隶书	2.39	0.66	0.09	2.9	
	闸口⑥：115-1	隶书	2.25	0.6	0.05	1.4			闸口⑥：292-10	隶书	2.35	0.66	0.1	2.8	背一月
	闸口⑥：122-1	隶书	2.43	0.59	0.09	3.7			闸口⑥：292-11	隶书	2.47	0.67	0.12	3.3	
	闸口⑥：122-2	隶书	2.46	0.66	0.08	2.8			闸口⑥：292-12	隶书	2.18	0.58	0.06	1.9	
	闸口⑥：122-3	隶书	2.43	0.64	0.12	4			闸口⑥：292-13	隶书	2.24	0.58	0.09	1.9	
	闸口⑥：122-4	隶书	2.34	0.59	0.09	3.4			闸口⑥：292-14	隶书	2.35	0.65	0.09	2.5	
	闸口⑥：122-5	隶书	2.21	0.69	0.08	2			闸口⑥：292-15	隶书	2.18	0.6	0.07	1.6	
	闸口⑥：122-6	隶书	2.46	0.67	0.09	3.2			闸口⑥：292-16	隶书	2.49	0.68	0.1	2.9	
	闸口⑥：122-7	隶书	2.41	0.65	0.08	2.8			闸口⑥：292-17	隶书	2.18	0.56	0.08	2.1	
	闸口⑥：122-8	隶书	2.34	0.63	0.08	3			闸口⑥：292-18	隶书	2.13	0.62	0.06	1.5	
	闸口⑥：122-9	隶书	2.23	0.6	0.08	1.9		开元通宝	闸口⑥：331-1	隶书	2.47	0.7	0.09	2.8	背一月
	闸口⑥：271-13	隶书	2.4	0.71	0.06	1.7	背一月		闸口⑥：331-2	隶书	2.22	0.6	0.05	1.6	
	闸口⑥：271-14	隶书	2.43	0.67	0.09	3.4	背一月		闸口⑥：331-3	隶书	2.22	0.6	0.06	1.8	
开元通宝	闸口⑥：271-15	隶书	2.36	0.68	0.05	2.2			闸口⑥：331-4	隶书	2.37	0.64	0.09	3	
	闸口⑥：271-16	隶书	2.41	0.63	0.08	2.7			闸口⑥：331-5	隶书	2.45	0.65	0.09	3.2	
	闸口⑥：271-17	隶书	2.36	0.68	0.07	2.5			闸口⑥：331-6	隶书	2.4	0.59	0.11	3.5	
	闸口⑥：271-18	隶书	2.39	0.59	0.11	3.6			闸口⑥：350-23	隶书	2.44	0.66	0.1	2.8	背一月
	闸口⑥：271-19	隶书	2.32	0.6	0.09	3.2	背一月一星		闸口⑥：350-24	隶书	2.38	0.61	0.1	3.3	背一月
	闸口⑥：271-20	隶书	2.15	0.62	0.05	1.9			闸口⑥：350-25	隶书	2.33	0.58	0.09	2.9	
	闸口⑥：271-21	隶书	2.42	0.65	0.09	3.3			闸口⑥：350-26	隶书	2.25	0.63	0.05	1.8	
	闸口⑥：271-22	隶书	2.23	0.64	0.04	1.8			闸口⑥：350-27	隶书	2.44	0.69	0.08	3	
	闸口⑥：271-23	隶书	2.36	0.66	0.09	2.7			闸口⑥：350-28	隶书	2.32	0.63	0.09	2.1	
	闸口⑥：271-24	隶书	2.42	0.67	0.06	2.7			闸口⑥：350-29	隶书	2.3	0.54	0.13	4.3	
	闸口⑥：271-25	隶书	2.17	0.6	0.04	1.6			闸口⑥：350-30	隶书	2.27	0.63	0.09	3.4	
	闸口⑥：271-49	隶书	2.42	0.69	0.06	1.6	残		闸口⑥：350-31	隶书	2.38	0.67	0.11	3.1	
	闸口⑥：292-1	隶书	2.3	0.66	0.08	2.4			闸口⑥：350-62	隶书	2.3	0.65	0.06	1.7	残
	闸口⑥：292-2	隶书	2.31	0.63	0.1	2.7			闸口⑥：374-12	隶书	2.54	0.68	0.11	3.6	背一月
	闸口⑥：292-3	隶书	2.41	0.69	0.07	2.5			闸口⑥：374-13	隶书	2.27	0.65	0.06	1.9	
	闸口⑥：292-4	隶书	2.3	0.54	0.13	3.9			闸口⑥：374-14	隶书	2.19	0.6	0.05	1.8	

钱文	编号	字体	直径	穿径	厚度	重量	备注	钱文	编号	字体	直径	穿径	厚度	重量	备注
开元通宝	闸口⑥：374-15	隶书	2.37	0.61	0.08	2.6		开元通宝	闸口⑥：412-115	隶书	2.25	0.59	0.07	2.2	
	闸口⑥：374-16	隶书	2.46	0.69	0.08	2.7			闸口⑥：412-116	隶书	2.31	0.68	0.07	2.3	
	闸口⑥：374-22	隶书	2.37	0.61	0.08	2.4	残		闸口⑥：412-117	隶书	2.47	0.72	0.1	3.2	
	闸口⑥：396-9	隶书	2.42	0.64	0.08	2.8			闸口⑥：412-118	隶书	2.38	0.68	0.1	2.9	
	闸口⑥：396-10	隶书	2.34	0.61	0.08	3			闸口⑥：412-119	隶书	2.4	0.68	0.06	2.2	
	闸口⑥：396-11	隶书	2.4	0.7	0.07	2.2			闸口⑥：412-120	隶书	2.41	0.64	0.11	3.5	
	闸口⑥：396-12	隶书	2.31	0.65	0.06	2.1			闸口⑥：412-121	隶书	2.43	0.68	0.11	3.4	
	闸口⑥：396-13	隶书	2.39	0.7	0.09	2.7			闸口⑥：412-122	隶书	2.27	0.71	0.1	2.6	
	闸口⑥：396-14	隶书	2.49	0.62	0.09	3.1			闸口⑥：412-123	隶书	2.32	0.65	0.08	2.4	
	闸口⑥：396-15	隶书	2.28	0.62	0.07	2.4			闸口⑥：412-124	隶书	2.11	0.53	0.06	2.1	
	闸口⑥：396-16	隶书	2.43	0.64	0.07	2.7			闸口⑥：412-125	隶书	2.33	0.66	0.08	2.4	
	闸口⑥：396-17	隶书	2.33	0.62	0.09	2.8			闸口⑥：412-126	隶书	2.37	0.6	0.09	3.4	
	闸口⑥：396-18	隶书	2.26	0.62	0.11	3.5			闸口⑥：412-127	隶书	2.34	0.61	0.09	3.1	
	闸口⑥：396-19	隶书	2.41	0.66	0.13	3.6	背一月		闸口⑥：412-128	隶书	2.29	0.6	0.07	2.1	
	闸口⑥：396-20	隶书	2.35	0.62	0.11	3.2	背一月		闸口⑥：412-129	隶书	2.42	0.72	0.05	2.1	
	闸口⑥：412-96	篆书	2.43	0.56	0.07	2.9			闸口⑥：412-130	隶书	2.48	0.64	0.06	2.9	
	闸口⑥：412-97	隶书	2.36	0.62	0.07	2.3	背一月		闸口⑥：412-164	隶书	2.3	0.64	0.06	2	残
	闸口⑥：412-98	隶书	2.39	0.7	0.07	2.3	背一月		闸口⑥：424-29	隶书	2.42	0.69	0.09	2.9	背一月
	闸口⑥：412-99	隶书	2.48	0.64	0.08	2.9	背一月		闸口⑥：424-30	隶书	2.33	0.66	0.07	2.3	背一月
	闸口⑥：412-100	隶书	2.39	0.67	0.07	2.4	背一月		闸口⑥：424-31	隶书	2.4	0.6	0.11	3.1	背"洛"
	闸口⑥：412-101	隶书	2.37	0.59	0.15	4.6	背一月		闸口⑥：424-32	隶书	2.19	0.57	0.08	2.6	
	闸口⑥：412-102	隶书	2.49	0.65	0.09	3.2	背一月		闸口⑥：424-33	隶书	2.17	0.55	0.04	1.5	
	闸口⑥：412-103	隶书	2.48	0.67	0.1	3.1	背一月		闸口⑥：424-34	隶书	2.3	0.61	0.08	2.1	
	闸口⑥：412-104	隶书	2.31	0.63	0.08	2.3			闸口⑥：424-35	隶书	2.18	0.59	0.06	1.5	
	闸口⑥：412-105	隶书	2.41	0.62	0.08	3.1			闸口⑥：424-36	隶书	2.3	0.62	0.07	2	
	闸口⑥：412-106	隶书	2.28	0.66	0.06	1.9			闸口⑥：424-37	隶书	2.44	0.7	0.09	3.5	
	闸口⑥：412-107	隶书	2.4	0.64	0.1	3.1			闸口⑥：424-38	隶书	2.47	0.69	0.11	3.6	
	闸口⑥：412-108	隶书	2.28	0.57	0.06	2.1			闸口⑥：424-39	隶书	2.35	0.63	0.1	3.2	
	闸口⑥：412-109	隶书	2.2	0.58	0.07	2.3			闸口⑥：424-40	隶书	2.23	0.61	0.06	1.9	
	闸口⑥：412-110	隶书	2.35	0.66	0.07	2.6			闸口⑥：424-41	隶书	2.31	0.6	0.08	2.2	
	闸口⑥：412-111	隶书	2.4	0.67	0.09	2.9			闸口⑥：424-42	隶书	2.36	0.7	0.07	2.4	
	闸口⑥：412-112	隶书	2.36	0.66	0.07	2.1			闸口⑥：424-43	隶书	2.21	0.61	0.05	1.2	
	闸口⑥：412-113	隶书	2.49	0.72	0.06	1.9			闸口⑥：424-44	隶书	2.51	0.62	0.09	3.3	
	闸口⑥：412-114	隶书	2.4	0.55	0.11	3.3			闸口⑥：424-45	隶书	2.45	0.66	0.08	2.7	

钱文	编号	字体	直径	穿径	厚度	重量	备注	钱文	编号	字体	直径	穿径	厚度	重量	备注
开元通宝	闸口⑥：424-46	隶书	2.34	0.72	0.07	2.1		开元通宝	闸口⑥：443-216	隶书	2.28	0.61	0.09	1.9	
	闸口⑥：424-85	隶书	2.38	0.66	0.07	2.2	残		闸口⑥：443-217	隶书	2.13	0.56	0.07	2.1	
	闸口⑥：424-86	隶书	2.4	0.7	0.18	3.9	残		闸口⑥：443-218	隶书	2.21	0.57	0.07	2.1	
	闸口⑥：427-45	隶书	2.44	0.66	0.1	3.2			闸口⑥：443-219	隶书	2.3	0.68	0.11	2.9	
	闸口⑥：427-46	隶书	2.32	0.61	0.1	2.6			闸口⑥：443-220	隶书	2.24	0.54	0.07	2.2	
	闸口⑥：443-188	篆书	2.41	0.55	0.11	3.1			闸口⑥：443-221	隶书	2.34	0.65	0.09	2.3	
	闸口⑥：443-93	隶书	2.24	0.65	0.1	2.8			闸口⑥：443-222	隶书	2.35	0.63	0.11	3.1	
	闸口⑥：443-189	隶书	2.38	0.61	0.12	3.4	背上"洛"		闸口⑥：443-223	隶书	2.18	0.57	0.07	2	
	闸口⑥：443-190	隶书	2.29	0.65	0.14	4.2	背上"润"		闸口⑥：443-224	隶书	2.34	0.64	0.08	2.5	
	闸口⑥：443-191	隶书	2.43	0.64	0.1	2.9	背上"梁"		闸口⑥：443-225	隶书	2.34	0.63	0.12	3.1	
	闸口⑥：443-192	隶书	2.34	0.69	0.11	3	背单月		闸口⑥：443-226	隶书	2.41	0.66	0.11	3.3	
	闸口⑥：443-193	隶书	3.01	0.7	0.12	3.3	背单月		闸口⑥：443-227	隶书	2.42	0.63	0.12	3.2	
	闸口⑥：443-194	隶书	2.48	0.68	0.12	3.2	背单月		闸口⑥：443-228	隶书	2.36	0.63	0.11	3.4	
	闸口⑥：443-195	隶书	2.43	0.63	0.11	3	背单月		闸口⑥：443-229	隶书	2.37	0.7	0.12	2.4	
	闸口⑥：443-196	隶书	2.34	0.65	0.08	2.2	背单月		闸口⑥：443-230	隶书	2.39	0.69	0.11	3.2	
	闸口⑥：443-197	隶书	2.44	0.67	0.12	3.8	背单月		闸口⑥：443-231	隶书	2.46	0.69	0.09	2.5	
	闸口⑥：443-198	隶书	2.37	0.7	0.13	3.6	背单月		闸口⑥：443-232	隶书	2.22	0.57	0.06	1.6	
	闸口⑥：443-199	隶书	2.42	0.7	0.09	2.9			闸口⑥：443-233	隶书	2.19	0.59	0.07	1.6	
	闸口⑥：443-200	隶书	2.4	0.71	0.08	1.9			闸口⑥：443-234	隶书	2.29	0.59	0.09	2.6	
	闸口⑥：443-201	隶书	2.36	0.63	0.08	2.2			闸口⑥：443-235	隶书	2.41	0.66	0.11	2.8	
	闸口⑥：443-202	隶书	2.37	0.64	0.1	3.1			闸口⑥：443-236	隶书	2.28	0.6	0.08	2.2	
	闸口⑥：443-203	隶书	2.33	0.55	0.11	2.8			闸口⑥：443-237	隶书	2.24	0.58	0.06	1.8	
	闸口⑥：443-204	隶书	2.32	0.66	0.09	2.8			闸口⑥：443-238	隶书	2.42	0.67	0.11	2.9	
	闸口⑥：443-205	隶书	2.46	0.58	0.12	3.5			闸口⑥：443-239	隶书	2.28	0.66	0.08	1.9	
	闸口⑥：443-206	隶书	2.43	0.66	0.08	2.6			闸口⑥：443-240	隶书	2.23	0.59	0.07	1.9	
	闸口⑥：443-207	隶书	2.39	0.62	0.11	3.1			闸口⑥：443-241	隶书	2.24	0.63	0.09	2.3	
	闸口⑥：443-208	隶书	2.35	0.69	0.07	1.9			闸口⑥：443-242	隶书	2.27	0.59	0.07	2.3	
	闸口⑥：443-209	隶书	2.38	0.68	0.1	2.4			闸口⑥：443-243	隶书	2.43	0.69	0.1	3.3	
	闸口⑥：443-210	隶书	2.19	0.59	0.06	1.4			闸口⑥：443-244	隶书	2.33	0.64	0.08	2.3	
	闸口⑥：443-211	隶书	2.41	0.66	0.07	2.4			闸口⑥：443-245	隶书	2.19	0.58	0.08	1.8	
	闸口⑥：443-212	隶书	2.34	0.68	0.09	2.3			闸口⑥：443-246	隶书	2.31	0.58	0.08	2	
	闸口⑥：443-213	隶书	2.26	0.63	0.09	2.3			闸口⑥：443-248	隶书	2.27	0.56	0.09	2.6	
	闸口⑥：443-214	隶书	2.13	0.6	0.08	1.9			闸口⑥：443-249	隶书	2.3	0.61	0.1	2	
	闸口⑥：443-215	隶书	2.41	0.64	0.13	3.3			闸口⑥：443-250	隶书	2.19	0.69	0.09	1.9	

钱文	编号	字体	直径	穿径	厚度	重量	备注	钱文	编号	字体	直径	穿径	厚度	重量	备注
	闸口⑥：443-251	隶书	2.31	0.66	0.09	1.9		太平通宝	闸口⑥：427-63	隶书	2.36	0.55	0.1	3.4	
	闸口⑥：443-252	隶书	2.44	0.69	0.09	2.8			闸口⑥：427-64	隶书	2.46	0.55	0.11	3.4	
	闸口⑥：443-253	隶书	2.27	0.62	0.09	2.1			闸口⑥：427-65	隶书	2.23	0.5	0.07	2.4	
	闸口⑥：443-254	隶书	2.3	0.66	0.13	2.9			闸口⑥：427-66	隶书	2.45	0.62	0.08	2.7	
	闸口⑥：443-255	隶书	2.34	0.63	0.1	2.9			闸口⑥：122-28	行书	2.42	0.62	0.08	2.6	
	闸口⑥：443-256	隶书	2.34	0.68	0.07	2.4			闸口⑥：427-47	行书	2.41	0.61	0.08	2.2	
	闸口⑥：443-257	隶书	2.29	0.66	0.08	2.3			闸口⑥：427-48	楷书	2.42	0.6	0.1	2.8	
	闸口⑥：443-258	隶书	2.38	0.67	0.1	2.6		淳化元宝	闸口⑥：443-24	草书	2.21	0.54	0.07	2.2	
	闸口⑥：443-259	隶书	2.3	0.6	0.11	2.8			闸口⑥：443-25	行书	2.35	0.58	0.07	2.6	
	闸口⑥：443-260	隶书	2.29	0.57	0.1	2.9			闸口⑥：443-26	行书	2.39	0.53	0.1	3.4	
	闸口⑥：443-261	隶书	2.33	0.65	0.11	2.6			闸口⑥：412-75	行书	2.27	0.55	0.06	2	
	闸口⑥：443-262	隶书	2.21	0.61	0.08	1.9			闸口⑥：271-38	行书	2.25	0.59	0.05	1.7	
	闸口⑥：443-263	隶书	2.36	0.69	0.07	2.3			闸口⑥：271-39	行书	2.42	0.63	0.09	3.1	
	闸口⑥：443-264	隶书	2.21	0.62	0.07	2			闸口⑥：292-81	楷书	2.29	0.55	0.07	2.6	
	闸口⑥：443-265	隶书	2.15	0.56	0.06	1.7			闸口⑥：350-40	楷书	2.26	0.6	0.08	2.7	
	闸口⑥：443-266	隶书	2.21	0.61	0.06	1.4			闸口⑥：350-41	楷书	2.12	0.62	0.05	1.3	
	闸口⑥：443-267	隶书	2.19	0.62	0.05	1.4			闸口⑥：396-41	行书	2.34	0.58	0.07	1.9	
	闸口⑥：443-268	隶书	2.25	0.71	0.06	1.6			闸口⑥：396-42	行书	2.22	0.61	0.04	1.7	
开元通宝	闸口⑥：443-269	隶书	2.37	0.62	0.11	3.4			闸口⑥：412-31	行书	2.11	0.55	0.06	1.7	
	闸口⑥：443-270	隶书	2.3	0.59	0.07	2.1			闸口⑥：412-32	楷书	2.17	0.57	0.07	1.9	
	闸口⑥：443-271	隶书	2.28	0.59	0.1	2.9			闸口⑥：412-33	楷书	2.31	0.54	0.09	3.6	
	闸口⑥：443-272	隶书	2.24	0.64	0.08	1.8			闸口⑥：412-34	楷书	2.28	0.56	0.06	2.6	
	闸口⑥：443-273	隶书	2.26	0.64	0.08	2.5		至道元宝	闸口⑥：412-35	楷书	2.29	0.54	0.06	2.6	
	闸口⑥：443-274	隶书	2.17	0.62	0.08	1.6			闸口⑥：412-36	楷书	2.19	0.65	0.04	1.2	
	闸口⑥：443-275	隶书	2.29	0.7	0.09	2.4			闸口⑥：424-66	行书	2.4	0.56	0.08	2.8	
	闸口⑥：443-276	隶书	2.23	0.75	0.07	1.7			闸口⑥：426-6	行书	2.23	0.57	0.08	2	
	闸口⑥：412-68	隶书	2.25	0.65	0.1	2.3			闸口⑥：427-52	行书	2.25	0.57	0.09	2.7	
	闸口⑥：427-33	楷书	2.31	0.6	0.12	3			闸口⑥：427-53	草书	2.4	0.58	0.08	2.2	
乾元重宝	闸口⑥：427-34	隶书	2.92	0.68	0.06	1.7			闸口⑥：443-39	草书	2.47	0.52	0.08	2.9	
	闸口⑥：443-36	隶书	2.19	0.62	0.07	1.9			闸口⑥：443-40	草书	2.41	0.58	0.1	3.3	
	闸口⑥：443-37	隶书	2.17	0.7	0.12	2.4			闸口⑥：443-41	草书	2.27	0.53	0.09	2.7	
宋元通宝	闸口⑥：427-22	楷书	2.39	0.56	0.14	4.7			闸口⑥：443-42	草书	2.22	0.62	0.08	1.9	
	闸口⑥：424-70	楷书	2.36	0.62	0.07	2.3			闸口⑥：443-43	行书	2.4	0.56	0.1	2.7	
太平通宝	闸口⑥：426-5	隶书	2.38	0.54	0.1	2.5			闸口⑥：443-44	行书	2.1	0.58	0.05	1.4	

钱文	编号	字体	直径	穿径	厚度	重量	备注	钱文	编号	字体	直径	穿径	厚度	重量	备注
至道元宝	闸口⑥：443-45	楷书	2.21	0.55	0.08	2.1			闸口⑥：443-160	楷书	2.42	0.54	0.1	3.4	
	闸口⑥：443-46	楷书	2.17	0.58	0.06	1.5			闸口⑥：443-161	楷书	2.39	0.61	0.07	2.2	
周元通宝	闸口⑥：427-71	楷书	2.25	0.59	0.1	2.3			闸口⑥：443-162	楷书	2.4	0.55	0.1	3.1	
	闸口⑥：443-247	隶书	2.36	0.6	0.1	2.7			闸口⑥：443-163	楷书	2.35	0.54	0.09	2.7	
咸平元宝	闸口⑥：85-4	楷书	2.16	0.52	0.07	2			闸口⑥：443-164	楷书	2.32	0.52	0.09	2.6	
	闸口⑥：122-32	楷书	2.32	0.61	0.08	2.8			闸口⑥：443-165	楷书	2.38	0.57	0.1	3.3	
	闸口⑥：271-32	楷书	2.39	0.61	0.1	3.6			闸口⑥：443-166	楷书	2.31	0.59	0.07	2.1	
	闸口⑥：292-19	楷书	2.35	0.56	0.08	1.3			闸口⑥：443-167	楷书	2.27	0.54	0.07	2.4	
	闸口⑥：292-20	楷书	2.35	0.58	0.09	1.3			闸口⑥：443-168	楷书	2.39	0.61	0.12	3.4	
	闸口⑥：292-21	楷书	2.28	0.61	0.08	1.7			闸口⑥：443-169	楷书	2.34	0.57	0.09	2.5	
	闸口⑥：350-32	楷书	2.16	0.49	0.04	1.6			闸口⑥：443-170	楷书	2.43	0.57	0.09	2.7	
	闸口⑥：350-33	楷书	2.13	0.56	0.07	2			闸口⑥：443-171	楷书	2.23	0.52	0.07	2	
	闸口⑥：350-34	楷书	2.39	0.58	0.06	2.5		咸平元宝	闸口⑥：443-172	楷书	2.35	0.55	0.06	2.1	
	闸口⑥：350-35	楷书	2.23	0.51	0.06	2			闸口⑥：443-173	楷书	2.32	0.55	0.07	2.2	
	闸口⑥：374-19	楷书	2.22	0.55	0.06	2.4			闸口⑥：443-174	楷书	2.37	0.57	0.09	2	
	闸口⑥：396-43	楷书	2.31	0.6	0.04	1.3			闸口⑥：443-175	楷书	2.36	0.52	0.08	2.5	
	闸口⑥：396-45	楷书	2.45	0.6	0.07	2.6	残		闸口⑥：443-176	楷书	2.29	0.53	0.09	2.6	
	闸口⑥：412-51	楷书	2.45	0.58	0.1	3.5			闸口⑥：443-177	楷书	2.31	0.52	0.06	1.6	
	闸口⑥：412-52	楷书	2.3	0.56	0.08	3			闸口⑥：443-178	楷书	2.31	0.54	0.08	2.5	
	闸口⑥：412-53	楷书	2.25	0.49	0.05	2			闸口⑥：443-179	楷书	2.37	0.58	0.08	2	
咸平元宝	闸口⑥：412-54	楷书	2.38	0.56	0.08	3			闸口⑥：443-180	楷书	2.19	0.54	0.07	2.1	
	闸口⑥：412-55	楷书	2.09	0.51	0.08	2.2			闸口⑥：443-181	楷书	2.16	0.59	0.05	1.6	
	闸口⑥：412-56	楷书	2.37	0.57	0.08	2.7			闸口⑥：443-182	楷书	2.11	0.54	0.06	1.4	
	闸口⑥：412-57	楷书	2.3	0.53	0.07	2.3			闸口⑥：443-183	楷书	2.29	0.61	0.12	3.8	
	闸口⑥：424-65	楷书	2.38	0.55	0.1	3.5			闸口⑥：443-184	楷书	2.32	0.64	0.07	1.9	
	闸口⑥：426-7	楷书	2.41	0.57	0.1	3.5			闸口⑥：443-185	楷书	2.25	0.53	0.06	1.4	
	闸口⑥：426-8	楷书	2.45	0.56	0.12	3.3			闸口⑥：443-186	楷书	2.33	0.55	0.09	2.6	
	闸口⑥：426-9	楷书	2.45	0.59	0.1	3.2			闸口⑥：443-187	楷书	2.27	0.54	0.07	1.9	
	闸口⑥：427-29	楷书	2.28	0.57	0.08	2.2			闸口⑥：85-1	楷书	2.44	0.57	0.08	3.3	
	闸口⑥：427-30	楷书	2.27	0.56	0.07	2.1			闸口⑥：114-3	楷书	2.38	0.57	0.07	2.2	
	闸口⑥：443-156	楷书	2.39	0.56	0.1	3		景德元宝	闸口⑥：138-10	楷书	2.14	0.52	0.05	2.1	
	闸口⑥：443-157	楷书	2.27	0.53	0.07	2			闸口⑥：271-1	楷书	2.15	0.53	0.06	2	
	闸口⑥：443-158	楷书	2.28	0.57	0.08	2.3			闸口⑥：271-2	楷书	2.29	0.58	0.05	1.7	
	闸口⑥：443-159	楷书	2.38	0.59	0.08	2.5			闸口⑥：271-3	楷书	2.21	0.54	0.07	2	

钱文	编号	字体	直径	穿径	厚度	重量	备注	钱文	编号	字体	直径	穿径	厚度	重量	备注
	闸口⑥：292-86	楷书	2.42	0.61	0.09	1.9			闸口⑥：443-288	楷书	2.41	0.55	0.12	3.6	
	闸口⑥：292-87	楷书	2.39	0.61	0.08	3			闸口⑥：443-289	楷书	2.34	0.59	0.09	2.8	
	闸口⑥：292-88	楷书	2.4	0.57	0.09	2.9			闸口⑥：443-290	楷书	2.29	0.56	0.07	2.2	
	闸口⑥：292-89	楷书	2.2	0.63	0.07	1.9			闸口⑥：443-291	楷书	2.28	0.56	0.08	2.2	
	闸口⑥：292-90	楷书	2.41	0.62	0.06	2.1			闸口⑥：443-292	楷书	2.42	0.62	0.12	3.6	
	闸口⑥：292-91	楷书	2.38	0.55	0.08	3			闸口⑥：443-293	楷书	2.35	0.6	0.9	2.5	
	闸口⑥：350-44	楷书	2.48	0.56	0.1	2.6		景德元宝	闸口⑥：443-294	楷书	2.28	0.56	0.07	1.9	
	闸口⑥：350-45	楷书	2.45	0.59	0.1	2.9			闸口⑥：443-295	楷书	2.43	0.66	0.07	1.9	
	闸口⑥：350-46	楷书	2.28	0.58	0.09	2.4			闸口⑥：443-296	楷书	2.09	0.68	0.08	1.8	
	闸口⑥：350-47	篆书	2.19	0.68	0.06	1.5			闸口⑥：443-297	楷书	2.42	0.58	0.1	2.9	
	闸口⑥：396-38	楷书	2.39	0.59	0.08	2.3			闸口⑥：443-298	楷书	2.35	0.54	0.07	2.3	
	闸口⑥：412-6	楷书	2.21	0.58	0.07	2.4			闸口⑥：443-299	楷书	2.34	0.57	0.1	3.2	
	闸口⑥：412-7	楷书	2.4	0.6	0.07	3.1			闸口⑥：443-300	楷书	2.28	0.58	0.1	2.7	
	闸口⑥：412-8	楷书	2.42	0.61	0.06	2.3			闸口⑤：75	楷书	2.36	0.54	0.07	2.9	
	闸口⑥：412-9	楷书	2.38	0.67	0.07	2.6			闸口⑥：85-3	楷书	2.08	0.59	0.06	1.2	
	闸口⑥：412-10	楷书	2.46	0.56	0.1	3.3			闸口⑥：122-25	楷书	2.26	0.58	0.07	2.7	
	闸口⑥：412-11	楷书	2.34	0.56	0.08	2.5			闸口⑥：122-26	楷书	2.23	0.57	0.07	2.3	
景德元宝	闸口⑥：412-12	篆书	2.1	0.61	0.06	1.6			闸口⑥：122-27	楷书	2.25	0.56	0.08	2.1	
	闸口⑥：424-63	楷书	2.4	0.59	0.06	2.2			闸口⑥：122-20	楷书	2.26	0.55	0.05	1.8	残
	闸口⑥：424-64	楷书	2.14	0.54	0.07	2.1			闸口⑥：271-36	楷书	2.15	0.55	0.04	1.6	
	闸口⑥：426-10	楷书	2.41	0.6	0.1	3.2			闸口⑥：271-37	楷书	2.06	0.59	0.05	1.4	
	闸口⑥：426-11	楷书	2.38	0.59	0.07	2.6			闸口⑥：292-31	楷书	2.36	0.6	0.07	2.9	
	闸口⑥：426-12	楷书	2.32	0.55	0.07	2.6			闸口⑥：292-32	楷书	2.31	0.54	0.07	2.5	
	闸口⑥：426-13	楷书	2.46	0.59	0.13	3.8		祥符通宝	闸口⑥：292-33	楷书	2.2	0.58	0.05	1.8	
	闸口⑥：427-13	楷书	2.34	0.61	0.1	3			闸口⑥：292-34	楷书	2.38	0.6	0.1	3.6	
	闸口⑥：427-14	楷书	2.41	0.6	0.09	3			闸口⑥：292-35	楷书	2.33	0.55	0.06	2.9	
	闸口⑥：443-280	楷书	2.47	0.57	0.11	3.5			闸口⑥：350-1	楷书	2.36	0.6	0.06	2.4	
	闸口⑥：443-281	楷书	2.44	0.57	0.1	4			闸口⑥：350-2	楷书	2.37	0.59	0.09	3.2	
	闸口⑥：443-282	楷书	2.42	0.59	0.1	3.5			闸口⑥：350-3	楷书	2.25	0.59	0.05	1.5	
	闸口⑥：443-283	楷书	2.46	0.58	0.11	3.3			闸口⑥：350-4	楷书	2.14	0.56	0.06	1.7	
	闸口⑥：443-284	楷书	2.4	0.55	0.12	3.1			闸口⑥：350-63	楷书	2.35	0.65	0.06	2.3	残
	闸口⑥：443-285	楷书	2.43	0.57	0.12	2.9			闸口⑥：374-5	楷书	2.36	0.58	0.05	1.7	
	闸口⑥：443-286	楷书	2.42	0.57	0.12	3.4			闸口⑥：374-6	楷书	2.23	0.52	0.04	1.5	
	闸口⑥：443-287	楷书	2.38	0.59	0.82	2.3			闸口⑥：396-30	楷书	2.26	0.54	0.09	2.9	

钱文	编号	字体	直径	穿径	厚度	重量	备注	钱文	编号	字体	直径	穿径	厚度	重量	备注
祥符通宝	闸口⑥：396-31	楷书	2.38	0.57	0.07	2.7		祥符通宝	闸口⑥：443-404	楷书	2.55	0.63	0.1	3.4	
	闸口⑥：396-32	楷书	2.33	0.64	0.06	2.2			闸口⑥：443-405	楷书	2.55	0.61	0.11	3.6	
	闸口⑥：396-33	楷书	2.2	0.57	0.05	1.5			闸口⑥：443-406	楷书	2.39	0.58	0.1	2.9	
	闸口⑥：396-34	楷书	2.37	0.6	0.08	2.6			闸口⑥：443-407	楷书	2.37	0.61	0.09	2.5	
	闸口⑥：396-44	楷书	2.28	0.6	0.07	2.2	残		闸口⑥：443-408	楷书	2.16	0.56	0.07	1.8	
	闸口⑥：412-131	楷书	2.35	0.6	0.07	2.2			闸口⑥：443-409	楷书	2.41	0.62	0.1	2.8	
	闸口⑥：412-132	楷书	2.37	0.6	0.08	3.1			闸口⑥：443-410	楷书	2.44	0.64	0.12	3.9	
	闸口⑥：412-133	楷书	2.15	0.62	0.07	2			闸口⑥：443-411	楷书	2.19	0.59	0.07	1.8	
	闸口⑥：412-134	楷书	2.16	0.52	0.08	2.3			闸口⑥：443-412	楷书	2.17	0.54	0.09	2	
	闸口⑥：412-135	楷书	2.14	0.58	0.05	1.4			闸口⑥：443-413	楷书	2.22	0.56	0.07	1.8	
	闸口⑥：412-136	楷书	2.37	0.63	0.07	2.2			闸口⑥：443-414	楷书	2.27	0.55	0.08	2	
	闸口⑥：412-137	楷书	2.28	0.6	0.05	1.8			闸口⑥：443-415	楷书	2.31	0.55	0.08	1.9	
	闸口⑥：412-138	楷书	2.25	0.54	0.08	2.3			闸口⑥：443-416	楷书	2.38	0.57	0.1	3.4	
	闸口⑥：412-139	楷书	2.17	0.57	0.05	1.3			闸口⑥：443-417	楷书	2.29	0.58	0.1	2.4	
	闸口⑥：412-140	楷书	2.16	0.61	0.06	1.9			闸口⑥：443-418	楷书	2.38	0.5	0.11	2.7	
	闸口⑥：412-141	楷书	2.34	0.61	0.06	2			闸口⑥：443-419	楷书	2.27	0.55	0.1	2.4	
	闸口⑥：412-142	楷书	2.22	0.54	0.07	2.3			闸口⑥：443-420	楷书	2.28	0.58	0.07	1.9	
	闸口⑥：412-143	楷书	2.33	0.59	0.05	1.9			闸口⑥：443-421	楷书	2.37	0.59	0.08	2.5	
	闸口⑥：412-144	楷书	2.29	0.59	0.06	2.2			闸口⑥：443-422	楷书	2.3	0.57	0.06	1.7	
	闸口⑥：412-145	楷书	2.27	0.52	0.06	2.2			闸口⑥：443-423	楷书	2.24	0.56	0.08	2.2	
	闸口⑥：412-146	楷书	2.31	0.57	0.08	2.1			闸口⑥：443-424	楷书	2.32	0.59	0.09	2.8	
	闸口⑥：412-147	楷书	2.48	0.6	0.08	2.9			闸口⑥：443-425	楷书	2.28	0.58	0.06	1.9	
	闸口⑥．412-148	楷书	2.27	0.63	0.05	1.7			闸口⑥：443-426	楷书	2.39	0.61	0.08	2.7	
	闸口⑥：424-1	楷书	2.46	0.59	0.08	2.8			闸口⑥：443-427	楷书	2.26	0.63	0.09	2.6	
	闸口⑥：424-2	楷书	2.28	0.62	0.06	1.3			闸口⑥：443-428	楷书	2.25	0.59	0.06	1.7	
	闸口⑥：424-3	楷书	2.32	0.52	0.06	2.3			闸口⑥：443-429	楷书	2.3	0.58	0.06	1.7	
	闸口⑥：424-4	楷书	2.28	0.59	0.05	1.4			闸口⑥：443-430	楷书	2.39	0.57	0.11	3.4	
	闸口⑥：424-5	楷书	2.28	0.58	0.06	2			闸口⑥：443-431	楷书	2.47	0.61	0.12	3.3	残
	闸口⑥：424-6	楷书	2.23	0.58	0.06	1.8			闸口⑥：443-432	楷书	2.26	0.53	0.06	1.9	
	闸口⑥：426-26	楷书	2.25	0.55	0.06	2.2			闸口⑥：443-433	楷书	2.26	0.57	0.07	1.7	
	闸口⑥：426-27	楷书	2.11	0.58	0.06	1.7			闸口⑥：443-434	楷书	2.38	0.56	0.08	2.4	
	闸口⑥：427-26	楷书	2.38	0.52	0.11	3.4			闸口⑥：443-435	楷书	2.1	0.61	0.07	1.7	
	闸口⑥：427-27	楷书	2.35	0.58	0.08	2.7			闸口⑥：443-436	楷书	2.22	0.57	0.07	2.2	
	闸口⑥：443-403	楷书	2.27	0.57	0.1	2.6			闸口⑥：443-437	楷书	2.37	0.58	0.11	3.4	

续表

钱文	编号	字体	直径	穿径	厚度	重量	备注
祥符通宝	闸口⑥：443-438	楷书	2.3	5.49	0.11	3.2	
	闸口⑥：443-439	楷书	2.18	0.58	0.6	1.5	
	闸口⑥：443-440	楷书	2.43	0.64	0.09	3.1	
	闸口⑥：443-441	楷书	2.2	0.57	0.07	1.9	
	闸口⑥：443-442	楷书	2.25	0.57	0.09	2.4	
	闸口⑥：443-443	楷书	2.28	0.64	0.1	2.7	
	闸口⑥：443-444	楷书	2.34	0.54	0.09	2.3	
	闸口⑥：443-445	楷书	2.3	0.53	0.1	2.4	
	闸口⑥：443-446	楷书	2.21	0.54	0.06	1.4	
	闸口⑥：443-447	楷书	2.27	0.59	0.09	2	
	闸口⑥：443-448	楷书	2.28	0.53	0.09	2.4	残
	闸口⑥：443-449	楷书	2.3	0.57	0.08	2.3	
	闸口⑥：443-450	楷书	2.53	0.62	0.07	2.6	
祥符元宝	闸口⑥：85-2	楷书	2.28	0.55	0.06	2.1	
	闸口⑥：138-7	楷书	2.43	0.56	0.07	3.1	
	闸口⑥：271-40	楷书	2.37	0.57	0.09	2.7	
	闸口⑥：271-41	楷书	2.19	0.55	0.08	2.3	
	闸口⑥：271-42	楷书	2.32	0.59	0.06	2.4	
	闸口⑥：271-43	楷书	2.14	0.56	0.03	1.4	
	闸口⑥：292-36	楷书	2.32	0.56	0.07	2.4	
	闸口⑥：292-37	楷书	2.38	0.57	0.07	2.4	
	闸口⑥：292-38	楷书	2.3	0.6	0.05	1.8	
	闸口⑥：292-39	楷书	2.19	0.57	0.05	1.7	
	闸口⑥：292-40	楷书	2.39	0.64	0.08	3	
	闸口⑥：292-41	楷书	2.38	0.58	0.06	2.5	
	闸口⑥：292-42	楷书	2.3	0.6	0.06	1.8	
	闸口⑥：292-43	楷书	2.31	0.58	0.06	2.1	
	闸口⑥：331-11	楷书	2.32	0.56	0.06	2.3	
	闸口⑥：350-36	楷书	2.12	0.56	0.05	1.6	
	闸口⑥：350-37	楷书	2.29	0.55	0.08	2.9	
	闸口⑥：350-38	楷书	2.37	0.6	0.06	2.3	
	闸口⑥：350-39	楷书	2.35	0.58	0.07	2.6	
	闸口⑥：374-3	楷书	2.26	0.57	0.05	1.8	
	闸口⑥：380-8	楷书	2.42	0.63	0.06	2.2	

钱文	编号	字体	直径	穿径	厚度	重量	备注
祥符元宝	闸口⑥：396-21	楷书	2.38	0.6	0.07	2.6	
	闸口⑥：396-22	楷书	2.4	0.61	0.1	3.3	
	闸口⑥：396-23	楷书	2.33	0.62	0.08	2.9	
	闸口⑥：396-24	楷书	2.22	0.58	0.06	1.8	
	闸口⑥：396-25	楷书	2.27	0.58	0.06	1.8	
	闸口⑥：412-37	楷书	2.22	0.57	0.06	2.3	
	闸口⑥：412-38	楷书	2.49	0.65	0.09	3.2	
	闸口⑥：412-39	楷书	2.27	0.54	0.07	2.8	
	闸口⑥：412-40	楷书	2.43	0.58	0.08	3.1	
	闸口⑥：412-41	楷书	2.3	0.56	0.05	2.2	
	闸口⑥：412-42	楷书	2.26	0.58	0.05	2	
	闸口⑥：412-162	楷书	2.26	0.55	0.05	1.8	残
	闸口⑥：424-7	楷书	2.43	0.55	0.09	3.1	
	闸口⑥：424-8	楷书	2.37	0.58	0.1	3.1	
	闸口⑥：424-9	楷书	2.3	0.51	0.08	2.7	
	闸口⑥：424-10	楷书	2.32	0.57	0.05	2	
	闸口⑥：424-92	楷书	2.28	0.57	0.05	1.8	残
	闸口⑥：426-14	楷书	2.25	0.72	0.08	2.1	
	闸口⑥：443-363	楷书	2.41	0.55	0.11	3.2	
	闸口⑥：443-364	楷书	2.39	0.53	0.09	2.8	
	闸口⑥：443-365	楷书	2.38	0.54	0.09	2.5	
	闸口⑥：443-366	楷书	2.22	0.57	0.1	2.3	
	闸口⑥：443-367	楷书	2.35	0.58	0.09	2.5	
	闸口⑥：443-368	楷书	2.4	0.61	0.1	3.1	
	闸口⑥：443-369	楷书	2.26	0.53	0.07	1.7	
	闸口⑥：443-370	楷书	2.2	0.53	0.06	1.5	
	闸口⑥：443-371	楷书	2.39	0.59	0.1	2.5	
	闸口⑥：443-372	楷书	2.46	0.64	0.11	2.9	
	闸口⑥：443-373	楷书	2.37	0.6	0.09	2.7	
	闸口⑥：443-374	楷书	2.52	0.62	0.11	3	
	闸口⑥：443-375	楷书	2.36	0.59	0.07	2	
	闸口⑥：443-376	楷书	2.33	0.59	0.07	2.2	两侧剪边
	闸口⑥：443-377	楷书	2.12	0.53	0.07	1.7	
	闸口⑥：443-378	楷书	2.4	0.56	0.09	2.5	

钱文	编号	字体	直径	穿径	厚度	重量	备注	钱文	编号	字体	直径	穿径	厚度	重量	备注
祥符元宝	闸口⑥：443-379	楷书	2.29	0.57	0.07	1.9		天禧通宝	闸口⑥：424-73	楷书	2.33	0.59	0.08	2.7	
	闸口⑥：443-380	楷书	2.37	0.61	0.09	2.5			闸口⑥：424-74	楷书	2.41	0.64	0.08	2.7	
	闸口⑥：443-381	楷书	2.41	0.59	0.09	3			闸口⑥：424-75	楷书	2.47	0.63	0.09	3.3	
	闸口⑥：443-382	楷书	2.23	0.59	0.08	2.3			闸口⑥：424-76	楷书	2.52	0.67	0.11	3.4	
	闸口⑥：443-383	楷书	2.2	0.56	0.06	1.7			闸口⑥：424-77	楷书	2.41	0.67	0.05	2.1	
	闸口⑥：443-384	楷书	2.43	0.64	0.08	2.5			闸口⑥：426-15	楷书	2.38	0.53	0.09	3	
	闸口⑥：443-385	楷书	2.04	0.51	0.07	1.6			闸口⑥：427-50	楷书	2.31	0.56	0.07	2.2	
	闸口⑥：443-386	楷书	2.16	0.55	0.06	1.4			闸口⑥：427-51	楷书	2.37	0.6	0.09	2.9	
	闸口⑥：443-387	楷书	2.18	0.54	0.08	2.2			闸口⑥：443-94	楷书	2.46	0.65	0.09	2.8	
	闸口⑥：443-388	楷书	2.33	0.59	0.08	2			闸口⑥：443-95	楷书	2.41	0.58	0.09	2.7	
	闸口⑥：443-389	楷书	2.29	0.46	0.1	2.9			闸口⑥：443-96	楷书	2.4	0.58	0.09	3	
	闸口⑥：443-390	楷书	2.33	0.57	0.1	2.6			闸口⑥：443-97	楷书	2.34	0.54	0.09	3.1	
	闸口⑥：443-391	楷书	2.35	0.56	0.09	2.7			闸口⑥：443-98	楷书	2.55	0.62	0.11	3.9	
	闸口⑥：443-392	楷书	2.25	0.58	0.09	2.5			闸口⑥：443-99	楷书	2.43	0.6	0.11	3.2	
	闸口⑥：443-393	楷书	2.45	0.61	0.11	3.3			闸口⑥：443-100	楷书	2.39	0.6	0.11	3.4	
	闸口⑥：443-394	楷书	2.42	0.57	0.09	2.4			闸口⑥：443-101	楷书	2.37	0.54	0.1	2.7	
	闸口⑥：443-395	楷书	2.28	0.52	0.08	2.3			闸口⑥：443-102	楷书	2.38	0.58	0.08	2.4	
	闸口⑥：443-396	楷书	2.28	0.57	0.08	2.2			闸口⑥：443-103	楷书	2.37	0.61	0.09	3.2	
	闸口⑥：443-397	楷书	2.42	0.63	0.09	3			闸口⑥：443-104	楷书	2.61	0.65	0.1	3.2	
	闸口⑥：443-398	楷书	2.32	0.61	0.09	2.6			闸口⑥：443-105	楷书	2.32	0.55	0.08	2.9	
	闸口⑥：443-399	楷书	2.25	0.59	0.08	2.2			闸口⑥：443-106	楷书	2.31	0.6	0.1	3.2	
	闸口⑥：443-400	楷书	2.36	0.56	0.1	3.1			闸口⑥：443-107	楷书	2.29	0.56	0.04	1.9	
	闸口⑥：443-401	楷书	2.2	0.55	0.1	2.4			闸口⑥：443-108	楷书	2.28	0.57	0.06	2.1	
	闸口⑥：443-402	楷书	2.42	0.64	0.11	2.9			闸口⑥：443-109	楷书	2.46	0.66	0.07	2.7	
天禧通宝	闸口⑥：107-5	楷书	2.31	0.59	0.06	2.7			闸口⑥：443-110	楷书	2.26	0.55	0.08	3.1	
	闸口⑥：122-33	楷书	2.34	0.63	0.05	1.8		天圣元宝	闸口⑥：122-31	楷书	2.41	0.69	0.08	2.9	
	闸口⑥：271-11	楷书	2.26	0.62	0.06	2			闸口⑥：271-45	楷书	2.27	0.62	0.08	2.4	
	闸口⑥：271-12	楷书	2.43	0.62	0.07	2.4			闸口⑥：292-24	楷书	2.4	0.68	0.12	2.6	
	闸口⑥：292-44	楷书	2.41	0.63	0.07	2.9			闸口⑥：292-25	楷书	2.47	0.7	0.07	3	
	闸口⑥：292-45	楷书	2.52	0.62	0.11	4.2			闸口⑥：292-26	楷书	2.24	0.52	0.05	2.1	
	闸口⑥：350-64	楷书	2.4	0.65	0.06	2.7	残		闸口⑥：292-27	楷书	2.29	0.61	0.07	2.3	
	闸口⑥：380-7	楷书	2.37	0.57	0.06	2.2			闸口⑥：292-28	楷书	2.48	0.67	0.08	2.6	
	闸口⑥：412-69	楷书	2.32	0.58	0.06	2.5			闸口⑥：292-29	楷书	2.35	0.63	0.07	2.4	
	闸口⑥：412-70	楷书	2.34	0.57	0.05	2.3			闸口⑥：292-30	楷书	2.47	0.73	0.06	2.7	

钱文	编号	字体	直径	穿径	厚度	重量	备注	钱文	编号	字体	直径	穿径	厚度	重量	备注
	闸口⑥：350-16	楷书	2.38	0.66	0.07	2.3		明道元宝	闸口⑥：412-58	楷书	2.23	0.69	0.07	2	
	闸口⑥：350-17	楷书	2.43	0.6	0.09	3			闸口⑥：443-6	楷书	2.31	0.53	0.1	2.7	
	闸口⑥：350-18	楷书	2.29	0.62	0.08	2.3		景祐元宝	闸口⑥：85-6	篆书	2.3	0.6	0.06	2	残
	闸口⑥：412-153	篆书	2.43	0.58	0.1	3.6			闸口⑥：122-35	楷书	2.39	0.7	0.08	3.1	
	闸口⑥：412-154	篆书	2.45	0.55	0.1	3.1			闸口⑥：350-7	楷书	2.24	0.51	0.05	1.5	
	闸口⑥：412-155	楷书	2.35	0.59	0.08	2.4			闸口⑥：443-27	楷书	2.48	0.56	0.08	3.3	
	闸口⑥：412-156	楷书	1.97	0.51	0.05	1.2			闸口⑥：443-28	楷书	2.4	0.74	0.09	2.7	
	闸口⑥：412-157	楷书	2.4	0.57	0.11	2.7			闸口⑥：443-279	篆书	2.25	0.64	0.08	2.1	
	闸口⑥：412-158	楷书	2.34	0.66	0.08	2.9			闸口⑥：443-451	篆书	2.18	0.61	0.07	1.8	
	闸口⑥：424-50	楷书	2.3	0.75	0.08	2.3			闸口⑥：122-21	楷书	2.3	0.63	0.06	1.6	
	闸口⑥：424-51	楷书	2.42	0.63	0.09	2.4			闸口⑥：122-22	楷书	2.43	0.77	0.08	2.8	
	闸口⑥：424-52	篆书	2.35	0.71	0.07	2			闸口⑥：122-23	楷书	2.39	0.63	0.05	2	
	闸口⑥：426-16	隶书	2.09	0.58	0.11	2.5			闸口⑥：122-24	篆书	2.48	0.76	0.09	3.1	
	闸口⑥：427-17	楷书	2.5	0.67	0.11	3.6			闸口⑥：138-8	楷书	2.06	0.61	0.08	2	
	闸口⑥：427-18	楷书	2.25	0.62	0.09	2.2			闸口⑥：292-82	楷书	2.49	0.71	0.09	3.6	
	闸口⑥：427-19	篆书	2.43	0.63	0.12	3.4			闸口⑥：292-83	楷书	2.27	0.66	0.06	2.8	
天圣元宝	闸口⑥：443-137	篆书	2.42	0.62	0.1	3			闸口⑥：292-84	楷书	2.3	0.61	0.07	2.4	
	闸口⑥：443-138	篆书	2.29	0.66	0.11	3.2			闸口⑥：292-85	楷书	2.42	0.68	0.08	2.8	
	闸口⑥：443-139	篆书	2.36	0.67	0.1	3.1			闸口⑥：350-42	篆书	2.25	0.64	0.07	2.5	
	闸口⑥：443-140	篆书	2.46	0.65	0.1	3.2			闸口⑥：350-43	篆书	2.13	0.58	0.06	1.7	
	闸口⑥：443-141	篆书	2.43	0.64	0.1	3			闸口⑥：374-7	楷书	2.39	0.6	0.08	2.3	
	闸口⑥：443-142	篆书	2.45	0.64	0.11	3.1	皇宋通宝		闸口⑥：374-8	楷书	2.51	0.75	0.06	2.5	
	闸口⑥：443-143	篆书	2.39	0.6	0.1	3.3			闸口⑥：380-9	篆书	2.47	0.61	0.08	3.4	
	闸口⑥：443-144	篆书	2.46	0.61	0.12	3.3			闸口⑥：380-10	篆书	2.47	0.73	0.08	2.7	
	闸口⑥：443-145	楷书	2.41	0.66	0.09	3			闸口⑥：396-40	篆书	2.39	0.66	0.08	2.5	
	闸口⑥：443-146	楷书	2.32	0.55	0.1	2.7			闸口⑥：396-47	楷书	2.45	0.71	0.08	2.4	残
	闸口⑥：443-147	楷书	2.29	0.58	0.08	2.2			闸口⑥：412-2	楷书	2.13	0.6	0.07	1.9	
	闸口⑥：443-148	楷书	2.22	0.6	0.07	1.8			闸口⑥：412-3	楷书	2.03	0.62	0.07	2.1	
	闸口⑥：443-149	楷书	2.3	0.6	0.11	3.6			闸口⑥：412-4	篆书	2.38	0.63	0.07	3	
	闸口⑥：443-150	楷书	2.4	0.62	0.1	3			闸口⑥：412-5	篆书	2.44	0.66	0.09	3.2	
	闸口⑥：443-151	楷书	2.44	0.64	0.09	2.7			闸口⑥：412-165	篆书	2.32	0.62	0.05	2.7	残
	闸口⑥：443-152	楷书	2.3	0.6	0.08	2			闸口⑥：424-57	篆书	2.47	0.75	0.08	3	
	闸口⑥：443-153	楷书	2.2	0.61	0.07	2			闸口⑥：424-58	楷书	2.23	0.52	0.06	1.9	
	闸口⑥：443-154	楷书	2.1	0.52	0.07	2			闸口⑥：424-59	楷书	2.19	0.64	0.06	1.8	

钱文	编号	字体	直径	穿径	厚度	重量	备注
皇宋通宝	闸口⑥：424-89	楷书	2.3	0.6	0.07	1.8	残
	闸口⑥：424-94	楷书	2.45	0.75	0.1	2.7	残
	闸口⑥：427-23	隶书	2.31	0.64	0.1	2.7	
	闸口⑥：427-24	楷书	2.29	0.6	0.11	3.1	
	闸口⑥：427-25	楷书	2.27	0.59	0.08	2.6	
	闸口⑥：426-23	篆书	2.33	0.63	0.1	2.5	
	闸口⑥：443-111	篆书	2.47	0.62	0.09	3	
	闸口⑥：443-112	篆书	2.46	0.72	0.1	3.7	
	闸口⑥：443-113	篆书	2.25	0.65	0.07	1.9	
	闸口⑥：443-114	篆书	2.41	0.64	0.09	3	
	闸口⑥：443-115	篆书	2.38	0.64	0.1	3.1	
	闸口⑥：443-116	篆书	2.31	0.59	0.08	2.1	
	闸口⑥：443-117	篆书	2.38	0.62	0.07	2.1	
	闸口⑥：443-118	篆书	2.44	0.73	0.1	3.3	
	闸口⑥：443-119	篆书	2.42	0.69	0.12	3.3	
	闸口⑥：443-120	楷书	2.39	0.62	0.1	2.9	
	闸口⑥：443-121	楷书	2.42	0.64	0.09	2.6	
	闸口⑥：443-122	楷书	2.22	0.54	0.08	2.2	
	闸口⑥：443-123	楷书	2.38	0.6	0.08	2.4	
	闸口⑥：443-124	楷书	2.43	0.8	0.09	2.7	
	闸口⑥：443-125	楷书	2.35	0.61	0.07	2.5	
	闸口⑥：443-126	楷书	2.24	0.52	0.1	2.5	
	闸口⑥：443-127	楷书	2.11	0.55	0.07	1.8	
	闸口⑥：443-128	楷书	2.41	0.64	0.1	3.2	
	闸口⑥：443-129	楷书	2.21	0.63	0.07	1.8	
	闸口⑥：443-130	楷书	2.36	0.64	0.07	2.8	
	闸口⑥：443-131	楷书	2.28	0.55	0.07	2.6	
	闸口⑥：443-132	楷书	2.33	0.59	0.07	2.1	
	闸口⑥：443-133	楷书	2.25	0.62	0.09	2.4	
	闸口⑥：443-134	楷书	2.1	0.63	0.06	1.2	
	闸口⑥：443-135	楷书	2.27	0.66	0.06	1.6	
	闸口⑥：443-136	楷书	2.21	0.57	0.06	1.5	
至和元宝	闸口⑥：412-76	篆书	2.33	0.56	0.11	3.3	
	闸口⑥：412-79	篆书	2.41	0.74	0.06	2.5	
嘉祐通宝	闸口⑥：85-5	篆书	2.44	0.72	0.05	2.4	
	闸口⑥：426-17	楷书	2.37	0.7	0.1	3.4	
	闸口⑥：427-54	楷书	2.57	0.73	0.1	3.4	
	闸口⑥：427-55	篆书	2.51	0.68	0.09	3	
	闸口⑥：443-542	楷书	2.41	0.72	0.08	3.2	
	闸口⑥：443-543	楷书	2.35	0.62	0.09	3.2	
	闸口⑥：350-6	楷书	2.25	0.59	0.05	2.1	
	闸口⑥：374-17	楷书	2.35	0.59	0.08	2.4	
	闸口⑥：374-18	楷书	2.23	0.58	0.06	1.9	
	闸口⑥：424-60	篆书	2.16	0.66	0.07	2.1	
	闸口⑥：424-61	楷书	2.21	0.58	0.05	1.4	
	闸口⑥：443-29	楷书	2.34	0.63	0.11	3.3	
	闸口⑥：443-30	楷书	2.42	0.68	0.1	3.3	
治平元宝	闸口⑥：271-33	篆书	2.29	0.63	0.07	2.6	
	闸口⑥：292-79	篆书	2.28	0.6	0.08	2.2	
	闸口⑥：350-5	篆书	2.26	0.6	0.08	2.6	
	闸口⑥：374-2	篆书	2.24	0.67	0.04	1.9	
	闸口⑥：412-43	篆书	2.34	0.59	0.09	2.9	
	闸口⑥：412-44	篆书	2.36	0.62	0.07	3	
	闸口⑥：412-45	篆书	2.28	0.61	0.07	2.4	
	闸口⑥：412-46	篆书	2.34	0.6	0.07	2.2	
	闸口⑥：424-62	楷书	2.31	0.65	0.06	2	
	闸口⑥：424-62	楷书	2.37	0.69	0.06	2.2	残
	闸口⑥：427-10	楷书	2.36	0.56	0.1	2.8	
	闸口⑥：427-11	楷书	2.38	0.66	0.08	2.8	
	闸口⑥：427-12	篆书	2.39	0.61	0.09	2.8	
	闸口⑥：443-9	篆书	2.41	0.65	0.09	2.5	
	闸口⑥：443-10	篆书	2	0.51	0.07	1.9	
	闸口⑥：443-277	篆书	2.41	0.63	0.1	3.3	
	闸口⑥：443-278	篆书	2.39	0.6	0.11	2.4	
熙宁元宝	闸口⑥：350-8	篆书	2.5	0.65	0.08	3.1	
	闸口⑥：374-20	楷书	2.44	0.69	0.05	2.4	
	闸口⑥：374-21	楷书	2.18	0.63	0.05	1.7	
	闸口⑥：412-47	篆书	2.4	0.62	0.11	3.5	

钱文	编号	字体	直径	穿径	厚度	重量	备注	钱文	编号	字体	直径	穿径	厚度	重量	备注
熙宁元宝	闸口⑥：412-48	楷书	2.38	0.63	0.1	3.5		元丰通宝	闸口⑥：122-19	行书	2.36	0.61	0.1	3.3	
	闸口⑥：412-49	楷书	2.3	0.66	0.09	2.5			闸口⑥：271-26	行书	2.4	0.63	0.12	3.7	
	闸口⑥：412-50	楷书	2.35	0.65	0.08	2.7			闸口⑥：271-27	行书	2.28	0.65	0.05	2.3	
	闸口⑥：424-47	篆书	2.44	0.67	0.09	3.5			闸口⑥：271-28	行书	2.18	0.65	0.05	2	
	闸口⑥：424-48	篆书	2.38	0.68	0.06	2.1			闸口⑥：271-29	行书	2.38	0.61	0.06	2.8	
	闸口⑥：424-49	楷书	2.26	0.66	0.05	1.5			闸口⑥：271-30	篆书	2.29	0.62	0.06	1.8	
	闸口⑥：424-93	楷书	2.4	0.66	0.1	2.8	残		闸口⑥：271-31	篆书	2.28	0.62	0.04	1.9	
	闸口⑥：427-58	楷书	2.35	0.6	0.12	3.2			闸口⑥：292-67	行书	2.27	0.66	0.04	1.5	
	闸口⑥：427-59	楷书	2.49	0.66	0.09	3.4			闸口⑥：292-68	行书	2.37	0.62	0.09	2.8	
	闸口⑥：443-65	篆书	2.43	0.65	0.1	3.3			闸口⑥：292-69	行书	2.4	0.6	0.06	2.1	
	闸口⑥：443-66	篆书	2.38	0.63	0.08	2.3			闸口⑥：292-70	行书	2.41	0.61	0.1	3.1	
	闸口⑥：443-67	篆书	2.4	0.67	0.12	2.9			闸口⑥：292-71	行书	2.2	0.69	0.03	1.2	
	闸口⑥：443-68	篆书	2.42	0.73	0.11	2.9			闸口⑥：292-72	行书	2.36	0.61	0.07	2.6	
	闸口⑥：443-69	篆书	2.36	0.68	0.09	2.8			闸口⑥：292-92	行书	2.4	0.65	0.06	2.1	
	闸口⑥：443-70	篆书	2.31	0.56	0.1	2.3			闸口⑥：292-73	篆书	2.29	0.63	0.06	2.1	
	闸口⑥：443-71	篆书	2.43	0.6	0.11	3.5			闸口⑥：331-7	行书	2.4	0.64	0.06	1.8	
	闸口⑥：443-72	篆书	2.36	0.65	0.1	2.6			闸口⑥：331-8	行书	2.3	0.6	0.06	2.5	
	闸口⑥：443-73	篆书	2.41	0.66	0.09	2.5			闸口⑥：331-9	行书	2.26	0.59	0.06	1.7	
	闸口⑥：443-74	篆书	2.42	0.69	0.12	3.5			闸口⑥：350-13	篆书	2.31	0.61	0.08	2.6	
	闸口⑥：443-75	篆书	2.43	0.66	0.1	3			闸口⑥：350-14	篆书	2.31	0.65	0.06	2.2	
	闸口⑥：443-76	篆书	2.35	0.63	0.06	1.9			闸口⑥：350-65	篆书	2.43	0.68	0.08	2.9	残
	闸口⑥：443-77	篆书	2.37	0.57	0.1	2.8			闸口⑥：350-15	行书	2.43	0.66	0.08	3	
	闸口⑥：443-78	篆书	2.39	0.63	0.14	3.8			闸口⑥：380-3	篆书	2.33	0.62	0.05	2	
	闸口⑥：443-79	篆书	2.28	0.57	0.08	2			闸口⑥：380-4	行书	2.28	0.62	0.07	2.5	
熙宁重宝	闸口⑥：427-61	楷书	2.84	0.69	0.15	5.6			闸口⑥：396-26	行书	2.32	0.54	0.1	3.3	
元丰通宝	闸口⑥：107-6	篆书	2.18	0.56	0.05	1.7			闸口⑥：396-27	行书	2.37	0.56	0.07	2.6	
	闸口⑥：114-2	行书	2.41	0.54	0.09	3.3			闸口⑥：396-28	行书	2.32	0.62	0.07	2.5	
	闸口⑥：115-2	篆书	2.33	0.68	0.05	2.1			闸口⑥：396-29	篆书	2.27	0.57	0.09	2.8	
	闸口⑥：115-3	篆书	2.41	0.69	0.13	4			闸口⑥：412-13	行书	2.39	0.64	0.11	3.9	
	闸口⑥：138-1	篆书	2.45	0.66	0.08	3.1			闸口⑥：412-14	行书	2.43	0.65	0.08	3.1	
	闸口⑥：138-2	行书	2.29	0.58	0.07	2.5			闸口⑥：412-15	行书	2.26	0.6	0.04	2.1	
	闸口⑥：138-3	行书	2.23	0.63	0.12	3.3			闸口⑥：412-16	行书	2.43	0.69	0.09	1	
	闸口⑥：122-17	篆书	2.4	0.62	0.07	3.2			闸口⑥：412-17	行书	2.2	0.59	0.06	2.2	
	闸口⑥：122-18	行书	2.37	0.62	0.08	2.8			闸口⑥：412-18	行书	2.38	0.64	0.09	3.4	

钱文	编号	字体	直径	穿径	厚度	重量	备注	钱文	编号	字体	直径	穿径	厚度	重量	备注
	闸口⑥：412-19	行书	2.26	0.62	0.06	2.6			闸口⑥：443-495	篆书	2.3	0.57	0.06	1.9	
	闸口⑥：412-20	行书	2.4	0.64	0.08	3.3			闸口⑥：443-496	篆书	2.38	0.67	0.08	2.6	
	闸口⑥：412-21	行书	2.2	0.57	0.06	2			闸口⑥：443-497	篆书	2.41	0.66	0.13	3.7	
	闸口⑥：412-22	篆书	2.32	0.68	0.09	2.5			闸口⑥：443-498	篆书	2.31	0.59	0.08	2.3	
	闸口⑥：412-23	篆书	2.29	0.61	0.04	1.4			闸口⑥：443-499	篆书	2.18	0.6	0.08	2	
	闸口⑥：412-24	篆书	2.31	0.62	0.06	2.2			闸口⑥：443-500	篆书	2.35	0.64	0.1	3	
	闸口⑥：412-25	篆书	2.26	0.6	0.05	1.7			闸口⑥：443-501	篆书	2.32	0.62	0.1	2.9	
	闸口⑥：412-26	篆书	2.37	0.6	0.07	3			闸口⑥：443-502	篆书	2.35	0.67	0.11	3	
	闸口⑥：412-27	篆书	2.26	0.65	0.05	1.9			闸口⑥：443-503	篆书	2.42	0.64	0.1	3	
	闸口⑥：412-28	篆书	2.4	0.65	0.07	2.8			闸口⑥：443-504	篆书	2.33	0.55	0.1	2.9	
	闸口⑥：412-29	篆书	2.16	0.6	0.06	1.9			闸口⑥：443-505	篆书	2.34	0.63	0.1	3.1	
	闸口⑥：412-30	篆书	2.33	0.63	0.06	2			闸口⑥：443-506	篆书	2.38	0.74	0.1	2.8	
	闸口⑥：424-78	行书	2.37	0.62	0.09	3.5			闸口⑥：443-507	篆书	2.39	0.64	0.09	3.1	
	闸口⑥：424-79	行书	2.06	0.64	0.04	1.4			闸口⑥：443-508	篆书	2.49	0.63	0.12	4	
	闸口⑥：424-80	行书	2.49	0.66	0.07	3.5			闸口⑥：443-509	篆书	2.34	0.63	0.06	2	
	闸口⑥：424-90	行书	2.12	0.6	0.09	2.8	残		闸口⑥：443-510	篆书	2.4	0.6	0.1	3.2	
元丰通宝	闸口⑥：424-81	篆书	2.4	0.59	0.11	3.3		元丰通宝	闸口⑥：443-511	篆书	2.35	0.6	0.1	3.1	
	闸口⑥：424-82	篆书	2.35	0.64	0.09	3			闸口⑥：443-512	篆书	2.34	0.55	0.09	2.5	
	闸口⑥：424-83	篆书	2.28	0.57	0.06	1.8			闸口⑥：443-513	篆书	2.43	0.69	0.07	2.2	
	闸口⑥：424-84	篆书	2.45	0.69	0.09	2.8			闸口⑥：443-514	篆书	2.23	0.58	0.07	1.9	
	闸口⑥：426-18	隶书	2.47	0.64	0.11	3.8			闸口⑥：443-515	篆书	2.3	0.56	0.07	1.8	
	闸口⑥：427-5	行书	2.37	0.62	0.1	2.6			闸口⑥：443-516	篆书	2.28	0.6	0.07	2	
	闸口⑥：427-6	行书	2.35	0.6	0.1	3.5			闸口⑥：443-517	篆书	2.26	0.63	0.06	1.9	
	闸口⑥：427-7	篆书	2.92	0.7	0.34	6.3			闸口⑥：443-518	行书	2.55	0.62	0.12	4.2	
	闸口⑥：443-155	篆书	2.33	0.68	0.07	1.9			闸口⑥：443-519	行书	2.42	0.66	0.1	2.6	
	闸口⑥：443-486	篆书	2.54	0.55	0.1	3.5			闸口⑥：443-520	行书	2.4	0.64	0.09	3.1	
	闸口⑥：443-487	篆书	2.41	0.62	0.11	3.2			闸口⑥：443-521	行书	2.42	0.62	0.11	3.4	
	闸口⑥：443-488	篆书	2.34	0.6	0.11	3.7			闸口⑥：443-522	行书	2.38	0.6	0.1	3.2	
	闸口⑥：443-489	篆书	2.56	0.61	0.11	3.6			闸口⑥：443-523	行书	2.35	0.6	0.08	2.5	
	闸口⑥：443-490	篆书	2.44	0.67	0.1	3.1	残		闸口⑥：443-524	行书	2.45	0.61	0.1	3.1	
	闸口⑥：443-491	篆书	2.33	0.58	0.08	2.3			闸口⑥：443-525	行书	2.37	0.6	0.1	2.9	
	闸口⑥：443-492	篆书	2.35	0.66	0.09	2.8			闸口⑥：443-526	行书	2.27	0.62	0.08	2.3	
	闸口⑥：443-493	篆书	2.38	0.64	0.1	2.7			闸口⑥：443-527	行书	2.44	0.69	0.13	3.9	
	闸口⑥：443-494	篆书	2.28	0.61	0.07	2	残		闸口⑥：443-528	行书	2.44	0.66	0.09	3.2	

钱文	编号	字体	直径	穿径	厚度	重量	备注	钱文	编号	字体	直径	穿径	厚度	重量	备注
元丰通宝	闸口⑥：443-529	行书	2.32	0.64	0.08	2.3			闸口⑥：412-64	篆书	2.42	0.72	0.09	3.4	
	闸口⑥：443-530	行书	2.32	0.63	0.06	1.9			闸口⑥：412-65	篆书	2.38	0.65	0.07	2.3	
	闸口⑥：443-531	行书	2.19	0.63	0.08	1.7			闸口⑥：412-66	篆书	2.41	0.69	0.08	2.8	
	闸口⑥：443-532	行书	2.41	0.68	0.1	2.9			闸口⑥：412-67	篆书	2.32	0.64	0.09	3	
	闸口⑥：443-533	行书	2.41	0.63	0.11	3.3			闸口⑥：424-53	行书	2.27	0.57	0.04	2.2	
	闸口⑥：443-534	行书	2.4	0.61	0.09	2.8			闸口⑥：424-88	行书	2.4	0.7	0.08	2.8	残
	闸口⑥：443-535	行书	2.43	0.67	0.1	2.8			闸口⑥：426-19	行书	2.44	0.69	0.1	3.3	
	闸口⑥：443-536	行书	2.39	0.62	0.09	2.8			闸口⑥：426-20	行书	2.24	0.59	0.12	3.1	
	闸口⑥：443-537	行书	2.17	0.65	0.07	1.6			闸口⑥：427-62	行书	2.36	0.62	0.11	3.2	
	闸口⑥：443-538	行书	2.27	0.54	0.09	2.3			闸口⑥：443-452	篆书	2.43	0.68	0.13	3.8	
	闸口⑥：443-539	行书	2.41	0.64	0.1	2.7			闸口⑥：443-453	篆书	2.32	0.67	0.09	2.6	
	闸口⑥：443-540	行书	2.35	0.59	0.09	2.4			闸口⑥：443-454	篆书	2.41	0.63	0.12	3.5	
	闸口⑥：443-541	行书	2.35	0.59	0.1	3.4			闸口⑥：443-455	篆书	2.43	0.66	0.09	2.9	
元祐通宝	闸口④：83	篆书	2.39	0.71	0.08	2.4		元祐通宝	闸口⑥：443-456	篆书	2.45	0.66	0.09	2.7	
	闸口⑥：114-1	行书	2.45	0.7	0.09	3.1			闸口⑥：443-457	篆书	2.38	0.55	0.85	2.5	
	闸口⑥：271-34	篆书	2.18	0.59	0.05	1.5			闸口⑥：443-458	篆书	2.42	0.69	0.11	2.6	
	闸口⑥：271-35	篆书	2.39	0.65	0.08	2.8			闸口⑥：443-459	篆书	2.34	0.64	0.12	3.6	
	闸口⑥：292-74	行书	2.36	0.67	0.07	2.2			闸口⑥：443-460	篆书	2.46	0.67	0.1	3	
	闸口⑥：292-75	行书	2.32	0.65	0.08	3			闸口⑥：443-461	篆书	2.39	0.66	0.09	2.9	
	闸口⑥：292-76	行书	2.36	0.66	0.06	2.2			闸口⑥：443-462	篆书	2.37	0.69	0.07	2.2	
	闸口⑥：331-13	篆书	2.39	0.73	0.06	2.1			闸口⑥：443-463	篆书	2.26	0.52	0.07	1.9	
	闸口⑥：350-21	篆书	2.3	0.62	0.05	1.6			闸口⑥：443-464	篆书	2.24	0.61	0.07	1.5	
	闸口⑥：350-22	篆书	2.29	0.62	0.08	2.3			闸口⑥：443-465	篆书	2.39	0.65	0.08	2.1	
	闸口⑥：374-4	行书	2.26	0.66	0.06	1.8			闸口⑥：443-466	篆书	2.38	0.7	0.11	3.1	
	闸口⑥：380-1	篆书	2.27	0.66	0.07	2.3			闸口⑥：443-467	篆书	2.4	0.7	0.12	3.1	
	闸口⑥：380-2	行书	2.36	0.68	0.09	2.3			闸口⑥：443-468	行书	2.36	0.63	0.09	2.6	
	闸口⑥：396-7	篆书	2.37	0.69	0.06	2.4			闸口⑥：443-469	行书	2.15	0.56	0.09	2.7	
	闸口⑥：396-8	篆书	2.38	0.63	0.06	2.4			闸口⑥：443-470	行书	2.34	0.61	0.09	2.3	
	闸口⑥：412-59	行书	2.45	0.66	0.11	4.2			闸口⑥：443-471	行书	2.42	0.66	0.12	3.3	
	闸口⑥：412-60	行书	2.28	0.64	0.05	1.8			闸口⑥：443-472	行书	2.38	0.62	0.08	2.7	
	闸口⑥：412-61	行书	2.36	0.68	0.09	3			闸口⑥：443-473	行书	2.37	0.54	0.1	3.2	
	闸口⑥：412-62	行书	2.29	0.63	0.05	2.2			闸口⑥：443-474	行书	2.46	0.61	0.13	4.2	
	闸口⑥：412-63	行书	2.35	0.6	0.07	2.6			闸口⑥：443-475	行书	2.3	0.59	0.08	2.3	
	闸口⑥：412-163	行书	2.25	0.65	0.07	2.4	残		闸口⑥：443-476	行书	2.37	0.65	0.11	2.9	

钱文	编号	字体	直径	穿径	厚度	重量	备注	钱文	编号	字体	直径	穿径	厚度	重量	备注
元祐通宝	闸口⑥：443-477	行书	2.39	0.63	0.09	2		元符通宝	闸口⑥：443-14	行书	2.36	0.6	0.11	3.2	
	闸口⑥：443-478	行书	2.34	0.65	0.09	2			闸口⑥：122-29	篆书	2.36	0.63	0.09	3.1	
	闸口⑥：443-479	行书	2.33	0.63	0.1	2.6			闸口⑥：271-44	篆书	2.44	0.61	0.1	3.5	
	闸口⑥：443-480	行书	2.38	0.66	0.09	2.8			闸口⑥：331-14	篆书	2.28	0.59	0.08	2.1	
	闸口⑥：443-481	行书	2.41	0.65	0.11	2.7			闸口⑥：396-35	篆书	2.31	0.58	0.05	2.5	
	闸口⑥：443-482	行书	2.41	0.58	0.09	2.3			闸口⑥：396-36	篆书	2.36	0.62	0.09	3.7	
	闸口⑥：443-483	行书	2.33	0.61	0.08	2.6			闸口⑥：396-37	行书	2.47	0.6	0.08	4.1	
	闸口⑥：443-484	行书	2.37	0.66	0.12	3			闸口⑥：396-46	行书	2.31	0.58	0.05	2	残
	闸口⑥：443-485	行书	2.49	0.56	0.1	3.3		圣宋元宝	闸口⑥：412-71	行书	2.38	0.66	0.06	2.3	
绍圣元宝	闸口⑥：122-30	行书	2.29	0.57	0.04	1.8			闸口⑥：412-72	行书	2.33	0.67	0.08	3	
	闸口⑥：350-10	篆书	2.15	0.62	0.07	2.4			闸口⑥：412-73	行书	2.2	0.64	0.07	1.8	
	闸口⑥：350-11	篆书	2.22	0.58	0.04	1.9			闸口⑥：412-74	行书	1.98	0.5	0.05	1.2	
	闸口⑥：350-12	楷书	2.34	0.67	0.11	2.6			闸口⑥：424-54	行书	2.41	0.63	0.05	1.9	
	闸口⑥：374-1	篆书	2.37	0.64	0.07	3			闸口⑥：424-55	行书	2.34	0.65	0.06	2.3	
	闸口⑥：412-149	篆书	2.1	0.62	0.04	1.3			闸口⑥：424-56	篆书	2.37	0.63	0.11	3.4	
	闸口⑥：412-150	篆书	2.15	0.55	0.06	2.3			闸口⑥：426-22	篆书	2.34	0.6	0.1	3.4	
	闸口⑥：412-151	篆书	2.38	0.63	0.09	2.6			闸口⑥：443-80	篆书	2.43	0.62	0.09	2.6	
	闸口⑥：424-67	篆书	2.19	0.62	0.06	1.6			闸口⑥：443-81	篆书	2.31	0.61	0.09	2.6	
	闸口⑥：426-21	行书	2.45	0.76	0.11	3.1			闸口⑥：443-82	篆书	2.4	0.56	0.09	2.6	
	闸口⑥：427-1	行书	2.37	0.62	0.1	3.4			闸口⑥：443-83	篆书	2.36	0.69	0.09	2.3	
	闸口⑥：427-2	行书	2.33	0.64	0.08	1.8			闸口⑥：443-84	篆书	2.36	0.68	0.1	3	
	闸口⑥：443-47	篆书	2.34	0.65	0.09	3			闸口⑥：443-85	篆书	2.42	0.68	0.1	2.6	
	闸口⑥．443-48	篆书	2.35	0.62	0.08	2			闸口⑥：443-86	篆书	2.43	0.58	0.09	3.1	
	闸口⑥：443-49	篆书	2.22	0.56	0.06	1.3			闸口⑥：443-87	篆书	2.3	0.58	0.1	3.4	
	闸口⑥：443-50	篆书	2.34	0.6	0.08	2			闸口⑥：443-88	篆书	2.4	0.54	0.1	3.6	
	闸口⑥：443-51	篆书	2.21	0.6	0.1	2.3			闸口⑥：443-89	行书	2.15	0.58	0.08	2.2	
	闸口⑥：443-52	篆书	2.37	0.65	0.07	2.2			闸口⑥：443-90	行书	2.16	0.55	0.08	2.2	
	闸口⑥：443-53	篆书	2.4	0.66	0.08	2.4			闸口⑥：443-91	行书	2.46	0.6	0.1	3.1	
元符通宝	闸口⑥：292-22	行书	2.4	0.64	0.08	2.3			闸口⑥：442-93	行书	2.33	0.55	0.1	3.1	
	闸口⑥：292-23	行书	2.36	0.66	0.07	1.8		大观通宝	闸口⑥：138-9	楷书	2.42	0.64	0.08	3.2	
	闸口⑥：412-1	篆书	2.23	0.54	0.08	2.3			闸口⑥：427-67	瘦金体	2.35	0.53	0.1	3.3	
	闸口⑥：443-11	篆书	2.25	0.6	0.09	2.6			闸口⑥：427-68	瘦金体	2.4	0.58	0.09	3	
	闸口⑥：443-12	行书	2.37	0.61	0.12	3.5		政和通宝	闸口⑥：292-46	隶书	2.34	0.56	0.05	2	
	闸口⑥：443-13	行书	2.44	0.65	0.09	2.9			闸口⑥：292-47	隶书	2.31	0.57	0.07	2.4	

钱文	编号	字体	直径	穿径	厚度	重量	备注	钱文	编号	字体	直径	穿径	厚度	重量	备注
	闸口⑥：292-48	篆书	2.23	0.58	0.06	2.1			闸口⑥：427-38	隶书	2.4	0.56	0.12	4.3	
	闸口⑥：292-49	篆书	2.23	0.54	0.07	2.2			闸口⑥：443-54	篆书	2.4	0.6	0.08	2.6	
	闸口⑥：292-50	篆书	2.24	0.53	0.06	2.1			闸口⑥：443-55	篆书	2.38	0.56	0.08	2.5	
	闸口⑥：292-51	篆书	2.31	0.61	0.06	2.4			闸口⑥：443-56	篆书	2.26	0.57	0.06	1.4	
	闸口⑥：271-47	楷书	2.42	0.65	0.09	3.2			闸口⑥：443-57	篆书	2.22	0.52	0.05	1.7	
	闸口⑥：331-12	楷书	2.52	0.58	0.1	3.1		宣和通宝	闸口⑥：443-58	篆书	2.24	0.53	0.09	2.8	
	闸口⑥：350-19	篆书	2.26	0.65	0.09	2.6			闸口⑥：443-59	篆书	2.4	0.6	0.12	3.3	
	闸口⑥：350-20	楷书	2.33	0.7	0.08	2.8			闸口⑥：443-60	篆书	2.27	0.51	0.08	2.5	
	闸口⑥：412-80	楷书	2.4	0.58	0.08	2.7			闸口⑥：443-61	篆书	2.7	0.67	0.09	3.8	
	闸口⑥：412-81	楷书	2.39	0.58	0.08	3.4			闸口⑥：443-62	楷书	2.41	0.56	0.11	3.1	
	闸口⑥：412-82	楷书	2.25	0.53	0.08	2.8			闸口⑥：443-63	楷书	2.36	0.6	0.07	2.5	
	闸口⑥：412-83	篆书	2.24	0.48	0.06	2.2			闸口⑥：443-64	楷书	2.21	0.53	0.07	1.4	
政和通宝	闸口⑥：412-84	篆书	2.36	0.62	0.05	2		绍兴元宝	闸口⑥：412-78	楷书	2.26	0.74	0.04	1.9	
	闸口⑥：424-68	篆书	2.45	0.62	0.11	3.4		淳熙元宝	闸口⑥：427-39	楷书	2.35	0.64	0.1	2.9	背"十四"
	闸口⑥：427-42	瘦金体	2.4	0.6	0.08	2.6		绍熙元宝	闸口⑥：427-70	楷书	2.36	0.7	0.12	3.6	
	闸口⑥：427-43	篆书	2.26	0.52	0.07	1.8		庆元通宝	闸口⑥：427-49	楷书	2.39	0.66	0.1	2.5	
	闸口⑥：443-15	篆书	2.51	0.61	0.07	2.6		嘉泰通宝	闸口⑥：292-80	楷书	2.36	0.67	0.06	2.7	
	闸口⑥：443-16	篆书	2.46	0.63	0.11	3.3		嘉定通宝	闸口⑥：427-60	楷书	2.39	0.59	0.1	3.1	背"二"
	闸口⑥：443-17	篆书	2.27	0.56	0.07	1.8			闸口⑥：443-38	楷书	2.38	0.63	0.1	2.8	背二
	闸口⑥：443-18	篆书	2.26	0.56	0.07	2		绍定通宝	闸口⑥：412-77	楷书	2.37	0.62	0.08	3	背"元"
	闸口⑥：443-19	隶书	2.25	0.57	0.07	2.2		皇宋元宝	闸口⑥：412-152	楷书	2.48	0.63	0.08	2.5	背"三"
	闸口⑥：443-20	隶书	2.22	0.51	0.1	2.4		景定元宝	闸口⑥：443-7	楷书	2.39	0.64	0.1	3.2	背二
	闸口⑥：443-21	隶书	2.39	0.59	0.09	2.6		咸淳元宝	闸口⑥：427-69	楷书	2.35	0.65	0.09	2.9	背"二"
	闸口⑥：443-22	隶书	2.37	0.57	0.12	3.3			采集：51	楷书	2.4	0.56	0.08	2.8	
	闸口⑥：443-23	隶书	2.14	0.55	0.06	1.6			闸口⑥：292-77	楷书	2.25	0.58	0.03	1.2	
	闸口⑥：138-11	篆书	2.26	0.56	0.07	2.4		大定通宝	闸口⑥：427-31	楷书	2.37	0.58	0.07	2.6	
	闸口⑥：271-46	篆书	2.3	0.57	0.07	2			闸口⑥：427-32	楷书	2.36	0.56	0.1	3.2	
	闸口⑥：350-9	篆书	2.21	0.57	0.04	1.7			闸口⑥：443-8	楷书	2.38	0.58	0.08	2.5	
	闸口⑥：412-161	篆书	2.65	0.62	0.11	5			闸口⑥：292-78	楷书	2.29	0.58	0.05	1.8	
宣和通宝	闸口⑥：424-69	篆书	2.27	0.57	0.07	2.1			闸口⑥：426-25	楷书	2.49	0.55	0.13	3.7	
	闸口⑥：426-24	篆书	2.2	0.55	0.06	2.1		正隆元宝	闸口⑥：427-40	楷书	2.38	0.58	0.1	3.1	
	闸口⑥：427-35	篆书	2.39	0.57	0.1	3.3			闸口⑥：427-41	楷书	2.41	0.57	0.1	3.2	
	闸口⑥：427-36	篆书	2.25	0.56	0.07	2.2			闸口⑥：443-31	楷书	2.46	0.52	0.13	2.8	
	闸口⑥：427-37	篆书	2.73	0.6	0.12	5.3			闸口⑥：443-32	楷书	2.37	0.62	0.08	2.5	

钱文	编号	字体	直径	穿径	厚度	重量	备注	钱文	编号	字体	直径	穿径	厚度	重量	备注
正隆元宝	闸口⑥：443-33	楷书	2.48	0.55	0.1	3.5			闸口⑥：292-60	楷书	2.1	0.54	0.07	1.7	
	闸口⑥：443-34	楷书	2.33	0.57	0.09	2.6			闸口⑥：292-61	楷书	2.28	0.61	0.09	3	
至大通宝	闸口⑥：271-48	楷书	2.2	0.6	0.09	2.8	残		闸口⑥：292-62	楷书	2.16	0.51	0.1	2.9	
	闸口⑥：427-3	楷书	2.26	0.53	0.14	3			闸口⑥：292-63	楷书	2.43	0.61	0.1	3.3	
	闸口⑥：427-4	楷书	2.31	0.47	0.14	4			闸口⑥：292-64	楷书	2.2	0.51	0.08	2.7	
洪武通宝	ⅡT0202②：1	楷书	2.31	0.52	0.12	3			闸口⑥：292-65	楷书	2.23	0.61	0.09	2.3	背指甲纹
	ⅡT0512②：3	楷书	2.31	0.52	0.12	3			闸口⑥：292-66	楷书	2.42	0.6	0.1	3	背"浙"和一星
	闸口⑤：74	楷书	2.3	0.55	0.12	3.9	背指甲纹		闸口⑥：331-10	楷书	2.2	0.54	0.12	2.5	
	闸口⑥：107-4	楷书	2.19	0.58	0.07	2.5			闸口⑥：350-48	楷书	2.36	0.54	0.12	3.3	
	闸口⑥：122-10	楷书	2.07	0.52	0.09	2.2			闸口⑥：350-49	楷书	2.17	0.55	0.1	2.9	
	闸口⑥：122-11	楷书	2.23	0.56	0.11	3			闸口⑥：350-50	楷书	2.23	0.6	0.05	2	
	闸口⑥：122-12	楷书	2.23	0.53	0.13	3.2			闸口⑥：350-51	楷书	2.15	0.54	0.09	2.5	
	闸口⑥：122-13	楷书	2.11	0.49	0.1	2.9			闸口⑥：350-52	楷书	2.16	0.57	0.1	2.7	
	闸口⑥：122-14	楷书	2.2	0.54	0.09	2.9			闸口⑥：350-53	楷书	2.32	0.58	0.07	2.7	
	闸口⑥：122-15	楷书	2.28	0.6	0.07	2.1			闸口⑥：350-54	楷书	2.22	0.59	0.11	3	
	闸口⑥：122-16	楷书	2.34	0.53	0.1	2.6		洪武通宝	闸口⑥：350-55	楷书	2.19	0.45	0.1	3.1	
	闸口⑥：138-4	楷书	2.21	0.55	0.11	2.6			闸口⑥：350-56	楷书	2.23	0.59	0.11	3.6	
	闸口⑥：138-5	楷书	2.24	0.53	0.11	3.4			闸口⑥：350-57	楷书	2.29	0.57	0.08	2.8	
	闸口⑥：138-6	楷书	2.33	0.56	0.07	2.1			闸口⑥：350-58	楷书	2.21	0.59	0.1	2.2	
洪武通宝	闸口⑥：271-4	楷书	2.21	0.58	0.09	2.5			闸口⑥：350-59	楷书	2.3	0.56	0.07	2.9	
	闸口⑥：271-5	楷书	2.14	0.53	0.08	2.2			闸口⑥：350-60	楷书	2.23	0.57	0.1	3	
	闸口⑥：271-6	楷书	2.19	0.49	0.13	3			闸口⑥：350-61	楷书	2.24	0.59	0.08	2.6	
	闸口⑥：271-7	楷书	2.24	0.55	0.12	3			闸口⑥：374-9	楷书	2.23	0.58	0.1	2.7	
	闸口⑥：271-8	楷书	2.29	0.59	0.11	3.6			闸口⑥：374-10	楷书	2.3	0.54	0.11	2.9	
	闸口⑥：271-9	楷书	2.07	0.51	0.1	2.5			闸口⑥：374-11	楷书	2.27	0.52	0.11	3.2	
	闸口⑥：271-10	楷书	2.24	0.58	0.09	2.7			闸口⑥：380-5	楷书	2.31	0.56	0.11	3.4	
	闸口⑥：292-52	楷书	2.33	0.53	0.1	3.3			闸口⑥：396-1	楷书	2.33	0.58	0.1	3.7	
	闸口⑥：292-53	楷书	2.27	0.52	0.1	2.9			闸口⑥：396-2	楷书	2.12	0.54	0.08	2.2	
	闸口⑥：292-54	楷书	2.21	0.57	0.11	3.2			闸口⑥：396-3	楷书	2.3	0.54	0.1	3.3	
	闸口⑥：292-55	楷书	2.25	0.54	0.11	3.2			闸口⑥：396-4	楷书	2.23	0.57	0.07	2.3	
	闸口⑥：292-56	楷书	2.25	0.56	0.09	2.9			闸口⑥：396-5	楷书	2.23	0.52	0.11	3.1	背指甲纹
	闸口⑥：292-57	楷书	2.37	0.59	0.11	3.4			闸口⑥：396-6	楷书	2.35	0.61	0.1	3.5	背浙字
	闸口⑥：292-58	楷书	2.21	0.6	0.07	2			闸口⑥：412-85	楷书	2.14	0.51	0.05	1.9	
	闸口⑥：292-59	楷书	2.26	0.58	0.09	2.6			闸口⑥：412-86	楷书	2.24	0.57	0.08	2.5	

钱文	编号	字体	直径	穿径	厚度	重量	备注	钱文	编号	字体	直径	穿径	厚度	重量	备注
洪武通宝	闸口⑥：412-87	楷书	2.22	0.48	0.09	2.7		洪武通宝	闸口⑥：443-303	楷书	2.23	0.52	0.17	3.2	背"二"
	闸口⑥：412-88	楷书	2.15	0.5	0.09	2.5			闸口⑥：443-304	楷书	2.22	0.61	0.13	3.6	
	闸口⑥：412-89	楷书	2.22	0.56	0.08	2.5			闸口⑥：443-305	楷书	2.33	0.52	0.11	3.4	
	闸口⑥：412-90	楷书	2.31	0.55	0.11	3.4			闸口⑥：443-306	楷书	2.24	0.57	0.15	4.1	
	闸口⑥：412-91	楷书	2.2	0.52	0.1	2.9			闸口⑥：443-307	楷书	2.27	0.59	0.12	3.3	
	闸口⑥：412-92	楷书	2.22	0.51	0.08	2.3			闸口⑥：443-308	楷书	2.21	0.56	0.11	2.4	
	闸口⑥：412-93	楷书	2.2	0.56	0.1	2.8			闸口⑥：443-309	楷书	2.28	0.51	0.19	4.5	
	闸口⑥：412-94	楷书	2.25	0.54	0.1	3			闸口⑥：443-310	楷书	2.23	0.53	0.12	3.1	
	闸口⑥：412-95	楷书	2.2	0.52	0.12	3.1			闸口⑥：443-311	楷书	2.29	0.55	0.12	3.5	
	闸口⑥：424-11	楷书	2.29	0.51	0.12	3.7	背指甲纹		闸口⑥：443-312	楷书	2.27	0.51	0.14	3.8	
	闸口⑥：424-12	楷书	2.26	0.55	0.11	3.4	背指甲纹		闸口⑥：443-313	楷书	2.25	0.57	0.14	3.5	
	闸口⑥：424-13	楷书	2.25	0.55	0.13	3.9			闸口⑥：443-314	楷书	2.36	0.54	0.12	3	
	闸口⑥：424-14	楷书	2.37	0.54	0.11	3.1			闸口⑥：443-315	楷书	2.27	0.55	0.13	3.3	
	闸口⑥：424-15	楷书	2.34	0.58	0.12	3.5			闸口⑥：443-316	楷书	2.24	0.51	0.12	2.9	
	闸口⑥：424-16	楷书	2.23	0.58	0.11	3			闸口⑥：443-317	楷书	2.33	0.53	0.11	3.1	
	闸口⑥：424-17	楷书	2.3	0.57	0.1	3.1			闸口⑥：443-318	楷书	2.24	0.53	0.12	3.2	
	闸口⑥：424-18	楷书	2.21	0.57	0.1	2.2			闸口⑥：443-319	楷书	2.25	0.59	0.1	2.4	
	闸口⑥：424-19	楷书	2.22	0.53	0.09	2.4			闸口⑥：443-320	楷书	2.18	0.57	0.13	2.9	
	闸口⑥：424-20	楷书	2.26	0.69	0.08	2			闸口⑥：443-321	楷书	2.13	0.51	0.11	2.5	
	闸口⑥：424-21	楷书	2.18	0.6	0.13	3.6			闸口⑥：443-322	楷书	2.29	0.56	0.13	3.2	
	闸口⑥：424-22	楷书	2.21	0.57	0.09	2.8			闸口⑥：443-323	楷书	2.29	0.59	0.11	2.7	
	闸口⑥：424-23	楷书	2.29	0.56	0.12	3.7			闸口⑥：443-324	楷书	2.29	0.57	0.13	3	
	闸口⑥：424-24	楷书	2.26	0.54	0.12	3.3			闸口⑥：443-325	楷书	2.22	0.56	0.11	3.1	
	闸口⑥：424-25	楷书	2.22	0.55	0.08	2.5			闸口⑥：443-326	楷书	2.28	0.52	0.13	3.1	
	闸口⑥：424-26	楷书	2.34	0.57	0.08	3			闸口⑥：443-327	楷书	2.24	0.53	0.1	2.3	
	闸口⑥：424-27	楷书	2.2	0.57	0.1	2.9			闸口⑥：443-328	楷书	2.3	0.55	0.11	2.8	
	闸口⑥：424-28	楷书	2.19	0.54	0.08	2.5			闸口⑥：443-329	楷书	2.26	0.55	0.1	2.8	
	闸口⑥：424-87	楷书	2.29	0.56	0.12	3.3	残		闸口⑥：443-330	楷书	2.23	0.56	0.1	2.3	
	闸口⑥：426-28	楷书	2.3	0.59	0.14	3.4			闸口⑥：443-331	楷书	2.27	0.54	0.12	2.9	
	闸口⑥：426-29	楷书	2.23	0.56	0.1	2.2			闸口⑥：443-332	楷书	2.27	0.55	0.15	3.8	
	闸口⑥：427-56	楷书	2.32	0.49	0.1	3.3	背"福"		闸口⑥：443-333	楷书	2.31	0.55	0.11	3.1	
	闸口⑥：427-57	楷书	2.3	0.53	0.1	2.3	背"浙"		闸口⑥：443-334	楷书	2.26	0.55	0.13	3.9	
	闸口⑥：443-301	楷书	2.15	0.47	0.13	3.2	背"一钱"		闸口⑥：443-335	楷书	2.27	0.51	0.13	3.3	
	闸口⑥：443-302	楷书	2.15	0.52	0.11	2.1	背"二"		闸口⑥：443-336	楷书	2.27	0.48	0.14	3.7	

钱文	编号	字体	直径	穿径	厚度	重量	备注	钱文	编号	字体	直径	穿径	厚度	重量	备注
洪武通宝	闸口⑥：443-337	楷书	2.19	0.54	0.1	2.5		永乐通宝	闸口⑥：427-15	楷书	2.4	0.49	0.09	2.9	
	闸口⑥：443-338	楷书	2.3	0.52	0.13	3.1			闸口⑥：427-16	楷书	2.51	0.53	0.13	3.2	
	闸口⑥：443-339	楷书	2.26	0.56	0.1	2.3			闸口⑥：443-35	楷书	2.43	0.48	0.11	4.1	
	闸口⑥：443-340	楷书	2.2	0.54	0.1	2.3		宣德通宝	闸口⑥：427-44	楷书	2.35	0.49	0.1	2.8	
	闸口⑥：443-341	楷书	2.21	0.58	0.09	2.4		弘治通宝	闸口⑥：380-6	楷书	2.35	0.51	0.05	1.9	
	闸口⑥：443-342	楷书	2.29	0.59	0.12	2.8			闸口⑥：396-39	楷书	2.31	0.56	0.05	1.5	
	闸口⑥：443-343	楷书	2.25	0.56	0.12	2.7			闸口⑥：412-159	楷书	2.28	0.49	0.04	1.7	
	闸口⑥：443-344	楷书	2.26	0.51	0.15	3.3			闸口⑥：412-160	楷书	2.32	0.51	0.06	1.9	
	闸口⑥：443-345	楷书	2.26	0.58	0.1	2.7			闸口⑥：424-71	楷书	2.39	0.51	0.09	3.1	
	闸口⑥：443-346	楷书	2.22	0.52	0.12	2.5			闸口⑥：427-28	楷书	2.27	0.5	0.05	2	
	闸口⑥：443-347	楷书	2.23	0.51	0.1	2.6		嘉靖通宝	闸口⑥：424-72	楷书	2.5	0.54	0.11	4	
	闸口⑥：443-348	楷书	2.15	0.5	0.13	3		万历通宝	闸口⑥：122-34	楷书	2.56	0.52	0.11	3.9	
	闸口⑥：443-349	楷书	2.14	0.51	0.11	2.6			闸口⑥：426-1	隶书	2.47	0.68	0.08	2.8	
	闸口⑥：443-350	楷书	2.21	0.54	0.1	2.8			闸口⑥：426-2	隶书	2.4	0.69	0.1	2.6	
	闸口⑥：443-351	楷书	2.13	0.53	0.12	2.7			闸口⑥：426-3	隶书	2.32	0.63	0.09	2.5	
	闸口⑥：443-352	楷书	2.1	0.54	0.11	1.8			闸口⑥：426-4	隶书	2.38	0.65	0.12	3.6	
	闸口⑥：443-353	楷书	2.33	0.5	0.12	3.2			闸口⑥：427-8	楷书	2.5	0.53	0.12	4.2	背上星
	闸口⑥：443-354	楷书	2.11	0.53	0.1	1.9			闸口⑥：427-9	楷书	2.56	0.51	0.12	4.3	背上星
	闸口⑥：443-355	楷书	2.2	0.54	0.11	2.4			闸口⑥：443-1	楷书	2.55	0.57	0.13	3.8	
	闸口⑥：443-356	楷书	2.32	0.51	0.12	3.3			闸口⑥：443-2	楷书	2.42	0.44	0.11	3.2	
	闸口⑥：443-357	楷书	2.18	0.54	0.12	2.5			闸口⑥：443-3	楷书	2.55	0.44	0.13	4	
	闸口⑥：443-358	楷书	2.32	0.6	0.14	2.9	残		闸口⑥：443-4	楷书	2.5	0.48	0.13	4.1	
	闸口⑥：443-359	楷书	2.26	0.53	0.12	3.1			闸口⑥：443-5	楷书	2.54	0.49	0.1	3.2	
	闸口⑥：443-360	楷书	2.25	0.52	0.12	3		道光通宝	ⅡT0709①：5	楷书	2.13	0.49	0.12	3	背文不清
	闸口⑥：443-361	楷书	2.31	0.55	0.12	2.7	残	不明	L1：1	不明	2.25	0.62	0.07	2.1	
	闸口⑥：443-362	楷书	2.04	0.55	0.08	1.8									

附录一　淮安板闸遗址出土木材树种鉴定报告

伊东隆夫[1]　黄建秋[2]　薛玲玲[3]　胡兵[3]

（1. 京都大学、奈良文化财研究所　2. 南京大学历史学院　3. 淮安市文物保护和考古研究所）

一　前言

2014～2015 年，南京博物院、淮安市博物馆联合对江苏淮安板闸遗址进行了考古发掘，清理了明代水闸一座。水闸闸基部分存在大量的地钉、龙骨木、底板、横梁等木构件，河道边界也发现许多固堤木桩和木挡板，我们对这些建筑木构件进行了采样和树种鉴定。

二　材料与方法

我们在板闸遗址发掘现场观察了木构件，并在不同部位的木构件中采集了 26 件样本作树种鉴定。

首先干燥样本。将样本在水中浸泡约 1 周后，其软化呈饱水状态，用剃须刀徒手制作横切面、径切面和弦切面三个断面的木材切片，把切片放在载玻片上，用纸面巾吸掉多余水分并用树胶封片。

随后观察样本。在奥林匹斯光学显微镜（奥林匹斯公司生产的 BX51）下观察上述木材切片，根据观察到的树种特征鉴定这些样本的种属。同时使用显微镜自带的数码相机（奥林匹斯公司生产的 DP-70）拍照记录。

三　结果

样本的鉴定结果见表一。如表一所示，水闸内木构件的树种只有 3 种，其中 15 个样本为二叶松，10 个样本为杉木，还有 1 件似乎为冷杉属。下面介绍作为鉴定树种依据的 3 个树种的显微特征。

二叶松的特征：横断面切片上可以看到轴向的树脂道，径切面切片上可以看到分枝壁孔呈窗口状，放射性组织边缘有放射管胞，内壁有锯齿状突起。径切面切片上可以看到单列的放射组织和纺锤形组织，放射组织中央有水平树脂道。

杉木的特征：横断面切片上晚材比较宽，轴向柔细胞在切线方向上分布稀疏。径切面切片上可以看到杉木型分野壁孔。弦切面切片上看到很多单列的放射组织。

冷杉属的特征：横切面切片上晚材很宽，看不到轴向柔细胞。径切面切片上看到厚壁柔细胞，并有念珠状末端壁。看不到放射假导管。放射组织单列。

板闸遗址的 26 件木构件样本树种鉴定结果显示，不同木构件的树种有不同的选择倾向：①水闸闸基内底板 11 件样本中，二叶松 9 件，杉木和冷杉属各 1 件；②水闸闸基内地钉 4 件样本都是杉木；③水闸闸基内底部横梁 5 件样本都是二叶松；④河道固堤木桩 5 件样本都是杉木；⑤河道木桩挡板 1 件样本为二叶松。

如上所述，水闸闸基内底板和横梁都使用二叶松，水闸闸基内地钉和河道固堤木桩多用杉木。河道木柱挡板只有 1 件样本，看不出用材倾向。由此可见，板闸遗址的水闸和河堤在营建过程中按照不同部位功能使用不同种属的木材。

表一　板闸遗址出土木材树种鉴定结果表

序号	遗址名称	部位	时代	树 种	学名	采样人	采样日期	备注
样本 1	板闸遗址	水闸闸基内底板	明代	二叶松属	Pinus sp. Diploxylon	薛玲玲	2015.06.19	图一：1
样本 2	板闸遗址	水闸闸基内底板	明代	二叶松属	Pinus sp. Diploxylon	薛玲玲	2015.06.19	
样本 3	板闸遗址	水闸闸基内底板	明代	二叶松属	Pinus sp. Diploxylon	薛玲玲	2015.06.19	
样本 4	板闸遗址	水闸闸基内底板	明代	二叶松属	Pinus sp. Diploxylon	薛玲玲	2015.06.19	
样本 5	板闸遗址	水闸闸基内底板	明代	二叶松属	Pinus sp. Diploxylon	薛玲玲	2015.06.19	
样本 6	板闸遗址	水闸闸基内底板	明代	二叶松属	Pinus sp. Diploxylon	薛玲玲	2015.06.19	图一：2
样本 7	板闸遗址	水闸闸基内底板	明代	二叶松属	Pinus sp. Diploxylon	薛玲玲	2015.06.19	
样本 8	板闸遗址	水闸闸基内底板	明代	冷杉属	Abies sp.	薛玲玲	2015.06.19	图一：3
样本 9	板闸遗址	水闸闸基内底板	明代	二叶松属	Pinus sp. Diploxylon	薛玲玲	2015.06.19	图一：4
样本 10	板闸遗址	水闸闸基内底板	明代	二叶松属	Pinus sp. Diploxylon	薛玲玲	2015.06.19	
样本 11	板闸遗址	水闸闸基内底板	明代	杉木	Cunninghamia lanceolata	薛玲玲	2015.06.19	
样本 12	板闸遗址	水闸闸基内地钉	明代	杉木	Cunninghamia lanceolata	薛玲玲	2015.06.19	
样本 13	板闸遗址	水闸闸基内地钉	明代	杉木	Cunninghamia lanceolata	薛玲玲	2015.06.19	
样本 14	板闸遗址	水闸闸基内地钉	明代	杉木	Cunninghamia lanceolata	薛玲玲	2015.06.19	图一：5
样本 15	板闸遗址	水闸闸基内地钉	明代	杉木	Cunninghamia lanceolata	薛玲玲	2015.06.19	
样本 16	板闸遗址	水闸闸基内底部横梁	明代	二叶松属	Pinus sp. Diploxylon	薛玲玲	2015.06.19	图一：6
样本 17	板闸遗址	水闸闸基内底部横梁	明代	二叶松属	Pinus sp. Diploxylon	薛玲玲	2015.06.19	
样本 18	板闸遗址	水闸闸基内底部横梁	明代	二叶松属	Pinus sp. Diploxylon	薛玲玲	2015.06.19	
样本 19	板闸遗址	水闸闸基内底部横梁	明代	二叶松属	Pinus sp. Diploxylon	薛玲玲	2015.06.19	
样本 20	板闸遗址	水闸闸基内底部横梁	明代	二叶松属	Pinus sp. Diploxylon	薛玲玲	2015.06.19	
样本 21	板闸遗址	河道固堤木桩	明代	杉木	Cunninghamia lanceolata	薛玲玲	2015.06.19	
样本 22	板闸遗址	河道固堤木桩	明代	杉木	Cunninghamia lanceolata	薛玲玲	2015.06.19	
样本 23	板闸遗址	河道固堤木桩	明代	杉木	Cunninghamia lanceolata	薛玲玲	2015.06.19	图一：7
样本 24	板闸遗址	河道固堤木桩	明代	杉木	Cunninghamia lanceolata	薛玲玲	2015.06.19	图一：8
样本 25	板闸遗址	河道固堤木桩	明代	杉木	Cunninghamia lanceolata	薛玲玲	2015.06.19	
样本 26	板闸遗址	河道木桩挡板	明代	二叶松属	Pinus sp. Diploxylon	薛玲玲	2015.06.19	图一：9

1. 样本 1（水闸闸基内底板）：二叶松属

2. 样本 6（水闸闸基内底板）：二叶松属

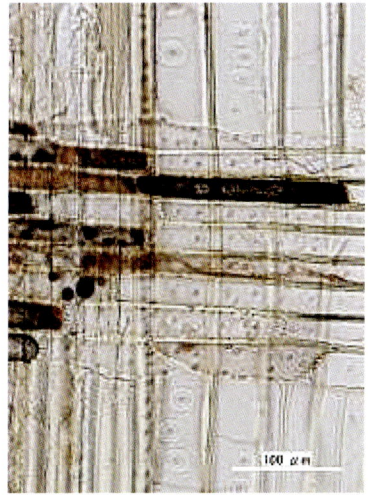

3. 样本 8（水闸闸基内底板）：冷杉属

4. 样本 9（水闸闸基内底板）：二叶松属

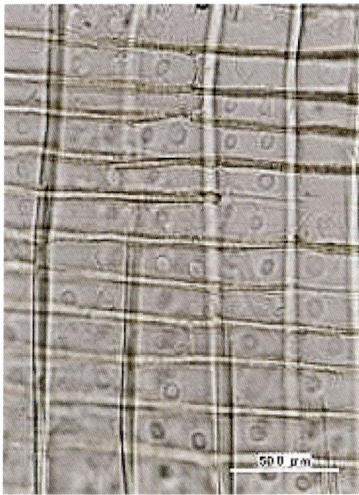

5. 样本 12（水闸闸基内地钉）：杉木

6. 样本 16（水闸闸基内底部横梁）：二叶松属

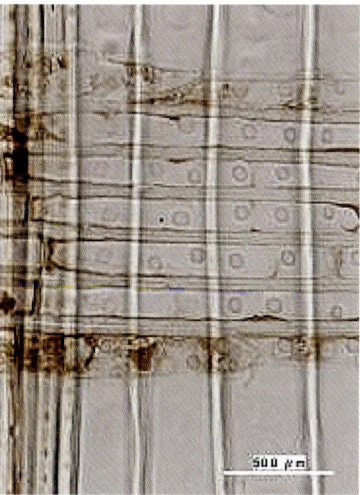

7. 样本 23（河道固堤木桩）：杉木

8. 样本 24（河道固堤木桩）：杉木

9. 样本 26（河道木桩挡板）：二叶松属

图一　板闸遗址出土木构件样本微观结构图

附录二 《续纂淮关统志·古迹（节选）》

【明】马麟修 【清】杜琳等重修 【清】李如枚等续修

寺观附仅志板闸、窑沟、满浦、淮北诸坊、镇及黄、淮、运河堤壩之显见者，余不概载。

景慧禅寺 关署西北六里许，钵池山之阳，背淮面湖，境最清旷。相传建自宋季，至明正统戊午年重建。国朝乾隆癸未年，先大夫司榷时，复经捐资修整。甲午，河溢被淤。

百子堂 板闸镇西，运河北岸。明万历癸巳年，榷使李秩建。国朝乾隆四年，前监督三保重建。

龙王庙 百子堂东。乾隆二十六年，前监督普福重建。

元天宫 板闸镇后西街。明隆庆庚午年，榷使殷登瀛重建。国朝康熙二十七年，前监督奈马代捐俸修葺，供奉龙亭。每逢令节朔望及一切朝贺之期，诣宫行礼，定为章程，至今无异。

城隍庙 板闸镇后西街元天宫之左。乾隆十六年，前监督普福建。

观音寺 板闸镇南街。明洪熙元年敕建。

大王庙 在大关楼后。明万历己未年，段起麟建。旧《关志》载：工，姓谢讳绪，宋会稽郡学生员，居钱塘之安溪，晋太傅安石公之裔也。素有壮志。会宋鼎将移，不果仕，隐于金龙山巅，建白云亭，以诗自娱。甲戌秋月，大雨，天目，山崩，居民徬徨，王会众泣曰："天目为临安之主山，今崩，宋其危乎？"未几，宋鼎移。王日夜涕泣，誓死以报。一日，忽赋一律，与其徒永诀，且曰："异日黄水逆流，是予报仇日也！"遂赴水死。人咸异之，即举尸葬于金龙山麓。后明太祖与元将蛮子海牙战于吕梁，明兵大溃，太祖忽见空中有二将，身披甲，手执鞭，拥黄河北流，元众大败。是夜，太祖梦一儒生入告曰："吾宋时会稽学生员谢绪是也，行四。会宋灭，尽节，赴苕溪死，葬于金龙山，抱恨九泉。今特为拥河北流相助，以伸平生志。其两人，则幽冥结义兄弟楠、木二神。"太祖惊醒，即封为金龙四大王，主管黄河。至今显赫。沿河庙祀不一，天妃闸最为灵异，各处皆有碑记。

三元宫 板闸镇南街。明万历己未年，榷使庄起元建。后正殿火毁。乾隆十七年，前监督普福捐资复建。又，河北西里亦有三官殿。

清净庵 板闸镇南街。顺治九年建。又，河北西里亦有清净庵，乾隆十四年，僧人嵩晓募建。

回施庵 板闸镇运河此岸。雍正十年，前监督年希尧建。并置香火田三顷零。

观音庵 板闸镇运河南岸，大关楼对过。康熙甲午年，前监督党古礼建。乾隆甲午年，住持僧募化重修，并增关帝大殿，置有香火田一顷四亩零，坐落戴家湾河西地方，每年包租半六十八石，印契交明僧持心智收领。该僧领结并录底契，印发柬房备案。

福缘庵 板闸镇运河南岸。康熙十六年，前监督鄂恺建。乾隆癸未年，先大夫捐资修葺。

新建观音庵 即爱莲亭旧址。向有院田二十亩，为淮关香火。乾隆甲午春，契买民人刘湘芝田八十亩。后黄河老坝漫口，湖亭淤成平地，而观音像存焉。余徇僧人佛悟之请，因捐资重建此庵。续置田亩，于戊戌年二月，契买民人陈永昌田七十七亩零，通计田一顷七十七亩零，界在本庵四面毗连，印契俱交住持收领，并将该僧领结及照录契纸，印发柬房备案。

火星庙　板闸镇东街。明正德年徐云洞建。

关帝庙　在火星庙左。

文昌阁　旧在魁星楼外。乾隆己巳年，移于关帝庙左。楼阁巍峨，一时称盛。二十七年，与关帝庙、火星庙同被火毁。今俱复建。

魁星楼　东街路口。行人出入，俱由楼下往来。不知建于何年，明崇祯丁丑年修。国朝乾隆丙寅年重建。朝西额曰"大魁天下"，朝东额曰"愿出于途"。

如意庵　出魁星楼东南数十步。本系草庵，乾隆元年，改为瓦苫。十七年，经风雨塌卸，僧人实德募修，前监督高恒复建。

篆香楼　在关署东北二里许。明嘉靖辛亥年，淮水夹岸，大病挽输，督府患之，命有司祷于淮神，因作巨楼镇压其地，而大川以宁。户部广西司主事江阴沈奎有《建篆香楼后堂序》。国朝乾隆年间，每岁四月十八日，凡板闸、淮北各坊、镇有香会者，俱集于此，称为一时之盛。

通源寺　在关署东新路北。即古大悲庵。创始于宋。至前明，吏科都谏胡应嘉延僧圆慧鼎建。万历五年，淮安知府邵元哲改名通源寺。慧二世孙如安重修。刑部周三锡建妙法堂，立十方常住。知府宋祖舜、大参高登龙置田，供佛斋僧，有记。乾隆甲午，河溢被冲，祠倾像坏。四十二年，住持僧悦贤募化重修，余亦捐资相助，殿宇增新。

关帝庙　本通源寺东庑有帝像一尊。乾隆三十三年，里人许成琪、王恕等倡议合镇捐资，并僧悦贤募建正殿，别〔开〕山门于寺左。里人张迨为之记。

西来庵　在新路南通源寺东数十武。不知建于何年，疑即通源下院。庵后有普同塔，即通源寺住持僧果达所建。新安孙绥有碑铭，今字迹多剥蚀，不可考。以时记之，与作《通源寺十方常览记》不远。故知西来楼殿亦通源属也。今庵、寺久分为二，河溢后，各就颓败。乾隆丙申年，住持僧静持募化重修，余亦捐资助之。

吉祥律院　旧名上真观。在通湖庄。明万历年建。前僧侣贤主席力为振兴，并于本庵东北隅置设孤台，每日放焰口一台，超度孤魂。六年之久，风雨不辍。

东岳庙　在窑沟头、吉祥院东。明嘉靖年建。国朝乾隆癸未，先大夫捐资助建后楼。

普应庵　在乌沙河东岸。明嘉靖年建，天启四年重修，置院田六十亩。现有壁记。国朝乾隆癸未年，先大夫增修殿宇六间、厨房三间。

祖堂寺　在乌沙河普应庵东。创建于唐，国朝康熙年间重修。

附录三　板闸古诗词摘录

夏日坐抚薰台
（明）王其勤

退食临高台，台高意亦豁。长淮没云鸟，低树侵檐闼。

永日漫弹棋，凉飚细飞葛。嗟哉樊野间，暨彼遐遗末。

挥汗复淋漓，热中翻惨怛。望穷霄汉端，谁为理饥渴？

新葺岁寒馆有作
（明）王其勤

署旧构延宾堂，径僻在东南隅，因废居焉。余葺之，复依双柏为门，题曰"岁寒馆"。有作。

别地开宾馆，朔风冷四座。

凄其庭畔草，飘折成僵卧。

羡尔两株柏，亭亭独负荷。

叶持严籁战，枝惹白云破。

对彼惬贞赏，因之恒自课。

鹤酣盘桓下，仙谪箕踞坐。

乐只君子心，岁寒良不挫。

望淮亭
（明）杨时秀

清淮晚寥廓，徙倚送明眸。湖鸟云间下，渔舟草上浮。

竹林通野径，烟树隔江楼。豪兴何能禁，携樽欲浪游。

望淮亭
（明）韩孟魁

淮水悠悠去，蒲帆逐逐来。江天余俯仰，云日共徘徊。

芳草连春坞，垂杨对酒杯。罗浮何处是，倦鸟未知回。

望淮亭
（明）马麟

极目三洲远，浮空万顷来。水流自今昔，吾意独徘徊。

披豁宁违性，登临数举杯。白云天外远，尽日不知回。

望淮亭

（明）黄日敬

小阁凭高起，长淮入望来。际天遥映带，绕廓自迂徊。
津树低吟席，帆风送酒杯。先献应未远，落日首重回。

望淮亭

（明）喻冲

良会从天假，高台几去来。望淮应缱绻，赓韵愧徘徊。
宦辙辉家谱，蒲香泛客杯。斜阳新酿尽，豪兴不知回。

望淮亭

（明）周尚宗

亭阁层高起，观澜登望来。水天相掩映，云物与徘徊。
消热凭风雨，宽怀仗酒杯。官闲庆无事，兴尽乐忘回。

和望淮亭韵二首

（明）殷登瀛

江色晴空望，洪涛入楚来。云帆各去住，沙鸟自徘徊。
弄水时联句，临风数举杯。抚然念斯世，淳古几时回。

其二

地坼涛澎湃，天空鸟去来。经年供玩赏，竟日足徘徊。
夜月丹砂灶，春风绿蚁杯。□然方外兴，欲学道人回。

暮春望淮亭写怀

（明）袁亮

春暮喜登台，风和特地来。乾坤开睥睨，江海望徘徊。
柳色青分座，芹香绿泛杯。十年思献赋，极目意迟回。

初夏望淮亭怀友

（明）李爵

坐爱清和景，流光荡日来。亭虚容眺览，地远纵徘徊。
鸡黍人千里，莺花酒百杯。此情如可约，谶笑不知回。

春日有感次望淮亭韵

（明）庄起元

翠霭云间合，黄河天上来。鱼龙惊出没，风月足徘徊。
草色侵台砌，湖光入酒杯。登临有余兴，日夕未言回。

又

小阁何年起，乘闲此一来。芳菲曾啸傲，牢落独徘徊。
骚客多遗咏，劳臣怯举怀。寄言同调者，否极泰旋回。

望淮亭和韵

散步淮亭畔，苍茫注远眸。桅樯云外见，凫雁水中浮。
皓月吹胡笛，清风送庾楼。古今一相接，谁与续清游。

秋日登台

登台凝远眺，景物满江关。飞棹凌清浦，悬河入草湾。
月笼丛桂树，风振八公山。吏隐惭何补，唯便尽日闲。

早秋

（明）李得阳

江天才一雨，水国易为秋。高柳新飔动，空簪宿暑收。
望乡频入梦，经国暗生愁。独纵闲亭眺，苍苍兰杜洲。

雪霁

寥廓空天霁，寒江出楚城。酒随风力歇，诗入雪华清。
病与民艰共，慵添吏隐成。一官栖息在，空复草堂情。

津楼

津楼一以眺，阡陌半为河。宿水村烟少，秋风乡思多。
江声初落木，池色欲凋荷。澹泊虚屏里，惟余楚客歌。

有所思

金天方秉肃，玉露自凋垂。草色连朝减，砧声傍晚移。
孤臣心变铁，久客鬓成丝。好制淮南赋，秋风有所思。

过淮关感旧兼谢李贵吾丈

（明）张步云

他年曾寄迹，此日复停舟。缱绻逢知己，登临忆旧游。
山光仍积翠，河水亦迂流。惆怅长吟罢，苍茫云正愁。

其二

潘郎丝入鬓，故老雪盈头。过眼流光迅，伤心往事休。
亭园如识主，花木几经秋。今古同成梦，风前漫结愁。

淮上泊舟

（明）唐顺之

枫林望尽见苍山，桐柏飞流入楚关。潮散海门孤岛出，月明渡口数帆还。
客梦只惊青琐远，沧波长羡白鸥闲。闻道淮南多桂树，朝来杖策一相攀。

望淮亭纳凉唱和

（清）杜琳

炎景尘如雾，亭高得暂凉。半簷疏雨疾，一榻晚风长。
画舫云边出，新荷槛外香。唱酬多好友，忘却宦途忙。

山字渔艇

纬萧瑟瑟水纹凉，几处渔簑挂夕阳。芦荻傍山飞宿鹭，樯桅隔岸笑鸣榔。
霏微雾色迎秋淡，隐约菱歌入夜长。宫舍消闲频眺望，起予幽思在沧浪。

花巷晓市

曲巷深深一径斜，画楼高馆亦堪夸。溪头白舫添鲛客，门外青帘是酒家。
人语雾边寻晓店，屐声雨后乱春沙。淮阴自古多遗市，不省年来只卖花。

新街夜月

野旷堤平兴自饶，最宜凉月此逍遥。凄迷古寺离城树，寂寞荒村唤客桡。
吟处几番携蜡屐，醉时不觉过溪桥。天涯秋思常盈抱，又听飞鸿度沉寥。

雪后与友人望山子湖

（明）丁潍

江城雪尽冷初消，湖上冰开水面遥。闲与故人看霁景，春风缓步度三桥。
桥外垂杨渐吐丝，新街两岸景舒迟。剧怜一派通源水，问道源头总未知。

回施庵寓楼

（清）丁玉衡

古寺有高楼，巍然镇灵鹫。天涯一散人，居此旦复昼。
虚窗对水开，老树迎堤秀。西北近重关，东南俯斥堠。
落日过轻舠，欸乃声急溜。于此豁幽情，倚栏听涛吼。
皎皎风月清，萧萧雷雨骤。悲喜两萦怀，起伏无终究。
世事自古今，登临何先后。长往发清吟，白云杳楚岫。

淮上远望

（清）杜滑

远眺舒胸眼，夕阳倚槛前。鸟飞横近浦，霞落映遥天。
暝色迷村树，喧声到客船。思乡频举首，新月一湾悬。

己未首春

（清）唐英

将去淮阴，过韩侯钓台、漂母祠有作。

残碣荒祠在，春风吊古深。垂纶原钓楚，饭客早挥金。
巾帼尘中眼，英雄胯下心。三年何处问，长啸去淮阴。

赠景会寺上人

（清）高梦龙

下马逢枯衲，松堂静不关。七旬人正健，终岁坐帷闲。
砌草经秋老，篱花为两删。偶来谈定息，山外水云环。

赠景会寺上人

（清）高履谦

信步来精舍，终年得几闲。片时茶熟候，半榻竹阴间。
清浅溪头水，高低屋角山。出门尘扑面，回首忆禅关。

过爱莲亭

（清）刘宫

寺幽思再至，高岸冷风斜。湖阔春生水，庭寒夕歙花。
物情闲自见，游兴老逾赊。景色无殊昔，相观意趣加。

景会寺秋日

（清）田兴助

寥寥人事外，寂寂寺楼中。阶草荣枯异，秋云淡宕同。
凉生一夜雨，梦醒半窗风。不是忘情境，须知境本空。

爱莲亭

（清）张坦

水国开精舍，清机处处流。鱼知庄子乐，鹤爱远公幽。
古岸新苔滑，斜阳老树秋。莲心尘不染，坐对近芳洲。

鹤江刘丈招游爱莲亭

（清）孙畔

招提开水阁，翠幌漾清溪。日落窗犹敞，花飞鸟乱啼。
晚风依岸起，野雾入林迷。不惜今霄醉，诗成即席题。

重憩回施精舍

（清）田弟怡

再入招提境，栖迟忆旧时。摊书寻午睡，趺坐息游思。
足懒随阶绿，帘虚任月移。何当驰远道，劳攘涉沙堤。

炼丹台怀古

（清）刘振初

旧迹寻丹灶，仙踪不复初。一从王子去，千古洞门虚。
枯井尘沙掩，荒台瓦砾余。徘徊夕照里，衰飒起歆歔。

淮关怀古

（清）吴霈

凭眺关梁迹，三洲胜景全。凫钟鸣海日，鱼钥锁淮天。
漂母千年德，韩侯终古贤。踟蹰思未已，漠漠望云烟。

淮关怀古

（清）陆九馨

胜地关津重，铜符扼要坚。荆州茅并集，鄙上黍来先。
英荡飞龙节，风云护贝泉。圣朝□□政，行旅遍讴传。

新街雪后野望

（清）金培

为爱晴光好，冲寒出涧阿。天连山一色，风旋水无波。
玉种溪田厚，花攒秃树多。自怜身住处，一片白云窝。

渔艇返棹

（清）陈时宜

夕阳人影乱，薄暮觅归舟。杯泛青溪里，歌传古渡头。
波光和月涌，渔火杂星流。用订同人约，他时续胜游。

春晚过爱莲亭

（清）吴进

禅居自寂静，况复绕清流。花润非关雨，亭寒不待秋。

疏钟鸣碧殿，孤鸟宿芳洲。归棹迟迟发，言乘素月游。

雨霁西来庵散步
（清）金门诏

返照收残雨，琳宫薄暮寒。到来心目爽，行处水云宽。
雾重千丝柳，香清九畹兰。莫嫌清冷甚，林外鸟般般。

钵山晚眺
（清）王步浚

咫尺佳山近，来游第几重。残霞飞隔浦，落日照回峰。
苔滑溪边路，云深寺里钟。会须多蜡屐，踏处便支筇。

钵山晚眺
（清）周于汤

山高望不极，落日散氤氲。荒碛千重黛，遥天一角云。
鸟声归薄暮，人影立斜曛。渐晚还延伫，林端笙鹤闻。

新建观音庵
（清）丁毓琛

荷渚香风渺，莲台湛露深。重开瞻佛地，不尽利人心。
曲径通般若，长廊绕梵音。甘棠遗迹近，一样荷慈阴。

游钵池山
（清）朱善正

翘首云烟外，登临坐翠微。萧条存古寺，冷落见村扉。
地僻仙常住，林疏鸟乱飞。相逢唯野衲，谈笑任天机。

钵池山
（清）张国英

一溪云抱半藩松，仙子何年许再逢。丹剩药苗残月护，泉余沙液落霞封。
遥天不断飞归鹤，古寺时闻日午钟。着意寻山山隐约，远帆错认是前峰。

炼丹台怀古
（清）张广绪

昔日丹成地，今余此旧台。琅函留胜迹，金籙秘仙荄。
鹤表千年事，鹃啼中夜哀。瑶笙云外响，疑是降真来。

爱莲亭即事

（清）朱巘

浩渺平湖水，环中旧有亭。波光摇月牖，莲影动风屏。

鸟狎知亲客，鱼潜听讲经。纳凉依曲槛，乘兴驾游舲。

岸火疏林透，行云古调停。晚来谁佐读，灼灼照窗萤。

雨中过爱莲亭

（清）方体浴

日落阴浓湖上寒，濛濛细雨暗遥峦。荒村岸外云初合，野寺岩边钟已残。

鸷宿蒲丛沙印浅，鱼游荇藻水波宽。扁舟携客寻幽处，风起花飞觉袂单。

新建观音庵

（清）何器

平湖十里积泥沙，梵宇重修慧日斜。为与众生抒陷溺，特垂甘露润桑麻。

莲花可爱空陈迹，宝筏同登认故家。稽首香岩禅谛妙，优昙重观一枝花。

何烈女祠

（清）丁毓璨

崇祠瞻拜式幽贞，松柏森森绕墓横。三尺土中人似玉，千余年久气如生。

门楣衰薄冰心苦，剑血模糊帝鉴明。遥忆洗冤新雨泽，风歌多露逊凄清。

重建榷署

（清）伊龄阿

为慎稽征地，营成数月工。湖平新势阔，水去旧基崇。

藉手君王德，宁夸堂构工。翚飞欣有觉，不敢陋公宫。

望影良非易，营营心力殚。才栽花烂漫，渐报竹平安。

台望沧波远，心筹管榷难。落成燕饮者，相与颂斯干。

怡园

小园如画里，奇石倚烟霞。径曲偏宜雨，苔深不爱花。

久安知镇静，特立绝喧哗。两度来游此，相期未有涯。

壬辰九月调任淮关，追维先君旧任此地，步武未能，犹幸岁报无亏，勉为藏拙，谨纪七律四首

玺书飞下古江洲，楚尾还移楚水头。诹吉牵车行已戒，饯筵遮道尚板留。

五年好伴匡峰别，千里平波江上秋。使节星驰初莅止，一湾新月映淮流。

治谱相传号若神，何如手泽是前人。循途黾勉承先志，肯构深惭步后尘。

幸值圣时多岁稔，差堪藉手报输均。追维往昔难为继，不负君恩不负亲。

淮河分界水潺潺，锁钥咽喉第一关。漂母祠高谁卓识，淮阴城古乐投闲。
常看岁燕秋南北，漫学江鸥日往还。盈绌睿思时董虑，榷输刘晏莫辞艰。

忆昔深冬塞外驰，朔风凛烈向人吹。而今北顾离乡久，相习南来与俗宜。
邻近朱陈欣合志，幕罗温石共敲诗。星霜使节瓜期候，又奉纶音许再期。

甲午秋八月十九日，老坝口黄水漫溢，板闸被淹，榷署水深丈余，猝不及防，家人妇子仓惶奔避。闾阎老弱，道路彷徨，情形甚为悽恻。念库贮所在，当以身徇，结筏以守，于风雨巨浪中草章入告。越旬日，水退，而署没于淤泥中八九尺矣。署后有山子湖，周围四十余里，水退悉成陆地。爰鸠工庀材，因高筑堵，数月始还旧规，聊志以诗

雨骤风颠鼓浪高，黄河奔迅疾于涛。一声漫溢连天至，万户流离动地号。
官舍沧桑宁暇惜，死生气数复何逃。祗缘长府身为系，未敢轻离独夜舠。

幕下仓惶散莫留，亲书奏草达宸旒。初陈未悉闾阎象，清问频殷帷幄筹。
鸿雁不堪真目击，橐囊奚忍为家谋。相将结筏聊栖止，却是乘槎海上俦。

闻道沿河扰攘多，又传山左动么麽。巡行镇静聊为策，夹路彷徨可奈何？
幸喜匪徒旋就网，欣看龙口合平波！相逢尽诉生全事，赈诏初颁亿兆歌。

水到高檐可泛舟，水平积土已成丘。剪除未是标新计，畚插难为作旧谋。
千顷明湖堪濯足，一宵精卫已填流。且欣帑贮安无恙，又报从宽纶绂稠。

朝倚晴云暮拥霞，结茅小筑似僧家。漫云广厦千间庇，差胜洪涛八月槎。
惊到定时转自畏，心从难后不生奢。还怜黎庶多飘泊，暑雨祈寒仰屋嗟。

草草经营旧地宽，因高筑堵不须删。怜无荷芰千波叠，喜得桑田十亩闲。
重集朋侪归聚首，移栽新竹未成斑。而今榷署期完固，时复追思一动颜。

重修榷署落成得楼字有序附刊

署修于雍正二年，已失旧址。近复连年水溢，地狭材朽，露积堪虞。拟捐廉俸修整，请于天子，得旨。计值雇民夫，众咸乐从，计日而成。诗以落之用纪圣明昭鉴，俾垂永久之至意也。

江天形胜接芳州，建置于今已卅秋。钜敢怀安图逸豫，祗缘典守重咨诹。
钦承圣主容经始，且喜斯民乐与谋。真是恩光悬照远，从今风月水明楼。

近水凭山百尺楼，自来岚翠不须谋。江分九派流终古，剑插双峰锷暂收。
俸有可捐因集事，名无从市谨持筹。遥看圣世农功溥，秋稼如云满近洲。

板闸被水歌

黄河东走扼清吭，处处长堤固平壤。一宵风雨怒鸣号，汛滥高于堤十丈。
时当甲午秋八月，老坝口传水潺潺。朝来雨急风转颠，泪泪银涛声震盪。
河伯翱翔策马来，阳侯骄舞盘涡上。山子湖周四十里，灌之顷刻满盆盎。
摧坚破厚如枯朽，剩壁颓垣犹倔强。板闸万烟乱飞蓬，榷署高楼平如掌。
天心降灾欲何之，况是多金储国帑。挥手从人各奔避，余命死职非为枉。
结伐甘与波沉浮，孑然宛在水泱泱。库藏四十余万缗，坚持旬日得依仗。
环顾群黎最可怜，呼号仓猝莫知往。寻爷觅子乱窜逐，手携白发背负襁。
或起升屋熊鸱蹲，或见缘木猿猱象。抱柱岂真待符女，济川哪得棹兰桨？
不及接淅虚烟炊，空有终宵勤绩纺。吁嗟生理付鱼鳖，何处随狙拾栗橡。
河下惊闻鼠窃多，山左又传潢池党。圣朝功令明且严，尔辈何敢触文纲！
业经流离甚颠沛，哪堪仓惶复扰攘。水中草奏不及筹，初达民情未明朗。
清问频颁天语来，发赈宽租帝德广。此时补苴赖相臣，飞骑巡行切痛痒。
老幼计口沽升斗，还集安定全熙穰。月余始得龙口合，喜看波平愁淤长。
明湖千顷成陆地，大厦积土深肮脏。家人相见道余生，只庆生全莫怏怏。
荡然所有非一人，千门万户愁殊曩。但幸民生无失业，小臣家倾何足想！

乙丑五月河口防汛感怀二首

（清）铁保

河湖异涨胜当年，愁绝东南半壁天。淮水怒排沙堰险，海潮倒拥铁门坚。
奇功毕竟输先达，赤手谁能障百川。欲访耆英筹至策，嘉谟端藉老人传。

河腹如山去路屯，淮扬咫尺浪花掀。欲垂远计培高堰，首建新猷沦海门。
稍喜盐河初引溜，那堪苦雨又倾盆。无聊且备川江米，留济穷黎感圣心。

协关尹

（清）　程虞卿

天下之美官，无如协关尹。日出坐大楼，巨舰一一引。
黄羊白酒不论钱，优童按拍氍毹迥。
连岁河为灾，豆苗荒万顷。迩复扰寇盗，粮载不出境。
鲜衣典尽气不扬，关楼镇日无人影。

竹枝词

山子湖边落照低，爱莲亭畔晚烟齐。关心欲问姜桥月，人在姜桥西又西。

十丈长桥跨采虹，扁舟两两系荷风。后湖亭子分明在，除却渔郎路不通。

萧萧荻港作秋声，水面萍开让鸭行。侬只韩侯台下住，棹歌归去月华明。

篆香楼枕小盐河，小艇如梭往复多。记得去年楼下见，芙蓉秋水隔帘波。

文津雨后即景

阴雨暗连夕，猛晴洵可喜。湿云贴地飞，微风吹不起。

绕屋喧鸣蛙，陂池涨新水。著屐过前村，前村绿醿美。

曲港通幽溪，萧萧漾菰蒲。时有小艇至，柳枝贯双鱼。

买鱼复沽酒，客来黄与苏。出口鄙秦汉，拍手谈黄虞。

酣然各一醉，歌声闻呜呜。

万柳碧如泼，野色遥相连。晴日当卓午，叶底闻新蝉。

几家白茅屋，隐隐生炊烟。村女出汲水，鬓压榴花鲜。

此地非武陵，风俗何厚焉。

清风摇绿阴，霁色上高阁。古寺隔前林，夕阳露楼角。

山僧一笠归，似与溪云约。溪云去复来，高怀契所托。

元旦过百子堂，见河干帆樯林立，尽系红灯，竿首束柏叶，船头结彩张幄，箫鼓竞作，爆竹争喧。洵为舟人乐事、丰年景象也。爰赋以志喜

（清）李如枚

百子临津泊旅船，张帏系采庆新年。红灯夜映三台□，翠柏朝凝万井烟。

喜睹丰盈征岁首，欣看辐辏抵关前。宽商自古称良策，似水盟心凤勉旃。

榷署庭前玉兰、辛夷二株，仲春花发颇盛，伊精一少空榷淮时手植，今阅三十余年矣。树既拱把，人感往昔，因邀同人共为诗社

轮囷一望玉如山，几度春深未许攀。湘浦有花皆雪貌，蓝田无树不冰颜。

霓裳片片风前现，琼珮珊珊月下还。休怪珑璁踪迹少，斗芳红杏淡浓间。

五千不惜买辛夷，搦管春生梦觉时。户静最宜书客至，云移每见凤车移。

莲花吐处谁怜小，木笔悬来我爱奇。忆昔少空亲手植，泥封从古兆于斯。

文津书院落成，题示诸生

桂子香飘候，新营学舍成。代持前使节，藉继旧家声。

人士风流奖，师儒月旦评。双旌恩命重，原是鲁诸生。

溯自淮安后，何人又得仙？光分萤案雪，吟上玉绳天。
踵接期腾达，肩随合竞贤。寄声南海客，输兴着鞭先。

开迳临平野，循途带小桥。文心翻水活，尘虑到门消。
苇岸秋听雨，荷塘暑舠舠。勉旃无别语，勤读逮深宵。

桃李前闻有，成蹊不在言。奂轮崇凤里，声价媲龙门。
漫拟莲溪说，宁殊鹿洞尊。题名从此盛，淡墨视新痕。

文津书院开课，再示诸生，兼索峻谨斋、阎鬶园、谈韬华三观察、程禹山山长和作

云路分明在此中，勿烦拥传羡终童。题名待试三条烛，养翮先栖百尺桐。
雪向程门飞自白，丹从李鼎炼方红。雅南笙磬音同奏，免杂空王法鼓逢。

手荷经锄辟草莱，典型时忝老成陪。旧今雨并龙门鲤，大小山怀庾岭梅。
橡笔更翻题独坐，文星罗列拱中台。遗珠沧海从来有，珊网终嫌隘未恢。

拔茅今拟卜连茹，扬诩难胜多士誉。此举勉襄惭粉饰，厥词大放爱琼琚。
一堂广设率比座，七载粗成占毕居。为语诸生宜努力，横经从古说三余。

司权初无民社膺，亦叨校士主恩承。论文并列东西舍，听讲还分上下乘。
经史子中皆有味，书画诗外我何能。落成吟就闻相庆，淮海人才此更兴。

吊板闸

（清）程步荣

锦里摧残凤不飞，榷关楼阁失崔巍。万金帑藏全资寇，合镇妻奴总去帏。
富有资财流水易，惨无家室让人归。爱莲亭畔三篙水，化作桃花血浪肥。

自清江浦肩舆到板闸

（不明）查礼

嫩黄柳色水边含，清浦人家聚一湾。
十里长堤平似掌，暖风斜日到淮关。

晚泊淮关

（不明）王昶

雨霁黄梅节，长堤扑柳绵。潮生鱼网动，风急酒旗偏。
钟板溪边寺，鱼盐郭外船。竹西行渐远，回首更凄然。

淮阴竹枝词

（不明）卢贞吉

板闸人家水一湾，人家生计仗淮关。

婢赊斗米奴骑马，笑指商船去又还。

山阳竹枝词

（不明）黄沛霖

关楼百尺倚淮流，小吏凭阑气象遒。

过午贾船齐放渡，笙歌如沸占扬州。

又

夏秋汛水虑成灾，巨帑年年为庀材。

积土为牛是遗迹，乌沙河畔重徘徊。

淮阴榷署夜坐

（不明）陈熙

前喧鼓角后笙竽，识否朱门客思孤。

千里清淮一轮月，藕花香里梦西湖。

淮阴竹枝词

（不明）盛大士

迢迢驿路白云隈，风色津亭暮鼓催。

忽听樯乌声不断，前头可是豆船来。

板闸与林戒庵

（不明）周栎园

山阳北面清江口，大海东头漾浊波。霜逼雁声迷远近，月扶虫语尽蹉跎。

鱼龙闸冷舟来少，蒲苇村荒户闭多。岭外羁人齐下泪，一时点首认黄河。

凤里春感

（不明）殷自芳

欢筵忽变阵云昏，惊起梨园昨夜魂。外府尽抛谁管库，扁舟何处再开樽。

瞬看重地成瓯脱，偏是卑官恋国恩。袍笏俨然为厉鬼，睢阳正气赫然存。

镇日阴霾黯不开，横风吹送赤眉来。楚囚尽对狂刀泣，秦火都教广厦摧。

夜半贞魂啼碧血，春寒冤骨掩苍苔。怀清台古偏无恙，一点天心子细猜。

崇祯辛未岁，入夏，斗杓且指未矣。当暑行秋，三时不雷，苦雨二月不止，大水遍行，决漕堤东奔，自钵池至城西桥，遂不行，封户成河，竟为水乡。余生六十有五，仅此一见也

（不明）尚严陵

四起干戈扰未平，从天妖孛亦旋生。连绵风雨声来急，汹涌波涛势若倾。

西决两崖舟入市，东冲十里水侵城。谁能早展匡时略？复见河清乐圣明。

甲申十一月初十日，阁督、河帅宴集榷使署中，时洪湖警报，十三日堰圩溃决，淹毙无算

（不明）吴景廉

筹定修防拥节行，欢言祖饯乐升平。堂中方说德星聚，湖上忽闻淮堰倾。

老弱伤心随逝水，乡园回首不聊生。下游一带灾尤甚，试听哀鸿雪里声。

甲申十一月十三日纪灾

（不明）丁晏

御黄未筑涨弥漫，沙垫置淤转漕难。启臿不闻疏水势，陻流翻欲涤河滩。

杞人叹息忧方亟，漆室咨嗟泪暗弹。河伯汹汹频告警，太平宰相奏安澜。

羽檄飞驰报决防，犹闻歌吹宴华堂。徙薪世岂无先见，斩马人思请上方。

国帑难支愁未已，民生入告说无伤。襄勤一去知今日，洒泪祠前奠瓣香。

后 记

在 2023 农历癸卯年新春佳节的喜庆里，新冠疫情阴霾也已逐渐散去，我们迎来了《淮安板闸——明清遗址考古报告》的定稿，这是淮安市文物保护和考古研究所的一件大事，亦是一件喜事，考古报告的出版对一些科研院所不算什么了不得的事情，但对我们来说却意义非凡，它是淮安市文物保护和考古研究所成立后的第一本考古发掘报告，同时也是大运河申遗成功后淮安第二本运河遗产考古发掘报告，它凝结了国家文物局、中国文化遗产研究院、文物出版社、江苏省文物局、南京博物院、淮安市文物局及我所各级领导、专家和同仁们的心血。从 2015 年考古发掘开始，到 2023 年报告的出版，历时八年，板闸遗址的文物保护工作犹如八年抗战，过程曲折艰难，结果光明辉煌。

犹记 2014 年 10 月板闸风情街项目在如火如荼的建设中，从挖掘机翻斗里抢救下来出土的龟趺开始，一场旷日持久，艰苦博弈的文保战争拉开序幕，一方面是市重大招商引资文旅项目，投资体量大全民关注，一方面是文化遗产的保护，涉及世界文化遗产大运河。经济要发展，遗产要保护，孰轻孰重，市文物局领导顶住重重压力，积极向上争取汇报，最终得到了市领导的理解和支持，工程暂停施工，考古调查勘探和发掘工作于 2015 年全面展开，因遗址紧邻里运河（淮扬运河），当发现部分条石遗迹的时候，以我们当时固有的认识，认为这很可能是运河的一段石工堤，类似于淮安区堂子巷运河石工堤亦或清口水利枢纽天妃坝石工堤，当铁锹铲掉沙土，在一块条石的一侧露出一截整齐凹槽的时候，考古工地沸腾了，这很可能是闸门槽，这个遗址很可能是一座水闸遗址！为验证判断，我们在对向条石区进行认真刮铲，很快又找到了一截凹槽，两凹槽相距 6 米出头，根据遗址所在地——板闸镇及文献所载明代治水大臣平江伯陈瑄开凿清江浦河（里运河）曾设置五闸——板闸、移风闸、清江大闸、福兴闸及新庄闸，我们确信该遗址为一处水闸遗址无疑，这是淮安历史上首次发现水闸遗址，这一发现提振了信心，缓解了各方压力，为接下来发掘工作的顺利展开奠定了坚实的基础。

淮安地区运河考古面临两大难题和痛点——堆积深厚的黄泛层和始终处于高位的地下水。水的问题始终伴随着板闸遗址考古始终，2015 年夏季的雨水特别充沛，暴雨级别的雨水不下 10 次，板闸遗址所处的位置是一处低洼地，清理出来的闸底距现地面近 10 米，清理的明代活动面距现地面约 4 米，无论什么防护防水措施在一场暴雨面前都无济于事，一场暴雨过后整个发掘区就成了一个大水塘，雨水夹裹的泥沙将闸底淤垫近两米，将闸周围的房址、道路等遗迹也完全掩埋，而重新清理所耗费的人力、物力和财力折磨得人心力憔悴。为了一张整体照片、为了一份精确的遗迹图，我们和雨水淤泥进行着反复不停的斗争，虽做了防护措施，但当大雨倾盆时对闸体安全稳固的担忧亦无时无刻不提心吊胆，食不甘味，夜不能寐，没有矫情，只有亲身经历这一切才有切身体会。我们不能不钦佩古人高超的智慧和杰出的工程技术，没有钢筋混凝土只有木桩地钉基础，历经 600 余年风雨的板闸依然岿然不动，我们所担心的安全隐患在古人的技艺面前完全是杞人忧天！

感谢板闸考古队这支优秀的队伍，能吃苦、善战斗、勤思考，在巨大的困难面前毫不退缩，迎难而上，圆满完成了各自承担的工作，这其中优秀的代表有当时才从吉林大学毕业的赵李博同志、承担绘图工作的褚亚龙同志、技工代表曾红强同志等等，大家的努力在 2015 年板闸遗址考古工作专家论证会上得到了国家文物局、中国文化遗产研究院、江苏省文物局等各级领导和专家的一致肯定，仍清晰地记得全国政协委员、中国文物学会大运河专业委员会主任委员、中国文化遗产研究院原院长张廷皓先生评价板闸遗址时说："这是大运河申遗前和申遗后最重要的考古发现，没有之一！"

当然我们的勘探、发掘工作还有很多遗憾，受时间经费及工程范围等诸多因素限制，考古勘探仅仅局限于工程红线范围内，对板闸遗址整体全貌未能全面了解，特别是与板闸古镇、古榷关、官署、古河道等之间的关系尚未完全摸清；河道两侧的堤坝因施工只保留了一小段，难以弄清其堆筑过程及整体风貌；古河道因地下水和淤泥原因没能解剖到底，对其开挖、使用、废弃及河道内堆积等历史信息没有清晰认识；闸南侧河道因工程范围所限未进行相关工作，未能了解南侧河道堆积情况及与现有河道的关系；闸底亦未作解剖揭示，对木桩地钉、条石下基础部分结构等情况不甚了解等等问题，这些问题只能寄希望于以后的工作中加以弥补。

考古野外工作完成已逾 8 年，期间受人手的紧缺及基建考古工作的影响，板闸遗址的资料整理工作时断时续，2019 年在《文物》发表了该遗址的发掘简报，同年淮安市文物保护和考古研究所正式成立，考古所成立后我们立即申报了淮安板闸遗址资料整理国保经费，得到了江苏省文物局的大力支持并获得了国家文物局的专项经费保障，经过近两年的努力，《淮安板闸——明清遗址考古报告》于近期终于完成了。报告第三章和附表由赵李博、胡兵、薛玲玲、张荣鑫、高悦共同执笔，其余章节及附录除明确署名外均由胡兵、赵李博执笔并完成全书统稿。报告本着最全面、最真实反映考古勘探及发掘情况，将考古第一手资料原原本本展现在学界面前，报告共分五章，在第五章结语部分对水闸等遗迹的年代、遗存的早晚关系、水闸的沿用、五闸的历史作用及在运河史上的地位和价值做了分析，得出了一些浅见，参与报告整理的年轻同志较多，不一一列举感谢，年轻意味着朝气，也意味着能力经验水平不足，报告中定有这样那样的问题，还望方家批评指正！

胡　兵

Abstract

Located in the ecological new town of Huai'an, Jiangsu Province，within the Huang-Huai alluvial plain, the Banzha Site covers around 67,000 square meters. It was part of the water lock system of the Grand Canal's Qingjiangpu section during the Ming Dynasty. Witnessing the development of the Jingjiangpu section, the site holds considerable historical and cultural significance. In October 2014, several long stone strips were discovered underground during construction. In response, Nanjing Museum and Huai'an Museum conducted an exploration and rescue excavation from November 2014 to February 2015, and then from April to September 2015. They uncovered a Ming Dynasty lock, associated facilities, and many Grand Canal relics within an excavation site of around 5,500 square meters.

This report consists of four chapters. Chapter 1 provides an overview of the Banzha Site - its natural and geographical setting, history, and the excavation process.

Chapter 2 introduces the stratigraphic deposits and architectural remains uncovered at the site. At the Banzha Site, stratigraphic deposits are evident in the section of a foundation pit wall in the southwest area. There are 13 layers in the upper deposit, with most remains discovered below layer □, including a water lock, an ancient river channel, a quay, two dams, and building foundations.

The water lock, roughly shaped like a pair of " 八 ", is comprised of a base, a wall, and a couple of piers connecting the riverbanks, measuring 57.8m long, 6.2-56.2m wide, and oriented 33°. Deposits in the lock are divided into six layers, with relics primarily in layers ⑥ and ② , and fewer in others. The west gate pier deposits suggest that the pier and the wall were formed in at least three stages. The ancient river channel runs north-south through the excavation area, reinforced with wooden piles on both sides. On the east side of the river channel is a quay. According to the excavation, this long-strip quay linked the east riverbank from its north and south ends, with remaining brick steps in the center and three pile foundations at the south, north, and east. Two dams were discovered on the east and west side of the river channel. This excavation only explored the western dam, leaving two sections to the northwest and southwest of the lock. Building foundations are widely distributed on the east side of the river. Excavation in this area revealed 30 foundations (including two large ones), two roads, three ditches, and a drainage system. Those foundations are mainly concentrated near the ancient river channel, arranged in the northeast-southwest direction, and divided into two rows by a road in the middle. Building's plans here are typically rectangular, with some having a backyard behind, indicating a front-house-backyard design. Almost all the buildings are masonry and rammed, built on flat ground without foundation trenches, and show traces of bedding inside.

Chapter 3 focuses on artifacts. Totally 2796 artifacts were unearthed and collected from the Banzha site, dating predominantly from the mid-late Ming Dynasty and early Qing Dynasty. The site yielded various artifacts related to daily life, such as porcelains, potteries (including glazed potteries), stone tools, metal tools, bone and horn tools, etc. Porcelains are the most common, with blue and white porcelains at most and a few celadons, bluish-white porcelains, and dark reddish-brown porcelains. Shapes of porcelain here are varied, the major of which are bowls, plates, cups, lamps, bottles, jars, and more. Moreover, coins here were found from the Han to Qing, spanning multiple dynasties.

Chapter 4 presents the conclusions. Based on documentary and historical evidence, the first part describes the historical context before and after the lock's construction and the subsequent abandonment. The Banzha Site has been in use for nearly 600 years. Chen Xuan built a water lock here in 1416, and the surrounding village "Banzha" was named after it. In 1429, the Ming government established a banknote pass that operated until 1931. The Banzha village ceased to exist in 2011 when it was demolished. Archaeological excavations and historical records further demonstrate that the lock underwent five stages of construction and restoration before being abandoned at the end of the Ming Dynasty. This chapter also discusses the following issues: the use of the lock, the natural and historical reasons for its renovation, and the historical significance of the Grand Canal water lock system at Qingjiangpu.

The appendix contains (1) a summary of the architectural remains and artifacts unearthed at the Banzha site, (2) an identification report on the wood species from the site, and (3) a compilation of historical literature and ancient poetry related to the site.

As the first archaeological report on the Grand Canal heritage in Huai'an, this report crystallizes years of meticulous work by archaeologists in Huai'an. It also offers a wealth of meaningful information about the Grand Canal.